betal

W0380742

Lexikon für Sozialfragen

Teil 1: Sozialrecht

verständlich formuliert und alphabetisch geordnet

Teil 2: Adressen

Selbsthilfe-Organisationen und Informationsstellen für Patienten nach Krankheiten und Themen sortiert

8. Ausgabe

Impressum

Herausgeber
betapharm Arzneimittel GmbH
Koordination: Herbert Fauser
Kobelweg 95
86156 Augsburg
Telefon: 0821 74881-0
Telefax: 0821 74881-420
www.betapharm.de
E-Mail info@betapharm.de

Verlag
MMI
Medizinische Medien Informations GmbH
Am Forsthaus Gravenbruch 5-7
63263 Neu-Isenburg
Telefon: 06102 502-0
Telefax: 06102 53779 oder 502220
www.mmi.de
E-Mail info@mmi.de

© 2008
Copyright betapharm Arzneimittel GmbH, Augsburg
Alle Rechte, insbesondere das Recht der Vervielfältigung, Verbreitung und Übersetzung vorbehalten. Kein Teil des Werkes darf in irgendeiner Form (durch Fotokopie, Microfilm oder ein anderes Verfahren) ohne schriftliche Genehmigung des Herausgebers bzw. des Verlages reproduziert oder in Datenverarbeitungsanlagen gespeichert werden.

Redaktion
beta Institut gGmbH
Institut für angewandtes Gesundheitsmanagement, Entwicklung und Forschung in der Sozialmedizin
Kobelweg 95
86156 Augsburg
Telefon: 0821 45054-0
www.beta-institut.de
E-Mail info@beta-institut.de
Sabine Bayer, Dipl. Sozialpädagogin
Birgit König, Daten-Management
Sandra Kolb, Sozialwirtin
Carina Kutzsche, Dipl.-Sozialpädagogin
Andrea Nagl, Journalistin
Jürgen Wawatschek, Volljurist
Anja Wilckens, Adress-Expertin

Stand 1.7.2008

Die 8. Ausgabe der betaListe berücksichtigt den am 1. Juli 2008 gültigen Rechtsstand. Bei aller Sorgfalt sind Fehler möglich. Deshalb übernehmen wir keine Gewähr für die Richtigkeit der Angaben, insbesondere der €-Beträge.

Gestaltung
Unternehmenskommunikation und Werbung, M. Guhra, Augsburg

Druck
parzeller, Druck- und Mediendienstleistungen, Fulda

Printed in Germany 2008

Inhaltsverzeichnis

Vorwort des Herausgebers betapharm zur 8. Ausgabe

Liebe Leserin, lieber Leser,

mit dieser 8., sorgfältig überarbeiteten Ausgabe der betaListe wollen wir fortgesetzt unseren Beitrag dazu leisten, Ihnen und Ihren Patienten im komplexen Gesundheits- und Sozialwesen Orientierung zu geben. Sie finden hier Antworten auf Fragen, die über die Versorgung von Patienten mit Medizin und Arzneimitteln hinausgehen und dennoch Bestandteil guter Gesundheitsversorgung sind: Antworten auf Fragen zu sozial und psychisch bedingten Anliegen der Patienten und deren Familien.

Die betaListe hilft Ihnen ganz einfach und praktisch, Antworten zu geben. Dafür beinhaltet sie sozialrechtliche Informationen sowie Adressen für Kontakte zu Selbsthilfegruppen.

Die betaListe ist ein zentraler Baustein im Rahmen von betaCare, dem Wissenssystem für Krankheit & Soziales. betaCare stellt Ärzten, Apothekern und allen Fachkräften im Gesundheitswesen umfassende Informationen zur Verfügung, um Auskünfte zu sämtlichen psychosozialen Fragen selbst geben zu können oder aber kompetente Ansprechpartner zu finden. Weitere Bausteine von betaCare sind betafon, betanet, Ratgeber, Seminare, E-Learning sowie der Kompetenzbereich „Schmerz und Palliativ." Mehr Informationen zu betaCare finden Sie ab Seite 12.

Die Inhalte von betaCare werden vom gemeinnützigen beta Institut für angewandtes Gesundheitsmanagement erarbeitet und auf einem aktuellen Stand gehalten. Das Institut haben wir 1999 ins Leben gerufen, mit dem Ziel, innovative Modelle und Konzepte zur Lösung sozialer Probleme im Gesundheitssystem zu entwickeln und diese in Deutschland zu implementieren. Neben dem Wissenssystem betaCare hat das beta Institut beispielsweise mammaNetz entwickelt, eine Begleitstelle für Frauen mit Brustkrebs, und Papilio, ein Projekt für Kindergartenkinder zur Vorbeugung gegen Sucht und Gewalt. Letztlich wollen wir dazu beitragen, die psychosoziale Gesundheit sowohl präventiv als auch bei Patienten und ihren Angehörigen nachhaltig zu fördern. Dies ist sichtbares Zeichen unseres bürgerschaftlichen Engagements. Es geht uns um mehr als um die Versorgung mit Arzneimitteln: Wir wollen, dass Menschen ganzheitlich gesund sind oder, wo dies nicht erreichbar ist, bestmöglich mit ihrer Krankheit leben können.

In diesem Sinne hoffe ich, dass betaCare und ganz besonders die aktuelle Ausgabe der betaListe Ihnen eine gute Hilfe bei der Beratung und Betreuung Ihrer Patienten sein kann.

Ihr
Dr. Wolfgang Niedermaier
Geschäftsführer betapharm Arzneimittel GmbH

Vorwort des beta Instituts zur 8. Ausgabe

Liebe Leserin, lieber Leser!

Wie lange gibt es Krankengeld? Was kommt danach?

Welche Voraussetzungen gelten für einen Reha-Antrag?

Pflegebedürftig, was nun? Wie können Leistungen der Pflegeversicherung erlangt werden?

Wo ist die nächste Selbsthilfegruppe für ...?

Im Umfeld von schweren und chronischen Erkrankungen kommen Fragen auf, mit denen sich Gesunde kaum beschäftigen - und denen Patienten oft hilflos gegenüber stehen. Auch Ärzten, Apothekern, Therapeuten und Pflegenden fehlen oft die Detailkenntnisse, um Patienten im Sozialrechtsdschungel weiterzuhelfen. Was hilft, ist der Griff zur betaListe.

Die betaListe ist mit ihrer mittlerweile 8. Ausgabe das Standardwerk für Sozialfragen im Gesundheitswesen. Sie bietet schnellen Zugriff auf praxisnahe Informationen, mit denen man Patienten gezielt weiterhelfen kann.

Der erste Teil des Nachschlagewerks umreißt das gesamte Sozialrecht und wählt daraus gezielt die Paragraphen aus, die im Umfeld von Krankheit und Behinderung relevant werden. Alle Inhalte wurden für die neue Ausgabe gründlich durchgearbeitet, aktualisiert und in vielen praktischen Details ergänzt. Die Angaben sind auf dem Stand vom 1. Juli 2008.

Der zweite Teil liefert Adressen von Selbsthilfegruppen und Beratungsstellen, die Patienten Orientierung und Unterstützung anbieten. Der Schwerpunkt liegt auf Bundes- und Landesverbänden sowie zentralen Beratungsstellen. Alle Adressen wurde für die 8. Ausgabe überprüft und gegebenenfalls aktualisiert, neue Adressen hinzugefügt. Wenn Sie Zugriff auf unseren gesamten Datenbestand mit über 22.000 Adressen und zahlreichen krankheitsspezifischen Informationen haben wollen, nutzen Sie bitte www.betanet.de.

betanet und betaListe sind Teil von betaCare, dem Wissenssystem für Krankheit und Soziales. betaCare ist ein umfangreiches, aufeinander abgestimmtes System von Wissensbausteinen mit telefonischem Expertendienst, Online-Suchmaschine, Seminaren, E-Learning und gedruckten Fachinformationen.

Ich wünsche unserer betaListe und dem ganzen Wissenssystem betaCare weiterhin große Akzeptanz. Denn nur so kommen wir unserem Ziel näher, den Patienten Orientierung zu geben und eine ganzheitlich optimale Therapie zu fördern, die neben den medizinisch-funktionalen auch psychosoziale Aspekte einbezieht.

H. Erhardt

Ihr Horst Erhardt
Geschäftsführer beta Institut
Institut für angewandtes Gesundheitsmanagement
Entwicklung und Forschung in der Sozialmedizin

Das beta Institut – ein Porträt

Das beta Institut wurde 1999 als unabhängige und gemeinnützige GmbH gegründet und hat über 50 MitarbeiterInnen. Es ist gemeinnützig und seine Kernkompetenzen liegen im Gesundheits- und Sozialwesen. Die einzelnen Projekte sind sehr komplex – über alles hinweg ist aber kennzeichnend, dass das beta Institut innovative Modelle entwickelt und dafür bewusst Kooperationen mit den verschiedensten Partnern bildet.

Der besondere Erfolg des Instituts liegt darin, dass es Lösungen für das Spannungsfeld „Mensch und Markt" entwickelt und verbreitet. In allen Projekten steht das Anliegen von Kindern und/oder Patienten im Mittelpunkt. Gleichzeitig werden die Lösungsmodelle wissenschaftlich evaluiert und müssen ihre Effizienz, Effektivität und Marktfähigkeit beweisen.

Wer mit dem Institut in Kontakt kommt, registriert eine auf den ersten Blick kaum zu durchblickende Komplexität. Einen grafischen Überblick finden Sie auf den Seiten 10/11.

Forschen, wissen, bilden, beraten

Das Institut arbeitet in vier verschiedenen Tätigkeitsbereichen, in der Überblicksgrafik durch das vierblättrige Kleeblatt gekennzeichnet. Das Institut

- entwickelt und forscht,
- bietet Consulting,
- führt Fortbildungen durch und
- betreibt das Wissenssystem betaCare.

Daraus resultiert in den einzelnen Projekten eine außergewöhnliche Kompetenztiefe. Was zum Beispiel in Fortbildungen vermittelt wird, ist sowohl durch eigene Forschung wissenschaftlich evaluiert als auch durch eigene Praxiserfahrung fundiert.

Sieben Projekte

Die inhaltlichen Schwerpunkte des Instituts verteilen sich auf sieben Projekte. Sie sind im grafischen Überblick als Textblöcke auf hellblauen Blütenblättern gruppiert:

- **Pädiatrie - Nachsorge**
  Im Mittelpunkt steht die Nachsorge nach dem Modell Bunter Kreis, das ist die Betreuung und Begleitung von Familien mit chronisch und schwerstkranken Kindern. Mehr zu Forschung, Patientenschulungen, Weiterbildungen und Consulting in Deutschland unter www.beta-institut.de/fue_paediatrische_nachsorge.php.
- **mammaNetz - Brustkrebs**
  mammaNetz begleitet Frauen mit Brustkrebs sektorenübergreifend. Mehr zum Versorgungsmodell, zu den mammaNetz-Begleitstellen in Deutschland und den Studien unter www.mammanetz.de.
- **PatientenNetz Schlaganfall**
  Das PatientenNetz begleitet Schlaganfallpatienten; auch dies ein innovativer Modellansatz, der wissenschaftlich evaluiert wird.
  Mehr unter www.beta-institut.de/fue_patientennetz.php.
- **Papilio - Prävention im Kindergarten**
  Papilio ist ein Programm für Kindergärten zur frühzeitigen Vorbeugung gegen die Entwicklung von Sucht und Gewalt. Mehr unter www.papilio.de.

- **Case-Management-Weiterbildungen**
  Zertifizierte Case-Management-Weiterbildungen, zum Beispiel für Pädiatrie, Pflege oder Apotheken. Mehr unter www.beta-institut.de/fortbildung.php.
- **betaCare - Wissenssystem für Krankheit** & Soziales
  betaCare stellt Ärzten, Apothekern und anderen Berufstätigen im Gesundheitswesen Informationen zur Verfügung, damit sie ihre Patienten in sozialen Fragen beraten können. Mehr auf Seite 12.
- **betaCare Schmerz** & Palliativ
  Ein Wissenssystem im Aufbau, das die Themen Schmerz und Palliativ mit ihrer hohen psychosozialen Relevanz erschließt.
  Mehr unter www.betacare-wissenssystem.de/schmerz_palliativ/11.php.

Gründer, Geldgeber und Eigentümer

Das beta Institut ist eine gemeinnützige GmbH und wurde 1999 in Augsburg gegründet. Gründer waren der Bunte Kreis e.V., die modellhafte Augsburger Nachsorgeeinrichtung (www.bunter-kreis.de), und die betapharm Arzneimittel GmbH (www.betapharm.de). Diese Konstellation Wirtschaftsunternehmen plus gemeinnützige Einrichtung gilt heute deutschlandweit als Vorzeigemodell für Corporate Citizenship (Engagement von Unternehmen für gesellschaftliche Anliegen).

Die Partnerschaft mit betapharm spielt bis heute eine herausragende Rolle und funktioniert auf der Basis gegenseitigen Vertrauens - bei gleichzeitig klarer Trennung zwischen sozialen Anliegen und Arzneimittelgeschäft. In den letzten Jahren sind viele Förderer und Geldgeber hinzugekommen. Vor allem Stiftungen, Krankenkassen und Ministerien haben die Tragweite und den Nutzen der Institutsentwicklungen erkannt und sorgen für die ganze oder teilweise Refinanzierung der Projekte.

Eigentümer des beta Instituts (und der betapharm) ist die Dr. Reddy's Laboratories, ein weltweites indisches Pharmaunternehmen, das sich durch sein hohes soziales und gesellschaftliches Engagement auszeichnet.

Projektübersicht beta Institut

Papilio (seit 2003)

- Entwicklung und Implementierung
- Fortbildung
- Studien

betaCare (seit 2000)

- betafon
- betanet
- betaListe
- Ratgeber Krankheit & Soziales
- Case Management in Apotheken
- betaCare Seminare
- betaCare E-Learning
- Patientenvorträge

Consulting

betaCare Wissenssystem

betaCare Schmerz & Palliativ (seit 2005)

- betafon
- betaListe
- Ratgeber und Nachschlagewerke
- Seminare und Vorträge
- Case Management Schmerz & Palliativ

Pädiatrie (seit 1999)

- Neue Bunte Kreise
- Augsburger Nachsorgeforschung
- Interdisziplinäre Nachsorge in der Pädiatrie
- Augsburger Nachsorgesymposium
- Patiententrainings

Entwicklung und Forschung

Fort- und Weiterbildung

mammaNetz (seit 2001)

- Begleitstelle
- Weiterbildungen
- Studien
- mammaNetz in Apotheken

PatientenNetz Schlaganfall (seit 2005)

- Begleitstelle
- Studie

Case-Management-Weiterbildungen (seit 2000)

- Pädiatrie
- Krankenhäuser
- mammaNetz
- Pflege

betaCare – Wissenssystem für Krankheit und Soziales

Die betaListe ist Teil von betaCare, dem Wissenssystem für Krankheit & Soziales. betaCare unterstützt Fachkräfte im Gesundheitswesen, allen voran Ärzte und Apotheker, bei der ganzheitlichen Beratung und Betreuung ihrer Patienten. Dafür stellt betaCare qualitätsgesichertes Wissen zur Verfügung und richtet sein Augenmerk insbesondere auf die psychosozialen und sozialrechtlichen Aspekte einer Krankheit, weniger auf die medizinisch-pharmazeutische Behandlung.

Zur Veranschaulichung einige Inhaltsschwerpunkte von betaCare:

- Leistungen der Krankenkasse, z.B. Krankengeld.
- Pflege, vom Pflegeantrag über die Begutachtung bis zu Pflegehilfsmitteln.
- Reha-Maßnahmen, vom Antrag bis zur Auswahl einer Reha-Klinik.
- Indikationsspezifisches Sozialwissen, z.B. Autofahren bei Epilepsie, Sport bei Asthma, Urlaub bei Depressionen, Reisen bei Schmerzmitteleinnahme.
- Selbsthilfegruppen, mit rund 22.000 qualifizierten Adressen.
- Schmerz & Palliativ, ein Schwerpunkt, der aufgrund der engen Verflechtung von Therapie und Lebensqualität auch medizinische, pharmazeutische und pflegerische Themen umfasst.

Das betaCare Wissenssystem besteht aus folgenden Bausteinen:

- **betafon:** Telefonischer Expertenrat - seit 2000.
- **betaListe:** Lexikon für Sozialrecht und Selbsthilfegruppen - seit 2001 jährlich.
- **betanet:** Suchmaschine für Sozialfragen im Gesundheitswesen, www.betanet.de - seit 2003.
- **betaCare Schulung:** Für Apotheker, Ärzte und deren Mitarbeiter zur Fort- und Weiterbildung im Bereich soziale Beratung - seit 2003.
- **E-Learning:** Zertifizierte Fortbildungen via CD und Internet - seit 2006.
- **Ratgeber:** Psychosoziale und sozialrechtliche Informationen zu 13 verschiedenen Themen oder Krankheiten - seit 2004.

Wissenssystem: persönlich - schnell - intensiv

Der Unterschied von betaCare zu anderen Broschüren, Fortbildungs- oder Internetangeboten ist, dass es sich um ein Wissens-SYSTEM handelt, bei dem alle Bausteine aufeinander abgestimmt sind: Ob persönliche Beratung, schneller Recherchezugriff oder intensiver Einstieg - bei betaCare führt die Recherche immer zu einer Antwort.

Beratungsunterstützung mit gesicherter Qualität

Die Inhalte und Angebote erarbeitet das gemeinnützige beta Institut für angewandtes Gesundheitsmanagement (vgl. vorhergehende Seiten). Es steht für die Qualität und Richtigkeit der vermittelten Informationen. betapharm ist für die Verbreitung des Wissenssystems verantwortlich, dafür, dass Ärzte, Apotheker und andere Berufsgruppen im Gesundheitswesen von den betaCare-Angeboten erfahren und sie in ihrer Beratungsarbeit nutzen.

Zwei betaCare Bausteine sollen nachfolgend kurz vorgestellt werden, weil sie die betaListe bestmöglich ergänzen.

Der persönliche Draht: betafon

Wenn die betaListe nicht die gewünschte Information bietet, dann hilft der Griff zum Telefon: Das betafon gibt telefonische Auskünfte zu Sozialfragen im Gesundheitswesen und hilft bei einfachen Fragen ebenso weiter wie bei Problemen, die komplexe Recherchen oder eine persönliche Beratung erfordern. Das betafon ist unter 01805 2382366 erreichbar: Montag bis Donnerstag von 9-18 Uhr, Freitag von 9-16 Uhr. Patienten können Montag bis Donnerstag von 16-18 Uhr anrufen. Der Anruf kostet bundesweit 14 Cent pro Minute.
Mehr unter www.betacare-wissenssystem.de/betafon/7.php.

Rund um die Uhr im Internet: www.betanet.de

Alle Inhalte der betaListe und vieles darüber hinaus finden Sie jederzeit im Internet unter www.betanet.de. Die Suchmaschine ist in drei Bereiche gegliedert:

1) Krankheiten, Soziales & Recht
   Sozialrechtliche und psychosoziale Informationen und Fallbeispiele.
2) Adressen
   Über 22.000 Adressen von Selbsthilfegruppen, Infozentren, Verbänden, Beratungs- und Anlaufstellen.
3) Reha-Kliniken
   Rund 1.200 Adressen von Kliniken, die Hälfte davon mit ausführlichen Informationen zum Leistungsangebot.

Mehr zu betaCare

Mehr zu betaCare, zu Schulungen, E-Learning, Vorträgen, Ratgebern und Aktionen finden Sie unter www.betaCare.de (Angebote der betapharm) oder unter www.betacare-wissenssystem.de (Komplettüberblick des beta Instituts).

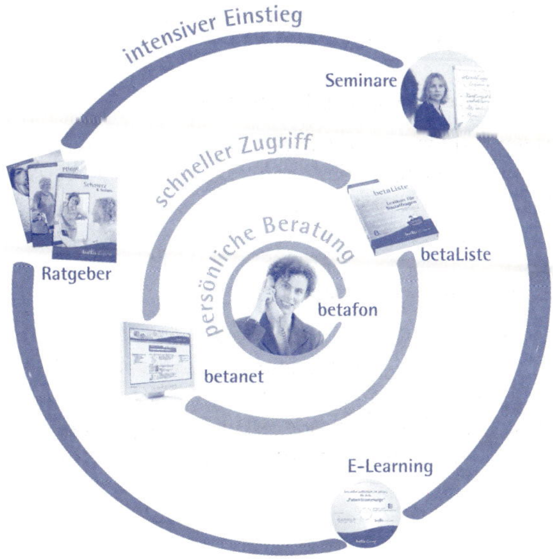

Teil 1

Sozialrecht

Verständlich formuliert und alphabetisch geordnet

Sozialrecht: Inhalt und Benutzungshinweise

Die betaListe beschreibt im ersten Teil Leistungen aus dem Sozialrecht und wer sie unter welchen Voraussetzungen wie, wo, in welcher Höhe und wie lange beanspruchen kann. Sie ist alphabetisch sortiert.

Der Inhalt

Die betaListe enthält Leistungen aus dem gesamten Sozialgesetzbuch, das sind insbesondere:

- Krankenversicherung (SGB V)
- Pflegeversicherung (SGB XI)
- Rehabilitation und Teilhabe behinderter Menschen (SGB IX)
- Leistungen für Behinderte (SGB III)
- Rentenversicherung (SGB VI)
- Unfallversicherung (SGB VII)
- Grundsicherung für Arbeitssuchende (SGB II)
- Kinder- und Jugendhilfe (SGB VIII)
- Sozialhilfe (SGB XII)

Eingearbeitet sind zudem u.a.:

- Bundeselterngeld- und Elternzeitgesetz
- Mutterschutzgesetz
- Sozialgerichtsbarkeit

Die Auswahl

Die Auswahl und Ausführlichkeit der einzelnen Stichworte richtet sich danach, wie relevant die Themen für Patienten werden können, insbesondere wenn diese sozial, finanziell, psychisch oder familiär zusätzlich belastet sind. So sind zum Beispiel die einzelnen Rentenarten nur mit ihren wichtigsten Elementen dargestellt, die Reha-Leistungen und deren Kostenübernahme dagegen sehr ausführlich.

Die betaListe konzentriert sich auf die gesetzlichen Leistungen. Freiwillige Kostenübernahmen der Sozialversicherungsträger oder die stark unterschiedlichen Leistungskataloge der privaten Versicherer können nur am Rand berücksichtigt werden. Grundsätzlich gilt: Rufen Sie die zuständige Versicherung an, schildern Sie den konkreten Einzelfall. Viele Entscheidungen in dem so schwer in Zahlen messbaren sozialen Bereich sind Ermessenssache: Das kompliziert die Materie, aber es eröffnet auch Freiräume für die Sachbearbeiter, wenn die Argumente und Anträge stichhaltig sind. Ärzte können Patienten in vielen Fällen dadurch unterstützen, dass sie detaillierte Arztberichte formulieren.

Paragraphen

Das Sozialgesetzbuch wird in seiner Komplexität wohl nur vom Steuerrecht übertroffen. Die betaListe will den Paragraphendschungel lichten und löst sich so weit wie möglich von den juristischen Formulierungen. Wer Gesetzestexte nachlesen möchte, findet die einschlägigen Paragraphen (in runden Klammern).

Praxistipps

Die betaListe liefert übersichtlich die gesetzlichen Fakten wie Voraussetzungen, Formen, Dauer, Höhe, Ausnahmen etc. und legt zudem großen Wert auf den praktischen Aspekt: Wer kann was wo wie beantragen? Gibt es Alternativen? Welche Schritte sind empfehlenswert, denn: In der Praxis sind Dinge notwendig, die kein Gesetz beschreibt. Solche Passagen sind gekennzeichnet mit der Überschrift „Praxistipp" und durch blaue Schrift hervorgehoben.

Wer hilft weiter?

Für den oft komplexen Einzelfall ist eine individuelle Beratung notwendig. Die betaListe gibt Orientierung, sie kann keine für jeden Fall verbindlichen Angaben machen. Unter der Überschrift „Wer hilft weiter?" und in blauer Schrift finden Sie deshalb bei nahezu jedem Stichwort die zuständigen Versicherungen, Ämter, Stellen, Einrichtungen und, wo vorhanden, eine kostenlose Hotline-Telefonnummer für individuelle, rechtsverbindliche Auskünfte.

A - Z

Den Aufbau der betaListe erkennen Sie bereits außen am Buchschnitt. Das Sozialrecht ist blau, die weißen Markierungen zeigen die Buchstaben von A - Z.
Zur alphabetischen Orientierung beim Durchblättern ist das jeweils erste Stichwort auf einer Doppelseite links oben angegeben, das letzte Stichwort rechts oben.
Die Hauptstichworte sind groß gedruckt und hellblau unterlegt, z.B.:

Mutterschaftsgeld

Die meisten Stichworte beginnen mit einer Kurzübersicht „Das Wichtigste in Kürze".
Die Gliederung und Darstellung wurde mit dieser 8. Ausgabe der betaListe geändert. Statt der bisherigen Farbabstufungen und Einrückungen gibt es jetzt eine wissenschaftliche Zählung.
„Praxistipps" und „Wer hilft weiter?" laufen außerhalb der wissenschaftlichen Zählung und sind mit blauer Schrift hervorgehoben.

Verweisungen und Register

Wenn Sie nicht genau wissen, wie die gesuchte Leistung heißt, finden sich im Alphabet viele Verweisungen auf die jeweils einschlägigen Stichworte. Die Hand ☞ steht für „siehe", das eigentliche Stichwort, unter dem Sie mehr finden, steht *kursiv* dahinter.
Beispiel:

Landesblindengeld

☞ *Blindenhilfe*

Alternativ können Sie im Stichwortregister am Ende des Buches suchen, das alle Stichworte und Verweisungen mit den entsprechenden Seitenzahlen erfasst, auch aus dem Adressteil. Zwei Paragraphen §§ vor der Seitenzahl kennzeichnen Register-Eintragungen aus dem sozialrechtlichen Teil.

Verweisungen finden Sie zudem im laufenden Text, ebenfalls gekennzeichnet durch die Hand ☞ sowie *Kursivdruck*: Sie verweisen auf verwandte, ergänzende, unter- oder übergeordnete Stichworte.

In das Alphabet eingepflegt sind zudem die folgenden Übersichtsdokumente, die jeweils auf zahlreiche zugehörige Leistungen verweisen:
Antragsverfahren, Behinderung, Kinder- und Jugendhilfegesetz, Krankenversicherung, Pflege, Pflegeversicherung, Rehabilitation, Rente, Rentenversicherung, Sozialhilfe, Unfallversicherung.

Wenn Sie nicht weiterkommen

Wenn Sie bei sozialen Fragen im Gesundheitswesen in der betaListe nicht fündig werden oder wenn Sie detaillierte Fragen zu einer individuellen Situation haben, empfehlen wir Ihnen einen Anruf beim betafon, dem telefonischen Expertenrat für Sozialfragen im Gesundheitswesen, Telefon 01805 2382366. Erreichbar ist das betafon von Montag bis Donnerstag von 9 bis 18 Uhr, am Freitag von 9 bis 16 Uhr. Patientenanfragen werden von Montag bis Donnerstag von 16 bis 18 Uhr beantwortet. Hier können Sie all die Fragen stellen, die die betaListe offen lässt. Der Anruf kostet 14 Cent pro Minute, notwendige Recherchen sind kostenlos.
Die Online-Alternative zur betaListe im Internet ist www.betanet.de. Das betanet enthält alle Informationen der betaListe sowie weitergehende Details und wird laufend, bei Bedarf täglich, aktualisiert.

Mehr Informationen: www.betanet.de

Abgestufte Erwerbsminderungsrente

(§§ 43, 240 SGB VI)

Das Wichtigste in Kürze

Erwerbsminderungsrente erhält, wer aus gesundheitlichen Gründen in seiner Arbeitsfähigkeit deutlich eingeschränkt ist. Wer nur noch weniger als 3 Stunden täglich arbeiten kann, erhält die „Volle Erwerbsminderungsrente", wer 3 bis 6 Stunden arbeiten kann, eine „Teilweise Erwerbsminderungsrente". Die Rente muss beantragt werden, ist befristet und kann verlängert werden. Zuständig ist die Rentenversicherung.

1. Voraussetzungen, Antrag, Befristung

Die **volle** Erwerbsminderungsrente und die **teilweise** Erwerbsminderungsrente ersetzen seit 1.1.2001 die „Rente wegen Berufsunfähigkeit" und die „Rente wegen Erwerbsunfähigkeit". Für vor dem 2.1.1961 Geborene gelten weiterhin

- die Regelung der Berufsunfähigkeitsrente, d.h. der bisherige Beruf kann nur noch weniger als 6 Stunden täglich ausgeübt werden, und
- der sogenannte „Berufsschutz", d.h. der erreichte berufliche Status ist so weit wie möglich zu erhalten, was bei der Erwerbsminderungsrente nicht der Fall ist, da hier von „den üblichen Bedingungen des Arbeitsmarktes" ausgegangen und geprüft wird, ob jemand auch in anderen Berufszweigen einsetzbar ist (§ 240 SGB VI).

1.1. Voraussetzungen

- Erfüllung der Wartezeit (= Mindestversicherungszeit) von 5 Jahren
  Die Wartezeit gilt z.B. auch als erfüllt, wenn die Minderung der Erwerbsfähigkeit aufgrund eines ☞ *Arbeitsunfalls* oder einer Schädigung während des Wehr- oder Zivildienstes eingetreten ist.

und

- in den letzten 5 Jahren vor Eintritt der Erwerbsminderung 3 Jahre Pflichtbeiträge.

Anspruch auf die abgestufte Erwerbsminderungsrente besteht bis zur Vollendung des 65. Lebensjahres.

1.2. Antrag

Die Abgestufte Erwerbsminderungsrente wird in allen Fällen nur auf Antrag gezahlt.

1.3. Befristung

Die Erwerbsminderungsrente ist in der Regel befristet.

- Die Erwerbsminderungsrente wird für **längstens 3 Jahre** gewährt. Danach kann sie wiederholt beantragt werden.
- **Unbefristet** wird die Rente nur gewährt, wenn keine Verbesserung der Erwerbsminderung mehr absehbar ist; davon ist nach 9 Jahren auszugehen (§ 102 Abs 2 SGB VI).

Praxistipps

- Dem Rentenantrag sind zweckmäßige ärztliche Unterlagen (z.B. Befundbericht des Hausarztes) sowie alle Versicherungsnachweise beizufügen, damit er möglichst schnell bearbeitet werden kann.
- Bei Notwendigkeit der Weiterführung der Rente ist ein neuer bzw. ein **Verlängerungsantrag** nötig. Im Antrag sind die Einschränkungen des Versicherten durch den Arzt möglichst genau zu beschreiben bzw. die Angaben aus dem Erstantrag zu bestätigen, falls keine Verbesserung eingetreten ist.
  Der Versicherte kann dabei mithelfen, indem er sich selbst genau beobachtet bzw. sich von seiner Umgebung beobachten lässt, um festzustellen, worin er im Vergleich zu anderen Gleichaltrigen behindert/eingeschränkt ist. Die meisten Ärzte schätzen es sehr, wenn der Patient diese Aufzeichnungen mit zur Sprechstunde bringt.

2. Volle Erwerbsminderungsrente

Voll erwerbsgemindert ist, wer aus gesundheitlichen Gründen auf nicht absehbare Zeit nur eine berufliche Tätigkeit von weniger als **3 Stunden** täglich unter den üblichen Bedingungen des allgemeinen Arbeitsmarktes ausüben kann.

3. Teilweise Erwerbsminderungsrente

Teilweise erwerbsgemindert ist, wer aus gesundheitlichen Gründen auf nicht absehbare Zeit eine berufliche Tätigkeit von **mindestens 3, aber weniger als 6 Stunden** täglich unter den üblichen Bedingungen des allgemeinen Arbeitsmarktes ausüben kann.

4. Rentenabschläge

Für jeden Monat, den die Rente vor dem 63. Geburtstag vorgezogen wird, gibt es einen Rentenabschlag von je 0,3 %, höchstens aber um 10,8 %. Das heißt: Bei einem Rentenbeginn vor dem 60. Lebensjahr beträgt der Abschlag immer 10,8 %, bei einem Rentenbeginn nach dem 63. Lebensjahr gibt es keinen Abschlag. Diese Rentenkürzung ist dauerhaft, d.h. sie fällt mit dem Eintritt in eine Altersrente (☞ *Renten*) nicht weg und führt nach dem Tod des Versicherten auch zu einer Kürzung der Hinterbliebenenrente.

Vorgezogene Monate vor dem 63. Geburtstag	Dauerhafte Kürzung der Rente um
1 Monat	0,3 %
2 Monate	0,6 %
3 Monate	0,9 %
4 Monate	1,2 %
...	...
33 Monate	9,9 %
34 Monate	10,2 %
35 Monate	10,5 %
36 Monate	10,8 %

4.1. Abschlagsfreie Rente ab 2012

Ab 2012 wird die Altersgrenze für eine abschlagsfreie Erwerbsminderungsrente schrittweise von 63 auf 65 Jahren angehoben. Wer die Erwerbsminderungsrente vorher in Anspruch nimmt, hat mit einen Rentenabschlag von 0,3 % pro Monat zu rechnen. Der Rentenabschlag ist insgesamt auf 10,8 % begrenzt.

5. Erwerbsminderungsrente und Selbstständigkeit

Auch selbstständig Erwerbstätige können eine volle Erwerbsminderungsrente beanspruchen, wenn sie nach dem Ergebnis der medizinischen Untersuchungen nicht mehr in der Lage sind, 3 Stunden täglich zu arbeiten. Die weitere Ausübung der selbstständigen Erwerbstätigkeit auf Kosten der Gesundheit ist rentenunschädlich. Das erzielte Einkommen ist dabei allerdings auf die Rente wegen Erwerbsminderung anzurechnen und kann den Rentenzahlbetrag mindern.

Praxistipp

Die Broschüre „Selbständige in der Rentenversicherung" (Schutzgebühr 4,20 €) kann bei der Deutschen Rentenversicherung Bund, Dezernat für Presse- und Öffentlichkeitsarbeit, 10704 Berlin, Telefon 030 865 24536, www.deutsche-rentenversicherung-bund.de bestellt werden.

6. Hinzuverdienst

Die volle Erwerbsminderungsrente wird nur dann ungekürzt ausgezahlt, wenn der Hinzuverdienst monatlich 400,- € nicht übersteigt. Bei höherem Hinzuverdienst wird die Rente nur noch in geringerer Höhe oder überhaupt nicht mehr ausgezahlt.

Praxistipp

Bei der teilweisen Erwerbsminderungsrente kann die Berechnung der individuellen Hinzuverdienstgrenzen beim ☞ *Rentenver-*

Soziale Fragen? betafon 01805 - 238 2366!

Mehr Informationen: www.betanet.de

sicherungsträger oder z.B. bei einem Rentenberater (☞ *Rentenversicherung*) durchgeführt werden.

Wer hilft weiter?

Auskünfte und Beratungsstellen vor Ort vermitteln die ☞ *Rentenversicherungsträger*, die auch individuelle Rentenberechnungen vornehmen.

Abtreibung

☞ *Schwangerschaftsabbruch*

Adoption

(§§ 1741 ff. BGB)

Das Wichtigste in Kürze

Adoption bedeutet: Nach der Adoption gehört das Kind ganz zur neuen Familie, mit allen Rechten und Pflichten eines ehelichen Kindes. Das Verwandtschaftsverhältnis zur Ursprungsfamilie ist vollkommen gelöst. Erste Anlaufstelle ist das Jugendamt: sowohl für Eltern, die ein Kind adoptieren wollen, als auch für Eltern, die ein Kind zur Adoption freigeben wollen.

1. Zentrale Adoptionsstellen der Landesjugendämter

Die Adoptionsvermittlung ist Aufgabe der Adoptionsvermittlungsstellen bei den Jugendämtern (☞ *Jugendamt*) und der zentralen Adoptionsstellen der Landesjugendämter:

- **Baden-Württemberg**
  Kommunalverband für Jugend und Soziales Baden-Württemberg, Dezernat Jugend, Zentrale Adoptionsstelle, Lindenspürstr. 39, 70176 Stuttgart, Telefon 0711 6375-0, -410, -411
- **Bayern**
  Landesjugendamt, Zentrale Adoptionsstelle, Winzererstr. 9, 80797 München, Telefon 089 1261-2890
- **Berlin und Brandenburg**
  Zentrale Adoptionsstelle Berlin-Brandenburg, Hans-Wittwer-Str. 6, 16321 Bernau, Telefon 03338 701-828
- **Bremen, Hamburg, Niedersachsen, Schleswig-Holstein**
  Gemeinsame Zentrale Adoptionsstelle (GZA), Südring 32, 22303 Hamburg, Telefon 040 42863-5006
- **Rheinland-Pfalz und Hessen**
  Landesjugendamt, Gemeinsame zentrale Adoptionsstelle, Rheinallee 97-101, 55118 Mainz, Telefon 06131 967-286
- **Mecklenburg-Vorpommern**
  Landesjugendamt, Zentrale Adoptionsstelle, Neustrelitzer Straße 120, 17033 Neubrandenburg, Telefon 0395 380-3320
- **Nordrhein-Westfalen**
  Landschaftsverband **Westfalen-Lippe**, Landesjugendamt, Zentrale Adoptionsstelle, Warendorfer Straße 25, 48145 Münster, Telefon 0251 591-4585
  Landschaftsverband **Rheinland**, Landesjugendamt, Zentrale Adoptionsstelle, Horion-Haus, Hermann-Pünder-Str. 1, 50679 Köln, Telefon 0221 809-6283
- **Saarland**
  Landesjugendamt, Zentrale Adoptionsstelle, Heuduckstr. 1, 66117 Saarbrücken, Telefon 0681 501-2083
- **Sachsen**
  Landesjugendamt, Zentrale Adoptionsstelle, Reichsstr. 3, 09112 Chemnitz, Telefon 0371 577-328, -287
- **Sachsen-Anhalt**
  Landesjugendamt, Zentrale Adoptionsstelle, Ernst-Kamieth-Str. 2, 06112 Halle/Saale, Telefon 0345 514-1610
- **Thüringen**
  Landesjugendamt, Zentrale Adoptionsstelle, Werner-Seelenbinder-Str. 6, 99096 Erfurt, Telefon 0361 3798-375

Wer hilft weiter?

- Die örtlichen ☞ *Jugendämter.*
- Der deutsche Kinderschutzbund Bundesverband e.V., Schöneberger Str. 15, 10963 Berlin, Telefon 030 214809-0, www.dksb.de.
- PFAD - Bundesverband der Pflege- und Adoptivfamilien e.V., Geisbergstr. 16, 10777 Berlin, Telefon 030 94879423, www.pfad-bv.de.

Agenturen für Arbeit

Leistungen

Die Agenturen für Arbeit sind unter anderem zuständig für

- ☞ *Arbeitslosengeld,*
- ☞ *Arbeitslosengeld II* sowie
- viele Leistungen im Bereich ☞ *Rehabilitation* und ☞ *Behinderung.*

Sie geben Auskünfte zu all diesen Themen, beraten und entscheiden über die Anträge.

Wer hilft weiter?

Die örtlichen Agenturen für Arbeit sind der Bundesagentur für Arbeit unterstellt: Bundesagentur für Arbeit, Regensburger Str. 104, 90478 Nürnberg, Telefon 0911 179-0. Informationen über Leistungen und Angebote der Agenturen für Arbeit unter www.arbeitsagentur.de.

ALG II

☞ *Arbeitslosengeld II und Sozialgeld*
☞ *Grundsicherung für Arbeitssuchende*

Altenhilfe

Sozialhilfe (§ 71 SGB XII)

Das Wichtigste in Kürze

Die Altenhilfe ist eine Leistung der Sozialhilfe und soll dazu beitragen, altersbedingte Schwierigkeiten zu verhüten, zu überwinden oder zu mildern. Menschen ab 65 sollen - unabhängig von Einkommen und Vermögen - die Möglichkeit erhalten, am Leben in der Gemeinschaft teilzunehmen, z.B. durch Beratung zum altengerechten Wohnen oder zur Inanspruchnahme altersgerechter Dienste oder durch Hilfen bei der Teilnahme an Veranstaltungen.

1. Voraussetzungen

Die Altenhilfe zählt im Rahmen der ☞ *Sozialhilfe* zur ☞ *Hilfe in anderen Lebenslagen.* Sie wird in der Regel Personen gewährt, die das 65. Lebensjahr vollendet haben.
Die Altenhilfe in Form von Beratung und Unterstützung soll **ohne** Rücksicht auf Einkommen und Vermögen gewährt werden.
Alle sonstigen Sach- und Geldleistungen im Rahmen der Altenhilfe werden nur gewährt, wenn das Einkommen des alten Menschen die Einkommensgrenze nach §§ 85 ff. SGB XII nicht überschreitet, ☞ *Einsatz von Einkommen und Vermögen.*

2. Umfang

Die Altenhilfe umfasst beispielsweise:

- Leistungen zu einer Betätigung und zum gesellschaftlichen Engagement, so weit gewünscht.
- Leistungen bei der Beschaffung und Erhaltung einer Wohnung, die den Bedürfnissen des alten Menschen entspricht. Hierzu zählt auch die altersgerechte Ausstattung der Wohnung, wie z.B. rutschfester Bodenbelag, Verbesserung der sanitären Einrichtungen, Einbau leicht zu bedienender Heizungsanlagen.
- Beratung und Unterstützung in allen Fragen der Aufnahme in ein Heim, z.B. bei der Beschaffung eines geeigneten Heimplatzes.
- Beratung und Unterstützung in allen Fragen der Inanspruchnahme altersgerechter Dienste, wie Abhol- und Bringdienste, Mahlzeitendienste.
- Leistungen zum Besuch von Veranstaltungen oder Einrichtungen, die der Gesellig-

Soziale Fragen? betafon 01805 - 238 2366!

Mehr Informationen: www.betanet.de

keit, der Unterhaltung, der Bildung oder den kulturellen Bedürfnissen alter Menschen dienen, wie Sonderveranstaltungen, Seniorenvergünstigungen, etc.

- Leistungen, die alten Menschen die Verbindung mit ihnen nahestehenden Personen ermöglicht, wie Reisebeihilfen, Telefonanschlüsse und Grundgebührenübernahme.

3. Vorrang der Grundsicherung

Seit dem 1.1.2003 gibt es die bedarfsorientierte ☞ *Grundsicherung im Alter und bei Erwerbsminderung*, die seit 1.1.2005 ebenfalls vom ☞ *Sozialamt* geleistet wird. Damit soll der grundlegende Bedarf für den Lebensunterhalt von Menschen gedeckt werden, die wegen Alters oder aus medizinischen Gründen aus dem Erwerbsleben ausgeschieden sind und deren Einkünfte für den notwendigen Lebensunterhalt nicht ausreichen.

Praxistipp

Menschen ab dem 65. Lebensjahr mit Schwerbehindertenausweis und ☞ *Merkzeichen G* können einen Mehrbedarfszuschlag in Höhe von 17 % erhalten. Details ☞ *Mehrbedarfszuschläge*.

Wer hilft weiter?

Individuelle Auskünfte erteilt das ☞ *Sozialamt*.

Altersrente

☞ *Regelaltersrente*

Altersrente für Frauen

(§ 237 a SGB VI)

Das Wichtigste in Kürze

Altersrente können Frauen unter bestimmten Voraussetzungen schon ab 60 beantragen. Die Rente ist dann jedoch bis zu 18 % niedriger als die Regelaltersrente und die Rentnerinnen dürfen maximal 400,- € hinzuverdienen. Der Antrag sollte 3 Monate vor dem gewünschten Rententermin gestellt werden. Frauen, die ab 1952 geboren sind, können diese Rentenart nicht mehr in Anspruch nehmen.

1. Voraussetzungen

Eine Altersrente für Frauen können Frauen vor dem 65. Geburtstag unter folgenden Voraussetzungen beantragen:

- Vollendung des 60. Lebensjahres
  und
- vor dem 1.1.1952 geboren
  und
- nach Vollendung des 40. Lebensjahres mehr als 10 Jahre Pflichtbeiträge
  und
- Erfüllung der Wartezeit von 15 Jahren (= Mindestversicherungszeit)
  und
- keine Überschreitung der Hinzuverdienstgrenze (400,- € monatlich) - dies gilt nur bis zum 65. Geburtstag

1.1. Höhere Altersgrenze

Für versicherte Frauen, die nach dem 31.12.1939 geboren sind, wird die Altersgrenze in Monatsschritten von 60 auf 65 Jahre angehoben. Einige Versicherte genießen laut Gesetz einen besonderen Vertrauensschutz, was bedeutet, dass die Anhebung der Altersgrenze auf 65 Jahre ganz oder teilweise ausgeschlossen wird. Ob und in welcher Form eine Frau diesen Vertrauensschutz beanspruchen kann, erfährt sie beim zuständigen ☞ *Rentenversicherungsträger*.

2. Rentenabschläge

Die vorgezogene Altersrente für Frauen ist niedriger als die Regelaltersrente. Für jeden Monat, den die Rente vor den 65. Geburtstag vorgezogen wird, wird die Regelaltersrente um je 0,3 % gekürzt. Diese Rentenkürzung ist dauerhaft, d.h. sie fällt mit dem Erreichen der Altersgrenze nicht weg und führt nach dem Tod der Versicherten auch zu einer Kürzung der Hinterbliebenenrente.

Vorgezogene Monate vor dem 65. Geburtstag	Dauerhafte Kürzung der Rente um
1 Monat	0,3 %
2 Monate	0,6 %
3 Monate	0,9 %
4 Monate	1,2 %
...	...
57 Monate	17,1 %
58 Monate	17,4 %
59 Monate	17,7 %
60 Monate	18 %

Praxistipp

Der Antrag sollte innerhalb von 3 Monaten nach Ablauf des Monats, in dem die Rentenvoraussetzungen erfüllt werden, gestellt werden. Ansonsten wird Geld verschenkt. Antragsformulare gibt es bei den Rentenversicherungsträgern.

Wer hilft weiter?

Auskünfte und Beratungsstellen vor Ort vermitteln die ☞ *Rentenversicherungsträger*, welche auch individuelle Rentenberechnungen vornehmen.

Altersrente für langjährig Versicherte

(§§ 36, 236 SGB VI)

Das Wichtigste in Kürze

Unter bestimmten Voraussetzungen können langjährig Versicherte schon vor ihrem 65. Geburtstag Altersrente beantragen. Diese ist aber niedriger als die normale Rente. Für jeden Monat, den die Rente vor dem 65. Geburtstag beantragt wird, wird die normale Rente um 0,3 % gekürzt. Und: Diese Rentenkürzung ist dauerhaft und führt nach dem Tod des Versicherten auch zu einer Kürzung der Hinterbliebenenrente.

1. Voraussetzungen

Eine Altersrente können langjährig Versicherte unter folgenden Voraussetzungen vor dem 65. Geburtstag beantragen:

- Vollendung des 63. Lebensjahres, wenn der Versicherte vor dem 1.1.1948 geboren ist,
  und
- Erfüllung der Wartezeit von 35 Jahren (= Mindestversicherungszeit)
  und
- keine Überschreitung der Hinzuverdienstgrenze (400,- € monatlich) - dies gilt nur bis zum 65. Geburtstag

1.1. Höhere Altersgrenze

Die Altersgrenze bei der Altersrente für langjährig Versicherte wurde auf 65 Jahre angehoben. Einige Versicherte genießen laut Gesetz einen besonderen Vertrauensschutz, was bedeutet, dass die Anhebung der Altersgrenze auf 65 Jahre ganz oder teilweise ausgeschlossen wird. Ob und in welcher Form ein Versicherter diesen Vertrauensschutz beanspruchen kann, erfährt er beim zuständigen ☞ *Rentenversicherungsträger*.
Das mögliche Eintrittsalter dieser Altersrente wird sogar herabgesetzt auf 62 Jahre, allerdings muss der Versicherte dann einen Rentenabschlag von 10,8 % in Kauf nehmen (siehe Tabelle).

2. Rentenabschläge

Die vorgezogene Altersrente für langjährig Versicherte ist niedriger als die Regelaltersrente. Für jeden Monat, den die Rente vor den 65. Geburtstag vorgezogen wird, wird die Regelaltersrente um je 0,3 % gekürzt. Diese Rentenkürzung ist dauerhaft, d.h. sie fällt mit dem Erreichen der Altersgrenze

Mehr Informationen: www.betanet.de

nicht weg und führt nach dem Tod des Versicherten auch zu einer Kürzung der Hinterbliebenenrente.

Vorgezogene Monate vor dem 65. Geburtstag	Dauerhafte Kürzung der Rente um
1 Monat	0,3 %
2 Monate	0,6 %
3 Monate	0,9 %
4 Monate	1,2 %
...	...
21 Monate	6,3 %
22 Monate	6,6 %
23 Monate	6,9 %
24 Monate	7,2 %
...	...
33 Monate	9,9 %
34 Monate	10,2 %
35 Monate	10,5 %
36 Monate	10,8 %

3. Rente mit 67

Ab 2012 wird die Altersgrenze für eine abschlagsfreie Altersrente für langjährig Versicherte für ab dem 1.1.1949 Geborene schrittweise von 65 auf 67 Jahre angehoben. Die vorzeitige Inanspruchnahme dieser Altersrente wird frühestens mit 63 Jahren möglich sein und ist mit einem Rentenabschlag von maximal 14,4 % verbunden.

Praxistipp

Der Antrag sollte innerhalb von 3 Monaten nach Ablauf des Monats, in dem die Rentenvoraussetzungen erfüllt werden, gestellt werden. Ansonsten wird Geld verschenkt. Antragsformulare gibt es bei den Rentenversicherungsträgern.

Wer hilft weiter?

Auskünfte und Beratungsstellen vor Ort vermitteln die ☞ *Rentenversicherungsträger*, welche auch individuelle Rentenberechnungen vornehmen.

Altersrente für Schwerbehinderte

(§§ 37, 236 a SGB VI)

Das Wichtigste in Kürze

Schwerbehinderte können bereits mit 63 Jahren in Rente gehen, wenn sie 35 Rentenversicherungsjahre vorweisen können. Zudem können sie ab 60 Jahren eine vorgezogene Altersrente beantragen, allerdings mit Abschlägen bis zu 10,8 %.
Zu beachten ist, dass der Rentenanspruch auch weiter besteht, wenn während des Bezugs der Rente die Schwerbehinderung aufgehoben wird.

1. Geburtsjahrgänge bis 1951

1.1. Rente ab 63

Wer als ☞ *Schwerbehinderter* (☞ *Grad der Behinderung* mindestens 50) anerkannt ist, hat bereits ab dem vollendeten 63. Lebensjahr Anspruch auf volle Altersrente, wenn er die Wartezeit (= Mindestversicherungszeit) von 35 Jahren erfüllt.

1.2. Rente ab 60

Bereits ab Vollendung des 60. Lebensjahres kann ein Schwerbehinderter Altersrente beantragen, wenn er

- die Wartezeit von 35 Jahren erfüllt
  und
- die Hinzuverdienstgrenze von 400,- € monatlich nicht überschreitet - dies gilt nur bis zum 65. Geburtstag -
  und
- schwerbehindert mit einem ☞ *Grad der Behinderung* von mindestens 50 ist
  oder

berufs- oder erwerbsunfähig ist.
Letzteres gilt aber nur für Versicherte, die vor dem 1.1.1951 geboren wurden und die bei Beginn der Altersrente berufs- oder erwerbsunfähig nach dem am 31.12.2000 geltenden Recht sind.
Versicherte, die vor dem 17.11.1950 geboren wurden und am 16.11.2000 bereits schwerbehindert bzw. berufs- oder erwerbsunfähig waren, genießen Vertrauensschutz, d.h.: Sie können die Altersrente für schwerbehinderte Menschen nach Vollendung des 60. Lebensjahres **ohne Rentenabschläge** in Anspruch nehmen.

1.3. Rentenabschläge

Die vorgezogene Altersrente für Schwerbehinderte ist niedriger als die Regelaltersrente. Für jeden Monat, den die Rente vor den 63. Geburtstag vorgezogen wird, wird die Regelaltersrente um je 0,3 % gekürzt. Diese Rentenkürzung ist dauerhaft, d.h. sie fällt mit dem Erreichen der Altersgrenze nicht weg und führt nach dem Tod des Versicherten auch zu einer Kürzung der Hinterbliebenenrente.

Vorgezogene Monate vor dem 63. Geburtstag	Dauerhafte Kürzung der Rente um
1 Monat	0,3 %
2 Monate	0,6 %
3 Monate	0,9 %
4 Monate	1,2 %
...	...
33 Monate	9,9 %
34 Monate	10,2 %
35 Monate	10,5 %
36 Monate	10,8 %

2. Geburtsjahrgänge ab 1952

Ab 2012 wird die Altersgrenze für eine abschlagsfreie Altersrente für Schwerbehinderte beginnend mit dem Geburtsjahrgang 1952 schrittweise von 63 auf 65 Jahre angehoben. Gleichzeitig wird die Altersgrenze für die vorzeitige Inanspruchnahme dieser Rente von 60 auf 62 Jahre angehoben. Mit 62 ist dann ein Rentenabschlag von maximal 10,8 % in Kauf zu nehmen.

Praxistipps

- Der Antrag sollte innerhalb von 3 Monaten nach Ablauf des Monats, in dem die Rentenvoraussetzungen erfüllt werden, gestellt werden. Ansonsten wird Geld verschenkt. Antragsformulare gibt es bei den Rentenversicherungsträgern.
- Der Rentenanspruch besteht auch weiter, wenn während des Bezugs der Rente die Schwerbehinderung wieder aufgehoben wird.

Wer hilft weiter?

Auskünfte und Beratungsstellen vor Ort vermitteln die ☞ *Rentenversicherungsträger*, die auch individuelle Rentenberechnungen vornehmen.

Altersrente wegen Arbeitslosigkeit oder nach Altersteilzeit

(§ 237 SGB VI)

Das Wichtigste in Kürze

Unter bestimmten Voraussetzungen können Personen in Arbeitslosigkeit oder nach Altersteilzeit, die vor 1952 geboren wurden, bereits vor ihrem 65. Geburtstag in Rente gehen. Die Rente ist jedoch niedriger als die normale Rente und die Rentenkürzung ist dauerhaft, d.h. sie fällt mit dem Erreichen der Altersgrenze nicht weg und führt nach dem Tod des Versicherten auch zu einer Kürzung der Hinterbliebenenrente. Versicherte, die ab 1952 geboren sind, können diese Rentenart nicht mehr in Anspruch nehmen.

Mehr Informationen: www.betanet.de

1. Voraussetzungen

Eine Altersrente wegen Arbeitslosigkeit oder nach Altersteilzeit kann für Versicherte, die vor 1952 geboren wurden, unter folgenden Voraussetzungen vor dem 65. Geburtstag beantragt werden:

- Vollendung des 60. Lebensjahres
  und
- Erfüllung der Wartezeit von 15 Jahren (= Mindestversicherungszeit)
  und
- 8 Jahre Pflichtbeiträge in den letzten 10 Jahren vor Beginn der Rente
  und
- arbeitslos bei Beginn der Rente und mindestens 52 Wochen Arbeitslosigkeit nach Vollendung des Lebensalters von 58 Jahren und 6 Monaten
  oder
  24 Monate Altersteilzeitarbeit geleistet
  und
- keine Überschreitung der Hinzuverdienstgrenze (400,- € monatlich) - dies gilt nur bis zum 65. Geburtstag

1.1. Höhere Altersgrenze

Die Altersgrenze für Versicherte der Geburtsjahrgänge 1946 bis 1951, die Altersrente wegen Arbeitslosigkeit oder nach Altersteilzeit beziehen, wurde von 60 auf 63 Jahre angehoben. Einige Versicherte genießen laut Gesetz einen besonderen Vertrauensschutz, was bedeutet, dass die Anhebung der Altersgrenze auf 63 Jahre ganz oder teilweise ausgeschlossen wird. Ob und in welcher Form ein Versicherter diesen Vertrauensschutz beanspruchen kann, erfährt er beim zuständigen ☞ *Rentenversicherungsträger.*

1.2. Definition

Altersteilzeit ist,

- wenn der Versicherte, der mindestens 55 Jahre alt ist, seine Arbeitszeit um mindestens die Hälfte reduziert
  und
- sein Altersteilzeitentgelt um mindestens 20 % durch den Arbeitgeber aufgestockt wird
  und
- der Arbeitgeber für den Versicherten zusätzlich Beiträge zur Rentenversicherung zahlt.

Die Beitragszahlung zur Altersteilzeit ist seit dem 1.5.1996 möglich.

2. Rentenabschläge

Die vorgezogene Altersrente wegen Arbeitslosigkeit oder nach Altersteilzeit ist niedriger als die Regelaltersrente. Für jeden Monat, den die Rente vor den 65. Geburtstag vorgezogen wird, wird die Regelaltersrente um je 0,3 % gekürzt. Diese Rentenkürzung ist dauerhaft, d.h. sie fällt mit dem Erreichen der Altersgrenze nicht weg und führt nach dem Tod des Versicherten auch zu einer Kürzung der Hinterbliebenenrente.

Vorgezogene Monate vor dem 65. Geburtstag	Dauerhafte Kürzung der Rente um
1 Monat	0,3 %
2 Monate	0,6 %
3 Monate	0,9 %
4 Monate	1,2 %
...	...
57 Monate	17,1 %
58 Monate	17,4 %
59 Monate	17,7 %
60 Monate	18 %

Praxistipp

Der Antrag sollte innerhalb von 3 Monaten nach Ablauf des Monats, in dem die Rentenvoraussetzungen erfüllt werden, gestellt werden. Ansonsten wird Geld verschenkt. Antragsformulare gibt es bei den Rentenversicherungsträgern.

Wer hilft weiter?

Auskünfte und Beratungsstellen vor Ort vermitteln die ☞ *Rentenversicherungsträger,* welche auch individuelle Rentenberechnungen vornehmen. Auch die Agenturen für Arbeit sind beratend tätig.

Alterssicherung

(§ 33 SGB XII)

Das Wichtigste in Kürze

Unter bestimmten Voraussetzungen übernimmt das Sozialamt Kosten für die Alterssicherung, sprich Beiträge zur gesetzlichen Rentenversicherung oder zur privaten Lebensversicherung als „Hilfe zum Lebensunterhalt" im Rahmen der ☞ *Sozialhilfe*. Ob die Kosten tatsächlich übernommen werden, entscheidet das Sozialamt individuell, denn die Alterssicherung liegt immer im Ermessen des Sozialamts.

Voraussetzung

Es gelten dieselben Voraussetzungen wie bei der ☞ *Hilfe zum Lebensunterhalt*, doch die Alterssicherung ist immer eine **Ermessensleistung** (Kann-Bestimmung) des jeweiligen ☞ *Sozialamts*.

Leistungen der Alterssicherung können beispielsweise sein:

- Beiträge zur gesetzlichen ☞ *Rentenversicherung*
- Beiträge zur privaten Lebensversicherung
- Beiträge zu einer Sterbegeldversicherung

In der Praxis übernehmen die ☞ *Sozialämter* die Kosten der Alterssicherung meist nur in den Fällen, in denen zur Erfüllung der gesetzlich vorgeschriebenen Wartezeit nur noch wenige Beiträge zu entrichten sind. Umgekehrt kann das Sozialamt verlangen, dass eine Lebensversicherung auch mit Verlust zurückgekauft wird. Die Entscheidung fällt nach den individuellen Voraussetzungen.

Praxistipp

Die Sozialhilfeträger machen ihre Entscheidungen in der Regel auch davon abhängig, ob durch die künftige Zahlung einer Rente durch den Versicherungsträger (Lebensversicherung, Alterszusatzversicherung, ...) für sie die Aussicht besteht, dass sich dann die Sozialhilfezahlungen reduzieren.

Wer hilft weiter?

Individuelle Auskünfte erteilt das ☞ *Sozialamt*.

Ambulante Familienpflege

☞ *Betreuung und Versorgung eines Kindes in Notsituationen*

Ambulante Rehamaßnahmen

☞ *Medizinische Rehabilitation*

Anschlussheilbehandlung

Das Wichtigste in Kürze

Die Anschlussheilbehandlung (AHB) ist eine Rehamaßnahme, die im unmittelbaren Anschluss an eine Krankenhausbehandlung oder eine ambulante Operation erfolgt und zur Weiterbehandlung erforderlich ist. Sie muss innerhalb von 14 Tagen nach der Entlassung beginnen, möglichst jedoch direkt im Anschluss an einen Krankenhaus-Aufenthalt. Sie dauert normalerweise 3 bis 4 Wochen, eine Verlängerung ist möglich, wenn Arzt oder Klinik die Verlängerung medizinisch-therapeutisch begründen.

1. Voraussetzungen

Die AHB zählt zur ☞ *Medizinischen Rehabilitation* und muss beim jeweiligen Sozialversicherungsträger beantragt werden.
Die Genehmigung hängt von unterschiedlichen Indikationen ab, deshalb muss die Diagnose in der AHB-Indikationsliste des zu-

ständigen Sozialversicherungsträgers enthalten sein.

1.1. AHB-Indikationsgruppen

AHB-Indikationsgruppen sind:

- Krankheiten des Herzens und des Kreislaufs
- Krankheiten der Gefäße
- entzündlich-rheumatische Erkrankungen
- degenerativ-rheumatische Erkrankungen und Zustand nach Operationen und Unfallfolgen an den Bewegungsorganen
- gastroenterologische Erkrankungen und Zustand nach Operationen an den Verdauungsorganen
- Stoffwechselkrankheiten
- Krankheiten und Zustand nach Operationen an den Atmungsorganen
- Krankheiten der Niere und Zustand nach Operationen an Nieren, ableitenden Harnwegen und Prostata
- neurologische Krankheiten und Zustand nach Operationen an Gehirn, Rückenmark und peripheren Nerven
- maligne (= bösartige) Geschwulst- und Systemerkrankungen
- gynäkologische Krankheiten und Zustand nach Operationen

1.2. Versicherungsrechtliche Voraussetzungen

- Bezahlung des letzten Versicherungsbeitrags an den Rentenversicherungsträger
- Versicherung bei einer gesetzlichen Krankenkasse

Privat Krankenversicherte können in der Regel nicht direkt vom Krankenhaus in eine Anschlussheilbehandlung (AHB) gehen. Sie müssen mit Hilfe ihres behandelnden Arztes einen Antrag auf eine Anschlussgesundheitsmaßnahme (AGM) beim zuständigen Rentenversicherungsträger stellen. Die AGM unterscheidet sich von der AHB dadurch, dass die persönlichen und versicherungsrechtlichen Voraussetzungen durch den Rentenversicherungsträger geprüft werden müssen, **bevor** der Patient die AGM in einer Rehabilitationseinrichtung antreten kann.

1.3. Persönliche und medizinische Voraussetzungen

- Indikation nach der Indikationsliste (siehe oben)
- Akutphase der Erkrankung beziehungsweise Wundheilung muss abgeschlossen sein.
- Patient muss frühmobilisiert sein.
- Patient muss selbsthilfefähig sein, das heißt: ohne Fremdhilfe zur Toilette gehen, selbstständig essen, sich allein waschen und ankleiden können.
- Patient sollte reisefähig sein. Ein Krankentransport ist nur in Not- und Ausnahmefällen möglich.
- Patient muss der Maßnahme zustimmen.

1.4. Besonderheit: Onkologische Rehabilitationsleistung

Ist bei einer malignen Geschwulst- und Systemerkrankung nach dem Krankenhausaufenthalt eine ambulante Bestrahlung notwendig, kann die AHB auch vom niedergelassenen Radiologen eingeleitet werden. Die AHB sollte dann innerhalb von 14 Tagen nach der letzten Bestrahlung beginnen. Nach Ablauf eines Jahres ist es möglich, eine Festigungskur (☞ *Onkologische Nachsorgeleistung*) zu beantragen. Der ☞ *MDK* prüft die medizinische Notwendigkeit und entscheidet dann im Einzellfall.

Praxistipp

Bei einem krebskranken Kind kann die Mutter auf Antrag als ☞ *Begleitperson* mit aufgenommen werden, wenn aufgrund des Alters des Kindes bzw. wegen der familiären Situation eine Trennung von der Mutter für die Dauer der AHB nicht zu verantworten ist.

Für die Mutter als Begleitperson kann die gesetzliche Krankenkasse auch den Lohnausfall für die notwendige, zeitlich nicht begrenzte Dauer übernehmen. Auf diese Leistung besteht **kein** grundsätzlicher Anspruch. Einen Antrag zu stellen ist aber in jedem Fall zu empfehlen.

2. Ziel und Dauer

Ziel einer Anschlussheilbehandlung ist, verloren gegangene Funktionen oder Fähigkeiten wiederzuerlangen oder auszugleichen und den Patienten wieder an die Belastungen des Alltags- und Berufslebens heranzuführen.
Die Kosten werden normalerweise für eine **Dauer** von 3 bis 4 Wochen übernommen. Eine Verlängerung ist möglich, wenn Arzt oder Klinik die Verlängerung medizinisch-therapeutisch begründen.

3. Kostenträger

Die Anschlussheilbehandlung muss von den behandelnden Krankenhausärzten eingeleitet werden. Nach der Entlassung ist es für niedergelassene Ärzte nur in Ausnahmefällen möglich, eine Anschlussheilbehandlung zu begründen.

- Die Krankenversicherung übernimmt die Kosten für die Anschlussheilbehandlung, wenn das Hauptziel der Anschlussheilbehandlung die Wiedererlangung der Gesundheit ist.
- Der Rentenversicherung übernimmt die Kosten, wenn das Hauptziel der Anschlussheilbehandlung die Wiederherstellung der Arbeitsfähigkeit ist. Außerdem gelten die rentenrechtlichen Voraussetzungen zur ☞ *Medizinischen Rehabilitation.*
- Weitere mögliche Kostenträger unter ☞ *Rehabilitation Zuständigkeit.*

4. Wahl der Reha-Einrichtung

Ist die Krankenversicherung der Kostenträger, kann der Patient die Reha-Einrichtung selbst wählen.
Ist die Rentenversicherung der Kostenträger, kann der Arzt eine Reha-Einrichtung vorschlagen.
Details zur Wahl der Einrichtung unter ☞ *Medizinische Rehabilitation.*
Das „AHB-Handbuch" enthält einen Überblick über AHB-Einrichtungen und liegt bei den Sozialdiensten in Kliniken auf. Dorthin können sich Patienten und Ärzte bei der Suche nach einer AHB-Einrichtung wenden.

5. Zuzahlung

Versicherte ab Vollendung des 18. Lebensjahres müssen bei einer AHB 10,- € pro Tag Zuzahlung leisten.
Ist die AHB eine Leistung der Krankenkasse, muss der Patient 10,- € pro Tag für maximal 28 Tage im Kalenderjahr zahlen.
Ist die AHB eine Leistung des Rentenversicherungsträgers, muss der Patient 10,- € pro Tag für maximal 14 Tage im Kalenderjahr zahlen.
Ist die AHB eine Leistung der Berufsgenossenschaft, ist **keine** Zuzahlung fällig.
Details zur Anrechnung bereits geleisteter Zuzahlungen an unterschiedliche Kostenträger: ☞ *Medizinische Rehabilitation Zuzahlung.*

Praxistipp

Das Heft „Informationen über Einleitung und Durchführung von Anschlussheilbehandlungen" ist bei Krankenkassen und Rentenversicherungsträgern erhältlich. Es führt die Indikationen, bei denen eine Anschlussheilbehandlung angebracht sein kann, im Detail auf und enthält nützliche Musterformulare.

Wer hilft weiter?

☞ *Krankenkassen*, ☞ *Rentenversicherungsträger*, ☞ *Berufsgenossenschaft* und das ☞ *Sozialamt.*

Arbeitgeberzuschuss

☞ *Teilhabe am Arbeitsleben*

Arbeitsamt

☞ *Agentur für Arbeit*

Arbeitsassistenz

(§ 33 Abs. 8 Nr. 3, § 102 Abs. 4 SGB IX)

Das Wichtigste in Kürze

Die Arbeitsassistenz ist eine Geldleistung, mit der in der Regel körperbehinderte Arbeitnehmer Helfer bezahlen, die die Tätigkeiten ausführen, die aufgrund der Behinderung nicht möglich sind. Arbeitsassistenten lesen z.B. Blinden vor oder erledigen Boten- und Transportdienste für Rollstuhlfahrer. Je nach Unterstützungsbedarf bekommt der Arbeitnehmer 275,- € bis 1.100,- € zur Verfügung gestellt. Die Arbeitsassistenz ist eine Leistung der ☞ *Teilhabe am Arbeitsleben.*

1. Voraussetzungen

Hauptsächlich schwer sinnengeschädigte Menschen (Blinde oder Gehörlose) und Rollstuhlfahrer bekommen Arbeitsassistenz. Folgende Voraussetzungen müssen erfüllt sein:

- Der Arbeitnehmer muss schwerbehindert sein und bei der Arbeitsausführung erheblichen Unterstützungsbedarf haben.
- Der Unterstützungsbedarf muss regelmäßig und dauerhaft sein.
- Die arbeitsvertraglichen Tätigkeiten (= Kerntätigkeiten) muss der Schwerbehinderte selbst erbringen, die Arbeitsassistenz leistet nur Hilfstätigkeiten und gleicht behinderungsbedingte Funktionseinschränkungen aus.
- Weder die behindertengerechte Arbeitsplatzgestaltung noch eine vom Arbeitgeber bereitgestellte Assistenz (z.B. Kollegenhilfe) reichen aus, damit der schwerbehinderte Arbeitnehmer seine Tätigkeit ausführen kann.

2. Ziele und Kostenträger

Arbeitsassistenz kann 2 Ziele anstreben:

1. einen sozialversicherungspflichtigen Arbeitsplatz zu **erlangen** (§ 33 Abs. 8 Nr. 3 SGB IX). In diesem Fall wird die Arbeitsassistenz durch den zuständigen Reha-Träger (☞ *Rehabilitation Zuständigkeit*) finanziert. Der Anspruch ist auf 3 Jahre befristet.
2. einen sozialversicherungspflichtigen Arbeitsplatz zu **erhalten** (§ 102 Abs. 4 SGB IX). Dann ist der Kostenträger das ☞ *Integrationsamt.*

3. Höhe

Arbeitsassistenz ist eine Geldleistung, d.h. der schwerbehinderte Arbeitnehmer bekommt ein ☞ *Persönliches Budget* (§ 17 SGB IX) und stellt dafür eine Arbeitsassistenz ein. Der Behinderte selbst entscheidet über den konkreten Unterstützungsbedarf, tritt dann selbst als Arbeitgeber auf und schließt mit seinem Arbeitsassistenten einen Vertrag ab. Er kann auch einen Anbieter von Assistenzdienstleistungen beauftragen, bezahlt aber auch dann die Arbeitsassistenz selbst.

Das Geld, das er vom Integrationsamt dafür zur Verfügung gestellt bekommt, richtet sich nach dem durchschnittlichen täglichen Arbeitsassistenz-Bedarf und soll in Verhältnis zum Integrationserfolg stehen, d.h. zum Einkommen, das der schwerbehinderte Arbeitnehmer erzielt.

Die Bundesarbeitsgemeinschaft der Integrationsämter hat folgende monatlichen Budgets empfohlen (Stand: 1.8.2005):

Durchschnittlicher täglicher Unterstützungsbedarf	Monatliches Budget
unter 1 Stunde	bis zu 275,- €
1 Stunde bis unter 2 Stunden	bis zu 550,- €
2 bis unter 3 Stunden	bis zu 825,- €
mind. 3 Stunden	bis zu 1.100,- €

Praxistipp

Weitere Informationen zu Rechtsgrundlagen, Richtlinien und Arbeitspapieren sowie Beratung und Praxistipps zum Thema „Arbeit durch Arbeitsassistenz" gibt die „Bundesarbeitsgemeinschaft für Unterstützte Beschäftigung" BAG UB, Schulterblatt 36, 20357 Hamburg, Telefon 040 4325312-3, Fax 040 4325312-5, www.bag-ub.de, info@bag-ub.de.

Wer hilft weiter?

Der zuständige Träger der Teilhabe am Arbeitsleben (☞ *Krankenkassen*, ☞ *Rentenversicherungsträger*, ☞ *Berufsgenossenschaften*, Agentur für Arbeit oder ☞ *Sozialamt*) oder das ☞ *Integrationsamt*.

Arbeitsausrüstung

☞ *Teilhabe am Arbeitsleben*

Arbeitserprobung

☞ *Berufsfindung und Arbeitserprobung*

Arbeitsgeräte

☞ *Teilhabe am Arbeitsleben*

Arbeitskleidung

☞ *Teilhabe am Arbeitsleben*

Arbeitslosengeld

(§§ 117 ff. SGB III)

Das Wichtigste in Kürze

Arbeitslosengeld gibt es normalerweise 12 Monate lang. Wer bei Beginn der Arbeitslosigkeit mindestens 50 Jahre alt ist, hat einen längeren Anspruch: je nach Alter bis zu 24 Monate. Das Arbeitslosengeld beträgt 60 (ohne Kinder) bzw. 67 % vom letzten Nettogehalt. Arbeitslosengeldempfänger sind über die Agentur für Arbeit gesetzlich kranken-, pflege- und unfallversichert und meist auch rentenversichert. Wichtig ist eine persönliche und frühzeitige Arbeitslosenmeldung.
Genaue und verbindliche Auskünfte geben die Agenturen für Arbeit.

1. Voraussetzungen

Folgende Voraussetzungen müssen erfüllt sein:

- Arbeitslosigkeit
- Bereitschaft, der Arbeitsvermittlung zur Verfügung zu stehen
- **Persönliche** Arbeitslosenmeldung
- Erfüllung der **Anwartschaftszeit**
  Die erforderliche Anwartschaftszeit ist altersabhängig.

1.1. Erforderliche Anwartschaftzeiten nach Alter

- **Unter 50 Jahre**
  Die Anwartschaftszeit ist erfüllt, wenn der Antragsteller in den letzten **2 Jahren** vor der Arbeitslosenmeldung und dem Eintritt der Arbeitslosigkeit mindestens **12 Monate** (= 360 Kalendertage) in einem Versicherungspflichtverhältnis stand.
- **50 - 54 Jahre**
  Die Anwartschaftszeit ist erfüllt, wenn der Antragsteller in den letzten **5 Jahren** vor der Arbeitslosenmeldung und dem Eintritt der Arbeitslosigkeit mindestens **30 Monate** in einem Versicherungspflichtverhältnis stand.
- **55 - 57 Jahre**
  Die Anwartschaftszeit ist erfüllt, wenn der Antragsteller in den letzten **5 Jahren** vor der Arbeitslosenmeldung und dem Eintritt der Arbeitslosigkeit mindestens **36 Monate** in einem Versicherungspflichtverhältnis stand.
- **58 - 64 Jahre**
  Die Anwartschaftszeit ist erfüllt, wenn der Antragsteller in den letzten **5 Jahren** vor der Arbeitslosenmeldung und dem Eintritt der Arbeitslosigkeit mindestens **48 Monate** in einem Versicherungspflichtverhältnis stand.

Mehr Informationen: www.betanet.de

Über andere berücksichtigungsfähige Zeiten zur Erfüllung der Anwartschaftszeit informiert die Agentur für Arbeit.

2. Dauer

Die **Dauer** des Anspruchs auf Arbeitslosengeld ist vom Alter des Antragstellers abhängig.

- unter 50 Jahre: 6 - 12 Monate
- 50 - 54 Jahre: 15 Monate
- 55 - 57 Jahre: 18 Monate
- 58 - 64 Jahre: 24 Monate

Seit 2005 gibt es keine Arbeitslosenhilfe mehr. Besteht kein Anspruch auf Arbeitslosengeld mehr, dann erhält der Arbeitssuchende unter bestimmten Voraussetzungen Leistungen zur ☞ *Grundsicherung für Arbeitssuchende*.

Der **Anspruch** auf Arbeitslosengeld entfällt mit dem 65. Geburtstag.

2.1. Sperrzeit

Sperrzeit heißt, dass das Arbeitslosengeld in der Regel 12 Wochen nicht gezahlt wird, bei besonderen Tatbeständen 3 oder 6 Wochen. Gleichzeitig vermindert sich die Anspruchsdauer um diese Zeit.
Eine Sperrzeit wird verhängt,

- wenn der Antragsteller die Arbeitslosigkeit ohne wichtigen Grund oder durch arbeitsvertragswidriges Verhalten selbst grob fahrlässig herbeigeführt hat.
- wenn mit dem letzten Arbeitgeber ein Aufhebungsvertrag geschlossen wurde.
- wenn eine von der Agentur für Arbeit angebotene Arbeit oder eine Maßnahme der beruflichen Fort- und Weiterbildung ohne wichtigen Grund abgelehnt, abgebrochen oder nicht angetreten wird.
- wenn sich der (künftige) Arbeitslose nicht rechtzeitig bei der Agentur für Arbeit gemeldet hat.

Die **Dauer** eine Sperrzeit bei unzureichenden Eigenbemühungen beträgt 2 Wochen, bei Meldeversäumnissen jeweils eine Woche.

Bei Sperrzeiten von insgesamt **21 Wochen** erlischt der Anspruch auf Arbeitslosengeld.

3. Höhe

Die **Höhe** hängt ab von der durchschnittlichen Höhe des zuletzt bezogenen versicherungspflichtigen Arbeitsentgelts, der Lohnsteuerklasse und dem Vorhandensein von Kindern. Arbeitslose **mit Kind** bekommen **67 %** des Nettoarbeitsentgelts, Arbeitslose **ohne Kind 60 %**.

3.1. Hinzuverdienst

Arbeitslose dürfen dazuverdienen, das Nebeneinkommen **muss** aber in jedem Fall der Agentur für Arbeit gemeldet werden: Die Arbeitszeit muss **unter 15 Stunden** wöchentlich liegen.
Es gibt einen Freibetrag von monatlich 165,- €, der vom Nettoeinkommen abgezogen wird. Was darüber hinaus geht, wird auf das Arbeitslosengeld angerechnet.
Ausnahme: Wurde die Erwerbstätigkeit bereits vor Beginn der Arbeitlosigkeit ausgeübt (mindestens 12 Monate innerhalb der letzten 18 Monate), kann ein individuell höherer Freibetrag gelten.

4. Sozialversicherung

Bezieher von Arbeitslosengeld sind über die Agentur für Arbeit gesetzlich **kranken-, pflege-** und **unfallversichert**. Sie sind auch **rentenversichert**, wenn im Jahr vor Beginn des Arbeitslosengeldbezugs Rentenversicherungspflicht bestand.

5. Frühzeitige Meldepflicht bei drohender Arbeitslosigkeit

Arbeitnehmer müssen sich unmittelbar nach **Kenntnis** der Beendigung ihres Arbeitsverhältnisses (z.B. Kündigung oder Aufhebungsvertrag) oder eines sonstigen Versicherungspflichtverhältnisses (z.B. Wehrdienst oder Krankengeldbezug) persönlich bei der Agentur für Arbeit melden. Die Meldung muss **3 Monate vor** Ablauf des Arbeitsverhältnisses erfolgen, außer der Arbeitnehmer erfährt erst später von der eintretenden Arbeitslosigkeit. Bei Nichtbeachtung dieser Meldepflicht kommt es zu einer einwöchigen Sperrzeit.

6. Nahtlosigkeit

Ist die Arbeitsfähigkeit eines Arbeitslosen gemindert, gibt es als Sonderform das ☞ *Arbeitslosengeld bei Arbeitsunfähigkeit*, die sogenannte Regelung im Sinne der Nahtlosigkeit.

Wer hilft weiter?

Die örtliche ☞ *Agentur für Arbeit*. Nur dort bekommt man Auskunft ob und in welcher Höhe Leistungen zustehen.

Arbeitslosengeld bei Arbeitsunfähigkeit

(§ 125 SGB III)

Das Wichtigste in Kürze

Wenn die Leistungsfähigkeit eines Arbeitslosen gemindert ist, gibt es eine Sonderform des Arbeitslosengelds, die sogenannte Regelung im Sinne der Nahtlosigkeit. Diese Zahlung überbrückt die Zeit ohne Arbeitslosengeld (weil man nicht vermittelt werden kann), bis eine andere Leistung, z.B. Weiterbildung oder Rente, gezahlt wird.

1. Voraussetzungen

Folgende Voraussetzungen müssen erfüllt sein:

- Arbeitslosigkeit
  oder
  Bestehen eines Arbeitsverhältnisses, das jedoch aufgrund einer Krankheit/Behinderung schon mindestens 6 Monate nicht mehr ausgeübt werden konnte.
- Erfüllung der **Anwartschaftszeit**
  Die Anwartschaftszeit ist erfüllt, wenn der Antragsteller in den letzten 2 Jahren vor der Arbeitslosenmeldung und dem Eintritt der Arbeitslosigkeit mindestens 12 Monate (= 360 Kalendertage) in einem Versicherungspflichtverhältnis stand. Über andere berücksichtigungsfähige Zeiten informieren die Agenturen für Arbeit.
- Der Arbeitslose steht wegen einer Minderung seiner Leistungsfähigkeit länger als 6 Monate der Arbeitsvermittlung nicht zur Verfügung, weswegen kein Anspruch auf Arbeitslosengeld besteht.
- Es wurden entweder ☞ *Abgestufte Erwerbsminderungsrente* beim zuständigen Rentenversicherungsträger beantragt oder Maßnahmen zur beruflichen Eingliederung Behinderter (☞ *Teilhabe am Arbeitsleben*, ☞ *Medizinische Rehabilitation*).
  Der Antrag muss innerhalb eines Monats nach Zugang eines entsprechenden Aufforderungsschreibens der Agentur für Arbeit gestellt worden sein. Wurde ein solcher Antrag unterlassen, **ruht** der Anspruch auf Arbeitslosengeld nach Ablauf der Monatsfrist bis zu dem Tag, an dem der Arbeitslose den Antrag stellt.
  Hat der Rentenversicherungsträger die verminderte Erwerbsfähigkeit bereits **festgestellt**, besteht **kein** Anspruch auf Nahtlosigkeits-Arbeitslosengeld.

2. Dauer

Das Arbeitslosengeld im Wege der sogenannten **Nahtlosigkeit** wird gezahlt, bis über die Frage der verminderten Erwerbsfähigkeit entschieden wird. Damit überbrückt es die Übergangszeit, in der der Rentenversicherungsträger über das Vorliegen einer verminderten Erwerbsfähigkeit entscheidet.

3. Höhe

Relevant ist, was der Arbeitslose zuletzt im Bemessungszeitraum (in der Regel die letzten 52 Wochen vor Arbeitslosigkeit) als Voll-Erwerbstätiger verdient hat. Es kommt **nicht** darauf an, was der Arbeitslose aufgrund der Minderung seiner Leistungsfähigkeit verdienen könnte.

Wird für die Zeit des Nahtlosigkeits-Arbeitslosengelds **rückwirkend** ☞ *Übergangsgeld* gezahlt oder Rente gewährt, erhält der Arbeitslose nur den evtl. überschießenden Betrag. War das Nahtlosigkeits-Arbeitslosengeld höher, muss er den überschießenden Betrag jedoch **nicht** zurückzahlen.

Praxistipp

Wird dem Arbeitslosen vom Rentenversicherungsträger Leistungsfähigkeit von mehr als 15 Stunden wöchentlich bescheinigt, muss er sich, um weiterhin Arbeitslosengeld zu beziehen, der Arbeitsvermittlung zur Verfügung stellen - auch wenn er mit der Entscheidung des Rentenversicherungsträgers nicht einverstanden ist und gegen diese gerichtlich vorgeht.
Obwohl das Verhalten des Arbeitslosen gegenüber dem Rentenversicherungsträger (Geltendmachung von Leistungsunfähigkeit) im Widerspruch zum Verhalten gegenüber der Agentur für Arbeit (Leistungsfähigkeit und Bereitschaft zur Arbeitsaufnahme) steht, muss der Arbeitslose im Verfahren mit dem Rentenversicherungsträger keine Nachteile befürchten, da die Beurteilung über die Leistungsfähigkeit ausschließlich nach **objektiven** Maßstäben erfolgt. Auf subjektive Erklärungen des Arbeitslosen („sich dem Arbeitsmarkt zur Verfügung zu stellen") kommt es nicht an.

Wer hilft weiter?

Die örtliche ☞ *Agentur für Arbeit*.

Arbeitslosengeld II und Sozialgeld

(§§ 19 ff., 28 SGB II)

Das Wichtigste in Kürze

Arbeitslosengeld II (ALG II) erhalten Arbeitslose nach dem Arbeitslosengeld, wenn sie erwerbsfähig und hilfebedürftig sind. ALG II ist eine Leistung zur Grundsicherung für Arbeitssuchende.

Sozialgeld erhalten Angehörige von ALG-II-Empfängern, die selbst nicht erwerbsfähig oder unter 15 Jahre alt sind.
ALG II und Sozialgeld entsprechen dem Niveau der Sozialhilfe und setzen sich aus drei Bausteinen zusammen: den Regelleistungen (351,- € für Alleinstehende), den Kosten für Miete und Heizung sowie bei besonderen Situationen den Mehrbedarfen.

1. Voraussetzungen

1.1. ALG II

ALG-II-Empfänger müssen 3 Voraussetzungen erfüllen:

- 15 bis unter 65 Jahre alt sein.
- Erwerbsfähig sein, d.h.: mindestens 3 Stunden täglich arbeiten können.
- Hilfebedürftig sein, d.h.: seinen Lebensunterhalt nicht aus eigenem Einkommen und Vermögen bestreiten können.

Detaillierte Erklärungen zu diesen 3 Voraussetzungen unter ☞ *Grundsicherung für Arbeitssuchende*.

1.2. Sozialgeld

Sozialgeld erhalten Angehörige, die mit erwerbsfähigen Hilfebedürftigen in einer ☞ *Bedarfsgemeinschaft* leben und einen der beiden folgenden Punkte erfüllen:

- nicht erwerbsfähig und kein Erhalt von Leistungen der ☞ *Grundsicherung im Alter und bei Erwerbsminderung*
  oder
- das 15. Lebensjahr noch nicht vollendet.

2. Umfang und Höhe

ALG II und Sozialgeld entsprechen dem Niveau der ☞ *Sozialhilfe*. Es gibt seit 1.1.2005 **keine** aufstockenden Leistungen durch das Sozialamt mehr.
ALG II/Sozialgeld kann sich aus folgenden Bausteinen zusammensetzen:

- Pauschalisierte Regelleistungen (= Leistungen zur Sicherung des Lebensunterhalts)

- Kosten für Unterkunft und Heizung
- Beiträge zur gesetzlichen Kranken-, Pflege- und Rentenversicherung
- Mehrbedarfe in besonderen Lebenssituationen
- einmaligen Bedarfe
- befristeter Zuschlag nach Bezug von Arbeitslosengeld

2.1. Pauschalisierte Regelleistungen

Die pauschalisierten Regelleistungen dienen der Sicherung des Lebensunterhalts und sollen die Kosten für Ernährung, Kleidung, Körperpflege, Hausrat, Haushaltsenergie ohne Heizkosten, Bedarfe des täglichen Lebens und Teilnahme am kulturellen Leben abdecken.

Pauschalisierte Regelleistungen		
Alleinstehende, Alleinerziehende, Personen mit einem minderjährigen Partner	100 %	351,- €
Partner ab dem 18. Geburtstag jeweils	90 %	316,- €
Kinder bis zum 14. Geburtstag jeweils	60 %	211,- €
Kinder vom 14. bis zum 25. Geburtstag jeweils	80 %	281,- €
Minderjährige Partner	80 %	281,- €

2.2. Unterkunft und Heizung

(§ 22 SGB II)
Leistungen für Unterkunft und Heizung werden in Höhe der **tatsächlichen** Aufwendungen erbracht, **wenn** diese angemessen sind. Sind diese **nicht** angemessen, dann werden sie maximal 6 Monate übernommen. In dieser Zeit muss der Leistungsempfänger durch Wohnungswechsel, Untervermieten oder auf andere Weise versuchen, die Aufwendungen zu senken.

Personen unter 25
Personen unter 25 Jahren, die umziehen, bekommen nur dann Leistungen für Unterkunft und Heizung, wenn der kommunale Träger dies vor Abschluss des Vertrags über die Unterkunft zugesichert hat. Der Träger muss einem Umzug nur dann zustimmen, wenn
- der Betroffene aus schwerwiegenden sozialen Gründen nicht auf die Wohnung der Eltern oder eines Elternteils verwiesen werden kann
  oder
- der Umzug zur Eingliederung in den Arbeitsmarkt notwendig ist
  oder
- ein sonstiger, ähnlich schwerwiegender Grund vorliegt.

Nur mit dieser Zustimmung wird eine Erstausstattung für die Wohnung als einmalige Hilfe übernommen.

Wohnungsbeschaffungskosten, Mietkautionen und Umzugskosten können bei **vorheriger** Zustimmung durch den kommunalen Träger übernommen werden. Mietkautionen sollen dabei als Darlehen übernommen werden.

Mietschulden sollen als Darlehen übernommen werden, wenn sonst Wohnungslosigkeit droht.

2.3. Kranken-, Pflege-, Rentenversicherung

Die ☞ *Agentur für Arbeit* oder die Arbeitsgemeinschaft (ARGE) übernimmt für **Bezieher von ALG II** die zu zahlenden Beiträge zur gesetzlichen Kranken-, Pflege- und Rentenversicherung. Angehörige, die Sozialgeld beziehen, sind in der Regel über die ☞ *Familienversicherung* kranken- und pflegeversichert.
Bezieher von ALG II, die nicht pflichtversichert sind, bekommen einen Zuschuss von monatlich maximal 118,31 € zur Krankenversicherung, maximal 15,29 € zur Pflegeversicherung und maximal 40,80 € zur Rentenversicherung.

Haben Arbeitssuchende **keinen** Anspruch auf ALG II, besteht auch **keine** Kranken-

Mehr Informationen: www.betanet.de

und Pflegeversicherung durch die Agentur für Arbeit oder ARGE.
Werden diese Personen infolge ihrer Beitragszahlungen zu Kranken- und Pflegeversicherung hilfebedürftig, erhalten sie von der Agentur für Arbeit oder ARGE einen **Zuschuss**, maximal in o.g. Höhe.
Diesen Zuschuss erhalten auch Personen, die **Sozialgeld** beziehen, die **nicht** von der Familienversicherung des ALG-II-Beziehers erfasst sind.

2.4. Mehrbedarfe

(§ 21, 28 SGB II)
Der Mehrbedarf kommt bei den nachfolgenden Zielgruppen zu den Regelleistungen der Tabelle (s.o.) hinzu. Die Prozentangaben beziehen sich immer auf die maßgebende Regelleistung, je nachdem, ob es sich um einen Alleinstehenden, ein Kind unter bzw. über 14 Jahren oder den Partner handelt.

- **Werdende Mütter** ab der 13. Schwangerschaftswoche: 17 %
- **Alleinerziehende,** die mit einem Kind unter 7 Jahren oder mit zwei oder drei Kindern unter 16 Jahren zusammenleben: 36 %
- **Alleinerziehende,** die mit über drei Kindern zusammenleben: 12 % für jedes Kind, maximal aber 60 %
- Erwerbsfähige Hilfebedürftige, die aus medizinischen Gründen eine **kostenaufwendige Ernährung** brauchen: Mehrbedarf in angemessener Höhe. ☞ *Krankenkostzulage*
- Erwerbsfähige, **behinderte** Hilfebedürftige, die Leistungen zur ☞ *Teilhabe am Arbeitsleben* sowie sonstige Hilfen zur Erlangung eines geeigneten Platzes im Arbeitsleben bekommen, oder nicht erwerbsfähige behinderte Personen über 15 Jahre, die ☞ *Eingliederungshilfe* bekommen: 35 %
- Nicht erwerbsfähige Personen mit **Merkzeichen G** im Schwerbehindertenausweis: 17 %, außer sie erhalten einen Mehrbedarf von 35 % für Eingliederungshilfe

Die Summe aller gezahlten Mehrbedarfe darf die Höhe der maßgebenden Regelleistung nicht übersteigen.

2.5. Einmalige Bedarfe

(§ 23 SGB II)
Einmalige Bedarfe gibt es bei

- Erstausstattung für die Wohnung einschließlich Haushaltsgeräte
- Erstausstattung für Bekleidung und Erstausstattung bei Schwangerschaft und Geburt
- Mehrtägigen Klassenfahrten im Rahmen der schulrechtlichen Bestimmungen

2.6. Befristeter Zuschlag nach Bezug von Arbeitslosengeld

(§ 24 SGB II)
Wird nach dem Bezug von ☞ *Arbeitslosengeld* in den folgenden 2 Jahren ALG II bezahlt, gibt es für diesen Zeitraum einen monatlichen Zuschlag.
Höhe: Der Zuschlag beträgt zwei Drittel der Differenz zwischen dem zuletzt bezogenen Arbeitslosengeld (zuzüglich dem ☞ *Wohngeld*, falls eines bezogen wurde) und dem zu zahlenden ALG II oder Sozialgeld.
Der Zuschlag ist im ersten Jahr begrenzt auf

- maximal 160,- € bei erwerbsfähigen Hilfebedürftigen.
- maximal 320,- € bei Partnern.
- maximal 60,- € für minderjährige Kinder, die mit dem Zuschlagsberechtigten in Bedarfsgemeinschaft zusammenleben.

Nach Ablauf eines Jahres wird der Zuschlag halbiert.

Praxistipp

Zudem werden Empfänger von ALG II, Sozialgeld oder Leistungen zur Unterkunft und Heizung von der ☞ *Rundfunk- und Fernsehgebühr* befreit und erhalten eine ☞ *Telefongebührenermäßigung.*
Für Bezieher von ALG II mit befristetem Zuschlag nach Bezug von Arbeitslosengeld trifft dies nicht zu.

3. Hinzuverdienst

Bei Empfängern von ALG II, die nebenbei erwerbstätig sind, wird das monatliche Einkommen vom ALG II abgezogen. Allerdings nicht komplett, sondern ein bestimmter **Freibetrag** wird nicht angerechnet. Der Freibetrag richtet sich nach der Höhe des Bruttoverdienstes und berechnet sich wie folgt.

3.1. Freibetragsregelung seit 1.10.2005

Diese Regelung gilt für Menschen, die seit dem 1.10.2005 erstmals Leistungen erhalten oder eine neue Tätigkeit aufgenommen haben. Der Freibetrag summiert sich aus unterschiedlichen Beträgen, abhängig von Einkommen und Kind:

Einkommen	Freibetrag
bis 400,- €	100,- € (= Grundfreibetrag)
bis 800,- €	100,- € **plus** 20 % des Einkommens, das über 100,- € liegt
zwischen 800,- € und 1.200,- € ohne minderjährigem Kind	100,- € **plus** 20 % des Einkommens, das über 100,- € liegt **plus** 10 % des Einkommens, das über 800,-€ liegt
zwischen 1.200,- € und 1.500,- € mit minderjährigem Kind	100,- € **plus** 20 % des Einkommens, das über 100,- € liegt **plus** 10 % des Einkommens, das über 800,-€ liegt
über 1.200,- € / 1.500,- €	kein Freibetrag, Einkommen wird voll auf das ALG-II angerechnet

3.1.1. Beispiele

Empfänger von ALG II verdient 400,- € im Monat:
Grundfreibetrag 100,- € **plus** 20 % von 300,- € = insgesamt 160,- €. Dieser Betrag wird nicht vom Arbeitslosengeld II abgezogen.

Empfänger von ALG II verdient 1.000,- € im Monat:
Grundfreibetrag 100,- € **plus** 20 % von 700,- € = 240,- € **plus** 10 % von 200,- € = insgesamt 260,- €. Dieser Betrag wird nicht vom Arbeitslosengeld II abgezogen.

4. Anrechnung von Einkommen und Vermögen

Anspruch auf ALG II/Sozialgeld besteht **nur, wenn** der Bedarf nicht aus eigenem Einkommen oder Vermögen gedeckt werden kann. Details zur Anrechnung von Einkommen und Vermögen finden Sie unter
☞ *Grundsicherung für Arbeitssuchende.*

Wer hilft weiter?

Für Anträge und Informationen sind zuständig: die örtlichen Arbeitsgemeinschaften (ARGE), die beauftragte Kommune oder die Agentur für Arbeit vor Ort.

Arbeitslosenversicherung

(SGB III)

Das Wichtigste in Kürze

Die gesetzliche Arbeitslosenversicherung bietet vor allem Lohnersatz während der Arbeitslosigkeit und Leistungen zur beruflichen Rehabilitation. Sie unterstützt zudem die Aufnahme von Arbeits- und Ausbildungsverhältnissen. Für die meisten Arbeiter und Angestellten ist sie eine Pflichtversicherung (Ausnahme Beamte), seit 2006 gibt es auch eine freiwillige Ver-

Mehr Informationen: www.betanet.de

sicherungsmöglichkeit z.B. für pflegende Angehörige. Der Beitrag für Arbeitnehmer beträgt 1,65 % vom Gehalt.

1. Pflichtversicherung

Rechtsgrundlage ist das SGB III. Pflichtversichert sind vor allem Personen, die gegen Arbeitsentgelt mehr als geringfügig oder zu ihrer Berufsausbildung beschäftigt sind. Davon ausgenommen sind z.B. Beamte, Soldaten oder Personen, die das 65. Lebensjahr vollendet haben.

2. Freiwillige Versicherung

Seit dem 1.2.2006 können sich Personen auf Antrag freiwillig versichern, die eine der folgenden Beschäftigungsarten ausüben:

- Pflege eines Angehörigen (☞ *Pflegeperson Pflegeversicherung Soziale Sicherung*).
- Aufnahme einer selbstständigen Tätigkeit (mindestens 15 Stunden/Woche).
- Beschäftigung außerhalb der EU.

2.1. Voraussetzungen

- Innerhalb der letzten 24 Monate vor dieser Beschäftigung (z.B. Pflege eines Angehörigen) hat ein Versicherungspflichtverhältnis von mindestens 12 Monaten bestanden
  oder
  es wurden Entgeltersatzleistungen (nach dem SGB III) von der Agentur für Arbeit bezogen, z.B. ☞ *Arbeitslosengeld* oder ☞ *Übergangsgeld*
  und
- mindestens einen Monat vor dieser Beschäftigung bestand noch ein Versicherungspflichtverhältnis.

2.2. Antrag

Der Antrag auf **freiwillige** Arbeitslosenversicherung ist grundsätzlich innerhalb eines Monats nach Aufnahme dieser Beschäftigung bei der örtlichen Agentur für Arbeit zu stellen.
Bei Pflichtversicherung ist kein Antrag nötig.

3. Beitrag

Der Beitrag zur Arbeitslosenversicherung beträgt 3,3 % des Arbeitsentgelts, allerdings nur bis zur ☞ *Beitragsbemessungsgrenze*. Diese liegt 2008 bei 63.600,-/54.000,- € (West/Ost) jährlich, 5.300,-/4.500,- € (West/Ost) monatlich. Arbeitnehmer und Arbeitgeber zahlen diesen Beitrag je zur Hälfte.
Der Beitrag für freiwillig Versicherte ist folgendermaßen festgelegt:

- für Pflegepersonen: 8,20/6,93 € (West/Ost) (entspricht 3,3 % von 10 % der monatlichen ☞ *Bezugsgröße*)
- für Selbstständige: 20,50/17,33 € (West/Ost) (entspricht 3,3 % von 25 % der monatlichen Bezugsgröße)
- für außerhalb der EU-Beschäftigte: 20,50 € einheitlich (entspricht 3,3 % von 25 % der monatlichen Bezugsgröße)

Freiwillig Versicherte tragen den Beitrag allein.

4. Die wichtigsten Leistungen der Arbeitslosenversicherung

☞ *Arbeitslosengeld*
☞ *Arbeitslosengeld bei Arbeitsunfähigkeit*
☞ *Ausbildungsgeld*
☞ *Teilhabe am Arbeitsleben*
☞ *Teilnahmekosten*
☞ *Gründungszuschuss*
☞ *Übergangsgeld*

Wer hilft weiter?

Zuständig für die Arbeitslosenversicherung ist die ☞ *Agentur für Arbeit*. Ansprechpartner ist die örtlich zuständige Agentur für Arbeit.

Arbeitsplatz

☞ *Teilhabe am Arbeitsleben*

Soziale Fragen? betafon 01805 - 238 2366!

Arbeitstherapie und Belastungserprobung

(§ 26 SGB IX - § 42 SGB V - § 15 SGB VI - § 27 SGB VII)

Das Wichtigste in Kürze

Arbeitstherapie und Belastungserprobung sollen die Wiedereingliederung in das Arbeitsleben unterstützen und gehören zu den Leistungen der ☞ *Medizinischen Rehabilitation.* Die Arbeitstherapie ist auf die Arbeitsaufnahme im alten Beruf gerichtet, die Belastungerprobung klärt die Belastbarkeit für die Berufstätigkeit im alten oder in einem neuen Beruf. Rentenversicherungsträger, Berufsgenossenschaften oder Krankenkassen können die Kosten übernehmen.

1. Arbeitstherapie

Als Arbeitstherapie gelten die Ausbildung und Klärung von

- Handfertigkeiten,
- handwerklich-technischen Fähigkeiten und/oder
- geistig-psychischen Befähigungen (z.B. Interesse, Ausdauer, Pünktlichkeit, Auftreten im Arbeitsmilieu, Kontaktfähigkeit, Kooperationsbereitschaft)

zur Vorbereitung auf die Arbeitsaufnahme im alten Beruf.

2. Belastungserprobung

Als Belastungserprobung gelten

- die Feststellung der körperlichen und geistig-seelischen Leistungsbreite durch praktische Überprüfung oder Tests.
- die Ermittlung der Eignung eines Behinderten für die allgemeine soziale oder berufliche Wiedereingliederung in den erlernten oder einen neuen angemessenen Beruf.

3. Voraussetzungen und Kostenübernahme

Die Rentenversicherungsträger, die Berufsgenossenschaften oder die Krankenkassen übernehmen unter bestimmten Voraussetzungen die Kosten, wenn

- die Maßnahmen ärztlich verordnet sind **und**
- noch nicht abschließend beurteilt werden kann, welche Leistungen zur ☞ *Teilhabe am Arbeitsleben* für den Versicherten notwendig werden können.

Bei Geringverdienenden oder nicht Versicherten kommt unter Umständen das ☞ *Sozialamt* für die Kosten auf, Näheres ☞ *Vorbeugende Gesundheitshilfe.*

Wer hilft weiter?

Individuelle Auskünfte erteilt der jeweils zuständige Rehabilitationsträger: ☞ *Rentenversicherungsträger,* ☞ *Berufsgenossenschaften,* ☞ *Krankenkassen* oder das ☞ *Sozialamt.*

Arbeitsunfähigkeit

Das Wichtigste in Kürze

Wer seinen Beruf aufgrund von Krankheit oder Unfall nicht oder nur unter Gefahr der Verschlimmerung des Zustands weiter ausüben kann, gilt als arbeitsunfähig. Bei einer Arbeitsunfähigkeit ist der Arbeitnehmer verpflichtet, seinen Arbeitgeber sofort zu informieren, eine ärztliche Bescheinigung muss er spätestens nach 3 Tagen vorlegen.

1. Allgemeines

Arbeitsunfähigkeit (AU) ist ein durch Krankheit oder Unfall hervorgerufener regelwidriger Körper- oder Geisteszustand, aufgrund dessen der in der Kranken- und Unfallversicherung Versicherte seine bisherige Erwerbstätigkeit nicht oder nur unter Gefahr der Verschlimmerung des Zustands weiter

Mehr Informationen: www.betanet.de

ausüben kann. Die AU ist Voraussetzung für Entgeltfortzahlung und ☞ *Krankengeld* oder ☞ *Verletztengeld*.

2. Mitteilungspflicht

Der Arbeitnehmer ist verpflichtet, dem Arbeitgeber die Arbeitsunfähigkeit und die voraussichtliche Dauer unverzüglich mitzuteilen, telefonische Mitteilung genügt. Dauert die AU länger als 3 Kalendertage, muss der Arbeitnehmer eine ärztliche Bescheinigung über die AU und die voraussichtliche Dauer spätestens am darauf folgenden Arbeitstag vorlegen (§ 5 EntgeltfortzahlungsG). Es kann aber im Arbeitsvertrag festgelegt sein, dass die AU-Bescheinigung bereits am ersten Tag der Erkrankung vorzulegen ist.

3. Inhalt der Arbeitsunfähigkeitsbescheinigung

Der behandelnde Arzt stellt eine AU-Bescheinigung in **doppelter** Ausfertigung aus, die der Patient unverzüglich weiterleitet:

1. Das Original (mit Diagnose) geht an die Krankenkasse.
2. Der Durchschlag (ohne Diagnose) geht an den Arbeitgeber.

Die AU-Bescheinigung(en) des Arztes muss/müssen vom ersten Tag der Erkrankung an lückenlos sein.

Die AU-Bescheinigung gilt als Nachweis der AU. Sowohl Arbeitgeber als auch Krankenkasse sind zunächst an die AU-Bescheinigung gebunden. Bestehen Zweifel an der AU, hat die Krankenkasse die Möglichkeit, den Medizinischen Dienst der Krankenversicherung (☞ *MDK*) einzuschalten. Auch der Arbeitgeber kann sich bei Zweifeln an die ☞ *Krankenkasse* wenden, damit diese den MDK einschaltet.

4. AU länger als 6 Wochen

Ab der 7. Krankheitswoche übersendet die Krankenkasse dem Arbeitgeber eine Verdienstbescheinigung, in welche dieser die für die Berechnung des Krankengelds notwendigen Angaben einträgt. Außerdem erhält der Arbeitnehmer von der Krankenkasse einen sogenannten Auszahlschein, auf dem der Arzt das Fortbestehen der Arbeitsunfähigkeit bestätigt.

4.1. AU im Ausland

Bei Arbeitsunfähigkeits-Bescheinigungen **ausländischer Ärzte** kann die Krankenkasse den ☞ *MDK* heranziehen. Die Krankenkasse ist jedoch an die Feststellung der AU-Bescheinigung durch den Versicherungsträger eines **EU-Landes** gebunden, wenn die Krankenkasse nicht von der Möglichkeit Gebrauch macht, den Versicherten (in dessen Wohnland) von einem Arzt ihrer Wahl untersuchen zu lassen.

Praxistipp

Die AU-Bescheinigung sollte im Wesentlichen folgenden Wortlaut haben: „Erkrankung des Versicherten, die es ihm unmöglich macht seine vertragliche noch eine ähnliche Tätigkeit zu verrichten."

Arbeitsunfall

(§ 8 SGB VII)

Das Wichtigste in Kürze

Ein Unfall gilt versicherungsrechtlich als Arbeitsunfall, wenn der eingetretene Gesundheitsschaden auf den betrieblichen Bereich im weitesten Sinne zurückzuführen ist, dazu zählt auch der Weg zur Arbeit. Arbeitsunfälle, die eine Arbeitsunfähigkeit von mehr als 3 Tagen zur Folge haben, müssen bei der Berufsgenossenschaft gemeldet werden, die dann auch für alle Folgeleistungen zuständig ist. Bei Alkohol-, Rauschgift- oder Tablettenmissbrauch entfällt der Versicherungsschutz.

1. Arbeitsunfälle

Als Arbeitsunfälle gelten Unfälle:

- die Versicherte infolge ihrer beruflichen oder sonst versicherten Tätigkeit erleiden. Die **Kausalität** ist wichtig: Der eingetretene Gesundheitsschaden **muss** auf den betrieblichen Bereich zurückzuführen sein. Er muss durch den Arbeitsunfall verursacht worden sein und nicht ein schon vorhandener gesundheitlicher Schaden sein, der während der versicherten Tätigkeit akut wurde.

- auf dem Hin- und Rückweg von und zur Arbeitsstätte: **Wegeunfall** (siehe unten).
- im Zusammenhang mit der Erstbeschaffung von Arbeitsgerät auf Veranlassung des Unternehmers sowie bei Verwahrung, Beförderung, Instandhaltung oder Erneuerung eines Arbeitsgerätes oder einer Schutzausrüstung.
- bei Teilnahme am Betriebssport.
- im Rahmen eines Betriebsausflugs oder einer Betriebsfeier.
- Wie Arbeitsunfälle behandelt werden Gesundheitsschäden, die infolge einer ☞ *Organspende* auftreten. Zuständig für Schäden des Spenders ist die jeweilige Gemeindeunfallversicherung.

2. Wegeunfall

Der Wegeunfall ist eine **Unterform des Arbeitsunfalls**.

Zu den von der Unfallversicherung versicherten Wegen zählen

- der direkte Hin- und Rückweg von und zur Arbeitsstätte.
- Wegeabweichungen zur Unterbringung von Kindern des Versicherten, z.B. in den Kindergarten.
- Wegeabweichungen bei Fahrgemeinschaften durch gemeinsame Benutzung eines Fahrzeugs, z.B. Umwege nach oder von dem Ort der Tätigkeit aufgrund der Teilnahme an einer Fahrgemeinschaft.
- Wegeabweichungen aufgrund von Umleitungen.
- Wegeabweichungen, weil der Arbeitsplatz über einen längeren Weg schneller erreicht werden kann.

3. Eigenverschulden

Ein Eigenverschulden des Versicherten in Form von Fahrlässigkeit oder grober Fahrlässigkeit ist bei der Annahme eines Versicherungsfalls ohne Bedeutung.
War jedoch Trunkenheit, Rauschgift- oder Tablettenmissbrauch die rechtlich allein wesentliche, d.h. kausale Ursache des Unfalls, entfällt der Versicherungsschutz. Er entfällt auch, wenn der Unfall vorsätzlich herbeigeführt wurde.

4. Anzeige

Arbeits- oder Wegeunfälle, die zu einer ☞ *Arbeitsunfähigkeit* von mehr als 3 Kalendertagen führen, **muss** der Arbeitgeber an die ☞ *Berufsgenossenschaft* melden.

Praxistipp Unfallanzeige

1. Die Meldung erfolgt vom verunfallten Arbeitnehmer oder von einer von diesem „beauftragten" Person (kann ein Kollege, ein Angehöriger oder eine andere Person sein) an den Arbeitgeber.
2. Der Arbeitgeber meldet den Unfall dem für seine Firma zuständigen Unfallversicherungsträger (☞ *Berufsgenossenschaften*). Bei Kindern, Schülern, Studenten muss der Unfall an den Kindergarten oder an die (Hoch-)Schule gemeldet werden. Die Meldung wird von dieser Stelle dann weitergeleitet.
3. Aufsuchen des Durchgangsarztes (= spezieller Arzt der Unfallversicherungsträger), der beurteilt, ob eine Behandlung durch einen niedergelassenen Kassenarzt ausreicht.
4. Die Berufsgenossenschaft hat das Recht, den Unfallgeschädigten zusätzlich zu einem externen Gutachter zu schicken oder die erhaltenen Unterlagen einem externen Gutachter vorzulegen.

Wer hilft weiter?

Auskünfte erteilen die ☞ *Berufsgenossenschaften*.

Soziale Fragen? betafon 01805 - 238 2366!

Mehr Informationen: www.betanet.de

Arbeitsverhinderung

☞ *Pflegezeit*

Arznei- und Verbandmittel

(§ 31 SGB V - § 15 SGB VI i.V.m. § 26 SGB IX - § 29 SGB VII)

Das Wichtigste in Kürze

Wenn ein Arzt Arznei- oder Verbandmittel verschrieben hat, werden die Kosten in der Regel von der Krankenkasse oder anderen Versicherungsträgern bezahlt. Krankenkassenmitglieder müssen allerdings für viele Arzneimittel Zuzahlungen in Höhe von 10 % des Abgabepreises leisten, mindestens 5,- € und höchstens 10,- €. Aufgrund verschiedener Bestimmungen kann es aber auch eine Befreiung von der Zuzahlung geben.

1. Arzneimittel

Arzneimittel sind Substanzen, deren bestimmungsgemäße Wirkung darin liegt, Krankheitszustände zu heilen oder zu bessern.
Nicht darunter fallen:

- Substanzen, die dem allgemeinen Lebensbedarf dienen und deren objektiver Zweck nicht in der Einwirkung auf einen Krankheitszustand liegt
- Empfängnisverhütungsmittel (☞ *Schwangerschaftsverhütung*)
- Ballaststoffe (Leinsamen, Weizenkleie etc.)
- Kosmetische Mittel und Mittel zur Körperpflege

2. Verbandmittel

Verbandmittel sind Gegenstände, die dazu bestimmt sind, an der Oberfläche geschädigte Körperteile zu bedecken, Körperflüssigkeiten aufzusaugen und der Anwendung von Arzneimitteln zu dienen.

3. Kostenübernahme

Die Kosten für Arznei- und Verbandmittel werden von der ☞ *Krankenkasse*, dem ☞ *Rentenversicherungsträger* und der ☞ *Berufsgenossenschaft* übernommen, wenn der Arzt die Mittel verschrieben hat. In Einzelfällen tritt die ☞ *Krankenhilfe* des Sozialhilfeträgers für die Kosten ein.

Nicht bezahlt werden:

- **Bagatellarzneimittel** (§ 34 Abs. 1 SGB V)
  - Mittel gegen Erkältungskrankheiten, grippale Infekte, Schnupfen und Schmerzen, hustendämpfende und -lösende Mittel
  - Mund- und Rachentherapeutika, ausgenommen bei Pilzinfektionen
  - Abführmittel
  - Mittel gegen Reisekrankheit
- Arzneimittel, bei deren Anwendung eine **Erhöhung der Lebensqualität** im Vordergrund steht, insbesondere (§ 34 Abs. 1 SGB V):
  - zur Behandlung der erektilen Dysfunktion
  - zur Anreizung und Steigerung der sexuellen Potenz
  - zur Raucherentwöhnung
  - zur Abmagerung oder zur Zügelung des Appetits
  - zur Regulierung des Körpergewichts
  - zur Verbesserung des Haarwuchses
- **Unwirtschaftliche** Arzneimittel (§ 34 Abs. 3 SGB V) mit geringem oder umstrittenem therapeutischen Nutzen
- **Nicht verschreibungspflichtige** Arzneimittel

  Ausnahmen
  - Nicht verschreibungspflichtige Arzneimittel, die bei der **Behandlung schwerwiegender Erkrankungen als Therapiestandard** gelten, dürfen vom Arzt mit medizinischer Begründung verordnet werden. Diese Medikamente bzw. Wirkstoffe stehen in den sogenannten Arzneimittel-Richtlinien/AMR des Gemeinsamen Bundesausschusses unter www.g-ba.de > Informations-Archiv > Richtlinien.

- Nicht verschreibungspflichtige Arzneimittel für versicherte Kinder bis zum vollendeten 12. Lebensjahr und für versicherte Jugendliche mit **Entwicklungsstörungen bis zum 18. Geburtstag**.

4. Zuzahlung

Mitglieder der gesetzlichen Krankenversicherung, die das 18. Lebensjahr vollendet haben, müssen für viele Arzneimittel Zuzahlungen in Höhe von 10 % des Abgabepreises des verordneten Arznei- oder Verbandmittels bezahlen, mindestens 5,- € und höchstens 10,- €, umgangssprachlich oft als „Rezeptgebühr" bezeichnet.
Gibt es für das Arzneimittel einen **Festbetrag** (s.u.), dann richtet sich die Zuzahlung nach diesem.

Preis/Festbetrag	Zuzahlung
bis 5,- €	Preis = Zuzahlung
5,01 € - 50,- €	5,- €
50,- € - 100,- €	10 % des Preises
Ab 100,- €	10,- €

Die Zuzahlung darf nicht höher als der Verkaufspreis des Medikaments oder Verbandmittels sein.

4.1. Zuzahlungsfreie Arzneimittel

Aufgrund des Arzneimittelwirtschaftlichkeitsgesetzes befreit der Spitzenverband Bund der Krankenkassen Arzneimittelwirkstoffe von der Zuzahlung.
Auf den Internetseiten der GKV (Die gesetzlichen Krankenkassen) ist eine Übersicht der zuzahlungsbefreiten Arzneimittelwirkstoffe, ebenso eine Liste der zuzahlungsbefreiten Arzneimittel zu finden, die 14-tägig aktualisiert wird: www.gkv.info. Eine komfortable Suchmöglichkeit für zuzahlungsfreie Arzneimittel, Wirkstoffe und Hersteller bietet die Medizinische Medien Informations GmbH unter www.meine-gesundheit.de.
Darüberhinaus können Medikamente eines Arzneimittelherstellers, mit dem die Krankenkasse einen Rabattvertrag geschlossen hat, ganz oder zur Hälfte zuzahlungsfrei sein.

Praxistipp für Patienten

Will ein Patient wissen, ob es für die Medikamente, die er einnehmen muss, zuzahlungsbefreite Alternativen gibt, dann kann er auf www.gkv.info nachschauen.
Folgendes Vorgehen ist dabei empfehlenswert:

- **Wirkstoff** des eigenen Medikaments ermitteln: steht auf der Packung unter dem Medikamentennamen oder auf dem Beipackzettel.
- Überprüfen, ob der Wirkstoff in der **Wirkstoffliste** steht.
- **Wenn nein**, ist keine Zuzahlungsbefreiung möglich. Letzte Möglichkeit ist, den Arzt darauf anzusprechen, ob möglicherweise der Umstieg auf einen ähnlichen Wirkstoff dieselbe Therapiewirkung erbringt und die Zuzahlung spart. Allerdings gibt es viele Medikamentengruppen, bei denen es keine Befreiung von der Zuzahlung gibt.
- **Wenn ja**, den **Arzt** ansprechen, ob es auch tatsächlich ein zuzahlungsfreies Medikament gibt und ob ein Umstieg auf eine zuzahlungsfreie Alternative aus medizinischen Gründen möglich ist.
  Alternative ist, den Arzt um die Verordnung des Wirkstoffs zu bitten (also nicht eines bestimmten Medikaments einer bestimmten Firma) und den **Apotheker** um Prüfung zu bitten, ob es von dem Wirkstoff ein zuzahlungsfreies Produkt gibt.
- **Anmerkung**: Tatsächlich ist dieses Thema im Detail noch um vieles komplexer, da auch die Darreichungsformen (z.B. Tropfen, Tablette, Salbe) und die Wirkstärke (wie viel mg des Wirkstoffs sind z.B. in einer Tablette enthalten) eine Rolle spielen. Es ist deshalb auf jeden Fall der Rat des behandelnden Arztes einzuholen.

Mehr Informationen: www.betanet.de

4.2. Grundsätzlich zuzahlungsfrei

Keine Zuzahlung gilt grundsätzlich
- bei Harn- und Blutteststreifen.
- für **Schwangere, wenn** das Arznei- und Verbandmittel im Zusammenhang mit Beschwerden in der Schwangerschaft und bei der Entbindung steht.
- für Kinder bis zum 18. Lebensjahr. (Achtung bei Preisen über Festbetrag, siehe unten.)
- wenn die ☞ *Unfallversicherung* leistet.
  Praxistipps
  - Mit dem Vermerk „FREI, da über Unfallversicherung" auf dem Rezept vermeidet der Arzt Nachfragen und Unklarheiten.
  - Sind Festbeträge im Sinne der Krankenversicherung festgesetzt, trägt die ☞ *Unfallversicherung* die Kosten der Arznei- und Verbandmittel bis zu dieser Höhe. Auf eventuelle Mehrkosten über die Festbeträge hinaus hat der Arzt den Patienten hinzuweisen.
- für **Zivildienstleistende.**
  Praxistipp
  - Bei Zivildienstleistenden ist auf der Verordnung „gebührenfrei" zu markieren. Die Kosten trägt in diesem Fall das Bundesamt für Zivildienst.

4.3. Überschreiten der Belastungsgrenze

Patienten werden auf Antrag auch von der Zuzahlung befreit, wenn sie ihre Belastungsgrenze überschreiten. Details zu den verschiedenen Belastungsgrenzen unter ☞ *Zuzahlungsbefreiung Krankenversicherung.*

5. Festbetrag

Der Festbetrag ist der erstattungsfähige Höchstbetrag bei einem Arzneimittel. Liegt der Preis eines verordneten Arzneimittels darüber, muss der Versicherte selbst den Differenzbetrag (Mehrkosten) zahlen. Die Zuzahlung (s.o.) richtet sich nach dem (niedrigeren) Festbetrag. In der Summe zahlt der Patient also Mehrkosten plus Zuzahlung. Den Differenzbetrag müssen auch Versicherte zahlen, die von der Zuzahlung befreit sind, z.B. Kinder unter 18 Jahren.

6. Verordnung spezieller neuer oder kostenintensiver Arzneimittel

Vor Verordnung von z.B. sehr stark wirksamen Krebsmedikamenten oder biotechnologisch hergestellten Medikamenten muss der behandelnde Arzt eine Zweitmeinung eines fachlich besonders ausgewiesenen Arztes einholen. Nähere Richtlinien hierzu legt der ☞ *Gemeinsame Bundesausschuss* noch fest.

6.1. Richtlinien zur Verordnung

Der ☞ *Gemeinsame Bundesausschuss* hat zur Verordnung von Arzneimitteln sogenannte Arzneimittel-Richtlinien/AMR erstellt. Diese Richtlinien können Sie unter www.g-ba.de > Informations-Archiv > Richtlinien downloaden.

Praxistipps

- Für Patienten lohnt es sich, aktiv nach billigeren Alternativen zu fragen, da sich die Höhe der Zuzahlung seit 1.1.2004 nicht mehr pauschal nach der Packungsgröße, sondern nach dem individuellen Preis des Arzneimittels richtet und weil bestimmte Arzneimittel seit 1.7.2006 ganz zuzahlungsfrei sein können.
- Die Preise für **nicht verschreibungspflichtige** Arzneien und Produkte sind seit 1.1.2004 nicht mehr gesetzlich vorgeschrieben, sondern unterliegen dem freien Wettbewerb. Die Apotheker legen den Preis individuell fest.

Wer hilft weiter?

Individuelle Auskünfte erteilt der jeweils zuständige Sozialversicherungsträger: Meist die ☞ *Krankenkassen*, aber auch ☞ *Rentenversicherungsträger*, ☞ *Berufsgenossenschaften* oder das ☞ *Sozialamt.*

Asylbewerber

☞ *Ausländer*

Aufenthaltsgenehmigung

☞ *Ausländer*

Aufwendungsersatz Pflegeperson

☞ *Pflegeperson Sozialhilfe*

Ausbildungsgeld Behinderte

(§§ 104-108 SGB III)

Das Wichtigste in Kürze

Mit dem Ausbildungsgeld wird die berufliche Eingliederung ☞ *Behinderter* gefördert. Es dient dem Lebensunterhalt des Behinderten, der wegen einer Leistung zur ☞ *Teilhabe am Arbeitsleben* keine bzw. keine ganztägige Erwerbstätigkeit ausüben kann. Die Höhe beträgt maximal 353,- € und ist abhängig von der Art der Ausbildung, von der Wohnsituation, vom Alter, vom Familienstand und vom Einkommen des Antragstellers.

1. Voraussetzungen

Wenn **kein** ☞ *Übergangsgeld* gewährt werden kann, erhält ein Behinderter Ausbildungsgeld während einer:

- beruflichen Ausbildung,
- berufsvorbereitenden Bildungsmaßnahme einschließlich deren Grundausbildung **oder**
- Maßnahme im Eingangsverfahren oder Berufsbildungsbereich einer anerkannten Werkstatt für Behinderte.

2. Antrag

Gezahlt wird das Ausbildungsgeld nur auf **Antrag** bei der ☞ *Agentur für Arbeit*. Der Antrag kann auch nach Beginn der Ausbildungsmaßnahme gestellt werden. Es ist allerdings empfehlenswert, sich so früh wie möglich mit dem zuständigen Reha-Berater der Agentur für Arbeit in Verbindung zu setzen. Die erste Zahlung richtet sich nach dem Datum des Antragseingangs bzw. nach dem Beginn der Maßnahme.

3. Dauer und Höhe

Ausbildungsgeld wird in der Regel nur für die Dauer der Teilnahme an einer behindertenspezifischen Bildungsmaßnahme gezahlt. Bei einer **Unterbrechung** der Teilnahme **aus gesundheitlichen Gründen** wird das Ausbildungsgeld weiterbezahlt:

- bis zum Ende des dritten vollen Kalendermonats
- längstens bis zum planmäßigen Ende der Teilnahme

Die Höhe des Ausbildungsgelds ist abhängig von der Art der Ausbildung, von der Wohnsituation, von Alter und Familienstand sowie vom Einkommen des Behinderten, seiner Eltern bzw. seines/r Ehegatten/in.

4. Höhe bei beruflicher Ausbildung

4.1. Unterbringung im elterlichen Haushalt

- Das Ausbildungsgeld beträgt **353,- €** monatlich.
- Behinderte, die das 21. Lebensjahr noch nicht vollendet haben **und** ledig sind, erhalten **282,- €** monatlich.

4.2. Unterbringung im Wohnheim etc.

Bei Unterbringung im Wohnheim, im Internat, beim Ausbildenden, in einer besonderen Behinderten-Einrichtung: Wenn die Agentur für Arbeit oder ein anderer Leistungsträger die Kosten für Unterbringung und Verpfle-

Mehr Informationen: www.betanet.de

gung **erstatten**, beträgt das Ausbildungsgeld **unabhängig** von Alter und Familienstand **93,- €** monatlich.

4.3. Unterbringung in anderen Einrichtungen

Bei Unterbringung in anderne Einrichtungen als den eben genannten:

- Wenn die Agentur für Arbeit oder ein anderer Leistungsträger die Kosten für Unterbringung und Verpflegung **erstatten**:
  - beträgt das Ausbildungsgeld **236,- €** monatlich.
  - Behinderte, die das 21. Lebensjahr noch nicht vollendet haben **und** ledig sind, erhalten **205,- €** monatlich.
- Wenn die Agentur für Arbeit oder ein anderer Leistungsträger die Kosten für Unterbringung und Verpflegung **nicht erstatten**:
  - beträgt das Ausbildungsgeld **310,- €** monatlich.
  - für Miete und Nebenkosten werden 133,- € monatlich gezahlt; fallen diese Kosten höher aus, erhält man zusätzlichen einen **Zuschuss** von maximal 64,- € monatlich.
  - Behinderte, die das **18.** Lebensjahr noch nicht vollendet haben **und** die die Ausbildungsstätte von der elterlichen Wohnung in angemessener Zeit erreichen können **oder** denen Leistungen der ☞ *Kinder- und Jugendhilfe* gewährt werden, erhalten **282,- €** monatlich.

4.4. Freibeträge

Folgende Freibeträge bleiben anrechnungsfrei:

- Einkommen des Behinderten aus ☞ *Waisenrenten*, Waisengeld, Unterhaltsleistungen bis 218,- € monatlich,
- Einkommen der Eltern des Behinderten bis 2.615,- € netto monatlich, beim verwitweten oder getrennt lebenden Elternteil bis 1.630,- € netto monatlich und/oder
- Einkommen des/r Ehegatten/in bis 1.630,- € netto monatlich.

5. Höhe bei berufsvorbereitenden Bildungsmaßnahmen und Grundausbildung

5.1. Unterbringung im elterlichen Haushalt

Das Ausbildungsgeld beträgt **192,- €** monatlich.

5.2. Unterbringung im Wohnheim etc.

Bei Unterbringung im Wohnheim, im Internat, beim Ausbildenden, in einer besonderen Behinderten-Einrichtung: Wenn die Agentur für Arbeit oder ein anderer Leistungsträger die Kosten für Unterbringung und Verpflegung erstatten, beträgt das Ausbildungsgeld **unabhängig** von Alter und Familienstand **93,- €** monatlich.

5.3. Unterbringung in anderen Einrichtungen

Bei Unterbringung in anderen Einrichtungen als den eben genannten:

- Wenn die Agentur für Arbeit oder ein anderer Leistungsträger die Kosten für Unterbringung und Verpflegung **erstatten**, beträgt das Ausbildungsgeld **154,- €** monatlich.
- Wenn die Agentur für Arbeit oder ein anderer Leistungsträger die Kosten für Unterbringung und Verpflegung **nicht erstatten**:
  - beträgt das Ausbildungsgeld **348,- €** monatlich.
  - Behinderte, die das **18.** Lebensjahr noch nicht vollendet haben **und** die die Ausbildungsstätte von der elterlichen Wohnung in angemessener Zeit erreichen können **oder** denen Leistungen der ☞ *Kinder- und Jugendhilfe* gewährt werden, erhalten **182,- €** monatlich.
  - für Miete und Nebenkosten werden 52,- € monatlich gezahlt; fallen diese Kosten höher aus, erhält man zusätzlichen einen **Zuschuss** von maximal 64,- € monatlich.

5.4. Freibeträge

Folgende Freibeträge bleiben anrechnungsfrei:

- Einkommen des Behinderten aus ☞ *Waisenrenten*, Waisengeld, Unterhaltsleistungen bis 218,- € monatlich,
- Einkommen der Eltern des Behinderten bis 2.615,- € monatlich, beim verwitweten oder getrennt lebenden Elternteil bis 1.630,- € monatlich und/oder
- Einkommen des/r Ehegatten/in bis 1.630,- € monatlich.

6. Höhe bei Maßnahmen in Behindertenwerkstätten

Das Ausbildungsgeld beträgt **unabhängig** von Wohnsituation, Alter, Familienstand **und** Einkommen des Behinderten, dessen Eltern oder des/r Ehegatten/in:

- im ersten Jahr **57,- €** monatlich
- danach **67,- €** monatlich

Es wird keinerlei Einkommen auf das Ausbildungsgeld angerechnet.

Wer hilft weiter?

☞ *Agentur für Arbeit* oder ☞ *Integrationsamt.*

Ausbildungszuschuss

☞ *Teilhabe am Arbeitsleben*

Ausländer

Das Wichtigste in Kürze

Wer als Ausländer in Deutschland bei einem deutschen Arbeitgeber beschäftigt ist, hat in der gesetzlichen Sozialversicherung die gleichen Rechte und Pflichten wie deutsche Arbeitnehmer. Um in Deutschland arbeiten zu können, benötigt man als Ausländer eine Aufenthaltsgenehmigung. Diese wird in zwei verschiedenen Formen erteilt: Aufenthaltserlaubnis und Niederlassungserlaubnis. Nicht als Aufenthaltsgenehmigung gilt eine bloße Duldung.

1. Aufenthaltsgenehmigungen für Ausländer

Ausländer mit Aufenthaltsgenehmigung dürfen in Deutschland arbeiten. Bei Bedarf erhalten sie auch ☞ *Sozialhilfe*. In Einzelfällen besteht ein Anspruch auf ☞ *Hilfe zum Lebensunterhalt*, ☞ *Krankenhilfe*, Hilfe für werdende Mütter und Wöchnerinnen (☞ *Schwangerschaft Entbindung Sozialhilfe*) und ☞ *Pflege Sozialhilfe.*

Die Aufenthaltsgenehmigung für Ausländer wird in zwei verschiedenen Formen erteilt:

1.1. Aufenthaltserlaubnis

(§ 7 AufenthG)

Die Aufenthaltserlaubnis ermöglicht einen **befristeten** Aufenthalt. Gründe für einen Aufenthalt können sein:

- Ausbildung
- Erwerbstätigkeit
- Völkerrechtliche, humanitäre, politische oder familäre Gründe

In begründeten Fällen kann eine Aufenthaltserlaubnis auch für einen anderen Aufenthaltszweck erteilt werden.

Die Aufenthaltserlaubnis ist unter Berücksichtigung des beabsichtigten Aufenthaltszwecks zu befristen. Ist eine für die Erteilung, die Verlängerung oder die Bestimmung der Geltungsdauer wesentliche Voraussetzung entfallen, so kann die Frist **auch nachträglich** verkürzt werden.

1.2. Niederlassungserlaubnis

(§ 9 AufenthG)

Die Niederlassungserlaubnis ist ein unbefristeter Aufenthaltstitel. Sie berechtigt zur Ausübung einer Erwerbstätigkeit, ist zeitlich und räumlich unbeschränkt und darf nicht mit einer Nebenbestimmung versehen werden.

Soziale Fragen? betafon 01805 - 238 2366!

Mehr Informationen: www.betanet.de

2. Duldung

Nicht als Aufenthaltsgenehmigung gilt die bloße **Duldung**, wonach die Abschiebung eines Ausländers zeitweise (in der Regel bis zu 1 Jahr) ausgesetzt werden kann. Duldung gibt es:

- **mit** Abschiebeschutz als Vermerk von der örtlichen Ausländerbehörde. Danach ist eine Abschiebung nicht möglich.
- **ohne** Abschiebeschutz, wonach die Abschiebung zeitlich sehr rasch möglich ist, wenn sich die politische und humanitäre Lage im Heimatland des Asylantragstellers oder seine persönliche Lage ändert und keine Gefahr mehr für ihn oder seine Familie besteht.

3. Aufenthaltsgestattung für Asylbewerber

Einem Ausländer, der um Asyl nachsucht, ist zur Durchführung des Asylverfahrens der Aufenthalt in Deutschland gestattet. Ein Asylbewerber erhält **keine** ☞ *Sozialhilfe*, sondern Leistungen nach dem Asylbewerberleistungsgesetz (AsylbLG).

3.1. Empfänger von Leistungen nach dem AsylbLG

- Ausländer mit einer Aufenthaltsgestattung nach dem Asylverfahrensgesetz
- Ausländer, die über einen Flughafen einreisen wollen und denen die Einreise (noch) nicht gestattet ist
- Ausländer, die eine Aufenthaltserlaubnis haben nach § 23 Abs.1, § 24 oder § 25 Abs. 4 oder 5 AufenthG (das sind vor allem humanitäre, politische und völkerrechtliche Gründe)
- Ausländer mit Duldung (§ 60a AufenthG)
- Ausländer, die nachvollziehbar ausreisepflichtig sind
- Ehegatten und minderjährige Kinder der genannten Personenkreise
- Ausländer, die einen Folgeantrag oder einen Zweitantrag auf Asyl stellen (nach § 71 bzw. § 71a des AsylVfG)

3.2. Leistungen nach dem AsylbLG

- Ernährung
- Unterkunft und Heizung
- Kleidung
- Mittel der Gesundheits- und Körperpflege
- Gebrauchs- und Verbrauchsgüter des Haushalts
- In der Regel Versicherung in der gesetzlichen ☞ *Krankenversicherung*, bei einem Bezug von Grundleistungen über 36 Monate (§ 2 AsylbLG)
- In der Regel Krankenscheine vom Sozialamt, bei einem Bezug von Grundleistungen bis zu 36 Monaten (§ 3 AsylbLG)

Diese Leistungen werden in Form von **Sachleistungen** erbracht und haben einen **monatlichen Wert von**

- 184,07 € für den Haushaltsvorstand.
- 158,50 € für Haushaltsangehörige ab dem 7. Geburtstag.
- 112,48 € bis zum 7. Geburtstag.

Zusätzlich erhalten Leistungsberechtigte ein monatliches Taschengeld in Höhe von

- 40,90 € ab dem 14. Geburtstag.
- 20,45 € bis zum 14. Geburtstag.

Wer hilft weiter?

Bei Problemen helfen die Wohlfahrtsverbände vor Ort, in der Regel Arbeiterwohlfahrt, Caritas, Diakonie, Rotes Kreuz. Diese haben spezielle Beratungsstellen für Ausländer mit unterschiedlichen Formen der Aufenthaltsgenehmigungen und aus verschiedenen Herkunftsländern.

Ausland Rentenversicherung

Rentenhöhe

Ob und in welcher Höhe eine Rente ins Ausland gezahlt wird, hängt von mehreren Faktoren ab, unter anderem von den folgenden:

- Beitragszeiten in der Rentenversicherung
- Zukünftiges Aufenthaltsland
- vorübergehender oder dauerhafter Auf-

enthalt am neuen Wohnort
- Rentenart (z.B. Regelaltersrente, Erwerbsminderungsrente)

Praxistipps

- Wer lange Zeit oder für immer im Ausland bleiben will, muss das rechtzeitig seinem ☞ *Rentenversicherungsträger* mitteilen. Diese benötigen mindestens 3 Monate für die Prüfung, ob die Rente (speziell die Erwerbsminderungsrente) in dem anvisierten Staat in voller Höhe, nur zum Teil oder überhaupt nicht zusteht.
- Das praktische Vorgehen zum Auszahlen einer Rente im Ausland ist mit dem Renten Service der Deutschen Post AG zu klären:
  Deutsche Post AG, Renten Service, Telefon 01803 124578, Mo-Fr 7-18, www.renten-service.com.
- Da in der Regel bei Auslandsaufenthalten die Rentenkranken- und Pflegeversicherung als Leistungsträger entfällt, unbedingt beim ☞ *Rentenversicherungsträger* nachfragen, wie man sich absichern kann.
- Falls während des Auslandsaufenthalts eine andere Person die Belange im Inland wahrnehmen soll, benötigt sie dazu eine beglaubigte Vollmacht.

Wer hilft weiter?

Auskünfte und Beratungsstellen vor Ort vermitteln die ☞ *Rentenversicherungsträger.*

Auslandsbehandlung

(§ 13 Abs. 4-6 SGB V - § 18 SGB V)

Das Wichtigste in Kürze

Ambulante Behandlungen im EU-Ausland müssen die Krankenkassen in Deutschland in der Regel übernehmen. Bei stationären Behandlungen muss vorher ein schriftlicher Antrag auf Kostenübernahme bei der Krankenkasse gestellt werden.
Wenn die Behandlung einer Erkrankung nur außerhalb des EU-Auslands möglich ist, übernimmt die Krankenkasse - nach vorheriger Genehmigung - in der Regel die Kosten, wenn die Behandlung erfolgversprechend ist.

1. Ambulante Behandlung im EU-Ausland

Die Krankenkassen **müssen** die Kosten für eine ambulante Behandlung im EU-Ausland übernehmen, **ohne** dass es einer vorherigen Genehmigung der Krankenkasse bedarf (Urteil des Europäischen Gerichtshofs vom 13.5.2003; EuGH; Az.: C-385/99).
Reisekosten, z.B. Gepäcktransport, Unterbringung und Verpflegung oder Flug- und Transportkosten für den Versicherten und ggf. eine Begleitperson, **können** von der Krankenkasse ganz oder teilweise übernommen werden.

1.1. EU-Staaten

Wichtig ist, dass es sich um einen **Mitgliedstaat der Europäischen Union (= EU-Ausland)** handelt. Derzeit umfasst die EU folgende 27 Mitgliedstaaten: Belgien, Bulgarien, Dänemark, Deutschland, Estland, Finnland, Frankreich, Griechenland, Großbritannien, Irland, Italien, Lettland, Litauen, Luxemburg, Malta, Niederlande, Österreich, Polen, Portugal, Rumänien, Schweden, Slowakei, Slowenien, Spanien, Tschechische Republik, Ungarn, Zypern.
Darüber hinaus darf die ambulante Behandlung, ohne Vorab-Genehmigung der Krankenkasse, auch in **Island, Liechtenstein und Norwegen** vorgenommen werden.
Zwar ist die **Schweiz** kein EU-Staat, doch gilt auch hier die Regelung für Behandlungen im EU-Ausland, da die Schweiz mit der EU einen entsprechenden Vertrag geschlossen hat.

1.2. Kostenübernahme und Eigenleistung

Die **Kosten** übernimmt die Krankenkasse nach den in Deutschland geltenden Behandlungsrichtlinien, d.h. sie erstattet meist nur den Betrag, den eine gleichwertige Behandlung in Deutschland kostet. Zudem ist es denkbar, dass die Krankenkasse eine Verwaltungsgebühr für die Kostenabwicklung einer ausländischen Arztrechnung erhebt.

Praxistipps

- Es ist darauf zu achten, dass die ausländische Arztrechnung in deutscher Sprache verfasst ist.
- Außerdem ist es ratsam, vorab mit der Krankenkasse zu klären, ob tatsächlich und bis zu welcher Höhe eine geplante ambulante Behandlung im Ausland erstattet wird.

2. Stationäre Behandlung im EU-Ausland

Bei stationären Behandlungen in Krankenhäusern im EU-Ausland ist die **vorherige Genehmigung** bei der Krankenkasse erforderlich.
Reisekosten, z.B. Gepäcktransport, Unterbringung und Verpflegung oder Flug- und Transportkosten für den Versicherten und ggf. eine Begleitperson, **können** von der Krankenkasse ganz oder teilweise übernommen werden.

3. Medizinisch notwendige Auslandsbehandlung außerhalb des EU-Auslands

Behandlungen außerhalb des EU-Auslands **müssen vorab** von der Krankenkasse **genehmigt** werden.
Die Kosten einer Behandlung außerhalb des EU-Auslands werden von der ☞ *Krankenkasse* dann übernommen, wenn

- die Behandlungsmethode anerkannt ist,
- die Behandlung dem allgemein anerkannten Stand der medizinischen Kenntnisse entspricht und
- die Behandlung nur erfolgversprechend im Ausland außerhalb des EU-Geltungsbereichs vorgenommen werden kann oder die Behandlung zwar im Inland erfolgen kann, aber wegen des bestehenden spezifischen Krankheitsbildes keinen Erfolg verspricht (z.B. Badekur am Toten Meer bei Neurodermitis) oder
die Behandlung zwar im Inland erfolgen kann, aber wegen mangelnder Kapazitäten und dadurch bedingter Wartezeiten eine frühzeitigere Auslandsbehandlung unbedingt erforderlich ist.

Schließlich muss die Behandlung den ethisch-moralischen Ansprüchen im Inland entsprechen.

Reisekosten, z.B. Gepäcktransport, Unterbringung und Verpflegung oder Flug- und Transportkosten für den Versicherten und ggf. eine Begleitperson, **können** von der Krankenkasse ganz oder teilweise übernommen werden.

3.1. Voraussetzungen

Voraussetzung für die Kostenübernahme ist ein schriftlicher formloser Antrag bei der Krankenkasse, der folgende Dinge enthält:

- Ausführliche Diagnose und Arztbericht mit Hinweisen, wo bereits was mit welchem Ergebnis versucht wurde.
- Abschließende medizinisch-therapeutische Begründung des Arztes/der Klinik.
- Erklärung, warum die Auslandsbehandlung medizinisch-therapeutisch notwendig ist.
- Darstellung der voraussichtlichen Erfolgsaussichten.
- Erklärung, dass es eine vergleichbare Therapie in Deutschland nicht gibt.

Praxistipp

Sachleistungen für **Behinderte** können auch im Ausland erbracht werden, wenn sie dort bei gleicher Qualität und Wirksamkeit wirtschaftlicher ausgeführt werden können (§ 18 SGB IX). Notwendig sind genaue und verbindliche Kostenvoranschläge aus dem Ausland, die mit dem Antrag und einer ärztlichen Stellungnahme zu der gewünschten Maßnahme beim Kostenträger einzureichen sind.

In Einzelfällen tritt die ☞ *Krankenhilfe* des Sozialhilfeträgers für die Kosten ein.

Wer hilft weiter?

In allen Fällen die ☞ *Krankenkassen*.

Auslandsschutz

Das Wichtigste in Kürze

Bei Reisen ins Ausland ist es ratsam, vor Reiseantritt eine Auslandkrankenversicherung abzuschließen. Mit der Europäischen Krankenversichertenkarte (EHIC-Karte) besteht Versicherungsschutz in den EU-Staaten bzw. Staaten des Europäischen Wirtschaftsraumes (EWR), die mit Deutschland das sogenannte Sozialversicherungsabkommen abgeschlossen haben.

1. Europäische Krankenversichertenkarte (EHIC-Karte)

Wer ins Ausland fährt, sollte vorab die ☞ *Krankenkasse* kontaktieren und/oder ggf. eine Auslandskrankenversicherung abschließen, um im Krankheitsfall abgesichert zu sein. Die **Europäische Krankenversichertenkarte** (EHIC-Karte) ersetzt seit 1.6.2004 den Auslandskrankenschein.
Krankenkassen, die die Europäische Krankenversichertenkarte noch nicht eingeführt haben, stellen ihren Versicherten eine provisorische Ersatzbescheinigung aus.

1.1. Rechtzeitige Klärung

Insbesondere **ältere Versicherte** und **chronisch Kranke** sollten sich **vor** Antritt eines Auslandsaufenthalts mit der Krankenkasse absprechen, ob ein ausreichender Versicherungsschutz besteht.

2. Geltungsbereich

Versicherungsschutz besteht in den EU-Staaten bzw. Staaten des Europäischen Wirtschaftsraumes (EWR), die mit Deutschland das sogenannte Sozialversicherungsabkommen abgeschlossen haben. Dazu zählen: Belgien, Bosnien-Herzegowina, Bulgarien, Dänemark, Estland, Finnland, Frankreich, Griechenland, Großbritannien, Irland, Island, Italien, Kroatien, Lettland, Liechtenstein, Litauen, Luxemburg, Malta, Mazedonien, Niederlande, Norwegen, Österreich, Polen, Portugal, Rumänien, Schweden, Schweiz, Serbien-Montenegro, Slowakei, Slowenien, Spanien, Tschechien, Türkei, Tunesien, Ungarn, Zypern (griechischer Teil).

Allerdings kann in den Ländern Bosnien-Herzegowina, Kroatien, Mazedonien, Serbien-Montenegro, Türkei und Tunesien die Europäische Krankenversichertenkarte noch nicht eingesetzt werden.

3. Nicht-Vertragsländer

(§ 18 Abs. 3 SGB V)
Außerhalb der oben aufgeführten Länder (z.B. USA, Lateinamerika) gilt ein Versicherungsschutz nur unter folgenden Voraussetzungen:

- Es handelt sich um eine sogenannte Akutbehandlungen, d.h. die Behandlung muss während des Auslandsaufenthalts unverzüglich erforderlich sein.
- Der Abschluss einer privaten Auslands-Krankenversicherung ist wegen der Krankheit oder des Lebensalters nicht möglich (vorwiegend bei älteren Versicherten und chronisch Kranken z.B. Dialysepatienten, Bluter). Dies muss die Krankenkasse vor Beginn des Auslandsaufenthaltes feststellen, z.B. durch Nachweis der Ablehnung seitens der Privatversicherung.
- Der Auslandsaufenthalt muss vorübergehend, nicht dauerhaft sein.
- Der Versicherte darf sich nicht **wegen** der Behandlung ins (Nicht-EU-)Ausland begeben.

3.1. Einschränkungen der Kostenübernahme

Die Krankenkasse **muss** die Kosten übernehmen, **jedoch nur**

- für eine Behandlung, die auch in Deutsch-

Soziale Fragen? betafon 01805 - 238 2366!

Mehr Informationen: www.betanet.de

land möglich war.
- bis zur Höhe, in der sie in Deutschland entstanden wären.
- für längstens 6 Wochen im Kalenderjahr.

Praxistipp

Bei Reise in ein Nicht-Vertragsland ist es ratsam, eine zeitlich begrenzte Auslandskrankenversicherung bei einem privaten Versicherungsträger wie z.B. Versicherungen, Banken oder Automobilclubs abzuschließen. Auch die gesetzlichen Krankenkassen können ihren Versicherten eine Auslandsreisekrankenversicherung vermitteln (§ 194 Abs. 1a SGB V).

3.2. Dauer

Der Auslandsschutz in Nicht-Vertragsländern gilt maximal 6 Wochen im Kalenderjahr. Ausnahmen:

- **Studium**
  Uneingeschränkter Versicherungsschutz in allen Ländern gilt während der (Hoch-)Schulausbildung im Ausland bis zur (notwendigen) Dauer des Auslandsaufenthalts zu Schul- bzw. Studienzwecken.
- **Arbeiten im Ausland**
  Auslandsbeschäftigte Arbeitnehmer und Familienangehörige, die sie begleiten oder besuchen, erhalten Versicherungsleistungen über ihren Arbeitgeber. Dem Arbeitgeber werden die Kosten von der Krankenkasse erstattet (§ 17 SGB V).

4. Rücktransport

Kosten eines Rücktransports werden in keinem Fall von der Krankenkasse übernommen (§ 60 Abs. 4 SGB V).

5. Schutzimpfungen

Schutzimpfungen werden nur bei beruflich bedingten Auslandsaufenthalten übernommen, nicht bei touristischen Reisen.

Wer hilft weiter?

Die ☞ *Krankenkassen* oder die DVKA (Deutsche Verbindungsstelle Krankenversicherung - Ausland), Pennefeldsweg 12c, 53177 Bonn, Telefon 0228 9530-0, Fax 0228 9530-600, www.dvka.de, E-Mail post@dvka.de.

Außergewöhnliche Belastungen

☞ *Steuerliche Vergünstigungen*

Ausweis für Schwerbehinderte

☞ *Schwerbehindertenausweis*

Auszubildende Sozialhilfe

(§ 22 SGB XII)

Das Wichtigste in Kürze

Azubis, die BAföG oder die Berufsausbildungsbeihilfe der Agentur für Arbeit bekommen, haben in der Regel keinen Anspruch auf Hilfe zum Lebensunterhalt. In besonderen Fällen gibt es jedoch Ausnahmen. Individuelle Auskünfte erteilt das Sozialamt.

1. Kein Anspruch auf Sozialhilfe

Auszubildende, die über die Bundesausbildungsförderung (BAföG) oder die Berufsausbildungsbeihilfe der Agentur für Arbeit (BAB - §§ 60 - 62 SGB III) **dem Grunde nach** gefördert werden können, haben **keinen** Anspruch auf ☞ *Hilfe zum Lebensunterhalt*.
Es kommt nicht darauf an, ob jemand tatsächlich eine solche Förderung erhält, sondern darauf, ob die Ausbildung als solche gefördert werden kann.

2. Anspruch auf Sozialhilfe

Ausnahmsweise doch einen Anspruch auf ☞ *Hilfe zum Lebensunterhalt* haben:

- Auszubildende/Studenten in besonderen Härtefällen, über die das zuständige Sozialamt informiert. Es kann Hilfe zum Lebensunterhalt als Beihilfe oder als Darlehen gewähren.
- Schüler und Auszubildende/Studenten, die keinen Anspruch auf Bundesausbildungsförderung bzw. Berufsausbildungsbeihilfe haben.
- Schüler von Berufsfachschulen und Fachschulklassen und Auszubildende/Studenten, deren BAföG-Bedarf 192,- € monatlich beträgt (§ 12 Abs. 1 Nr. 1 BAföG und § 66 Abs. 1 SGB III).

Praxistipp

Für besonders begabte Schüler, Studenten und Auszubildende kann die Begabtenförderung interessant sein.

Wer hilft weiter?

Individuelle Auskünfte erteilt das ☞ *Sozialamt*.

Autofahren

☞ *Führerschein*
☞ *Kraftfahrzeughilfe*
☞ *Kraftfahrzeugsteuer*
☞ *Parkerleichterungen*
☞ *Steuerliche Vergünstigungen*

Barbetrag zur persönlichen Verfügung

☞ *Taschengeld*

Befreiung, Zuzahlungen

☞ *Zuzahlungsbefreiung Krankenversicherung*
☞ *Zuzahlungsbefreiung für chronisch Kranke*
☞ *Zuzahlungen Pflegeversicherung*
☞ *Zuzahlungen Rentenversicherung*

Befruchtung

☞ *Künstliche Befruchtung*

Begleitperson

(§ 11 SGB V)

Das Wichtigste in Kürze

Im Sinne der Krankenversicherung ist eine Begleitperson eine Person, die für einen Patienten, egal ob Kind oder Erwachsener, in einer Klinik oder während der Kur ständig anwesend ist. Die Mitaufnahme dieser Begleitperson wird von der Krankenkasse bezahlt, wenn sie aus medizinischen und therapeutischen Gründen notwendig ist.

1. Voraussetzung

Die Mitaufnahme einer Begleitperson während einer stationären Behandlung wird von der Krankenkasse bezahlt, wenn sie aus medizinischen und therapeutischen Gründen notwendig ist (§ 11 Abs. 3 SGB V). In Einzelfällen tritt die ☞ *Krankenhilfe* des Sozialhilfeträgers für die Kosten ein.

Zwingende medizinische Gründe sind:

- Gefährdung der Durchführung medizinisch notwendiger Leistungen, z.B. bei Trennung des Kindes von der Bezugsperson.
- Ständiger Betreuungsbedarf des rehabedürftigen Patienten wegen schwerer Behinderung, der nicht von der Rehaeinrichtung geleistet werden kann.
- Die Begleitperson soll therapeutische Verfahren, Verfahrensregeln und/oder die Nutzung technischer Hilfen einüben. Allerdings zahlt die Krankenkasse die Mitaufnahme dieser Begleitperson nur dann,

Soziale Fragen? betafon 01805 - 238 2366!

Mehr Informationen: www.betanet.de

wenn diese Schulung nicht am Wohnort der Begleitperson möglich ist. Die Zeit für die Einübung und Anleitung der Begleitperson kann kürzer sein als die Reha des Patienten.

Die Begleitperson muss **nicht** mit dem Patient verwandt sein, allein entscheidend ist die Notwendigkeit aus medizinischen Gründen.

2. Kosten

Der Begleitperson entstehen keine zusätzlichen Kosten. Die Kosten der Mitaufnahme werden von der Krankenkasse mit Zahlung des allgemeinen Pflegesatzes abgegolten. Für die Kostenübernahme erforderlich ist die Bestätigung des Krankenhausarztes über die medizinische und therapeutische Notwendigkeit der Mitaufnahme bzw. der Kureinrichtung über den günstigen Einfluss auf den Kurverlauf.

3. Fahrten

Ist eine Mitaufnahme der Begleitperson aus familiären, psychologischen, räumlichen oder sonstigen Umständen nicht möglich, **kann** die Kasse die Kosten für die täglichen Fahrten für eine Person anstelle der Mitaufnahme erstatten. Auch hier ist ein ärztliches Zeugnis notwendig.

Die Krankenkasse **kann** Nebenkosten wie ☞ *Reisekosten* oder Verdienstausfall der Begleitperson übernehmen.
Anspruch auf ☞ *Haushaltshilfe* besteht bei **Mitaufnahme der haushaltsführenden Person als Begleitperson ins Krankenhaus** (Grundsatzurteil des BSG vom 23.11.1995). Zudem müssen die weiteren Voraussetzungen für eine Haushaltshilfe vorliegen.

Praxistipp

- Für die Begleitperson eines Kindes kann die Krankenkasse auch den Lohnausfall für die notwendige, zeitlich nicht begrenzte Dauer übernehmen - analog zum ☞ *Kinderpflege-Krankengeld.* Für diese Leistung besteht keine gesetzliche Grundlage, daher kann sie nicht über das Sozialgericht eingeklagt werden. Die Antragstellung ist aber trotzdem unbedingt zu empfehlen.
- Auch im Sinne der ☞ *Rentenversicherung* gibt es eine Begleitperson. Näheres dazu unter ☞ *Kinderheilbehandlung.*

Wer hilft weiter?

☞ *Krankenkassen* oder das ☞ *Sozialamt.*

Begleitperson

auch ☞ *Eingliederungshilfe*
auch ☞ *Flugverkehr*
auch ☞ *Kinderheilbehandlungen*
auch ☞ *Merkzeichen B*
auch ☞ *Öffentliche Verkehrsmittel*
auch ☞ *Reisekosten*

Behinderte

Das Wichtigste in Kürze

Die sozialrechtliche Anerkennung als Behinderter ist Voraussetzung, um Leistungen und Vergünstigungen beantragen zu können. Dabei gibt es im Sozialrecht verschiedene Definitionen. Kern ist, dass erhebliche Beeinträchtigungen vorliegen, die länger als 6 Monate anhalten. Das Maß der Behinderung wird im Grad der Behinderung (GdB) festgelegt. Ab einem GdB von 50 gilt ein Mensch als Schwerbehinderter.

1. Behinderte nach § 19 SGB III

Behinderte nach § 19 SGB III sind körperlich, geistig oder seelisch beeinträchtigte Personen, deren Aussichten am Arbeitsleben (weiter) teilzuhaben wegen Art oder Schwere ihrer Behinderung nicht nur vorübergehend (d.h. mehr als 6 Monate) wesentlich gemindert sind und die deshalb Hilfe zur ☞ *Teilhabe am Arbeitsleben* benötigen.

Dieselben Rechte wie Behinderte haben Personen, denen eine Behinderung droht.

2. Behinderte nach § 2 Abs. 1 SGB IX

Behinderte nach § 2 Abs. 1 SGB IX sind Menschen, deren körperliche Funktion, geistige Fähigkeit oder seelische Gesundheit zu einer Beeinträchtigung führt, die für einen Zeitraum von mehr als 6 Monaten von dem für das Lebensalter typischen Zustand abweicht und daher ihre Teilhabe am Leben in der Gesellschaft beeinträchtigt.
Menschen sind von Behinderung bedroht, wenn die Beeinträchtigung zu erwarten ist.

3. Schwerbehinderte nach § 2 Abs. 2 SGB IX

Schwerbehinderte nach § 2 Abs. 2 SGB IX sind Menschen mit einem ☞ *Grad der Behinderung* (GdB) ab 50 und deren Wohnsitz, gewöhnlicher Aufenthalt oder Arbeitsplatz in der Bundesrepublik Deutschland liegt.
Näheres ☞ *Schwerbehinderte.*

4. Gleichstellung mit Schwerbehinderten

Personen mit einem GdB von weniger als 50, aber mindestens 30, können mit Schwerbehinderten gleichgestellt werden, **wenn** sie infolge ihrer Behinderung keinen geeigneten Arbeitsplatz erlangen oder behalten können (§§ 2 Abs. 3, 68 Abs. 3 SGB IX).
Gleichgestellte genießen wie Schwerbehinderte einen besonderen Kündigungsschutz. Sie haben jedoch im Gegensatz zu Schwerbehinderten **keinen** Anspruch auf einen Zusatzurlaub von 5 bezahlten Arbeitstagen im Jahr, auf unentgeltliche Beförderung (☞ *Öffentliche Verkehrsmittel*) und auf vorgezogenes Altersruhegeld nach Vollendung des 60. Lebensjahres (☞ *Altersrente für Schwerbehinderte*).
Die **Gleichstellung** stellt die Agentur für Arbeit auf Antrag fest. Gleichgestellte bekommen keinen ☞ *Schwerbehindertenausweis.*

Praxistipp

Diese Gleichstellung muss bei der ☞ *Agentur für Arbeit* beantragt werden. Benötigte Unterlagen: Feststellungsbescheid des Versorgungsamts sowie Arbeitsvertrag und Bescheinigung des Arbeitgebers, der den Behinderten als Schwerbehinderten einstellen bzw. weiterbeschäftigen würde.

5. Grad der Behinderung

Der Grad der Behinderung (GdB) wird durch das Versorgungsamt (= Amt für Soziales und Versorgung) festgestellt.
Mehr ☞ *Grad der Behinderung.*
Details zu den Nachteilsausgleichen für Behinderte unter ☞ *Behinderung.*

Praxistipp

Die Broschüre „Mein Kind ist behindert - diese Hilfen gibt es" gibt Hinweise auf finanzielle Hilfen für Familien und erwachsene Menschen mit Behinderungen. Zu bestellen schriftlich (3,- € gegen Rechnung) bei: Bundesverband für Körper- und Mehrfachbehinderte e.V., Brehmstr. 5-7, 40239 Düsseldorf, Telefon 0211 64004-0, Fax 0211 64004-20, E-Mail info@bvkm.de, www.bvkm.de.

Wer hilft weiter?

☞ *Servicestellen* und ☞ *Versorgungsämter.*

Behinderte Kinder und Jugendliche

☞ *Seelisch behinderte Kinder und Jugendliche, Eingliederungshilfe*

Behinderung

Das Wichtigste in Kürze

Die Rechte Behinderter und die Leistungen für Behinderte sind in zwei verschiedenen Gesetzen geregelt: Schwerpunktmäßig im

Sozialgesetzbuch Nr. 9 (SGB IX) „Rehabilitation und Teilhabe behinderter Menschen" sowie ergänzend in den §§ 19, 97-115, 160-162 Sozialgesetzbuch Nr. 3 (SGB III). Behinderte und von Behinderung bedrohte Menschen erhalten Leistungen zur Förderung der Selbstbestimmung und gleichberechtigten Teilhabe am Leben in der Gesellschaft.

Praxistipp

Wann eine Person gesetzlich als behindert oder schwerbehindert gilt, finden Sie unter den Stichworten ☞ *Behinderte* und ☞ *Schwerbehinderte*.

Das Bundesministerium für Arbeit und Soziales bietet die kostenlose Broschüre „Ratgeber für behinderte Menschen" an. Diese kann unter Telefon 0180 5151510 bestellt oder unter www.bmas.de > Publikationen heruntergeladen werden.

Wer hilft weiter?

Zuständig für die Feststellung des ☞ *Grades der Behinderung* (GdB) sind die ☞ *Versorgungsämter*. Über die Gleichstellung entscheiden die Agenturen für Arbeit.
Das Bundesministerium für Arbeit und Soziales bietet ein Infotelefon für behinderte Menschen: 01805 676715 (14 Ct./ Min.), Mo-Do, 8-20 Uhr.

Nachteilsausgleiche und Hilfen für Behinderte

Das SGB IX sowie die verschiedenen Vorschriften in anderen Gesetzen, Verordnungen, Erlassungen, Satzungen, Tarifen oder auf freiwilliger Grundlage bieten behinderten Menschen als Nachteilsausgleiche eine Reihe von Rechten und Hilfen. Voraussetzungen für die Inanspruchnahme dieser Rechte sind ein ☞ *Schwerbehindertenausweis* und das Stellen eines Antrags bei der zuständigen Stelle. Die wichtigsten dieser Nachteilsausgleiche finden Sie unter folgenden Stichworten:

- ☞ *Arbeitstherapie und Belastungserprobung*
- ☞ *Ausbildungsgeld*
- ☞ *Berufsfindung und Arbeitserprobung*
- ☞ *Fahrdienste*
- ☞ *Flugverkehr*
- ☞ *Frühförderung behinderter Kinder*
- ☞ *Grad der Behinderung*
- ☞ *Kinderbetreuungskosten*
- ☞ *Kraftfahrzeughilfe*
- ☞ *Kraftfahrzeugsteuer*
- ☞ *Merkzeichen*
- ☞ *Öffentliche Verkehrsmittel*
- ☞ *Parkerleichterungen*
- ☞ *Persönliches Budget*
- ☞ *Rehabilitation*
- ☞ *Reisekosten*
- ☞ *Rundfunk- und Fernsehgebührenbefreiung*
- ☞ *Schwerbehindertenausweis*
- ☞ *Soziale Sicherung*
- ☞ *Steuerliche Vergünstigungen*
- ☞ *Teilnahmekosten*
- ☞ *Telefongebührenermäßigung*
- ☞ *Übergangsgeld*
- ☞ *Wohngeld*
- ☞ *Wohnraumförderung*

Beistand

☞ *Bevollmächtigter, Beistand*

Beistandschaft

☞ *Beratung Jugendamt*

Beitragsbemessungsgrenzen Beitragssätze

Das Wichtigste in Kürze

Arbeitnehmer, die über 400,- € im Monat verdienen, sind in der Regel sozialversicherungspflichtig. Ihre Beiträge zur Kranken-, Pflege-, Arbeitslosen- und Rentenversicherung zahlt zur Hälfte der Arbeitgeber.

Bei geringfügig Beschäftigten zahlen die Arbeitnehmer nichts und der Arbeitgeber eine Pauschale. Bei Gutverdienern über der Beitragsbemessungsgrenze entfällt zum Teil die Versicherungspflicht (Krankenversicherung) und die Beiträge berechnen sich anhand der Beitragsbemessungsgrenze.

1. Beitragsbemessungsgrenzen

Die Beitragsbemessungsgrenzen werden vom Bundesarbeitsministerium jährlich neu festgesetzt. Sie sind abhängig vom Durchschnittseinkommen aller Versicherten. Einkommen über diesen Grenzen wird nicht für die Berechnung der Sozialversicherungsbeiträge einbezogen.

Folgende Grenzen gelten 2008:

- Kranken- und Pflegeversicherung: 43.200,- € jährlich, 3.600 € monatlich.
- Renten- und Arbeitslosenversicherung: 63.600,-/54.000,- € (West/Ost) jährlich, 5.300,-/4.500,- € (West/Ost) monatlich.

2. Beitragssätze

Die monatlichen Beiträge zur Sozialversicherung werden weitgehend je zur Hälfte von Arbeitnehmer und Arbeitgeber getragen. Sie richten sich nach dem Arbeitseinkommen des Versicherten - mit 2 Ausnahmen:

- **Geringfügig Beschäftigte**
  Wer im Monat nicht mehr als 400,- € verdient, ist nicht sozialversicherungspflichtig und muss keine Sozialversicherung zahlen. Nur der Arbeitgeber zahlt für geringfügig Beschäftigte einen Pauschalbeitrag von 30,1 %. Dieser setzt sich zusammen aus: 15 % Rentenversicherung, 13 % Krankenversicherung, 2 % Pauschalsteuern (Lohnsteuer, Solidaritätszuschlag, Kirchensteuer) und 0,1 % Umlage zum Ausgleich der Arbeitgeberaufwendungen bei Krankheit und Mutterschaft.
- **Gutverdiener**
  Wer mehr als die Beitragsbemessungsgrenze verdient, zahlt Beiträge, die sich maximal aus dieser Grenze berechnen. Einkommensteile darüber bleiben unberücksichtigt.

2.1. Krankenversicherung

Der **Beitragssatz** ist nach Krankenkasse unterschiedlich, von ca. 12 - 16 %.

Sonderbeitragssatz für Zahnersatz und Krankengeld:

Seit Juli 2005 gibt es einen zusätzlichen Beitragssatz für Krankengeld (0,5 %) und Zahnersatz (0,4 %) von 0,9 %, den der Arbeitnehmer bzw. Renter **alleine** trägt. ☞ *Familienversicherte* und Arbeitslosengeld-II-Empfänger zahlen diesen Sonderbeitragssatz nicht.

2.2. Pflegeversicherung

Beitragssätze:

- 1,95 % für Versicherte **mit Kindern**, sowie für Personen, die vor dem 1.1.1940 geboren sind, für Kinder und Jugendliche unter 23 Jahren, für Bezieher von ☞ *Arbeitslosengeld II* und für Wehr- und Zivildienstleistende.
- 2,2 % = erhöhter Beitrag für **Kinderlose** (1,95 % plus 0,25 %).

2.3. Rentenversicherung

Beitragssatz: 19,9 %

2.4. Arbeitslosenversicherung

Beitragssatz: 3,3 %

Wer hilft weiter?

Informieren können in der Regel die Personalabteilungen des Arbeitgebers. Auskünfte erteilen zudem die jeweiligen Träger der Sozialversicherung: ☞ *Krankenkassen* oder die ☞ *Rentenversicherungsträger.*

Belastungserprobung

☞ *Arbeitstherapie und Belastungserprobung*

Mehr Informationen: www.betanet.de

Beratung Jugendamt

(§§ 17, 18 SGB VIII)

Das Wichtigste in Kürze

Eine Beratung durch das Jugendamt richtet sich an Paare, Familien, Alleinerziehende Mütter und/oder Väter sowie an Kinder, Jugendliche und junge Volljährige. Dabei geht es unter anderem um den Aufbau eines partnerschaftlichen Zusammenlebens, um Trennung oder um Unterhaltsansprüche.

1. Grundsätzliches

Das ☞ *Kinder- und Jugendhilfegesetz* sieht verschiedene Formen der Beratung vor.
Auf die nachfolgend genannten Beratungen und Unterstützungen des ☞ *Jugendamts* besteht ein **Rechtsanspruch**.

2. Mütter und/oder Väter

Beratung von Müttern und/oder Vätern, die für ein Kind (0 bis noch nicht 14 Jahre) oder einen Jugendlichen (14 bis noch nicht 18 Jahre) zu sorgen haben, vorwiegend in folgenden Bereichen:

- Aufbau eines partnerschaftlichen Zusammenlebens in der Familie
- Bewältigung von Konflikten und Krisen in der Familie
- Trennung und Scheidung

3. Alleinerziehende Mütter oder Väter

Beratung und Unterstützung von Müttern oder Vätern, die **allein** für ein Kind (0 bis noch nicht 14 Jahre) oder einen Jugendlichen (14 bis noch nicht 18 Jahre) zu sorgen haben, vorwiegend in folgenden Bereichen:

- Beratung und Unterstützung bei der Ausübung der **Personensorge**
- Geltendmachung von **Unterhaltsansprüchen**
- **Amtsvormundschaft**: Ledige minderjährige Mütter erhalten automatisch einen Amtsvormund für ihr Kind. Ihr Sorgerecht ist eingeschränkt und steht der ledigen Mutter in Absprache mit dem Amtsvormund zu. Die Amtsvormundschaft endet mit der Volljährigkeit der Mutter oder kann auf Antrag in eine Beistandschaft übergehen.
- **Beistandschaft**: Ein Hilfsangebot des ☞ *Jugendamts*, das freiwillig angenommen werden kann. Das Jugendamt erhält vom Standesamt die Informationen über die Geburt jedes nichtehelichen Kindes und informiert den Sorgeberechtigten dann schriftlich über seine Hilfsangebote.

3.1. Antrag auf Beistandschaft

Sorgeberechtigte ledige oder in Trennung oder Scheidung lebende volljährige Mütter/Väter **können** einen Antrag auf Beistandschaft stellen. Der Antrag kann auch schon vor Geburt des Kindes gestellt werden. Sie erhalten dann Unterstützung bei der Durchsetzung ihrer Unterhaltsansprüche oder der Unterhaltsersatzansprüche für das Kind und Hilfe bei der Vaterschaftsfeststellung. Die Aufgaben der Beistandschaft richten sich nach den Wünschen der/des Sorgeberechtigten. Das Sorgerecht wird durch die Beistandschaft nicht eingeschränkt.

3.2. Ende der Beistandschaft

Die Beistandschaft endet bei

- Schriftlichem Antrag der/des Sorgeberechtigten
- Volljährigkeit des Kindes
- ☞ *Adoption* des Kindes
- Eintritt der gemeinsamen Sorge von Eltern
- Beendung der vereinbarten Aufgabenunterstützung durch das Jugendamt

4. Kinder, Jugendliche und junge Volljährige

Kinder, Jugendliche und junge Volljährige bis zur Vollendung des 21. Lebensjahres, in Ausnahmefällen bis zum 24. Lebensjahr, können sich ebenfalls vom Jugendamt beraten und unterstützen lassen, und zwar in allen Angelegenheiten, die ihre Erziehung und persönliche Entwicklung betreffen. Das Ju-

gendamt ist verpflichtet, den Anliegen von Kindern und Jugendlichen ernsthaft nachzugehen und mit ihnen und ihren Sorgeberechtigten angemessene Lösungen zu finden.
Bei **jungen Volljährigen** gilt die Hilfe vorwiegend bei der Geltendmachung von **Unterhaltsansprüchen**, z.B. zur Höhe des Unterhalts. Darüber hinaus kann eine Nachbetreuung (☞ *Junge Volljährige, Nachbetreuung*) in Frage kommen.

Beratung Unfallversicherung

☞ *Berufshelfer*

Beratungseinsatz

☞ *Pflegegeld Pflegeversicherung*

Bereitschaftspflegestelle

☞ *Vollzeitpflege*

Berufsfindung und Arbeitserprobung

(§§ 33 - 38, 40 SGB IX)

Das Wichtigste in Kürze

Berufsfindung und Arbeitserprobung dienen dazu, den geeignetsten Weg der beruflichen (Wieder-)Eingliederung zu finden. Sie zählen zu den Leistungen der Teilhabe am Arbeitsleben. In der Regel geht es dabei um die Findung und Erprobung eines **neuen** beruflichen Umfelds. Die Maßnahmen werden meist in Berufsförderungs- und Berufsfindungswerken durchgeführt.

1. Berufsfindung

Ziel der Berufsfindung ist es, gemeinsam mit dem Behinderten ohne feststehendem Berufsziel ein geeignetes Berufsfeld zu finden. Dabei werden das Leistungsvermögen, die Eignung und Neigung sowie die Auswirkungen der Behinderung auf eine spätere berufliche Tätigkeit geklärt.

2. Arbeitserprobung

Die Arbeitserprobung soll nach weitgehender Klärung und Entscheidung für einen Beruf noch bestehende Fragen zu bestimmten Ausbildungs- und Arbeitsplatzanforderungen klären.

3. Kostenübernahme

Beim Vorliegen der entsprechenden Voraussetzungen übernehmen der Rentenversicherungsträger (§ 16 SGB VI) oder die Berufsgenossenschaft (§ 35 SGB VII) die Kosten. Die Krankenkasse zahlt **nachrangig**. Bei Geringverdienenden oder nicht Versicherten kommt unter Umständen das Sozialamt für die Kosten auf, Näheres ☞ *Vorbeugende Gesundheitshilfe*.

Praxistipps

- Die Anmeldung erfolgt durch den Rehaträger in Abstimmung mit den Fachdiensten der Agentur für Arbeit.
  Erforderliche Unterlagen:
  - Eingliederungsplan, der vom Rehaträger zusammen mit der Agentur für Arbeit vor Ort und dem Behinderten erstellt wird
  - Eignungsgutachten des Fachpsychologen
  - ärztliche Gutachten mit Befundunterlagen
  - Kostenzusage des Rehaträgers
- Ein Verzeichnis der bundesweiten Berufsförderungswerke ist mit der Bestellnummer A 713 erhältlich beim Bundesministerium für Arbeit und Soziales, Telefon 0180 515151-0. Das Verzeichnis kann auch unter www.bmas.de > Publikationen heruntergeladen werden.

Wer hilft weiter?

Der jeweils zuständige Sozialversicherungsträger: ☞ *Berufsgenossenschaften*, ☞ *Agentur für Arbeit*, ☞ *Rentenversicherungsträger*, ☞ *Krankenkassen*, ☞ *Sozialamt* und die ☞ *Servicestellen*. Letztere haben im Zweifelsfall auch die Aufgabe abzuklären, welcher Träger für die Berufsfindung und Arbeitserprobung zuständig ist.

Berufsfördernde Leistungen

☞ *Teilhabe am Arbeitsleben*

Berufsgenossenschaften

Das Wichtigste in Kürze

Berufsgenossenschaften sind die Träger der gesetzlichen Unfallversicherung, außerdem der Bund, die Länder, die Gemeindeunfallversicherungsverbände, bestimmte Gemeinden (Städte mit Eigenunfallversicherung) und die Feuerwehr-Unfallkassen.
Sie sind u.a. für Arbeitsunfälle und Berufskrankheiten zuständig.

Kontaktadressen für Gutachten

Unter den folgenden Adressen erfahren Ärzte und Gutachter eines Unfalls, wohin das Gutachten ihres Patienten zu schicken ist:

- Der Verband „Deutsche Gesetzliche Unfallversicherung" (DGUV) ist der Spitzenverband der gewerblichen Berufsgenossenschaften und der Unfallversicherungsträger der öffentlichen Hand.
  - DGUV Berlin, Mittelstraße 51, 10117 Berlin, Telefon 030 288763-800, Fax 030 288763-771, www.dguv.de
  - DGUV Sankt Augustin, Alte Heerstraße 111, 53757 Sankt Augustin, Telefon 02241 231-01, Fax 02241 231-1333
  - DGUV München, Fockensteinstraße 1, 81539 München, Telefon 089 62272-0, Fax 089 62272-111
- Bundesverband der landwirtschaftlichen Berufsgenossenschaften (mit 20 Berufsgenossenschaften), Weißensteinstr. 70-72, 34131 Kassel, Telefon 0561 9359-0, Fax 0561 9359-414, www.lsv.de
- See-Berufsgenossenschaft, Reimerstwiete 2, 20457 Hamburg, Telefon 040 36137-0, Fax 040 36137-770, www.seekasse.de

Wer hilft weiter?

- Welche Berufsgenossenschaft zuständig ist, ist beim Arbeitgeber zu erfragen.
- Infohotline der gesetzlichen Unfallversicherungsträger: Telefon 01805 188088 (14 Ct./Min.).

Berufshelfer

(§§ 35, 39 ff. SGB VII)

Das Wichtigste in Kürze

Berufshelfer der Berufsgenossenschaft beraten und bieten sozialpädagogische und psychologische Betreuung an, wenn persönliche oder soziale Probleme auf die Folgen eines Unfallversicherungsfalls (☞ *Arbeitsunfall*, Wegeunfall, ☞ *Berufskrankheit*) zurückzuführen sind.

1. Aufgaben

Berufshelfer haben die Aufgabe, die medizinische, berufliche und soziale Wiedereingliederung beratend, informierend und beurteilend (für den Verletzten und die Berufsgenossenschaft) zu begleiten. Sie veranlassen und koordinieren insbesondere Leistungen der ☞ *Rehabilitation*, insbesondere Leistungen zur ☞ *Teilhabe am Arbeitsleben*, Leistungen zur Teilhabe am Leben in der Gemeinschaft und ergänzende Leistungen zur Reha wie ☞ *Reha-Sport und Funktionstraining*, ☞ *Kraftfahrzeughilfe*, ☞ *Wohnungshilfe*, ☞ *Haushaltshilfe* oder ☞ *Reisekosten*. Berufshelfer leisten **keine** therapeutische Arbeit.

2. Besuchsdienst der Berufshelfer

Der Kontakt zum Berufshelfer wird durch den Besuchsdienst hergestellt. Einrichtungen (z.B. Unfallkrankenhäuser, Stationen für Unfallverletzte und Krankenhäuser, die für Unfallverletzte zugelassen sind) mit mehr als 100 Schwerverletzten werden regelmäßig einmal in der Woche besucht (sogenannter Regelbesuch). Einrichtungen mit weniger als 100 Schwerverletzten werden bei besonderem Anlass besucht (sogenannter Anlassbesuch).

3. Themen und Umfang

Berufshelfer besprechen mit dem Verletzten die dringendsten Probleme, beraten über Berufshilfen und prüfen **gemeinsam mit dem behandelnden Arzt**, ob der Verletzte nach Beendigung der Heilbehandlung seine bisherige Tätigkeit wieder aufnehmen kann oder welche Rehamaßnahmen für die Rückkehr notwendig sind. Sie nehmen außerdem **Kontakt zum Arbeitgeber** auf, um auch mit diesem zu besprechen, inwieweit der ehemalige Arbeitsplatz wieder eingenommen werden kann.
Die Berichte der Berufshelfer über die Besuchsergebnisse gehen an den zuständigen Unfallversicherungsträger und ggf. für die berufliche Eingliederung an die ☞ *Agenturen für Arbeit.*

4. Kinder und Jugendliche

Bei Kindern und Jugendlichen umfassen Beratung und Hilfe auch Maßnahmen und Leistungen, die auf einen künftigen Beruf/Schulbesuch vorbereiten oder eine den Möglichkeiten des Verletzten entsprechende allgemeine Schulbildung ermöglichen, z.B. Kostenberatung und -übernahme bei Sondereinrichtungen und Nachhilfeunterricht.

Wer hilft weiter?

Auskünfte erteilen die ☞ *Berufsgenossenschaften.*

Berufskrankheit

(§ 9 SGB VII)

Das Wichtigste in Kürze

Berufskrankheiten sind Krankheiten, die durch die berufliche Tätigkeit verursacht sind. Der Verdacht auf eine Berufskrankheit muss vom Arbeitgeber und vom Arzt an die Berufsgenossenschaft gemeldet werden.

1. Definition und Bedeutung

Berufskrankheiten sind Krankheiten,

- die in der Berufskrankheiten-Verordnung (siehe unten) bezeichnet sind
  oder
  nach neuen medizinischen Erkenntnissen durch den Beruf und seine Begleitumstände verursacht sind
  und
- die sich Versicherte durch ihre versicherte Tätigkeit zuziehen.

Eine Berufskrankheit ist **eine** mögliche Voraussetzung, dass die ☞ *Berufsgenossenschaft* (BG) für die Folgekosten aufkommt. Die andere mögliche Voraussetzung ist der ☞ *Arbeitsunfall.*

1.1. Berufskrankheiten-Verordnung

Die Berufskrankheiten-Verordnung ist erhältlich bei den BGs. Sie umfasst

- durch chemische Einwirkungen (z.B. Metalle oder Metalloide, Erstickungsgase, Lösemittel, Schädlingsbekämpfungsmittel, Pestizide, chemische Stoffe) verursachte Krankheiten
- durch physikalische Einwirkungen (z.B. mechanische Ursachen, Druckluft, Lärm, Strahlen) verursachte Krankheiten
- durch Infektionserreger oder Parasiten verursachte Krankheiten sowie Tropenkrankheiten
- Erkrankungen der Atemwege und der Lungen, des Rippenfells und Bauchfells, durch organische oder anorganische Stäube, obstruktive Atemwegserkrankungen

Mehr Informationen: www.betanet.de

- Hautkrankheiten
- Krankheiten sonstiger Ursache (z.B. Augenzittern der Bergleute)

2. Vorgehensweise

Der Verdacht auf eine Berufskrankheit **muss** dem Unfallversicherungsträger (= BG) vom Arbeitgeber und vom Arzt **gemeldet** werden. Hierfür existieren verbindliche **Vordrucke**.

2.1. Verfahren zur Anerkennung einer Berufskrankheit

- Meldung: Der behandelnde Arzt, der Arbeitgeber oder eine sonstige Person **melden** die Berufskrankheit bzw. den Verdacht auf eine Berufskrankheit an die zuständige BG.
- Diese leitet eine sogenannte **„Arbeitsanamnese"** ein. Darin werden alle relevanten Belastungen während der versicherten Tätigkeit (nicht nur im jetzigen Betrieb, sondern des gesamten Erwerbslebens) zusammengestellt. Dabei ist es äußerst wichtig, dass die Belastungen am Arbeitsplatz unter Beteiligung von Antragsteller, Betriebsarzt, Betriebsrat, Sicherheitsbeauftragtem etc. sorgfältig beschrieben und gründlich ermittelt werden.
- Hat diese Erhebung ergeben, dass die schädigende Einwirkung mit der versicherten Tätigkeit im Zusammenhang steht, entscheidet die Berufsgenossenschaft (BG), ob ein **medizinisches Gutachten** in Auftrag gegeben wird.
  Die BG ist verpflichtet, dem Antragsteller mehrere Gutachter zur Auswahl zu stellen.
- Das erstellte Gutachten wird der BG übermittelt.
- Der Antragsteller hat Anspruch auf eine Kopie des Gutachtens und sollte überprüfen, ob die eigenen Angaben korrekt wiedergegeben sind, ob die Angaben über die Belastungen stimmig sind, ob es Widersprüche zwischen den Diagnosen der behandelnden Ärzte und der Gutachter gibt etc.
- Fallen dem Antragsteller Mängel am Gutachten auf, sollte er diese schriftlich der BG mitteilen.
- Die BG entscheidet dann über die **Anerkennung oder Ablehnung einer Berufskrankheit**.
- Ist der Antragsteller mit dieser Entscheidung nicht einverstanden, kann er innerhalb von einem Monat schriftlich ☞ *Widerspruch* einlegen. Ist dieser nicht erfolgreich, bleibt noch die ☞ *Klage* vor dem Sozialgericht.

Praxistipp

Bei einer durch die BG anerkannten Berufskrankheit besteht Anspruch auf Umschulung oder Weiterbildung mit ergänzenden Leistungen, Details siehe ☞ *Teilhabe am Arbeitsleben.*

Wer hilft weiter?

Rehaberater der zuständigen ☞ *Agentur für Arbeit* und Vertreter des Unfallversicherungsträgers beim Arbeitgeber.

Berufsunfähigkeit

☞ *Abgestufte Erwerbsminderungsrente*

Berufung

Das Wichtigste in Kürze

Wenn ein Betroffener mit einem Sozialgerichtsurteil (☞ *Sozialgericht*) nicht einverstanden ist, kann er Berufung vor dem Landessozialgericht einlegen. Diese muss in der Regel innerhalb von einem Monat beim zuständigen Gericht eingehen. Bei einer Berufung fallen keine Gerichtsgebühren an.

1. Fristen

Die Berufung ist innerhalb einer bestimmten **Frist** nach Zustellung des Urteils beim zuständigen Gericht einzulegen:

- Frist im Normalfall: **1 Monat**
- Frist bei Wohnsitz im Ausland: **3 Monate**
- Frist bei fehlender oder unrichtiger Rechtsmittelbelehrung: **1 Jahr**

2. Kosten

Es besteht Gerichtskostenfreiheit, d.h. es fallen **keine Gerichtsgebühren** an.

2.1. Rechtsanwalt

Es besteht **kein** Anwaltszwang, d.h. der Prozess kann selbst und muss nicht durch einen Rechtsanwalt geführt werden.

Wenn ein Rechtsanwalt zu Hilfe gezogen wird, sind dessen Rechtsanwaltsgebühren vom Auftraggeber/Mandanten in der Regel selbst zu tragen.
Das Gericht entscheidet allerdings im Urteil, ob und in welcher Höhe die jeweiligen Prozessgegner die Rechtsanwaltsgebühren und sonstigen Auslagen (z.B. für Zeugen, Sachverständige) zu übernehmen haben.

Die Rechtsanwaltskosten orientieren sich für die 2. Instanz beim Landessozialgericht in der Regel an folgenden Rahmengebühren:

- 40,- € bis 520,- € (sogenannte Geschäftsgebühr) bei außergerichtlichem Tätigwerden
- 50,- € bis 570,- € (sogenannte Verfahrensgebühr) bei gerichtlichem Tätigwerden
- 20,- € bis 380,- € (sogenannte Terminsgebühr) bei Auftreten vor dem Gericht
- 40,- € bis 460,- € (sogenannte Einigungs- und Erledigungsgebühr) für den gütlichen Abschluss eines Rechtstreits im Berufungsverfahren
  Die Geschäftsgebühr wird im Regelfall teilweise auf die Verfahrensgebühr angerechnet.

Wer die Kosten einer Prozessvertretung über einen Rechtsanwalt nachweislich nicht, nur zum Teil oder nur in Raten erbringen kann, dem kann ☞ *Prozesskostenhilfe* gewährt werden.

3. Juristische Instanz

Das Landessozialgericht bildet die 2. Instanz der Sozialgerichtsbarkeit.
Die Berufung endet mit einem **Urteil** des zuständigen Landessozialgerichts. Gegen das Berufungsurteil kann ☞ *Revision* vor dem Bundessozialgericht in Kassel (= 3. Instanz) erhoben werden.

Wer hilft weiter?

Jedes Mitglied des SoVD und des VdK genießt einen „Sozialrechtschutz", bei dem die Beratung in der Regel kostenlos ist. Die Prozessbevollmächtigten beider Verbände vertreten ihre Mitglieder vor den Sozialverwaltungen und der Sozialgerichtsbarkeit durch alle Instanzen. Dabei entstehen geringe Verwaltungskosten, die das Mitglied zu tragen hat.
Beide Vereine sind flächendeckend im Bundesgebiet vertreten. Die nächstliegende Vertretung können Sie direkt bei der Bundesgeschäftsstelle erfragen oder im Internet finden:
SoVD - Sozialverband Deutschland e.V., Stralauer Str. 63, 10179 Berlin, Telefon 030 726222-0, E-Mail contact@sozialverband.de, www.sovd.de
Sozialverband VdK Deutschland e.V., Wurzerstr. 4a, 53175 Bonn, Telefon 0228 82093-0, E-Mail kontakt@vdk.de, www.vdk.de

Beschäftigungsverbote

☞ *Mutterschutz*

Bestattung

☞ *Fehlgeburt und Totgeburt*
☞ *Sterbegeld Unfallversicherung*

Soziale Fragen? betafon 01805 - 238 2366!

Bestattungskosten Sozialhilfe

(§ 74 SGB XII)

Das Wichtigste in Kürze

In der Regel erstattet das Sozialamt Bestattungskosten, wenn keine Erben vorhanden sind oder wenn die Erben die Kosten nicht tragen können. Es übernimmt aber nur „erforderliche" Kosten, d.h. in der Regel: eine sehr einfache Bestattung.

1. Voraussetzung

Mögliche Voraussetzungen für die Übernahme der Bestattungskosten sind:

- Kein Erbe vorhanden
  oder
  Ausschlagung der Erbschaft
  oder
  den zur Vornahme der Bestattung Verpflichteten (z.B. Erben, Unterhaltsverpflichtete) sind die Bestattungskosten nicht zumutbar
  und
- die Personen, die Bestattungskosten bekommen, dürfen die Einkommensgrenze nach §§ 85 ff. SGB XII nicht überschreiten, Details unter ☞ *Einsatz von Einkommen und Vermögen.*

1.1. Zumutbarkeit

Über die Frage der Zumutbarkeit der Kosten entscheidet das ☞ *Sozialamt* nach **pflichtgemäßem Ermessen**. Beurteilt das Sozialamt die Übernahme der Kosten für den/die Erben oder Unterhaltsverpflichteten als nicht zumutbar, so besteht ein **Rechtsanspruch** auf Übernahme der Bestattungskosten durch das Sozialamt.

2. Umfang

Sozialrechtlich zählen die Bestattungskosten zur ☞ *Hilfe in anderen Lebenslagen.*
Zu den **erforderlichen Kosten der Bestattung** gehören die Aufwendungen für eine würdige Beerdigung, wie sie ortsüblich ist. Hierzu zählen z.B. die Kosten für:

- Leichenschau einschließlich Ausstellung einer Todesbescheinigung.
- Sterbeurkunden.
- Sarg mit Einlage und einfachem Blumenschmuck.
- Aufbahrung und einfache Dekoration bei der Trauerfeier.
- Überführung zum Friedhof.
- Beerdigung auf dem Friedhof mit Sargträger.
- Erstbepflanzung des Grabs.

Nicht zu den Bestattungskosten gehören die Kosten für eine Trauerfeier im Anschluss an die Beisetzung, Trauerkleidung, Todesanzeigen und Danksagungen.

Die Bestattungskosten werden nur für eine Beerdigung an dem Ort übernommen, an dem der Verstorbene sich tatsächlich aufgehalten hat bzw. an dem er gestorben ist. Überführungskosten werden nur in Ausnahmefällen übernommen, die besonders zu begründen sind, z.B. bei einem Unfall oder wenn eine Beerdigung nach den religiösen Bräuchen des Verstorbenen in Deutschland nicht möglich ist.

Praxistipps

- In Deutschland gelten von Bundesland zu Bundesland unterschiedliche Bestattungsfristen. Falls die Bestattung aus finanziellen Gründen nicht rechtzeitig zu bewältigen ist, besteht Anspruch auf eine **Vorleistung** durch das ☞ *Sozialamt.*
- Welche Kosten konkret das zuständige Sozialamt übernimmt, ist jedoch in jedem Fall **vorab** bei diesem zu erfragen, und der Antrag muss rechtzeitig gestellt werden.
- Je nachdem, wie eine angenommene Erbschaft ausfällt, verrechnet das Sozialamt dann die Beerdigungskosten mit dem Erben. Es bleiben 6 Wochen Zeit, sich zu überlegen, ob das Erbe ausgeschlagen oder angenommen wird.
- Die Verbraucherinitiative Aeternitas hat eine Broschüre „Sozialbestattung heute" (8,- € plus 1,45 € Versand und Porto) herausgegeben. Sie ist erhältlich bei: Aeter-

nitas, Dollendorfer Str. 72, 53639 Königswinter, Telefon 02244 92537.

Wer hilft weiter?

Individuelle Auskünfte erteilt das ☞ *Sozialamt*. Auch die Bestattungsunternehmen sind im allgemeinen gut über finanzielle Fragen informiert.

Betreuung

(§§ 1896 ff. BGB)

Das Wichtigste in Kürze

Betreuung heißt, dass ein Betreuer die Angelegenheiten eines Erwachsenen ganz oder teilweise für ihn regelt, weil dieser aufgrund Krankheit oder Behinderung sich nicht (mehr) angemessen darum kümmern kann. Dabei bleibt die Geschäftsfähigkeit des Betreuten erhalten, Entscheidungen über Ehe und Testament trifft der Betreute weiterhin selbst. Bei schwerwiegenden gesundheitlichen Eingriffen muss das Vormundschaftsgericht zustimmen, zudem muss der Betreuer dem Gericht Rechenschaft über seine Tätigkeit ablegen. Betreuung gibt es nur bei Erwachsenen, bei Minderjährigen kommt es zu einer Pflegschaft.

1. Voraussetzung

Wenn ein Volljähriger aufgrund einer psychischen Krankheit oder einer körperlichen, geistigen oder seelischen Behinderung seine Angelegenheiten ganz oder teilweise nicht wahrnehmen kann, bestellt das Vormundschaftsgericht einen Betreuer.
Eine Betreuung ist **nicht** erforderlich, wenn die Angelegenheiten des Volljährigen ebenso gut durch einen ☞ *Bevollmächtigten* oder durch andere Hilfen, bei denen kein gesetzlicher Vertreter bestellt werden muss, besorgt werden können (§ 1896 BGB).
Die Betreuung ersetzt frühere rechtliche Möglichkeiten: die Entmündigung, die Vormundschaft für Volljährige und die Gebrechlichkeitspflegschaft.

2. Einwilligungsvorbehalt

Bei einer Betreuung bleibt die Geschäftsfähigkeit **des Betreuten** (im Gegensatz zur früheren Entmündigung) in der Regel **erhalten**. Wenn es aber zur Abwendung einer erheblichen Gefahr für die Person oder das Vermögen des Betreuten erforderlich ist, kann das Vormundschaftsgericht anordnen, dass Erklärungen des Betreuten zu ihrer Wirksamkeit der **Einwilligung des Betreuers** bedürfen. Dieser Einwilligungsvorbehalt erstreckt sich aber nicht auf „Willenserklärungen, die auf Eingehung einer Ehe gerichtet sind", und auf „Verfügungen von Todes wegen" (§ 1903 BGB).

Die Bestellung eines Betreuers führt zu einer Einschränkung des Selbstbestimmungsrechts des Betreuten. Der Betreuer kann, wenn es zum Wohl der Betreuten erforderlich ist, Maßnahmen gegen den Willen des Betreuten einleiten, so weit diese zum **Aufgabenkreis** des Betreuers gehören.

2.1. Aufgabenkreise

Aufgabenkreise aus dem Bereich der **Personensorge** können sein:
- Aufenthaltsbestimmung
- Überwachung der medizinischen Behandlung
- Zuführung zur ärztlichen Behandlung
- Suche eines geeigneten Wohnraums

Aufgabenkreise aus der **Vermögenssorge** können sein:
- Verwaltung von Vermögen und laufenden Einkommen
- Antragstellung auf Sozialhilfe, Renten und andere öffentliche Leistungen
- Wohnungsauflösung
- Erbschaftsangelegenheiten

3. Zustimmung des Vormundschaftsgerichts

Bei weitreichenden Eingriffen in die Persönlichkeitsrechte des Betreuten muss der Betreuer allerdings die Zustimmung des Vormundschaftsgerichts einholen, dies gilt z.B. bei:

- Heilbehandlungen oder ärztlichen Eingriffen, wenn z.B. die begründete Gefahr besteht, dass der Betreute aufgrund der Maßnahme einen schweren und länger dauernden gesundheitlichen Schaden erleidet oder stirbt (§ 1904 BGB).
- Sterilisation des Betreuten (§ 1905 BGB).
- Unterbringung des Betreuten gegen seinen Willen in einer geschlossenen Einrichtung (§ 1906 Abs. 1 BGB).
- Freiheitsentziehende Maßnahmen, z.B. durch Bettgitter, Medikamente (§ 1906 Abs. 4 BGB).
- Kündigung der Wohnung des Betreuten (§ 1907 BGB).

4. Kosten

Bei einer Betreuung entstehen folgende Kosten:

- **Gerichtsgebühren**
  Kosten entstehen im Rahmen der Betreuung z.B. in Form von gerichtlichen Gebühren und als Auslagen; Letztere insbesondere für das Sachverständigengutachten über die Ermittlung der Notwendigkeit, den Umfang und die voraussichtliche Dauer der Betreuung. Diese Kosten muss der Betreute nur tragen, wenn sein Vermögen nach Abzug der Verbindlichkeiten mehr als 25.000,- € beträgt.
  Eine Eigentumswohnung oder ein eigenes Haus, das der Betreute allein oder mit Angehörigen bewohnt, bleibt unberücksichtigt und wird nicht zum Vermögen gerechnet.
  Bei einem Reinvermögen über 25.000,- € wird für eine dauerhafte Betreuung eine **Jahresgebühr** fällig: Sie beträgt 5,- € für jede angefangenen 5.000,- €, die über dem Vermögen von 25.000,- € liegen.
- **Gebühren für Berufsbetreuer**
  Bei einem Reinvermögen ab 2.600,- € müssen der Betreute oder seine Unterhaltspflichtigen (z.B. Ehegatte, Kinder) die Kosten für einen Berufsbetreuer prinzipiell selbst tragen.
  Berufsbetreuer haben bestimmte Stundensätze, abhängig von ihrer Vorbildung:
  - Ohne besondere Kenntnisse: 27,- € plus Mehrwertsteuer.
  - Abgeschlossene Ausbildung: 33,50 € plus Mehrwertsteuer.
  - Abgeschlossenes Studium: 44,- € plus Mehrwertsteuer.
- **Ehrenamtlicher Betreuer**
  Dieser kostet entweder eine Aufwandspauschale von jährlich 323,- € plus Mehrwertsteuer, oder er erhält eine individuell zu belegende Aufwandsentschädigung.

Ob für einen Patienten ein Berufs- oder ein ehrenamtlicher Betreuer eingesetzt wird, entscheidet das Vormundschaftsgericht.

Praxistipps

- **Anregung der Einrichtung einer Betreuung**: Wer meint, dass eine Betreuung für einen Menschen nötig ist, kann sich an das Vormundschaftsgericht wenden. Dieses wird dann im Rahmen seiner Amtserhebungspflicht tätig. Hilfreich sind Angaben, für welche Aufgabenbereiche der Betroffene Unterstützung und gesetzliche Vertretung benötigt (z.B. Wohnungsangelegenheiten, Vermögenssorge, Aufenthaltsbestimmung, Gesundheitsangelegenheiten, Heimangelegenheiten).
- Es ist zu beachten, ob es bereits eine ☞ *Betreuungsverfügung* gibt, in der der betroffene Mensch festgelegt hat, wen er unter welchen Bedingungen als Betreuer haben möchte.
- **Aufhebung** oder **Änderung** einer Betreuung müssen beim Vormundschaftsgericht schriftlich oder persönlich vom Betroffenen oder seinem Betreuer beantragt oder von Dritten angeregt werden.
- Bei den Betreuungsstellen und Vormundschaftsgerichten ist das „Handbuch für Betreuer. Arbeitshilfe für ehrenamtliche Betreuer", Hrsg.: Bayerisches Staatsministerium, erhältlich.
- Die Broschüre „Betreuungsrecht" kann beim Bundesjustizministerium unter www.bmj.bund.de > Service > Publikatio-

nen heruntergeladen oder beim Publikationsversand der Bundesregierung, Postfach 481009, 18132 Rostock, Telefon 01805 778090, Fax 030 1810580800 bestellt werden.

Wer hilft weiter?

Zuständig für Betreuungsangelegenheiten ist das Vormundschaftsgericht beim örtlich zuständigen Amtsgericht. Informationen und Aufklärung leisten auch die Betreuungsbehörden bei der örtlichen Kreis- bzw. Stadtverwaltung und Betreuungsvereine.

Betreuung und Versorgung eines Kindes in Notsituationen

(§ 20 SGB VIII)

Das Wichtigste in Kürze

Für die Betreuung und Versorgung von Kindern in Notsituationen ist das Jugendamt zuständig. Die Betreuung erfolgt in der Regel im elterlichen Haushalt, Voraussetzung für die Leistung des Jugendamts ist allerdings, dass nicht die Krankenkasse eine Haushaltshilfe stellt.

1. Umfang

Das Jugendamt soll die Betreuung und Versorgung von Kindern (0 bis noch nicht 14 Jahre alt) in Notsituationen sicherstellen (☞ *Kinder- und Jugendhilfegesetz*). Diese Leistung wird auch „ambulante Familienpflege" genannt und ist beim Jugendamt zu beantragen (sogenannter **Antrag auf ambulante Familienpflege**). Es besteht allerdings **kein** Rechtsanspruch darauf.

Die Betreuung und Versorgung erfolgt
- in der Regel im elterlichen Haushalt,
- ausnahmsweise bei einer Pflegefamilie oder in einem Heim für Minderjährige.

Unter „Betreuung und Versorgung" fallen
- Erziehung des Kindes
- Aufsicht über die Erledigung der Hausaufgaben
- Zubereitung der Mahlzeiten
- sonstige Haushaltsführung

2. Voraussetzungen

- Der Elternteil, der die überwiegende Betreuung des Kindes übernommen hat, fällt aus gesundheitlichen oder anderen zwingenden Gründen (z.B. ☞ *Pflegebedürftigkeit*, Teilnahme an Bildungsmaßnahmen für die beabsichtigte Aufnahme einer Berufstätigkeit, Inhaftierung, Todesfall) aus.
- Der andere Elternteil ist wegen berufsbedingter Abwesenheit nicht in der Lage, die Betreuung und Versorgung des Kindes wahrzunehmen.
- Die Hilfe ist für das Wohl des Kindes erforderlich.
- Betreuung und Versorgung in ☞ *Kindertagesstätten* oder als ☞ *Tagespflege von Kindern* reichen nicht aus.
- Die Krankenkasse bewilligt **keine** oder nur eine **teilweise** ☞ *Haushaltshilfe*.

2.1. Vorrang der Haushaltshilfe

Die Haushaltshilfe als Leistung der ☞ *Krankenversicherung* ist vorrangig. **Zuerst** muss also die **Haushaltshilfe bei der Krankenkasse beantragt** werden. Nur wenn dieser Antrag abgelehnt oder nur teilweise bewilligt wird, kann die Betreuung und Versorgung des Kindes beim Jugendamt beantragt werden.

3. Kosten

Das ☞ *Jugendamt* trägt die Kosten der Vollzeitpflege.
Die Eltern, Kinder, Jugendlichen und deren Ehegatten/Lebenspartner werden zu diesen Kosten herangezogen. Deren Kostenbeitrag richtet sich nach der Kostenbeitragsverordnung und kann in der Höhe regional unterschiedlich ausfallen. Individuelle Informationen hierzu beim Jugendamt.

Mehr Informationen: www.betanet.de

Wer hilft weiter?

Auskunfte erteilt das ☞ *Jugendamt.*

Betreuung Unfallversicherung

☞ *Berufshelfer*

Betreuungsfreibetrag

☞ *Steuerliche Vergünstigungen*

Betreuungshelfer

(§ 30 SGB VIII)

Das Wichtigste in Kürze

Ein Betreuungshelfer ist eine vom Gericht angeordnete Auflage. Der Betreuungshelfer hilft sowohl bei Entwicklungsproblemen als auch bei der Verselbstständigung des Jugendlichen.

1. Umfang

Der Betreuungshelfer ist eine vom Gericht im Rahmen eines Jugendstrafverfahrens angeordnete **Auflage**. Der Jugendliche oder Erwachsene hat sich selbst um den Kontakt zu bemühen. Die Auflage beinhaltet neben der Betreuung durch Fachpersonen in der Regel weitere Maßnahmen, z.B. das **Ableisten von Arbeitsstunden in sozialen Einrichtungen.**

Die Bestellung eines Betreuungshelfers ist eine, in der Regel kostenlose, Form der ☞ *Erziehungshilfe* des ☞ *Kinder- und Jugendhilfegesetzes.*

2. Aufgaben

- Hilfe zur Bewältigung von Entwicklungsproblemen
- Förderung der Verselbstständigung des Kindes oder des Jugendlichen unter Erhalt des Lebensbezugs zur Familie

Praxistipp

Als zusätzliche Unterstützung für junge Volljährige kommt ggf. auch eine Nachbetreuung in Frage (☞ *Junge Volljährige, Nachbetreuung*).

Wer hilft weiter?

Individuelle Auskünfte erteilt das ☞ *Jugendamt.*

Betreuungsverfügung

(§§ 1896 ff., 1901 a BGB)

Das Wichtigste in Kürze

Mit einer Betreuungsverfügung kann man für den Fall, dass das Vormundschaftsgericht eine ☞ *Betreuung* anordnet und man selbst nicht mehr in der Lage ist, seine Vorstellungen zu äußern, festlegen, wer **bzw. wer auf keinen Fall als Betreuer eingesetzt werden soll.**
Das Gericht ist verpflichtet, die vorgeschlagene Person zu prüfen und ihre Eignung zu bestätigen. Wenn keine Betreuungsverfügung vorliegt, sucht das Vormundschaftsgericht bei Bedarf eine geeignete Person aus.

1. Betreuer

Die Betreuungsverfügung ist dann sinnvoll, wenn der Verfügende niemanden kennt, dem er eine ☞ *Vorsorgevollmacht* in einem oder mehreren Bereichen übertragen möchte, er aber eine Person kennt, die die Verwaltung seiner Angelegenheiten mit Hilfe des Vormundschaftsgerichts übernehmen soll und dies auch will. Diese Person/en sollte/n genau über die eigenen Vorstellungen informiert werden und damit einverstanden sein, die Betreuung zu übernehmen.

Falls keine Betreuungsverfügung vorliegt, in der eine Person als Betreuer gewünscht wird, sucht das Vormundschaftsgericht bei Bedarf eine geeignete Person aus. Dabei prüft das Gericht zuerst, ob im Verwandten-

und Bekanntschaftskreis eine Person ist, die diese Aufgabe übernehmen kann und will.

2. Formales

Um Zweifel an der Geschäftsfähigkeit des Verfassers auszuschließen, wird dringend die schriftliche Form angeraten.

- **Handschriftlichkeit** ist nicht nötig, hier ist jedoch die Fälschungsgefahr am geringsten. Wichtig ist die gute Lesbarkeit. Möglich sind auch Vordrucke, die individuell abwandelbar sind. Diese erhält man z.B. beim Vormundschaftsgericht vor Ort.
- **Ort, Datum** und **eigenhändige Unterschrift** sind immer erforderlich.
- **Ergänzungen und Streichungen** müssen mit Ort, Datum und Unterschrift dokumentiert werden.

3. Aufbewahrung

Die Betreuungsverfügung ist **nur im Original** gültig und muss im Bedarfsfall unverzüglich dem Vormundschaftsgericht zur Verfügung stehen.

- Die Betreuungsverfügung sollte entweder einer Vertrauensperson ausgehändigt oder auffindbar aufbewahrt werden, damit das Vormundschaftsgericht im Betreuungsfall davon Kenntnis erhält.
- Die Betreuungsverfügung kann auch bei Banken, dem Amts- bzw. Vormundschaftsgericht, Notaren, Rechtsanwälten oder beim gewünschten Betreuer **hinterlegt** werden.
- Es ist ratsam, eine Kopie der aktuellen Version, mit dem Hinweis, wo sich das Original befindet, bei sich aufzubewahren.
- Zweckmäßig ist ein Hinweiskärtchen im Geldbeutel mit dem Vermerk, dass eine Betreuungsverfügung verfasst wurde und wo sich diese befindet.

4. Inhalte

Der Verfügende kann seine Wünsche an den Betreuer sehr detailliert schriftlich festlegen, z.B.:

- zum Umgang mit seiner Person
- zur Verwaltung seiner Finanzen und seines Vermögens (z.B. Immobilien auf keinen Fall in Aktien umwandeln)
- zum Aufenthalt (in welchem Pflegeheim er untergebracht werden will, in welchem auf keinem Fall)
- zu medizinischen Angelegenheiten

Die Wünsche an den Betreuer sollten schriftlich in einem Anhang der Betreuungsverfügung festgelegt werden.
Das Gericht und der Betreuer **müssen** die Wünsche des zu Betreuenden berücksichtigen, außer sie widersprechen dessen Wohl oder die Erfüllung ist dem Betreuer nicht zuzumuten.

Praxistipps

- Um einer juristischen Anfechtung der Betreuungsverfügung vorzubeugen, ist es dringend empfehlenswert, dass ein **Arzt** die unzweifelhafte Geschäftsfähigkeit des Verfassers der Betreuungsverfügung mit Unterschrift und Datum bestätigt.
- Um die **Aktualität** zu wahren, müssen die Unterschriften des Verfassers und des Arztes spätestens alle 2 Jahre (besser jährlich) mit Ort, Datum und der Bestätigung der Geschäftsfähigkeit des Verfassers erneuert werden.
- Die Betreuungsverfügung sollte die gewünschten **Aufgabenbereiche** des Betreuers möglichst genau beschreiben.

5. Notarielle Beglaubigung

Eine notarielle **Beurkundung** ist prinzipiell nicht nötig, da die Erteilung einer Betreuungsverfügung nicht die Geschäftsfähigkeit voraussetzt. Allerdings ist zu bedenken, dass die Einholung eines rechtskundigen Rats in diesen Angelegenheiten von Vorteil ist.

Eine **Beglaubigung** der Betreuungsverfügung durch einen Notar oder eine Betreuungsbehörde kann zweckmäßig sein, da hierdurch bestätigt wird, dass der Verfasser seine Unterschrift auch tatsächlich eigenhändig geleistet hat. Dies ist insbesondere dann zu empfehlen, wenn die Verfügung aufgrund von (bestehenden oder sich anbahnenden) körperlichen oder geistigen Einschränkungen erstellt wird.

5.1. Notarkosten

Die notarielle Beglaubigung der Unterschrift kostet Gebühren in Höhe von 10,- bis maximal 130,- € (zzgl. Mehrwertsteuer) (§ 45 KostO).

6. Vorsorgeregister

Beim **Zentralen Vorsorgeregister** der Bundesnotarkammer können die Kenndaten einer ☞ *Vorsorgevollmacht* (z.B. Name und Adresse des Vollmachtgebers und des Bevollmächtigten) und **ergänzend** dazu auch der Hinweis auf das Bestehen einer Betreuungsverfügung registriert werden. Beim Vorsorgeregister werden **keine** Inhalte hinterlegt.
Informationen zum Zentralen Vorsorgeregister unter www.vorsorgeregister.de.
Anschrift: Bundesnotarkammer, Zentrales Vorsorgeregister, Kronenstr. 42, 10117 Berlin, Telefon 01805 355050 (14 Ct./Min.).
www.zvr-online.de, E-Mail info@vorsorgeregister.de.
Die Daten zur Registrierung können online oder per Post übermittelt werden. Je nach Art der Übermittlung und Umfang **kostet** die Registrierung etwa 13,- € bis 20,- €.

Wer hilft weiter?

Informationen geben Amts- und Vormundschaftsgerichte, Rechtsanwälte und Notare sowie das Schmerz- und Hospiztelefon der Deutschen Hospiz-Stiftung unter Telefon 0231 738073-0 oder 030 2844484-0 oder 089 202081-0.

Bevollmächtigter, Beistand

(§ 13 SGB X)

1. Bevollmächtigte

Der Bevollmächtigte vertritt den sogenannten „Beteiligten" (= Antragsteller oder Antragsgegner) mittels einer Vollmacht bei der jeweiligen Behörde (z.B. Amt, Krankenkassen, Versicherung). Erklärungen des Bevollmächtigten wirken damit für und gegen den Beteiligten. Die Vollmacht kann vom Beteiligten allerdings schriftlich gegenüber der Behörde widerrufen werden. Informationen auch unter ☞ *Vorsorgevollmacht*.

2. Beistand

Der Beistand handelt **neben** dem Beteiligten **ohne** gesonderte Vollmacht. Ein Beteiligter kann zu Verhandlungen und Besprechungen vor Behörden auch **mit** einem Beistand erscheinen. Das vom Beistand Vorgetragene gilt allerdings als vom Beteiligten vorgebracht, so weit dieser nicht unverzüglich widerspricht.

Praxistipps

- Der Betroffene sollte sich vorher sehr gut mit seinem Bevollmächtigten/Beistand absprechen,
  - worum es geht.
  - welche Ziele erreicht werden sollen.
  - worin die Unterstützung bestehen soll.
  - was der Beistand auf keinen Fall machen soll.
  - ob der Beistand mitschreiben soll.
  - welche Art der Beruhigung dem/er Betroffenen hilft.
- Der Beistand sollte sich in der Regel möglichst im Hintergrund halten und nur zur Beruhigung, als Zeuge, Beobachter und Mitschreiber dienen.
- Zeit für eine ausführliche Nachbesprechung mit dem Bevollmächtigten/Beistand einplanen.

Bezugsgröße

(§ 18 SGB IV)

Das Wichtigste in Kürze

Die Bezugsgröße wird unter anderem zur Berechnung von Leistungen und Einkommensgrenzen in der Sozialversicherung verwendet.

Höhe

Sie errechnet sich aus dem Durchschnittseinkommen aller Rentenversicherten aus dem vorvergangenen Kalenderjahr. Die Bezugsgröße wird jedes Jahr neu ermittelt und beträgt 2008:

- West jährlich 29.820,- €
- Ost jährlich 25.200,- €
- West monatlich 2.485,- €
- Ost monatlich 2.100,- €

Im Krankenversicherungsrecht (SGB V) gibt es keine West/Ost-Differenzierung mehr (§ 309 SGB V). Es gilt einheitlich die Zahlenangabe „West" für das gesamte Bundesgebiet.

BfA

☞ *Rentenversicherungsträger*

Blindenhilfe

(§ 72 SGB XII)

Das Wichtigste in Kürze

Blindenhilfe ist ein Teil der Sozialhilfe für als Blinde anerkannte Menschen. Sie beträgt für Erwachsene 594,63 € monatlich. Anspruch besteht aber nur bis zu einer bestimmten Einkommensgrenze. Außerdem werden das Landesblindengeld und Leistungen aus der Pflegeversicherung teilweise auf die Blindenhilfe angerechnet.

1. Vorrang anderer Leistungen

Die **Blindenhilfe** zählt im Rahmen der ☞ *Sozialhilfe* zur ☞ *Hilfe in anderen Lebenslagen*.
Der Anspruch auf Blindenhilfe nach dem SGB XII ist **nachrangig** gegenüber allen anderen Trägern. Auch die Leistungen der Landesblindengeldgesetze (Landesblindengeld, s.u.) sind **vorrangig**. Leistungen an **Kriegs- und Unfallblinde sind vorrangig** gegenüber Leistungen nach den Blindengeldgesetzen und gegenüber Leistungen der Pflegeversicherung nach SGB XI.

2. Voraussetzungen

Als Blindheit gelten:

1. Fehlen des Augenlichts
   oder
2. Sehschärfe auf beiden Augen beträgt nicht mehr als 1/50
   oder
3. Nicht nur vorübergehende Störung des Sehvermögens (entspricht dem Schweregrad von 2).

Blindenhilfe erhalten nur Personen, die die **Einkommensgrenze** nach §§ 85 ff., 87 Abs. 1 SGB XII nicht überschreiten (☞ *Einsatz von Einkommen und Vermögen*).

3. Höhe der Blindenhilfe

- Für Blinde ab 18 Jahren: 594,63 € monatlich
- Für Blinde unter 18 Jahren: 297,82 € monatlich

3.1. Anrechnung von Pflegeversicherungsleistungen

Erhalten Blinde bei häuslicher Pflege Leistungen der ☞ *Pflegeversicherung* (☞ *Pflegesachleistung*, ☞ *Pflegegeld Pflegeversicherung*, ☞ *Pflegehilfsmittel*), sind diese Leistungen bis zu 70 % auf die Blindenhilfe **anzurechnen**.

- bei Pflegebedürftigen der Pflegestufe 1 werden 70 % des Pflegegelds der Pflegestufe 1 angerechnet.
- bei Pflegebedürftigen der Pflegestufe 2 und 3 werden 50 % des Pflegegelds der Pflegestufe 2, maximal 50 % des o.g. Blindenhilfe-Betrags angerechnet. Diese Anrechung gilt gleichermaßen bei Leistungen aus einer privaten Pflegeversicherung und nach beamtenrechtlichen Vorschriften.

3.2. Anrechnung von Landesblindengeld

Leistungen nach den Blindengesetzen der einzelnen Bundesländer (**Landesblindengeld, s.u.**) werden als gleichartige Leistung zu 100 % angerechnet. Ist das Landesblindengeld niedriger als die Blindenhilfe, besteht Anspruch auf **ergänzende** Blindenhilfe bis zu deren Höhe von 594,63 € bzw. 297,82 € (s.o.), so weit die Einkommensgrenze (s.o.) nicht überschritten wird.

3.3. Kürzung und Ausschluss

Die Blindenhilfe kann bis zu 25 % **gekürzt** werden, z.B. bei Weigerung des Hilfesuchenden, eine zumutbare Tätigkeit oder die Teilnahme an einer erforderlichen Vorbereitung aufzunehmen (§ 72 Abs. 1 i.V.m. § 39 SGB XII).

Wird der Blinde in einer stationären Einrichtung untergebracht, **reduziert** sich die Blindenhilfe um maximal die Hälfte.

Neben der Blindenhilfe gibt es **keine gleichzeitige Leistung von**

- Hilfe zur Pflege (☞ *Pflege Sozialhilfe*) wegen Blindheit außerhalb stationärer Einrichtungen.
- ☞ *Taschengeld.*

Praxistipp

Beim Antrag auf Blindenhilfe sollten alle ärztlichen Unterlagen beigefügt werden. Der Arzt sollte nicht nur den Grad/Prozentsatz der evtl. verbliebenen Sehfähigkeit attestieren, sondern auch eine vorhandene Gesichtsfeldeinschränkung exakt angeben.

4. Landesblindengeld

Die Bundesländer zahlen jedem Blinden Landesblindengeld in folgender Höhe, so weit keine anderen Leistungen wie ☞ *Pflegegeld*, Zuschüsse bei Heimunterbringung etc. angerechnet werden:

4.1. Baden-Württemberg

Blinde ab 18 Jahren: 409,03 € monatlich
Blinde bis 18 Jahre: 204,52 € monatlich

4.2. Bayern

Blinde jeden Alters: 505,- € monatlich

4.3. Berlin

Blinde jeden Alters: 470,53 € monatlich

4.4. Brandenburg

Blinde ab 18 Jahren: 266,- € monatlich
Blinde bis 18 Jahre: 133,- € monatlich

4.5. Bremen

Blinde ab 18 Jahren: 345,86 € monatlich
Blinde bis 18 Jahre: 172,93 € monatlich

4.6. Hamburg

Blinde jeden Alters: 448,- € monatlich

4.7. Hessen

Blinde ab 18 Jahren: 505,82 € monatlich
Blinde bis 18 Jahre: 252,91 € monatlich

4.8. Mecklenburg-Vorpommern

Blinde ab 18 Jahren: 546,10 € monatlich
Blinde bis 18 Jahre: 273,05 € monatlich

4.9. Niedersachsen

Blinde bis 25 Jahre: 300,- €
Blinde ab 26 Jahre: 220,- €

4.10. Nordrhein-Westfalen

Blinde bis 18 Jahre: 295,- €
Blinde von 18 bis 59 Jahren: 588,- € monatlich
Blinde ab 60 Jahren: 473,- € monatlich

4.11. Rheinland-Pfalz

Blinde ab 18 Jahren: 529,50 € monatlich, wenn der Antrag bis 30.4.2003 gestellt wurde.

- Bei Antragstellung seit 1.5.2003: 410,- €

Blinde bis 18 Jahre: 264,75 € monatlich, wenn der Antrag bis 30.4.2003 gestellt wurde.

- Bei Antragstellung seit 1.5.2003: 205,- €

4.12. Saarland

Blinde ab 18 Jahren: 438,- € monatlich
Blinde bis 18 Jahre: 293,- € monatlich

4.13. Sachsen

Blinde ab 14 Jahren: 333,- € monatlich
Blinde von Vollendung des 1. bis Vollendung des 14. Lebensjahres: 249,75 € monatlich

4.14. Sachsen-Anhalt

Blinde ab 18 Jahren: 350,- € monatlich
Blinde bis 18 Jahre: 250,- € monatlich

4.15. Schleswig-Holstein

Blinde ab 18 Jahren: 400,- € monatlich
Blinde bis 18 Jahre: 200,- € monatlich

4.16. Thüringen

Blinde bis zur Vollendung des 27. Lebensjahres: 300,- € monatlich
Blinde ab 27 Jahren: 220,- € monatlich

Wer hilft weiter?

Bundesblindenhilfe ist beim ☞ *Sozialamt*, Landesblindengeld ist in der Regel beim ☞ *Versorgungsamt* zu beantragen.
Der Deutsche Blinden- und Sehbehindertenverband e.V. informiert z.B. über staatliche Leistungen und unterstützt bei der Beantragung von Blindengeld. DBSV-Geschäftsstelle, Rungestr. 19, 10179 Berlin, Telefon 030 285387-0, Fax 030 285387-20, E-Mail info@dbsv.org, www.dbsv.org.

Bonusprogramme

Das Wichtigste in Kürze

Viele Krankenkassen bieten ihren Versicherten Bonusprogramme an, mit denen gesundheitsförderndes Verhalten belohnt und zum Teil sogar Beiträge gesenkt werden.

Angebote

Die meisten ☞ *Krankenkassen* geben ihren Versicherten die Möglichkeit, an Bonusprogrammen teilzunehmen. Sie wollen damit gesundheitsfördernes Verhalten und die Teilnahme an Maßnahmen der ☞ *Prävention* bei ihren Versicherten stärken und belohnen.

Des weiteren bieten die Krankenkassen besondere Versorgungsformen an, z.B.

- ☞ *Integrierte Versorgung*,
- ☞ *Hausarztmodell*,
- ☞ *Hausapothekenmodell* oder
- ☞ *Disease-Management-Programme*.

Die Versicherten können durch die Teilnahme an Bonusprogrammen und besonderen Versorgungsformen beispielsweise ☞ *Praxisgebühr* sparen, ihre Mitgliederbeiträge senken oder Prämien erhalten.

Wer hilft weiter?

Auskünfte über die angebotenen Bonusprogramme erteilen die jeweiligen Krankenkassen.

Brillen

☞ *Sehhilfen*

Bundesagentur für Arbeit

☞ *Agenturen für Arbeit*

Bundeserziehungsgeld

☞ *Erziehungsgeld*

Mehr Informationen: www.betanet.de

Bundessozialgericht

☞ *Sozialgericht*

Bundesversicherungsamt

(§§ 89, 90, 94 SGB IV)

Das Wichtigste in Kürze

Das Bundesversicherungsamt beaufsichtigt Sozialversicherungsträger. Versicherte können sich bei Unstimmigkeiten an das Bundesversicherungsamt wenden. Außerdem ist es bei Privatversicherten für das Mutterschaftsgeld zuständig.

1. Zuständigkeitsbereich

Das Bundesversicherungsamt hat die Aufsicht über bundesunmittelbare Träger und Einrichtungen der Sozialversicherung. Dazu zählen die Unfallversicherungsträger (☞ *Berufsgenossenschaften*), die ☞ *Rentenversicherungsträger*, die gesetzlichen ☞ *Krankenkassen* und die ☞ *Pflegekassen*. Das Bundesversicherungsamt ist **nicht** für die privaten Krankenversicherungen und auch nicht für Träger zuständig, die nur in einem Bundesland tätig sind.

2. Aufgaben

Das Bundesversicherungsamt ist die Rechtsaufsichtsbehörde o.g. Sozialversicherungsträger. Es ist zuständig für die Auszahlung des ☞ *Mutterschaftsgelds* bei privatversicherten Arbeitnehmerinnen und geringfügig beschäftigten familienversicherten Frauen.

Versicherte können sich an das Bundesversicherungsamt wenden, wenn sie Unstimmigkeiten bei Bescheiden vermuten. Es prüft dann, ob sich der zuständige Versicherungsträger an das Gesetz gehalten hat. Stellt das Amt eine Rechtsverletzung fest, kann es die Behebung des Bescheids verlangen.

3. Anschrift

Bundesversicherungsamt, Friedrich-Ebert-Allee 38, 53113 Bonn, Telefon 0228 619-0, www.bva.de.
Telefonische Hotline der Mutterschaftsgeldstelle: 0228 619-1888.

Chronisch Kranke

☞ *Zuzahlungsbefreiung für chronisch Kranke*

Dauerpflegestelle

☞ *Vollzeitpflege*

Dienstaufsichtsbeschwerde

Das Wichtigste in Kürze

Dienstaufsichtsbeschwerden gegen Amtsmitarbeiter können sinnvoll sein, wenn freundliche Telefonate, Schreiben und Gespräche nicht mehr weiterhelfen. Sie haben allerdings keine Rechtswirksamkeit.

1. Grundsätzliches

Die „Dienstaufsichtsbeschwerde" ist kein juristischer Vorgang mit gerichtlichem Nachspiel: Sie ist formlos, fristlos und kostenlos und es gibt auch keine Handhabe, wenn sie keinen Erfolg hat.

2. Ausgangssituation

Die Dienstaufsichtsbeschwerde sollte nur erfolgen, wenn freundliche Telefonate, Schreiben und Gespräche in einer Amtsangelegenheit - einschließlich der durchgängigen Einhaltung des Dienstweges von unten nach oben - nicht mehr weiter helfen, weil

- das Verhalten eines Mitarbeiters im Amt oder in der Behörde Anlass zur Beschwerde gibt oder

- der Umgang der Mitarbeiter mit dem Anliegen des Antragstellers Anlass zur Beschwerde gibt.

3. Vorgehen

Die Beschwerde sollte schriftlich bei dem Leiter der Behörde eingehen. Das Schreiben sollte folgenden Inhalt haben: Warum und gegen wen oder gegen welches Verhalten wird Beschwerde eingelegt.

Disease-Management-Programme

(§ 137 f SGB V)

Das Wichtigste in Kürze

Disease-Management-Programme (DMP) sollen eine möglichst gute und umfassende Behandlung chronisch kranker Patienten sicherstellen und die verschiedenen Beteiligten an der Behandlung koordinieren.

1. Vorgehensweise

Unter Disease-Management-Programm (DMP) versteht man den strukturierten Umgang mit einer chronischen Erkrankung unter Einbeziehung aller, die an der Behandlung beteiligt sind. Die Behandlung muss sich an evidenzbasierten Leitlinien orientieren, d.h. Basis der Behandlung sind aktuelle wissenschaftliche Erkenntnisse, die auf Wirksamkeit, Sicherheit und Nutzen überprüft wurden.

Die Krankenkasse schließt Verträge mit Ärzten und/oder Kassenärztlichen Vereinigungen. Ein Arzt übernimmt die Lotsenfunktion und koordiniert die leitlinienorientierten Behandlungsschritte bei der Behandlung eines chronisch kranken Patienten. Die Behandlungsergebnisse werden systematisch dokumentiert. Für die Umsetzung dieser Programme gibt es strenge bürokratische Vorgaben und es besteht eine umfassende Dokumentationspflicht.

2. Ziele

Ziele von Disease-Management-Programmen sind,

- die Behandlungsabläufe und die Qualität der medizinischen Versorgung chronisch kranker Patienten zu verbessern und
- gleichzeitig die Kosten für die Behandlung zu reduzieren.
- Patienten sollen durch Schulungen lernen, mit ihrer Erkrankung umzugehen, und
- bezüglich Diagnose und Therapie der Erkrankung umfassend informiert und einbezogen werden.

3. Indikationen

Für folgende Erkrankungen bieten die ☞ *Krankenkassen* DMP-Programme an:

- Asthma bronchiale
- Brustkrebs
- COPD (chronisch obstruktive Atemwegserkrankungen)
- Diabetes mellitus Typ 1 und Typ 2
- Koronare Herzerkrankungen

4. Vorteile für Patienten

Die strukturierten Behandlungsprogramme sind mit dem Risikostrukturausgleich der gesetzlichen Krankenkassen verknüpft. Die Krankenkassen **können** Patienten, die an den Programmen teilnehmen, z.B. von der Zahlung der ☞ *Praxisgebühr* befreien oder die Teilnahme über ☞ *Bonusprogramme* belohnen.

Wer hilft weiter?

Patienten mit den oben genannten Diagnosen wenden sich an ihre Krankenkassen. Dort bekommen sie genaue Informationen und Ärzte in ihrer Nähe genannt, die am jeweiligen Programm teilnehmen.

Einarbeitungshilfe

☞ *Teilhabe am Arbeitsleben*

E

Soziale Fragen? betafon 01805 - 238 2366!

E
Mehr Informationen: www.betanet.de

Eingliederungshilfe

(§§ 53 ff. SGB XII)

Das Wichtigste in Kürze

Die „Eingliederungshilfe für Behinderte" umfasst verschiedene Leistungen des ☞ *Sozialamts*, die in etwa vergleichbar mit den Rehamaßnahmen (☞ *Rehabilitation und Teilhabe behinderter Menschen*) der Kranken-, Renten- und Unfallversicherung sind.

1. Voraussetzungen

Anspruch auf Eingliederungshilfe besteht nur **nachrangig**, das heißt, wenn die Hilfe nicht von einem **vorrangig** verpflichteten Leistungsträger gewährt wird.
Anspruch auf Eingliederungshilfe für Behinderte haben Personen, die nicht nur vorübergehend (d.h. länger als 6 Monate)

- körperlich wesentlich behindert sind (z.B. erhebliche Beeinträchtigung der Bewegungsfähigkeit; Blinde; Hörbehinderte und Taubstumme; Sprachbehinderte)
  oder
- geistig wesentlich behindert sind (wodurch die Eingliederung in die Gesellschaft erheblich beeinträchtigt wird)
  oder
- seelisch wesentlich behindert sind (z.B. körperlich nicht begründbare Psychosen; seelische Störungen als Folge von Krankheiten; Suchtkrankheiten, Neurosen, Persönlichkeitsstörungen)
  oder
- von einer Behinderung bedroht sind (nach allgemeiner ärztlicher oder sonstiger fachlicher Erkenntnis).

Die genannten Personenkreise haben einen **Rechtsanspruch** auf Eingliederungshilfe. Sie dürfen aber die **Einkommensgrenzen**, auf die bei den einzelnen Maßnahmen verwiesen wird, nicht überschreiten. Es gibt **keine** Altersbegrenzung.
In allen anderen Fällen (nur vorübergehende oder nicht wesentliche Behinderung) steht die Eingliederungshilfe im **Ermessen** des zuständigen Sozialamts.

2. Dauer

Die Eingliederungsmaßnahme muss so lange gewährt werden, bis die Ziele der Eingliederungshilfe erfüllt sind, bzw. die Aussicht besteht, dass die Ziele erfüllt werden können. Hier sind die Stellungnahmen der Ärzte, Einrichtungen und sonstigen sachverständigen Personen, die auch am Gesamtplan (s.u.) beteiligt sind, wichtig.

3. Aufgaben der Eingliederungshilfe

- Verhütung einer drohenden Behinderung (Prävention)
- Beseitigung oder Milderung einer vorhandenen Behinderung oder deren Folgen (Rehabilitation)
- Eingliederung des Behinderten in die Gesellschaft (Integration)

3.1. Gesamtplan

Zur Durchführung der Eingliederungsmaßnahme erstellt das Sozialamt zusammen mit den Betroffenen und den behandelnden Ärzte einen Gesamtplan mit folgenden Inhalten:

- Diagnose und Begründung der Eingliederung/Reha
- Art und Ziel der Maßnahmen
- Voraussichtliche Dauer
- Ort und Träger der Ausführung
- Bei Verlängerung und Planung einer weiteren Maßnahme: Ergebnisse der bisherigen Maßnahmen

4. Maßnahmen der Eingliederungshilfe

Das Sozialamt leistet folgende Maßnahmen der Eingliederungshilfe (§ 54 SGB XII):

4.1. Leistungen zur medizinischen Rehabilitation

(§ 54 SGB XII i.V.m. § 26 SGB IX)
Details unter ☞ *Medizinische Rehabilitation.*

Voraussetzung
Der Behinderte darf die Einkommensgrenze nach §§ 85 ff. SGB XII nicht überschreiten (☞ *Einsatz von Einkommen und Vermögen*).

4.2. Leistungen zur Teilhabe am Arbeitsleben

(§ 54 SGB XII i.V.m. § 33 SGB IX)
Details unter ☞ *Teilhabe am Arbeitsleben.*

Voraussetzung
Der Behinderte darf die Einkommensgrenze nach §§ 85 ff. SGB XII nicht überschreiten (☞ *Einsatz von Einkommen und Vermögen*).

4.3. Hilfe zur Beschäftigung in einer Werkstatt für Behinderte

(§ 54 SGB XII i.V.m. § 41 SGB IX, § 56 SGB XII)

Voraussetzungen
- Für den Behinderten kommt wegen der Art oder Schwere der Behinderung keine Beschäftigung auf dem allgemeinen Arbeitsmarkt in Betracht.
- Der Behinderte erbringt nach Teilnahme im Berufsbildungsbereich wenigstens ein Mindestmaß an wirtschaftlich verwertbarer Arbeitsleistung und es ist keine Selbst- oder Fremdgefährdung zu erwarten.
- Der Behinderte darf die Einkommensgrenze nach §§ 85 ff. SGB XII nicht überschreiten (☞ *Einsatz von Einkommen und Vermögen*).

4.4. Hilfe zur Teilnahme am Leben in der Gemeinschaft

(§ 54 SGB XII i.V.m. § 55 SGB IX)
Details unter ☞ *Rehabilitation.*

Voraussetzung
Der Behinderte darf die Einkommensgrenze nach §§ 85 ff. SGB XII nicht überschreiten (☞ *Einsatz von Einkommen und Vermögen*).

4.5. Schule, Ausbildung und Arbeitsplatz

(§ 54 SGB XII i.V.m. §§ 12, 13 EinglHVO (Eingliederungshilfeverordnung))
Zur Eingliederungshilfe zählen Hilfen zu einer Schulbildung, zu einer schulischen und beruflichen Ausbildung und zur Erlangung eines Platzes im Arbeitsleben, worunter auch die Beschäftigung in einer Werkstatt für Behinderte fallen kann. Darunter sind z.B. die heil- oder sozialpädagogische Betreuung in einer Tagesstätte oder in einem Heim einschließlich der notwendigen Fahrtkosten dorthin wie auch die Kosten für Nachhilfeunterricht zu verstehen.

Voraussetzung
Der Behinderte darf die **Einkommensgrenze** nach §§ 85 ff. SGB XII nicht überschreiten (☞ *Einsatz von Einkommen und Vermögen*).

4.6. Eingliederungshilfe in einer vollstationären Einrichtung der Behindertenhilfe

(§ 55 SGB XII)
Wird die Eingliederungshilfe in einer vollstationären Einrichtung der Behindertenhilfe im Sinne von § 43a SGB XI erbracht, schließt diese Hilfe auch Pflegeleistungen ein, d.h.: Auch die notwendige Pflege wird erbracht. Der vorrangige Zweck der Behinderteneinrichtung ist auf die berufliche und soziale Eingliederung, die schulische Ausbildung oder Erziehung behinderter Menschen gerichtet. Im Vordergrund der Einrichtung steht somit die Förderung des behinderten Menschen.
Ist die Betreuung und Pflege des Behinderten in der Behinderteneinrichtung nicht mehr sichergestellt, kann - auf Initiative des Trägers der Behinderteneinrichtung - ein Wechsel in eine Pflegeeinrichtung (mit dem vorrangigen Zweck der Pflege) erfolgen. Dabei sind die Wünsche des Behinderten zu berücksichtigen.

Soziale Fragen? betafon 01805 - 238 2366!

Mehr Informationen: www.betanet.de

5. Unterhaltspflicht der Eltern

Eltern leisten **für alle Maßnahmen** der Eingliederungshilfe ihrer volljährigen behinderten oder pflegebedürftigen Kinder einen pauschalen Unterhaltsbeitrag von maximal 26,- € monatlich, ohne weitere Überprüfung des Einkommens und Vermögens (§ 94 SGB XII). Näheres ☞ *Unterhaltspflicht*.

Praxistipp

Menschen, die einen Anspruch auf Eingliederungshilfe haben, können Leistungen auch als ☞ *Persönliches Budget* beantragen. Dies bedeutet, dass sie einen Geldbetrag oder Gutschein bekommen, mit dem sie die notwendigen Leistungen selbst organisieren und bezahlen (§ 57 SGB XII i.V.m. § 17 SGB IX).

Wer hilft weiter?

Individuelle Auskünfte erteilt das ☞ *Sozialamt*.

Eingliederungszuschuss

☞ *Teilhabe am Arbeitsleben*

Einkommen

☞ *Einsatz von Einkommen und Vermögen*

Einmalige Leistungen

(§§ 31, 35 SGB XII)

Das Wichtigste in Kürze

Einmalige Leistungen der ☞ *Sozialhilfe* umfassen z.B. die Ausstattung eines Hilfebedürftigen mit Kleidung oder Hausrat. Die Leistungen müssen immer vor dem Kauf beim Sozialamt beantragt und alle Quittungen müssen aufbewahrt werden, um diese dem Amt vorlegen zu können.

1. Antrag bei Notwendigkeit

Die **einmaligen** Leistungen der Sozialhilfe können immer dann beantragt werden, wenn sie notwendig sind, auch mehrmals und auch, wenn das ☞ *Sozialamt* sonst keine Regelsatzleistungen (☞ *Regelsätze*) zahlt.

2. Umfang

Zu den **einmaligen** Leistungen der ☞ *Sozialhilfe* zählen:

- Erstaustattungen für die Wohnung einschließlich Haushaltsgeräten
- Erstaustattungen für Bekleidung und Erstausstattung bei Schwangerschaft und Geburt
- Mehrtägige Klassenfahrten

Praxistipps

- Wichtig ist, dass die einmaligen Leistungen **vor** dem Kauf beim ☞ *Sozialamt* **beantragt** werden müssen.
- **Alle Quittungen** sollten aufbewahrt werden, da das Sozialamt deren Vorlage jederzeit verlangen kann. Es geht dabei um den glaubwürdigen Nachweis, dass das Geld oder der Gutschein nicht zweckentfremdet verwendet wurden.

Wer hilft weiter?

Individuelle Auskünfte erteilt das ☞ *Sozialamt*.

Einsatz von Einkommen und Vermögen

(§§ 82 ff. SGB XII)

Das Wichtigste in Kürze

Sozialhilfe wird immer in Abhängigkeit von Einkommen und Vermögen gewährt. Es ist also immer zu klären, welche Einkommens- oder Vermögensanteile bei einer Bestimmung von Sozialhilfeleistungen angerechnet werden und welche nicht. Dabei wird auch geprüft, ob den Eltern, dem

Partner oder den Kindern des Hilfesuchenden die Aufbringung der Mittel aus deren Einkommen oder Vermögen zuzumuten ist.

1. Allgemeine Voraussetzungen

☞ *Gesundheitshilfe*, ☞ *Eingliederungshilfe*, Hilfe zur Pflege (☞ *Pflege Sozialhilfe*), Hilfe zur Überwindung besonderer ☞ *sozialer Schwierigkeiten* sowie ☞ *Hilfe in anderen Lebenslagen* werden nur gewährt, wenn dem **Sozialhilfesuchenden, seinem nicht getrennt lebenden Ehegatten oder Lebenspartner bzw. den Eltern** (bei minderjährigen **und** unverheirateten Hilfesuchenden) sowie den **Kindern** die Aufbringung der Mittel aus dem Einkommen und Vermögen **nicht zuzumuten** ist. Das Einkommen unterhalb bestimmter Einkommensgrenzen wird nicht angerechnet. Das ☞ *Sozialamt* klärt im Zuge seiner Leistung für den Hilfebedürftigen, ob dessen unterhaltspflichtige Personen zu dessen Unterhalt herangezogen werden können (☞ *Unterhaltspflicht*).

1.1. Schwanger oder Kind unter 6

Das Einkommen der Eltern einer Hilfesuchenden wird allerdings **nicht** herangezogen, wenn die Hilfesuchende **schwanger** ist oder ein **Kind unter 6 Jahren** erzieht. Das elterliche Einkommen wird selbst dann nicht herangezogen, wenn die (werdende) Mutter im Haushalt ihrer Eltern lebt (§ 94 Abs.1 SGB XII).
Die Unterhaltspflicht von Eltern gegenüber behinderten oder pflegebedürftigen volljährigen Kindern ist in der Höhe auf 26,- € bzw. 20,- € **begrenzt** (§ 94 Abs. 2 SGB XII), Näheres ☞ *Unterhaltspflicht*.

2. Einkommen

Bevor das Sozialamt leistet, muss eigenes Einkommen eingesetzt werden.

Zum Einkommen zählen:

- alle Einkünfte im steuerrechtlichen Sinn, z.B. aus Erwerbstätigkeit, Vermietung und Verpachtung, Gewerbebetrieb, Kapitalvermögen, Unterhalt.
- die meisten Sozialleistungen, z.B. Leistungen der Sozialversicherungen (☞ *Arbeitslosengeld*, ☞ *Arbeitslosengeld II*, ☞ *Rente* etc.), ☞ *Wohngeld*, ☞ *Mutterschaftsgeld*, ☞ *Unterhaltsvorschuss*, ☞ *Kindergeld* für volljährige Kinder (Kindergeld für minderjährige Kinder wird dem Einkommen des Kindes angerechnet), ☞ *Krankengeld*.
- ☞ *Elterngeld*, aber nur der Betrag, der über dem Sockelbetrag von 300,- € liegt (bei doppeltem Bezugszeitraum über 150,- €).

Nicht zum Einkommen zählen:

- Leistungen nach dem Sozialhilfegesetz (SGB XII).
- Grundrente nach dem Bundesversorgungsgesetz (BVG).
- Renten oder Beihilfen nach dem Bundesentschädigungsgesetz bis zur Höhe der Grundrente nach dem Bundesversorgungsgesetz.
- ☞ *Erziehungsgeld*.
- ☞ *Elterngeld* in Höhe des Sockelbetrags von 300,- € bzw. 150,- € (bei doppeltem Bezugszeitraum).
- ☞ *Mittel der Bundesstiftung „Mutter und Kind"* und Zuwendungen anderer Stiftungen, z.B. für Krebshilfe, für Contergan-Geschädigte oder aus Aidshilfe-Fonds für durch Blutkonserven Infizierte.
- Kindererziehungsleistungen an Mütter, die vor 1921 geboren sind (sogenannte „Trümmerfrauenrente").
- Schmerzensgeld.
- Pflegegeld (☞ *Pflegegeld Pflegeversicherung*, ☞ *Pflegegeld Sozialhilfe*, ☞ *Pflegegeld Unfallversicherung*).

2.1. Anzurechnendes Einkommen

Das anzurechnende Einkommen errechnet sich aus der Summe der Bruttoeinkommen. Davon abgezogen werden:

- Steuern und Sozialabgaben.
- Pflichtbeiträge zur Sozialversicherung einschließlich der Beiträge zur Arbeitsförderung.

Soziale Fragen? betafon 01805 - 238 2366!

E

Mehr Informationen: www.betanet.de

- Gesetzlich vorgeschriebene oder nach Grundhöhe angemessene Versicherungsbeiträge (z.B. Kfz-Versicherung, Haftpflichtversicherung, Hausratversicherung).
- Die mit der Erzielung des Einkommens verbundenen notwendigen Ausgaben (z.B. Arbeitsmittel, Fahrtkosten zwischen Wohnung und Arbeitsstätte, Beiträge zu Berufsverbänden).
  Der Sozialleistungsberechtigte kann als Aufwendungen für die Arbeitsmittel mindestens einen Betrag von 5,20 € pro Monat pauschal von seinem Einkommen in Abzug bringen ohne entsprechende Belege vorzuweisen. Wenn kein öffentliches Verkehrsmittel vorhanden ist und ein privates Kraftfahrzeug genutzt wird, dann kann ein monatlicher Pauschalbetrag von 5,20 € für jeden Entfernungskilometer zwischen Wohnung und Arbeitsstätte abgezogen werden.
- Arbeitsförderungsgeld (§ 43 SGB IX).
- Ausschließlich bei ☞ *Hilfe zum Lebensunterhalt* und ☞ *Grundsicherung im Alter und bei Erwerbsminderung*: Absetzbetrag für Erwerbstätige in Höhe von 30 % des Einkommens aus selbstständiger und nichtselbstständiger Tätigkeit.

3. Einkommensgrenzen

Folgende Einkommensgrenzen gelten bei Leistungen der ☞ *Gesundheitshilfe*, ☞ *Eingliederungshilfe*, Hilfe zur Pflege (☞ *Pflege Sozialhilfe*) und ☞ *Hilfe in anderen Lebenslagen*.
Als **zumutbar** gilt der Einsatz von Einkommen, das über der Einkommensgrenze liegt. Die Einkommensgrenze **orientiert** sich am sogenannten Eckregelsatz von 351,- €.

3.1. Berechnung Einkommensgrenze

Die Einkommensgrenze setzt sich zusammen aus:

- Einem **Grundbetrag** in Höhe von 702,- € = zweifacher Eckregelsatz
  und
- den **Kosten der Unterkunft** in angemessenem Umfang (einzelfallabhängig)
  und
- einem **Familienzuschlag** in Höhe von ca. 246,- € (= 70 % des Eckregelsatzes eines Haushaltsvorstands) für den nicht getrennt lebenden Ehegatten bzw. Lebenspartner und für jeden vom Sozialhilfesuchenden bzw. dessen Ehe/Lebenspartner überwiegend unterhaltenen Angehörigen
  oder
  bei minderjährigen und unverheirateten Hilfesuchenden einem **Familienzuschlag** in Höhe von ca. 246,- € (= 70 % des ☞ *Eckregelsatzes* eines Haushaltsvorstands) für einen Elternteil, wenn die Eltern zusammenleben, sowie für den Sozialhilfesuchenden selbst und für jede Person, die von den Eltern oder dem Sozialhilfesuchenden überwiegend unterhalten wird.

3.2. Gesonderte Einkommensgrenzen

Gesonderte Einkommensgrenzen gelten für:

- **Schwerstpflegebedürftige** (§ 87 Abs. 1 SGB XII, ☞ *Pflegestufe III*)
- **Blinde** (§ 87 Abs. 1 SGB XII) ☞ *Blindenhilfe*

Dabei ist ein Einsatz des Einkommens über der Einkommensgrenze (s.o.) in Höhe von mindestens 60 % nicht zuzumuten. Das bedeutet, dass von dem Betrag, der über der Einkommensgrenze liegt, mindestens 60 % nicht angerechnet werden.

4. Vermögen

Zum Vermögen zählt das gesamte verwertbare Vermögen des Hilfesuchenden, z.B.:

- Ersparnisse, Wertpapiere
- Schmuck, Kunstgegenstände
- Kraftfahrzeug
  Ausnahmen sind möglich. Allerdings muss der Hilfesuchende die Kosten des Kraftfahrzeugunterhalts wie Versicherung, Steuern, Benzin selbst sicherstellen, da sie nicht im ☞ *Regelsatz* enthalten sind.
- Lebensversicherung
  Ausnahme: ☞ *Alterssicherung*, die staat-

lich gefördert ist
- Ausbildungsversicherung
- nicht vom Hilfebedürftigen bewohnte Häuser, Wohnungen und Grundstücke

4.1. Schonvermögen

Nicht zum Vermögen zählt das sogenannte „Schonvermögen":
- Existenzsicherungsmittel aus öffentlichen Mitteln, z.B. Aufbaudarlehen, Wohnraum- und Hausratshilfen nach dem Lastenausgleichsgesetz.
- Zusätzliche Altersvorsorge, die staatlich gefördert ist.
- Angemessener Hausrat, z.B. Möbel, Haushaltsgegenstände.
- Gegenstände zur Berufsausübung, z.B. Pkw bei Handelsvertretern, Arbeitsgeräte, Fachliteratur, Schutzkleidung.
- Familien- und Erbstücke, so weit der Verkauf eine besondere Härte für den Hilfesuchenden bedeuten würde.
- Gegenstände für kulturelle oder wissenschaftliche Bedürfnisse, z.B. Musikinstrumente, Stereoanlage, Handbibliothek, Schallplatten, Briefmarkensammlung.
- Ein nach Größe und Verkehrswert angemessenes und selbst genutztes Hausgrundstück oder eine solche selbst genutzte Eigentumswohnung.
- Kleinere Barbeträge oder sonstige Geldwerte bei ☞ *Hilfe zum Lebensunterhalt:*
  - maximal 1.600,- € für Hilfesuchende unter 60 Jahren.
  - maximal 2.600,- €, wenn der Hilfesuchende das 60. Lebensjahr vollendet hat, voll erwerbsgemindert im Sinne der gesetzlichen ☞ *Rentenversicherung* ist oder ☞ *Grundsicherung im Alter und bei Erwerbsminderung* erhält.
- Kleinere Barbeträge oder sonstige Geldwerte bei ☞ *Gesundheitshilfe*, ☞ *Eingliederungshilfe*, Hilfe zur Pflege (☞ *Pflege Sozialhilfe*), Hilfe zur überwindung besonderer ☞ *Sozialer Schwierigkeiten*, ☞ *Hilfe in anderen Lebenslagen*:
  - maximal 2.600,- € für Hilfesuchende, zuzüglich 256,- € für jede vom Hilfesuchenden unterhaltene Person.
- **Zusätzliche** kleinere Barbeträge oder sonstige Geldwerte bei allen Leistungen der ☞ *Sozialhilfe*:
  - maximal 614,- € für den Ehegatten bzw. Lebenspartner des Hilfesuchenden oder für einen Elternteil bei minderjährigen unverheirateten Hilfesuchenden.
  - maximal 1.534,- € für den Ehegatten bzw. Lebenspartner der Hilfesuchenden oder für einen Elternteil bei minderjährigen unverheirateten Hilfesuchenden, wenn der Hilfesuchende und sein Ehegatte bzw. Lebenspartner oder beide Elternteile blind (☞ *Blindenhilfe*) oder schwerst pflegebedürftig (☞ *Pflegestufe III*) sind.
  - maximal 256,- € für jede vom Hilfesuchenden, Ehegatten, Lebenspartner oder von den Eltern unterhaltene Person.
  - maximal 256,- € für den minderjährigen unverheirateten Hilfesuchenden selbst.

Praxistipp

Das Sozialamt kann bis zu 10 Jahre rückwirkend Geschenke (Barbeträge oder sonstige Geldwerte), die der Hilfesuchende gemacht hat, zurückfordern.

Wer hilft weiter?

Für individuelle Berechnungen und Auskünfte ist das ☞ *Sozialamt* zuständig.

Einzelbetreuung, intensive sozialpädagogische

☞ *Intensive sozialpädagogische Einzelbetreuung*

Soziale Fragen? betafon 01805 - 238 2366!

E

Mehr Informationen: www.betanet.de

Elterngeld

(BEEG)

Das Wichtigste in Kürze

Elterngeld steht jedem zu, der wegen der Erziehung seines Kindes nicht oder maximal 30 Stunden arbeitet. Es beträgt 67 % des Verdienstes des Antragstellers, maximal 1.800,- €. Elterngeld wird in der Regel von der Geburt bis zum 14. Lebensmonat des Kindes gewährt.

1. Voraussetzungen

Das Bundeselterngeld- und Elternzeitgesetz (BEEG) gilt für Geburten ab 1.1.2007. Für Geburten davor gelten die Regelungen des ☞ *Erziehungsgelds*.

Das Elterngeld steht jedem zu, der seine Erwerbstätigkeit für die Erziehung seines Kindes unterbricht, u.a. auch Selbstständigen. Die Höhe des Elterngelds orientiert sich am Verdienst des Antragstellers und damit - anders als das frühere Erziehungsgeld - am individuellen Einkommen und nicht am Familieneinkommen.

Anspruch auf Elterngeld hat, wer

- seinen Wohnsitz oder gewöhnlichen Aufenthalt in Deutschland hat,
- sein Kind selbst betreut und erzieht,
- keine oder keine volle Erwerbstätigkeit (= nicht mehr als 30 Wochenstunden) ausübt **und**
- mit seinem Kind in einem Haushalt wohnt oder
  - mit einem Kind in einem Haushalt lebt, das er mit dem Ziel der ☞ *Adoption* als Kind aufgenommen hat.
  - ein Kind des Ehegatten oder des Lebenspartners in seinen Haushalt aufgenommen hat.
  - als Verwandter bis zum dritten Grad (und auch deren Ehegatten und Lebenspartner) das Kind erzieht, weil dessen Eltern wegen schwerer Krankheit, Schwerbehinderung oder Tod dazu nicht in der Lage sind.

2. Höhe des Elterngelds

Das Elterngeld beträgt **67 %** des in den 12 Kalendermonaten vor dem Monat der Geburt des Kindes durchschnittlich erzielten bereinigten monatlichen Nettoeinkommens aus Erwerbstätigkeit, **maximal jedoch 1.800,- €** monatlich.

2.1. Einkommen unter 1000,- €

Liegt das bereinigte Nettoeinkommen (s. unten) unter 1.000,- €, gibt es mehr als 67 % Elterngeld. Für je 20,- €, die das Einkommen unter 1.000,- € liegt, steigt das Elterngeld um 1 %.

Mindestelterngeld

Einen Sockelbetrag von 300,- € erhalten **alle** erziehenden Elternteile, auch wenn sie vor der Geburt nicht gearbeitet oder weniger als 300,- € verdient haben.

2.2. Mehrlingsgeburten

Für das zweite und jedes weitere Kind erhöht sich das Elterngeld um je 300,- €.

2.3. Geschwisterbonus

Leben im Haushalt des Antragstellers neben dem Neugeborenen noch ein Kind unter 3 Jahren oder noch 2 Geschwister unter 6 Jahren, dann gibt es den sogenannten Geschwisterbonus. Dieser beträgt zusätzlich 10 % des zustehenden Elterngelds, mindestens jedoch 75,- €. Der Anspruch auf den Geschwisterbonus endet mit dem Ablauf des Monats, in dem das/die Geschwister die Altersgrenze von 3 bzw. 6 Jahren überschreiten.

2.4. Bereinigtes Nettoeinkommen

Als bereinigtes Nettoeinkommen aus nichtselbstständiger Arbeit gilt das Bruttoeinkommen abzüglich

- Steuern,
- Pflichtbeiträgen zur Sozialversicherung sowie

- Werbungskosten (erwerbsbedingte Aufwendungen, Pauschbetrag von derzeit monatlich ca. 77,- €).

Nicht berücksichtigt werden Einmalzahlungen, z.B. Urlaubs-, Weihnachtsgeld, Prämien, Erfolgsbeteiligungen.

Zur Ermittlung der Höhe des Elterngelds werden die 12 Kalendermonate vor Geburt des Kindes herangezogen. Monate mit Bezug von Mutterschaftsgeld oder Elterngeld sowie Monate, in denen aufgrund einer schwangerschaftsbedingten Erkrankung das Einkommen gesunken ist, werden hierbei nicht mitgezählt.

2.5. Elterngeldrechner

Das Bundesministerium für Familie, Senioren, Frauen und Jugend bietet einen Elterngeldrechner unter www.bmfsfj.de > Service > Online-Rechner an.

2.6. Erwerbstätigkeit während des Elterngeldbezugs

Wenn ein Elternteil während des Bezugs von Elterngeld arbeitet, errechnet sich die Höhe des Elterngelds aus der Differenz von Einkommen vor der Geburt und Einkommen nach der Geburt.

2.6.1. Berechnungsbeispiel

Bereinigtes Nettoeinkommen der letzten 12 Monte vor Geburt: 1.500,- €
Einkommen nach der Geburt monatlich 400,- €
Differenzbetrag: 1.500,- € - 400,- € = 1.100,- €
Elterngeld beträgt 67 % von 1.100,- € = 737,- €
Dem Elternteil stehen also 1.137,- € (737,- € Elterngeld + 400,- € Einkommen) im Monat zur Verfügung.

3. Dauer

- Elterngeld kann vom Tag der Geburt bis zur Vollendung des 14. Lebensmonats des Kindes bezogen werden.
- Elterngeld wird in Monatsbeträgen für Lebensmonate des Kindes gezahlt.
- Für ein Kind gibt es **maximal 14 Monatsbeträge**: maximal 12 Monate für den einen und 2 weitere Monate für den anderen Elternteil (= Partnermonate), wenn der Partner in dieser Zeit nicht erwerbstätig ist bzw. nicht mehr als 30 Stunden in der Woche arbeitet. Außerdem muss sich bei einem der beiden Elternteile 2 Monate lang das Erwerbseinkommen vermindern. Die Eltern können die beantragten Monatsbeträge auch abwechselnd oder gleichzeitig beziehen.
- Beantragt **nur ein** Elternteil Elterngeld, dann wird maximal für 12 Monate bezahlt.

3.1. Ausnahme Adoption

Ausnahme: Für **adoptierte** Kinder kann Elterngeld vom Tag der Aufnahme bei der berechtigten Person bezogen werden, längstens für 14 Monate. Der Anspruch auf Elterngeld endet mit Vollendung des 8. Lebensjahres des Kindes.

3.2. 14 Monate für ein Elternteil

Ein Elternteil kann unabhängig davon 14 Monate Elterngeld auch dann beziehen, wenn

- mit der Betreuung durch den anderen Elternteil eine Gefährdung des Kindswohls verbunden wäre.
- die Betreuung durch den anderen Elternteil unmöglich ist, weil er wegen einer schweren Erkrankung oder Schwerbehinderung sein Kind nicht betreuen kann.
- die elterliche Sorge oder das Aufenthaltsbestimmungsrecht diesem alleine zusteht bzw. vorläufig übertragen wurde und der andere Elternteil weder mit ihm noch mit dem Kind in einer Wohnung lebt.

3.3. Doppelter Bezugszeitraum

Der Bezugszeitraum kann auf Antrag auch verdoppelt werden, die Höhe wird dann halbiert.

Soziale Fragen? betafon 01805 - 238 2366!

So kann dann ein Elternteil bis zu 24 Monate das halbe Elterngeld beziehen. Nehmen beide Elterngeld in Anspruch, können 14 Monatsbeträge in maximal 28 halben Elterngeldbeträgen ausbezahlt werden.

4. Verhältnis zu anderen Leistungen

4.1. Sozialhilfe, ALG II

Bei Sozialleistungen, deren Höhe einkommensabhängig ist (z.B. ☞ *Arbeitslosengeld II*, ☞ *Sozialhilfe*), wird das Elterngeld bis zu einer Höhe von 300,- € monatlich als Einkommen nicht berücksichtigt. Wenn sich jemand für den doppelten Bezugszeitraum entschieden hat, bleiben 150,- € monatlich unberücksichtigt.
Bei Mehrlingsgeburten vervielfachen sich diese Beträge mit der Zahl der geborenen Kinder.

4.2. Mutterschaftsgeld

☞ *Mutterschaftsgeld* der Krankenkasse und Arbeitgeberzuschuss, worauf die berufstätige Mutter in der Mutterschutzfrist nach Geburt Anspruch hat, werden auf das Elterngeld angerechnet. Mutterschaftsgeld, das vom Bundesversicherungsamt als einmalige Leistung ausgezahlt wird, bleibt unberücksichtigt. Dies bedeutet für berufstätige Mütter, dass sie nach Geburt des Kindes 2 Monate Mutterschaftsgeld und Arbeitgeberzuschuss erhalten und danach 10 Monate Elterngeld. Sind sie alleinerziehend oder verzichtet der Partner auf seine Erwerbstätigkeit, dann gibt es nach den 2 Monaten Mutterschaftsgeld noch 12 Monate Elterngeld.
Die beiden ersten Monate, in denen Mutterschaftsgeld bezogen wird, gelten für das Elterngeld immer als Bezugsmonate der Mutter.
Auch Mutterschaftsgeld für ein weiteres Kind, das während des Bezugs von Elterngeld für ein älteres Kind bezogen wird, wird angerechnet.

5. Antragstellung

Elterngeld muss schriftlich beantragt werden, dies sollte möglichst bald nach der Geburt des Kindes geschehen. Rückwirkend wird es nur für die letzten 3 Monate vor Antragstellung gezahlt. Jeder Elternteil beantragt Elterngeld für sich.
Die Antragsformulare sind in den einzelnen Bundesländern unterschiedlich. Zur Antragstellung ist die Geburtsurkunde des Kindes notwendig.

6. Landeserziehungsgeld

Das Landeserziehungsgeld ist eine freiwillige Leistung der Bundesländer Baden-Württemberg, Bayern, Sachsen und Thüringen. Details ☞ *Landeserziehungsgeld.*

Wer hilft weiter?

Das Bundesministerium für Familie, Senioren, Frauen und Jugend hat ein Servicetelefon zum Thema Elterngeld, Erziehungsgeld, Elternzeit u.v.m. Telefon 01801 907050, Mo-Do 9-18 Uhr.
Je nach Bundesland ist das Elterngeld bei einer anderen Stelle zu beantragen. Beim Ministerium kann eine Liste dieser Erziehungs- und Elterngeldstellen unter www.bmfsfj.de > Service > Themen-Lotse > Elterngeld abgerufen werden.
Zudem bietet das Ministerium eine kostenlose Broschüre „Elterngeld und Elternzeit" an. Diese kann beim Bestellservice für Publikationen der Bundesregierung unter der Rufnummer 01805 778090 bestellt werden.

Elternzeit

(§§ 15-21 BErzGG für Geburten bis 31.12.2006 - §§ 15-21 BEEG für Geburten ab 01.01.2007)

Das Wichtigste in Kürze

Elternzeit entspricht dem früheren Erziehungsurlaub. Mutter und Vater haben Anspruch auf 3 Jahre Elternzeit pro Kind, die sie gleichzeitig oder auch nacheinander in

Anspruch nehmen können. Während der Elternzeit ist eine Teilzeitbeschäftigung von bis zu 30 Stunden pro Woche möglich.

1. Dauer

Die Elternzeit dauert höchstens 3 Jahre und endet in der Regel mit dem 3. Geburtstag des Kindes.

Allerdings kann mit Zustimmung des Arbeitgebers ein Zeitraum von bis zu 12 Monaten auch erst später, bis zum 8. Geburtstag des Kindes, genommen werden. Bei einem Arbeitgeberwechsel ist der neue Arbeitgeber nicht an die Zustimmung des bisherigen Arbeitgebers für die Inanspruchnahme der Elternzeit nach dem 3. Geburtstag gebunden.

1.1. Aufteilung der Elternzeit

Die Elternzeit kann von jedem Elternteil in 2 Zeitabschnitte aufgeteilt werden. Eine weitere Aufteilung ist mit Zustimmung des Arbeitgebers möglich. Für Kinder bis zum Geburtsjahrgang 2000 kann die Elternzeit von einem Elternteil allein oder von beiden abwechselnd in Anspruch genommen werden. Für Kinder ab Geburtsjahrgang 2001 kann die Elternzeit auch gemeinsam und gleichzeitig genutzt werden.

Die Elternzeit wird für jeden Elternteil separat betrachtet, d.h. bei einer Übertragung wird dem übertragenden Elternteil die Elternzeit des Partners nicht angerechnet.

1.2. Weitere Geburt

Bei einer weiteren Geburt innerhalb einer bereits laufenden Elternzeit besteht der Anspruch auf erneute Elternzeit für das neugeborene Kind, wiederum bis zu maximal 3 Jahren. Elternzeiten verschiedener Kinder, die sich überschneiden, werden allerdings nicht addiert. Wenn aber, mit Zustimmung des Arbeitgebers, ein Zeitraum von bis zu 12 Monaten erst später, bis zum 8. Geburtstag eines Kindes, angemeldet wurde, so kann diese spätere Elternzeit auch erst nach der Elternzeit für ein oder mehrere andere Kinder genommen werden.

1.3. Beispiele

- Mutter und Vater nehmen 3 Jahre Elternzeit. (Nur möglich für Kinder ab Geburtsjahrgang 2001.)
- Die Mutter nimmt im ersten Jahr Elternzeit, der Vater im zweiten Jahr, und die Mutter nimmt Elternzeit während des ersten Schuljahres des Kindes (der Arbeitgeber stimmt zu).
- Mutter und Vater nehmen im ersten Jahr Elternzeit, die Mutter nimmt im zweiten und dritten Jahr Elternzeit. (Nur möglich für Kinder ab Geburtsjahrgang 2001. Für den Vater bleibt keine Restzeit, da für ein Kind maximal drei Jahre Elternzeit möglich sind.)

2. Voraussetzungen, Anspruch

Elternzeit gibt es nicht nur für Vollzeitbeschäftigte, sondern auch bei befristeten oder Teilzeit-Arbeitsverhältnissen oder einer geringfügigen Beschäftigung. Anspruch auf Elternzeit besteht auch, wenn Mutter oder Vater sich in Ausbildung befinden.

Anspruch auf Elternzeit besteht für ein Kind

- für das die Personensorge zusteht.
- des unverheirateten Partners, mit Zustimmung des Sorgeberechtigten.
- des Ehepartners.
- das mit dem Ziel der Annahme (☞ *Adoption*) in Obhut genommen wurde.
- das bei Vollzeit-Pflegeeltern lebt.
- eines Verwandten, allerdings nur im Härtefall.

Voraussetzungen bei den Eltern:

- Das Kind lebt mit dem Antragsteller im selben Haushalt.
- Das Kind wird überwiegend selbst betreut und erzogen.
- Während der Elternzeit wird eine wöchentliche Arbeitszeit von 30 Stunden nicht überschritten.

3. Anmeldung

Arbeitnehmer müssen die Elternzeit, spätestens 7 Wochen vor Beginn **schriftlich** vom Arbeitgeber verlangen. Die Eltern müssen sich nur für 2 Jahre ab Beginn der Elternzeit festlegen, nicht für die gesamten 3 Jahre. Diese schriftliche Anmeldung ist **bindend**. Mütter können die Elternzeit **erst im Anschluss an die Mutterschutzfrist** nehmen. Dabei wird die Mutterschutzfrist auf die mögliche Gesamtdauer der Elternzeit von 3 Jahren angerechnet:
Die Elternzeit des Vaters kann **direkt nach der Geburt** schon während der Mutterschutzfrist beginnen.

4. Kündigungsschutz

Während der gesamten Elternzeit bzw. ab dem Zeitpunkt, an dem sie angemeldet wurde, frühestens jedoch 8 Wochen vor Inanspruchnahme besteht gesetzlicher Kündigungsschutz.

5. Teilzeitarbeit

Während der Elternzeit ist eine Erwerbstätigkeit bis zu 30 Stunden wöchentlich zulässig.
Rechtsanspruch auf Teilzeitarbeit besteht, wenn

- der Arbeitgeber in der Regel mehr als 15 Arbeitnehmer beschäftigt.
- der Arbeitnehmer/Elternteil im Betrieb ohne Unterbrechung länger als 6 Monate angestellt ist.
- die gewünschte Teilzeit mindestens 2 Monate andauert und einen Umfang zwischen 15 und 30 Wochenstunden hat.
- die Absicht auf Teilzeitarbeit mindestens 7 Wochen vor Beginn der Tätigkeit dem Arbeitgeber schriftlich mitgeteilt wurde. Dieser Antrag muss Beginn und Umfang der gewünschten Teilzeitarbeit beinhalten.
- keine dringenden betrieblichen Gründe entgegenstehen.

5.1. Teilzeit bei einem anderen Arbeitgeber

Ist Teilzeitarbeit im eigenen Betrieb nicht möglich, dann kann man auch bis zu 30 Wochenstunden bei einem anderen Arbeitgeber arbeiten, allerdings nur mit Genehmigung des „eigentlichen" Arbeitgebers. Eine Ablehnung kann dieser jedoch nur **innerhalb von 4 Wochen** mit entgegenstehenden betrieblichen Interessen **schriftlich** begründen.

Lehnt der Arbeitgeber eine Teilzeittätigkeit im eigenen Betrieb innerhalb von 4 Wochen schriftlich ab, besteht die Möglichkeit ☞ *Arbeitslosengeld* oder ☞ *Arbeitslosengeld II* zu beziehen, wenn der Elternteil den Vermittlungsbemühungen der Agentur für Arbeit für eine versicherungspflichtige Teilzeitbeschäftigung zwischen 15 und 30 Wochenstunden zur Verfügung steht.
Nähere Auskünfte dazu erteilt die zuständige Agentur für Arbeit.

6. Krankenversicherung während der Elternzeit

Während der Elternzeit ist das Mitglied einer gesetzlichen Krankenversicherung weiterhin beitragsfrei versichert, wenn schon vorher Pflichtmitgliedschaft bestand. Allerdings darf in dieser Zeit kein Einkommen über 400,- € erzielt werden.

Praxistipp

Die kostenlosen Broschüren „Erziehungsgeld/Elternzeit" sowie „Elterngeld und Elternzeit" können beim Bestellservice für Publikationen der Bundesregierung unter der Rufnummer 01805 778090 bestelltwerden.

Wer hilft weiter?

Auskünfte für Mütter, Väter und Arbeitgeber geben die Stellen, bei denen im jeweiligen Bundesland das ☞ *Elterngeld* bzw ☞ *Erziehungsgeld* beantragt wird.

Empfängnisregelung

☞ *Genetische Beratung*
☞ *Schwangerschaftsverhütung*

Entbindung

☞ *Schwangerschaft Entbindung*
☞ *Schwangerschaft Entbindung Sozialhilfe*

Entmündigung

☞ *Betreuung*

Entwöhnungsbehandlung

(§ 40 SGB V - §§ 15, 32 SGB VI)

Das Wichtigste in Kürze

Bei Abhängigkeit von
- Alkohol,
- Medikamenten und/oder
- Drogen

kann eine Entwöhnungsbehandlung als ambulante oder stationäre Therapie gewährt werden. Die Entwöhnungsbehandlung zählt zur Medizinischen Rehabilitation und wird von der Kranken- oder der Rentenversicherungs übernommen. Sie dauert bis zu 16 (Alkohol) bzw. 26 (Drogen) Wochen.

1. Zuständigkeit der Kostenträger

Die Entwöhnungsbehandlung zählt zur ☞ *Medizinischen Rehabilitation* und wird von der Kranken- oder der Rentenversicherung übernommen. Zur praktikablen Abgrenzung der Zuständigkeit bei Drogenkrankheiten gibt es eine spezielle **Suchtvereinbarung**:

- Die **Krankenversicherung**
  ist zuständig für die **Entzugsbehandlung** (im Krankenhaus), d.h. für die Akutbehandlung toxisch bedingter Versagenszustände (drohende komatöse Zustände, Delirgefahr, psychiatrische Komplikationen) und bei der freiwilligen Entzugsbehandlung von Suchtkranken.
- Die **Rentenversicherung**
  ist zuständig für die **Entwöhnungsbehandlung** in Reha-Einrichtungen, die auf die Entzugsbehandlung folgt, z.B.
  - Alkohol-Entwöhnungsbehandlung.
  - Behandlung psychisch bedingter Sprachstörung.
  - Entwöhnungstherapie von Medikamentensucht.
  - Drogen-Entwöhnungstherapie.
  - Aufenthalt von Suchtkranken in sozialtherapeutischem Übergangsheim.

2. Dauer

Stationäre Entwöhnung bei Alkoholkranken wird bis zu 16 Wochen finanziert, bei Drogenabhängigen bis zu 26 Wochen.

3. Zuzahlung

Kostenträger **Krankenversicherung**: Bei ambulanten und stationären Rehamaßnahmen 10,- € Zuzahlung pro Tag, begrenzt auf 28 Tage pro Kalenderjahr.
Kostenträger **Rentenversicherung**: Ambulante Rehamaßnahmen sind zuzahlungsfrei; bei stationären Rehamaßnahmen 10,- € täglich, begrenzt auf 42 Tage im Kalenderjahr. Schließt die Entwöhnungsbehandlung unmittelbar an eine stationäre Entgiftung an, beträgt die Zuzahlung 10,- € täglich, begrenzt auf 14 Tage im Kalenderjahr.

Praxistipps

- Erster Weg zur Suchtberatungsstelle: Sie hilft, eine Entzugsklinik (für den körperlichen Entzug) und eine daran anschließende stationäre oder ambulante Entwöhnungseinrichtung zu finden.
- Die Suchtberatungsstelle hilft auch, die entsprechenden Anträge an die Kostenträger auszufüllen und die notwendigen Bewerbungen für die Einrichtungen zu schreiben.
- Erster Schritt ist immer die körperliche

Entgiftung, i.d.R. in einer Klinik, meist in einem Bezirkskrankenhaus. Dorthin können auch (ohne vorherige Suchtberatung) Hausärzte überweisen. Auch die Entgiftungseinrichtungen helfen, eine passende Entwöhnungseinrichtung zu finden, die Anträge auszufüllen und Bewerbungen zu schreiben.

Mehr Informationen: www.betanet.de

Wer hilft weiter?

- Adressen von Suchtberatungsstellen können beim Gesundheitsamt vor Ort erfragt werden.
- Die Bundeszentrale für gesundheitliche Aufklärung (BzgA) vermittelt Adressen der Suchtberatungsstellen in den jeweiligen Bundesländern (www.bzga.de).
- Individuelle Auskünfte erteilen die ☞ *Rentenversicherungsträger*, ☞ *Krankenkassen* und Suchtberatungsstellen.

Ergänzende Leistungen zur Reha

(§ 43 SGB V - § 28 SGB VI i.V.m. § 44 SGB IX - § 39 SGB VII i.V.m. § 4 SGB IX)

Das Wichtigste in Kürze

Ergänzende Leistungen zur Reha sind Leistungen zur Wiedereingliederung Behinderter, um das Ziel der Rehamaßnahmen zu erreichen und zu sichern. Dazu zählen z.B. Reisekosten, Haushaltshilfe, Kinderbetreuungskosten, Übergangsgeld, Schulung von Patienten und Angehörigen, Reha-Sport und Funktionstraining. Sie können auch neben den Leistungen der Medizinischen Reha und der Teilhabe am Arbeitsleben gewährt werden.

1. Voraussetzungen

Die verschiedenen Leistungsträger haben unterschiedliche Voraussetzungen für die Übernahme der Kosten für ergänzende Leistungen zur Reha:

1.1. Krankenversicherung

Die Krankenversicherung kann ergänzende Leistungen, die nicht zur ☞ *Teilhabe am Arbeitsleben* oder zu den Leistungen zur allgemeinen sozialen Eingliederung zählen, erbringen, um das Reha-Ziel zu erreichen oder zu sichern. Die Krankenversicherung übernimmt dann die Kosten, wenn sie zuletzt ☞ *Krankenbehandlung* leistete. Die Kostenübernahme liegt im Ermessen der Krankenkasse. Den Anträgen ist die Verordnung oder Stellungnahme des Arztes beizufügen. Bei der „Einweisung der Mutter in Übungsbehandlungen" ist auch eine Bestätigung durch den MDK notwendig.

1.2. Rentenversicherung

Die Rentenversicherung übernimmt unter anderem die Kosten für ergänzende Leistungen im Zusammenhang mit einer medizinischen Rehabilitation oder einer Teilhabe am Arbeitsleben.

1.3. Unfallversicherung

Kostenübernahme, wenn ein Unfallversicherungsfall vorliegt (☞ *Arbeitsunfall*, Wegeunfall oder ☞ *Berufskrankheit*).

1.4. Sozialhilfe

Bei Geringverdienenden oder nicht Versicherten kommt unter Umständen die Sozialhilfe für die Kosten auf. Näheres ☞ *Vorbeugende Gesundheitshilfe*.

2. Umfang

Folgende Leistungen können zu den ergänzenden Reha-Leistungen zählen. Die möglichen Kostenträger stehen jeweils in Klammern dahinter.

- ☞ *Reisekosten* **und Fahrtkosten**, auch zum Reha-Sport (Krankenkasse, Rentenversicherungsträger, Berufsgenossenschaften, Agentur für Arbeit)
- ☞ *Reha-Sport und Funktionstraining* in Gruppen unter ärztlicher Betreuung (Krankenkasse, Rentenversicherungsträger,

Berufsgenossenschaften, Agentur für Arbeit)
- ☞ *Haushaltshilfe* (Krankenkasse, Rentenversicherung, Berufsgenossenschaften, Agentur für Arbeit)
- ☞ *Kinderbetreuungskosten* (Krankenkasse, Rentenversicherungsträger, Berufsgenossenschaften, Agentur für Arbeit)
- ☞ *Übergangsgeld* (Rentenversicherungsträger, Berufsgenossenschaften, Agentur für Arbeit)
- ☞ *Sozialmedizinische Nachsorge* (Krankenkasse)
- **Patientenschulungsmaßnahmen** für chronisch Kranke (Krankenkasse)
- **Schulung von Angehörigen**, damit sie die weitere Betreuung und Pflege eines Patienten übernehmen können (Krankenkasse)
- **Einweisung der Mutter** in Mutter-Kind-Kursen in krankengymnastische, beschäftigungs- oder sprachtherapeutische Übungsbehandlungen (Krankenkasse)
- **Schulung der Partner von Dialysepatienten** (Krankenkasse)
- **Ambulante Leistungen für Alkohol- und Drogenabhängige** (Krankenkasse)
- **Spezielle Gymnastik, Beratung und Gruppenarbeit für Rheumakranke** (Krankenkasse)
- ☞ *Kraftfahrzeughilfe* (Berufsgenossenschaften)
- ☞ *Wohnungshilfe* (Berufsgenossenschaften)
- ☞ *Pflegegeld Unfallversicherung* (Berufsgenossenschaften)
- ☞ *Verletztengeld* (Berufsgenossenschaften)

Wer hilft weiter?

Individuelle Auskünfte erteilt der jeweils zuständige Sozialversicherungsträger: ☞ *Rentenversicherungsträger*, ☞ *Berufsgenossenschaften*, ☞ *Krankenkassen*, ☞ *Agentur für Arbeit* oder das ☞ *Sozialamt*.

Ersatzkassen

☞ *Krankenkassen*

Ersatzpflege

(§ 39 SGB XI)

Das Wichtigste in Kürze

Ersatzpflege, auch Verhinderungspflege genannt, ist die Pflege durch eine andere als die normalerweise tätige Pflegeperson, wenn diese wegen Erholungsurlaub, Krankheit oder anderen Gründen verhindert ist.

1. Voraussetzungen

Folgende Voraussetzungen müssen für die Ersatzpflege erfüllt sein:
- Die normalerweise tätige ☞ *Pflegeperson* ist zur ☞ *häuslichen Pflege* des Pflegebedürftigen wegen Erholungsurlaub, Krankheit oder anderen Gründen verhindert.
- Wenn die Ersatzpflege **erstmalig** in Anspruch genommen wird, **muss** die Pflegeperson den Pflegebedürftigen bereits **mindestens 6 Monate** in seiner häuslichen Umgebung **gepflegt** haben.
  Den Beginn der Pflege in häuslicher Umgebung setzen die meisten Pflegekassen mit der Einstufung in eine ☞ *Pflegestufe* gleich.
- Prinzipiell müssen die ☞ *Vorversicherungszeit* erfüllt, die ☞ *Pflegebedürftigkeit* festgestellt und die Pflegeleistung bei der Pflegekasse beantragt werden.

Ersatzpflege wird auch anerkannt, wenn:
- die Wohnung des Pflegebedürftigen renoviert werden muss.
- alle Familienmitglieder bei der Ernte eingebunden sind (Landwirtschaft).
- die Zeit überbrückt werden muss, bis ein Heimplatz gefunden ist.
- es sich um ☞ *Kurzzeitpflege* oder ☞ *Sterbebegleitung* in einem Hospiz handelt.

2. Dauer und Kosten

Die Pflegekasse übernimmt die Kosten einer **notwendigen** Ersatzpflege für **maximal 4 Wochen im Jahr** (sogenannte Urlaubsvertretung).

- Die Kosten für eine Ersatzpflegekraft dürfen dabei 1.470,- € im Kalenderjahr nicht überschreiten.
- Handelt es sich bei der Ersatzpflegekraft um eine Person, die mit dem Pflegebedürftigen bis zum zweiten Grad verwandt oder verschwägert ist oder in häuslicher Gemeinschaft mit ihm lebt, dürfen die Kosten den Betrag des jeweiligen Pflegegelds, also 215,- € (Pflegestufe I), 420,- € (Stufe II), 675,- € (Stufe III), nicht überschreiten (Details ☞ *Pflegegeld Pflegeversicherung*).
  Als **Verwandte** gelten Eltern, Kinder, Großeltern, Enkelkinder, Geschwister.
  Als **Verschwägerte** gelten Stiefeltern, Stiefkinder, Stiefenkelkinder (Enkelkinder des Ehepartners), Schwiegereltern, Schwiegerkinder, Großeltern des Ehepartners, Schwager/Schwägerin.
  So weit diesen verwandten bzw. verschwägerten Personen notwendige Aufwendungen, wie z.B. Fahrtkosten oder Verdienstausfall entstehen, können diese Kosten **auf Nachweis** von der Pflegekasse bis zu maximal 1.470,- € übernommen werden.
- Wird die Verhinderungs- bzw. Ersatzpflege **in einer stationären Einrichtung** (z.B. Wohnheim für Behinderte, Kurzzeitpflege oder Pflegeheim) erbracht, übernimmt die Pflegekasse die pflegebedingten Kosten bis zu einer Höhe von 1.470,- € im Kalenderjahr.

Die Kosten für **Unterkunft und Verpflegung** (sogenannte Hotelkosten) sind vom Pflegebedürftigen selbst zu tragen.

3. Sozialhilfe - Hilfe zur Pflege

Leistet das Sozialamt „Hilfe zur Pflege" (☞ *Pflege Sozialhilfe*), so kann es unter Umständen die Kosten der Ersatzpflege übernehmen (☞ *Pflegeperson Sozialhilfe*).

Praxistipps

- Sind die Voraussetzungen erfüllt, kann neben der Ersatzpflege im selben Jahr auch die ☞ *Kurzzeitpflege* beansprucht werden.
- Die Leistungen des Familienentlastenden Dienstes (FED), der bei Familien mit behinderten Kindern diese stundenweise betreut, um den restlichen Familienangehörigen Aktivitäten ohne das behinderte Kind zu ermöglichen, kann bei einer Einstufung durch die Pflegekasse über die Ersatzpflege abgerechnet werden. Auch für behinderte Erwachsene gilt diese Möglichkeit. Ab einer Betreuung von über 8 Stunden täglich wird in der Regel das Pflegegeld um einen Tag gekürzt. Allerdings handhaben das die Pflegekassen unterschiedlich.

Wer hilft weiter?

Individuelle Auskünfte erteilen die ☞ *Pflegekassen* bzw. das ☞ *Sozialamt*.

Erwerbsminderungsrente, Erwerbsunfähigkeit

☞ *Abgestufte Erwerbsminderungsrente*

Erziehungsbeistand

(§ 30 SGB VIII)

Das Wichtigste in Kürze

Ein Erziehungsbeistand ist in der Regel ein Sozialpädagoge, der Kinder und Jugendliche in sozialen und familiären Krisensituationen unterstützt. Das Sorgerecht der Eltern wird dadurch nicht beeinträchtigt.

1. Aufgaben

Erziehungsbeistände sind sozialpädagogisch ausgebildete Fachkräfte, die über eine längere Zeit Kinder oder Jugendliche (0 bis noch nicht 18 Jahre) begleiten, die ohne diese individuelle persönliche Unterstützung

mit ihrer familiären oder sozialen Lebenssituation nicht mehr zurecht kommen würden.
Vorrangige Aufgaben sind:
- Hilfe zur Bewältigung von Entwicklungsproblemen
- Förderung der Verselbstständigung des Kindes oder des Jugendlichen unter Erhalt des Lebensbezugs zur Familie

1.1. Schulpsychologische Beratung

Bei Problemen zwischen Kind und Lehrern und Leistungsauffälligkeiten ist die **schulpsychologische Beratung** zuständig, die es unter diesem oder ähnlichem Namen in jedem Bundesland gibt. Die Anlaufstelle für die jeweilige Schule ist bei der Schulleitung zu erfragen. Die schulpsychologische Beratung ist **nicht** für familiäre Probleme zuständig, kann aber in der Regel auf entsprechende Beratungsstellen verweisen.

2. Antrag

Eltern können einen Erziehungsbeistand beim ☞ *Jugendamt* beantragen. Empfehlenswert ist ein Erziehungsbeistand z.B. bei Schulschwierigkeiten, Kommunikationsproblemen, Kontaktängsten oder massiven Pubertätsproblemen.

3. Freiwillige, kostenlose Leistung

Die Bestellung eines Erziehungsbeistands ist eine freiwillige, in der Regel kostenlose Form der ☞ *Erziehungshilfe* des ☞ *Kinder- und Jugendhilfegesetzes*.
Die Maßnahme basiert auf dem Vertrauen zwischen Eltern, Kind und Erziehungsbeistand. Rechtlich hat der Erziehungsbeistand keinerlei Befugnisse, das Sorgerecht wird nicht beeinträchtigt. Der Zeitaufwand für die Hilfe kann bis zu 6 Stunden pro Woche betragen.

Praxistipp

Als zusätzliche Unterstützung für junge Volljährige kommt ggf. auch eine Nachbetreuung in Frage (☞ *Junge Volljährige, Nachbetreuung*).

Wer hilft weiter?

Ausführende Einrichtungen sind Jugendämter (☞ *Jugendamt*), freie Träger und Privatpersonen auf Honorarbasis, die über eine entsprechende Fachausbildung verfügen.

Erziehungsberatung

(§ 28 SGB VIII)

Das Wichtigste in Kürze

Die Erziehungsberatung ist eine kostenlose Hilfe für Kinder, Jugendliche und deren Eltern. In den Erziehungsberatungsstellen bieten Fachkräfte eine erste Orientierung in Krisensituationen.

1. Aufgaben

Die Erziehungsberatung ist eine Form der ☞ *Erziehungshilfe* des ☞ *Kinder- und Jugendhilfegesetzes*. Aufgaben der Erziehungsberatungsstellen sind:
- Unterstützung von Kindern (0 bis noch nicht 14 Jahre alt), Jugendlichen (14 bis 18 Jahre) und Eltern in Fragen der Erziehung, z.B. Ängste, Aggressionen, psychosomatische Störungen, Probleme im Sozialverhalten, Beziehungsprobleme, Schulprobleme, Pubertätsschwierigkeiten
- Beratung von Kindern, Jugendlichen und Eltern bei Trennung und Scheidung

2. Qualifikation und Beratungsform

In den Erziehungsberatungsstellen arbeiten folgende Fachkräfte:
- Psychologen
- Ärzte
- Kinder- und Jugendpsychologen
- Sozialarbeiter

Soziale Fragen? betafon 01805 - 238 2366!

Ihnen stehen folgende **Formen der Erziehungsberatung** zur Verfügung:
- Diagnose
- Gutachterliche Stellungnahme
- Therapien, z.B. Spieltherapie, Verhaltens- und Gesprächspsychotherapie, Familientherapie, Legasthenie-Behandlung (strittig, aber z.B. vom Bayerischen Verwaltungsgerichtshof anerkannt)

Mehr Informationen: www.betanet.de

Praxistipp

An die Erziehungsberatung kann sich unter Umständen auch eine Nachbetreuung anschließen (☞ *Junge Volljährige, Nachbetreuung*).

Wer hilft weiter?

Adressen von Erziehungs- und Familienberatungsstellen öffentlicher und anerkannter freier Träger bekommt man über die Bundeskonferenz für Erziehungsberatung, Herrnstr. 53, 90763 Fürth, Telefon 0911 97714-0, Fax 0911 745497, E-Mail bke@bke.de, www.bke.de.

Erziehungsgeld

(§§ 1 ff. BErzGG)

Das Wichtigste in Kürze

Ein Elternteil kann in den ersten beiden Lebensjahren eines Kindes Erziehungsgeld bekommen, wenn bestimmte Einkommensgrenzen nicht überschritten werden. Weitere Voraussetzungen sind ein Wohnsitz in Deutschland, das Sorgerecht für das Kind und dass der Antragsteller in einem Haushalt mit dem Kind lebt.
Die Bundeserziehungsgeldregelung gilt für Geburten bis zum 31.12.2006. Für Geburten seit 1.1.2007 gilt das ☞ *Elterngeld*.

1. Voraussetzungen und Antrag

Erziehungsgeld bekommt **immer nur ein** Elternteil, im Zweifel die Mutter, in den ersten beiden Lebensjahren des Kindes. Bundeserziehungsgeld gibt es in ganz Deutschland, ☞ *Landeserziehungsgeld* nur in Baden-Württemberg, Bayern, Sachsen und Thüringen.

Anspruch auf Bundeserziehungsgeld haben
- die Mutter **oder** der Vater
- Stiefmutter **oder** Stiefvater
- Eltern, die ein Kind in Adoptionspflege nehmen
- der nicht sorgeberechtigte Elternteil mit Zustimmung des anderen Elternteils

Sie müssen die folgenden Voraussetzungen erfüllen:
- Wohnsitz oder gewöhnlicher Aufenthalt in Deutschland.
- Kind lebt im gleichen Haushalt und wird dort erzogen und betreut.
- Es besteht ein Sorgerecht für das Kind.
- Antragsteller übt keine volle Erwerbstätigkeit aus. Zulässig sind eine Teilzeitbeschäftigung von bis zu 30 Stunden/Woche oder eine Tätigkeit im Rahmen der Berufsausbildung.
- Keine Überschreitung der Einkommensgrenzen, Details siehe unter „Höhe".

Erziehungsgeld wird unabhängig davon gezahlt, ob vor der Geburt eine Erwerbstätigkeit ausgeübt wurde.
In **Härtefällen** (z.B. Tod oder schwere Krankheit/Behinderung eines Elternteils, erhebliche Gefährdung der wirtschaftlichen Existenz) kann auf Antrag von einigen Voraussetzungen abgesehen werden.

1.1. Antrag

Der Antrag auf Erziehungsgeld ist schriftlich, jeweils nur für ein Lebensjahr des Kindes, beim zuständigen Amt zu stellen und wirkt höchstens 6 Monate zurück (egal wann der Antrag innerhalb der 12 bzw. 24 Monate gestellt wird). Erziehungsgeld für das 2. Lebensjahr des Kindes kann frühestens ab dem 9. Lebensmonat des Kindes beantragt werden.

2. Höhe und Dauer

Das Bundeserziehungsgeld beträgt in der Regel bis zu 300,- € monatlich und wird für die ersten 2 Lebensjahre des Kindes gewährt (sogenannter Regelbetrag).
Alternativ zu den 300,- € bis zur Vollendung des 2. Lebensjahres des Kindes kann das Erziehungsgeld auch in Höhe von 450,- € monatlich bis zur Vollendung des 1. Lebensjahres des Kindes beantragt werden (sogenanntes Budget).
Die Entscheidung der Wahl des einjährigen budgetierten Erziehungsgelds ist verbindlich, ein einmaliger Wechsel zwischen ein- und zweijährigem Erziehungsgeld ist nur bei Vorliegen eines Härtefalles möglich.

2.1. Anrechnung von Mutterschaftsgeld

Bei erwerbstätigen Müttern wird das ☞ *Mutterschaftsgeld* auf das Erziehungsgeld (kalendertäglich 10,- € bei Regelbetrag bzw. 13,- € bei Budget) angerechnet.

2.2. Überschreitung der Einkommensgrenzen

Bei Überschreiten der Einkommensgrenzen entfällt in den ersten 6 Lebensmonaten des Kindes der Anspruch auf Erziehungsgeld. Ab dem 7. Lebensmonat wird das Erziehungsgeld um folgende Prozentsätze gekürzt:

- 300,- € Erziehungsgeld: 5,2 % des über der Einkommensgrenze liegenden Einkommens werden abgezogen.
- 450,- € Erziehungsgeld: 7,2 % des über der Einkommensgrenze liegenden Einkommens werden abgezogen.

2.3. Einkommensgrenzen

2.3.1. 1.-6. Lebensmonat

Wer folgende Einkommensgrenzen überschreitet, erhält **kein** Bundeserziehungsgeld.

1.-6. Lebensmonat	Einkommensgrenze bei Regelbetrag	Einkommensgrenze bei Budget
Paare, die nicht dauernd getrennt leben	30.000,- €	22.086,- €
Alleinerziehende	23.000,- €	19.086,- €

Die Einkommensgrenzen erhöhen sich für jedes weitere Kind um 3.140,-. €

2.3.2. Ab dem 7. Lebensmonat

Die Einkommensgrenzen sind gleich, egal ob Regelbetrag oder Budgetregelung.

7.-24. Lebensmonat	Einkommensgrenze 1 für volles Erziehungsgeld	Einkommensgrenze 2 für gekürztes Erziehungsgeld
Paare, die nicht dauernd getrennt leben	16.500,- €	22.086,- €
Alleinerziehende	13.500,- €	19.086,- €

Die Einkommensgrenzen erhöhen sich für jedes weitere Kind um 3.140,- €.
Bei Überschreiten der Einkommensgrenze 1 wird das Erziehungsgeld entsprechend gemindert (siehe unten). Bei Überschreiten der Einkommensgrenze 2 gibt es kein Erziehungsgeld.

2.4. Einkommensermittlung

(§ 6 BErzGG)
Das tatsächliche Bruttoeinkommen kann deutlich über den genannten Einkommensgrenzen liegen. Als Einkommen gelten die positiven Einkünfte im Sinne des Steuerrechts (= Bruttoarbeitslohn abzüglich Werbungskosten bzw. bei anderen Einkunftsarten der jeweilige steuerrechtliche Gewinn). Zum Einkommen zählen „Entgelt-

Soziale Fragen? betafon 01805 - 238 2366!

Mehr Informationen: www.betanet.de

ersatzleistungen" wie ☞ *Arbeitslosengeld*, Unterhaltsgeld, ☞ *Krankengeld*. Einkünfte aus einer geringfügigen Beschäftigung werden nicht angerechnet.
Bei Eltern in einer eheähnlichen Gemeinschaft wird nicht nur das Einkommen des Antragstellers, sondern auch das Einkommen des Partners berücksichtigt.

Von den so ermittelten Einkünften werden abgezogen:

- 24 % Pauschalabzug bei nicht selbstständigen Arbeitnehmern für Steuern und Vorsorgeaufwendungen, 19 % Pauschalabzug bei besonderen Berufsgruppen z.B. Beamten
- Unterhaltsleistungen an andere Kinder
- Pauschbetrag für behinderte Kinder. Die Höhe richtet sich nach dem Grad der Behinderung, Details unter ☞ *Steuerliche Vergünstigungen*.
- Aufgrund der Behinderung eines Elternteils kann das Einkommen um den Pauschbetrag gemindert werden (☞ *Steuerliche Vergünstigungen*, § 33 b Abs. 1-3 EStG)

2.5. Berechnungszeitraum

Für die Berechnung der Einkommensgrenze (sogenanntes „pauschalisiertes Netto-Einkommen") werden die Einkünfte aus dem Kalenderjahr vor der Geburt (Erstantrag) bzw. aus dem Geburtsjahr (Zweitantrag) zugrunde gelegt.
Erwerbseinkünfte oder Einkünfte aus Entgeltersatzleistungen der erziehungsgeldbeziehenden Personen werden nur **während** des Erziehungsgeldbezugs berücksichtigt; vorherige Erwerbseinkünfte oder Entgeltersatzleistungen bleiben unberücksichtigt.

3. Krankenversicherung während der Elternzeit

Während der Dauer des Bezugs von Erziehungsgeld ist das Mitglied einer gesetzlichen Krankenversicherung weiterhin beitragsfrei versichert, wenn schon vorher Pflichtmitgliedschaft bestand.

Praxistipps

- **Kostenlose Broschüre**
  Die kostenlose Broschüre „Erziehungsgeld/Elternzeit" kann beim Bestellservice für Publikationen der Bundesregierung unter der Rufnummer 01805 778090 bestellt oder auf der Internetseite des Ministeriums unter www.bmfsfj.de > Service > Themen-Lotse > Erziehungsgeld heruntergeladen werden
- **Landeserziehungsgeld**
  Das Landeserziehungsgeld ist eine freiwillige Leistung der Bundesländer Baden-Württemberg, Bayern, Sachsen und Thüringen. Details unter ☞ *Landeserziehungsgeld*.

Wer hilft weiter?

Das Bundesministerium für Familie, Senioren, Frauen und Jugend hat ein **Servicetelefon** zum Thema Erziehungsgeld, Elterngeld und Elternzeit u.v.m. Telefon 01801 907050, Mo-Do 9-18 Uhr.
Je nach Bundesland ist das Erziehungsgeld bei einer anderen Stelle zu beantragen. Beim Bundesministerium für Familie, Senioren, Frauen und Jugend kann eine Liste dieser Erziehungs- und Elterngeldstellen unter www.bmfsfj.de > Service > Themen-Lotse > Elterngeld abgerufen werden.

Erziehungshilfe

(§§ 27-35 SGB VIII)

Das Wichtigste in Kürze

Erziehungsberechtigte haben Anspruch auf verschiedenste Formen staatlicher Hilfen bei der Erziehung. Das Spektrum reicht von der freiwilligen Erziehungsberatung bis zur Heimerziehung. Zuständig ist das Jugendamt.

Umfang

Das ☞ *Kinder- und Jugendhilfegesetz* sieht vielfältige Hilfsangebote vor, insbesondere pädagogische und damit verbundene therapeutische Leistungen:
☞ *Betreuungshelfer*
☞ *Erziehungsbeistand*
☞ *Erziehungsberatung*
☞ *Heimerziehung*
☞ *Intensive sozialpädagogische Einzelbetreuung*
☞ *Soziale Gruppenarbeit*
☞ *Sozialpädagogische Familienhilfe*
☞ *Tagesgruppe*
☞ *Vollzeitpflege*
Ausgewählt werden die Maßnahmen der Erziehungshilfe nach den Bedürfnissen des Kindes oder Jugendlichen, dessen Entwicklungsstand und der Notwendigkeit.

Erziehungsrente

(§§ 47, 97 SGB VI)

Das Wichtigste in Kürze

Erziehungsrente erhalten Geschiedene, die nach dem Tod des Ex-Partners ein Kind erziehen. Die Bewilligung ist an verschiedene Bedingungen geknüpft und vom Einkommen abhängig. Die Rente muss bei der Rentenversicherung beantragt werden.

1. Voraussetzungen

Versicherte haben bis zum Erreichen der ☞ *Regelaltersrente* mit 65 bzw. 67 Jahren Anspruch auf Erziehungsrente, bei:

- Erziehung eines Kindes (s.u.) unter 18 Jahren.
  oder
  Erziehung eines behinderten Kindes (s.u.) über 18 Jahren.
  Als Kinder gelten auch Stief- und Pflegekinder sowie Geschwister und Enkel, die im Haushalt des Versicherten leben.
  und
- Ehescheidung nach dem 30.6.1977 und Tod des geschiedenen Ehepartners
  und
- keine Wiederheirat
  und
- Erfüllung der Wartezeit von 5 Jahren (= Mindestversicherungszeit) bis zum Tod des/r geschiedenen Ehegatten/in

2. Anrechnung von Einkommen

Einkommen, das einen bestimmten Freibetrag überschreitet, wird zu 40 % auf die Rente angerechnet. Der Freibetrag beträgt monatlich netto:
West: 693,53 € - Erhöhung für jedes Kind unter 18 Jahren um 147,11 €.
Ost: 609,58 € - Erhöhung für jedes Kind unter 18 Jahren um 129,30 €.

Wer hilft weiter?

Auskünfte und Beratungsstellen vor Ort vermitteln die ☞ *Rentenversicherungsträger.*

Erziehungsurlaub

☞ *Elternzeit*

Europäische Krankenversichertenkarte

☞ *Auslandsschutz*

Fahrdienste

Als „Erleichterung im Personenverkehr" können ☞ *Schwerbehinderte* Fahrdienste kostenlos oder gegen eine geringe Gebühr benutzen.
Die Fahrdienste sind von den Wohlfahrtsverbänden eingerichtet und werden vom örtlichen Sozialhilfeträger finanziert. Dabei werden kostenlose Fahrgutscheine ausgegeben oder aber vom Behinderten der Nahverkehrstarif für die private Beförderung verlangt.

F
Soziale Fragen? betafon 01805 - 238 2366!

Fahrdienste sind freiwillige Leistungen der Gemeinden, auf die **kein Rechtsanspruch** besteht.

Wer hilft weiter?

Die Regelungen sind regional unterschiedlich. Auskünfte erteilt das jeweilige ☞ *Sozialamt*, Bereich Behindertenhilfe.

Mehr Informationen: www.betanet.de

Fahrtkosten

auch ☞ *Begleitperson*

Fahrtkosten Transportkosten

(§ 60 SGB V)

Das Wichtigste in Kürze

Krankenkassen übernehmen nur Fahrtkosten, die unbedingt notwendig sind, z.B. Rettungsfahrten. Bei ambulanten Behandlungen gibt es nur in den wenigsten Fällen eine Kostenübernahme, die unbedingt vorab mit der Krankenkasse geklärt werden sollte. In jedem Fall müssen Fahrscheine, Quittungen und Bescheinigungen aufbewahrt werden.

1. Voraussetzungen zur Kostenübernahme

Fahrtkosten, die aus **zwingenden medizinischen** Gründen **notwendig** sind, übernimmt die Krankenkasse im Rahmen einer ☞ *Krankenbehandlung* aus folgenden Anlässen:

- Stationäre Leistungen. Die Fahrtkosten bei einer Verlegung in ein anderes Krankenhaus übernimmt die Krankenkasse nur
  - aus zwingenden medizinischen Gründen oder
  - mit Einwilligung der Krankenkasse.
- Rettungsfahrten zum Krankenhaus, unabhängig von stationärer Behandlung.
- Ambulante vor- und nachstationäre Behandlungen im Krankenhaus (§ 115 a SGB V) bzw. ambulante Operationen im Krankenhaus oder in Vertragsarztpraxen (§ 115 b SGB V) mit damit in Zusammenhang stehender Vor- oder Nachbehandlung nur dann, wenn dadurch eine stationäre Behandlung vermieden oder verkürzt wird. **Achtung:** Fahrtkosten zu einer **ambulanten** Behandlung werden nur nach **vorheriger** Genehmigung der Krankenkasse übernommen.

1.1. Weitere Fahrtkosten

Weitere Fahrtkosten, die aus **zwingenden medizinischen Gründen notwendig sind, kann** die Krankenkasse unter folgenden Voraussetzungen übernehmen:

- **Krankentransporte**
  Fahrten mit fachlicher Betreuung, mit Krankenwagen, unabhängig von stationärer oder ambulanter Behandlung
- **Häufige Therapie bei bestimmten Erkrankungen**
  Fahrten zur ambulanten Behandlung, wenn der Patient an einer Grunderkrankung leidet, die (1) eine bestimmte Therapie erfordert, die (2) häufig und über einen längeren Zeitraum erfolgen muss und (3) der zu dieser Behandlung führende Krankheitsverlauf den Patienten in einer Weise beeinträchtigt, dass eine Beförderung unerlässlich ist (z.B. Dialysebehandlung, onkologische Strahlen- oder Chemotherapie). Dies muss vom Arzt attestiert werden.
- **Schwerbehinderte**
  Fahrten zur ambulanten Behandlung, wenn der Versicherte einen Schwerbehindertenausweis mit dem ☞ *Merkzeichen aG* (außergewöhnliche Gehbehinderung), dem ☞ *Merkzeichen Bl* (blind) oder dem ☞ *Merkzeichen H* (hilflos) hat oder die ☞ *Pflegestufe* II oder III nachweisen kann.

1.2. Ambulante Behandlung

Achtung: Fahrtkosten zu einer ambulanten Behandlung werden nur nach vorheriger Genehmigung der Krankenkasse übernommen.

1.3. Nächste Behandlungsstätte

Es werden nur die Fahrkosten bis zur nächsterreichbaren geeigneten Behandlungsstätte und zurück übernommen, außer es besteht ein zwingender medizinischer Grund für die Behandlung an einem entfernteren Ort.

Praxistipps bei Serienbehandlung

Manche Krankenkassen übernehmen die Fahrtkosten bei mehrmals erforderlichen Behandlungsterminen innerhalb eines Leistungsfalls (sogenannte **Serienbehandlungen** wie z.B. Dialysebehandlung, onkologische Strahlen- oder Chemotherapie). Der Versicherte zahlt dann die Selbstbeteiligung von 10 % (mindestens 5,- €, höchstens 10,- €).
Bei einigen Krankenkassen leistet der Versicherte die Zuzahlung sogar nur für die erste und die letzte Fahrt, insbesondere bei Chemo- oder Strahlentherapie.
Die meisten Krankenkassen verlangen, dass die zwingende medizinische Notwendigkeit der Hin- und Rückfahrt sowie des Beförderungsmittels vom Arzt begründet wird. Welche Regelung gilt, sollte vor Beginn der Behandlung mit der jeweiligen Krankenkasse geklärt werden.

2. Fahrzeugart

Bei der Wahl des Fahrzeugs ist die folgende Rangfolge einzuhalten, d.h. 2. wird nur bezahlt, wenn 1. nicht benutzt werden kann.

1. Öffentliche Verkehrsmittel unter Berücksichtigung von Fahrpreisermäßigungen
2. Taxi oder Mietwagen
3. Krankenwagen oder Rettungsfahrzeug
4. Privates Kfz, aber maximal bis zur Höhe der Benutzung der unter 1. bis 3. genannten Verkehrsmittel. Erstattung mindestens 20 Ct./km bis maximal 150,- € (Bundesreisekosten-Gesetz).

Praxistipps

Für die Kostenerstattung müssen vorgelegt werden:

- alle Fahrscheine/Fahrausweise
  und
- Bestätigung der Klinik/Kurklinik, des Arztes oder Therapeuten, dass und zu welchem Zweck die Behandlung stattgefunden hat.

Wenn die Fahrt zur Krankenbehandlung aus medizinischen Gründen nur mit Taxi oder Mietwagen möglich ist, dann muss dies vom behandelnden Arzt schriftlich bestätigt werden. Vordrucke dazu sind in der Regel in Arztpraxen vorhanden.

3. Selbstbeteiligung

Der Patient zahlt in jedem Fall 10 % der im ersten Absatz genannten Fahrtkosten selbst, mindestens jedoch 5,- € und höchstens 10,- €.
Achtung: Dies gilt **auch für Kinder und Jugendliche.**

3.1. Befreiung

Die Befreiung von der Selbstbeteiligung ist bei Überschreiten der Belastungsgrenze möglich (☞ *Zuzahlungsbefreiung*).

4. Keine Kostenübernahme

Keine Übernahme von Kosten

- **des Patienten** im Sinne von Aufwendungen für Verpflegung, Übernachtung, Gepäcktransport, aber Erstattung von ☞ *Reisekosten.*
- eines Rücktransports aus dem Ausland.

Wer hilft weiter?

☞ *Krankenkassen*

Fahrtkostenbeihilfe

☞ *Teilhabe am Arbeitsleben*

Familienhelfer

☞ *Sozialpädagogische Familienhilfe*

Familienpflege

☞ *Betreuung und Versorgung eines Kindes in Notsituationen*

Familienplanung

☞ *Genetische Beratung*
☞ *Schwangerschaftsverhütung*

Familienversicherte

(§ 10 SGB V)

Das Wichtigste in Kürze

Angehörige sind neben dem eigentlichen Mitglied in der Krankenversicherung und der Pflegeversicherung unter bestimmten Voraussetzungen mitversichert. Sie werden als „Familienversicherte" bezeichnet und haben Anspruch auf die vollen Leistungen der Kranken- und der Pflegeversicherung. Sie können diese Ansprüche unabhängig vom Mitglied wahrnehmen.

1. Definition Angehörige

Als Angehörige gelten ☞ *Kinder*, der Ehepartner und der Lebenspartner in gleichgeschlechtlichen Ehen.

2. Nicht familienversicherte Angehörige

Nicht familienversichert sind Angehörige, wenn sie
- hauptberuflich selbstständig erwerbstätig sind.
- Einnahmen (z.B. Mieteinnahmen) und/oder Einkommen über insgesamt 355,- € haben.
- geringfügig beschäftigt sind und Einkommen sowie ggf. Einnahmen über 400,- € haben.
- selbst versicherungspflichtig sind.
- sich nicht in Deutschland aufhalten (Ausnahmen ☞ *Auslandsschutz*).

2.1. Kinder

Kinder können nicht familienversichert werden, wenn der besser verdienende Ehegatte oder Lebenspartner des Mitglieds, der mit den Kindern verwandt ist, **nicht** Mitglied der gesetzlichen Krankenversicherung ist **und zugleich** brutto mehr als 4012,50 € (sogenannte Versicherungspflichtgrenze) monatlich bzw. 48.150,- € im Jahr verdient.

Wer hilft weiter?

☞ *Krankenkassen.*

Fehlgeburt und Totgeburt

Das Wichtigste in Kürze

Es ist wichtig zwischen Fehlgeburt und Totgeburt zu unterscheiden, da für totgeborene Kinder eine standesamtliche Meldepflicht und eine Bestattungspflicht besteht. Um eine Fehl- oder Totgeburt psychisch zu verarbeiten, kann eine Bestattungszeremonie hilfreich sein, aber auch die Klinikseelsorge, der psychosoziale Dienst der Klinik und Selbsthilfegruppen.

1. Unterscheidung Fehlgeburt Totgeburt

Fehlgeburt ist die vorzeitige Beendigung der Schwangerschaft vor der 24. Schwangerschaftswoche, wobei das Geburtsgewicht des Kindes unter 500 Gramm liegt.
Bei einer **Totgeburt** wiegt das Kind mindestens 500 Gramm und ist im Mutterleib oder während der Geburt verstorben. Totgeburten müssen standesamtlich registriert werden. Auf Wunsch des Verfügungsberechtigten wird der Vor- und Familienname eines

Mehr Informationen: www.betanet.de

totgeborenen Kindes im Geburtenbuch eingetragen.

1.1. Mutterschutz

Bei einer **Totgeburt** wird ☞ *Mutterschutz* gewährt. Die Dauer ist abhängig vom Tag der Entbindung und vom Geburtsgewicht des Kindes. Frauen haben jedoch die Möglichkeit, vorzeitig wieder ihrer Arbeit nachzugehen, wenn sie das ausdrücklich wünschen und aus ärztlicher Sicht nichts dagegen spricht, jedoch nicht in den ersten beiden Wochen nach der Geburt.
Bei einer **Fehlgeburt** bekommt die Frau weder Mutterschutz noch Mutterschaftsgeld.

2. Bestattung

Totgeborene Kinder unterliegen der Bestattungspflicht. Es empfiehlt sich unter Umständen auch bei kleineren Kindern eine Bestattung, da die Zeremonie bei der Bewältigung des Verlustes helfen kann.
Möglich ist auch eine anonyme Bestattung oder bei Totgeburten unter 500 g eine Klinikbestattung. Letztere ist kostenlos. Bestattungen außerhalb der Klinikbestattung führen städtische und private Bestattungsdienste durch.

Wenn Ärzte und andere Klinikmitarbeiter entsprechende Fragen der Mutter/Eltern nicht beantworten können, kann oft die Klinikseelsorge weiterhelfen. Die Mitgliedschaft in einer Kirche ist in der Regel für ein Beratungsgespräch nicht nötig.

3. Trauerarbeit

Um den Verlust des Kindes und die Trauer zu bewältigen, helfen Selbsthilfegruppen. Die Kosten werden von der Krankenkasse nicht übernommen, in der Regel ist die Teilnahme dennoch kostenfrei, da sie von gemeinnützigen Organisationen angeboten werden.
Mögliche Anlaufstellen für Informationen sind die Klinikseelsorge, der psychosoziale Dienst der Klinik, Ärzte, Nachsorgeeinrichtungen, Hospizvereine, die Pfarrei, die Telefonseelsorge.

Wird infolge des Verlustes eine ☞ *Psychotherapie* notwendig, übernimmt die Krankenkasse die Kosten. In Einzelfällen tritt die ☞ *Krankenhilfe* des Sozialhilfeträgers für die Kosten ein.

Wer hilft weiter?

Initiative Regenbogen „Glücklose Schwangerschaft" e.V., Westring 100, 33378 Rheda-Wiedenbrück,
E-Mail HGST@initiative-regenbogen.de, www.gluecklose-schwangerschaft.de, Kontaktadressenvermittlung über Telefon 033474 38763.

Fernsehgebühren

☞ *Rundfunk- und Fernsehgebührenbefreiung*

Fernverkehr

☞ *Flugverkehr*
☞ *Öffentliche Verkehrsmittel*

Festbetrag

☞ *Hilfsmittel*
☞ *Pflegehilfsmittel*

Festigungskuren

☞ *Onkologische Nachsorgeleistungen*

Flugverkehr

1. Begleitperson

Deutsche Linienfluggesellschaften befördern notwendige Begleitpersonen von Behinderten mit ☞ *Merkzeichen B* im innerdeutschen Flugverkehr kostenlos.
Wenn die Begleitperson den Behinderten bei

dessen Berufsausübung und auf Dienstreisen begleitet, steht die **Begleitperson** unter dem Schutz der gesetzlichen ☞ *Unfallversicherung*.

2. Hilfen für Menschen mit Einschränkungen

Mittlerweile sind fast alle internationalen Flughäfen weltweit so ausgestattet, dass sie den Bedürfnissen gehbehinderter, aber auch seh- und hörbehinderter Passagiere entsprechen. Es ist wichtig, dass der Fluggast bereits bei der Buchung des Tickets im Reisebüro oder bei der Fluglinie direkt seine Einschränkungen und Bedürfnisse mitteilt. Folgende Dienste werden beispielsweise angeboten:

- Behindertengerechte Schalter beim Check-in
- Sonderbetreuungsräume für behinderte Passagiere
- Rollstuhlservice: Bodenpersonal begleitet den behinderten Menschen vom Abflugbereich zum Flugzeug, von Flugzeug zu Flugzeug (Umsteiger) oder vom Flugzeug zum Ankunftsbereich. Flughafeneigene Rollstühle werden zur Verfügung gestellt.

Informationen über Einrichtungen, Serviceleistungen und Anlaufstellen für behinderte Fluggäste auf den internationalen und 15 regionalen Flughäfen in Deutschland gibt die Arbeitsgemeinschaft Deutscher Verkehrsflughäfen (ADV), Gertraudenstr. 20, 10178 Berlin, Telefon 030 310118-11, E-Mail gutwenger@adv-net.org.

Wer hilft weiter?

Informationen über sonstige Ermäßigungen für behinderte Fluggäste sind bei Reisebüros bzw. den Fluggesellschaften erhältlich.

Fristen

☞ *Berufung*
☞ *Klage*
☞ *Mutterschutz*
☞ *Pflegekassen*
☞ *Rehabiltation Zuständigkeit*
☞ *Revision*
☞ *Widerspruch*

Früherkennung von Krankheiten

(§§ 25, 26 SGB V)

Das Wichtigste in Kürze

Viele Krankheiten können bei einer frühen Erkennung effektiver bekämpft werden. Für bestimmte Vorsorgeuntersuchungen übernehmen die Krankenkassen deshalb die Kosten. Die bekanntesten Früherkennungsmaßnahmen sind die U1 bis U9 bei Kindern sowie die Krebsvorsorge.

1. Allgemeines

Der Früherkennung von Krankheiten dienen Gesundheitsuntersuchungen für Erwachsene und Kinderfrüherkennungsuntersuchungen. Die Früherkennung im Sinne der ☞ *Krankenversicherung* ist durch 3 Kriterien bestimmt:

- Das Vor- und Frühstadium der Krankheiten muss diagnostisch erfassbar sein.
- Die Krankheitszeichen müssen medizinisch-technisch eindeutig erfassbar sein.
- Die Krankheiten müssen wirksam behandelt werden können.

2. Gesundheitsuntersuchungen

(§ 25 SGB V)

Die ☞ *Krankenkasse* übernimmt bei erwachsenen Versicherten alle anfallenden Kosten für sogenannte Gesundheitsuntersuchungen. Dabei fällt keine ☞ *Praxisgebühr* an.

- Für die Früherkennung von Krankheiten, z.B. Diabetes, Herz-, Kreislauf- und Nierenerkrankungen, jedes 2. Jahr ab dem 35. Geburtstag (sogenannter Gesundheits-Check-up)
- Krebsvorsorgeuntersuchung (einschließlich der diesbezüglichen Beratung) einmal jährlich

Mehr Informationen: www.betanet.de

- **Frauen**
  ab 20 Jahren: Früherkennung von Gebärmutterhalskrebs
  ab 30 Jahren: zusätzlich Früherkennung von Brust- und Hautkrebs
  ab 35 Jahren: Früherkennung von Hautkrebs
  ab 50 Jahren: zusätzlich Früherkennung von Krebskrankheiten des Enddarms und des übrigen Dickdarms
  von 50 bis 70 Jahren: alle 24 Monate Mammographie-Screening zur Früherkennung von Brustkrebs, allerdings ist die Möglichkeit noch nicht in allen Bundesländern gegeben.
- **Männer**
  ab 35 Jahren: Früherkennung von Hautkrebs
  ab 45 Jahren: Früherkennung von Krebserkrankungen der Prostata und des äußeren Genitales
  ab 50 Jahren: zusätzlich Früherkennung von Krebskrankheiten des Enddarms und des übrigen Dickdarms

3. Richtlinien

Der ☞ *Gemeinsame Bundesausschuss* hat zur Früherkennung von Krankheiten sogenannte Gesundheitsuntersuchungs-Richtlinien erstellt. Diese Richtlinien können Sie unter www.g-ba.de > Informations-Archiv > Richtlinien downloaden.

4. Kinderfrüherkennungsuntersuchungen

(§ 26 SGB V)
Die ☞ *Krankenversicherung* übernimmt bei Kindern die Kosten für folgende Untersuchungen (abgekürzt „U") zur Früherkennung von Krankheiten. Die Untersuchungsinhalte sind nicht vollständig sondern beispielhaft aufgeführt.

- **U 1: Neugeborenen-Erstuntersuchung**
  Kontrolle von Hautfarbe, Atmung, Muskeltätigkeit, Herzschlag und Reflexen. Neugeboren-Screening zur Früherkennung angeborener Stoffwechseldefekte und endokriner Störungen.
- **U 2: Neugeborenen-Untersuchung vom 3.–10. Lebenstag**
  Untersuchung aller Organe, Sinnesorgane und Reflexe. Blutprobe zur Früherkennung eventueller Stoffwechsel- und Hormonstörungen.
- **U 3: 4.–5. Lebenswoche**
  Prüfung der altersgemäßen Entwicklung der Reflexe, der Motorik, des Gewichts und der Reaktionen. Untersuchung der Organe und der Hüften. Abfrage des Trinkverhaltens.
- **U 4: 3.–4. Lebensmonat**
  Untersuchung aller Organe, Sinnesorgane, Geschlechtsorgane und der Haut, von Wachstum, Motorik und Nervensystem.
- **U 5: 6.–7. Lebensmonat**
  Kontrolle von Gehör und Augen, altersgerechter Motorik, Bewegungen und Auffassungsgabe.
- **U 6: 10.–12. Lebensmonat**
  Kontrolle der geistigen Entwicklung, der Sinnesorgane und der Bewegungsfähigkeit.
- **U 7: 21.–24. Lebensmonat**
  Test der sprachlichen Entwicklung, Feinmotorik und Körperbeherrschung.
- **U 7a: 34.–36. Lebensmonat**
  Frühzeitige Erkennung von Sehstörungen und sonstigen Auffälligkeiten
- **U 8: 46.–48. Lebensmonat**
  Intensive Prüfung aller Organe, Bewegungsabläufe, Entwicklungen, Verhaltensweisen, um eventuelle Krankheiten und Fehlentwicklungen im Vorschulalter gezielt behandeln zu können.
- **U 9: 60.–64. Lebensmonat**
  Noch einmal intensive Prüfung aller Organe, des Hörens und Sehens, der Sprachentwicklung und Bewegungsfähigkeit, um eventuelle Krankheiten und Fehlentwicklungen vor dem Schuleintritt zu erkennen und zu heilen.
- **J 1: 13.–14. Lebensjahr**
  Die sogenannte „Jugendgesundheitsuntersuchung" sucht mögliche Krankheiten, die die Entwicklung gefährden könn-

Mehr Informationen: www.betanet.de

ten. Außerdem Gespräch über Suchtgefahren: Alkohol, Rauchen, Drogen, Essverhalten.

Bei Geringverdienenden oder nicht Versicherten kommt unter Umständen das ☞ *Sozialamt* für die Kosten der Gesundheits- und Kinderuntersuchungen auf. Näheres ☞ *Vorbeugende Gesundheitshilfe*.

Wer hilft weiter?

☞ *Krankenkassen*

Frühförderung behinderter Kinder

Das Wichtigste in Kürze

Die Frühförderung behinderter oder von Behinderung bedrohter Kinder umfasst medizinische, psychologische, pädagogische und soziale Maßnahmen, die sich sowohl auf das Kind als auch auf seine Familie und sein soziales Umfeld erstrecken können. Im Sozialgesetzbuch IX „Rehabilitation und Teilhabe behinderter Menschen" ist Frühförderung als Komplexleistung beschrieben, d.h. die Früherkennung und die Frühförderung werden kombiniert erbracht als ein interdisziplinär abgestimmtes System ärztlicher, medizinisch-therapeutischer, psychologischer, heilpädagogischer und sozialpädagogischer Leistungen.

1. Leistungen der Frühförderung

Seit 1.7.2003 gilt die sogenannte Frühförderungsverordnung mit den folgenden wesentlichen Inhalten.

1.1. Leistungen zur medizinischen Rehabilitation

Zu den Leistungen der medizinischen Rehabilitation zählen:

- ärztliche Behandlung
- ☞ *sozialpädiatrische nichtärztliche Leistungen*, psychologische, heilpädagogische und psychosoziale Leistungen, **so weit und so lange** sie unter ärztlicher Verantwortung erbracht werden und erforderlich sind, um eine drohende oder eingetretene Behinderung zu erkennen und einen Behandlungsplan aufzustellen
- ☞ *Heilmittel*, insbesondere physikalische Therapie, Physiotherapie, Stimm-, Sprech- und Sprachtherapie (Logopädie) sowie Beschäftigungstherapie aufgrund eines Behandlungsplans

1.2. Heilpädagogische Leistungen

Heilpädagogische Leistungen werden nur für Kinder erbracht, die noch nicht eingeschult sind.

Hierzu zählen:

- pädagogische Mittel, welche die Entwicklung und Persönlichkeitsentfaltung des Kindes anregen
- sozialpädagogische, psychologische und psychosoziale Hilfen
- Beratung der Erziehungsberechtigten

2. Förderziele

Ziele der Frühförderung sind:

- Förderung von Wahrnehmung, Bewegung, Interaktion, Kommunikation, Sprache
- Vermittlung von Kompensationstechniken
- Entwicklung lebenspraktischer Fähigkeiten

2.1. Behandlungsplan

In der Regel entwickelt ein interdisziplinäres Team zusammen mit den Eltern einen Behandlungsplan. In das Team sollten Ärzte und Fachkräfte aller Richtungen einbezogen werden, die zur Entwicklung des Kindes beitragen können. Über die medizinisch und therapeutisch erforderlichen Maßnahmen entscheidet das interdisziplinäre Team der Frühförderstelle. Der Behandlungsplan wird von einem Kinderarzt sowie der verantwortlichen pädagogischen Fachkraft unterzeichnet.

Wird für Kinder therapeutisches oder pädagogisch wertvolles Spielzeug notwendig, das die finanziellen Möglichkeiten der Eltern übersteigt, kann das ☞ *Sozialamt* unter Umständen einen Zuschuss als ☞ *einmalige Leistung* leisten.

Praxistipp Vorgehensweise

Der behandelnde Kinderarzt stellt eine Überweisung für eine entwicklungsneurologische Untersuchung des Kindes in der Frühförderstelle aus. Dort wird das Kind ärztlich untersucht und festgestellt, ob ein Bedarf an Förderung und Therapie besteht. Die Anträge auf Frühförderung werden von den Mitarbeitern der Frühförderstelle gestellt und können bei jedem der beteiligten Rehabilitationsträger gestellt werden. Diese stimmen sich untereinander ab und entscheiden innerhalb von 2 Wochen nach Vorliegen des Behandlungsplans über die Leistung.

3. Kostenübernahme

Die gesetzlichen Krankenkassen sind für alle Leistungen bis zur Aufstellung eines Förderplans und für die medizinischen/medizinisch-therapeutischen Leistungen zuständig.
Das Sozialamt ist für heilpädagogische Leistungen zuständig, dies jedoch nur vor Schuleintritt des Kindes. Die Eltern eines behinderten oder von Behinderung bedrohten Kindes können also zur Finanzierung der Integration in den Kindergarten (und damit in die Gesellschaft) beim Sozialamt einen Antrag auf Leistungen zur Frühförderung nach § 54 SGB XII, die sogenannte ☞ *Eingliederungshilfe*, stellen. Leistungen der Sozialhilfe sind im Regelfall einkommens- und vermögensabhängig, einige Hilfen, so auch die Hilfen zur Frühförderung behinderter Kinder, werden jedoch **unabhängig von Einkommen und Vermögen** gewährt.

4. Integrative und heilpädagogische Kindergärten

Dem erhöhten Förderbedarf von behinderten oder von Behinderung bedrohten Kindern wird in verschiedenen Einrichtungen entsprochen:

- **Integrative Kindergärten** betreuen behinderte und nicht behinderte Kinder gemeinsam. Die Kinder erfahren die unterschiedlichen Schwächen und Stärken der anderen und lernen, diese zu akzeptieren. Das weckt Verständnis füreinander und Vorurteilen wird entgegengewirkt. Integration im Kindergartenalter soll zur Erkenntnis beitragen, dass behinderte Menschen zur Normalität der Gesellschaft gehören. Im Vergleich zu herkömmlichen Kindergärten sind die Gruppenstärken reduziert.
- In **heilpädagogischen Kindergärten** werden Kinder mit besonderem Förderbedarf betreut. Deshalb sind die Gruppen deutlich kleiner, maximal 10 Kinder pro Gruppe. Es erfolgt eine gezielte therapeutische Einzelförderung und Kleingruppenförderung. Ziel der Förderung ist, den Kindern ein Leben in größtmöglicher Selbstständigkeit in sozialer Gemeinschaft zu ermöglichen.
- **Weitere Integrationsformen im Kindergarten**
  Entsprechende Adressen können Eltern bei ☞ *Jugendämtern* und den Lebenshilfe-Landesverbänden erfragen
  - im Regelkindergarten
  - Integrationsgruppen im Regelkindergarten
  - Integrative Gruppen in Sonderkindergärten
  - Additive Kindergärten

Wer hilft weiter?

- Beratung und weitere Hilfen leisten Gesundheitsämter, Kinderkliniken, sozialpädiatrische Zentren, ☞ *Sozialämter* und Wohlfahrtsverbände.
- Ein Verzeichnis von Einrichtungen und Stellen der Frühförderung in Deutschland

F

Soziale Fragen? betafon 01805 - 238 2366!

kann unter www.bmas.de > Publikationen bestellt oder heruntergeladen werden.

- Eine sehr gute Hilfe für betroffene Familien bilden Selbsthilfegruppen. Adressen finden Sie im Adressteil.

Mehr Informationen: www.betanet.de

Frühförderzentren

☞ *Seelisch behinderte Kinder und Jugendliche, Eingliederungshilfe*

Führerschein

Das Wichtigste in Kürze

Auch nach einer Krankheit (z.B. Schlaganfall, Herzinfarkt) oder trotz einer Einschränkung (z.B. Diabetes) wollen viele Menschen weiterhin selbstständig und mobil sein und deshalb Auto fahren. Doch wer sich infolge körperlicher oder geistiger Mängel nicht sicher im Verkehr bewegen kann, darf am Verkehr nur teilnehmen, wenn er selbst Vorsorge getroffen hat, dass er andere nicht gefährdet (§ 2 Abs. 1 Fahrerlaubnis-Verordnung (FeV)). Bei Zweifeln an der Fahrtauglichkeit kann die Führerscheinstelle ein fachärztliches Gutachten, eine medizinisch-psychologische Untersuchung (MPU) oder ein technisches Gutachten anfordern.

Ist ein Patient fahruntauglich und steuert dennoch ein Kraftfahrzeug, macht er sich strafbar und muss für mögliche Schäden selbst aufkommen. Bei einem Unfall muss er mit strafrechtlichen und versicherungsrechtlichen Konsequenzen rechnen.

1. Erstantrag auf Führerschein

Der Antrag auf Erteilung einer Fahrerlaubnis ist bei der Führerscheinstelle im Landratsamt oder bei der Stadtverwaltung zu stellen. Die Antragstellung kann auch über die Fahrschule vorgenommen werden. Bei diesem Antrag ist anzugeben, ob eine körperliche oder geistige Einschränkung vorliegt. Dies sollte der Antragsteller wahrheitsgemäß angeben. Die Führerscheinstelle entscheidet dann, ob und welche Gutachten beizubringen sind und wer diese erstellen kann.

2. Führerschein und schwere Krankheit

Bei Führerscheininhabern, die z.B. einen Schlaganfall oder Herzinfarkt hatten oder bei denen Diabetes diagnostiziert wurde, ist der behandelnde Arzt verpflichtet, den Patienten auf mögliche Einschränkungen und Gefahren hinzuweisen. Der Arzt sollte den Patienten auch schriftlich bestätigen lassen, dass er auf die Gefahr hingewiesen wurde, andernfalls könnten Ärzte für die Kosten möglicher Unfälle haftbar gemacht werden. Oft steht diese Empfehlung auch im Abschlussbericht von Rehamaßnahmen.
Ob der Patient dies dann bei der zuständigen Führerschein- bzw. Kfz-Zulassungsstelle meldet und seine Fahrtauglichkeit überprüfen lässt, bleibt diesem selbst überlassen.

2.1. Fahrradfahren

Auch Fahrradfahrer, die nach einer schweren Erkrankung (siehe oben) am Verkehr teilnehmen und aufgrund ihres Gesundheitszustands einen Unfall verursachen, können ihren Führerschein verlieren. Bei entsprechendem Verdacht macht die Polizei eine Mitteilung an die Führerscheinstelle, welche dann den Patienten auffordert, die Fahrtauglichkeit prüfen zu lassen.

3. Zweifel an der Fahrtauglichkeit

3.1. Fachärztliches Gutachten

Bestehen Zweifel an der Fahrtauglichkeit, fordert die Führerscheinstelle in der Regel ein fachärztliches Gutachten. Der Facharzt sollte nicht der behandelnde Arzt sein.

3.2. Medizinisch-psychologisches Gutachten

Bestehen laut diesem Facharztgutachten noch immer Bedenken, fordert die Führerscheinstelle ein medizinisch-psychologisches Gutachten bzw. Untersuchung (MPU). Dabei wird Folgendes getestet:

- Medizinischer Bereich: Körperlicher Allgemeinzustand, Sinnesfunktionen, fachärztlicher Befund, neurologischer Befund (falls erforderlich), Medikamenteneinnahme
- Psychologischer Bereich: Wahrnehmung, Aufmerksamkeit, Orientierung, Reaktion, Belastbarkeit
  Im Gespräch mit dem Arzt und Psychologen geht es um die Einstellungen zum Straßenverkehr (Vorausschauen, Planen, Erkennen von Gefahren), aber auch um die Fähigkeit zur Selbsteinschätzung und den Umgang mit Schwierigkeiten.

3.3. Technisches Gutachten

Als dritte Möglichkeit kann die Führerscheinstelle ein technisches Gutachten (von TÜV oder DEKRA) fordern: Dabei werden Umbauten bzw. Zusatzgeräte am Kraftfahrzeug festgelegt, die wegen der Behinderung erforderlich sind. Auch eine Fahrprobe mit Prüfer kann gefordert werden. Nach dieser TÜV-Prüfung werden die erforderlichen Auflagen bzw. Beschränkungen in den Führerschein eingetragen. Will der behinderte Autofahrer diese ändern, ergänzen oder streichen lassen, weil sich z.B. sein gesundheitlicher Zustand verbessert hat, muss er das bei der Führerscheinbehörde erneut beantragen. Nur die Behörde kann ein erneutes technisches Gutachten veranlassen.

3.3.1. Beispiele für Umbauten

Zu den Umbauten am Auto gehören beispielsweise:

- Handbedienung von Bremse, Kupplung und Gas
- Lenkhilfen
- Rollstuhl-Einstiegs- und Verladehilfen

3.4. Konsequenzen und Kosten

Kommt der Betroffene der Forderung der Führerscheinstelle zur Erstellung o.g. Gutachten nicht nach, kann der Führerschein eingezogen werden. Die Kosten der Gutachten trägt der Betroffene selbst.

4. Dauerbehandlung mit Arzneimitteln

Bei nachgewiesenen Intoxikationen und anderen Wirkungen von Arzneimitteln, die die Leistungsfähigkeit zum Führen eines Kraftfahrzeugs beeinträchtigen, ist bis zu deren völligem Abklingen die Voraussetzung zum Führen von Kraftfahrzeugen aller Art nicht gegeben.

Wer hilft weiter?

Bei Fragen helfen der behandelnde Arzt, die Führerscheinstelle, TÜV oder DEKRA sowie Stellen, die medizinisch-psychologische Untersuchungen durchführen.

Funktionstraining

☞ *Reha-Sport und Funktionstraining*

GdB

☞ *Grad der Behinderung*

Geburtshilfe

☞ *Schwangerschaft Entbindung*
☞ *Schwangerschaft Entbindung Sozialhilfe*

Gemeinsamer Bundesausschuss

(§ 92 SGB V)

Der Gemeinsame Bundesausschuss (GBA) ist ein Gremium der Gemeinsamen Selbstverwaltung von Ärzten, Krankenhäusern und Krankenkassen. Aufgabe des GBA ist, den gesetzlichen Rahmen auszufüllen und für die alltagspraktische Umsetzung der gesetzlichen Vorgaben zu sorgen. Dabei konkretisiert der GBA u.a., welche ambulanten oder stationären Leistungen ausreichend, zweckmäßig und wirtschaftlich sind. Die vom GBA beschlossenen Richtlinien gelten verbindlich für die gesetzlichen ☞ *Krankenkassen*, deren Versicherte, die behandelnden Ärzte sowie andere Leistungserbringer.

Alle derzeit gültigen Richtlinien des GBA finden Sie unter www.g-ba.de > Informations-Archiv > Richtlinien.

Mehr Informationen: www.betanet.de

Genetische Beratung

Das Wichtigste in Kürze

Eine genetische Beratung informiert über die Veranlagung zu Krankheiten. Das kann z.B. bei einem Kinderwunsch Entscheidungshilfen bieten. Erste Ansprechpartner sind in der Regel die Frauenärzte.

1. Zielgruppen und Themen

Die genetische Beratung informiert:

- alle, die wissen wollen, ob sie selbst oder ihre Kinder eine erblich bedingte Krankheit bekommen können
- Paare und Einzelpersonen, die sich Kinder wünschen
- schwangere Frauen
- von Erbkrankheiten Betroffene oder wenn eine Erbkrankheit vermutet wird
- Kinder mit einer möglicherweise oder sicher erblich bedingten Krankheit
- Personen, deren Verwandte eine Erbkrankheit haben
- wenn Partner blutsverwandt sind und sich Kinder wünschen
- bei mehr als einer Fehlgeburt
- wenn vor der Schwangerschaft eine Strahlenbehandlung oder eine Behandlung mit erbgutverändernden Medikamenten erfolgt ist
- bei Fragen zu vorgeburtlichen Untersuchungen und/oder bereits erfolgten Erbanlagen- oder Chromosomenuntersuchungen

Die ☞ *Krankenkasse* und unter bestimmten Voraussetzungen das ☞ *Sozialamt* übernehmen die Kosten der genetischen Beratung. Hierzu zählen die individuelle persönliche und die Familien-Beratung.

2. Ablauf und Umfang der Beratung

Vor Beginn der Beratung schickt die Beratungsstelle einen Fragebogen mit Auskunftserlaubnis über die bisher behandelnden Ärzte an die Anfragenden. Der Termin wird erst nach Vorliegen aller relevanten Arztberichte vereinbart. Die Beratung dauert etwa eine Stunde und umfasst ggf.:

- Genetische Untersuchungen
- Chromosomenanalyse
- Molekulargenetische Untersuchung
- Vermittlung von vorgeburtlichen Untersuchungen wie Fruchtwasserpunktion oder spezielle Ultraschalluntersuchungen

3. Sozialhilfe: Hilfe zur Familienplanung

Das ☞ *Sozialamt* übernimmt unter Umständen dieselben Leistungen wie die Krankenkassen als „Hilfe zur Familienplanung“. Sie zählen zur ☞ *Gesundheitshilfe* (§ 49 SGB XII).

3.1. Voraussetzung

Das Einkommen der Betroffenen liegt unterhalb der **Einkommensgrenze** nach §§ 85 ff. SGB XII, ☞ *Einsatz von Einkommen und Vermögen*.

Wer hilft weiter?

Falls der behandelnde Gynäkologe oder Arzt keine entsprechende Zusatzausbildung absolviert hat, muss er Ratsuchende an eine genetische Beratungsstelle oder einen Facharzt überweisen. Beratungsstellen können erfragt werden bei Frauenärzten, Schwangerschaftsberatungsstellen und dem Bundesverband Deutscher Humangenetiker, Telefon 030 55954411, www.bvdh.de.

Geriatrische Rehabilitation

Das Wichtigste in Kürze

Geriatrische Reha-Einrichtungen sind besonders auf multimorbide Patienten ausgerichtet. Es gibt die geriatrische Rehabilitation in ambulanter und stationärer Form. Allerdings muss genau geprüft und begründet werden, ob es sich um einen geriatrischen Patienten handelt, da sonst keine geriatrische Rehabilitation genehmigt werden kann, sondern eventuell eine Anschlussheilbehandlung oder eine Medizinische Rehabilitation beantragt werden sollte.

1. Geriatrische Patienten

Die Geriatrie beschäftigt sich mit den Krankheiten des alternden und alten Menschen. Nicht jeder ältere Patient ist gleichzeitig ein geriatrischer Patient.
Von einem **geriatrischen Patient** wird gesprochen, wenn folgende Kriterien erfüllt sind:

- höheres Lebensalter (in der Regel 70 Jahre und älter)
- geriatrietypische Multimorbidität (mindestens 2 behandlungsbedürftige Krankheiten)
  Geriatrietypische Multimorbidität ist eine Kombination von Schädigungen und Fähigkeitsstörungen im Sinne eines geriatrischen Symptoms, z.B. Immobilität, Sturzneigung oder Schwindel, kognitive Defizite, (Harn-)Inkontinenz, Depression, Angststörung, chronische Schmerzen, Gebrechlichkeit, starke Sehbehinderung, ausgeprägte Schwerhörigkeit. Geriatrische Patienten nehmen oft mehrere Medikamente und sind häufig im Krankenhaus.

Geriatrische Patienten müssen aufgrund von Multimorbidität und Komplikationen oft akutmedizinisch behandelt bzw. überwacht und **gleichzeitig** rehabilitativ behandelt werden.

Folgende Ereignisse können typischerweise eine geriatrische Rehabilitation erfordern:

- Schlaganfall
- hüftgelenksnahe Frakturen
- operative Versorgung mit Totalendoprothesen von Hüfte und Knie
- Gliedmaßenamputation bei peripherer arterieller Verschlusskrankheit oder diabetischem Gefäßleiden

2. Maßnahmen und Ziel

Die geriatrische Rehabilitation kann, je nach individuellem Bedarf, unter anderem folgende Maßnahmen umfassen:

- kontinuierliche ärztliche Diagnostik, Behandlung und Teamführung
- Pflege mit Schwerpunkt auf aktivierend-therapeutischer Pflege
- Krankengymnastik, Bewegungs- und Ergotherapie, Logopädie
- (neuro-)psychologische und psychotherapeutische Behandlung
- soziale Beratung

Ziel der geriatrischen Rehabilitation ist neben der Vermeidung von Pflegebedürftigkeit, dass ältere Menschen trotz Erkrankungen und Einschränkungen eine größtmögliche Selbstständigkeit erreichen bzw. erhalten.

2.1. Mobile geriatrische Rehabilitation

Die mobile geriatrische Reha ist eine Sonderform der ambulanten geriatrische Reha. Sie wird durch ein interdisziplinäres Team in der häuslichen Umgebung erbracht. Einzelheiten über Vorausetzungen und Indikationskriterien enthalten die Rahmempfehlungen zur mobilen geriatrischen Rehabilitation. Diese können unter www.mds-ev.org > Dokumente und Formulare > Gesundheit/Krankheit/Prävention eingesehen werden.

Mehr Informationen: www.betanet.de

3. Voraussetzungen

Die Voraussetzungen für eine geriatrische Rehabilitation sind:

- Der Patient ist ein geriatrischer Patient (siehe oben).
- Er ist reha-bedürftig.
- Er ist reha-fähig.
- Es liegt eine positive Rehabilitationsprognose vor.
- Das angegebene Rehabilitationsziel ist realistisch und alltagsrelevant.

4. Antrag

Der Antrag auf geriatrische Rehabilitation kann sowohl vom behandelnden Hausarzt als auch von einem Krankenhaus, in dem der geriatrische Patient behandelt wird, gestellt werden. Dieser Antrag wird dann mit einer ärztlichen Begründung zur zuständigen Krankenkasse geschickt. Es können Vorschläge von Seiten des Arztes, des Krankenhauses, des Patienten oder der Angehörigen gemacht werden, in welcher Einrichtung die Rehabilitation stattfinden soll.

5. Zuständigkeiten

Kostenträger ist die ☞ *Krankenversicherung*.

Ein Gutachter des Medizinischen Dienstes der Krankenversicherung (☞ *MDK*) prüft, ob die oben genannten Voraussetzungen erfüllt sind.

Die Entscheidung über Art, Dauer, Umfang, Beginn und Einrichtung trifft die **Krankenkasse**. Unter Berücksichtigung der vom MDK-Gutachter festgestellten medizinischen Notwendigkeit und Zweckmäßigkeit wird die am besten geeignete Einrichtung ausgewählt.

6. Zuzahlung

Die Zuzahlung beträgt 10,- € täglich bei ambulanter und stationärer Reha, begrenzt auf maximal 28 Tage im Kalenderjahr. Details unter ☞ *Medizinische Rehabilitation > Zuzahlung*.

Wer hilft weiter?

☞ *Krankenkassen*

Gerichte

☞ *Sozialgericht*

Gerichtskostenfreiheit

☞ *Klage*
☞ *Revision*

Gerichtsverfahren

Das Wichtigste in Kürze

Es ist möglich gegen die Entscheidungen der Sozialversicherungsträger Widerspruch einzulegen oder zu klagen. Dabei ist die Verfahrensreihenfolge zu beachten: Widerspruch, Klage, Berufung, Revision.

1. Vorverfahren

Wer als Betroffener mit einer Entscheidung eines Sozialversicherungsträgers nicht einverstanden ist, kann dagegen klagen, denn viele Bescheide der Träger (z.B. Krankenkasse, Rentenversicherungsträger, Berufsgenossenschaft, Bundesagentur für Arbeit, Agentur für Arbeit und Versorgungsamt) haben weitreichende finanzielle Folgen. Vor der eigentlichen Klage steht das sogenannte „Vorverfahren":

- Der Betroffene kann ☞ *Widerspruch* gegen einen Bescheid erheben.
- Über den Widerspruch entscheidet die Widerspruchsbehörde.

2. Verfahren

Wenn der Betroffene auch mit dem **Widerspruchsbescheid** nicht einverstanden ist, kann er ☞ *Klage* vor dem ☞ *Sozialgericht* (= 1. Instanz) erheben.

Die Klage endet mit einem **Urteil** des zuständigen Sozialgerichts.
Gegen das Urteil des Sozialgerichts kann ☞ *Berufung* vor dem Landessozialgericht (= 2. Instanz) erhoben werden.
Die Berufung endet mit einem **Urteil** des zuständigen Landessozialgerichts.
Gegen das Berufungsurteil des Landessozialgerichts kann unter Umständen ☞ *Revision* vor dem Bundessozialgericht in Kassel (= 3. Instanz) erhoben werden. Das Urteil des Bundessozialgerichts ist endgültig, es ist kein weiteres Rechtsmittel zugelassen.

Wer hilft weiter?

SoVD - Sozialverband Deutschland e.V., Stralauer Str. 63, 10179 Berlin, Telefon 030 726222-0, E-Mail contact@sozialverband.de, www.sovd.de
Sozialverband VdK Deutschland e.V., Wurzerstr. 4a, 53175 Bonn, Telefon 0228 82093-0, E-Mail kontakt@vdk.de, www.vdk.de

Geschiedenenrente

(§ 66 SGB VII)

Das Wichtigste in Kürze

Die Geschiedenenrente ist eine Leistung der Unfallversicherung. Sie betrifft Todesfälle, die durch Arbeit und Beruf verursacht wurden. Die Rente wird an die ehemaligen Ehepartner der verstorbenen Person gezahlt. Sie wird auch „Witwen-/Witwerrente an frühere Ehegatten" genannt.

1. Voraussetzungen

Eine Geschiedenenrente erhalten frühere Ehegatten bzw. eingetragene gleichgeschlechtliche Lebenspartner (nach dem Lebenspartnerschaftsgesetz) von der ☞ *Berufsgenossenschaft*, wenn der verstorbene Versicherte im Jahr vor seinem Tod an sie Unterhalt zahlte oder eine Unterhaltspflicht ihnen gegenüber bestand. Der Versicherte muss infolge eines ☞ *Arbeitsunfalls*, Wegeunfalls oder einer ☞ *Berufskrankheit* gestorben sein.

Praxistipp Antrag

Die Geschiedenenrente muss bei der ☞ *Berufsgenossenschaft* beantragt werden. Mit einzureichen sind Sterbeurkunde, Heiratsurkunde und Scheidungsunterlagen. Erhält man als Geschiedener die Sterbeurkunde nicht von der Familie des Verstorbenen, ist sie beim zuständigen Standesamt, Einwohnermeldeamt oder der Gemeinde erhältlich.

2. Höhe

- 30 % des durchschnittlichen Monatsgehalts
bzw.
- 40 % des durchschnittlichen Monatsgehalts, **wenn** die Witwe/der Witwer
  - ein waisenrentenberechtigtes Kind (bis zur Vollendung des 18. Lebensjahres) erzieht
  oder
  - Waisenrente für ein körperlich, geistig oder seelisch behindertes Kind erhält
  oder
  - das 45. Lebensjahr vollendet hat
  oder
  - erwerbsgemindert ist

Bei einem **Zusammentreffen** von ☞ *Witwen/Witwer-Rente*, Geschiedenenrente und ☞ *Waisenrenten* der Unfallversicherung dürfen diese Renten der Hinterbliebenen **zusammen maximal** 80 % des durchschnittlichen Bruttomonatsgehalts betragen (§ 70 SGB VII).

3. Dauer

Die Zahlung beginnt im Monat nach der Antragstellung.

- Die Geschiedenenrente von 30 % wird längstens für 24 Monate bezahlt.
- Die Geschiedenenrente von 40 % wird geleistet,
  - bis zum Tod der Witwe/des Witwers

oder
- bis zur Wiederheirat der Witwe/des Witwers.

Wer hilft weiter?

Auskünfte erteilen die ☞ *Berufsgenossenschaften.*

Mehr Informationen: www.betanet.de

Gesundheitshilfe

(§§ 47 ff. SGB XII)

Das Wichtigste in Kürze

Die Gesundheitshilfe trägt die Kosten medizinischer Untersuchungen und Behandlungen bei Personen, die nicht bei einer gesetzlichen Krankenversicherung oder einer privaten Krankenversicherung versichert sind, die die Kosten nicht selbst tragen können und die keine laufenden Leistungen vom Sozialamt erhalten.

1. Grundsätzliches

Seit dem 1.4.2007 sind Bezieher von Gesundheitshilfe krankenversicherungspflichtig nach § 5 Nr. 13 SGB V, so weit sie zuvor gesetzlich krankenversichert waren.
Seit dem 1.7.2007 haben Bezieher von Gesundheitshilfe die Möglichkeit dem Standardtarif einer Privaten Krankenversicherung beizutreten, so weit sie zuvor privat krankenversichert waren.

2. Arten der Gesundheitshilfe

- ☞ *Vorbeugende Gesundheitshilfe*
- ☞ *Krankenhilfe*
- Hilfe zur Familienplanung: ☞ *Genetische Beratung*, ☞ *Schwangerschaftsverhütung*
- Hilfe bei Schwangerschaft und Mutterschaft: ☞ *Schwangerschaft Entbindung Sozialhilfe*
- Hilfe bei ☞ *Sterilisation*

3. Unterhaltspflicht der Eltern

Eltern leisten für alle Maßnahmen der Gesundheitshilfe ihrer volljährigen behinderten oder pflegebedürftigen Kinder einen pauschalen Unterhaltsbeitrag von maximal 26,- € monatlich, ohne weitere Überprüfung des Einkommens und Vermögens (§ 94 SGB XII). Näheres ☞ *Unterhaltspflicht.*

Wer hilft weiter?

☞ *Sozialamt*

Gesundheitsreform 2007

(GKV-WSG)

Das Wichtigste in Kürze

Das „Gesetz zur Stärkung des Wettbewerbs in der gesetzlichen Krankenversicherung" (GKV-Wettbewerbsstärkungsgesetz) ist seit **1. April 2007** in Kraft.
Hier die wichtigsten Neuerungen im Überblick. Sie gelten, wo nichts anderes angegeben ist, seit 1. April 2007:

1. Versicherungspflicht und Tarife

Die Gesundheitsreform sieht eine allgemeine Pflicht zur Krankenversicherung **ab 1.1.2009** vor. Wer den Versicherungsschutz verloren hat, soll im Zuge der Neuregelung einen erneuten Zugang zu seiner letzten Versicherung erhalten. Dies gilt für die gesetzliche und für die private Krankenversicherung (GKV und PKV).

1.1. Übergangsvorschriften

Bis 2009 gelten Übergangsvorschriften:
- Für Personen, die der **GKV** zuzuordnen sind (z.B. Angestellte), gilt die Versicherungspflicht bereits seit 1.4.2007.
- Personen, die der **PKV** zuzuordnen sind (z.B. Selbstständige), haben seit 1.7.2007 ein Beitrittsrecht in den Standardtarif, ohne Leistungsausschlüsse, Risikoprüfung und -zuschläge. Mehr unter ☞ *Private Krankenversicherung.*

1.2. Wahltarife in der Krankenkasse

- **Hausarzttarif**
  Krankenkassen müssen ihren Versicherten einen Wahltarif „Hausarztmodell" anbieten. Die Teilnahme an Hausarztmodellen bleibt für Ärzte und Versicherte hingegen freiwillig.
  Details zu ☞ *Hausarztmodellen.*
- **Tarife für spezielle Versorgungsformen**
  Wenn die Krankenkassen über spezielle Versorgungsformen z.B. Integrierte Versorgung oder Disease-Management-Programme verfügen, müssen sie Tarife für diese Versorgungsformen anbieten.
  Details zur ☞ *Integrierten Versorgung* und zu ☞ *Disease-Management-Programmen.*

Daneben können die Krankenkassen ihren Versicherten u.a. folgende Wahltarife anbieten, an die die Versicherten 3 Jahre gebunden sind.

- **Kostenerstattungstarife**
  Der Kassenpatient und die ☞ *Familienversicherten* zahlen ihre Behandlung selbst und reichen die Rechnung danach bei der Krankenkasse ein. Die Krankenkasse erhebt für die Bearbeitung der Rechnung eine Gebühr.
  Werden allerdings Leistungen, die von der Krankenkasse nicht übernommen werden, in Rechnung gestellt, muss der Patient diese selbst bezahlen. Auch den Honoraraufschlag für die privatärztliche Leistung übernimmt die Kasse nicht.
- **Selbstbehalttarife**
  Der Kassenpatient zahlt bis zu einer bestimmten Höhe seine Behandlungskosten selbst. Dafür bekommt er von der Kasse z.B. eine Prämie.
  Nicht möglich für Mitglieder, die ihre Beiträge nicht selbst zahlen, z.B. Empfänger von Arbeitslosengeld.
- **Beitragsrückerstattung**
  Wenn das Krankenkassenmitglied und die ☞ *Familienversicherten* ein Jahr lang keine Leistungen in Anspruch genommen haben (außer Vorsorge und Früherkennung), belohnt das die Kasse mit einer Prämie oder Zuzahlungsermäßigung.

1.3. Private Krankenversicherung (PKV)

- Freiwillig Versicherten dürfen erst aus der GKV in die PKV wechseln, wenn sie 3 Jahre hintereinander die ☞ *Versicherungspflichtgrenze* (2008: 48.150,- €) überschritten haben.
- PKVen sind **ab 1.1.2009** verpflichtet, einen „Basistarif" anzubieten, der den jetzigen „Standardtarif" (Pflicht seit 1.7.2007) ersetzt. Leistungsbedingungen und -umfang des Standard- und des Basistarifs sind vergleichbar der GKV. Der Basistarif muss allen offenstehen, bereits Versicherten ebenso wie Neukunden. Die privaten Versicherer dürfen die Aufnahme in den Basistarif nicht ablehnen (Kontrahierungszwang); die Prämien dürfen sich nur aufgrund von Alter und Geschlecht unterscheiden.

Mehr unter ☞ *Private Krankenversicherung.*

2. Neue und veränderte Leistungen

- **Palliativversorgung**
  Gesetzlich Versicherte haben Anspruch auf eine spezialisierte ambulante Palliativversorgung. Dafür werden „Palliative Care Teams" aus ärztlichem und pflegerischem Personal zugelassen.
- **Kinderhospize**
  Die Rahmenbedingungen für stationäre Kinderhospize wurden verbessert. Sie müssen nur noch 5 % (bisher 10 %) ihrer Kosten selbst tragen - insbesondere durch Spenden.
- **Häusliche Krankenpflege**
  Wird auch in Wohngemeinschaften, anderen neuen Wohnformen (z.B. Einrichtungen der Lebenshilfe) und in besonderen Ausnahmen auch in Heimen erbracht. Darauf besteht ein Rechtsanspruch.
  Details zu ☞ *Häusliche Krankenpflege.*
- **Medizinische Behandlungspflege**
  Die medizinische Behandlungspflege für Pflegebedürftige in vollstationären Ein-

G

Mehr Informationen: www.betanet.de

richtungen ist dauerhaft Leistung der Pflegeversicherung.
Details zu ☞ *Vollstationäre Pflege.*

- **Impfungen**
Die in der Schutzimpfungs-Richtlinie des ☞ *Gemeinsamen Bundesausschusses* aufgeführten Schutzimpfungen sind Pflichtleistungen der Kassen. Grundlage für die Schutzimpfungs-Richtlinie sind die von der Ständigen Impfkommission (STIKO) empfohlenen Schutzimpfungen.
- **Ambulante Versorgung in Krankenhäusern**
Schwere oder seltene Krankheiten können in geeigneten Krankenhäusern ambulant behandelt werden. Welche Klinik dafür zugelassen wird, entscheidet das jeweilige Bundesland.
- **Ambulante und stationäre Rehamaßnahmen**
Sind Pflichtleistungen der Kassen.
Details zu ☞ *Medizinische Rehabilitation.*
- **Geriatrische Rehabilitation**
Die Reha-Versorgung älterer Menschen kann wohnortnah oder durch mobile Reha-Teams durchgeführt werden, was die Unterbringung in einem Pflegeheim vermeiden kann.
Details zu ☞ *Geriatrische Rehabilitation.*
- **Mutter/Vater-Kind-Kuren**
Sind Pflichtleistungen der Krankenkassen und müssen bezahlt werden.
Details zu ☞ *Medizinische Rehabilitation für Mütter/Väter.*
- **Vorsorge- und Rehabilitationseinrichtungen**
Kassenpatienten können zugelassene und zertifizierte Vorsorge- und Rehabilitationseinrichtungen selbst auswählen und müssen sich nicht mehr nach den Vorgaben ihrer Kasse richten. Sind die Kosten höher als bei den Vertragseinrichtungen der Kassen, zahlt der Patient die Mehrkosten.
Reha-Kliniken können Sie unter www.betanet.de > Reha-Kliniken suchen.
- **Hilfsmittel**
Die Versorgung mit Hilfsmitteln (z.B. Hörhilfen, Gehhilfen, Rollstühle) erfolgt durch Vertragspartner der Kassen.
Details unter ☞ *Hilfsmittel.*
- **Integrierte Versorgung**
Die Finanzierung für Integrierte-Versorgungs-Projekte wird **bis Ende 2008 verlängert.**
Details zu ☞ *Integrierte Versorgung.*
- **Selbstverschuldete Behandlungsbedürftigkeit**
Die Kassen haben Patienten im Regressweg an den Kosten zu beteiligen, wenn eine Erkrankung als Folge von Komplikationen nach Schönheitsoperationen, Piercings, Tätowierungen etc. entstanden ist.

3. Zuzahlungen und Vorsorge

Die reduzierte Belastungsgrenze bei Zuzahlungen für chronisch Kranke (1 % statt 2 %) gilt seit **1.1.2008** nur noch dann, wenn sich der Patient an regelmäßiger Gesundheitsvorsorge beteiligt oder sich therapiegerecht verhält. Details siehe ☞ *Zuzahlungsbefreiung für chronisch Kranke.*

4. Änderungen für Ärzte

- Die vertragsärztliche Vergütung wird **ab 1.1.2009** von Punktwerten auf Euro-Festbeträge je Leistung umgestellt.
- **Ab 1.1.2009** trägt das Risiko zunehmender Behandlungsbedürftigkeit der Patienten (Morbiditätsrisiko) die GKV. Den Ärzten wird dadurch mehr Honorar zur Verfügung gestellt.
- Die Kassen können mit Ärzten oder Ärztegruppen Einzelverträge schließen, die von der kollektivvertraglichen Versorgung abweichen oder darüber hinausgehen, z.B. über
  - die hausarztzentrierte Versorgung,
  - die gesamte ambulante ärztliche Versorgung oder auch
  - einzelne Bereiche der ambulanten Versorgung.

5. Änderungen für Apotheken

- Medikamente eines Arzneimittelherstellers, mit dem die Krankenkasse einen Rabattvertrag geschlossen hat, können ganz

oder zur Hälfte zuzahlungsbefreit an den Versicherten abgegeben werden.
- Der Rabatt, den die Apotheken für jedes verschreibungspflichtige Arzneimittel an die gesetzlichen Krankenkassen abzuführen haben, beträgt 2,30 €.
- Die Abgabe von einzelnen Tabletten („Auseinzelung") ist möglich.

6. Arzneimittel

- Vor der **Verordnung spezieller neuer oder kostenintensiver Arzneimittel**, z.B. sehr stark wirksamer Krebsmedikamente oder biotechnologisch hergestellter Medikamente, muss vom behandelnden Arzt eine Zweitmeinung eines fachlich besonders ausgewiesenen Arztes eingeholt werden. Welche Mittel unter diese Regelung fallen werden, bestimmt der ☞ *Gemeinsame Bundesausschuss.*
- **Neue Arzneimittel** können daraufhin untersucht werden, wie sehr sie den Patienten nutzen und welche Kosten dabei entstehen. Dazu werden die neuen Arzneimittel im Rahmen einer Kosten-Nutzen-Bewertung vorhandenen Arzneimitteln gegenübergestellt. Die Kosten-Nutzen-Bewertung nimmt das Institut für Qualität und Wirtschaftlichkeit im Gesundheitswesen vor.
- Gemeinschaftseinrichtungen, z.B. Hospize und Pflegeheime, die Arzneimittel vorrätig haben können, dürfen bestimmte nicht genutzte Betäubungsmittel an andere Patienten abgeben.

Weitere Informationen zu ☞ *Arznei- und Verbandmitteln.*

7. Änderungen für Krankenkassen

7.1. Krankenversicherungskarte

Die Krankenkassen müssen geeignete Maßnahmen **gegen den Missbrauch** von Krankenversicherungskarten ergreifen, z.B. tagesaktuell den Verlust von Karten, Änderungen beim Zuzahlungsstatus oder die Beendigung des Versicherungsschutzes an einen Versichertenstammdatendienst übermitteln, zu dem die Ärzte über ihre Praxissoftware Zugang bekommen.

7.2. Gesundheitsfonds und einheitlicher Beitragssatz

Der Gesundheitsfonds soll **zum 1.1.2009** eingeführt werden. Durchführende Stelle wird das Bundesversicherungsamt. Es fungiert als Inkassostelle für die Krankenkassen.
- Arbeitgeber und Arbeitnehmer zahlen ihre Beiträge dann in den Fonds ein. Der Beitragssatz (Prozentsatz) ist **ab 1.1.2009** für alle Krankenkassen gleich hoch; der Beitrag ist weiterhin vom Einkommen abhängig.
- Zur schrittweisen Finanzierung u.a. der beitragsfreien Mitversicherung von Kindern zahlt der Bund einen Steuerzuschuss in den Fonds ein. Dieser wird 4 Milliarden Euro in 2009 betragen und um jährlich 1,5 Milliarden Euro ansteigen, bis das geplante Gesamtvolumen von 14 Milliarden Euro erreicht ist.

7.3. Spitzenverband Bund der Krankenkassen

Seit 1.7.2008 gibt es einen einheitlichen Dachverband für die GKV: Der „Spitzenverband Bund der Krankenkassen" löst die bestehenden 7 Bundesverbände der gesetzlichen Krankenkassen ab, gleichzeitig ist er auch der Spitzenverband Bund der Pflegekassen. Der neue Spitzenverband ist eine Körperschaft des öffentlichen Rechts und untersteht der Aufsicht des Bundesministeriums für Gesundheit. Er wird unterstützt vom neu gegründeten Medizinischen Dienst des Spitzenverbandes Bund der Krankenkasse.

Gesundheitsuntersuchungen

☞ *Früherkennung von Krankheiten*

Soziale Fragen? betafon 01805 - 238 2366!

Gleichstellung behindert schwerbehindert

☞ *Behinderte*
☞ *Schwerbehinderte*

Grad der Behinderung

Das Wichtigste in Kürze

Der Grad der Behinderung (GdB) beziffert bei Schwerbehinderten die Schwere der Behinderung. Er wird durch das Versorgungsamt festgestellt, so weit er nicht bereits anderweitig festgestellt wurde, z.B. durch Rentenbescheid oder durch eine Verwaltungs- oder Gerichtsentscheidung. Für die Feststellung gibt es bundesweite Richtlinien, die sogenannten „Anhaltspunkte". Letztlich entscheidend ist immer eine Gesamtsicht der tatsächlichen Beeinträchtigung, es werden nicht einfach mehrere GdB-Werte aufaddiert.

1. Anhaltspunkte für die ärztliche Gutachtertätigkeit

Das Versorgungsamt richtet sich bei der Feststellung der Behinderung, des GdB und der Ausstellung eines ☞ *Schwerbehindertenausweises* nach den „Anhaltspunkten für die ärztliche Gutachtertätigkeit im sozialen Entschädigungsrecht und nach dem Schwerbehindertenrecht". Die Anhaltspunkte gelten bundesweit und sollen für eine möglichst einheitliche Praxis sorgen. Vom Bundesministerium für Arbeit und Soziales wurden sie zuletzt im Januar 2008 überarbeitet und herausgebracht.
Diese Anhaltspunkte enthalten allgemeine Beurteilungsregeln und Einzelangaben darüber, wie hoch der GdB bei welchen Behinderungen festzusetzen ist. Es handelt sich allerdings nur um einen Orientierungsrahmen, die Berechnung des GdB ist vom **individuellen Einzelfall** abhängig.

Die Anhaltspunkte können unter www.bmas.de > Publikationen heruntergeladen werden.

2. Grad der Schädigungsfolgen (GdS), Minderung der Erwerbsfähigkeit (MdE)

GdB, GdS und MdE werden nach gleichen Grundsätzen bemessen. Die Begriffe unterscheiden sich lediglich dadurch, dass der GdS und die MdE nur auf Schädigungsfolgen (kausal) bezogen sind, während der GdB auf alle Gesundheitsstörungen unabhängig von ihrer Ursache (final) bezogen ist. Der GdB wird in 10er-Graden bis maximal 100 angegeben, während der GdS und die MdE in Prozentsätzen angezeigt werden. GdB, MdE und GdS haben die Auswirkungen von Funktionsbeeinträchtigungen auf alle Lebensbereiche, nicht nur die Einschränkungen im Erwerbsleben zum Inhalt. Sie sind ein Maß für die körperlichen, geistigen, seelischen und sozialen Auswirkungen einer Funktionsbeeinträchtigung aufgrund eines Gesundheitsschadens.
Der GdS wird insbesondere im sozialen Entschädigungsrecht verwendet, mit dem Kernstück Kriegsopferversorgung und dessen rechtlichem Rahmen im Sinne des Bundesversorgungsgesetzes (BVG).
Die MdE ist insbesondere bei der Unfallversicherung (SGB VII) maßgeblich und dabei z.B. für den Erhalt einer ☞ *Verletztenrente* notwendig.

3. Bemessung

Für die Bemessung des GdB ist vor allem die **tatsächliche** Leistungseinschränkung durch die Erkrankung bzw. Behinderung maßgeblich. Bei der Beurteilung ist vom klinischen Bild **und** von den Funktionseinschränkungen im Alltag auszugehen. Die GdB von mehreren Erkrankungen werden dabei nicht zusammengerechnet. Maßgebend sind die Auswirkungen der einzelnen Funktionsbeeinträchtigungen in ihrer Gesamtheit unter Berücksichtigung ihrer wechselseitigen Beziehungen zueinander.

GdB-abhängige Nachteilsausgleiche

Nachteilsausgleiche, die bei einem niedrigen GdB angeführt sind, gelten auch für alle höheren GdB.

20	50		60	80	90	100
Teilnahme am Behindertensport (§ 29 Abs. 1 Nr. 4 SGB I)	Schwerbehinderteneigenschaft (§ 2 Abs. 2 SGB IX)	Pflichtversicherung in der gesetzl. Kranken- und Rentenversicherung für Behinderte in Werkstätten (SGB V u. SGB VI)	Steuerfreibetrag: 720 € (§ 33b EStG)	Steuerfreibetrag 1.060 € (§ 33b EStG)	Steuerfreibetrag 1.230 € (§ 33b EStG)	Steuerfreibetrag 1.420 € (§ 33b EStG)
30/40	Steuerfreibetrag: 570 € (§ 33b EStG)	Beitragsermäßigung bei Automobilclubs, z.B. ADAC, DTC (Satzungen der Clubs)	**70**	Freibetrag beim Wohngeld bei Pflegebedürftigkeit i.S.d. § 14 SGB XI: 1.500 € (§ 13 Wohngeldgesetz)	Sozialtarif beim Telefon: Blindheit oder Gehörlosigkeit oder Sprachbehinderung + jew. GdB 90: Ermäßigung bei den Verbindungsentgelten bis zu 8,72 € netto monatlich im Rahmen des ISDN-Sozialtarifs und für Verbindungen im T-Net durch die Telekom, wenn diese dauerhaft als Verbindungsnetzbetreiber voreingestellt ist	Freibetrag beim Wohngeld: 1.500 € (§ 13 Wohngeldgesetz)
Gleichstellung (§ 2 Abs. 3 SGB IX)	Bevorzugte Einstellung, Beschäftigung (§§ 81, 122 SGB IX)	Ermäßigung des Flugpreises für BVG-/SVG-Beschädigte (Passagetarife der Lufthansa)	Steuerfreibetrag: 890 € (§ 33b EStG)	Abzug eines Freibetrags bei der Einkommensermittlung im Rahmen der sozialen Wohnraumförderung bei Pflegebedürftigkeit nach § 14 SGB XI: 4.500 € (§ 24 Wohnraumförderungsgesetz)		Freibetrag bei der Erbschafts- und Schenkungssteuer in bestimmten Fällen (§ 13 Abs. 1 Nr. 6 ErbStG)
Kündigungsschutz bei Gleichstellung (§ 68 Abs. 3 SGB IX)	Kündigungsschutz (§§ 85 ff SGB IX)	Kfz-Finanzierungshilfen für Berufstätige (z.B. § 20 SchwbAV i.V.m. KfzHV)	Werbungskostenpauschale: 0,30 €/km (§ 9 Abs. 2 EStG)	Preisnachlass von verschiedenen Mobilfunkbetreibern		Vorzeitige Verfügung über Bausparkassen- bzw. Sparbeträge (Wohnungsbau-Prämiengesetz bzw. Vermögensbildungsgesetz)
Steuerfreibetrag: GdB 30: 310 € GdB 40: 430 € (§ 33b EstG)	Begleitende Hilfe im Arbeitsleben (§ 102 SGB IX)	Abzugsbetrag bei Beschäftigung einer Haushaltshilfe: 924 € (§ 33a Abs. 3 EStG)	Abzugsbetrag für Privatfahrten bei Merkzeichen "G": bis zu 3.000 km x 0,30 € = 900 € (§ 33 EStG)			Abzug eines Freibetrags bei der Einkommensermittlung im Rahmen der sozialen Wohnraumförderung 4.500 € (§ 24 Wohnraumförderungsgesetz)
	Freistellung von Mehrarbeit (§ 124 SGB IX)	Abzug eines Freibetrags bei der Einkommensermittlung im Rahmen der soz. Wohnraumförderung bei Pflegebedürftigkeit nach § 14 SGB XI: 2.1[illegible] € (§ 24 Wohnraumförderungsgesetz)				
	Eine Arbeitswoche Zusatzurlaub (§ 125 SGB IX)	Freibetrag beim Wohngeld: Pflegebedürftigkeit i.S.d. § 14 SGB XI: 1.200 € (§ 13 Wohngeldgesetz)				
	Altersrente mit 60/63 (§§ 37, 236a SGB VI)	Ermäßigung bei Kurtaxen (Ortssatzungen)				
	Vorgezogene Pensionierung von Beamten mit 60 (§ 42, Abs. 4 BBG)					
	Befreiung von der Wehrpflicht (§ 11 WehrpflichtG)					
	Stundenermäßigung bei Lehrern: bundeslandabhängig					

4. Nachteilsausgleiche

Abhängig vom GdB sind die Nachteilsausgleiche für Behinderte. Einen Überblick über die GdB-abhängigen Nachteilsausgleiche erhalten Sie auf Seite 115.

5. Antrag auf Erhöhung

Verschlechtert sich der Gesundheitszustand eines schwerbehinderten Menschen oder kommt eine weitere dauerhafte Einschränkung durch eine neue Erkrankung dazu, dann sollte beim Versorgungsamt ein Antrag auf Erhöhung des GdB gestellt werden. Der Vordruck für den Antrag wird auf Anfrage vom Versorgungsamt zugeschickt und es wird geprüft, ob ein neuer ☞ *Schwerbehindertenausweis* mit eventuell neuen ☞ *Merkzeichen* ausgestellt wird.

Gründungszuschuss

(§ 33 Abs. 3 Nr. 5 SGB IX i.V.m. §§ 57, 58 SGB III)

Das Wichtigste in Kürze

Den Gründungszuschuss erhalten **Arbeitslose, die sich selbstständig machen**, um dadurch die Arbeitslosigkeit zu beenden oder zu verhindern. Er ist 9 Monate lang so hoch wie das Arbeitslosengeld plus 300,- €. Unter bestimmten Voraussetzungen gibt es weitere 6 Monate lang 300,- €. Der Gründungszuschuss zählt zu den Leistungen zur ☞ *Teilhabe am Arbeitsleben*. Er ersetzt seit 1.8.2006 den „Existenzgründungszuschuss" (sogenannte Ich-AG) und das „Überbrückungsgeld".

1. Voraussetzungen

Voraussetzung für den Erhalt des Gründungszuschusses ist, dass der Antragsteller noch einen Anspruch auf ☞ *Arbeitslosengeld* von mindestens 90 Tagen oder auf eine andere Leistung nach dem SGB III hat. Empfänger von ☞ *Arbeitslosengeld II* haben **keinen** Anspruch auf einen Gründungszuschuss.

2. Dauer und Höhe

- Der Gründungszuschuss wird **9 Monate** lang in Höhe des zuletzt bezogenen Arbeitslosengelds, zuzüglich 300,- € monatlich, bezahlt.
- **Im Anschluss daran** kann für weitere 6 Monate der Betrag von 300,- € monatlich geleistet werden, wenn die geförderte Person ihre erfolgreiche Geschäftstätigkeit nachweisen kann.

Wer hilft weiter?

In erster Linie die ☞ *Agenturen für Arbeit*, auch die ☞ *Rentenversicherungsträger* oder die ☞ *Berufsgenossenschaften*.

Grundsicherung für Arbeitssuchende

(SGB II)

Das Wichtigste in Kürze

Die „Grundsicherung für Arbeitssuchende" (SGB II) umfasst Leistungen für **erwerbsfähige, hilfebedürftige** Menschen von 15 bis 64 Jahren. Als erwerbsfähig gilt, wer gesundheitlich im Stande ist mindestens 3 Stunden am Tag zu arbeiten. Hilfebedürftig sind Menschen, die ihren Lebensunterhalt nicht aus eigenem Einkommen oder Vermögen bestreiten können.
Die Grundsicherung wurde zum 1.1.2005 neu eingeführt und ist als „Hartz IV"bekannt. Leistungsempfänger sind frühere Empfänger von Arbeitslosenhilfe und ein Teil der früheren Sozialhilfeempfänger.
☞ *Sozialhilfe* gibt es nur noch für **nicht** erwerbsfähige Menschen.

1. Voraussetzungen

Leistungen nach dem SGB II erhalten Personen, die

- das 15. Lebensjahr vollendet und das 65. Lebensjahr noch nicht vollendet haben **und**
- erwerbsfähig sind

Mehr Informationen: www.betanet.de

und
- hilfebedürftig sind

und
- ihren gewöhnlichen Aufenthalt in der Bundesrepublik Deutschland haben

Leistungen erhalten auch Personen, die mit erwerbsfähigen Hilfebedürftigen in einer Bedarfsgemeinschaft leben.

1.1. Erwerbsfähig

Erwerbsfähig ist, wer nicht wegen Krankheit oder Behinderung auf absehbare Zeit außerstande ist, unter den üblichen Bedingungen des allgemeinen Arbeitsmarktes **mindestens 3 Stunden täglich** zu arbeiten.

1.1.1. Zumutbarkeit von Arbeit

Grundsätzlich ist jede Arbeit zumutbar, auch wenn
- sie **nicht** dem früheren Beruf oder der Ausbildung entspricht.
- der Beschäftigungsort **weiter entfernt** ist als der frühere.
- die Bedingungen **ungünstiger** sind als bei der letzten Tätigkeit.

1.1.2. Unzumutbarkeit von Arbeit

Arbeit ist unzumutbar, wenn
- der Hilfebedürftige dazu geistig, seelisch und körperlich **nicht in der Lage** ist.
- die Arbeit dem Hilfebedürftigen die **künftige Ausübung** seiner bisherigen überwiegenden Tätigkeit wesentlich erschweren würde, weil die bisherige Tätigkeit besondere körperliche Anforderungen stellt.
- die Arbeit die **Erziehung eines Kindes** oder des Kindes eines Lebenspartners gefährden würde. Die Erziehung eines Kindes, das das 3. Lebensjahr vollendet hat, ist in der Regel nicht gefährdet, so weit seine Betreuung in einer Tageseinrichtung oder in Tagespflege oder auf sonstige Weise sichergestellt ist.
- die Arbeit mit der **Pflege eines Angehörigen** nicht vereinbar wäre und die Pflege nicht auf andere Weise sichergestellt werden kann.
- der Ausübung der Arbeit ein **sonstiger wichtiger Grund** entgegensteht.

1.1.3. Ablehnung von Arbeit

Wird zumutbare Arbeit oder Ausbildung **erstmalig** abgelehnt, führt dies zu einer **Kürzung** der Regelleistung um 30 % für 3 Monate.
Bei einer **zweiten** Pflichtverletzung erfolgt eine Kürzung um 60 %.
Jede **weitere** Pflichtverletzung hat zur Folge, dass das Arbeitslosengeld II vollständig wegfällt.

1.2. Hilfebedürftig

Hilfebedürftig sind Menschen, wenn sie ihren Lebensunterhalt nicht aus eigenem Einkommen und Vermögen bestreiten können. Auf die Leistungen der Grundsicherung für Arbeitssuchende wird eigenes **Einkommen** und vorhandenes **Vermögen** angerechnet. Details siehe folgende zwei Punkte.

1.3. Zu berücksichtigendes Einkommen

(§ 11 SGB II)
Grundsätzlich zählen alle Einnahmen in Geld oder geldwerten Vorteilen zum Einkommen, z.B.:
- Einnahmen aus Arbeit (selbstständig oder abhängig beschäftigt).
- Unterhaltsleistungen.
- ☞ *Arbeitslosengeld* oder ☞ *Krankengeld*.
- Kapital- oder Zinserträge.
- ☞ *Elterngeld*, aber nur der Betrag, der über dem Sockelbetrag von 300,- € liegt (bei doppeltem Bezugszeitraum über 150,- €).

Nicht zum Einkommen zählen z.B.
- Grundrenten nach dem Bundesversorgungsgesetz, Renten nach dem Bundesentschädigungsgesetz.
- ☞ *Kindergeld* und Kinderzuschlag (zählen als Einkommen des Kindes).
- ☞ *Elterngeld* in Höhe des Sockelbetrags von 300,- € bzw. 150,- € (bei doppeltem Bezugszeitraum).
- ☞ *Blindengeld*.

G
Soziale Fragen? betafon 01805 - 238 2366!

- Pflegegeld sowohl für den Pflegebedürftigen als auch für die Pflegeperson, die in keinem Beschäftigungsverhältnis zum Pflegebedürftigen steht (☞ *Pflegegeld Pflegeversicherung*).
- Eigenheimzulage, wenn sie nachweislich zur selbstbewohnten Immobilie verwendet wird.

Vom Einkommen sind unter anderem **abzuziehen:**

- Auf das Einkommen entrichtete Steuern.
- **Pflichtbeiträge** zur Sozialversicherung einschließlich der Beträge zur Arbeitsförderung.
- Beiträge zu öffentlichen oder privaten **Versicherungen** oder ähnlichen Einrichtungen, so weit diese Beiträge gesetzlich vorgeschrieben oder nach Grund und Höhe angemessen sind. Hierzu gehören u.a. Beiträge
  - zur Vorsorge für den Fall der Krankheit und Pflegebedürftigkeit für Personen, die nicht krankenversicherungspflichtig sind.
  - zur Altersvorsorge von Personen, die von der Rentenversicherungspflicht befreit sind, so weit deren Beiträge nicht bezuschusst werden.
- geförderte **Altersvorsorgebeiträge**, so weit sie den Mindesteigenbeitrag für die „Riester"-geförderten Anlagen der Altersvorsorge nicht überschreiten (§§ 82, 86 EStG).
- bei Erwerbstätigen ein monatlicher **Freibetrag** für Erwerbstätigkeit (§ 30 SGB II). Er wird vom bereinigten monatlichen Einkommen aus Erwerbstätigkeit abgezogen und beträgt:
  - **immer** 100,- € (= Grundfreibetrag).
  - bei einem Bruttoeinkommen bis zu 800,- €: **plus** 20 % des Einkommens, das über 100,- € liegt.
  - bei einem ALG-II-Empfänger ohne minderjährigem Kind und einem Bruttoeinkommen über 800,- € und nicht mehr als 1200,- €: **plus** 10 % des Einkommens, das über 800,- € liegt.
  - bei einem ALG-II-Empfänger mit minderjährigem Kind und einem Bruttoeinkommen über 800,- € und nicht mehr als 1500,- €: **plus** 10 % des Einkommens, das über 800,- € liegt.
  - Bruttoeinkommen über 1200,- €/1500,- € wird auf das ALG II voll angerechnet.

1.3.1. Beispiele

Empfänger von ALG II verdient 400,- € im Monat:
Grundfreibetrag 100,- € **plus** 20 % von 300,- € = insgesamt 160,- €. Dieser Betrag wird nicht vom Arbeitslosengeld II abgezogen.

Empfänger von ALG II verdient 1.000,- € im Monat:
Grundfreibetrag 100,- € **plus** 20 % von 700,- € = 240,- € **plus** 10 % von 200,- € = insgesamt 260,- €. Dieser Betrag wird nicht vom Arbeitslosengeld II abgezogen.

1.4. Zu berücksichtigendes Vermögen

(§ 12 SGB II)

Als Vermögen sind alle verwertbaren Vermögensgegenstände zu berücksichtigen.

Ausnahmen:

- **Schonvermögen**
  - Ein Grundfreibetrag in Höhe von 150,- € je vollendetem Lebensjahr des erwerbsfähigen Hilfebedürftigen und seines Partners, mindestens jeweils 3.100,- €, maximal jeweils 9.750,- €.
  - Ein Grundfreibetrag in Höhe von 3.100,- € für jedes hilfebedürftige minderjährige Kind.
  - Bei Menschen, die vor dem 1.1.1948 geboren sind, gelten andere Beträge: Vermögensgrundfreibetrag 520,- € je vollendetem Lebensjahr des erwerbsfähigen Hilfebedürftigen und seines Partners, mindestens jeweils 4.100,- €, maximal jeweils 33.800,- €.
- **Private Altersvorsorge**
  - Altersvorsorge (z.B. Riester-Anlageformen), welche aufgund von bundes-

G Mehr Informationen: www.betanet.de

gesetzlichen Vorschriften ausdrücklich als Altersvorsorge gefördert wird, wird einschließlich ihrer Erträge bei erwerbsfähigen Hilfebedürftigen nicht berücksichtigt - allerdings nur, wenn der Inhaber die Altersvorsorge nicht vorzeitig verwendet.
  - Weiteres Vermögen, das der Altersvorsorge dient, bis zu einer Höhe von 250,- € je vollendetem Lebensjahr des erwerbfähigen Hilfebedürftigen und seines Partners, ist anrechnungsfrei. Der maximale Freibetrag beträgt jeweils 16.250,- €. Auch hier gilt: Nur, wenn das Vermögen aufgrund einer vertraglichen Vereinbarung nicht vor dem Renteneintritt verwertet werden kann.
- Freibetrag für **notwendige Anschaffungen** in Höhe von 750,- € für jeden in der Bedarfsgemeinschaft lebenden Hilfebedürftigen.
- Angemessener **Hausrat**.
- Angemessenes **Kraftfahrzeug** für jeden in der Bedarfsgemeinschaft lebenden Hilfebedürftigen.
- Selbstgenutztes **Hausgrundstück** von angemessener Größe oder eine entsprechende Eigentumswohnung.
- **Vermögen**, solange es nachweislich zur baldigen Beschaffung oder Erhaltung eines Hausgrundstücks von angemessener Größe bestimmt ist, so weit dieses zu Wohnzwecken behinderter oder pflegebedürftiger Menschen dient oder dienen soll und dieser Zweck durch den Einsatz oder die Verwertung des Vermögens gefährdet würde.
- **Sachen und Rechte**, sobald deren Verwertung unwirtschaftlich wäre oder für den Betroffenen eine besondere Härte bedeuten würde.

1.5. Bedarfsgemeinschaft

Zur Bedarfsgemeinschaft gehören:
- erwerbsfähige Hilfebedürftige
- im Haushalt lebende Eltern oder Elternteil eines unverheirateten erwerbsfähigen Kindes unter 25 Jahren und der im Haushalt lebende Partner dieses Elternteils
- Partner des erwerbsfähigen Hilfebedürftigen, das sind:
  - der nicht dauernd getrennte lebende Ehegatte
  - der nicht dauernd getrennt lebende Lebenspartner
  - die Person, die mit dem erwerbsfähigen Hilfebedürftigen in einem gemeinsamen Haushalt lebt und dabei
    - mit diesem länger als ein Jahr zusammenlebt oder
    - mit einem gemeinsamen Kind zusammenlebt oder
    - Kinder oder Angehörige im Haushalt versorgt oder
    - befugt ist, über Einkommen und Vermögen des anderen zu verfügen.
- dem Haushalt angehörende unverheiratete Kinder unter 25 Jahren des erwerbsfähigen Hilfebedürftigen oder seines Partners, soweit sie nicht aus eigenem Einkommen oder Vermögen die Leistungen zur Sicherung ihres Lebensunterhalts beschaffen können

2. Leistungen nach dem SGB II

Ein Kernanliegen der Hartz-IV-Reform zum 1.1.2005 ist es, dass hilfebedürftige Menschen so schnell wie möglich ihren Lebensunterhalt selbst verdienen. Dies soll durch eine bessere und schnellere Betreuung erreicht werden.
- **Dienstleistungen**, z.B. Information, Beratung und umfassende Unterstützung mit dem Ziel der Eingliederung in Arbeit. Jeder ALG-II-Empfänger bekommt einen **persönlichen Ansprechpartner** bei der Agentur für Arbeit, mit dem eine Eingliederungsvereinbarung abgeschlossen wird.
- **Geldleistungen**, z.B. zur Eingliederung der erwerbsfähigen Hilfebedürftigen in Arbeit und zur Sicherung des Lebensunterhalts der erwerbsfähigen Hilfebedürftigen (☞ *Arbeitslosengeld II*) und der mit ihnen in einer Bedarfsgemeinschaft lebenden Personen (= Sozialgeld)
- **Sachleistungen**

Soziale Fragen? betafon 01805 - 238 2366!

Außerdem können folgende Leistungen zur Eingliederung in Arbeit erbracht werden:
- Betreuung minderjähriger oder behinderter Kinder oder häusliche Pflege von Angehörigen
- Schuldnerberatung
- psychosoziale Betreuung
- Suchtberatung
- **Einstiegsgeld** als Zuschuss zum Arbeitslosengeld II für maximal 24 Monate bei Aufnahme einer Erwerbstätigkeit
- Leistungen nach dem Altersteilzeitgesetz

G

Mehr Informationen: www.betanet.de

2.1. Arbeitslosengeld II und Sozialgeld

(§§ 19, 20, 28 SGB II)
Details zu ☞ *Arbeitslosengeld II und Sozialgeld* finden Sie dort.

2.2. Eingliederung

Als Leistungen zur Eingliederung gelten die „Arbeitsgelegenheiten mit Mehraufwandentschädigungen", die sogenannten **„Ein-Euro-Jobs"**.
Für Empfänger von ALG II, die keine Arbeit finden können, können Kommunen, Verbände der freien Wohlfahrtspflege und Stiftungen Arbeitsmöglichkeiten schaffen. Diese Arbeitsgelegenheiten dürfen auf keinen Fall reguläre Arbeitsplätze verdrängen. Diese Jobs sollen täglich bis 8 Stunden ausgeübt werden, der Arbeitslosengeld-II-Empfänger bekommt pro Stunde zwischen 1,- und 2,- € zusätzlich zum ALG II. Es entsteht kein arbeitsrechtliches Verhältnis. Wird diese Arbeitsmöglichkeit abgelehnt, kommt es zu Kürzungen.

2.3. Einstiegsgeld

Bei Aufnahme einer Erwerbstätigkeit kann die Agentur für Arbeit ein Einstiegsgeld als Zuschuss zum ALG II zahlen: höchstens 24 Monate lang und nur, wenn eine Arbeit aufgenommen wird, deren Entlohnung zur Deckung des Lebensunterhalts nicht ausreicht. Der persönliche Ansprechpartner entscheidet, ob und in welcher Höhe Einstiegsgeld gezahlt wird.

Junge Menschen unter 25 Jahren sollen sofort in Arbeit oder Ausbildung vermittelt werden. Lehnen sie eine zumutbare Erwerbstätigkeit, Ausbildung, Eingliederungsmaßnahme oder Arbeitsgelegenheit ab, dann erhalten sie für 3 Monate keine Geldleistungen. Auch bei allen anderen gibt es Kürzungen des ALG II, wenn eine zumutbare Ausbildung, Arbeit oder Eingliederungsmaßnahme abgelehnt wird.

3. Zuständigkeit

Leistungen der Grundsicherung für Arbeitssuchende werden in der Regel von den örtlichen Agenturen für Arbeit, den Arbeitsgemeinschaften (ARGE) sowie den kreisfreien Städten und Kreisen (kommunale Träger) erbracht. Die kommunalen Träger sind für folgende Leistungen zuständig:
- Unterkunft und Heizung
- Kinderbetreuungskosten
- Schuldner- und Suchtberatung
- Psychosoziale Betreuung
- Erstausstattung für Bekleidung und Wohnung
- Mehrtägige Klassenfahrten

Wer hilft weiter?

Die örtliche Agentur für Arbeit oder die Gemeinde/Kommune oder eine der neu gegründeten Arbeitsgemeinschaften (ARGE).

Grundsicherung im Alter und bei Erwerbsminderung

(§§ 41 ff. SGB XII)

Das Wichtigste in Kürze

Die Grundsicherung sichert den Lebensunterhalt von Menschen, die wegen Alters oder aufgrund voller Erwerbsminderung nicht mehr arbeiten können, und deren Einkünfte für den notwendigen Lebensunterhalt nicht ausreichen. Höhe und Umfang der Grundsicherung sind mit der Sozialhilfe vergleichbar. Eigenes Einkommen und Vermögen werden auf die Grundsicherung angerechnet.

1. Voraussetzungen

Leistungsberechtigt sind Menschen mit gewöhnlichem Aufenthalt in Deutschland,

- die das **65. Lebensjahr** vollendet haben **oder**
- die das **18. Lebensjahr** vollendet haben **und** - unabhängig von der jeweiligen Arbeitsmarktlage - aus medizinischen Gründen **dauerhaft voll erwerbsgemindert** sind,

wenn sie ihren Lebensunterhalt nicht selbst aus ihrem Einkommen und Vermögen (☞ *Einsatz von Einkommen und Vermögen*) bestreiten können.

Für Personen, die nach dem 31.12.1946 geboren sind, wird die Altersgrenze für die Grundsicherung im Alter schrittweise auf 67 Jahren angehoben.

1.1. Leistungsausschluss

Nicht leistungsberechtigt sind

- Personen, wenn das zu versteuernde Gesamteinkommen der Eltern oder Kinder jährlich 100.000,- € übersteigt.
- Personen, die ihre Bedürftigkeit in den letzten 10 Jahren vorsätzlich oder grob fahrlässig herbeigeführt haben.

2. Umfang und Höhe

Die Grundsicherung ist abhängig von der Bedürftigkeit und entspricht in der Höhe der ☞ *Hilfe zum Lebensunterhalt* in der Sozialhilfe.

Die Grundsicherung umfasst folgende Leistungen:

- Den für den Antragsberechtigten maßgebenden ☞ *Regelsatz der Sozialhilfe*
- Die angemessenen tatsächlichen Aufwendungen für Unterkunft und Heizung (bei nicht getrennt lebenden Ehegatten oder bei einer eheähnlichen Partnerschaft jeweils anteilig) i.S.v. § 29 SGB XII
- Kranken- und Pflegeversicherungsbeiträge, so weit keine Pflichtversicherung besteht (§ 32 SGB XII)
- Einen ☞ *Mehrbedarfszuschlag* i.S.v. § 30 SGB XII
- ☞ *Einmalige Leistungen* i.S.v. § 31 SGB XII
- Hilfe zum Lebensunterhalt in Sonderfällen i.S.v. § 34 SGB XII, insbesondere Übernahme von ☞ *Mietschulden*

Von diesem Bedarf werden die eigenen Einkünfte abgezogen, die Differenz wird als Grundsicherung ausgezahlt. Sind die Einkünfte höher als der Bedarf, besteht kein Anspruch auf eine Grundsicherungsleistung.

Praxistipps

- Die Darstellung dieses sehr komplexen Themenbereichs beschränkt sich auf allgemeingültige Angaben. Individuelle und oft einzelfallabhängige Besonderheiten finden hier keine Berücksichtigung. Fragen sind mit dem zuständigen Sachbearbeiter des Sozialamts zu klären.
- Empfänger von Grundsicherung im Alter oder bei Erwerbsminderung werden von der ☞ *Rundfunk- und Fernsehgebühr* befreit und erhalten eine ☞ *Telefongebührenermäßigung.*

3. Anrechnung von Einkommen und Vermögen

Grundsicherungsleistungen erhalten nur Bedürftige, die ihren Lebensunterhalt nicht oder nicht vollständig bestreiten können.

Angerechnet werden

- **eigenes** Einkommen und Vermögen und
- Einkommen und Vermögen des nicht getrennt lebenden **Ehe- oder Lebenspartners**, so weit es deren Eigenbedarf übersteigt.

Was alles zum Einkommen (§§ 82 ff. SGB XII) und zum Vermögen (§ 90 SGB XII) zählt, finden Sie unter ☞ *Einsatz von Einkommen und Vermögen.*

4. Dauer

Die Grundsicherung wird in der Regel für 12 Kalendermonate bewilligt.

Mehr Informationen: www.betanet.de

Erstbewilligung: Die Auszahlung beginnt am Ersten des Monats, in dem der Antrag gestellt worden ist.
Änderung der Leistung: Die Auszahlung beginnt am Ersten des Monats, in dem die Voraussetzungen für die Änderung eingetreten und mitgeteilt worden sind. Bekommt der Berechtigte infolge der Änderung weniger Leistungen, beginnt der neue Bewilligungszeitraum am Ersten des Folgemonats.

Wer hilft weiter?

Der Antrag kann beim zuständigen Sozialamt gestellt werden, in dessen Bereich der Antragsberechtigte seinen gewöhnlichen Aufenthaltsort hat.

Häusliche Krankenpflege

(§ 37 SGB V - § 32 SGB VII)

Das Wichtigste in Kürze

Häusliche Krankenpflege bedeutet, dass ein Patient zu Hause von Fachpersonal versorgt wird. Neben der medizinischen Versorgung kann das auch die Körperpflege, Ernährung, Mobilität und den Haushalt des Patienten umfassen. Die häusliche Krankenpflege wird in der Regel von der Krankenkasse finanziert und ist nicht zu verwechseln mit der „häuslichen Pflege" der Pflegeversicherung.
Eine Sonderform ist die „Psychiatrische Krankenpflege" für Menschen mit schweren psychischen Erkrankungen.

1. Voraussetzungen

Die Krankenversicherung und die Unfallversicherung stellen unter bestimmten Voraussetzungen eine häusliche Krankenpflege oder übernehmen die Kosten dafür. In Einzelfällen tritt die ☞ *Krankenhilfe* des Sozialhilfeträgers für die Kosten ein.

Häusliche Krankenpflege kann verordnet werden, wenn:

- eine Krankenhausbehandlung erforderlich, aber nicht ausführbar ist (z.B. Patient verweigert aus nachvollziehbaren Gründen die Zustimmung zur Krankenhauseinweisung)
  oder
- eine Krankenhausbehandlung vermieden oder verkürzt wird.
  In beiden Fällen handelt es sich um die sogenannte **Krankenhausvermeidungspflege**.
  oder
- sie zur Sicherung des ärztlichen Behandlungszieles erforderlich ist (z.B. falls der Arzt Injektionen im nötigen Umfang nicht selbst vornehmen kann). In diesem Fall handelt es sich um die sogenannte **Sicherungspflege**.

Weitere Voraussetzung:

- Keine im Haushalt lebende Person kann den Patient im erforderlichen Umfang pflegen und versorgen.

1.1. Ort der Pflege

Ist die Krankenkasse der Kostenträger, wird die häusliche Krankenpflege an geeigneten Orten erbracht, an denen sich der Patient regelmäßig aufhält, z.B.:

- in der Wohnung des Patienten
- in betreuten Wohnformen, z.B. Wohngemeinschaften
- in Schulen und Kindergärten
- bei besonders hohem Pflegebedarf in Werkstätten für Behinderte
- bei besonders hohem Bedarf an medizinischer Behandlungspflege (für mindestens 6 Monate) ausnahmsweise in Heimen

2. Dauer

Die **Krankenhausvermeidungspflege** ist bis zu 4 Wochen je Krankheitsfall möglich. In medizinisch begründeten Fällen (Prüfung durch MDK) auch länger.

Bei der **Sicherungspflege** ist keine zeitliche Begrenzung durch den Gesetzgeber vorgegeben, jedoch ist die Dauer von den Satzungen der Krankenkassen oder der Berufsgenossenschaft abhängig.

3. Umfang

Umfang der Krankenhausvermeidungspflege:
- Behandlungspflege
- Grundpflege
- Hauswirtschaftliche Versorgung

Umfang der Sicherungspflege:
- Behandlungspflege
- Grundpflege nur, wenn dies in der Satzung des Kostenträgers geregelt ist
- Hauswirtschaftliche Versorgung nur, wenn dies in der Satzung des Kostenträgers geregelt ist

Leistungsinhalte:
- **Behandlungspflege** sind:
  - medizinische Hilfeleistungen
    z.B. Verabreichung von Medikamenten, Anlegen von Verbänden, Injektionen, Messen der Körpertemperatur, Spülungen und Einreibungen
    oder
  - verrichtungsbezogene krankheitsspezifische Pflegemaßnahmen
    z.B. An- und Ausziehen von Kompressionsstrümpfen der Klasse 2, Sekret absaugen oder Wechseln einer Sprechkanüle.
    Auch wenn sie bereits im Hilfebedarf bei der Feststellung der Pflegebedürftigkeit in der Pflegeversicherung berücksichtigt worden sind, sind diese verordnungsfähig.
- **Grundpflege** sind pflegerische Leistungen nichtmedizinischer Art, z.B. Körperpflege, Ernährung, Mobilität.
- **Hauswirtschaftliche Versorgung** sind z.B. Einkaufen, Kochen, Putzen, Spülen, Waschen, Heizen.

Praxistipp

Voraussetzung für eine Kostenübernahme der Häuslichen Krankenpflege durch die Krankenkasse ist, dass auf der Verordnung des Arztes Behandlungspflege verordnet ist. Grundpflege und hauswirtschaftliche Versorgung ohne Notwendigkeit von Behandlungspflege wird nicht übernommen.

4. Verordnung

Die Verordnung einer häuslichen Krankenpflege erfolgt in der Regel durch einen Vertragsarzt, z.B. den Hausarzt.

Hält ein Krankenhausarzt bei Entlassung eines Patienten eine häusliche Krankenpflege für erforderlich, so kann er diese anstelle des Vertragsarztes für maximal 3 Tage verordnen. Der Krankenhausarzt soll vor der Entlassung den weiterbehandelnden Vertragsarzt darüber informieren.

5. Psychiatrische Krankenpflege

Psychisch kranke Menschen können unter bestimmten Voraussetzungen häusliche Krankenpflege in Form sogenannter „Psychiatrischer Krankenpflege" erhalten. In der Praxis wird häufig von „Ambulanter Psychiatrischer Pflege" gesprochen. Sie richtet sich z.B. an Demenzkranke oder an Menschen mit psychotischen Störungen.

5.1. Ziele

Die psychiatrische Krankenpflege dient
- der Erarbeitung der Pflegeakzeptanz (Beziehungsaufbau),
- der Durchführung von Maßnahmen zur Bewältigung von Krisensituationen und
- der Entwicklung kompensatorischer Hilfen bei krankheitsbedingten Fähigkeitsstörungen.

5.2. Voraussetzungen für die Verordnung psychiatrischer Krankenpflege

- Der Patient weist eine ausreichende Behandlungsfähigkeit auf, damit bestehende Funktionsstörungen durch die Maßnahmen im Pflegeprozess positiv beeinflusst werden können.
- Es ist zu erwarten, dass die Therapieziele vom Patienten erreicht werden können.

Können diese Voraussetzungen bei erstmaliger Verordnung nicht eingeschätzt werden, ist eine Erstverordnung über einen Zeitraum von bis zu 14 Tagen zur Erarbeitung der Pflegeakzeptanz und zum Beziehungsaufbau möglich. Dabei kann auch die Anleitung der Angehörigen des Patienten im Umgang mit dessen Erkrankung Gegenstand der Leistung sein. Zeichnet sich in diesem Zeitraum ab, dass Pflegeakzeptanz und Beziehungsaufbau nicht erreicht werden können, ist eine Folgeverordnung nicht möglich.

5.3. Verordnung und Behandlungsplan

Die ärztliche Verordnung der psychiatrischen Krankenpflege erfolgt durch einen Vertragsarzt des Fachgebiets Nervenheilkunde, Neurologie, Psychiatrie oder Psychotherapeutische Medizin oder durch einen Arzt mit der Zusatzbezeichnung Psychotherapie. Die Verordnung durch den Hausarzt erfordert eine vorherige Diagnosesicherung durch einen der oben genannten Fachärzte.

Zur Verordnung gehören der Verordnungsvordruck zur häuslichen Krankenpflege und ein vom Arzt erstellter Behandlungsplan. Dieser muss die Indikation, die Fähigkeitsstörungen, die Zielsetzung der Behandlung und die Behandlungsschritte (Behandlungsfrequenzen und -dauer) enthalten.

Maßnahmen der psychiatrischen Krankenpflege und der ☞ *Soziotherapie* können in der Regel nur nacheinander, nicht zeitlich nebeneinander verordnet werden.
Ausnahme: Die Maßnahmen ergänzen sich aufgrund ihrer jeweiligen Zielsetzung. Diese Abgrenzung gegeneinander ist dann sowohl im Behandlungsplan der psychiatrischen Krankenpflege als auch im soziotherapeutischen Betreuungsplan darzulegen.

5.4. Dauer und Häufigkeit

Psychiatrische Krankenpflege kann bis zu 4 Monate lang mit bis zu 14 Einheiten pro Woche (abnehmende Frequenz) verordnet werden.

Praxistipp

Herkömmliche ambulante Pflegedienste haben ihren Schwerpunkt in der Regel auf der Pflege älterer Patienten. Psychiatrische Krankenpflege auf Verordnung kann aber nur ein spezialisierter Dienst für psychiatrische Krankenpflege erbringen, der mit der Krankenkasse des Patienten einen Versorgungsvertrag haben muss. Nicht in jedem Bundesland gibt es entsprechende Dienste.

6. Zuzahlung

Versicherte, die das 18. Lebensjahr vollendet haben, zahlen 10 % der Kosten pro Tag für längstens 28 Tage im Kalenderjahr, sowie 10,- € pro Verordnung.

7. Sachleistungserbringung

Vorrangig erbringen die ☞ *Krankenkassen* oder die ☞ *Berufsgenossenschaften* eine Sachleistung, d.h.: Sie stellen die Pflegekraft. Wenn die Sachleistungserbringung nicht möglich ist, werden die Kosten der Pflegekräfte der Sozialstationen, Krankenpflegevereine etc. von der Krankenkasse oder der Berufsgenossenschaft übernommen. Dies muss unbedingt **vorher** mit dem Leistungsträger abgesprochen und von diesem genehmigt sein.

7.1. Ausnahme

Die Krankenkassen und die Berufsgenossenschaften erstatten die Kosten für eine **selbst beschaffte Kraft** in angemessener Höhe (d.h. in Anlehnung an das tarifliche oder übliche Entgelt einer Pflegekraft), falls:

- die Krankenkasse keine Kraft für die häusliche Krankenpflege stellen kann, z.B. wenn die Kapazität der von der Krankenkasse eingestellten Pflegekräfte erschöpft ist.

- die selbst beschaffte Pflegekraft geringere Kosten verursacht.
- die zu pflegende Person aus nachvollziehbaren Gründen nur eine bestimmte selbst ausgewählte Kraft akzeptiert. Diese Kraft muss geeignet sein, pflegerische Dienste zu erbringen, was allerdings nicht notwendigerweise eine abgeschlossene Ausbildung voraussetzt.

8. Richtlinien

Der ☞ *Gemeinsame Bundesausschuss* hat zur Häuslichen Krankenpflege im allgemeinen und zur psychiatrischen Krankenpflege im speziellen Richtlinien erstellt. Diese Richtlinien können Sie unter www.g-ba.de > Informations-Archiv > Richtlinien downloaden. Die detaillierte Auflistung der Diagnosen zur Verordnung psychiatrischer Krankenpflege finden sich unter Punkt 27a.

Wer hilft weiter?

☞ *Krankenkassen* und ☞ *Berufsgenossenschaften.*

Häusliche Pflege Krankenversicherung

☞ *Häusliche Krankenpflege*

Häusliche Pflege Pflegeversicherung

(§§ 36-40, 45 SGB XI)

Das Wichtigste in Kürze

Zur häuslichen Pflege im Sinne der ☞ *Pflegeversicherung* zählen alle Leistungen, die ein pflegebedürftiger Patient zu Hause erhält. Sie ist abzugrenzen von der ☞ *Vollstationären Pflege* im Heim.

1. Überblick über die Leistungen

Zu den Leistungen der häuslichen Pflege zählen:

- ☞ *Pflegegeld Pflegeversicherung*
  Die Pflege wird nur von (einem) Angehörigen übernommen.
- ☞ *Pflegesachleistungen*
  Die Pflege wird nur von einem ambulanten Pflegedienst übernommen.
- ☞ *Kombinationsleistung*
  Die Pflege wird sowohl von (einem) Angehörigen als auch von einem ambulanten Pflegedienst übernommen.
- ☞ *Pflegehilfsmittel*
  Dazu zählen auch technische Hilfen und ☞ *Wohnumfeldverbesserungen.*
- ☞ *Ersatzpflege*
  Zu Hause übernimmt vorübergehend eine andere als die übliche Person die Pflege.
- ☞ *Pflegezeit*
  Ein Berufstätiger lässt sich für die Pflege eines nahen Angehörigen für maximal 6 Monate von der Arbeit freistellen.
- Sozialversicherungsbeiträge für die Pflegeperson
  Details unter ☞ *Pflegeperson Pflegeversicherung Soziale Sicherung*

2. Pflegekurse

Die Pflegebedürftigkeit eines Angehörigen entsteht oft unerwartet. Wer keine Erfahrung mit Pflege hat, ist damit schnell überfordert. Um pflegende Angehörige und ehrenamtliche Pflegekräfte zu unterstützen, sie zu stärken, sowie pflegebedingte körperliche und seelische Belastungen für die Pflegekräfte und den Pflegebedürftigen zu mindern, bieten die Pflegekassen Pflegekurse an.

Die Schulungen vermitteln Fertigkeiten für die eigenständige Durchführung der Pflege, sie können auch in der häuslichen Umgebung des Pflegebedürftigen stattfinden. Oft werden diese Kurse (im Auftrag der Pflegekasse) von ambulanten Pflegediensten, Sozialstationen oder anderen Pflegeeinrichtungen angeboten. Die Teilnahme ist kostenlos.

Wer hilft weiter?

☞ *Pflegekassen*

Häusliche Pflege Sozialhilfe

(§§ 63-66 SGB XII)

Das Wichtigste in Kürze

Die Häusliche Pflege im Rahmen der Sozialhilfe umfasst die pflegerische Behandlung im häuslichen Umfeld. Sie kann vom Sozialamt als **„Hilfe zur Pflege"** (☞ *Pflege Sozialhilfe*) geleistet werden.

1. Überblick über die Leistungen

Nur wenn die vorrangige Pflegekasse nicht leistet, tritt das Sozialamt nachrangig ein und übernimmt **in der Regel** dieselben Leistungen wie die Pflegekasse:

- ☞ *Pflegegeld Sozialhilfe*
- ☞ *Pflegesachleistung*
- ☞ *Pflegehilfsmittel*
- ☞ *Pflegeperson Sozialhilfe*

In einem **Heim** oder einer gleichartigen Einrichtung erhalten Pflegebedürftige keine Hilfe zur häuslichen Pflege, d.h.: Das Sozialamt erbringt keine ambulanten Leistungen, wenn bereits stationäre Hilfe geleistet wird.

2. Voraussetzung

Pflegebedürftige dürfen die Einkommensgrenze nach §§ 85 ff. SGB XII nicht überschreiten. Mehr zu ☞ *Einsatz von Einkommen und Vermögen.*

Wer hilft weiter?

Individuelle Auskünfte erteilt das ☞ *Sozialamt.*

Hamburger Modell

☞ *Stufenweise Wiedereingliederung*

Hauptfürsorgestellen

Seit dem Inkrafttreten des SGB IX am 1.7.2001 sind die Hauptfürsorgestellen zuständig für Leistungen nach dem Bundesversorgungsgesetz (BVG), d.h. für individuelle Leistungen an Kriegsopfer und Wehrdienstbeschädigte (Kriegsopferfürsorge). Für alle Aufgaben im Zusammenhang mit Schwerbehinderten sind die ☞ *Integrationsämter* zuständig.

Hausapothekenmodell

(§ 73 b SGB V)

Das Wichtigste in Kürze

Im Hausapothekenmodell haben Patienten die Möglichkeit, sich für eine Apotheke ihres Vertrauens zu entscheiden. Durch diese feste Beziehung zwischen Hausapotheken und Patienten sollen Behandlungen verbessert und Kosten gesenkt werden.

1. Leistungsumfang

Die Verträge werden in der Regel zwischen Krankenkasse und (Landes-)Apothekerverband abgeschlossen. Sie unterscheiden sich im Detail, die Hauptelemente sind gleich:

- Der Apotheker besucht eine Fortbildung für das Hausapothekenmodell, erhält das entsprechende Zertifikat und kann in der Folge am Hausapothekenmodell teilnehmen.
- Der Patient schreibt sich bei der Hausapotheke seiner Wahl ein.
- Der Hausapotheker dokumentiert alle Medikamente des Patienten und prüft mögliche Interaktionen.
- Medikamente werden nach Hause geliefert.
- Als Belohnung für seine Treue erhält der Patient Bonusleistungen, zum Teil von der Apotheke, zum Teil im Rahmen der ☞ *Bonusprogramme* der Krankenkassen.

Je nach Modell gehören weitere Angebote

H

Mehr Informationen: www.betanet.de

zum Hausapothekenservice, z.B. die Überprüfung des häuslichen Arzneimittelbestands oder Messung von Blutdruck, Blutzucker, Cholesterin oder BMI (body mass index).

2. Ziele

Ziele des Hausapothekenmodells sind:

- Betreuung des Patienten verbessern
- Arzneimittelsicherheit erhöhen
- Kommunikation und Vernetzung mit Ärzten und Patienten erhöhen
- Kosten senken

Wer hilft weiter?

Zertifizierte Apotheken und die jeweils für den Patienten zuständige ☞ *Krankenkasse.*

Hausarztmodell

(§ 73 b SGB V)

Das Wichtigste in Kürze

Beim Hausarztmodell verpflichtet sich der Patient, bei Beschwerden immer zuerst und immer zum selben Hausarzt zu gehen. Dieser Hausarzt soll als dauerhafter Partner die Behandlungsqualität verbessern und Kosten senken.

1. Angebot ist Pflicht, Teilnahme freiwillig

Die Krankenkassen sind seit 1.4.2007 verpflichtet, ihren Versicherten ein Hausarztmodell (hausarztzentrierte Versorgung) anzubieten. Die Teilnahme an einem Hausarztmodell ist sowohl für Patienten als auch für Ärzte freiwillig.

2. Voraussetzungen und Nutzen

Patienten, die am Hausarztmodell teilnehmen wollen, müssen sich für einen Hausarzt, als ständigen Partner entscheiden. Der vom Patienten ausgewählte Hausarzt muss auch am Hausarztmodell der jeweiligen Krankenkasse teilnehmen.

Im Krankheitsfall muss der Patient zunächst diesen Hausarzt aufsuchen. Dieser koordiniert insbesondere die weitere Behandlung und behält dadurch den Überblick über die gesamte Behandlung. Die Patienten sind an die Wahl des Hausarztes mindestens ein Jahr gebunden. Ein Wechsel darf nur aus einem wichtigem Grund erfolgen.
Für Patienten, die am Hausarztmodell teilnehmen, kann die Krankenkasse Bonusregelungen vorsehen, z.B. eine Ermäßigung der ☞ *Praxisgebühr.*

Hausgeburt

☞ *Schwangerschaft Entbindung*
☞ *Schwangerschaft Entbindung Sozialhilfe*

Haushalt Weiterführung

(§ 70 SGB XII)

Das Wichtigste in Kürze

Die „Hilfe zur Weiterführung des Haushalts" ist Teil der Sozialhilfe. Sie umfasst vor allem die Betreuung von Kindern und die Hausarbeit.

1. Grundsätzliches

Die **„Hilfe zur Weiterführung des Haushalts"** zählt im Rahmen der ☞ *Sozialhilfe* zur ☞ *Hilfe in anderen Lebenslagen.*
Das ☞ *Sozialamt* leistet die Hilfe zur Weiterführung des Haushalts **nachrangig.** Sie wird nur dann gewährt, wenn nicht die gesetzliche ☞ *Krankenkasse* oder andere Versicherungsträger gleichartige Leistungen erbringen.

2. Voraussetzungen

- Der Hilfeempfänger führt einen eigenen Haushalt
  und
- kein anderer Haushaltsangehöriger kann den Haushalt alleine führen
  und

- die Weiterführung des Haushaltes ist notwendig und sinnvoll (z.B. bei Familien mit minderjährigen Kindern)
und
- der Hilfeempfänger bleibt unter der **Einkommensgrenze** nach §§ 85 ff. SGB XII, ☞ *Einsatz von Einkommen und Vermögen.*

3. Umfang der Hilfe

- Persönliche Betreuung der Haushaltsangehörigen des Hilfeempfängers. Hierzu zählen z.B. Säuglingspflege, Körperpflege, Kindererziehung und Freizeitgestaltung mit Kindern, Beaufsichtigung von Schularbeiten, Altenbetreuung etc.
- Sonstige erforderliche Tätigkeiten zur Weiterführung des Haushalts, z.B. Waschen, Kochen, Putzen, Einkaufen, etc.

4. Dauer

Die Hilfe zur Weiterführung des Haushalts wird im Regelfall nur **vorübergehend** gewährt, vor allem während Krankheit, Schwangerschaft, Krankenhausaufenthalt, Erholungsmaßnahmen oder Kuren, wodurch der Haushaltsführende an der Führung des Haushaltes gehindert ist.

Ausnahmsweise kann die Hilfe auf längere, unbestimmte Zeit gewährt werden, wenn dadurch die Unterbringung in einem Heim oder einer gleichartigen Einrichtung vermieden oder verzögert werden kann.

5. Hilfskraft

Zunächst ist das ☞ *Sozialamt* gehalten, darauf einzuwirken, dass die Hilfe zur Haushaltsweiterführung durch **Angehörige, nahestehende Personen oder Nachbarn** geleistet wird.

Kommt die Hilfsmaßnahme durch o. g. Personenkreis nicht in Betracht, werden die angemessenen Kosten für eine Fachkraft übernommen, ☞ *Pflegeperson Sozialhilfe.*

6. Sonderfall

Hilfe durch anderweitige Unterbringung Haushaltsangehöriger (§ 70 Abs. 4 SGB XII):
In besonderen Fällen können (Ermessen des Sozialamts) die Kosten für die vorübergehende Unterbringung Familienangehöriger des Haushalts z.B. in einem Heim übernommen werden, wenn es neben oder anstatt der Weiterführung des Haushalts geboten ist.

Beispiel: Mögliche Ansteckungsgefahr des erkrankten Haushaltsführenden, so dass Kinder in einem Kinderheim unterzubringen wären.

Wer hilft weiter?

Individuelle Auskünfte erteilt das ☞ *Sozialamt.*

Haushaltshilfe

(§ 38 SGB V - § 28 SGB VI i.V.m. §§ 44, 54 SGB IX - § 42 SGB VII i.V.m. §§ 44, 54 SGB IX)

Das Wichtigste in Kürze

Eine Haushaltshilfe ist eine fremde oder verwandte Person, die die tägliche Arbeit im Haushalt erledigt. Sie übernimmt alle zur Weiterführung des Haushalts notwendigen Arbeiten, z.B. Einkauf, Kochen, Waschen oder Kinderbetreuung. Die Kosten werden in der Regel dann übernommen, wenn die Mutter ins Krankenhaus muss und daheim Kinder unter 12 Jahren zu versorgen sind. Zuständig können verschiedene Kostenträger sein. Sie stellen entweder eine Haushaltshilfe oder erstatten deren tarifliche bzw. übliche Kosten. Haushaltshilfe muss beantragt werden.

1. Voraussetzungen

Haushaltshilfe kann eine Leistung der ☞ *Krankenversicherung*, der ☞ *Unfallversicherung* oder der ☞ *Rentenversicherung*

Mehr Informationen: www.betanet.de

sein, bei Geringverdienenden oder nicht Versicherten auch eine Leistung der ☞ *Sozialhilfe*, die sich dabei an den Leistungen der Krankenversicherung orientiert. Näheres ☞ *Haushalt Weiterführung*.

1.1. Voraussetzungen Krankenversicherung

Die ☞ *Krankenkasse* stellt eine Haushaltshilfe, wenn:

- die Weiterführung des Haushalts nicht möglich ist wegen ☞ *Krankenhausbehandlung*, medizinischer ☞ *Vorsorgeleistungen*, ☞ *häuslicher Krankenpflege* oder ☞ *Medizinischer Rehabilitation*
  und
- ein Kind im Haushalt lebt, das bei Beginn der Haushaltshilfe das 12. Lebensjahr noch nicht vollendet hat
  oder das behindert und auf Hilfe angewiesen ist, z.B. für Ernährung, Körperpflege, seelische Betreuung
  und
- keine im Haushalt lebende Person (auf Volljährigkeit kommt es nicht an) den Haushalt weiterführen kann, z.B. wegen Alters, schlechtem Gesundheitszustand, des Umfangs der Haushaltsführung etc. **Wichtig** ist hierbei, dass sich die andere im Haushalt lebende Person (z.B. der Ehepartner oder ältere Kinder) **nicht** wegen der Weiterführung des Haushalts von ihrer Berufstätigkeit, Berufs- oder Schulausbildung beurlauben lassen muss, d.h. der Haushaltsangehörige kann seine eigene berufliche oder schulische Rolle beibehalten.

1.2. Voraussetzungen Unfallversicherung

Die ☞ *Berufsgenossenschaft* übernimmt die Kosten für eine Haushaltshilfe, wenn:

- die Weiterführung des Haushalts nicht möglich ist wegen ☞ *Medizinischer Rehabilitation* oder ☞ *Teilhabe am Arbeitsleben* (infolge von ☞ *Arbeitsunfall* oder ☞ *Berufskrankheit*)
  und
- keine andere im Haushalt lebende Person den Haushalt weiterführen kann
  und
- im Haushalt ein Kind lebt, das bei Beginn der Haushaltshilfe das 12. Lebensjahr noch nicht vollendet hat oder behindert und auf Hilfe angewiesen ist.

1.3. Voraussetzungen Rentenversicherung

Der ☞ *Rentenversicherungsträger* übernimmt die Kosten für eine Haushaltshilfe, wenn:

- die Weiterführung des Haushalts nicht möglich ist wegen ☞ *Medizinischer Rehabilitation* oder ☞ *Teilhabe am Arbeitsleben*
  und
- keine andere im Haushalt lebende Person den Haushalt weiterführen kann
  und
- ein Kind im Haushalt lebt, das bei Beginn der Haushaltshilfe das 12. Lebensjahr noch nicht vollendet hat oder behindert und auf Hilfe angewiesen ist.

Außerdem sind die rentenversicherungsrechtlichen Voraussetzungen zu den ergänzenden Leistungen zur Reha zu erfüllen.

Praxistipps

- Es sollte individuell mit der Krankenkasse abgeklärt werden, in welchem Umfang die Kostenübernahme für eine Haushaltshilfe in der Satzung festgelegt ist.
- Anspruch auf Haushaltshilfe besteht auch bei **Mitaufnahme der haushaltsführenden Person als Begleitperson ins Krankenhaus** (Grundsatzurteil des BSG vom 23.11.1995). Zudem müssen die weiteren o.g. Voraussetzungen vorliegen.
- Wurde der Antrag auf eine Haushaltshilfe abgelehnt und leben Kinder im Haushalt, deren Versorgung infolge Erkrankung der Mutter/des Vaters nicht gewährleistet ist, kann beim Jugendamt ein Antrag auf ambulante Familienpflege gestellt werden. Näheres ☞ *Betreuung und Versorgung eines Kindes in Notsituationen*.

- Behinderte können die Kosten für eine Hilfe im Haushalt unter Umständen steuerlich geltend machen. Details unter ☞ *Steuerliche Vergünstigungen.*

2. Leistungsumfang

2.1. Sachleistungserbringung

Vorrangig erbringen die Krankenkasse, die Berufsgenossenschaft und die Rentenversicherungsträger eine Sachleistung, das heißt: sie stellen die Haushaltskraft.
Die Krankenkassen haben mit geeigneten Organisationen (z.B. Trägern der freien Wohlfahrtspflege, ambulanten Pflegediensten oder Sozialstationen) Verträge über die Erbringung von Haushaltshilfe geschlossen. Haushaltshilfekräfte dieser Vertragsorganisationen erbringen die Leistung und rechnen dann direkt mit der Krankenkasse ab.

2.2. Selbst beschaffte Haushaltshilfe

Wenn die Sachleistungserbringung nicht möglich ist, werden die Kosten für eine selbst beschaffte Haushaltshilfe in angemessener Höhe, d.h. in Anlehnung an das tarifliche oder übliche Entgelt einer Haushaltshilfe, von Krankenkasse oder Berufsgenossenschaft übernommen. Dies muss unbedingt vorher mit dem Leistungsträger abgesprochen und von diesem genehmigt sein.

Keine Kostenerstattung gibt es für Verwandte und Verschwägerte bis zum 2. Grad, d.h.: Eltern, Kinder, Großeltern, Enkelkinder, Geschwister, Stiefeltern, Stiefkinder, Stiefenkelkinder, Schwiegereltern, Schwiegerkinder, Großeltern des Ehepartners, Schwager/Schwägerin.

2.3. Fahrtkosten, Verdienstausfall

Die ☞ *Krankenkasse*, die ☞ *Unfallversicherung* und die ☞ *Rentenversicherungsträger* können die erforderlichen Fahrtkosten und den Verdienstausfall für Verwandte und Verschwägerte bis zum 2. Grad (s.o.) erstatten. Den Verdienstausfall muss der Arbeitgeber bestätigen. Ein entsprechendes Formular gibt es bei den Krankenkassen bzw. der Berufsgenossenschaft.

2.4. Anderweitige Unterbringung

Ausnahmsweise können die ☞ *Berufsgenossenschaft* und die ☞ *Rentenversicherungsträger* anstelle der Haushaltshilfe die Kosten für die Mitnahme oder anderweitige Unterbringung der Kinder bis zur Höhe der Haushaltshilfe-Kosten übernehmen, so weit darunter der Reha-Erfolg nicht leidet.

3. Zuzahlung

Die Zuzahlung beträgt 10 % der Kosten pro Kalendertag, jedoch mindestens 5,- € und höchstens 10,- €. Eine Befreiung von der Zuzahlung ist bei Erreichen der Belastungsgrenze möglich, Näheres unter ☞ *Zuzahlungsbefreiung Krankenversicherung.*

Wer hilft weiter?

Antragsformulare auf eine Haushaltshilfe gibt es bei der ☞ *Krankenkasse*, den ☞ *Berufsgenossenschaften* und den ☞ *Rentenversicherungsträgern.* Sie beraten auch bei Detailfragen und geben individuelle Auskünfte.

Haushaltshilfe

auch ☞ *Begleitperson*
auch ☞ *Ergänzende Leistungen zur Reha*
auch ☞ *Schwangerschaft Entbindung*

Hauspflege

☞ *Pflegegeld Unfallversicherung*

Hebammenhilfe

☞ *Schwangerschaft Entbindung*

Mehr Informationen: www.betanet.de

Heilmittel

(§ 32 SGB V - § 15 SGB VI i.V.m. § 26 SGB IX - § 30 SGB VII)

Das Wichtigste in Kürze

Heilmittel im sozialrechtlichen Sinn sind äußerliche Behandlungsmethoden wie Krankengymnastik, Massage, Ergotherapie oder Logopädie. Werden Heilmittel ärztlich verordnet, übernimmt die Krankenkasse die Kosten. Der Patient muss in der Regel zuzahlen: 10,- € pro Verordnung plus 10 % der Heilmittelkosten.

1. Definition und Erstattungsfähigkeit

Heilmittel wirken mit dem Ziel der Krankheitsbekämpfung überwiegend äußerlich auf den menschlichen Organismus ein. Dazu gehören nicht allgemeine Gebrauchsgegenstände des täglichen Lebens wie Kleidung oder Hygienemittel.

2. Erstattungsfähige Heilmittel

Zu den Heilmitteln, die von den Kostenträgern übernommen werden gehören unter anderem

- einzelne Maßnahmen der physikalischen Therapie, z.B. Massage, Krankengymnastik/Physiotherapie, Lymphdrainage.
  Diese sind in der Regel auf 6 Einheiten pro Verordnung begrenzt.
- einzelne Maßnahmen der **podologischen** Therapie, Behandlung krankhafter Veränderungen am Fuß infolge von Diabetes mellitus.
- einzelne Maßnahmen der **Stimm-, Sprech- und Sprach**therapie, z.B. Logopädie.
  Diese sind in der Regel auf 10 Einheiten pro Verordnung begrenzt.
- einzelne Maßnahmen der **Ergotherapie**, z.B. Beschäftigungs- und Arbeitstherapie.
  Diese sind in der Regel auf 10 Einheiten pro Verordnung begrenzt.

3. Kostenträger

Heilmittel werden auf ärztliche Verordnung von der ☞ *Krankenversicherung* oder der ☞ *Unfallversicherung* übernommen. In Einzelfällen tritt die ☞ *Krankenhilfe* des Sozialhilfeträgers für die Kosten ein.

3.1. Kostenträger Unfallversicherung

Die Unfallversicherung nennt insbesondere:

- Physikalische Therapie
- Sprachtherapie
- Beschäftigungstherapie

Beschränkungen wegen Unwirtschaftlichkeit, geringer oder zweifelhafter Wirkung finden sich in der ☞ *Unfallversicherung* nicht. Allerdings kann der Unfallversicherungsträger nach seinem Ermessen und dem Grundsatz sparsamer und wirtschaftlicher Mittelverwendung Einschränkungen vornehmen.

4. Zuzahlung

Gesetzlich Krankenversicherte, die das 18. Lebensjahr vollendet haben, zahlen 10 % der Kosten plus 10,- € je Verordnung zu, **auch bei** Massagen, Bädern und Krankengymnastik als Bestandteil der ärztlichen bzw. ambulanten Behandlung.

5. Befreiung von der Zuzahlung

Von der Zuzahlung befreit sind:

- Schwangere, jedoch nur von der Zuzahlung zu Heilmitteln, die im Zusammenhang mit der Schwangerschaft/Entbindung verordnet werden.
- Kinder und Jugendliche bis zum 18. Lebensjahr.
- Versicherte der ☞ *Unfallversicherung.*
- Patienten, die die Belastungsgrenze überschreiten, Details ☞ *Zuzahlungsbefreiung Krankenversicherung.*

Praxistipp Unfallversicherung

Mit dem Vermerk „FREI, da über Unfallversicherung" auf der Verordnung vermeidet der Arzt Nachfragen und Unklarheiten.

H
Soziale Fragen? betafon 01805 - 238 2366!

Sind allerdings **Festbeträge** im Sinne der Krankenversicherung festgesetzt, trägt auch die Unfallversicherung die Kosten der Heilmittel nur bis zu dieser Höhe. Auf eventuelle Mehrkosten über die Festbeträge hinaus hat der Arzt Patienten hinzuweisen.

6. Therapiebesuch zu Hause

Die Verordnung von Heilmitteln außerhalb der Praxis des Therapeuten, insbesondere in Form eines Hausbesuchs, ist **ausnahmsweise** nur dann zulässig, wenn der Patient aus medizinischen Gründen den Therapeuten nicht aufsuchen kann bzw. wenn der Hausbesuch aus medizinischen Gründen zwingend notwendig ist.

Praxistipps

- Der verordnende Arzt muss auf der Verordnung „Hausbesuch" ankreuzen.
- Der Patient muss Folgendes zuzahlen: 10,- € pro Verordnung plus 10 % der Kosten für jeden Hausbesuch plus Fahrtkosten.

7. Richtlinien

Der ☞ *Gemeinsame Bundesausschuss* hat zur Verordnung von Heilmitteln sogenannte Heilmittel-Richtlinien erstellt. Diese Richtlinien können Sie unter www.g-ba.de > Informationsarchiv > Richtlinien downloaden.

7.1. Heilmittelkatalog

Innerhalb der Heilmittelrichtlinien regelt der sogenannte Heilmittelkatalog die jeweiligen Indikationen zu den einzelnen Heilmittelmaßnahmen der Physikalischen, Podologischen, Stimm-, Sprech- und Sprach- sowie Ergotherapie.
Bei der Kostenübernahme für Heilmittel gibt es Unterschiede zwischen den ☞ *Krankenkassen.*

Wer hilft weiter?

☞ *Krankenkassen* und ☞ *Berufsgenossenschaften.*

Heilpädagogische Einrichtungen

☞ *Seelisch behinderte Kinder und Jugendliche, Eingliederungshilfe*

Heilpädagogische Maßnahmen

☞ *Frühförderung behinderter Kinder*

Heimerziehung

(§ 34 SGB VIII)

Das Wichtigste in Kürze

Heimerziehung heißt, dass ein Kind im Heim untergebracht ist, in der Regel vorübergehend, unter Umständen auf Dauer. Eine Heimerziehung wird dann gewählt, wenn das familiäre Umfeld eines Kindes nicht zur Lösung seiner Probleme geeignet scheint. Ziel einer Heimerziehung ist die Rückkehr in die sorgeberechtigte Herkunftsfamilie.

1. Definition

Die Heimerziehung ist eine besondere Form der ☞ *Vollzeitpflege* und gehört zu den ☞ *Erziehungshilfen* des ☞ *Kinder- und Jugendhilfegesetzes.* Bei Kindern bis zum Alter von 10 Jahren ist die Vollzeitpflege bei einer Pflegefamilie vorrangig gegenüber der Heimunterbringung.

2. Heim oder Pflegefamilie?

Ob die Erziehung bei einer Pflegefamilie oder in einem Heim stattfinden soll, orientiert sich maßgeblich an folgenden Überlegungen:

- Liegen Störungen vor, die im familiären Bereich nicht bewältigt werden können, sondern professionellen Einsatz erforderlich machen?
- Ist eine zeitlich begrenzte Herausnahme aus der Familie zur Bewältigung einer vo-

Mehr Informationen: www.betanet.de

rübergehenden Konfliktsituation empfehlenswert?

- Ist die Heimerziehung ein geeigneter und notwendiger Schritt zur Ablösung von der Familie?

2.1. Selbst- oder Fremdgefährdung

Liegen akut kritische Situationen mit Selbst- oder Fremdgefährdung vor, ist nicht das Heim zuständig, sondern es ist eine Einweisung in eine Kinder- und Jugendpsychiatrie oder ein Bezirkskrankenhaus notwendig.

3. Ziele

Ziel der Heimerziehung ist die **Rückkehr in die sorgeberechtigte Herkunftsfamilie**. Allerdings ist dieses Ziel am **Wohl des Kindes oder Jugendlichen** zu messen, so dass bei einer Unerreichbarkeit des Ziels „Rückkehr in die Herkunftsfamilie" die Erziehung in einer Pflegefamilie anzustreben ist. Auch das Heim kann im Einzelfall als eine „auf Dauer angelegte Lebensform" denkbar sein.
Inhaltliche Ziele der Heimerziehung sind:

- Verknüpfung von Erziehung, Therapie und Erlernen von Alltagskompetenzen
- Unterstützung bei der schulischen und beruflichen Bildung und Weiterentwicklung
- Aufbauhilfe für ein stabiles soziales Umfeld
- Hinführung zu Selbstakzeptanz, Selbstverantwortung und Verantwortung für die soziale Umwelt sowie zu einer selbstständigen Lebensführung

4. Betreute Wohnformen

Zu den „Heimen" zählen auch **„betreute Wohnformen"**, wie z.B. Jugendwohngemeinschaften und betreute Einzelwohnungen. Die bloße Bereitstellung von Wohnraum ist aber keine „Heimerziehung" im Sinne des Kinder- und Jugendschutzes, da keine Hilfe zur Erziehung gewährleistet wird.

Praxistipp

Als Ergänzung zu Heimerziehung oder betreuten Wohnformen kommt für junge Volljährige unter Umständen auch eine Nachbetreuung in Frage (☞ *Junge Volljährige, Nachbetreuung*).

5. Kosten

Das ☞ *Jugendamt* trägt die Kosten.
Die Eltern, Kinder, Jugendlichen und deren Ehegatten/Lebenspartner werden zu diesen Kosten herangezogen. Der Kostenbeitrag richtet sich nach der Kostenbeitragsverordnung und kann in der Höhe regional unterschiedlich ausfallen.

Wer hilft weiter?

Individuelle Auskünfte erteilt das ☞ *Jugendamt*.

Heimpflege

☞ *Pflegegeld Unfallversicherung*
☞ *Vollstationäre Pflege*

Hilfe in anderen Lebenslagen

(§§ 70 ff. SGB XII)

Umfang

Die Hilfen in anderen Lebenslagen zählen zur Sozialhilfe. Dazu zählen im Einzelnen:

- Hilfe zur Weiterführung des Haushalts (☞ *Haushalt Weiterführung*)
- ☞ *Altenhilfe*
- ☞ *Blindenhilfe*
- ☞ *Bestattungskosten Sozialhilfe*
- Hilfe in sonstigen Lebenslagen in Form von Beihilfen oder Darlehen

Wer hilft weiter?

Individuelle Auskünfte erteilt das zuständige ☞ *Sozialamt*.

Soziale Fragen? betafon 01805 - 238 2366!

Hilfe zum Lebensunterhalt

(§§ 27 ff. SGB XII)

Das Wichtigste in Kürze

„Hilfe zum Lebensunterhalt" ist das, was im allgemeinen Sprachgebrauch als „Sozialhilfe" bezeichnet wird. Sie deckt grundlegende Bedürfnisse wie Ernährung, Kleidung und Körperpflege, wenn der Hilfesuchende selbst kein Einkommen oder Vermögen hat.

Mehr Informationen: www.betanet.de

1. Voraussetzungen

Die „Hilfe zum Lebensunterhalt" gehört zur ☞ *Sozialhilfe* und sichert die elementaren Grundbedürfnisse ab. Die Hilfe erhält, wer seinen notwendigen Lebensunterhalt nicht oder nicht ausreichend mit eigener Arbeitskraft und eigenen Mitteln, z.B. aus **Einkommen** und **Vermögen** oder mit Hilfe anderer beschaffen kann.
Die Hilfe zum Lebensunterhalt muss beim ☞ *Sozialamt* beantragt werden. In seltenen Fällen muss die Hilfe zum Lebensunterhalt zurückgezahlt werden (☞ *Rückzahlung der Sozialhilfe*).

2. Umfang

Der **notwendige** Lebensunterhalt wird über die ☞ *Regelsätze der Sozialhilfe* abgegolten und umfasst z.B. Ernährung, Kleidung, Körperpflege (z.B. Toilettenartikel wie Seife, Zahnpasta, Shampoo etc.), Hausrat (z.B. Haushaltsausstattung wie Möbel, Küchengeräte) und persönliche Bedürfnisse des täglichen Lebens (u.a. Kontakt zur Umwelt und Teilnahme am kulturellen Leben, wie Besuch von Kino-, Theater- und Sportveranstaltungen, Anschaffung von Zeitungen, Büchern etc.)

Darüber hinaus sieht die Hilfe zum Lebensunterhalt **spezielle Leistungen** vor, die **nicht** im Regelsatz enthalten sind, wie:

- Leistungen für ☞ *Unterkunft und Heizung*
- ☞ *Mehrbedarfszuschläge*
- ☞ *Einmalige Leistungen*
- Barbetrag zur persönlichen Verfügung ☞ *Taschengeld*
- Übernahme der Beiträge zur ☞ *Kranken- und Pflegeversicherung*
- ☞ *Alterssicherung*
- Übernahme von ☞ *Mietschulden*
- Befreiung von der ☞ *Rundfunk- und Fernsehgebühr*, sowie Erhalt einer ☞ *Telefongebührenermäßigung*

3. Höhe

(§§ 28 ff. SGB XII)
Die **tatsächlich zu leistende** Hilfe zum Lebensunterhalt errechnet sich aus:

- ☞ *Regelsätze der Sozialhilfe*
- **plus** ☞ *Mehrbedarfszuschlag*
- **plus** ☞ *Unterkunft und Heizung*
- **plus** Beiträge zur ☞ *Kranken- und Pflegeversicherung*
- **plus** ggf. ☞ *Alterssicherung*
- **abzüglich** dem anzurechnenden **Einkommen** und **Vermögen**.

Praxistipp

Die Darstellung dieses sehr komplexen Themenbereichs beschränkt sich auf allgemeingültige Angaben. Was alles zum Einkommen (§§ 82 ff. SGB XII) und zum Vermögen (§ 90, 91 SGB XII) zählt, finden Sie unter ☞ *Einsatz von Einkommen und Vermögen.* Individuelle und oft einzelfallabhängige Besonderheiten finden hier keine Berücksichtigung. Fragen sind mit dem zuständigen Sachbearbeiter des Sozialamts zu klären.

4. Unterhaltspflicht

Bevor das ☞ *Sozialamt* Hilfe leistet, wird geklärt, ob nahestehende Personen unterhaltspflichtig gegenüber dem Hilfebedürftigen sind. Es wird unterschieden zwischen **gesteigert** Unterhaltspflichtigen, **normal** Unterhaltspflichtigen und **nicht** Unterhaltspflichtigen. Nähere Informationen ☞ *Unterhaltspflicht*.

Wer hilft weiter?

Individuelle Auskünfte erteilt das ☞ *Sozialamt.*

Hilfe zur Pflege

☞ *Häusliche Pflege Sozialhilfe*
☞ *Pflege Sozialhilfe*
☞ *Pflegegeld Sozialhilfe*
☞ *Pflegeperson Sozialhilfe*

Hilfsmittel

(§§ 33, 34 Abs. 4 SGB V - § 15 SGB VI i.V.m. § 26 SGB IX - § 31 SGB VII)

Das Wichtigste in Kürze

Ein Hilfsmittel ist ein Gegenstand oder ein Gerät, das unmittelbar auf eine Behinderung ausgerichtet ist, z.B. ein Hörgerät, eine Prothese, eine Brille oder ein Rollstuhl. Je nach Alter des Patienten, nach Art des Hilfsmittels und nach Kostenträger werden die Kosten für ein Hilfsmittel ganz, teilweise oder gar nicht übernommen.

1. Definition und Erstattungsfähigkeit

Grundsätzlich gilt: Ein Hilfsmittel muss unmittelbar auf die Behinderung selbst ausgerichtet sein und die beeinträchtigten Körperfunktionen wiederherstellen, ausgleichen, ersetzen, erleichtern oder ergänzen bzw. zur Befriedigung von allgemeinen lebensnotwendigen Grundbedürfnissen (z.B. Ernährung, Fortbewegung, Hygiene, Kommunikation) erforderlich sein.

1.1. Erstattungsfähige Hilfsmittel

Zu den Hilfsmitteln, die von den Kostenträgern übernommen werden, zählen unter anderem

- Hörhilfen,
- Körperersatzstücke, orthopädische Hilfsmittel,
- ☞ *Rollstühle* sowie
- in bestimmten Sonderfällen auch ☞ *Sehhilfen.*

Über die allgemein bekannten Hilfsmittel hinaus sind beispielsweise auch die nachfolgend aufgeführten von den Kostenträgern anerkannt:

- Baby-Rufanlage mit optischem Signal bei Taubheit der Mutter
- Geeichte Personen-Standwaage zur Selbstüberwachung
- Einmalwindeln für Erwachsene
- Fahrrad-Rollstuhl-Kombination (Rollstuhlboy)
- Farberkennungsgerät
- Behindertengerechtes Kranken- oder Kinderbett

1.2. Keine Kostenübernahme

Nicht zu den Hilfsmitteln, die von den Sozialversicherungsträgern erstattet werden, zählen:

- **Allgemeine Gebrauchsgegenstände des täglichen Lebens**
  Das sind Gegenstände, die für alle oder die Mehrzahl der Menschen unabhängig von Krankheit oder Behinderung unentbehrlich sind, z.B.: normaler Autokindersitz, elektrisches Heizkissen, Gegenstände eines durchschnittlichen Haushalts, gewöhnlicher PC, Standardtelefon.
- **Sächliche Hilfsmittel mit geringem oder umstrittenem therapeutischen Nutzen**
  Z.B. Kompressionsstrümpfe für Waden und Oberschenkel, Knie- und Knöchelkompressionsstücke, Handgelenkmanschetten, Applikationshilfen für Wärme und Kälte, Afterschließbandagen, Mundsperrer, Penisklemmen.
- **Sächliche Hilfsmittel mit geringem Abgabepreis**
  Z.B. Alkoholtupfer, Armtragetücher, Augenbadewannen, Augenklappen, Augentropfpipetten, Badestrümpfe, Brillenetuis, Brusthütchen mit Sauger, Einmalhandschuhe (Ausnahme s.u.), Gummihandschuhe, Ohrenklappen, Salbenpinsel, Urinflaschen, Zehenspreizer.

H
Soziale Fragen? betafon 01805 - 238 2366!

Ausnahme:
Zu den verordnungsfähigen Hilfsmitteln zählen sterile Handschuhe zur regelmäßigen Katheterisierung und unsterile Einmalhandschuhe bei Querschnittsgelähmten mit Darmlähmung zur Darmleerung. Außerdem können sterile Einmalhandschuhe verordnet werden, wenn sie zusammen mit sterilen Absaugkathetern (Trachialkanüle) benötigt werden.

Mehr Informationen: www.betanet.de

2. Kostenträger

Die Kostenübernahme ist bei den Trägern nach der Art der Hilfsmittel unterschiedlich geregelt. Zudem werden in der Regel nur Kosten bis zur Höhe des Festbetrags (siehe unten) übernommen.

Bei allen Trägern ist auch die **leihweise Überlassung** vorgesehen, z.B. bei haltbaren Gegenständen wie Krücken, Rollstühlen, Krankenbetten, Badehilfen etc.

2.1. Krankenversicherung

Die ☞ *Krankenversicherung* übernimmt die Kosten mit z.T. starken Einschränkungen. Die Versorgung mit Hilfsmitteln erfolgt in der Regel durch die Vertragspartner der Krankenkasse. Bezieht der Versicherte aufgrund eines berechtigten Interesses Hilfsmittel bei einem anderen Leistungserbringer, der nicht Vertragspartner der Krankenkasse ist, muss der Versicherte die Mehrkosten selbst tragen. Um dies zu vermeiden, sollte sich der Versicherte vorab die Vertragspartner der Krankenkasse benennen lassen.

Bei der Kostenübernahme ist zu unterscheiden zwischen Hilfsmitteln, für die ein Festbetrag (s.u.) besteht, und Hilfsmitteln ohne Festbetrag.

- Hilfsmittel mit Festbetrag
  Die Kassen übernehmen die Kosten bis zur Höhe des Festbetrags (s.u.).
- Hilfsmittel ohne Festbetrag beim Vertragspartner
  Die Kassen übernehmen die Kosten bis maximal zur Höhe des vertraglich vereinbarten Preises.
- Hilfsmittel ohne Festbetrag bei Leistungserbringern, die nicht Vertragspartner der Krankenkasse sind
  Die Kassen erstatten nur Kosten in Höhe des niedrigsten Preises einer vergleichbaren Leistung des Vertragspartners.

2.1.1. Festbeträge

Festbeträge gibt es in der Krankenversicherung für Hilfsmittel in den Gruppen Seh-, Hörhilfen und Inkontinenzmittel sowie Hilfsmittel zur Kompressionstherapie, Stoma-Artikel und Einlagen. Die Krankenkasse erstattet nur bis zu diesem Betrag. Wird ein Hilfsmittel ausgewählt, das über dem Festbetrag liegt, muss der Versicherte den Differenzbetrag (Eigenanteil) selbst übernehmen. Die Zuzahlung richtet sich nur nach der Höhe des Festbetrags. In der Regel wird der Patient also dann Eigenanteil plus Zuzahlung leisten.

2.2. Sozialhilfe

Die ☞ *Krankenhilfe* des Sozialhilfeträgers tritt in Einzelfällen für die Kosten ein. Er orientiert sich dabei an der Kostenübernahme durch die Krankenkassen.

2.3. Unfallversicherung

Die ☞ *Unfallversicherung* übernimmt bei Vorliegen der entsprechenden Voraussetzungen (☞ *Arbeitsunfall*, Wegeunfall, ☞ *Berufskrankheit*) z.B. Kosten für Körperersatzstücke und orthopädische Hilfsmittel einschließlich der notwendigen Änderung, Instandsetzung und Ersatzbeschaffung sowie die Ausbildung im Gebrauch der Hilfsmittel **ohne Zuzahlung**.
Ausnahme: Bei Verordnung von orthopädischen Schuhen muss ein Eigenanteil übernommen werden.

Der Hilfsmittelkatalog der Unfallversicherung umfasst auch Gebrauchsgegenstände des täglichen Lebens in Normal- oder Sonderausführung, wenn der Versicherte auf ihren Gebrauch angewiesen ist.

2.4. Pflegeversicherung

Die ☞ *Pflegeversicherung* bezeichnet Hilfsmittel als ☞ *Pflegehilfsmittel.* Näheres siehe dort.

2.5. Kostenübernahme einzelner Hilfsmittel

Körperersatzstücke/Prothesen übernehmen die Krankenkassen und die Berufsgenossenschaften voll.
Details zu anderen Hilfsmitteln finden Sie unter ☞ *Sehhilfen und* ☞ *Rollstühle.*

3. Reparatur, Betriebskosten etc.

Die **Krankenkassen** und die **Berufsgenossenschaften** übernehmen auch

- die **Änderung, Instandsetzung und Ersatzbeschaffung** vieler Hilfsmittel
- die **Ausbildung** im Gebrauch des Hilfsmittels
- die **Betriebskosten** des Hilfsmittels (z.B. Unterhaltskosten für einen Blindenhund, Wartung eines Lifters, Reparatur eines Rollstuhls).
- **Wartungen und technische Kontrollen,** wenn diese aufgrund eines unvertretbaren gesundheitlichen Risikos für den Versicherten erforderlich sind.

Reparaturkosten tragen die **Krankenkassen** bis zur Höhe des Festbetrages bzw. bis zur Höhe des vertraglich vereinbarten Preises des Hilfsmittelerbringers.
Die **Berufsgenossenschaften** tragen Reparaturkosten in der Regel voll.

Nicht übernommen werden alle diese Kosten bei **vorsätzlicher oder grob fahrlässiger** Beschädigung.

4. Zuzahlung

Bei der Zuzahlung wird zwischen **„nicht** zum Verbrauch bestimmten" und „zum Verbrauch bestimmten" Hilfsmitteln unterschieden.
Gibt es für das Hilfsmittel einen **Festbetrag,** dann richtet sich die Zuzahlung nach diesem.

4.1. Nicht zum Verbrauch bestimmte Hilfsmittel

Nicht zum Verbrauch bestimmte Hilfsmittel können mehrmals von einem Versicherten oder im Wiedereinsatz von verschiedenen Versicherten verwendet werden, z.B. Rollstuhl, Beatmungsgerät, Absauggerät. Der Versicherte zahlt 10 % des Abgabepreises zu, jedoch mindestens 5,- und maximal 10,- €.

4.2. Zum Verbrauch bestimmte Hilfsmittel

Zum Verbrauch bestimmte Hilfsmittel können wegen ihrer Beschaffenheit, ihres Materials oder aus hygienischen Gründen nur einmal ununterbrochen benutzt werden und sind in der Regel für den Wiedereinsatz nicht geeignet. Dazu zählen z.B. Windelhosen (Produktgruppe 15), Bettschutzeinlagen und Einmalhandschuhe (Produktgruppe 19). Der Versicherte zahlt 10 % des Abgabepreises (je Packung) zu, maximal jedoch 10,- € monatlich. Dies gilt unabhängig davon, ob die zum Verbrauch bestimmten Hilfsmittel aufgrund einer oder mehrerer Indikationen oder aus mehreren Produktgruppen benötigt werden.

4.3. Zuzahlungsbefreiung

Eine Befreiung bei Überschreiten der Belastungsgrenze ist möglich, Details ☞ *Zuzahlungen Krankenversicherung.*

Von der Zuzahlung befreit sind

- Schwangere, wenn die Verordnung des Hilfsmittels in unmittelbarem Zusammenhang mit der Schwangerschaft/Entbindung steht.

H
Soziale Fragen? betafon 01805 - 238 2366!

- Kinder und Jugendliche bis zum 18. Geburtstag
- Versicherte der ☞ *Unfallversicherung*
  Sind allerdings **Festbeträge** im Sinne der Krankenversicherung festgesetzt, trägt auch die Unfallversicherung die Kosten der Hilfsmittel nur bis zu dieser Höhe, so unter anderem beim Brillengestell. Auf eventuelle Mehrkosten über die Festbeträge hinaus hat der Arzt Patienten hinzuweisen.

Praxistipp

Mit dem Vermerk „FREI, da über Unfallversicherung" auf dem Rezept vermeidet der Arzt Nachfragen und Unklarheiten.

5. Richtlinien

Der ☞ *Gemeinsame Bundesausschuss* hat zur Verordnung von Hilfsmitteln sogenannte Hilfsmittel-Richtlinien erstellt. Diese Richtlinien können Sie unter www.g-ba.de > Informations-Archiv > Richtlinien downloaden.

6. Praxistipp Hilfsmittelkatalog

Apotheken, Sanitätshäuser oder z.B. orthopädische Schuhmacher verfügen in der Regel über einen (Auszug aus dem) Hilfsmittelkatalog. Wenn Patienten ihr Hilfsmittelrezept dort vorlegen, bekommen sie genaue Informationen, wie viel die Krankenkasse oder Berufsgenossenschaft laut Katalog für das verordnete Hilfsmittel zahlt und wie hoch der Eigenanteil ist, der zu leisten ist. Die einschlägigen Fachgeschäfte wissen auch, ob man das Hilfsmittel gleich mitnehmen kann oder ob es zuerst von der Krankenkasse genehmigt werden muss.

Wer hilft weiter?

☞ *Krankenkassen* und ☞ *Berufsgenossenschaften*

Hospize

☞ *Sterbebegleitung*

Impfungen

☞ *Gesundheitsreform 2007*

Instanzen

☞ *Sozialgericht*

Integrationsamt

Das Wichtigste in Kürze

Integrationsämter kümmern sich um schwerbehinderte Menschen im Arbeitsleben. Sie sind zuständig für die Interessen von Arbeitnehmern und -gebern.

1. Aufgaben

Integrationsämter (früher: ☞ *Hauptfürsorgestellen*) haben folgende Aufgaben:

- Förderung und Sicherung der **Eingliederung** Schwerbehinderter in das Arbeitsleben.
- Hilfen zur **behindertengerechten Einrichtung** von Arbeits- und Ausbildungsplätzen.
- Durchführung des besonderen **Kündigungsschutzes** für Schwerbehinderte.
- Erhebung und Verwendung der **Ausgleichsabgabe**. Wenn Arbeitgeber die vorgeschriebene Zahl von schwerbehinderten Menschen nicht beschäftigen, haben sie für jeden unbesetzten Pflichtplatz eine Ausgleichsabgabe zu entrichten. (§§ 71, 77 SGB IX)

2. Leistungen

Die Leistungen des Integrationsamts - persönlicher oder materieller Art - stellen eine individuelle, auf die besonderen Anforderung des Arbeitsplatzes abgestellte Ergänzung zu den Leistungen des Rehabilitationsträgers dar. Das Integrationsamt selbst ist kein Rehabilitationsträger.
Ist die Erbringung einer Leistung zur ☞ *Teilhabe am Arbeitsleben* unverzüglich not-

Mehr Informationen: www.betanet.de

wendig, dann kann das Integrationsamt diese Leistung vorläufig erbringen.

Wer hilft weiter?

Die Adresse des zuständigen Integrationsamts ist zu erfragen bei der Gemeinde- oder Stadtverwaltung, bei der BIH, Bundesarbeitsgemeinschaft der Integrationsämter und Hauptfürsorgestellen, Erzbergerstr. 119, 76133 Karlsruhe, Telefon 0721 8107-901 oder im Internet zu recherchieren: www.integrationsaemter.de > Kontakt.

Integrationsfachdienst

Das Wichtigste in Kürze

Integrationsfachsdienste (IFD) sind Einrichtungen, die im Auftrag von Integrationsämtern, Agenturen für Arbeit und anderen Rehabilitationsträgern arbeiten. Sie beraten und begleiten schwerbehinderte Menschen, die einen hohen Bedarf an Betreuung im Arbeitsleben haben, und/oder vermitteln sie in Arbeit. Auch schwerbehinderte Schulabgänger und Menschen die in Werkstätten für Behinderte arbeiten, werden bei Bedarf von Integrationsfachdiensten unterstützt, um ihnen einen Zugang zum allgemeinen Arbeitsmarkt zu ermöglichen.

Aufgaben

Integrationsfachdienste haben folgende Aufgaben:

- Ansprechpartner sowohl für schwerbehinderte Arbeitnehmer, als auch für Arbeitgeber, die Fragen im Zusammenhang mit schwerbehinderten Arbeitnehmern haben.
- Die beruflichen Fähigkeiten des Schwerbehinderten herausfinden und diesen im Arbeitsleben integrieren.
- Geeignete Arbeitsplätze für Schwerbehinderte auf dem allgemeinen Arbeitsmarkt anwerben und vermitteln.
- Vorbereitung von Schwerbehinderten auf die vorgesehenen Arbeitsplätze.
- Betreuung von Schwerbehinderten während der Einarbeitungszeit und falls notwendig auch darüber hinaus.
- Information der Vorgesetzten und Kollegen im Arbeitsplatzumfeld.

Praxistipp

Integrationsfachdienste sind im gesamten Bundesgebiet eingerichtet: Ziel ist, in jedem Bezirk einer Agentur für Arbeit einen solchen anzubieten. Eine Auflistung aller Integrationsfachdienste für die einzelnen Bundesländer finden Sie unter www.integrationsaemter.de > Kontakt > Integrationsfachdienst.

Integrierte Versorgung

(§ 140 a-d SGB V, § 92 b SGB XI)

Das Wichtigste in Kürze

Integrierte Versorgung bedeutet die Vernetzung zwischen einzelnen medizinischen Versorgungssektoren. Dadurch sollen beispielsweise niedergelassene Haus- oder Fachärzte gemeinsam mit stationären Einrichtungen wie Krankenhäusern eine koordinierte medizinische Versorgung aus einer Hand anbieten, um so die Versorgungsqualität zu steigern. Dafür können sich Leistungsanbieter zusammenschließen und einen Abrechnungsvertrag mit einer Krankenkasse abschließen.

1. Ziel

Ziel ist eine verbesserte Versorgungsqualität der Versicherten bei geringeren oder zumindest gleichbleibenden Kosten. Die Vernetzung ist insbesondere für komplexe Behandlungsprozesse geeignet, an denen mehrere medizinische Leistungserbringer beteiligt sind, z.B. an den Schnittstellen zwischen ambulantem und stationärem Bereich (Entlassung aus dem Krankenhaus nach Hause oder in eine stationäre Rehamaßnahme).

2. Vertrag

Basis für die Integrierte Versorgung ist ein Einzelvertrag, den Leistungsanbieter oder Anbietergemeinschaften mit **einer** Krankenkasse abschließen. In diesem Vertrag können Leistungserbringung und Abrechnung unabhängig von den sonstigen Bestimmungen des Sozialrechts relativ frei vereinbart werden.
Leistungsanbieter können neben Ärzten und Akutkliniken auch Erbringer ambulanter und stationärer Rehabilitationsleistungen sein, Anbieter von ☞ *Heilmitteln*, ☞ *Hilfsmitteln* oder ☞ *häuslicher Krankenpflege* oder eigens gegründete Anbieter-GmbHs. Sie kooperieren bei der Behandlung ihrer Patienten, teilen sich das mit der Krankenkasse vereinbarte gemeinsame Budget und bestimmen dafür ihren internen Abrechnungsmodus selbst.
Auch die **Pflegekassen** können jeweils mit Leistungsanbietern, Anbietergemeinschaften oder zugelassenen Pflegeeinrichtungen Einzelverträge zur Integrierten Versorgung abschließen.

3. Vorteile für Patienten

Für Patienten kann die Teilnahme an einer Integrierten Versorgung unter anderem den Vorteil haben, dass sie am ☞ *Bonusprogramm* ihrer Krankenkasse teilnehmen oder von Zuzahlungen befreit werden.

Intensive sozialpädagogische Einzelbetreuung

(§ 35 SGB VIII)

Das Wichtigste in Kürze

Intensive sozialpädagogische Einzelbetreuung (abgekürzt ISE-Betreuung) ist eine Erziehungsmaßnahme für Jugendliche, die in ihrer Entwicklung schwer beeinträchtigt sind. Sie findet außerhalb der Familie des Jugendlichen statt und soll ihm helfen, sein Leben zu bewältigen.

1. Grundsätzliches

Die intensive sozialpädagogische Einzelbetreuung (abgekürzt ISE-Betreuung) ist eine Form der ☞ *Erziehungshilfe* des ☞ *Kinder- und Jugendhilfegesetzes*, die sich in der Regel an Jugendliche (14 bis noch nicht 18 Jahre) richtet, die in ihrer Entwicklung schwer beeinträchtigt und bei denen alle anderen Hilfen unzureichend sind. Hierzu zählen z.B. Jugendliche aus dem Prostituierten-, Drogen-, Nichtsesshaften- und gewaltbereiten Rechtsradikalismusmilieu.

Der Jugendliche wird für eine ISE-Betreuung in der Regel aus der Familie herausgenommen und lebt für eine längere Zeit alleine oder in einer Jugend-Wohngemeinschaft. Eine Fachperson (Sozialpädagoge oder Pädagoge) begleitet ihn intensiv mit bis zu 20 Stunden in der Woche. Eine ISE-Betreuung kann auch eine ☞ *Heimerziehung* begleiten.

2. Aufgaben

Zu den wesentlichen Aufgaben der ISE-Betreuung gehören:

- Hilfestellung bei der allgemeinen Bewältigung des Lebensalltags
- Rat und Hilfe bei Fragen zu Alkohol- und Drogenkonsum, Sexualität und Partnerschaft
- Unterstützung bei der Begründung eines Ausbildungsverhältnisses

3. Ziele

Alle Maßnahmen sollen das Ziel verfolgen, den Jugendlichen vor kriminellen Handlungen zu bewahren und einem weiteren sozialen Abstieg entgegenzuwirken.
Die Ziele der ISE-Betreuung sind

- die soziale Integration und
- die eigenverantwortliche Lebensführung

des Jugendlichen.

4. Kosten

Das ☞ *Jugendamt* trägt die Kosten, **sofern** die Betreuung außerhalb der eigenen Familie erfolgt.

Mehr Informationen: www.betanet.de

Die Eltern, Kinder, Jugendlichen und deren Ehegatten/Lebenspartner werden zu diesen Kosten herangezogen. Der Kostenbeitrag richtet sich nach der Kostenbeitragsverordnung und kann in der Höhe regional unterschiedlich ausfallen. Weitere Informationen beim Jugendamt.

5. Weitere Leistungen des Jugendamts bei ISE-Betreuung

5.1. Unterhaltsleistungen

Das ☞ *Jugendamt* ist für die Leistungen zuständig, wenn dem Kind oder Jugendlichen Hilfe **außerhalb** des Elternhauses gewährt wird (§ 39 SGB VIII). Wenn die ISE-Betreuung ausnahmsweise **im** Elternhaus erfolgt, übernimmt das ☞ *Sozialamt* im Rahmen der ☞ *Hilfe zum Lebensunterhalt* die Unterhaltsleistungen.

5.1.1. Definition Unterhaltsleistungen

Zu den ☞ *Unterhaltsleistungen* gehört der gesamte regelmäßig wiederkehrende Bedarf, so u.a. die Kleidung sowie unter Umständen auch einmalige Zuschüsse und Beihilfen z.B. für Urlaubs- und Ferienreisen des Jugendlichen.

5.2. Taschengeld

Taschengeld (Barbetrag) steht dem Jugendlichen bei **vollstationären** Hilfen persönlich zur Verfügung (§ 39 SGB VIII).
Die **Höhe** des ☞ *Taschengelds* wird von den Landesbehörden **festgesetzt**.

5.3. Krankenhilfe

Krankenhilfe (§ 40 SGB VIII) wird geleistet, so weit für den Jugendlichen kein Krankenversicherungsschutz besteht (in der Regel über die ☞ *Familienversicherung* abgedeckt). Leistungsumfang der ☞ *Krankenhilfe* siehe dort.

Praxistipp

Als Fortsetzung der ISE-Betreuung kommt für junge Volljährige ggf. auch eine Nachbetreuung in Frage (☞ *Junge Volljährige, Nachbetreuung*).

Wer hilft weiter?

Individuelle Auskünfte erteilen das ☞ *Jugendamt* bzw. das ☞ *Sozialamt*.

Jugendamt

Das Wichtigste in Kürze

Jugendämter sind zuständig für die Kinder- und Jugendhilfe. Sie betreuen Kinder und Erziehungsberechtigte gleichermaßen. Neben den Jugendämtern gibt es auch freie Hilfsangebote von Wohlfahrtsverbänden oder Vereinen.

1. Definition und Aufgaben

Jugendämter sind die vor Ort tätigen Träger der öffentlichen Kinder- und Jugendhilfe (☞ *Kinder- und Jugendhilfegesetz*). Sie betreuen Kinder, Jugendliche, Erziehungsberechtigte und Sorgeberechtigte praktisch und erfüllen auch die anfallenden Verwaltungsaufgaben. Übergeordnet sind die Landesjugendämter. Jugendämter und Landesjugendämter bilden die öffentliche Kinder- und Jugendhilfe. Sie arbeiten eng mit den Trägern der freien Kinder- und Jugendhilfe zusammen.

2. Hilfeplan

(§ 36 SGB VIII)
Die öffentliche Kinder- und Jugendhilfe erstellt vor Inanspruchnahme der Leistungen zusammen mit den Eltern und dem Kind oder Jugendlichen einen sogenannten **Hilfeplan**. Bei Eingliederungshilfen (☞ *Seelisch behinderte Kinder und Jugendliche, Eingliederung*) sollte ein Arzt beteiligt werden. Das Jugendamt trägt die Verantwortung für den Hilfeplan, muss ihn allerdings nicht selbst

erstellen. Der Hilfeplan kann zusammen mit den Betroffenen auch vom letztendlichen Leistungserbringer erstellt werden.

Der Hilfeplan bildet die Grundlage für die Ausgestaltung der Hilfe für den gesamten Leistungszeitraum. Er beinhaltet:

- Feststellung des erzieherischen oder unterstützenden Bedarfs
- Art und Ziel der Hilfe
- Nötige Leistungen durch das Jugendamt und andere Träger
- Wo und wie die Hilfe durchgeführt wird
- Begründung, warum eine andere oder naheliegende Hilfe nicht in Frage kommt
- Voraussichtliche Dauer der Hilfe
- Maßnahmen zur Veränderung der Situation in der Herkunftsfamilie bzw. Gründe, warum solche Maßnahmen keine Aussicht auf Erfolg haben
- Begründung, ob eine Rückkehr in die Herkunftsfamilie aussichtsreich ist oder nicht
- Festlegung von Besuchskontakten, freien Kontakten und/oder probeweisem Leben in der Herkunftsfamilie
- Benennung der Sorgeberechtigten und des Verantwortlichen beim Jugendamt

3. Wunsch- und Wahlrecht

Die Eltern eines Kindes oder Jugendlichen haben ein Wunsch- und Wahlrecht bei der Entscheidung darüber, wer die Hilfe durchführt, ein öffentlicher oder ein freier Träger. Kontakte und Adressen vermitteln die Jugendämter.

4. Öffentliche Kinder- und Jugendhilfe

Jugendämter und Landesjugendämter bilden die öffentliche Kinder- und Jugendhilfe. Übergeordnet sind die Landesjugendämter. Hier die Landesjugendämter der einzelnen Bundesländer:

Baden-Württemberg
Kommunalverband für Jugend und Soziales Baden-Württemberg, Telefon 0711 6375-0

Bayern
Bayerisches Landesjugendamt, Telefon 089 1261-04

Berlin
Senatsverwaltung für Bildung, Wissenschaft und Forschung, 10117 Berlin, Telefon 030 9026-7, Landesjugendamt 030 9026-5503

Brandenburg
Landesjugendamt des Landes Brandenburg, Telefon 03338 701-801

Bremen
Senator für Arbeit, Frauen, Gesundheit, Jugend und Soziales, Landesjugendamt, Telefon 0421 361-4582

Hamburg
Behörde für Soziales, Familie, Gesundheit und Verbraucherschutz, Amt für Jugend, Telefon 040 42863-0

Hessen
Landesjugendamt Hessen, Telefon 0611 817-0

Mecklenburg-Vorpommern
Landesjugendamt Mecklenburg-Vorpommern, Telefon 0395 380-3301

Niedersachsen
Niedersächsisches Landesamt für Soziales, Jugend und Familie, Telefon 05121 304-0

Nordrhein-Westfalen
Landschaftsverband Rheinland, Landesjugendamt, Telefon 0221 809-0
Landschaftsverband Westfalen-Lippe, Landesjugendamt, Telefon 0251 591-01

Rheinland-Pfalz
Landesamt für Soziales, Jugend und Versorgung, Landesjugendamt, Telefon 06131 967-0

Saarland
Landesjugendamt des Saarlandes, Telefon 0681 501-2082

Sachsen
Sächsisches Landesamt für Familie und Soziales, Telefon 0371 457-0

Sachsen-Anhalt
Landesjugendamt, Telefon 0345 514-1625

Schleswig-Holstein
Ministerium für Soziales, Gesundheit, Familie, Jugend und Senioren - Landesjugendamt, Telefon 0431 988-0

Thüringen
Landesamt für Soziales, Familie und Gesundheit, Landesjugendamt Thüringen, Telefon 0361 37983-60

5. Freie Kinder- und Jugendhilfe

Zuständig für die freie Kinder- und Jugendhilfe (☞ *Kinder- und Jugendhilfegesetz*) sind z.B. Wohlfahrtsverbände, Vereine, Selbsthilfegruppen, Initiativen und andere freie Träger von Einrichtungen und Diensten. Nachfolgend die sechs Spitzenverbände der freien Wohlfahrtspflege in Deutschland.

- **Arbeiterwohlfahrt** - Bundesverband, Blücherstr. 62/63, 10961Berlin, Telefon 030 26309-0, www.awo.org
- **Deutscher Caritasverband**, Karlstr. 40, 79104 Freiburg i. Br., Telefon 0761 200-0, www.caritas.de
- **Der Paritätische Gesamtverband** - Oranienburger Str. 13-14, 10178 Berlin, Telefon 030 24636-0, www.paritaet.org
- **Deutsches Rotes Kreuz** - Generalsekretariat, Carstennstr. 58, 12205 Berlin, Telefon 030 85404-0, www.drk.de
- **Diakonisches Werk** der Evangelischen Kirche in Deutschland, Reichensteiner Weg 24, 14195 Berlin, Telefon 030 83001-0, www.diakonie.de
- **Zentralwohlfahrtsstelle der Juden in Deutschland**, Hebelstr. 6, 60318 Frankfurt/M., Telefon 069 9443710, www.zwst.org

Jugendhilfe

☞ *Jugendamt*
☞ *Kinder- und Jugendhilfegesetz*

Junge Volljährige, Nachbetreuung

(§ 41 SGB VIII)

Das Wichtigste in Kürze

Nach dem Kinder- und Jugendhilfegesetz soll jungen Volljährigen (ab 18 Jahren) Hilfe zur Persönlichkeitsentwicklung und zu einer eigenverantwortlichen Lebensführung gewährt werden. Das Jugendamt kann diese Hilfen je nach Bedarf in verschiedener Form leisten, von der Beratung über Unterhaltsleistungen bis hin zur Erziehung in Heimen.

1. Dauer

Die „ Nachbetreuung junger Volljähriger" dauert **in der Regel** bis zur Vollendung des 21. Lebensjahres, **ausnahmsweise** bis zur Vollendung des 27. Lebensjahres. Hat allerdings der junge Volljährige vor Vollendung des 21. Lebensjahres eine Hilfe abgebrochen, so kommt die Ausnahmeregelung der Betreuung bis zum vollendeten 27. Lebensjahr nicht zur Anwendung.

2. Umfang

Als konkrete Hilfen kommen in Betracht:

- ☞ *Erziehungsberatung*
- ☞ *Soziale Gruppenarbeit*
- ☞ *Erziehungsbeistand*, ☞ *Betreuungshelfer*
- ☞ *Vollzeitpflege*, ☞ *Heimerziehung*
- ☞ *Intensive sozialpädagogische Einzelbetreuung*
- Eingliederungshilfe für ☞ *seelisch behinderte Kinder und Jugendliche*
- ☞ *Unterhaltsleistungen*
- ☞ *Beratung Jugendamt*
- Hilfe bei der Beschaffung von Wohnraum
- Finanzielle Zuschüsse nach der Entlassung aus einem Heim
- Hilfe bei der Beschaffung eines Ausbildungs- und/oder Arbeitsplatzes
- Hilfe bei der Haushaltsführung
- Hilfe im Umgang mit Behörden

Wer hilft weiter?

Individuelle Auskünfte erteilt das ☞ *Jugendamt.*

Kieferorthopädische Behandlung

☞ *Zahnbehandlung*

Kinder

(§ 10 SGB V)

Als Kinder im Sinne der ☞ *Krankenversicherung* gelten Personen:

1. bis zur Vollendung des 18. Lebensjahres
2. bis zur Vollendung des 23. Lebensjahres im Falle keiner Erwerbstätigkeit des Kindes
3. bis zur Vollendung des 25. Lebensjahres im Falle einer Schul- oder Berufsausbildung oder Leistung eines freiwilligen sozialen bzw. ökologischen Jahres
4. über das 25. Lebensjahr hinaus bei Unterbrechung/Verzögerung der Schul-/Berufsausbildung durch Wehrpflicht oder Zivildienst
5. bei ☞ *Behinderung*, wodurch sie außerstande sind, sich selbst zu unterhalten, ohne Altersbegrenzung
   Voraussetzung: Die Behinderung muss zu einem Zeitpunkt vorliegen, zu dem das Kind nach 1., 2. oder 3. versichert war.

Kinder **im Sinne des Krankenversicherungsrechts** sind neben den leiblichen auch Adoptivkinder, Stiefkinder, Pflegekinder und überwiegend vom versicherten Mitglied unterhaltene Enkelkinder.

Kinder- und Jugendhilfegesetz

Das Wichtigste in Kürze

Die gesetzliche Kinder- und Jugendhilfe tritt ein, um

- junge Menschen in ihrer individuellen und sozialen Entwicklung zu fördern.
- Eltern und andere Erziehungsberechtigte zu beraten und zu unterstützen.
- Kinder und Jugendliche vor Gefahren zu schützen.

Rechtsgrundlage ist das Sozialgesetzbuch Nr. 8 (SGB VIII).

Wer hilft weiter?

Zuständig sind die ☞ *Jugendämter* und Landesjugendämter sowie freie Träger.

Überblick über die Leistungen

Die vorwiegenden Leistungen und Maßnahmen der gesetzlichen Kinder- und Jugendhilfe finden Sie unter folgenden Stichworten:

☞ *Beratung Jugendamt*
☞ *Betreuung und Versorgung eines Kindes in Notsituationen*
☞ *Betreuungshelfer*
☞ *Erziehungsbeistand*
☞ *Erziehungsberatung*
☞ *Erziehungshilfe*
☞ *Heimerziehung*
☞ *Intensive sozialpädagogische Einzelbetreuung*
☞ *Junge Volljährige, Nachbetreuung*
☞ *Kindertagesstätten*
☞ *Mutter-Kind-Einrichtung*
☞ *Seelisch behinderte Kinder und Jugendliche, Eingliederungshilfe*
☞ *Soziale Gruppenarbeit*
☞ *Sozialpädagogische Familienhilfe*
☞ *Tagesgruppe*
☞ *Tagespflege von Kindern*
☞ *Unterhaltsleistungen*
☞ *Unterhaltsvorschuss*
☞ *Vollzeitpflege*

K
Mehr Informationen: www.betanet.de

Kinder- und Jugendtelefon

Die Kinder- und Jugendtelefone des Deutschen Kinderschutzbundes - die „Nummer gegen Kummer" - sind bundesweit unter der kostenlosen Telefon-Nummer 0800 1110333, Mo-Fr, 15-19 Uhr, zu erreichen.

Kinderbetreuungskosten

Das Wichtigste in Kürze

Behinderte, die an einer medizinischen oder beruflichen Reha teilnehmen, erhalten unter bestimmten Bedingungen Kinderbetreuungskosten. Diese zählen zu den ergänzenden Leistungen zur Reha und sind nicht zu verwechseln mit den erwerbsbedingten Kinderbetreuungskosten.

1. Voraussetzungen und Höhe

Kinderbetreuungskosten als ergänzende Leistungen zur Reha erhalten ☞ *Schwerbehinderte* oder ☞ *Behinderte* in unmittelbarer Folge von Leistungen zur ☞ *Medizinischen Rehabilitation* oder zur ☞ *Teilhabe am Arbeitsleben.* Auf diese ergänzenden Leistungen besteht ein Rechtsanspruch.

Kinderbetreuungskosten werden erstattet:

- für die **Mitnahme** des Kindes zur Bildungsstätte, sofern dadurch der Erfolg der Maßnahme sichergestellt bleibt, in Höhe der für eine Haushaltshilfe zu erbringenden Leistung.
- für die **anderweitige Unterbringung** des Kindes, sofern dadurch auch die Betreuung des Kindes sichergestellt ist, in Höhe der für eine ☞ *Haushaltshilfe* zu erbringenden Leistung.
- für eine **notwendige Kinderbetreuung** bis zu einer Höhe von 130,- € monatlich je Kind.

Praxistipp

Elternpaare, bei denen beide berufstätig sind, und berufstätige Alleinerziehende können über den Kinderfreibetrag hinaus zusätzlich **nachgewiesene, erwerbsbedingte** Kinderbetreuungskosten für **Kinder unter 14 Jahren oder behinderte Kinder** absetzen. Es können zwei Drittel der Kosten abgesetzt werden, maximal 4.000,- € je Kind (§ 4 f EStG).

Wer hilft weiter?

Der zuständige Rehaträger, Details unter ☞ *Rehabilitation Zuständigkeit.*

Kinderfreibetrag

☞ *Steuerliche Vergünstigungen*

Kindergarten

☞ *Kindertagesstätten*

Kindergeld

(BKGG)

Das Wichtigste in Kürze

Kindergeld gibt es für eigene, Stief-, Adoptiv- und Pflegekinder. Es beträgt je 154,- € monatlich für die ersten 3 Kinder und je 179,- € ab dem vierten Kind. Kindergeld gibt es bis 18, bei Schülern, Studenten und Wehrdienstleistenden auch länger. Alternativ zum Kindergeld gibt es einen Kinderfreibetrag von jährlich 3.648,- € pro Kind. Geringverdiener haben zudem einen Anspruch auf einen Kinderzuschlag von bis zu 140,- € monatlich.

K

Soziale Fragen? betafon 01805 - 238 2366!

1. Voraussetzungen

Anspruch auf Kindergeld haben Eltern

- mit Wohnsitz oder gewöhnlichem Aufenthalt in Deutschland.
- mit Wohnsitz im Ausland, die aber in Deutschland unbeschränkt einkommensteuerpflichtig sind.
- ☞ *Ausländer* mit einer gültigen Niederlassungserlaubnis.

Anspruchsberechtigt ist immer nur eine Person, in der Regel diejenige, in deren Haushalt das Kind lebt.

2. Definition Kinder

Als Kinder gelten:

- im ersten Grad mit dem Antragsteller verwandte Kinder: eheliche, für ehelich erklärte, nichteheliche und adoptierte Kinder.
- Kinder des Ehegatten (Stiefkinder) und Enkelkinder im Haushalt des Antragstellers.
- Pflegekinder, die mit dem Antragsteller in dessen Haushalt längerfristig in familienähnlicher Form leben und unterhalten werden. Weitere Voraussetzung ist, dass kein Obhuts- und Pflegeverhältnis zu den leiblichen Eltern mehr besteht.

3. Dauer

Kindergeld wird in der Regel von der Geburt bis zum **18. Geburtstag** geleistet. Darüber hinaus:

- bis zum 21. Geburtstag, wenn das Kind arbeitslos gemeldet ist.
- bis zum 25. Geburtstag, wenn sich das Kind noch in der Schul- oder Berufsausbildung befindet oder studiert. Dies gilt für alle Kinder ab Geburtsjahr 1983. Für 1982 geborene Kinder soll Kindergeld noch bis zum 27. Geburtstag gewährt werden (Übergangsregelung).
- Diese Altersgrenzen (25. bzw 27. Geburtstag) erhöhen sich im Falle der
  - Wehr- oder Zivildienstleistung **oder**
  - einer hierzu gleichgestellten Tätigkeit, z.B. als Entwicklungshelfer **oder**
  - der freiwilligen Verpflichtung zum Wehrdienst für nicht länger als 3 Jahre

  längstens um die Dauer des gesetzlichen Wehr- oder Zivildienstes. Während dieser Zeit wird allerdings kein Kindergeld bezahlt.
- ohne Altersbegrenzung bei körperlich, geistig oder seelisch behinderten Kindern, die sich deshalb nicht selbst unterhalten können und deren Behinderung vor dem 25. Geburtstag eingetreten ist.

Wird Kindergeld über das 18. Lebensjahr hinaus gewährt, dürfen in jedem Fall die eigenen Einkünfte und Bezüge des Kindes nicht höher als 7.680,- € jährlich sein. Nach einem Urteil des Bundesverfassungsgerichtes vom Januar 2005 (Az: 2 BvR 167/02) ist dabei nicht das Brutto-, sondern das Nettoeinkommen des Kindes entscheidend. Kindergeld gilt als Einkommen und wird deshalb voll auf das Familieneinkommen angerechnet.

4. Höhe

Das Kindergeld beträgt:

- je 154,- € monatlich für das erste, zweite und dritte Kind.
- je 179,- € monatlich für jedes weitere Kind.

5. Kinderfreibetrag

Wer Kindergeld bekommt, dem steht **alternativ** ein Kinderfreibetrag zu. Er beträgt **jährlich 3.648,- €** pro Kind bei **zusammen veranlagten Eltern** bzw. **1.824,- €** pro Kind je **Elternteil**.

Allerdings gibt es nicht beides: Man bekommt entweder Kindergeld **oder** einen Kinderfreibetrag.

6. Kinderzuschlag

Seit 1.1.2005 gibt es einen Kinderzuschlag für Eltern, deren Einkommen zwar für ihren eigenen Lebensunterhalt ausreicht, nicht aber für den ihres/r Kindes/r (§ 6 a BKKG). Kinderzuschlag erhält **nicht**, wer ☞ *Arbeitslosengeld II, Sozialgeld* oder ☞ *Sozialhilfe* bezieht. Der Zuschlag wird gemeinsam mit

K

Mehr Informationen: www.betanet.de

dem Kindergeld ausgezahlt. Kinderzuschlag erhalten Personen für die in ihrem Haushalt lebenden unverheirateten Kinder unter 25 Jahren.

6.1. Ziel

Der Kinderzuschlag soll vermeiden, dass Eltern ☞ *Grundsicherung für Arbeitssuchende* in Anspruch nehmen müssen. Kinderzuschlag wird gezahlt, wenn das elterliche Einkommen oder Vermögen einem Betrag in Höhe des maßgebenden Arbeitslosengeldes II oder des Sozialgeldes, ohne Berücksichtigung der Kinder, entspricht (= Mindesteinkommen). Das Mindesteinkommen setzt sich aus den pauschalisierten Leistungen zur Sicherung des Lebensunterhalts zuzüglich den angemessenen Kosten für Unterkunft und Heizung (einmalige Leistungen zählen nicht dazu) zusammen.

6.2. Höhe

Der Kinderzuschlag beträgt für jedes zu berücksichtigende Kind maximal 140,- € monatlich. Er wird um das zu berücksichtigende Einkommen und Vermögen des Kindes gemindert und wird zeitlich unbefristet gezahlt.

Das Bundesministerium für Familie, Senioren, Frauen und Jugend bietet einen Kinderzuschlagrechner unter www.bmfsfj.de > Service > Online Rechner an.

7. Antrag - Wer hilft weiter?

Das **Kindergeld** und der **Kinderzuschlag** müssen schriftlich bei der Familienkasse der örtlichen **Agentur für Arbeit** beantragt werden. Dort wird auch beraten.

Kinderheilbehandlungen

(§§ 31, 12 SGB VI)

Das Wichtigste in Kürze

Eine Kinderheilbehandlung ist eine Kur für Kinder, die vom ☞ *Rentenversicherungsträger* beim Vorliegen bestimmter Indikationen und versicherungsrechtlicher Voraussetzungen bezahlt wird. Sie zählt zu den sonstigen Leistungen zur Rehabilitation und kann in der Regel alle 4 Jahre beantragt werden.

1. Voraussetzungen

1.1. Versicherungsrechtliche Voraussetzungen

Für die Kostenübernahme durch den ☞ *Rentenversicherungsträger* muss der beantragende Elternteil des zu behandelnden Kindes eine der folgenden versicherungsrechtlichen Voraussetzungen erfüllen:

- 6 Kalendermonate mit Pflichtbeiträgen in den letzten 2 Jahren vor Antragstellung
  oder
- innerhalb von 2 Jahren nach Beendigung einer Ausbildung wird eine versicherte oder selbstständige Beschäftigung bis zur Antragstellung ausgeübt oder nach einer solchen Beschäftgung liegt ☞ *Arbeitsunfähigkeit* oder Arbeitslosigkeit bis zur Antragstellung vor
  oder
- Erfüllung der allgemeinen Wartezeit von 5 Jahren (§ 50 SGB VI)
  oder
- Bezug einer Altersrente
  oder
- Bezug einer Rente wegen verminderter Erwerbsfähigkeit.

Oder: Das Kind selbst bezieht eine ☞ *Waisenrente* aus der Rentenversicherung.

1.2. Mögliche Indikationen

Die Kosten einer Kinderheilbehandlung können unter anderem bei folgenden Erkrankungen übernommen werden:

- Krankheiten der Atemwege,
- allergischen Krankheiten,
- Hautkrankheiten,
- Herz- und Kreislaufkrankheiten,
- Leber-, Magen-, Darmkrankheiten,
- Nieren- und Harnwegskrankheiten,
- Stoffwechselkrankheiten,

K

Soziale Fragen? betafon 01805 - 238 2366!

- Krankheiten des Bewegungsapparats,
- neurologischen Erkrankungen,
- psychosomatischen und psychomotorischen (Verhaltens-)Störungen,
- Übergewicht in Verbindung mit weiteren Risikofaktoren oder anderen Erkrankungen.

1.3. Ausschluss

Die ☞ *Rentenversicherungsträger* übernehmen die Kosten **nicht**:

- bei akuten Erkrankungen und Infektionskrankheiten z.B. Scharlach, Diphtherie (hier ist die ☞ *Krankenkasse* zuständig).
- bei Fällen, in denen die Aussicht auf eine spätere Erwerbsfähigkeit nicht verbessert werden kann.
- wenn das Kind sich aufgrund von Verhaltensstörungen nicht in die Gemeinschaft einordnen kann.
- wenn frühere Kinderheilbehandlungen ohne triftigen Grund abgebrochen wurden.

1.4. Kostenträger Krankenkasse

Liegen die o.g. Voraussetzungen für eine Kostenübernahme durch den Rentenversicherungsträger nicht vor, können Kinderheilbehandlungen von der ☞ *Krankenkasse* im Rahmen der ☞ *Medizinischen Rehabilitation* übernommen werden.

2. Definition Kinder

Als „Kinder", die Anspruch auf eine Kinderheilbehandlung haben können, gelten:

1. bis zur Vollendung des 18. Lebensjahres:
   - die Kinder des Versicherten
   - die im Haushalt aufgenommenen Stief- und Pflegekinder
   - die im Haushalt aufgenommenen Enkel und Geschwister des Versicherten
2. die unter 1) genannten Kinder bis zur Vollendung des 27. Lebensjahres
   - bei schulischer oder beruflicher Ausbildung
   - bei Ableistung eines freiwilligen sozialen oder ökologischen Jahres
3. die unter 1) genannten Kinder ohne Altersbegrenzung bei körperlicher, geistiger oder seelischer Behinderung, wodurch ein Selbstunterhalt dieser Kinder unmöglich ist.

Die Altersbegrenzung erhöht sich durch den gesetzlichen Wehr- oder Zivildienst, so weit hierdurch die Schul- oder Berufsausbildung unterbrochen wurde.

3. Dauer und Wartezeit

Kinderheilbehandlungen dauern in der Regel 4 Wochen. Eine Verlängerung ist möglich, wenn sie aus medizinischen und therapeutischen Gründen notwendig ist und die Notwendigkeit vom Arzt oder von der Klinik begründet wird.
Zwischen 2 bezuschussten Kinderheilbehandlungen muss in der Regel ein Zeitraum von 4 Jahren liegen.

3.1. Ausnahmen

Der ☞ *Rentenversicherungsträger* genehmigt Kinderheilbehandlungen vor Ablauf der 4-Jahres-Frist, wenn vorzeitige Leistungen aus gesundheitlichen Gründen dringend erforderlich sind, weil ansonsten mit einer weiteren Minderung der Leistungsfähigkeit zu rechnen ist.

4. Begleitperson

Bei Kindern bis zum vollendeten 15. Lebensjahr werden auch die ☞ *Reisekosten* für einen Reisebegleiter übernommen. Die Kosten für die Unterbringung einer Begleitperson während der Kinderheilbehandlung übernehmen die Rentenversicherungsträger nur, wenn die Begleitperson aus medizinischen und therapeutischen Gründen notwendig ist. Die Notwendigkeit muss vom behandelnden Arzt oder einem Arzt der Rehaklinik begründet werden.

Wer hilft weiter?

Auskünfte und Beratungsstellen vor Ort vermitteln die ☞ *Rentenversicherungsträger* bzw. die ☞ *Krankenkassen.*

Mehr Informationen: www.betanet.de

Bei Fragen zur Kinder- und Jugendrehabilitation hilft auch die Arbeitsgemeinschaft Rehabilitation von Kindern und Jugendlichen Bundesrepublik Deutschland e.V., Cecilienhöhe 3, 55543 Bad Kreuznach, weiter. Ansprechpartner Wolfgang Niemeyer, Tel. 0671 8355-167, Fax 0671 35084, www.arbeitsgemeinschaft-kinderrehabilitation.de.

Kinderhort

☞ *Kindertagesstätten*

Kinderpflege-Krankengeld

(§ 45 SGB V)

Das Wichtigste in Kürze

Kinderpflege-Krankengeld zahlt die Krankenkasse bei Erkrankung des Kindes, wenn ein berufstätiger Elternteil die Pflege übernehmen muss. Zuständig ist die Krankenkasse des Elternteils, der diese Leistung in Anspruch nimmt. Grundsätzlich gibt es 10 Tage pro Jahr und Kind, die Höhe richtet sich nach dem Einkommen, ist aber niedriger als das Einkommen.

1. Voraussetzungen

- Versicherteneigenschaft des Kindes, ☞ *Familienversicherung* genügt.
- Kind lebt im Haushalt des Versicherten.
- Kind hat das 12. Lebensjahr noch nicht vollendet oder ist behindert (ohne Altersbegrenzung).
- Aufgrund ärztlichen Zeugnisses ist eine Beaufsichtigung, Betreuung oder Pflege des Kindes und damit ein Fernbleiben von der Arbeit erforderlich.
- Keine andere im Haushalt lebende Person kann zur Pflege, Betreuung und Beaufsichtigung anwesend sein.
- Kein Anspruch gegenüber dem Arbeitgeber auf bezahlte Freistellung.
- Verdienstausfall.

Praxistipp

Zur Auszahlung des Kinderpflege-Krankengelds sind 2 Bescheinigungen notwendig:

- Die **ärztliche** Bescheinigung, dass aufgrund Betreuung, Beaufsichtigung oder Pflege des Kindes ein Erscheinen am Arbeitsplatz nicht möglich ist. Diese Bescheinigung geht an die Krankenkasse **und** an den Arbeitgeber.
  Üblich sind Formulierungen wie die folgende:
  „Ärztliche Bestätigung
  Aus ärztlicher, medizinischer und therapeutischer Sicht ist die Pflege, Betreuung und Beaufsichtigung des Kindes - Name, geboren, wohnhaft - durch - Name, geboren, wohnhaft - notwendig, da ansonsten ein Krankenhausaufhalt nicht zu vermeiden wäre. Zum Wohl des Kindes empfehlen wir deshalb dringendst eine Freistellung von Frau/Herrn ...
  Datum, Unterschrift"
- Die Bescheinigung des **Arbeitgebers**, dass der betreuende Elternteil zwar von der Arbeit freigestellt wird, aber für diese Zeit kein Gehalt erhält. Diese Bescheinigung geht an die Krankenkasse. Die Krankenkassen halten auch Formulare für diese Bestätigung vor.

2. Höhe

Die Berechnung des Kinderpflege-Krankengelds erfolgt wie beim ☞ *Krankengeld.*

3. Dauer

Kinderpflege-Krankengeld gibt es pro Kalenderjahr

- für erwerbstätige und versicherte **Eltern** pro Elternteil längstens 10 Arbeitstage pro Kind, insgesamt aber nicht mehr als 25 Arbeitstage je Elternteil für alle Kinder
- für **alleinerziehende** Versicherte längstens 20 Arbeitstage pro Kind, insgesamt aber nicht mehr als 50 Arbeitstage für alle Kinder

Kinderpflege-Krankengeld wird für **Arbeitstage** gewährt, d.h. für Tage, an denen der

Versicherte ohne die Verhinderung durch die Krankheit seines Kindes gearbeitet hätte.

3.1. Besonderheit bei Betreuung und Pflege schwerstkranker Kinder

Die oben genannte maximale Dauer der Zahlung von Kinderpflege-Krankengeld wird bei Betreuung und Pflege schwerstkranker Kinder aufgehoben.

3.2. Voraussetzungen

- Schwerste unheilbare Erkrankung des Kindes laut ärztlichem Zeugnis,
  Das heißt: Die Krankheit hat ein sich zunehmend verschlimmerndes weit fortgeschrittenes Stadium erreicht, eine palliativmedizinische Behandlung ist notwendig bzw. von einem Elternteil erwünscht und die Lebenserwartung ist auf Wochen bzw. wenige Monate begrenzt.
- **und**
  das Kind ist gesetzlich krankenversichert
  und
- das Kind hat das 12. Lebensjahr noch nicht vollendet
  oder
  ist behindert und auf andere Hilfe angewiesen.

Unter diesen Voraussetzungen hat **ein Elternteil**

- Anspruch auf ☞ *Krankengeld* für die gesamte Dauer der Pflege sowie
- Anspruch gegen den Arbeitgeber auf unbezahlte Freistellung von der Arbeitsleistung. Dieser Anspruch gilt auch für Arbeitnehmer, die **nicht** in der gesetzlichen Krankenversicherung versichert sind.

4. Beginn

Der Anspruch auf Kinderpflege-Krankengeld beginnt mit dem ersten Tag des Fernbleibens von der Arbeit. Der Versicherte kann wählen, an welchen Tagen er der Arbeit fernbleiben will.

5. Übertragung

Übertragung von Ansprüchen zwischen versicherten Ehegatten ist zulässig, wenn ein Ehegatte die Betreuung nicht übernehmen kann und der Arbeitgeber den Freistellungsanspruch (nochmals) gegen sich gelten lässt.

Der **Anspruch des Versicherten gegenüber dem Arbeitgeber** auf unbezahlte Freistellung ist nicht durch Vertrag ausschließ- oder beschränkbar. Vorrang vor dem Kinderpflege-Krankengeld hat ein Anspruch auf bezahlte Freistellung (begründet z.B. über § 616 BGB, vorübergehende Verhinderung, Arbeitsvertrag oder Tarifvertrag). Erfüllt der Arbeitgeber seine Verpflichtung zur Zahlung des Arbeitsentgelts nicht, so muss die Krankenkasse das Kinderpflege-Krankengeld gewähren. Der Lohnanspruch des Versicherten geht dann auf die Krankenkasse über.

6. Freiwillig Versicherte

Die Satzung einer Krankenkasse kann den Anspruch auf Krankengeld für freiwillig Versicherte ausschließen oder zu einem späteren Zeitpunkt entstehen lassen.

7. Arbeitslosigkeit

Arbeitslosengeld und Arbeitslosengeld II werden bei Pflege eines erkrankten Kindes weiter bezogen. Weil die pflegende Person dann der Arbeitsvermittlung nicht mehr zur Verfügung steht, muss der Agentur für Arbeit die ärztliche Bestätigung vorgelegt werden, dass Pflege, Betreuung und Aufsicht des Kindes durch diese bestimmte Person erforderlich sind. Arbeitslosen steht dieselbe Anzahl an Kinderpflegetagen wie Berufstätigen zu. Die Bezugsdauer des Arbeitslosengelds verlängert sich dadurch nicht.

Wer hilft weiter?

☞ *Krankenkassen*

Mehr Informationen: www.betanet.de

Kindertagesstätten

(§ 22 SGB VIII)

Das Wichtigste in Kürze

Es gibt verschiedene Formen von Kindertagesstätten: Beginnend bei der Kinderkrippe bis zum Kinderhort. Die Altersgrenzen sind gesetzlich nicht genau definiert und in den einzelnen Bundesländern unterschiedlich geregelt.

1. Formen

Das Kinder- und Jugendhilfegesetz ermöglicht folgende Formen der Kindertagesstätten:

- Kinderkrippe: bis zu 3 Jahre
- Kindergarten: Vorschulalter, 3 bis 6 Jahre
  Es besteht ein **Rechtsanspruch** auf einen Kindergartenplatz für ein Kind **ab dem 3. Geburtstag** bis zum Schuleintritt (§§ 24, 24a SGB VIII). Strittig ist dieser Rechtsanspruch in **Bayern** aufgrund der bayerischen Ansicht, dass das Kindergartenrecht zur Kulturhoheit der Länder (Bayerisches Kindergartengesetz) gehört. Mit Urteil vom 20.2.2000 hat allerdings das Bayerische Verwaltungsgericht Augsburg auch für das Bundesland Bayern einen einklagbaren Rechtsanspruch zuerkannt.
- Kinderhort: 6 bis 14 Jahre

Die Altersgrenzen sind gesetzlich nicht genau definiert und in den einzelnen Bundesländern gibt es unterschiedliche Regelungen. Auskünfte geben die einzelnen Einrichtungen.

2. Aufgaben der Kindertagesstätten

- Betreuung
- Bildung
- Erziehung
- Förderung der Entwicklung des Kindes zu einer eigenverantwortlichen und gemeinschaftsfähigen Persönlichkeit

Eine **Betreuung von Jugendlichen** (14 bis noch nicht 18 Jahre) in einer **Tageseinrichtung** findet **nicht** statt. Für Jugendliche kommt nur die Betreuung in einer ☞ *Tagesgruppe* in Betracht.

Wer hilft weiter?

Das Jugendamt oder das zuständige Sozialreferat der Stadt- oder Gemeindeverwaltung beantworten Fragen zu Kindertagesstätten. Dort und beim Stadt- oder Kreisjugendring erhält man auch eine Adressliste aller Einrichtungen in der Region.

Kinderuntersuchungen

☞ *Früherkennung von Krankheiten*

Kinderzuschlag

☞ *Kindergeld*

Klage

Das Wichtigste in Kürze

Gegen einen Widerspruchsbescheid einer übergeordneten Sozialbehörde kann Klage vor dem Sozialgericht erhoben werden. Dazu müssen jedoch bestimmte Fristen eingehalten werden. Das Sozialgericht bildet die 1. Instanz der Sozialgerichtsbarkeit. Beim Einreichen einer Klage fallen keine Gerichtsgebühren an.

1. Form und Fristen

Der Widerspruchsbescheid enthält eine sogenannte **Rechtsmittelbelehrung**, aus der hervorgeht, in welcher Form (schriftlich oder zur Niederschrift) und bei welchem Gericht die Klage einzulegen ist.
Die Klage ist innerhalb einer bestimmten Frist nach Zustellung des Widerspruchsbescheides beim zuständigen Gericht einzulegen:

- Frist im Normalfall: **1 Monat**
- Frist bei Wohnsitz im **Ausland: 3 Monate**

Soziale Fragen? betafon 01805 - 238 2366!

- Frist bei fehlender oder unrichtiger Rechtsmittelbelehrung: **1 Jahr**

2. Gerichtskosten

Es besteht Gerichtskostenfreiheit, d.h. es fallen keine Gerichtsgebühren an.

3. Rechtsanwalt

Es besteht **in der 1. Instanz kein Anwaltszwang**, d.h. der Prozess kann **selbst** und muss nicht durch einen Rechtsanwalt **geführt** werden.

3.1. Gebühren

Wenn ein Rechtsanwalt zu Hilfe gezogen wird, sind dessen Rechtsanwaltsgebühren vom Auftraggeber/Mandanten in der Regel selbst zu tragen.

Das Gericht entscheidet allerdings im Urteil, ob und in welcher Höhe die jeweiligen Prozessgegner die Rechtsanwaltsgebühren und sonstigen Auslagen (z.B. für Zeugen, Sachverständige) zu übernehmen haben.

Die Rechtsanwaltskosten orientieren sich für die 1. Instanz beim Sozialgericht in der Regel an folgenden Rahmengebühren.

- 40,- € bis 520,- € (sogenannte Geschäftsgebühr) bei außergerichtlichem Tätigwerden
- 40,- € bis 460,- € (sogenannte Verfahrensgebühr) bei gerichtlichem Tätigwerden
- 20,- € bis 380,- € (sogenannte Terminsgebühr) bei Auftreten vor dem Gericht
- 30,- € bis 350,- € (sogenannte Einigungs- und Erledigungsgebühr) für den gütlichen Abschluss eines Rechtstreits im Klageverfahren

Die Geschäftsgebühr wird im Regelfall teilweise auf die Verfahrensgebühr angerechnet.

3.2. Prozesskostenhilfe

Wer die Kosten einer Prozessvertretung über einen Rechtsanwalt nachweislich nicht, nur zum Teil oder nur in Raten erbringen kann, dem kann ☞ *Prozesskostenhilfe* gewährt werden.

4. Urteil

Die Klage endet mit einem Urteil des zuständigen Sozialgerichts. Dagegen kann Berufung vor dem Landessozialgericht (= 2. Instanz) erhoben werden.

Wer hilft weiter?

Jedes Mitglied des SoVD und des VdK genießt einen „Sozialrechtschutz", bei dem die Beratung in der Regel kostenlos ist. Die Prozessbevollmächtigten beider Verbände vertreten ihre Mitglieder vor den Sozialverwaltungen und der Sozialgerichtsbarkeit durch alle Instanzen. Dabei entstehen geringe Verwaltungskosten, die das Mitglied zu tragen hat.
Beide Vereine sind flächendeckend im Bundesgebiet vertreten. Die nächstliegende Vertretung können Sie direkt bei der Bundesgeschäftsstelle erfragen oder im Internet finden:
SoVD - Sozialverband Deutschland e.V., Stralauer Str. 63, 10179 Berlin, Telefon 030 726222-0, E-Mail contact@sozialverband.de, www.sovd.de
Sozialverband VdK Deutschland e.V., Wurzerstr. 4a, 53175 Bonn, Telefon 0228 82093-0, E-Mail kontakt@vdk.de, www.vdk.de

Körperersatzstücke

☞ *Hilfsmittel*

K
Mehr Informationen: www.betanet.de

Kombinationsleistung

(§ 38 SGB XI)

Das Wichtigste in Kürze

Kombinationsleistung bedeutet, dass die Pflege eines Patienten zum Teil von einer nicht professionellen Pflegeperson (z.B. Angehörige) und zum Teil von einer professionellen Pflegekraft (z.B. ambulanter Pflegedienst) erbracht wird. Die Pflegeversicherung erstattet dann zuerst den Aufwand der Fachkraft und zahlt für die „restliche" Pflege anteilig Pflegegeld an Angehörige. Die prozentuale Aufteilung kann halbjährlich verändert werden.

1. Aufteilung und Höhe

Die Kombinationsleistung gehört zur ☞ *Häuslichen Pflege*. Sie kombiniert ☞ *Pflegesachleistung* mit ☞ *Pflegegeld Pflegeversicherung*.
Wird die Pflegesachleistung nicht in voller Höhe in Anspruch genommen, kann gleichzeitig ein entsprechend gemindertes, anteiliges Pflegegeld beansprucht werden. Das Pflegegeld wird um den Prozentsatz gemindert, den der Pflegebedürftige in Form von Sachleistungen in Anspruch genommen hat. Insgesamt dürfen beide Leistungen zusammen 100 % nicht übersteigen.

1.1. Berechnungsbeispiel

Bei Pflegestufe II besteht ein voller Anspruch auf Pflegesachleistung in Höhe von monatlich 980,- €.
Davon nimmt der Pflegebedürftige 75 % = 735,- € in Anspruch.
Er hat daher noch einen Anspruch auf Pflegegeld in Höhe von 25 %.
Der volle Anspruch auf Pflegegeld der Pflegestufe II beträgt 420,- €. 25 % von 420,- € ergeben ein Pflegegeld von 105,- €, über das der Pflegebedürftige verfügen kann.

1.2. Kombinationsleistung und Tages- und Nachtpflege

Zusätzlich zu 100 % Kombinationsleistung kann noch bis zu 50 % ☞ *Tages- oder Nachtpflege* in Anspruch genommen werden, so dass ein Gesamtanspruch von 150 % entsteht. Die Aufteilung zwischen Pflegegeld und Pflegesachleistung (= Kombinationsleistung) und Tages- oder Nachtpflege verläuft nicht starr, vorgegeben ist lediglich dass 100 % von einer Leistung nicht überschritten werden dürfen. Es können nicht mehr als 100 % Kombinationsleistung oder 100 % Tages- und Nachtpflege abgerechnet werden.

1.2.1. Aufteilungsbeispiel

Ein Pflegebedürftiger hat die Pflegestufe II, er wird stundenweise in einer Tageseinrichtung betreut. Zusätzlich wird er von seiner Frau und einem Pflegedienst versorgt.
Die Leistungsverteilung könnte folgendermaßen aussehen:

- 60 % Tagespflege = 588,- € von 980,- €
- 50 % Pflegesachleistung = 490,- € von 980,- €
- 40 % Pflegegeld = 168,- € von 420,- €

Insgesamt kommt der Versicherte auf den höchstmöglichen Gesamtanspruch von 150 %.

1.3. Änderung der Aufteilung

An die einmal gewählte prozentuale Aufteilung von Geld- und Sachleistung ist der Pflegebedürftige **6 Monate lang gebunden**, um unvertretbaren Verwaltungsaufwand bei den Pflegekassen zu vermeiden.
Jedoch **kann** diese Entscheidung ausnahmsweise vorzeitig geändert werden, wenn eine wesentliche Veränderung der Verhältnisse eingetreten ist, z.B. wenn die häusliche Pflege nur durch eine höhere Anzahl von Pflegeeinsätzen durch den ambulanten Pflegedienst sichergestellt werden kann.
Wenn sich **nachträglich** herausstellt, dass weniger Sachleistungen als geplant geleistet wurden, wird im Nachhinein auch ein erhöhtes anteiliges Pflegegeld bezahlt.

Soziale Fragen? betafon 01805 - 238 2366!

1.4. Besonderheit

In den ersten 4 Wochen einer vollstationären ☞ *Krankenhausbehandlung*, einer stationären medizinischen Rehamaßnahme oder einer ☞ *Häuslichen Krankenpflege*, um einen Krankenhausaufenthalt zu vermeiden oder zu verkürzen, wird das anteilige Pflegegeld einer Kombinationsleistung weitergezahlt.

2. Voraussetzungen

Prinzipiell müssen die ☞ *Vorversicherungszeit* erfüllt, die ☞ *Pflegebedürftigkeit* festgestellt und die Pflegeleistung bei der Pflegekasse beantragt werden.

Wer hilft weiter?

☞ *Pflegekassen*

Mehr Informationen: www.betanet.de

Kompaktkur

(§ 23 Abs. 2 SGB V)

Das Wichtigste in Kürze

Die Kompaktkur gehört zu den Vorsorgeleistungen der Krankenversicherung. Sie ist eine spezielle Form der ambulanten Kur. Das Besondere an einer Kompaktkur ist, dass mehrere therapeutische Bereiche eng miteinander verzahnt sind und unter ärztlicher Verantwortung koordiniert werden. Der Patient wird dadurch ganzheitlich behandelt. Eine Kompaktkur dauert in der Regel 3 Wochen und wird nur alle 3 Jahre genehmigt. Die Krankenkasse bezuschusst die Kosten für Unterkunft und Verpflegung mit maximal 21,- € pro Tag.

1. Merkmale

Eine Kompaktkur zeichnet sich durch folgende Merkmale aus:

- Hohe Therapiedichte: Der Patient ist in der Regel täglich zwischen 4 und 5 Stunden in das Therapiekonzept eingebunden.
- Behandlung in geschlossenen Gruppen mit maximal 15 Teilnehmern
- Konstante Gruppenleitung
- regelmäßige Arztbesuche
- Interdisziplinäre Qualitätszirkel der Leistungserbringer am Kurort
- Ganzheitliches Therapieprogramm aus 6 Bereichen, aus denen die Kompaktkur je nach Indikation und individuellem Krankheitsbild zusammengestellt wird:
  - Verhaltenstherapie, Gesundheitsbildung
  - Bewegungstherapie
  - Physikalische, Bäder- und Hydrotherapie
  - Indikationsbezogene Therapien bzw. ergänzende Maßnahmen wie Rücken-, Haltungs- oder Atmungsschule, Kältetherapie
  - Ernährungstherapie
  - Entspannungstherapie

2. Indikationen

Indikationen, bei der Kompaktkuren durchgeführt werden, sind beispielsweise:

- Herz-Kreislauf-Erkrankungen
- Erkrankungen des Bewegungsapparats
- Erkrankungen des Stoffwechsels
- Krankheiten der Verdauungsorgane
- Obstruktive Atemwegserkrankungen
- Hauterkrankungen

3. Dauer und Wartezeit

Dauer
Eine Kompaktkur dauert längstens 3 Wochen.
Ausnahme: Eine Verlängerung ist aus medizinischen und therapeutischen Gründen erforderlich.

Wartezeit
Zwischen 2 Kompaktkuren muss eine **Wartezeit** von 3 Jahren liegen.
Ausnahme: Eine vorzeitige Leistung ist medizinisch notwendig.

4. Kosten, Zuschuss und Zuzahlung

Kostenträger von Kompaktkuren sind in der Regel die Krankenkassen, sie zahlen aber nur einen Zuschuss.

Kosten und Zuschuss

- Für Unterkunft und Verpflegung muss der Versicherte selber aufkommen, jedoch gibt es je nach Satzung der Krankenkasse einen Zuschuss von bis zu 13,- € täglich.
- Für chronisch kranke Kleinkinder kann dieser Zuschuss je nach Satzung der Krankenkasse bis zu 21,- € täglich betragen.

Zuzahlung

Versicherte nach dem 18. Geburtstag müssen Zuzahlungen für die verordneten Anwendungen am Kurort leisten.

5. Antrag

Der Arzt stellt einen Kurantrag und begründet dies aus medizinischer Sicht. Dieser Antrag wird bei der Krankenkasse eingereicht und muss vor Beginn der Maßnahme bewilligt werden. Der MDK prüft die Notwendigkeit der Kompaktkur.

Wer hilft weiter?

Informationen über Kompaktkuren, das Vorgehen beim Antrag und Kurorte bekommt man bei der Interessengemeinschaft Kompaktkuren, Telefon 05241 8608-25, oder unter www.kompaktkur.de.

Kostenerstattung

(§ 13 Abs. 2 SGB V)

Das Wichtigste in Kürze

Gesetzlich Krankenversicherte und auf Wunsch auch deren ☞ *Familienversicherte* können anstelle der Sach- oder Dienstleistungen (über die Versichertenkarte) die Kostenerstattung (Behandlung als Privatpatient) wählen. Erstattungsfähig sind nur Leistungen von Vertragsärzten oder Vertragskrankenhäusern der Krankenkassen. Ist die Arztrechnung höher als das, was die Krankenkasse normalerweise leistet, trägt der Patient die Differenz

1. Umfang

Die Kostenerstattung kann umfassend oder eingeschränkt für die ärztliche Versorgung, die zahnärztliche Versorgung, den stationären Bereich oder auf veranlasste Leistungen (z.B. Verordnung von Heilmitteln) gewählt werden. Erstattungsfähig sind aber nur Leistungen, die von Vertragsärzten oder in Vertragskrankenhäusern, **nicht** von Privatärzten oder in Privatkliniken erbracht werden. Der Versicherte muss seine Krankenkasse vor Inanspruchnahme der medizinischen Leistung über seine Wahl informieren. Wenn Versicherte bzw. familienversicherte Angehörige die Kostenerstattung wählen, sind sie mindestens ein Jahr daran gebunden.

2. Berechnung

Patienten, die sich für Kostenerstattung entscheiden, erhalten vom Arzt eine private Rechnung, bezahlen diese und bekommen von der Krankenkasse den Betrag erstattet, den die Krankenkasse für die Behandlung bezahlt hätte. Vermindert wird dieser Erstattungsbetrag von der Krankenkasse um die gesetzliche Zuzahlung, die Praxisgebühr, sowie einen Abschlag für Verwaltungsaufwand und fehlende Wirtschaftlichkeitsprüfung. Entsteht dabei ein Differenzbetrag, muss diesen der Patient selbst übernehmen.

Praxistipps

- Die Leistungsentgelte für eine privatärztliche Behandlung sind höher als die, die bei einer vertragsärztlichen Behandlung anfallen würden. Das liegt an den Honorarsätzen nach der Gebührenordnung für Ärzte und Zahnärzte (GÖA) und bedeutet, dass dem Versicherten oft nicht alle entstandenen Kosten von der Krankenkasse erstattet werden. Deshalb kann es sinnvoll sein, eine private Zusatzversicherung für diesen Differenzbetrag abzuschließen.
- Diese Kostenerstattung ist nicht zu verwechseln mit dem Wahltarif der Kostenerstattung, den eine Krankenkasse anbieten kann.

Soziale Fragen? betafon 01805 - 238 2366!

Wer hilft weiter?

Vor der Wahl der Kostenerstattung muss sich der Versicherte von seiner ☞ *Krankenkasse* beraten lassen.

Kraftfahrzeughilfe

(Kraftfahrzeughilfe-Verordnung) (§ 16 SGB VI i.V.m. § 33 Abs. 8 SGB IX - §§ 39, 40 SGB VII)

Das Wichtigste in Kürze

Kraftfahrzeughilfe erhalten ☞ *Behinderte* als Zuschuss zum Kauf eines Autos, zum ☞ *Führerschein* oder zur behindertengerechten Ausstattung eines Autos, um dadurch den Arbeits- oder Ausbildungsort zu erreichen. Sie wird geleistet, wenn der Versicherte **nicht nur vorübergehend** aufgrund der Behinderung auf die Kfz-Benutzung angewiesen ist. Die Höhe ist abhängig vom Einkommen und kann maximal 9.500,- € betragen.

1. Voraussetzungen und Kostenträger

Die Kraftfahrzeughilfe zählt zu den Leistungen zur ☞ *Teilhabe am Arbeitsleben* der Rentenversicherung und der Unfallversicherung. Der versicherte Behinderte muss das Kfz selbst führen können oder nachweisen, dass ein Dritter das Kfz für ihn führt.
Nach den Bestimmungen der **Unfallversicherung** ist der Versicherte auch dann auf das Kraftfahrzeug angewiesen, wenn er nur damit den Arbeitsort, den Ort der beruflichen oder schulischen Ausbildung oder eine Werkstatt für Behinderte erreicht oder wenn nur damit die Eingliederung in das Berufsleben oder die Teilnahme am Leben in der Gemeinschaft ermöglicht werden.
Die **Rentenversicherungsträger** leisten Kraftfahrzeughilfe nur, wenn die rentenrechtlichen Voraussetzungen für Leistungen zur ☞ *Teilhabe am Arbeitsleben* erfüllt sind. Sind diese Voraussetzungen nicht gegeben, kann die Agentur für Arbeit bei behinderten Arbeitnehmern Kraftfahrzeughilfe leisten.
Bei **Beamten** leistet das ☞ *Integrationsamt.*

2. Beschaffung eines Kraftfahrzeugs

Der Zuschuss zur Beschaffung eines Kraftfahrzeugs ist vom Einkommen des Antragstellers abhängig. Der Bemessungsbetrag für den **Zuschuss** beträgt 9.500,- €.

Bei einem Netto-Einkommen bis	beträgt der Zuschuss
995,- €	9.500,- € (100 %)
1.120,- €	8.360,- € (88 %)
1.245,- €	7.220,- € (76 %)
1.370,- €	6.080,- € (64 %)
1.495,- €	4.940,- € (52 %)
1.620,- €	3.800,- € (40 %)
1.740,- €	2.660,- € (28 %)
1.865,- €	1.520,- € (16 %)

Vom Einkommen sind für jeden vom Versicherten unterhaltenen Familienangehörigen 300,- € abzuziehen (= 12 % der monatlichen ☞ *Bezugsgröße*).
Ein Zuschuss zur erneuten Beschaffung eines Kraftfahrzeugs ist frühestens nach 5 Jahren denkbar.

3. Fahrerlaubnis/Führerschein

Der Zuschuss zur Erlangung eines ☞ *Führerscheins* ist ebenfalls einkommensabhängig:
- Bei einem Nettoeinkommen bis 995,- € werden die Kosten voll getragen.
- Bei einem Nettoeinkommen bis 1.370,- € werden 2/3 der Kosten getragen.
- Bei einem Nettoeinkommen bis 1.865,- € wird 1/3 der Kosten getragen.

Die Einkommensgrenzen richten sich nach der monatlichen ☞ *Bezugsgröße*.
Kosten für behinderungsbedingte Untersuchungen, Ergänzungsprüfungen und Ein-

tragungen in vorhandene Führerscheine werden voll übernommen.

4. Behinderungsbedingte Zusatzausstattung

Die Kosten und Reparaturen einer behinderungsbedingten Zusatzausstattung für das Auto übernehmen Rentenversicherungsträger, Berufsgenossenschaften und das Integrationsamt in vollem Umfang und unabhängig vom Einkommen. Darunter fallen z.B. Automatikgetriebe, Bremskraftverstärker, Lenkhilfe, verstellbare und schwenkbare Sitze, Standheizung.

Wer hilft weiter?

Individuelle Auskünfte erteilt der jeweils zuständige Sozialversicherungsträger: ☞ *Rentenversicherungsträger*, ☞ *Berufsgenossenschaften*, ☞ *Integrationsamt* oder die ☞ *Agentur für Arbeit*.

Kraftfahrzeugkosten

☞ *Steuerliche Vergünstigungen*

Kraftfahrzeugsteuer

(§ 3 a Abs. 1 KraftStG)

Das Wichtigste in Kürze

Schwerbehinderte können als „Erleichterung im Personenverkehr" auf Antrag Steuervergünstigungen für ihr Kraftfahrzeug bekommen. Möglich sind eine Halbierung der Steuer oder eine komplette Befreiung.

1. Voraussetzung

Das oder die Kraftfahrzeuge müssen **auf den Behinderten zugelassen** sein, d.h.: Er ist der Halter.
Nicht erforderlich ist, dass der behinderte Fahrzeughalter einen ☞ *Führerschein* besitzt. Daher ist die Steuerbegünstigung z.B. auch bei Kindern, auf die ein Kraftfahrzeug zugelassen ist, möglich. Allerdings darf das Fahrzeug nur für den Transport oder die Haushaltsführung des Behinderten bzw. des behinderten Kindes benutzt werden.

2. Antrag

Die Steuervergünstigung muss bei der Kfz-Zulassungsstelle oder beim Finanzamt mit dem ☞ *Schwerbehindertenausweis* beantragt werden. Sie wird im Kfz-Schein eingetragen.

Wenn das Fahrzeug auf das Kind zugelassen wird, sind neben den üblichen Kfz-Papieren und Bescheinigungen folgende Unterlagen bei der An/Ummeldung notwendig:
☞ *Schwerbehindertenausweis*, Ausweise der Eltern, Unterschrift der Eltern für die Zulassung auf das Kind, Versicherungsdoppelkarte auf einen Elternteil (Schadensfreiheitsrabatt der Eltern bleibt erhalten). Nach der An/Ummeldung ist das dem Schwerbehindertenausweis beiliegende ausgefüllte Antragsformular an das ☞ *Versorgungsamt* zu senden.

3. Formen

Es gibt zwei Formen der Steuervergünstigung:

- **Steuerbefreiung**
  für Schwerbehinderte mit ☞ *Merkzeichen H*, ☞ *Merkzeichen Bl* oder ☞ *Merkzeichen aG*.
  Zusätzlich können diese Schwerbehinderten auch die unentgeltliche Beförderung in ☞ *Öffentlichen Verkehrsmitteln* in Anspruch nehmen
- **Steuerermäßigung um 50 %**
  für Schwerbehinderte mit ☞ *Merkzeichen G* oder ☞ *Merkzeichen Gl*.
  Alternativ können diese Schwerbehinderten die unentgeltliche Beförderung in ☞ *Öffentlichen Verkehrsmitteln* in Anspruch nehmen.

Wer hilft weiter?

Finanzamt

K

Mehr Informationen: www.betanet.de

Kranken- und Pflegeversicherung Sozialhilfe

(§ 32 SGB XII)

Das Wichtigste in Kürze

Das Sozialamt übernimmt unter bestimmten Voraussetzungen die Beiträge zur Krankenversicherung und zur Pflegeversicherung. Sie zählen im Rahmen der Sozialhilfe zur Hilfe zum Lebensunterhalt. Sozialhilfeempfänger, die mit ihren Beiträgen im Rückstand sind, sollten bei ihrem zuständigen Sozialamt nachfragen, ob diese Hilfe für sie in Frage kommt.

1. Voraussetzung

Es gelten dieselben Voraussetzungen wie bei der ☞ *Hilfe zum Lebensunterhalt.*

2. Pflichtleistung

Für folgende Personengruppen **muss** das ☞ *Sozialamt* die Beiträge zur Kranken- und Pflegeversicherung übernehmen:

- **Rentenantragsteller**
- **Hilfeempfänger für kurze Dauer**
  Personen, denen Hilfe zum Lebensunterhalt voraussichtlich nur für eine kurze Dauer (bis zu 6 Monaten) zu gewähren ist. Das Sozialamt hat die zur Aufrechterhaltung einer freiwilligen Krankenversicherung angemessenen Beiträge zu übernehmen.
- **Weiterversicherte**
  Das sind bis dahin Pflichtversicherte, die freiwillig Mitglied werden können, wenn sie aus der Pflichtversicherung ausscheiden.
  Das ist dann der Fall, wenn sie bereits pflichtversichert gearbeitet haben oder Leistungen von der Agentur für Arbeit erhalten haben, die nun zu Ende sind. Dann besteht der Versicherungsschutz bei der Krankenversicherung einen Monat weiter. Die freiwillige Weiterversicherung muss innerhalb von 3 Monaten eingeleitet werden. Das ist möglich, wenn die Weiterversicherten in den letzten 5 Jahren vor dem Ausscheiden mindestens 24 Monate oder unmittelbar vor dem Ausscheiden ununterbrochen mindestens 12 Monate versichert waren (§ 9 Abs. 1 Nr. 1 SGB V).
  Eine Weiterversicherung bei privat Krankenversicherten ist nur möglich, wenn der Beitrag unwesentlich über dem der gesetzlichen Krankenversicherung liegt.

3. Kann-Leistung

In allen sonstigen Fällen **kann** das Sozialamt die Beiträge zur Kranken- und Pflegeversicherung übernehmen. Die Übernahme der Beiträge für eine freiwillige Krankenversicherung wird unter Berücksichtigung der Angemessenheit der Beitragshöhe geprüft. Da es sich hierbei um eine Ermessensleistung handelt, sollte vorher beim zuständigen Sozialamt angefragt werden.

Praxistipps

- Sozialhilfeempfänger, die mit ihren Krankenkassenbeiträgen im Rückstand sind, sollten sich mit der Mahnung an das Sozialamt wenden. Das Amt übernimmt die Rückstände, wenn die Höhe angemessen ist.
- Für ☞ *Familienversicherte* erlischt der Krankenversicherungsschutz mit der rechtskräftigen Scheidung oder wenn der Familienversicherte nicht mehr als Kind (☞ *Kinder*) gilt. Wenn dann keine eigene Versicherung besteht, unbedingt beim Sozialamt melden und die Weiterversicherung klären.

4. Sonstige Versicherungskosten

wie z.B. für eine Haftpflicht-, Hausrat-, Rechtsschutz- oder Lebensversicherung werden in der Regel **nicht** übernommen. **Ausnahmen** gibt es z.B. bei der Lebensversicherung, so weit nur noch wenige Beiträge zu entrichten sind und dadurch Sozialhilfe im Rentenalter eingespart werden kann. Näheres unter ☞ *Alterssicherung.*

Wer hilft weiter?

Individuelle Auskünfte erteilt das ☞ *Sozialamt.*

Krankenbehandlung

(§ 27 SGB V)

Das Wichtigste in Kürze

Die Krankenkasse übernimmt für ihre Versicherten die Kosten der Behandlung von Krankheiten. Krankheit im sozialrechtlichen Sinn ist ein regelwidriger körperlicher oder geistiger Zustand, der entweder Behandlungsbedürftigkeit oder Arbeitsunfähigkeit oder beides zur Folge hat. Die Krankenkasse kann Patienten auch an den Kosten der Krankenbehandlung beteiligen, z.B. bei vorsätzlicher Verletzung, Folgen von Schönheitsoperationen oder Folgen von Straftaten.

1. Anerkannte Krankheiten

Neben den allgemein bekannten Krankheiten sind zwischenzeitlich folgende als Krankheit im Sinne der Krankenversicherung anerkannt:

- **Aids-Infektion** bei hinreichend konkretem Krankheitsverdacht
- **Alkoholismus** bei Verlust der Selbstkontrolle mit zwanghafter Abhängigkeit
- **Drogen- und Medikamentensucht** bei Verlust der Selbstkontrolle mit zwanghafter Abhängigkeit
- **Entbindung**, die **regelwidrig** abläuft mit Folge der Behandlungsbedürftigkeit (☞ *Schwangerschaft Entbindung*)
- **Haarausfall** bei Abweichung von der gesundheitlichen Norm (nicht beim altersbedingten Haarausfall)
- **Neurotische Störungen**, welche vom Versicherten auch bei zumutbarer Willensanstrengung nicht aus eigener Kraft überwunden werden können
- **Organtransplantation** - Behandlung des Organspenders (☞ *Organspende*) als Nebenleistung von der Krankenkasse des Organempfängers
- **Parodontose** bei Behandlungsbedürftigkeit
- **Psychische Erkrankungen** wie Psychosen, Neurosen, Psychopathien, Psychosyndrome. ☞ *Psychotherapie* als ärztliche und psychotherapeutische Behandlung
- **Sprachstörungen**, die nur durch ärztlich überwachte Fachkräfte behoben werden können
- **Unfruchtbarkeit** einer Frau im geburtsfähigen Alter bei Eintritt einer wegen Krankheit erforderlichen Sterilisation. **Nicht** aber bei bewusst und selbstverantwortlich herbeigeführtem Zustand durch die Versicherte
- **Zeugungsunfähigkeit** wie im Falle der Unfruchtbarkeit
- **Zahnlosigkeit** mit der Folge der erheblichen Störung der natürlichen Körperfunktionen des Kauens, Beißens oder Sprechens

2. Leistungsumfang

Leistungsumfang der gesetzlichen Krankenversicherung:

- Ärztliche und zahnärztliche Behandlung (☞ *Zahnbehandlung*)
- Versorgung mit ☞ *Zahnersatz*
- Versorgung mit ☞ *Arznei- und Verbandmitteln*, ☞ *Heilmitteln* und ☞ *Hilfsmitteln*
- ☞ *Häusliche Krankenpflege*
- ☞ *Haushaltshilfe*
- ☞ *Krankenhausbehandlung*
- Medizinische und ergänzende Leistungen zur ☞ *Rehabilitation*
- ☞ *Berufsfindung und Arbeitserprobung*
- ☞ *Arbeitstherapie und Belastungserprobung*
- ☞ *Künstliche Befruchtung*
- Leistungen zur Herstellung der Zeugungs- und Empfängnisfähigkeit, die nicht vorhanden oder durch Krankheit oder wegen einer durch Krankheit erforderlichen Sterilisation verloren gegangen war (sogenannte Refertilisierung)
- ☞ *Psychotherapie*
- ☞ *Genetische Beratung*

3. Ausschluss

Nicht zum Leistungsumfang zählen

- Kosmetische Korrekturen
- Legasthenie, soweit ansonsten kein neurologisch auffälliger Befund vorliegt
- Schwangerschaft (☞ *Schwangerschaft Entbindung*), soweit sie regulär verläuft

4. Leistungsbeschränkungen

Unter bestimmten Voraussetzungen liegt es im Ermessen der Krankenkasse, den Versicherten an den Kosten der Leistungen in angemessener Höhe zu beteiligen.

4.1. Voraussetzungen

Zuziehung der Krankheit

- vorsätzlich (z.B. Selbstverstümmelung, Beteiligung an Schlägerei).
- bei einem vom Versicherten begangenen Verbrechen (Mindeststrafmaß 1 Jahr).
- durch vorsätzliches Vergehen (Geld- oder Freiheitsstrafe).
- durch eine medizinisch nicht indizierte Maßnahme, z.B. eine ästhetische Operation, eine Tätowierung oder ein Piercing (**hier** kein Ermessen, sondern Verpflichtung der Krankenkasse, den Versicherten an den Kosten zu beteiligen).

4.2. Maßgebliche Kriterien dieser Ermessensausübung

- Grad des Verschuldens des Versicherten.
- Höhe der Aufwendungen der Krankenkasse.
- Wirtschaftliche Leistungsfähigkeit des Versicherten.

5. Sozialhilfe

In Einzelfällen tritt die ☞ *Krankenhilfe* des Sozialhilfeträgers für die Kosten ein.

Wer hilft weiter?

☞ *Krankenkassen*

Krankengeld

(§§ 44 ff. SGB V)

Das Wichtigste in Kürze

Krankengeld erhalten versicherte Patienten von der Krankenkasse, wenn sie länger als 6 Wochen arbeitsunfähig sind. Das Krankengeld wird individuell berechnet und ist niedriger als das Nettoeinkommen. Innerhalb von 3 Jahren gibt es höchstens eineinhalb Jahre lang Krankengeld für dieselbe Krankheit.

Kinderpflege-Krankengeld erhalten Eltern während der Betreuung ihres kranken Kindes, Näheres unter ☞ *Kinderpflege-Krankengeld.*

1. Voraussetzungen

Das Krankengeld ist eine sogenannte **Lohnersatzleistung**, d.h. sie wird nur gezahlt, wenn nach 6 Wochen kein Anspruch (mehr) auf Lohnfortzahlung durch den Arbeitgeber (§ 3 Entgeltfortzahlungsgesetz) besteht.
Weitere Voraussetzungen sind:

- Versicherteneigenschaft zum Zeitpunkt des Eintritts der ☞ *Arbeitsunfähigkeit.*
- Arbeitsunfähigkeit aufgrund Krankheit
  oder
  stationäre Behandlung in Krankenhaus, Vorsorge- oder Reha-Einrichtung auf Kosten der Krankenkasse.
  Definition „stationär"
  Teil-, vor- und nachstationäre Behandlung genügt, wenn sie den Versicherten daran hindert, seinen Lebensunterhalt durch die zuletzt ausgeübte Erwerbstätigkeit zu bestreiten.
- Es handelt sich immer um dieselbe Krankheit bzw. um eindeutige Folgeerkrankungen derselben Grunderkrankung. Tritt während der Arbeitsunfähigkeit eine weitere Krankheit auf, verlängert sich die Leistungsdauer dennoch nicht.

Mehr Informationen: www.betanet.de

1.1. Kein Anspruch auf Krankengeld

Keinen Anspruch auf Krankengeld haben:

- versicherungspflichtige Personen in Einrichtungen der Jugendhilfe
- Teilnehmer an Leistungen zur ☞ *Teilhabe am Arbeitsleben* sowie zur ☞ *Berufsfindung und Arbeitserprobung*, die nicht nach dem Bundesversorgungsgesetz erbracht werden; Ausnahme bei Anspruch auf ☞ *Übergangsgeld*
- Studenten (in der Regel bis zum Abschluss des 14. Fachsemesters oder bis zur Vollendung des 30. Lebensjahres)
- Praktikanten
- Familienversicherte
- Bezieher einer **vollen** Erwerbsminderungsrente, Erwerbsunfähigkeitsrente, einer Vollrente wegen Alters, eines Ruhegehalts, eines versicherungspflichtigen Vorruhestandsgehalts
- Bezieher von Arbeitslosengeld II und Sozialgeld
- Personen die infolge der Gesundheitsreform 2007 krankenversicherungspflichtig wurden (§ 5 Abs. 1 Nr. 13 SGB V). **Ausnahme**: Dennoch Anspruch auf Krankengeld haben abhängig und nicht nur geringfügig Beschäftigte.

1.2. Freiwillig Versicherte

Die Satzung einer Krankenkasse kann den Anspruch auf Krankengeld für freiwillig Versicherte ausschließen oder zu einem späteren Zeitpunkt entstehen lassen, je nachdem, welchen Tarif der Versicherte gewählt hat.

1.3. Anspruch auf Krankengeld

(§ 46 SGB V)

Anspruch auf Krankengeld entsteht

- bei ☞ *Krankenhausbehandlung*
  mit der Aufnahme, also vom Beginn der Krankenhausbehandlung bzw. der Behandlung in Vorsorge- oder Reha-Einrichtungen.
- bei ☞ *Arbeitsunfähigkeit*
  mit dem auf die ärztliche Feststellung der Arbeitsunfähigkeit folgenden Tag.

2. Höhe

(§ 47 SGB V)

Das Krankengeld beträgt

- 70 % des regelmäßigen Arbeitsentgelts (sogenanntes regelmäßiges Bruttoentgelt),
- maximal aber 90 % des regelmäßigen Nettoarbeitsentgelts.
- **Abgezogen** vom Krankengeld werden Sozialversicherungsbeiträge für die Arbeitslosen-, Pflege- und Rentenversicherung. Die Krankenkasse übernimmt die Beiträge der Krankenversicherung und jeweils die Hälfte der drei genannten Versicherungen. Damit ergibt sich in der Regel ein Abzug von 12,58 % bei Krankengeldempfängern mit Kindern bzw. von 12,7 % bei kinderlosen Empfängern.

2.1. Definition „regelmäßiges" Entgelt

Bezüge, die wegen außergewöhnlicher Umstände gewährt wurden oder ausfielen, bleiben beim „regelmäßigen" Entgelt unbeachtet. Einmalige Zahlungen wie z.B. Weihnachtsgeld oder Urlaubsgeld gehören, wenn sie tatsächlich regelmäßig wiederkehrend geleistet werden, zum „regelmäßigen" Bruttoentgelt.

2.2. Höchstbetrag des Krankengelds

Bei freiwillig Versicherten über der ☞ *Beitragsbemessungsgrenze* wird nur das Arbeitsentgelt bis zur Höhe der kalendertäglichen Beitragsbemessungsgrenze berücksichtigt, das ist 2008 ein Betrag von 120,- € (= Beitragsbemessungsgrenze 43.200,- € : 360). Da das Krankengeld 70 % dieses Arbeitsentgelts beträgt, kann es **maximal 84,- €** täglich betragen.

2.3. Berechnungsbeispiel

Das Krankengeld wird kalendertäglich für 30 Tage je Kalendermonat gezahlt.
Das folgende Berechnungsbeispiel enthält keine regelmäßigen Zusatzleistungen. Diese

K

Soziale Fragen? betafon 01805 - 238 2366!

Berechnung gilt auch für das ☞ *Kinderpflege-Krankengeld.*

Monatlich brutto 3.000,- €
3.000,- € : 30 für Kalendertag = 100,- €
davon 70 % = **70,- €**
Monatlich netto 1.800,- €
1.800 : 30 für Kalendertag = 60,- €
davon 90 % = **54,- €**
Folgt: Krankengeld beträgt 54,- € täglich

2.4. Sonderregelung

Bei Bezug von Arbeitslosengeld oder Unterhaltsgeld wird Krankengeld in Höhe dieser Leistungen gezahlt.

3. Dauer

(§ 48 SGB V)
Krankengeld gibt es wegen **derselben** Krankheit für eine maximale Leistungsdauer von 78 Wochen (546 Kalendertage) innerhalb von je 3 Jahren ab Beginn der Arbeitsunfähigkeit. Dabei handelt es sich um die sogenannte **Blockfrist**.

3.1. Blockfrist

Eine Blockfrist beginnt mit dem erstmaligen Eintritt der Arbeitsunfähigkeit für die ihr zugrunde liegende Krankheit. Bei jeder Arbeitsunfähigkeit wegen einer anderen Erkrankung beginnt eine neue Blockfrist. Es ist möglich, dass mehrere Blockfristen nebeneinander laufen.

3.2. „Dieselbe Krankheit"

heißt: identische Krankheitsursache. Es genügt, dass ein nicht ausgeheiltes Grundleiden Krankheitsschübe bewirkt.

3.3. Leistungsdauer

Die Leistungsdauer verlängert sich nicht, wenn während der Arbeitsunfähigkeit eine andere Krankheit hinzutritt. Es bleibt bei maximal 78 Wochen.

3.4. Erneuter Anspruch auf Krankengeld wegen derselben Krankheit

Nach Ablauf der Blockfrist (= 3 Jahre), in der der Versicherte wegen derselben Krankheit Krankengeld für 78 Wochen bezogen hat, entsteht ein erneuter Anspruch auf Krankengeld wegen derselben Erkrankung unter folgenden Voraussetzungen:

- **erneute** Arbeitsunfähigkeit wegen derselben Krankheit,
- mindestens 6 Monate **keine** Arbeitsunfähigkeit wegen dieser Krankheit und
- mindestens 6 Monate **Erwerbstätigkeit** oder der Arbeitsvermittlung zur Verfügung stehend.

Zeiten, in denen der Anspruch auf Krankengeld zwar theoretisch besteht, aber tatsächlich **ruht** oder **versagt** wird (s.u.), werden wie Bezugszeiten von Krankengeld angesehen (§ 48 Abs. 3 SGB V).

3.4.1. Beispiel

Der Arbeitgeber zahlt bei Arbeitsunfähigkeit des Arbeitnehmers dessen Arbeitsentgelt bis zu 6 Wochen weiter (§ 3 EntgeltfortzahlungsG), das heißt der Anspruch auf Krankengeld besteht zwar, aber er ruht (§ 49 Abs. 1 SGB V). Erst danach gibt es Krankengeld. Die 6 Wochen Entgeltfortzahlung werden aber wie Krankengeld-Bezugszeiten behandelt, so dass noch maximal 72 Wochen (78 Wochen abzüglich 6 Wochen = 72 Wochen) Krankengeld gezahlt wird.

Praxistipp

Zahlt der Arbeitgeber bei Arbeitsunfähigkeit des Arbeitnehmers das Entgelt jedoch nicht weiter, obwohl hierauf ein Anspruch nach § 3 Entgeltfortzahlungsgesetz besteht, gewährt die Krankenkasse bei Vorliegen der Voraussetzungen (s.o.) das Krankengeld, da das Krankengeld nur bei **tatsächlichem** Bezug des Arbeitsentgelts ruht. Der Anspruch des versicherten Arbeitnehmers gegen den Arbeitgeber auf Entgeltfortzahlung geht dabei auf die Krankenkasse über.

K
Mehr Informationen: www.betanet.de

4. Anspruch ruht, Kürzung, Ausschluss, Wegfall, Ende des Anspruchs

4.1. Anspruch auf Krankengeld ruht

(§ 49 SGB V)

Der Anspruch auf Krankengeld ruht

- bei Erhalt von (mehr als einmalig gezahltem) Arbeitsentgelt. Das gilt besonders bei Entgeltfortzahlung (§ 3 Entgeltfortzahlungsgesetz) bis zu 6 Wochen.
- bei Inanspruchnahme von Elternzeit (früher: Erziehungsurlaub) nach dem Bundeselterngeld- und Elternzeitgesetz bis zum 3. Geburtstag eines Kindes. Dies gilt nicht, wenn die Arbeitsunfähigkeit vor Beginn der Elternzeit eingetreten ist oder wenn das Krankengeld aus einer versicherungspflichtigen (Teilzeit-)Beschäftigung während der Elternzeit errechnet wird.
- bei Bezug von Versorgungskrankengeld, Übergangsgeld, Unterhaltsgeld, Kurzarbeitergeld; auch bei Ruhen dieser Ansprüche wegen einer Sperrzeit.
- bei Bezug von Mutterschaftsgeld oder Arbeitslosengeld.
- solange die Arbeitsunfähigkeit der Krankenkasse nicht gemeldet ist. Meldefrist bis zu einer Woche nach Beginn der Arbeitsunfähigkeit.

4.2. Ausschluss von Krankengeld

(§ 50 SGB V)

Krankengeld ist ausgeschlossen bei Bezug von:

- ☞ *Regelaltersrente*
- ☞ *Altersrente für langjährige Versicherte*
- ☞ *Altersrente für Schwerbehinderte*
- ☞ *Altersrente wegen Arbeitslosigkeit oder nach Altersteilzeit*
- ☞ *Altersrente für Frauen*
- Rente wegen **voller** Erwerbsminderung (☞ *Abgestufte Erwerbsminderungsrente*)
- Ruhegehalt nach beamtenrechtlichen Grundsätzen
- Vorruhestandsgeld

Mit Beginn einer der o.g. Renten endet der Anspruch auf Krankengeld. War das Krankengeld höher als diese nachträglich bewilligte Rente, darf der Versicherte den Teil des Krankengelds behalten, der über diese Rente hinausging (sogenannter Spitzbetrag).

4.3. Kürzung des Krankengelds

(§ 50 SGB V)

Krankengeld wird gekürzt um den Zahlbetrag der

- Altersrente, Rente wegen Erwerbsminderung oder Landabgabenrente, jeweils aus der Alterssicherung der Landwirte (ALG)
- Teilrente wegen Alters aus der Rentenversicherung
- Rente wegen teilweiser Erwerbsminderung (früher: Rente wegen Erwerbs- bzw. Berufsunfähigkeit, ☞ *Abgestufte Erwerbsminderungsrente*)
- Knappschaftsausgleichsleistung, Rente für Bergleute

so weit die Leistung **nach** Beginn der Arbeitsunfähigkeit oder stationären Behandlung zuerkannt wird.

Praxistipp

Wenn eine der genannten Zahlungen eintrifft, ist dies der Krankenkasse schnellstmöglich mitzuteilen. Das erspart spätere Rückzahlungen.

4.4. Wegfall des Krankengelds, Antrag auf Reha

(§ 51 SGB V)

Wenn die Erwerbsfähigkeit des Patienten nach ärztlichem Gutachten erheblich gefährdet oder gemindert ist, **kann** die Krankenkasse dem Versicherten eine Frist von 10 Wochen setzen, um einen Antrag auf Rehamaßnahmen zu stellen.

4.5. Wegfall des Krankengelds, Antrag auf Rente

(§ 51 SGB V)

Wird ein Krankengeldempfänger von der Krankenkasse aufgefordert einen Antrag auf

K

Soziale Fragen? betafon 01805 - 238 2366!

Rente zu stellen, dann muss er dem innerhalb von 10 Wochen nachkommen. Hat er noch Anspruch auf Krankengeld, erhält er dieses weiter, bis über den Rentenantrag entschieden ist. Hat er keinen Anspruch auf Krankengeld mehr, kann er bei der Agentur für Arbeit ☞ *Arbeitslosengeld bei Arbeitsunfähigkeit* beantragen.

Wenn mit Vollendung des 65. Lebensjahres das Recht auf den Bezug von Regelaltersrente oder Altersrente aus der Alterssicherung der Landwirte eintritt, **kann** die Krankenkasse dem Versicherten eine Frist von 10 Wochen setzen, um die Rente zu beantragen.

Es liegt beim Vorliegen der genannten Voraussetzungen im Ermessen der Krankenkasse, ob sie den Wegfall des Krankengeldes plant und den Versicherten auffordert, innerhalb von 10 Wochen einen Antrag auf Reha oder Rente zu stellen.
Kommt der Versicherte dieser Aufforderung nicht fristgerecht nach, ruht mit Ablauf der Frist der Anspruch auf Krankengeld und die Mitgliedschaft in der Krankenkasse endet. Wird der Antrag später gestellt, lebt der Anspruch auf Krankengeld mit dem Tag der Antragstellung wieder auf, aber nicht die Mitgliedschaft.
Um weiter krankenversichert zu bleiben, gibt es u.a. folgende Möglichkeiten:

- Freiwillige Versicherung bei einer gesetzlichen Krankenkasse, Details unter ☞ *Krankenversicherung, Freiwillige Versicherung*
- ☞ *Familienversicherung*
- ☞ *Private Krankenversicherung*

4.6. Aussteuerung: Ende des Anspruchs auf Krankengeld

Wird der Anspruch auf Krankengeld (78 Wochen Arbeitsunfähigkeit innerhalb von 3 Jahren wegen derselben Erkrankung) ausgeschöpft und ist der Versicherte noch immer arbeitsunfähig, dann endet seine Mitgliedschaft in der gesetzlichen Krankenversicherung. Dieser Vorgang wird auch **Aussteuerung** genannt.

Die Krankenkasse informiert das Mitglied rund 2 Monate vor der Aussteuerung darüber. Damit weiter ein Anspruch auf medizinische Leistungen besteht, ist es wichtig weiterhin Mitglied der Krankenkasse zu bleiben. Es gibt folgende Möglichkeiten:

- Freiwillige Versicherung bei einer gesetzlichen Krankenkasse
- Familienversicherung (wenn z.B. der Ehemann/die Ehefrau Mitglied einer gesetzlichen Krankenkasse ist)
- Private Krankenversicherung
- Beantragung von ☞ *Arbeitslosengeld bei Arbeitsunfähigkeit*, einer Sonderform des Arbeitslosengeldes im Sinne der Nahtlosigkeit

Praxistipp

Ist abzusehen, dass der Krankengeldbezug endet, sollte sich der Betroffene unbedingt rechtzeitig mit der Krankenkasse in Verbindung setzen, um den künftigen Versicherungsschutz zu klären.

5. Leistungsbeschränkungen

(§ 52 SGB V)
Unter bestimmten Voraussetzungen liegt es **im Ermessen** der Krankenkasse, Krankengeld ganz oder teilweise für die Dauer der Krankheit zu versagen oder zurückzufordern.

5.1. Voraussetzungen

Zuziehung der Krankheit

- vorsätzlich (z.B. Selbstverstümmelung, Beteiligung an Schlägerei)
- bei einem vom Versicherten begangenen Verbrechen (Mindeststrafmaß 1 Jahr)
- durch vorsätzliches Vergehen (Geld- oder Freiheitsstrafe)
- durch eine medizinisch nicht indizierte Maßnahme, z.B. eine ästhetische Operation, eine Tätowierung oder ein Piercing (**hier** kein Ermessen, sondern Verpflichtung der Krankenkasse, das Krankengeld zu beschränken).

Mehr Informationen: www.betanet.de

5.2. Maßgebliche Kriterien dieser Ermessensausübung

- Grad des Verschuldens des Versicherten
- Höhe der Aufwendungen der Krankenkasse
- wirtschaftliche Leistungsfähigkeit des Versicherten

Wer hilft weiter?

☞ *Krankenkassen*

Krankengeld

auch ☞ *Kinderpflege-Krankengeld*

Krankenhausbehandlung

(§ 39 SGB V - § 33 SGB VII)

Das Wichtigste in Kürze

Eine Krankenhausbehandlung beinhaltet alle Leistungen, die für den Patienten nach Art und Schwere seiner Erkrankung notwendig und im Rahmen des Versorgungsauftrags des Krankenhauses möglich sind. Dies geschieht ohne zeitliche Begrenzung. Der Patient muss 10,- € pro Tag zuzahlen, allerdings maximal 28 Tage pro Kalenderjahr.

1. Kostenübernahme

Krankenhausbehandlungen werden nach ärztlicher Verordnung von der ☞ *Krankenversicherung* überwiegend, von der ☞ *Unfallversicherung* komplett übernommen. Sie können vollstationär, teilstationär oder ambulant erfolgen. Sie umfassen ärztliche Behandlung, Krankenpflege, Versorgung mit ☞ *Arznei- und Verbandmitteln*, ☞ *Heilmitteln* und ☞ *Hilfsmitteln*.
In Einzelfällen tritt die ☞ *Krankenhilfe* des Sozialhilfeträgers für die Kosten ein. Er orientiert sich dabei an den Leistungen der Krankenkassen.

2. Zuzahlung

Patienten ab Vollendung des 18. Lebensjahres müssen für die **vollstationäre** Krankenhausbehandlung eine Zuzahlung von 10,- € pro Tag leisten. Diese Zuzahlung ist auf 28 Tage pro Kalenderjahr begrenzt. Der Aufnahme- und Entlassungstag zählen jeweils als ganzer Tag.
Eine innerhalb eines Kalenderjahres geleistete Zuzahlung zu einer ☞ *Anschlussheilbehandlung* (im unmittelbaren Anschluss an die Krankenhausbehandlung) an die Krankenkasse wird angerechnet.

2.1. Befreiung von der Zuzahlung

Von der Zuzahlung befreit sind:

- Krankenversicherte bis zum 18. Lebensjahr
- Krankenversicherte bei Überschreiten der Belastungsgrenze, Näheres unter ☞ *Zuzahlungsbefreiung Krankenversicherung*.
- Versicherte der ☞ *Unfallversicherung*. Die Unterbringung erfolgt in der **normalen Pflegeklasse**. Wünscht der Unfallversicherte die Verlegung und Unterbringung in eine höhere Klasse, so trägt er die Mehrkosten.

3. Wahl des Krankenhauses

Wählt der Versicherte ohne zwingenden Grund ein anderes als das in der ärztlichen Einweisung genannte Krankenhaus, **können** ihm die **Mehrkosten**, d.h. sämtliche durch die Wahl des Krankenhauses verursachten höheren Aufwendungen ganz oder teilweise auferlegt werden. Ein zwingender Grund wäre z.B. eine negative Vorbelastung mit den Behandlungen eines bestimmten Krankenhauses und damit ein gestörtes Vertrauensverhältnis.

3.1. Keine Krankenhäuser sind:

- Vorsorge- und Reha-Einrichtungen
- Müttergenesungswerke
- Sanatorien und Kuranstalten

Soziale Fragen? betafon 01805 - 238 2366!

- Psychotherapeutische oder heilpädagogische Kinderheime
- Alten- und Pflegeheime
- Hospize (☞ *Sterbebegleitung*)

Praxistipp

Muss ein Elternteil, der zu Hause Kinder unter 12 Jahren betreut, ins Krankenhaus, kann unter bestimmten Voraussetzungen eine ☞ *Haushaltshilfe* beantragt werden.

Wer hilft weiter?

☞ *Krankenkassen*

Mehr Informationen: www.betanet.de

Krankenhausvermeidungspflege

☞ *Häusliche Krankenpflege*

Krankenhilfe

(§ 48 SGB XII)

Das Wichtigste in Kürze

Die Krankenhilfe der ☞ *Sozialämter* ist eine Leistung für nicht krankenversicherte Hilfesuchende, die die Kosten für Arzt oder Krankenhaus nicht bezahlen können. Die Leistungen der Krankenhilfe entsprechen im Wesentlichen den Leistungen der gesetzlichen Krankenversicherung im Sinne der ☞ *Krankenbehandlung*. Krankenhilfe zählt im Rahmen der ☞ *Sozialhilfe* zur ☞ *Gesundheitshilfe*.

1. Voraussetzungen

- Empfang von ☞ *Hilfe zum Lebensunterhalt* für weniger als einen Monat.
- Asylbewerber mit einem Bezug von Grundleistungen bis zu 36 Monaten (§ 3 AsylbLG).
- Der Hilfesuchende ist krank und kann die Kosten für Arzt und Krankenhaus weder selbst tragen noch werden sie erstattet, z.B. von der gesetzlichen ☞ *Krankenkasse*.
- Das Einkommen des Betroffenen liegt unter der Einkommensgrenze nach §§ 85 ff. SGB XII. Näheres hierzu ☞ *Einsatz von Einkommen und Vermögen*.
- „Berechtigungsschein für ärztliche Behandlung". Behandlungen ohne Berechtigungsschein sind nur bei Notfällen und an Sonn- und Feiertagen möglich.

Praxistipp

Vor jedem Arztbesuch ist beim ☞ *Sozialamt* ein Berechtigungsschein abzuholen. Der Arzt rechnet dann mit dem Sozialamt direkt ab.

2. Umfang

Zur Krankenhilfe zählen z.B.:

- Ärztliche und zahnärztliche Behandlung. ☞ *Krankenbehandlung* und ☞ *Zahnbehandlung*
- Versorgung mit ☞ *Arznei- und Verbandmitteln*, ☞ *Heilmitteln* und ☞ *Hilfsmitteln*
- ☞ *Zahnersatz*
- ☞ *Krankenhausbehandlung*
- Leistungen zur ☞ *medizinischen Reha* und ☞ *ergänzende Leistungen zur Reha*
- ☞ *Häusliche Krankenpflege*
- ☞ *Haushaltshilfe*

Alle genannten Leistungen sollen dem entsprechen, was normalerweise von der gesetzlichen ☞ *Krankenkasse* bezahlt wird. Siehe Liste der Leistungen unter ☞ *Krankenversicherung*.

3. Zuzahlungen

Für Empfänger von Krankenhilfe gelten dieselben Zuzahlungsregelungen und Belastungsgrenzen wie für Mitglieder der gesetzlichen Krankenversicherung, Details siehe ☞ *Zuzahlungen Krankenversicherung*.
Als Berechnungsgrundlage gilt dabei der Regelsatz des Haushaltsvorstands (☞ *Regelsätze der Sozialhilfe*).

Wer hilft weiter?

☞ *Sozialamt*

Krankenkassen

Das Wichtigste in Kürze

Die Krankenkassen sind die Träger der gesetzlichen Krankenversicherung. Eine Mitgliedschaft kann immer zum Ende des übernächsten Monats gekündigt werden. Bei Beitragserhöhungen besteht ein Sonderkündigungsrecht.
Näheres zur Versicherungspflicht siehe
☞ *Krankenversicherung.*

1. Kündigungsrecht und Bindungsfrist

- Die Mitgliedschaft in der Krankenkasse kann jederzeit zum Ende des übernächsten Monats gekündigt werden.
  Beispiel:
  Versicherte, deren Kündigung zum 31. Januar bei ihrer bisherigen Krankenkasse eingeht, können zum 1. April Mitglied der neuen Krankenkasse werden.
- Wenn ein Versicherter die Krankenkasse wechselt, ist er 18 Monate an seine neue Krankenkasse gebunden (= **Bindungsfrist**).
- Ein **Arbeitgeber- oder Beschäftigungswechsel** berechtigt **nicht** zum Kassenwechsel.
- Bei den Regelungen zur Kassenwahl wird **nicht** zwischen Pflicht- und freiwillig Versicherten unterschieden.

2. Sonderkündigungsrecht

Bei Beitragserhöhungen besteht ein Sonderkündigungsrecht. Dies gilt auch dann, wenn die Beitragserhöhung aufgrund einer Fusion zweier Krankenkassen entsteht. Die Kündigungsfrist beträgt 2 Kalendermonate, die Bindungsfrist entfällt. Die Kündigungserklärung muss der Krankenkasse spätestens am Ende des Monats vorliegen, der auf die Beitragserhöhung folgt.

2.1. Kündigungsbestätigung

Die Krankenkassen sind verpflichtet, dem Versicherten spätestens 14 Tage nach Eingang der Kündigung eine Kündigungsbestätigung auszustellen. Die Kündigungsbestätigung muss der neuen Krankenkasse bei der Anmeldung vorgelegt werden. Liegt diese Bescheinigung nicht vor, kann keine Aufnahme in die neu gewählte Krankenkasse erfolgen.
Durch dieses Verfahren soll vermieden werden, dass sich Versicherte „vorsorglich" bei mehreren Krankenkassen anmelden.

Ausnahme
Bei Abschluss eines Wahltarifs mit einer Bindungsfrist von 3 Jahren kann innerhalb dieser Zeit nicht wegen einer Beitragsatzerhöhung gekündigt werden.

Praxistipp

Versicherte können in der Mitgliederzeitung ihrer Krankenkasse und in der Presse verfolgen, ob und wann die Beiträge steigen. Die Krankenkasse muss ihre Mitglieder allerdings nicht über die Beitragserhöhung informieren. Nur wer im Monat der Beitragserhöhung oder im darauf folgenden Monat kündigt, kann die Bindungsfrist umgehen.

Krankenkostzulage

(§ 30 Abs. 5 SGB XII - § 21 Abs. 5 SGB II)

Das Wichtigste in Kürze

Krankenkostzulage bekommen Patienten, die eine besondere, kostenaufwendige Ernährung benötigen und gleichzeitig Empfänger von Sozialhilfe oder Grundsicherung für Arbeitssuchende sind. Die Krankenkostzulage muss beim Sozialamt bzw. bei der Agentur für Arbeit beantragt werden. Dafür ist auf jeden Fall ein ärztliches Attest nötig. Die Höhe richtet sich nach der Erkrankung.

Soziale Fragen? betafon 01805 - 238 2366!

1. Höhe

Die nachfolgenden Beträge für die Höhe der Krankenkostzulage entsprechen den Empfehlungen des Deutschen Vereins. Es handelt sich um Richtwerte.

- Erhöhung der Blutfette - lipidsenkende Kost: 35,79 €
- Erhöhung der Harnsäure im Blut, Erkrankung durch Harnsäureablagerungen - purinreduzierte Kost: 30,68 €
- Leberversagen, Nierenversagen - eiweißdefinierte Kost: 30,68 €
- Nierenversagen, hämodialysebehandelt - Dialysediät: 61,36 €
- Blutdruckerhöhung im großen Kreislauf, Gewebewasseransammlungen bei Herz- oder Nierenkrankheiten - natriumdefinierte Kost: 25,56 €
- Durchfallerkrankungen bedingt durch Überempfindlichkeit gegenüber Klebereiweiß - glutenfreie Kost: 66,47 €
- Insulinbedürftige, bei Jugendlichen auftretende Zuckerkrankheit, konventionelle Insulinbehandlung, Alterszuckerkrankheit bei nicht übergewichtigen Patienten - Diabeteskost: 51,13 €
- Magen- und Darmerkrankungen, Stoffwechselerkrankungen, diverse Erkrankungen wie HIV-Infektion, Krebs, Multiple Sklerose , Neurodermitis - Vollkost: 25,56 €

Praxistipp

Diese Liste verändert sich nach aktuellen medizinischen Erkenntnissen laufend. Deshalb sollte bei Krankheiten, die eine besondere Ernährung erfordern, dem Sozialamt bzw. der Agentur für Arbeit neben dem ärztlichen Attest auch die vorgeschlagene Ernährungsbehandlung vorgelegt werden sowie ein Kostenvoranschlag, welche Mehrkosten diese Ernährung im Monat verursacht.

Wer hilft weiter?

Individuelle Auskünfte erteilt das ☞ *Sozialamt* bzw. die ☞ *Agentur für Arbeit.*

Krankenpflege

☞ *Häusliche Krankenpflege*

Krankenversicherung

(SGB V)

Das Wichtigste in Kürze

Die **gesetzliche** Krankenversicherung leistet, so weit es um den **Erhalt** der Gesundheit oder die **Wiederherstellung** der Gesundheit nach einer Krankheit geht. Rechtsgrundlage ist das Sozialgesetzbuch Nr. 5 (SGB V). Arbeitnehmer (ohne Beamte) bis zu bestimmten Einkommensgrenzen, Arbeitslose, Rentner und eine ganze Reihe von Selbstständigen sind in der Krankenversicherung pflichtversichert.
Informationen zur ☞ *Privaten Krankenversicherung* finden Sie dort.

1. Versicherungspflicht

Versicherungspflicht besteht z.B. für folgende Personenkreise:

1. **Arbeiter, Angestellte** und zu ihrer Berufsausbildung Beschäftigte, die regelmäßig nicht mehr als 48.150,- € im Jahr bzw. 4.012,50 € pro Monat verdienen
2. **Arbeitslose** in der Zeit, in der sie ☞ *Arbeitslosengeld,* ☞ *Arbeitslosengeld II* oder Unterhaltsgeld beziehen
3. **Landwirte**, ihre mitarbeitenden Familienangehörigen und Altenteiler
4. Freischaffende **Künstler** und Publizisten nach dem Künstlersozialversicherungsgesetz. Zuständig ist die Künstlersozialkasse, die auch detaillierte Auskünfte erteilt. Gökerstr. 14, 26384 Wilhelmshaven, Telefon 04421 7543-9, www.kuenstlersozialkasse.de.
5. Personen in Einrichtungen der **Jugendhilfe**, die für eine Erwerbstätigkeit befähigt werden sollen
6. Teilnehmer an Leistungen zur ☞ *Teilhabe am Arbeitsleben*
7. **Behinderte** in anerkannten Werkstätten

K
Mehr Informationen: www.betanet.de

für Behinderte, die dort tätig sind
8. **Behinderte** in weiteren Einrichtungen wie z.B. Heimen, die in gewisser Regelmäßigkeit Leistungen erbringen, welche einem Fünftel der Leistung eines voll Erwerbsfähigen entsprechen
9. **Studenten**, die an staatlichen oder staatlich anerkannten Hochschulen eingeschrieben sind, bis zum Abschluss des 14. Fachsemesters, längstens bis zur Vollendung des 30. Lebensjahres
10. **Praktikanten**, die eine in Studien- oder Prüfungsordnungen vorgeschriebene berufspraktische Tätigkeit ohne Arbeitsentgelt verrichten, sowie Auszubildende des zweiten Bildungsweges
11. **Rentner** und Rentenantragsteller
12. Personen **ohne Krankenversicherungsschutz**, die zuletzt gesetzlich krankenversichert oder bisher weder gesetzlich noch privat krankenversichert waren Nicht dazu zählen hauptberuflich Selbstständige, Personen über der ☞ *Versicherungspflichtgrenze* und Beamte. Diese müssen sich freiwillig oder privat krankenversichern.

Zuständig für die Leistung der gesetzlichen Krankenversicherung sind die verschiedenen ☞ *Krankenkassen*. Dort finden Sie auch Details zu Kündigung und Wechsel der Krankenkasse.

1.1. Familienversicherte

Kinder und Ehepartner, die nicht selbst hauptberuflich erwerbstätig sind, haben in der Regel als sogenannte „Familienversicherte" Anspruch auf die vollen Leistungen der Krankenkasse. Näheres ☞ *Familienversicherte*.

1.2. Nicht versicherungspflichtig

Nicht versicherungspflichtig ist, wer
- das 55. Lebensjahr vollendet hat
  und
- in den 5 Jahren davor nicht gesetzlich versichert war
  und
- mindestens die Hälfte dieser 5 Jahre versicherungsfrei, von der Versicherungspflicht befreit oder hauptberuflich selbstständig erwerbstätig oder mit einer solchen Person verheiratet war.

1.2.1. Ausnahmen

- Bei Bezug von ☞ *Arbeitslosengeld II* besteht unabhängig davon dennoch Versicherungspflicht.
- Versicherungspflicht besteht auch für die oben unter 12. genannten Personen.

1.3. Sozialhilfeempfänger und Asylbewerber

Empfänger von ☞ *Hilfe zum Lebensunterhalt*, ☞ *Grundsicherung im Alter und bei Erwerbsminderung*, ☞ *Eingliederungshilfe*, Hilfe zu Pflege (☞ *Pflege Sozialhilfe*) sowie von Leistungen nach § 2 Asylbewerberleistungsgesetz (☞ *Ausländer*) werden von den gesetzlichen Krankenkassen betreut. Sie sind allerdings keine regulären Mitglieder, sondern die Kassen übernehmen die Betreuung als „Auftragsleistung" für die Sozialämter, die die Kosten anschließend begleichen. **Voraussetzung** dafür ist unter anderem ein Sozialhilfebedarf, der mindestens einen Monat besteht.

Praxistipps

Diese Versicherten dürfen aus einem Angebot des zuständigen Sozialhilfeträgers wählen, welcher Krankenkasse sie beitreten wollen. Machen sie von diesem Wahlrecht nicht Gebrauch, dann werden sie einer Krankenkasse zugeordnet.

Sie erhalten eine Krankenversichertenkarte und müssen wie jeder Pflichtversicherte Zuzahlungen leisten, Details siehe ☞ *Zuzahlungen Krankenversicherung*.

Die Krankenkasse übernimmt die Kosten aller nach dem Krankenversicherungsrecht zustehenden Leistungen. Intern rechnet die Krankenkasse ihre Aufwendungen mit dem zuständigen Sozialhilfeträger vierteljährlich

Soziale Fragen? betafon 01805 - 238 2366!

ab. Besteht kein Hilfebedarf mehr, meldet der Sozialhilfeträger dies der Krankenkasse. Damit endet auch der Anspruch auf Leistungen der Krankenkasse.

2. Freiwillige Versicherung

Folgende Personenkreise haben die Möglichkeit, sich freiwillig bei der gesetzlichen Krankenversicherung zu versichern:

- Personen, die als Mitglieder aus der Versicherungspflicht **ausgeschieden** sind. Diese Mitgliedschaft muss vorher ununterbrochen 12 Monate gedauert oder in den 5 Jahren davor mindestens 24 Monate betragen haben.
- Personen, deren Familienversicherung erlischt oder nur deswegen nicht besteht, weil der höher verdienende Elternteil nicht Mitglied einer gesetzlichen Krankenversicherung ist, und die die o.g. Vorversicherungszeit erfüllen.
- **Schwerbehinderte**, wenn sie, ein Elternteil, ihr Ehe- oder Lebenspartner in den letzten 5 Jahren vor dem Beitritt mindestens 3 Jahre versichert waren, außer wenn sie wegen ihrer Behinderung diese Voraussetzung nicht erfüllen konnten. Die Satzung der Krankenkasse kann für den Beitritt eine Altersgrenze festsetzen.
- Arbeitnehmer, deren Mitgliedschaft durch Beschäftigung im **Ausland** endete, wenn sie innerhalb von 2 Monaten nach ihrer Rückkehr wieder eine Beschäftigung aufnehmen.

Praxistipps

Wer bisher Mitglied einer gesetzlichen Krankenkasse war und weiterhin freiwilliges Mitglied bleiben will, muss dies der Krankenkasse innerhalb von 3 Monaten nach Eintreten der jeweiligen Voraussetzung schriftlich anzeigen.

Die individuellen Voraussetzungen und Beiträge sind bei den Krankenkassen zu erfragen. Unterschiede bei den Leistungen bestehen z.B. beim ☞ *Krankengeld*.

Wer sich freiwillig bei der gesetzlichen Krankenversicherung versichert, muss sich automatisch auch bei der gesetzlichen ☞ *Pflegeversicherung* versichern. Wer **nicht** Mitglied der gesetzlichen Pflegeversicherung werden möchte, muss einen gleichwertigen privaten Versicherungsschutz nachweisen.

3. Säumige Beitragszahler

Versicherte, die ihre Beiträge nicht zahlen (Rückstand mindestens so hoch wie 2 Monatsbeiträge), obwohl sie dazu in der Lage wären, erhalten nur noch Leistungen für unaufschiebbare Behandlungen, z.B. Behandlung bei akuten Schmerzen, sowie bei Schwangerschaft und Mutterschaft. Der Anspruch für alle sonstigen Krankenversicherungsleistungen ruht so lange, bis die rückständigen Beiträge samt Säumniszuschlägen ausgeglichen sind (§ 16 SGB V).

Wer hilft weiter?

Fragen zur gesetzlichen Krankenversicherung und zum Versicherungsschutz beantwortet das Bürgertelefon des Gesundheitsministeriums: Mo-Do, 8-18 Uhr und Fr 8-12 Uhr, Telefon 01805 996602 bzw. 01805 996601 (14 Ct./Min.).

4. Leistungen der gesetzlichen Krankenversicherung

Die vorwiegenden Leistungen der gesetzlichen Krankenversicherung finden Sie unter den nachfolgenden Stichworten:

☞ *Anschlussheilbehandlung*
☞ *Arbeitstherapie und Belastungserprobung*
☞ *Arznei- und Verbandmittel*
☞ *Auslandsbehandlung*
☞ *Auslandsschutz*
☞ *Begleitperson*
☞ *Berufsfindung und Arbeitserprobung*
☞ *Bonusprogramme*
☞ *Entwöhnungsbehandlung*
☞ *Ergänzende Leistungen zur Rehabilitation*
☞ *Fahrtkosten Transportkosten*
☞ *Fehlgeburt und Totgeburt*

☞ *Früherkennung von Krankheiten*
☞ *Frühförderung behinderter Kinder*
☞ *Genetische Beratung*
☞ *Hausapothekenmodell*
☞ *Hausarztmodell*
☞ *Haushaltshilfe*
☞ *Häusliche Krankenpflege*
☞ *Heilmittel*
☞ *Hilfsmittel*
☞ *Kinderpflege-Krankengeld*
☞ *Kompaktkur*
☞ *Krankenbehandlung*
☞ *Krankengeld*
☞ *Krankenhausbehandlung*
☞ *Künstliche Befruchtung*
☞ *Medizinische Rehabilitation*
☞ *Medizinische Rehabilitation für Mütter und Väter*
☞ *Mutterschaftsgeld*
☞ *Psychotherapie*
☞ *Schwangerschaft Entbindung*
☞ *Schwangerschaftsabbruch*
☞ *Schwangerschaftsverhütung*
☞ *Sozialmedizinische Nachsorge*
☞ *Sozialpädiatrische nichtärztliche Leistungen*
☞ *Soziotherapie*
☞ *Vorsorgeleistungen und Vorsorgekuren*
☞ *Stufenweise Wiedereingliederung*
☞ *Zahnbehandlung*
☞ *Zahnersatz*

Krankenversicherung der Rentner

☞ *Rentnerkrankenversicherung*

Krankheit

☞ *Krankenbehandlung*

Kündigungsschutz

☞ *Mutterschutz*
☞ *Schwerbehinderte*

Künstlersozialkasse

☞ *Krankenversicherung*

Künstliche Befruchtung

(§ 27 a SGB V)

Das Wichtigste in Kürze

Damit die Krankenkasse eine künstliche Befruchtung übernimmt, müssen eine ganze Reihe von Bedingungen erfüllt sein. Zudem übernimmt die Krankenkasse nur die Kosten für bestimmte Methoden und der Versicherte trägt auf alle Fälle 50 % der Kosten.

1. Voraussetzungen

Damit eine künstliche Befruchtung von der ☞ *Krankenkasse* übernommen wird, müssen **alle** folgenden 9 Bedingungen erfüllt sein:

1. Nach ärztlicher Feststellung zur Herbeiführung einer Schwangerschaft erforderlich.
2. Nach ärztlicher Feststellung hinreichende Aussicht auf Erfolg (**Ablehnung**, wenn die Maßnahme bereits dreimal erfolglos verlief).
3. Ehepaar.
4. Homologe Befruchtung (ausschließlich Verwendung von Ei- und Samenzellen der/s Ehegatten/in).
5. Medizinische und psychosoziale Beratung des Paares durch einen Arzt, der die Behandlung nicht selbst durchführt. Dieser Arzt stellt eine Beratungsbescheinigung aus und überweist an einen Arzt oder eine Einrichtung, die eine Berechtigung zur Durchführung der künstlichen Befruchtung besitzen.
6. Frauen müssen das 25. Lebensjahr vollendet und dürfen das 40. Lebensjahr noch nicht erreicht haben; Männer müssen das 25. Lebensjahr vollendet und dürfen das 50. Lebensjahr noch nicht erreicht haben.

K
Soziale Fragen? betafon 01805 - 238 2366!

7. Beide Ehegatten dürfen **nicht** HIV-positiv sein.
   Zum Thema **Künstliche Befruchtung und Aids** berät das Projekt „Kinderwunsch" beim Kuratorium für Immunschwäche in München, Telefon 089 531233.
8. Bei der Frau besteht ein ausreichender Schutz gegen Rötelinfektion.
9. Vor Beginn der Behandlung muss der Krankenkasse ein Behandlungsplan zur Genehmigung vorgelegt werden.

2. Zuzahlung

Der Versicherte trägt 50 % der Kosten der Maßnahmen, die von der Krankenkasse im Rahmen des Behandlungsplans genehmigt wurden. Auch bei verordneten Medikamenten trägt der Versicherte die Hälfte der Kosten. Die reguläre Zuzahlung bei Arzneimitteln (☞ *Zuzahlung Krankenversicherung*) entfällt.

3. Methoden

Die Krankenkasse übernimmt die Kosten für folgende Methoden:

- Insemination im Spontanzyklus = einfache Insemination = Einbringung von Spermien in den Gebärmutterhals. Bei dieser Methode werden auch mehr als drei Versuche finanziert und es ist keine vorherige Beratung durch einen zweiten Arzt notwendig.
- Insemination nach hormoneller Stimulation. Diese Methode birgt ein erhöhtes Risiko von Mehrlingen.
- In-vitro-Fertilisation (IVF) mit Embryotransfer (ET) = Befruchtung außerhalb des Mutterleibs und anschließender Embryonentransfer in den Mutterleib.
- Intratubarer Gametentransfer = Einbringen der männlichen Spermien in den Eileiter der Frau.
- Intracytoplasmatische Spermieninjektion (ICSI) = Einbringen eines Spermiums mit einer mikroskopisch dünnen Nadel in die Eizelle.

4. Richtlinien

Der ☞ *Gemeinsame Bundesausschuss* hat Richtlinien über ärztliche Maßnahmen zur künstlichen Befruchtung erstellt. Diese können unter www.g-ba.de > Informations-Archiv > Richtlinien eingesehen werden.

Praxistipps

- Auskunft über Ärzte und Einrichtungen, die eine künstliche Befruchtung vornehmen, geben Schwangerschaftsberatungsstellen, Gesundheitsämter und die Ärztekammern.
- Die Qualifikationsvoraussetzungen und das Genehmigungsverfahren für Ärzte sind je nach Bundesland und Maßnahme verschieden und sehr komplex. Sie sind in den Berufsordnungen der Ärztekammern definiert.

Wer hilft weiter?

Der Verein der Selbsthilfegruppen für Fragen ungewollter Kinderlosigkeit: Wunschkind e.V., Fehrbelliner Str. 92, 10119 Berlin, Telefon 01805 002166, E-Mail kontakt@wunschkind.de, www.wunschkind.de.

Kuren

☞ *Kinderheilbehandlungen*
☞ *Medizinische Rehabilitation*
☞ *Medizinische Rehabilitation für Mütter und Väter*
☞ *Onkologische Nachsorgeleistungen*
☞ *Vorsorgeleistungen und Vorsorgekuren*

Kurzzeitige Arbeitsverhinderung

☞ *Pflegezeit*

Mehr Informationen: www.betanet.de

Kurzzeitpflege

(§ 42 SGB XI)

Das Wichtigste in Kürze

Kurzzeitpflege ist die vorübergehende Pflege eines pflegebedürftigen Patienten in einem Heim, wenn die häusliche oder teilstationäre Pflege nicht möglich oder nicht ausreichend ist. Die Kosten der Kurzzeitpflege werden von der Pflegekasse bis zu maximal 4 Wochen pro Kalenderjahr bis zu einer Höhe von 1.470,- € übernommen. Der Patient muss die Kosten für Unterkunft und Essen selbst zahlen.

1. Anspruch

Anspruch auf die Unterbringung eines Pflegebedürftigen in einer Kurzzeitpflege besteht, wenn für eine Übergangszeit im Anschluss an eine stationäre Behandlung oder in sonstigen Krisensituationen eine vorübergehende häusliche oder teilstationäre Pflege nicht möglich oder nicht ausreichend ist. Prinzipiell müssen die ☞ *Vorversicherungszeit* erfüllt, die ☞ *Pflegebedürftigkeit* festgestellt und die Pflegeleistung bei der ☞ *Pflegekasse* beantragt werden.

2. Verhältnis zu anderen Leistungen der Pflegeversicherung

Die Kurzzeitpflege ist eine Pflege in einer **vollstationären Einrichtung**, so dass während des dortigen Aufenthaltes weitere Leistungen der ☞ *häuslichen Pflege* **nicht** gewährt werden.

3. Umfang

Die Pflegekasse übernimmt
- die pflegebedingten Aufwendungen
- die Aufwendungen der sozialen Betreuung
- die Leistungen der medizinischen Behandlungspflege.

4. Dauer

Bis zu maximal 4 Wochen im Kalenderjahr.

5. Höhe

Bis zu einem Gesamtbetrag von 1.470,- € im Jahr **ohne** Differenzierung nach der Pflegestufe, **einheitlich** für alle Pflegebedürftigen.

6. Eigenanteil

Es ist vom Versicherten ein täglicher Eigenanteil zu leisten. Dieser setzt sich aus den Kosten für Unterkunft und Verpflegung (sogenannte „Hotelkosten") und sogenannten Investitionskosten zusammen.

Praxistipp

Sind die Voraussetzungen erfüllt, kann neben der Kurzzeitpflege im selben Jahr auch die ☞ *Ersatzpflege* beansprucht werden, um pflegenden Angehörigen die Möglichkeit der Erholung oder eines Urlaubs zu geben.

Wer hilft weiter?

☞ *Pflegekassen*

Landesblindengeld

☞ *Blindenhilfe*

Landeserziehungsgeld

Das Wichtigste in Kürze

Das Landeserziehungsgeld ist eine freiwillige Leistung der Bundesländer Baden-Württemberg, Bayern, Sachsen und Thüringen. Es wird im Anschluss an das ☞ *Erziehungsgeld* bzw. ☞ *Elterngeld* gezahlt. Die Voraussetzungen und die Höhe sind in den Ländern unterschiedlich geregelt.

Soziale Fragen? betafon 01805 - 238 2366!

1. Geburten bis 31.12.2006 (Erziehungsgeld)

Das Landeserziehungsgeld wird in der Regel **ab dem 2. Geburtstag** des Kindes in den folgenden Bundesländern in der angegebenen Höhe gewährt:

1.1. Baden-Württemberg

Höhe

- 1. Kind: 12 Monate lang bis zu 205,- € monatlich
- 2. Kind: 12 Monate lang bis zu 205,- € monatlich
- Ab dem 3. Kind: 12 Monate lang bis zu 307,- € monatlich

Voraussetzungen

- Die Grenze für die zulässige Erwerbstätigkeit des Antragstellers beträgt wöchentlich 21 Stunden, bei gleichzeitiger Erwerbstätigkeit beider Elternteile wöchentlich je 30 Stunden.
- Die Einkommensgrenzen (Alleinerziehende: 13.500,- €, Eltern: 16.560,- €) dürfen nicht überschritten werden. Die Einkommensgrenzen erhöhen sich für jedes weitere Kind um 2.760,- €.
- Es gibt **kein** Landeserziehungsgeld, wenn beim **Bundes**erziehungsgeld die Budget-Lösung gewählt wurde.

1.2. Bayern

Höhe

- 1. Kind: 6 Monate lang bis zu 150,- € monatlich
- 2. Kind: 12 Monate lang bis zu 200,- € monatlich
- Ab dem 3. Kind: 12 Monate lang bis zu 300,- € monatlich

Voraussetzungen

- Die Grenze für die zulässige Erwerbstätigkeit des Antragstellers beträgt wöchentlich 30 Stunden.
- Die Einkommensgrenzen (Alleinerziehende: 13.500,- €, Eltern: 16.500,- €) dürfen nicht überschritten werden. Die Einkommensgrenzen erhöhen sich für jedes weitere Kind um 3.140,- €.
- Nachweis für die Durchführung der Früherkennungsuntersuchungen U 6 bzw. U 7 (☞ *Früherkennung von Krankheiten*).

1.3. Sachsen

Wurde das Bundeserziehungsgeld als Budget gewählt, wird das Landeserziehungesgeld vom 13. bis zum maximal 21. Lebensmonat gezahlt.

Höhe

- 1. Kind: maximal 9 Monate lang bis zu 205,- €
- Wenn die Mutter Schülerin, Studentin oder Azubi ist: maximal 9 Monate lang bis zu 307,- € ab dem 1. Kind
- 2. Kind: maximal 9 Monate lang bis zu 205,- €
- Ab dem 3. Kind: maximal 9 Monate lang bis zu 307,- €

Voraussetzungen

- Die Grenze für die zulässige Erwerbstätigkeit des Antragstellers beträgt wöchentlich 30 Stunden.
- Die Einkommensgrenzen (Alleinerziehende: 14.100,- €, Eltern: 17.100,- €) dürfen nicht überschritten werden. Die Einkommensgrenzen erhöhen sich für jedes weitere Kind um 3.140,- €.
- Das Kind nimmt keinen Platz in einer staatlichen Betreuungsstätte (Kindertageseinrichtung oder Tagespflege) in Anspruch.

1.4. Thüringen

Das Landeserziehungsgeld wird unabhängig vom Einkommen gezahlt.

Höhe

- 1. Kind: 12 Monate lang 150,- € monatlich
- 2. Kind: 12 Monate lang 200,- € monatlich
- 3. Kind: 12 Monate lang 250,- € monatlich

Mehr Informationen: www.betanet.de

- Ab dem 4. Kind: 12 Monate lang 300,- € monatlich

2. Geburten ab 1.1.2007 (Elterngeld)

Das Landeserziehungsgeld wird **nach Ablauf des Elterngelds** in den folgenden Bundesländern in der angegebenen Höhe gewährt:

2.1. Baden-Württemberg

Höhe:

- 1. Kind: 12 Monate lang bis zu 205,- € monatlich
- 2. Kind: 12 Monate lang bis zu 205,- € monatlich
- Ab dem 3. Kind: 12 Monate lang bis zu 240,- € monatlich

Voraussetzungen

- Die Grenze für die zulässige Erwerbstätigkeit des Antragstellers beträgt wöchentlich 21 Stunden, bei gleichzeitiger Erwerbstätigkeit beider Elternteile wöchentlich je 30 Stunden.
- Die Einkommensgrenzen (Alleinerziehende: 13.500,- €, Eltern: 16.560,- €) dürfen nicht überschritten werden. Die Einkommensgrenzen erhöhen sich für jedes weitere Kind um 2.760,- €.

2.2. Bayern

Höhe

- 1. Kind: 6 Monate lang bis zu 150,- € monatlich
- 2. Kind: 12 Monate lang bis zu 200,- € monatlich
- Ab dem 3. Kind: 12 Monate lang bis zu 300,- € monatlich

Voraussetzungen:

- Die Grenze für die zulässige Erwerbstätigkeit des Antragstellers beträgt wöchentlich 30 Stunden.
- Die Einkommensgrenzen (Alleinerziehende: 13.500,- €, Eltern: 16.500,- €) dürfen nicht überschritten werden. Die Einkommensgrenzen erhöhen sich für jedes weitere Kind um 3.140,- €. Für Geburten ab 1.1.2009 erhöhen sich die Einkommensgrenzen auf 22.000,- € für Alleinerziehende bzw. auf 25.000,- € für Paare.
- Nachweis für die Durchführung der Früherkennungsuntersuchungen U 6 bzw. U 7 (☞ *Früherkennung von Krankheiten*).

2.3. Sachsen

Die Höhe des Landeserziehungsgelds ist davon abhängig, ob das Kind einen Platz in einer staatlichen Betreuungsstätte (☞ *Kindertagesstätte* oder ☞ *Tagespflege*) in Anspruch nimmt oder nicht.

Höhe bei Kind **mit** staatlichem Betreuungsangebot:

- 1. Kind: 5 Monate lang 200,- €
- 2. Kind: 6 Monate lang 250,- €
- Ab dem 3. Kind: 7 Monate lang 300,- €

Höhe bei Kind **ohne** staatlichem Betreuungsangebot:

- 1. Kind: 9 Monate lang 200,- €
- 2. Kind: 9 Monate lang 250,- €
- Ab dem 3. Kind: 12 Monate lang 300,- €

Voraussetzungen:

- Die Grenze für die zulässige Erwerbstätigkeit des Antragstellers beträgt wöchentlich 30 Stunden.
- Die Einkommensgrenzen (Alleinerziehende: 14.100,- €, Eltern: 17.100,- €) dürfen nicht überschritten werden. Die Einkommensgrenzen erhöhen sich für jedes weitere Kind um 3.140,- €.

2.4. Thüringen

Das Landeserziehungsgeld wird **erst ab dem 2. Geburtstag des Kindes** und unabhängig vom Einkommen gezahlt. Wird das Kind in einer Kindertagesstätte betreut, werden pro Kind bis zu 150,- € des Erziehungsgelds für die Finanzierung des Kita-Platzes hergenommen. Die Eltern bekommen das Landeserziehungsgeld nur dann in voller Höhe, wenn sie ihr Kind selbst betreuen oder es von einer Tagesmutter betreuen lassen.

Soziale Fragen? betafon 01805 - 238 2366!

Höhe:

- 1. Kind: 12 Monate lang 150,- € monatlich
- 2. Kind: 12 Monate lang 200,- € monatlich
- 3. Kind: 12 Monate lang 250,- € monatlich
- Ab dem 4. Kind: 12 Monate lang 300,- € monatlich

3. Antrag

Der Antrag für das Landeserziehungsgeld muss schriftlich bei der Elterngeld- und Erziehungsgeldstelle gestellt werden. Je nach Bundesland ist das Landeserziehungsgeld bei einer anderen Stelle zu beantragen.

Wer hilft weiter?

- **Baden-Württemberg**
  L-Bank - Landeskreditbank Baden-Württemberg, 76113 Karlsruhe, gebührenfreie Telefon-Hotline 0800 6645471, Servicezeiten 9-12 Uhr und 14-17 Uhr, Fax 0721 150-3191, E-Mail familienfoerderung@l-bank.de, www.l-bank.de.
- **Bayern**
  Zuständige Zentren Bayern Familie und Soziales
- **Sachsen**
  Zuständige Landratsämter oder zuständige Stadtverwaltungen
- **Thüringen**
  Zuständige Ämter für Familie und Soziales

Landesjugendämter

☞ *Jugendamt*

Landessozialgericht

☞ *Sozialgericht*

Landesversicherungsanstalten

☞ *Rentenversicherungsträger*

Lehrgangskosten

☞ *Teilhabe am Arbeitsleben*

Leistungen zur Teilhabe am Arbeitsleben

☞ *Teilhabe am Arbeitsleben*

Lernmittel

☞ *Teilhabe am Arbeitsleben*

LVA

☞ *Rentenversicherungsträger*

MDK

Das Wichtigste in Kürze

Der „Medizinische Dienst der Krankenversicherung" arbeitet als Gutachter für Kranken- und Pflegekassen. Er wird z.B. hinzugezogen bei der Begutachtung der Pflegebedürftigkeit, bei Reha-Anträgen, bei strittigen (oft teuren) medizinischen Versorgungsformen oder bei Zweifeln an der Arbeitsunfähigkeit.

1. Allgemeines

MDK ist die Abkürzung für „Medizinischer Dienst der Krankenversicherung". Er arbeitet als neutraler und unabhängiger Beratungs- und Begutachtungsdienst für alle ☞ *Krankenkassen* und ☞ *Pflegekassen* und wird bei medizinischen Fragen zu Rate gezogen. Nur ein Teil der Arbeit ist für Ärzte und Patienten direkt relevant. Träger des MDK sind die gesetzlichen Krankenkassen.

2. Begutachtung für die Krankenkassen

Bei **schwierigen medizinischen Fällen** können Krankenkassen, Ärzte und Patienten den MDK beratend hinzuziehen. Das Ergebnis der Beratung kann die Begutachtung des Patienten und ein gutachtliche Stellungnahme des MDK sein. Typische Bereiche, in denen der MDK hinzugezogen wird, sind:

- Bewilligung von Vorsorge- und Rehamaßnahmen
- Beseitigung von Zweifeln an der ☞ *Arbeitsunfähigkeit*
- Einsatz von Heil- und Hilfsmitteln
- Angemessenheit zahnmedizinischer Leistungen
- Beurteilung seltener Untersuchungs- und Behandlungsmethoden

3. Begutachtung für die Pflegekassen

Für die Pflegekassen begutachtet der MDK die Pflegebedürftigkeit von Patienten. Er prüft, ob die Voraussetzungen für die ☞ *Pflegebedürftigkeit* erfüllt sind, stellt fest, ob und welche Vorbeuge- und Rehamaßnahmen notwendig sind, gibt Anregungen zur Verbesserung der Pflegesituation und erstellt ein Gutachten. Aufgrund des Gutachtens wird die ☞ *Pflegestufe* festgelegt.

4. Verbindlichkeit - Meinungsverschiedenheiten

Gutachten des MDK sind **verbindlich**; das regeln der Bundesmanteltarifvertrag Ärzte (§ 62 BMV/Ä) und der Ersatzkassen-Vertrag (§ 19 EKV).

Der MDK sichtet alle von der Kasse vorgelegten Unterlagen und entscheidet, wenn ausreichend medizinisch aussagefähige Informationen vorliegen, oft nach Aktenlage. Wenn die Unterlagen nicht ausreichen, wird der Patient in eine wohnortnahe MDK-Beratungsstelle zur Begutachtung eingeladen. Dabei steht die körperliche, geistige und seelische Beurteilung des Patienten, gemessen an den Anforderungen des Arbeitsplatzes, im Vordergrund.

Bestehen zwischen dem behandelnden Vertragsarzt und dem MDK Meinungsverschiedenheiten

- über eine Leistung, zu welcher der MDK eine Stellungnahme abgegeben hat,
- über das Vorliegen von ☞ *Arbeitsunfähigkeit* oder
- über Maßnahmen zur Wiederherstellung der Arbeitsfähigkeit,

kann der behandelnde Arzt unter Darlegung seiner Gründe ein **Zweitgutachten** bei der Kasse beantragen. Dieses Zweitgutachten soll durch einen Arzt des Fachgebiets erstellt werden, in das die verordnete Leistung oder die Behandlung der vorliegenden Erkrankung fällt.

Wer hilft weiter?

- ☞ *Krankenkassen.*
- Adressen der MDKs der einzelnen Bundesländer finden Sie unter www.mdk.de.

Medikamente

☞ *Arznei- und Verbandmittel*

Medizinische Rehabilitation

(§ 40 SGB V - §§ 15, 32 SGB VI i.V.m. § 26 SGB IX - §§ 26, 33 SGB VII i.V.m. § 26 SGB IX)

Das Wichtigste in Kürze

Die Medizinische Rehabilitation ist ein Teilbereich der ☞ *Rehabilitation*. Sie umfasst Maßnahmen, die auf die **Erhaltung oder Besserung des Gesundheitszustands** ausgerichtet sind und vorwiegend die Durchführung medizinischer Leistungen erfordern. Medizinische Reha wird ambulant oder stationär erbracht, ambulant hat Vorrang. Zwischen 2 Maßnahmen müssen in der Regel 4 Jahre Wartezeit liegen.

Soziale Fragen? betafon 01805 - 238 2366!

1. Leistungen

Zur Medizinischen Rehabilitation zählen z.B.:

- ☞ *Anschlussheilbehandlung* nach Krankenhausaufenthalt
- ☞ *Kinderheilbehandlungen*
- ☞ *Medizinische Rehabilitation für Mütter und Väter*
- ☞ *Onkologische Nachsorgeleistungen*
- ☞ *Vorsorgeleistungen und Vorsorgekuren*
- ☞ *Frühförderung behinderter Kinder* und von Behinderung bedrohter Kinder
- ☞ *Sozialpädiatrische nichtärztliche Leistungen*
- ☞ *Sozialmedizinische Nachsorge* für Kinder bis 12 Jahre
- ☞ *Entwöhnungsbehandlung* für Suchtkranke
- ☞ *Stufenweise Wiedereingliederung*
- ☞ *Geriatrische Rehabilitation* für ältere Menschen

Im Rahmen der Medizinischen Reha können auch viele weitere Behandlungen und Leistungen erbracht werden, z.B. ☞ *Krankenbehandlung*, ☞ *Früherkennung von Krankheiten*, ☞ *Psychotherapie*, ☞ *Zahnbehandlung*, ☞ *Arznei- und Verbandmittel*, ☞ *Heilmittel* oder ☞ *Hilfsmittel*.

2. Zuständigkeit und Voraussetzungen

Nahezu alle Träger der Sozialversicherung übernehmen unter bestimmten Voraussetzungen und nach ärztlicher Verordnung die Kosten Medizinischer Reha. Der Träger, der die vorhergehenden medizinischen Leistungen erbracht hat, ist möglichst auch für die Rehabilitation zuständig (sogenannter **Grundsatz der Einheitlichkeit der Trägerschaft**). Wird eine Rehamaßnahme zur Wiederherstellung der Gesundheit durchgeführt, ist meist die Krankenkasse der Kostenträger, eine Rehamaßnahme zur Wiederherstellung oder zum Erhalt der Erwerbsfähigkeit wird meist vom Rentenversicherungsträger finanziert. Näheres unter ☞ *Rehabilitation Zuständigkeit*.

2.1. Allgemein gültige Voraussetzungen

Folgende Voraussetzungen müssen bei jedem Träger einer Medizinischen Reha erfüllt sein:

- Die Rehamaßnahme ist aus medizinischen Gründen erforderlich.
- Die Rehamaßnahme muss vom Arzt verordnet sein und vom Kostenträger **vorher** genehmigt werden.

2.2. Persönliche Voraussetzungen der Rentenversicherung

Unter folgenden persönlichen Voraussetzungen trägt der Rentenversicherungsträger die Medizinische Rehabilitation (§ 10 SGB VI):

- Die Erwerbsfähigkeit ist wegen Krankheit oder körperlicher, geistiger oder seelischer Behinderung erheblich gefährdet oder gemindert
  und
- voraussichtlich kann eine Minderung der Erwerbsfähigkeit abgewendet werden
  oder
  die Erwerbsfähigkeit kann gebessert oder wiederhergestellt werden

2.3. Versicherungsrechtliche Voraussetzungen der Rentenversicherung

Unter folgenden versicherungsrechtlichen Voraussetzungen trägt der Rentenversicherungsträger die Rehabilitation (§ 11 SGB VI):

- Erfüllung der Wartezeit von 15 Jahren. Wartezeiten sind z.B. die Zeiten, in denen Beiträge gezahlt wurden bzw. Zeiten, in denen Rentenanwartschaften erworben wurden, z.B. Kindererziehungszeiten.
  oder
- Erfüllung der allgemeinen Wartezeit von 5 Jahren (§ 50 SGB VI) bei verminderter Erwerbsfähigkeit oder absehbarer verminderter Erwerbsfähigkeit
  oder
- 6 Kalendermonate mit Pflichtbeiträgen in den letzten 2 Jahren vor Antragstellung
  oder
- innerhalb von 2 Jahren nach Beendigung

M
Mehr Informationen: www.betanet.de

einer Ausbildung wird eine versicherte oder selbstständige Beschäftigung bis zur Antragstellung ausgeübt oder nach einer solchen Beschäftigung liegt ☞ *Arbeitsunfähigkeit* oder Arbeitslosigkeit bis zur Antragstellung vor
oder
- Bezug einer ☞ *Abgestuften Erwerbsminderungsrente*
oder
- Anspruch auf große ☞ *Witwen/Witwer-Rente* (Rentenversicherung) wegen verminderter Erwerbsfähigkeit (§ 11 Abs. 3 SGB VI).

2.4. Ausschluss von Leistungen der Rentenversicherung

Der Rentenversicherungsträger übernimmt die Medizinische Reha nicht (§§ 12, 13 SGB VI):
- in der Phase akuter Behandlungsbedürftigkeit einer Krankheit
Ausnahme: bei Behandlungsbedürftigkeit während der Medizinischen Rehabilitation
- anstelle einer ansonsten erforderlichen ☞ *Krankenhausbehandlung*
- wenn sie dem allgemein anerkannten Stand medizinischer Erkenntnisse nicht entspricht
- bei Bezug oder Beantragung einer Altersrente (☞ *Rente*) von mindestens zwei Drittel der Vollrente (d.h.: kein Ausschluss bei Bezug/Antrag von einem Drittel bzw. der Hälfte der Vollrente)
- bei Anwartschaft auf Versorgung nach beamtenrechtlichen Vorschriften
- bei Versicherungsfreiheit als Bezieher einer Versorgung wegen Erreichens einer Altersgrenze, sogenannte Versorgungsbezüge
- bei Bezug einer Leistung, die regelmäßig bis zum Beginn einer Altersrente gezahlt wird, sogenannte Vorruhestandsleistungen, z.B. Altersübergangsgeld
- während Untersuchungshaft oder Vollzug einer Freiheitsstrafe oder freiheitsentziehender Maßregeln oder einstweiliger Unterbringung (§ 126 a StPO)
- im Ausland. Ausnahme: Wenn aufgrund gesicherter medizinischer Erkenntnisse für die vorliegende Erkrankung ein besserer Reha-Erfolg im Ausland zu erwarten ist.

2.5. Wartezeit

Zwischen 2 bezuschussten Rehamaßnahmen - egal ob ambulant oder stationär - muss in der Regel ein Zeitraum von 4 Jahren liegen. Nicht anzurechnen sind Leistungen zur medizinischen Vorsorge (☞ *Vorsorgeleistungen und Vorsorgekuren*).

Ausnahmen macht die **Krankenkasse** nur bei medizinisch dringender Erforderlichkeit. Dies muss mit Arztberichten oder einem Gutachten des behandelnden Arztes bei der Krankenkasse begründet werden.
Der **Rentenversicherungsträger** genehmigt Medizinische Rehamaßnahmen vor Ablauf der 4-Jahres-Frist, wenn vorzeitige Leistungen aus gesundheitlichen Gründen dringend erforderlich sind, weil ansonsten mit einer weiteren Minderung der Leistungsfähigkeit zu rechnen ist.

3. Ziele

Ziele der Medizinischen Reha sind:
Vorsorge, um
- die Gesundheit zu stärken und einer absehbaren Erkrankung vorzubeugen.
- einer Gefährdung der gesundheitlichen Entwicklung eines Kindes entgegenzuwirken.
- eine ☞ *Pflegebedürftigkeit* zu vermeiden.

Reha vollziehen, um
- Krankheiten zu erkennen, zu heilen oder eine Verschlimmerung zu verhüten und/oder Beschwerden zu lindern.
- einer drohenden Behinderung vorzubeugen oder eine bestehende Behinderung zu beseitigen, zu verbessern oder ihre Verschlechterung zu vermeiden.
- eine ☞ *Pflegebedürftigkeit* zu verringern oder zu vermeiden.

Soziale Fragen? betafon 01805 - 238 2366!

4. Ambulante und stationäre Medizinische Reha

Es gibt zwei Arten Medizinischer Rehamaßnahmen, ambulante und stationäre. Letztere werden umgangssprachlich Kuren genannt.

Grundsätzlich gilt: ambulant vor stationär (§§ 23 Abs. 4, 40 Abs. 2 SGB V).
Das heißt: Erst wenn ambulante Maßnahmen nicht ausreichen, werden stationäre Leistungen erbracht.

Ausnahme: Bei ☞ *Medizinischer Rehabilitation für Mütter und Väter* und ☞ *Vorsorgeleistungen und Vorsorgekuren* für Mütter und Väter gilt „ambulant vor stationär" nicht.

4.1. Ambulante Rehamaßnahmen

Ambulante Rehamaßnahmen führt der Patient wohnortnah durch bzw. nimmt sie in Anspruch. Er wohnt z.B. zu Hause, nicht in der Reha-Einrichtung, d.h. der Patient kommt morgens in die behandelnde Einrichtung und verlässt diese nachmittags oder abends wieder. Möglich ist auch die Versorgung durch mobile Reha-Teams beim Patienten zu Hause. Eine ambulante Rehamaßnahme hat immer Vorrang vor einer stationären.

Voraussetzungen

- Eine ambulante ☞ *Krankenbehandlung* reicht nicht für den angestrebten Reha-Erfolg aus.
- Durchführung der ambulanten Rehamaßnahme in Einrichtungen mit Versorgungsvertrag oder in wohnortnahen Einrichtungen mit bedarfsgerechter, leistungsfähiger und wirtschaftlicher Versorgung.

Dauer
Die ambulante Rehamaßnahme dauert längstens **20 Behandlungstage**. Eine **Verlängerung** ist aus medizinischen Gründen möglich.

4.2. Stationäre Rehamaßnahmen

Stationäre Rehamaßnahmen werden umgangssprachlich oft als Kur bezeichnet. Der Patient wohnt für die Zeit der Reha in einer entsprechenden Einrichtung. Stationäre Rehamaßnahmen sind z.B. bei Nachbehandlungen schwerer Erkrankungen wie Herzinfarkt, Geschwulstleiden oder psychischen Erkrankungen möglich.

Voraussetzungen

- Eine **ambulante** Rehamaßnahme (s.o.) reicht nicht aus.
- Die stationäre Aufnahme ist aus medizinischen Gründen erforderlich.
- Durchführung der **stationären** Rehamaßnahme in Einrichtungen mit Versorgungsvertrag.

Dauer
Sie dauern längstens **3 Wochen**. Eine **Verlängerung** aus medizinischen Gründen ist möglich.
Regelung bei **Kindern** bis zum 14. Geburtstag: **4–6 Wochen.**

Praxistipp

Nimmt ein Elternteil, der zu Hause Kinder unter 12 Jahren betreut, an einer ambulanten oder stationären Rehamaßnahme teil, kann unter bestimmten Voraussetzungen eine ☞ *Haushaltshilfe* gewährt werden.

5. Antrag

Den Antrag auf eine Medizinische Reha sollte zweckmäßigerweise der Arzt gemeinsam mit dem Patienten stellen. Der Antrag ist an den zuständigen Träger zu richten, Details siehe ☞ *Rehabilitation Zuständigkeit*. Erforderlich sind ggf. eine ärztliche Bescheinigung, Arztbericht(e) und ein eigenes, persönliches Schreiben. Der **Leistungsumfang** bei ambulanten und stationären Rehamaßnahmen liegt **im Ermessen** der Krankenkasse bzw. des Renten- oder Unfallversicherungsträgers und wird aufgrund medizinischer Erfordernisse festgelegt. Unter Umständen wird der ☞ *MDK* zur Prüfung der medizinischen Notwendigkeit herangezogen.

5.1. Antragstellung bei der Krankenkasse

Seit 1.4.2004 sind neue Rehabilitations-Richtlinien in Kraft. Erkennt der behandelnde Arzt die Notwendigkeit einer Reha, so muss er bei der Krankenkasse einen Antrag auf „Einleitung von Leistungen zur Rehabilitation oder alternativen Angeboten" stellen. Kommt nach Ansicht der Krankenkasse eine Rehamaßnahme und sie selbst als Kostenträger in Betracht, dann bekommt der Arzt die „Verordnung von Medizinischer Rehabilitation" zugeschickt. Falls der Antrag bei einem anderen Kostenträger (z.B. Berufsgenossenschaft, Rentenversicherungsträger) gestellt werden muss, wird dies von der Krankenkasse mitgeteilt.
Seit 1.4.2007 können nur noch Ärzte Leistungen zur Medizinischen Rehabilitation verordnen, die gemäß § 11 der Rehabilitations-Richtlinien hierfür qualifiziert sind.

5.2. Richtlinien des GBA (Krankenkassen)

Der ☞ *Gemeinsame Bundesausschuss* hat zur Medizinischen Rehabilitation sogenannte Rehabilitations-Richtlinien erstellt. Diese Richtlinien können Sie unter www.g-ba.de > Informations-Archiv > Richtlinien downloaden.

Praxistipp zur Antragstellung

Eigentlich genügt bei den Anträgen für Rehamaßnahmen die Angabe der Indikationen nach der ICD 10 (Internationale Klassifikation der Krankheiten). Es ist jedoch mittlerweile fast zur Regel geworden, dass der Arzt die Notwendigkeit der Medizinischen Rehabilitation **ausführlich** begründet. Auf jeden Fall vermindert es das Risiko einer Ablehnung beim Kostenträger, wenn dem Antrag sofort eine ausführliche ärztliche Begründung beigefügt wird. Es kann durchaus sein, dass der ☞ *MDK* über das ärztliche Attest hinaus den Patient zu einer **Begutachtung** einlädt, um die Notwendigkeit der Rehamaßnahme zu prüfen.

5.3. Wahl der Reha-Einrichtung

5.3.1. Kostenträger Krankenkasse

Der Patient kann eine zugelassene und zertifizierte Reha-Einrichtung selbst wählen. Sind die Kosten höher als bei den Vertragseinrichtungen der Krankenkasse, zahlt der Patient die Mehrkosten.
Die Leistung wird in der Regel im Inland erbracht, Ausnahmen siehe ☞ *Auslandsbehandlung*.

5.3.2. Kostenträger Rentenversicherung

Der Arzt kann eine Reha-Einrichtung vorschlagen. Soll die Maßnahme in einer bestimmten Einrichtung stattfinden, muss der Arzt das ausdrücklich vermerken und möglichst auch begründen. Auch die persönliche Lebenssituation, das Alter, das Geschlecht, die Familie oder die religiösen Bedürfnisse der Betroffenen sollten bei der Wahl eine Rolle spielen und berücksichtigt werden. Die Leistung wird in der Regel im Inland erbracht. Eine Kostenübernahme für eine Medizinische Reha im Ausland ist dann möglich, wenn aufgrund gesicherter medizinischer Erkenntnisse für die vorliegende Erkrankung ein besserer Reha-Erfolg dort zu erwarten ist.

Praxistipp

Das „Handbuch Reha- und Vorsorgeeinrichtungen" enthält einen Überblick über rund 1.400 Reha-Kliniken. Es erscheint jedes Jahr im Verlag MMI und liegt bei Ärzten und Beratungsstellen auf. Die Informationen stehen auch im Internet unter www.betanet.de > Rehakliniken.

6. Urlaub

Ambulante und **stationäre** Medizinische Rehamaßnahmen dürfen **nicht** auf den Urlaub angerechnet werden. Deshalb besteht auch Anspruch auf Entgeltfortzahlung durch den Arbeitgeber (§§ 3, 9 EntgeltfortzahlungsG).

7. Zuzahlung

Versicherte ab Vollendung des 18. Lebensjahres müssen bei fast allen ambulanten und stationären Rehamaßnahmen 10,- € Zuzahlung pro Tag leisten. Details unter ☞ *Medizinische Rehabilitation > Zuzahlungen.*

Wer hilft weiter?

- Individuelle Auskünfte erteilt der jeweils zuständige Sozialversicherungsträger: ☞ *Rentenversicherungsträger*, ☞ *Berufsgenossenschaften*, ☞ *Krankenkassen*, ☞ *Jugendamt* oder das ☞ *Sozialamt*.
- Informationen über Zuständigkeiten und Unterstützung bei der Antragstellung geben die gemeinsamen ☞ *Servicestellen* der Rehabilitationsträger.
- Bei Fragen zur Kinder- und Jugendrehabilitation hilft zudem weiter: Arbeitsgemeinschaft Rehabilitation von Kindern und Jugendlichen Bundesrepublik Deutschland e.V., Cecilienhöhe 3, 55543 Bad Kreuznach. Ansprechpartner Wolfgang Niemeyer, Telefon 0671 8355-167, Fax 0671 35084, www.arbeitsgemeinschaft-kinderrehabilitation.de.

Medizinische Rehabilitation > Zuzahlungen

Das Wichtigste in Kürze

Versicherte ab Vollendung des 18. Lebensjahres müssen bei fast allen ☞ *Medizinischen Rehamaßnahmen* 10,- € Zuzahlung pro Tag leisten.

1. Dauer und gegenseitige Anrechnung

Die Dauer der Zuzahlung ist abhängig von der Art der Leistung, von der Dauer der Leistung, vom Kostenträger und von bereits im selben Kalenderjahr anderweitig geleisteten Zuzahlungen.

- Ist der Kostengräger die **Krankenkasse**, muss der Patient für ambulante und stationäre Rehamaßnahmen in der Regel **zeitlich unbegrenzt** zuzahlen.
  Dauert jedoch die ambulante Rehamaßnahme aus medizinischen Gründen länger als 42 Behandlungstage bzw. die stationäre Rehamaßnahme aus medizinischen Gründen länger als 6 Wochen, ist die Zuzahlung auf **28 Tage** begrenzt.
- Für stationäre Medizinische Rehamaßnahmen des **Rentenversicherungsträgers** zahlt der Patient längstens **42 Tage** innerhalb eines Kalenderjahres zu.
  Bereits im selben Kalenderjahr geleistete Zuzahlungen für ambulante und stationäre Rehamaßnahmen sowie für Krankenhausbehandlungen an den Rentenversicherungsträger und die Krankenkasse werden angerechnet.
- Bei einer Anschlussheilbehandlung **der Krankenkasse** zahlt der Patient längstens **28 Tage** innerhalb eines Kalenderjahres zu.
  Bereits im selben Kalenderjahr geleistete Zuzahlungen für Krankenhausbehandlung an die Krankenkasse und für eine Anschlussheilbehandlung an den Rentenversicherungsträger werden angerechnet.
- Bei einer Anschlussheilbehandlung **des Rentenversicherungsträgers** zahlt der Patient längstens **14 Tage** innerhalb eines Kalenderjahres zu.
  Bereits im selben Kalenderjahr geleistete Zuzahlungen für die stationäre Behandlung an den Rentenversicherungsträger und für die Krankenhausbehandlung, die der Anschlussheilbehandlung vorausgegangen ist, an die Krankenkasse werden angerechnet.
  Wenn der Versicherte mehrmals in einem Jahr stationär behandelt wird, werden die

M
Mehr Informationen: www.betanet.de

Tage der Zuzahlung an die **Krankenkasse** für Krankenhausbehandlung, ambulante und stationäre Rehamaßnahmen sowie Anschlussheilbehandlung angerechnet.

2. Zuzahlungsfreie Rehaleistungen

Keine Zuzahlung wird fällig bei
- ambulanten Reha-Leistungen der Rentenversicherung
- Reha-Leistungen der Unfallversicherung
- Bezug von ☞ *Übergangsgeld*
- ☞ *Kinderheilbehandlungen*
- Anschlussheilbehandlungen der Berufsgenossenschaft

Medizinische Rehabilitation für Mütter und Väter

(§ 41 SGB V)

Das Wichtigste in Kürze

Eine medizinische Reha für Mütter und Väter kann mit oder ohne Kind durchgeführt werden. Sie richtet sich an gesundheitlich belastete Mütter/Väter und findet in der Regel in speziellen Einrichtungen statt. Sie dauert 3 Wochen und kann alle 4 Jahre beantragt werden.

1. Umfang

Die Reha für Mütter bzw. Väter umfasst Genesungs- oder Rehamaßnahmen in stationären Einrichtungen, die mit spezifischen therapeutischen Angeboten auf die Störungs- und Krankheitsbilder eingehen. Bei verschiedenen Belastungen und Krankheiten der Mutter/des Vaters oder des Kindes können sie **einzeln** oder **gemeinsam** eine Rehabilitation erhalten, wenn:
- Mutter/Vater und Kind rehabedürftig sind.
- die Mutter/der Vater rehabedürftig ist und eine Trennung vom Kind unzumutbar wäre.
- das Kind wegen des Reha-Aufenthalts der Mutter/des Vaters nicht betreut werden kann.

2. Voraussetzung

Damit die Krankenkasse die Kosten einer Reha für Mütter und Väter (samt Kind) überhaupt übernimmt, muss eine ☞ *Krankenbehandlung* vorliegen.

3. Kostenübernahme/Zuzahlung

Die Reha wird von der Krankenkasse voll übernommen.
Krankenversicherte ab Vollendung des 18. Lebensjahres müssen eine Zuzahlung von 10,- € täglich leisten. Eine ☞ *Zuzahlungsbefreiung* bei Überschreiten der Belastungsgrenze ist möglich.
Bei Geringverdienenden oder nicht Versicherten kommt unter Umständen das ☞ *Sozialamt* für die Kosten auf und orientiert sich dabei an den Bestimmungen der Krankenkassen. Näheres ☞ *Vorbeugende Gesundheitshilfe*.

4. Antrag

Der Rehaantrag ist erhältlich bei den jeweiligen Sozialversicherungsträgern, den Kur- und Rehavermittlungsstellen der Wohlfahrtsverbände, den Kurhäusern und beim Müttergenesungswerk: Bergstr. 63, 10115 Berlin, Telefon Kurinformation: 030 330029-29, www.muettergenesungswerk.de.
Die Mutter/der Vater füllt den Antrag so weit wie möglich aus. Hier helfen bei Bedarf die Beratungsstellen des Müttergenesungswerks. Der (Kinder-)Arzt ergänzt die medizinischen Angaben und stellt den Antrag bei der Krankenkasse.

5. Wahl der Reha-Einrichtung

Die Reha für Mütter und Väter darf nur in Einrichtungen des Müttergenesungswerks, in gleichartigen Einrichtungen oder in für Vater-Kind-Maßnahmen geeigneten Einrichtungen durchgeführt werden. Diese müssen einen Versorgungsvertrag mit dem Sozialversicherungsträger haben.
Der Arzt schlägt eine derartige Reha-Einrichtung vor. Soll die Reha in einer bestimmten Einrichtung stattfinden, muss der

Soziale Fragen? betafon 01805 - 238 2366!

Arzt das ausdrücklich vermerken und möglichst auch begründen. Auch die Eltern können die Auswahl der Reha-Einrichtung beeinflussen, z.B. aus Erfahrungs- oder religiösen Gründen.

5.1. Besonderheiten bei Vater-Kind-Kur

Väter werden mitunter in Kliniken des Müttergenesungswerks oder in gleichartigen Einrichtungen aufgenommen. Es gibt auch Kliniken, die ausschließlich oder aber zu bestimmten Zeiten Väter-Kuren anbieten. Zwischenzeitlich weiß man, dass es maßgeblich entscheidend für den Kurerfolg ist, dass Väter das richtige therapeutische Setting (z.B. männliche Therapeuten) während des Aufenthalts bekommen.

6. Dauer und Wartezeit

Eine Reha für Mütter/Väter mit oder ohne Kind dauert längstens 3 Wochen. Eine Verlängerung aus medizinischen Gründen ist möglich und muss vom Arzt in der Kurklinik beim jeweiligen Träger beantragt und begründet werden.

Zwischen 2 bezuschussten Rehabilitationen muss in der Regel ein Zeitraum von 4 Jahren liegen.
Ausnahmen gibt es nur bei medizinisch dringender Erforderlichkeit.

Mehr Informationen: www.betanet.de

Praxistipps

- Die Kurkliniken haben unterschiedliche Bestimmungen über das Alter der Kinder, die sie aufnehmen. Das muss auf jeden Fall vorher erfragt werden.
- Schwangere werden in der Regel nicht aufgenommen, da Röteln und andere infektiöse Krankheiten die Gesundheit des ungeborenen Kindes beeinträchtigen können.
- Falls ein behindertes oder ein Kind unter 12 Jahren während der Reha zu Hause bleibt, werden die Kosten für eine ☞ *Haushaltshilfe* unter bestimmten Voraussetzungen übernommen.
- Medizinische Rehamaßnahmen für Mütter und Väter gibt es auch in Form von Vorsorgeleistungen (§ 24 SGB V). Näheres ☞ *Vorsorgeleistungen und Vorsorgekuren* unter „Vorsorgekur für Mütter und Väter".
- Liegt eine Erkrankung eines Kindes vor, kann unter Umständen auch eine ☞ *Kinderheilbehandlung* beantragt werden, und Mutter oder Vater fahren als ☞ *Begleitperson* mit.

Wer hilft weiter?

Adressen der Träger vor Ort und der Einrichtungen vermitteln das Müttergenesungswerk und die Vermittlungs- und Beratungsstellen der Arbeiterwohlfahrt, des Paritätischen Wohlfahrtsverbands, des Deutschen Roten Kreuzes, der Evangelischen Arbeitsgemeinschaft für Müttergenesung e.V. und der Caritas. Unter www.muettergenesungswerk.de finden sich Adressen von Beratungsstellen vor Ort. Diese Einrichtungen beraten, helfen bei der Suche nach der geeigneten Einrichtung und beim Ausfüllen der Formulare.

Medizinische Vorsorge

☞ *Vorsorgeleistungen und Vorsorgekuren*

Medizinischer Dienst der Krankenversicherung

☞ *MDK*

Medizinisches Versorgungszentrum

(§ 95 SGB V)

Das Wichtigste in Kürze

Medizinische Versorgungszentren (MVZ) sind Zusammenschlüsse mehrerer Leistungserbringer in einem Gebäude. Sie müssen von einem Arzt geleitet sein und zielen auf eine Verbesserung der Versorgung.

1. Definition

Medizinische Versorgungszentren (MVZ) sind Einrichtungen für eine ambulante und fachübergreifende Zusammenarbeit von Ärzten unterschiedlicher Fachrichtungen. **Gegründet** werden kann ein MVZ von allen Leistungserbringern der gesetzlichen Krankenversicherung. Das können Ärzte, Zahnärzte, Psychotherapeuten, Apotheker, Physiotherapeuten, Hebammen oder andere nicht-ärztliche Heilberufe sein.

2. Voraussetzung

Voraussetzung für ein Medizinisches Versorgungszentrum ist, dass ein gemeinsamer Träger die Einrichtung verwaltet, eine ärztliche Leitung die Führung übernimmt und das MVZ unter einer Adresse auftritt. Die ärztliche Versorgung muss durch mindestens 2 Ärzte unterschiedlicher Fachrichtungen oder unterschiedlicher Versorgungsfunktionen gewährleistet sein. Ärzte im MVZ können angestellt oder als Vertragsarzt tätig sein.
Ein MVZ kann auch von einem Krankenhaus gegründet werden, um die Verzahnung von stationärer und ambulanter medizinischer Versorgung weiter zu verbessern.

3. Ziel

Ziel eines MVZ ist es, den Patienten eine effektive ambulante Versorgung aus einer Hand zu bieten.

Mehrbedarfszuschläge

(§ 30 SGB XII)

Das Wichtigste in Kürze

Sozialhilfeempfänger und Empfänger von Grundsicherung erhalten in besonderen Fällen, z.B. schwanger, alleinerziehend, behindert, einen finanziellen Zuschlag. Die Höhe errechnet sich prozentual vom Regelsatz der Sozialhilfe.

1. Arbeitslosengeld II

Auch im Zusammenhang mit Arbeitslosengeld II (Hartz IV) kann es unter bestimmten Voraussetzungen einen Mehrbedarf zum Lebensunterhalt geben. Näheres siehe ☞ *Arbeitslosengeld II und Sozialgeld.*

2. Voraussetzungen und Höhe

Mehrbedarfszuschläge gibt es zusätzlich zum Regelsatz der laufenden Sozialhilfe bzw. der Grundsicherung im Alter und bei Erwerbsminderung. Die Zuschläge orientieren sich am maßgebenden Regelsatz. Sie sind eine Leistung im Rahmen der ☞ *Hilfe zum Lebensunterhalt.*

Ansprüche auf verschiedene Mehrbedarfszuschläge sind nebeneinander zu gewähren, allerdings nur bis zur Höhe von 100 % des maßgebenden Regelsatzes.

3. Berechtigte Personenkreise und Höhe

Die Höhe errechnet sich prozentual aus dem jeweils maßgebenden Regelsatz der Sozialhilfe, Details siehe ☞ *Regelsätze der Sozialhilfe.*

3.1. Schwangere

Schwangere mit Beginn der 13. Schwangerschaftswoche: Mehrbedarfszuschlag von 17 % des maßgebenden Regelsatzes.

3.2. Alleinerziehende

Alleinerziehende, die mit einem oder mehreren minderjährigen Kindern zusammenleben und diese(s) versorgen:

- für ein Kind unter 7 Jahren oder 2 bzw. 3 Kinder unter 16 Jahren: Mehrbedarfszuschlag 126,- € monatlich = 36 % des Eckregelsatzes (= Regelsatz für den Haushaltsvorstand).
- in allen anderen Fällen: Mehrbedarfs-

Soziale Fragen? betafon 01805 - 238 2366!

zuschlag 42,- € bis maximal 211,- € monatlich (= 12 % bis max. 60 % des Eckregelsatzes).

3.3. Merkzeichen G

Personen, die voll erwerbsgemindert (☞ *Abgestufte Erwerbsminderungsrente*) im Sinne der gesetzlichen Rentenversicherung sind oder die das 65. Lebensjahr vollendet haben, **und** das ☞ *Merkzeichen G* in ihrem Schwerbehindertenausweis haben: Mehrbedarfszuschlag von 17 % des maßgebenden Regelsatzes.

3.4. Behinderte

Behinderte, die das 15. Lebensjahr vollendet haben **und** ☞ *Eingliederungshilfe* zur Schul-, Aus- oder Fortbildung erhalten, erhalten einen Mehrbedarfszuschlag von 35 % des maßgebenden Regelsatzes (☞ *Regelsätze der Sozialhilfe*).

3.5. Kranke, Genesende, Behinderte

Kranke, Genesende, Behinderte oder von einer Krankheit oder Behinderung Bedrohte, die einer kostenaufwendigeren Ernährung bedürfen, erhalten Krankenkostzulage in angemessener Höhe nach den Richtlinien der Sozialämter und in der Regel unter Vorlage eines ärztlichen Attestes. Ausführliche Informationen ☞ *Krankenkostzulage*.

Praxistipp

Der Regelbedarf ist mit den Regelsätzen abgedeckt und der ergänzende Mehrbedarf ist eindeutig festgelegt. Besteht jedoch aufgrund einer besonderen Ernährung, von Alter oder Behinderung ein „Sonderbedarf", kann nach Prüfung des Einzelfalls das Sozialamt dies als „besonderen Härtefall" sehen und den Sonderbedarf übernehmen. Leistungsberechtigte müssen dies beim Sozialamt beantragen und auch nachweisen. Beispiele für einen Sonderbedarf:

- Zusatzkosten für Essen auf Rädern, das wegen Alter oder Behinderung in Anspruch genommen werden muss.
- Kosten für die Bett- und Unterwäsche, die eigentlich im Regelsatz enthalten ist, bei Stuhl- und Harninkontinenz.
- Für Kranke, Genesende oder Behinderte wird für notwendige kostenaufwendige Ernährung ein Mehrbedarf in angemessener Höhe gewährt ☞ *Krankenkostzulage*.

Wer hilft weiter?

Individuelle Auskünfte erteilt das ☞ *Sozialamt*.

Merkzeichen

Das Wichtigste in Kürze

Merkzeichen im ☞ *Schwerbehindertenausweis* kennzeichnen die Art der Behinderung und die damit verbundenen Leistungen und Vergünstigungen. Zuständig ist das ☞ *Versorgungsamt*.

1. Überblick

Informationen zu folgenden Merkzeichen bekommen Sie auf den folgenden Seiten:

- ☞ *Merkzeichen aG* - außergewöhnlich gehbehindert
- ☞ *Merkzeichen B* - Begleitung erforderlich
- ☞ *Merkzeichen Bl* - blind
- ☞ *Merkzeichen G* - gehbehindert
- ☞ *Merkzeichen Gl* - gehörlos
- ☞ *Merkzeichen H* - hilflos
  - Merkzeichen ☞ *H bei Kindern*
- ☞ *Merkzeichen RF* - Rundfunk- und Fernsehgebührenbefreiung

2. Weitere Merkzeichen

Nachfolgend eine Liste seltener Merkzeichen. Detaillierte Auskünfte gibt auch hier das Versorgungsamt.

- **Kriegsbeschädigt**
  für Kriegsbeschädigte mit einem Grad der Schädigungsfolgen (GdS) von wenigstens 50 % i.S.d. Bundesversorgungsgesetzes (BVG).
- **VB**

M

Mehr Informationen: www.betanet.de

für Beschädigte mit einem GdS von wenigstens 50 % nach Gesetzen, auf die das BVG anwendbar ist, z.B. Opfer von Gewalttaten oder Wehr-, Zivildienst- und Impfgeschädigte. Mit Merkzeichen „VB" besteht Anspruch auf Versorgung nach den Vorschriften des BVG.

- **EB**
  GdS von wenigstens 50 %, Entschädigung nach § 28 des Bundesentschädigungsgesetzes (BEG).
- **1.KL.**
  Kriegsbeschädigte und Verfolgte i.S.d. BEG. Mit Merkzeichen „1.KL." darf in Zügen mit einem Fahrausweis 2. Klasse die 1. Klasse benutzt werden.

3. Nachteilsausgleiche

Die Tabelle auf Seite 188 gibt einen Überblick über die einzelnen Merkzeichen und die damit verbundenen Nachteilsausgleiche.

4. Richtlinien

Das Bundesministerium für Arbeit und Soziales hat sogenannte „Anhaltspunkte für die ärztliche Gutachtertätigkeit" erstellt. Sie bilden die Richtlinie bei der Zuerkennung der Merkzeichen und stehen im Internet unter www.bmas.de > Publikationen als Download zur Verfügung.

Wer hilft weiter?

☞ *Versorgungsamt*

Merkzeichen aG

Das Wichtigste in Kürze

Das Merkzeichen aG erhalten Personen mit außergewöhnlicher Gehbehinderung, d.h.: Das Gehvermögen ist auf das Schwerste eingeschränkt und die Fortbewegung ist nur mit fremder Hilfe oder großer Anstrengung möglich.

1. Voraussetzungen

Die Voraussetzungen für das Merkzeichen aG sind z.B. anzunehmen bei:

- Querschnittgelähmten
- Doppeloberschenkelamputierten
- Doppelunterschenkelamputierten
- Behinderten, die ständig auf einen Rollstuhl angewiesen sind
- schweren und schwersten Erkrankungen der inneren Organe wie Herzschäden mit schweren Dekompensationserscheinungen oder Ruheinsuffizienz sowie schweren Einschränkungen der Lungenfunktion
- **Bei Kindern**
  Das Merkzeichen aG ist auch bei Säuglingen und Kleinkindern möglich. Für die Beurteilung ist die Fortbewegungsmöglichkeit ausschlaggebend, auf die Gehfähigkeit kommt es hingegen nicht an.

2. Vergünstigungen

Das Merkzeichen aG ist ausschlaggebend für

- ☞ *Steuerliche Vergünstigungen*
- ☞ *Kraftfahrzeughilfe*
- Ermäßigungen bei Automobilclubs und ☞ *Kraftfahrzeugsteuer*
- ☞ *Fahrdienste*
- ☞ *Öffentliche Verkehrsmittel*
- ☞ *Parkerleichterungen*

Einen Überblick über alle Merkzeichen und allgemeine Informationen finden Sie unter ☞ *Merkzeichen*.
Die Tabelle auf Seite 188 gibt Ihnen einen Überblick über die Nachteilsausgleiche, die mit den jeweiligen Merkzeichen verbunden sind.

Wer hilft weiter?

☞ *Versorgungsamt*

Merkzeichen B

Das Wichtigste in Kürze

Das Merkzeichen B wird erteilt, wenn die ständige Begleitung bei der Benutzung öf-

Soziale Fragen? betafon 01805 - 238 2366!

Merkzeichenabhängige Nachteilsausgleiche

aG **außergewöhnlich gehbehindert**	B **Notwendigkeit ständiger Begleitung**	Bl **blind**	G **erheblich gehbehindert**	Gl **gehörlos**	H **hilflos**	RF **Befreiung von der Rundfunkgebühren pflicht**
Unentgeltliche Beförderung im öffentlichen Nahverkehr nach Erwerb einer Wertmarke (§§ 145 - 147 SGB IX)	Unentgeltliche Beförderung der Begleitperson im öffentlichen Nah- und Fernverkehr, ausgenommen bei Fahrten in Sonderzügen und Sonderwagen (§§ 145 - 147 SGB IX)	Unentgeltliche Beförderung im öffentlichen Nahverkehr (§§ 145 - 147 SGB IX)	Unentgeltliche Beförderung im öffentlichen Nahverkehr nach Erwerb einer Wertmarke (§§ 145 - 147 SGB IX) <u>oder</u> Kraftfahrzeugsteuerermäßigung (§ 3a Abs. 2 Satz 1 KraftStG)	Unentgeltliche Beförderung im öffentlichen Nahverkehr nach Erwerb einer Wertmarke (§§ 145 - 147 SGB IX) <u>oder</u> Kraftfahrzeugsteuerermäßigung (§ 3a Abs. 2 Satz 1 KraftStG)	Unentgeltliche Beförderung im öffentlichen Nahverkehr (§§ 145 - 147 SGB IX)	Befreiung von der Rundfunkgebührenpflicht (§ 6 Abs. 1 RGebStV)
Kraftfahrzeugsteuerbefreiung (§ 3a Abs. 1 KraftStG)	Unentgeltliche Beförderung der Begleitperson bei innerdeutschen Flügen der Lufthansa und der Regionalverkehrsgesellschaften. Details regeln die Tarife der Fluggesellschaften.	Kraftfahrzeugsteuerbefreiung (§ 3a Abs. 1 KraftStG)	Abzugsbetrag für behinderungsbedingte Privatfahrten bei einem GdB ab 70 und dem Merkzeichen „G": bis zu 3.000 km x 0,30 € = 900,- € (§33 EStG)	Sozialtarif beim Telefon bei einem GdB von 90: Ermäßigung bei den Verbindungsentgelten bis zu 8,72 € netto monatlich im Rahmen des ISDN-Sozialtarifs und für Verbindungen im T-Net durch die Deutsche Telekom, wenn diese dauerhaft als Verbindungsnetzbetreiber voreingestellt ist	Kraftfahrzeugsteuerbefreiung (§ 3a Abs. 1 KraftStG)	Sozialtarif beim Telefon: Ermäßigung bei den Verbindungsentgelten bis zu 6,94 € netto monatlich im Rahmen des ISDN-Sozialtarifs und für Verbindungen im T-Net durch die Deutsche Telekom, wenn diese dauerhaft als Verbindungsnetzbetreiber voreingestellt ist
Anerkennung der Kfz-Kosten für behinderungsbedingte Privatfahrten als außergewöhnliche Belastung: bis zu 15.000 km x 0,30 € = 4.500,- € (§ 33 EStG)	Unentgeltliche Beförderung von Begleitpersonen blinder Menschen im internationalen Eisenbahnverkehr (Internat. Personen- und Gepäcktarif TCV)	Befreiung von der Rundfunkgebührenpflicht (§ 6 Abs. 1 RGebStV)	Mehrbedarfserhöhung bei der Sozialhilfe: 17 % (§ 30 SGB XII)	Befreiung von der Rundfunkgebührenpflicht (§ 6 Abs. 1 RGebStV)	Pauschbetrag als außergewöhnliche Belastung bei der Einkommenssteuer: 3.700,- € (§ 33b EStG)	Bei zusätzlicher Blindheit, Gehörlosigkeit oder Sprachbehinderung mit einem GdB von mind. 90 (Sprachbehinderung allein GdB von 30): Vergünstigung von 8,72 € netto monatlich
Kostenloser Fahrdienst in vielen Gemeinden und Landkreisen mit unterschiedlichen kommunalen Regelungen		Sozialtarif beim Telefon: Vergünstigung von 8,72 € netto monatl. (s. „RF")			In vielen Gemeinden Befreiung von der Hundesteuer; Ortssatzungen über Hundesteuer	
Parkerleichterungen, Parkplatzreservierung (§ 46 Abs. 1 StVO)		Pauschbetrag als außergewöhnliche Belastung bei der Einkommenssteuererklärung: 3.700,- € (§ 33b EStG)				
		Parkerleichterungen, Parkplatzreservierung (§ 46 Abs. 1 StVO)				
		Gewährung von Blindengeld (Landesblindengeldgesetze)				
		In vielen Gemeinden Befreiung von der Hundesteuer				

fentlicher Verkehrsmittel nötig ist. Schwerbehinderte mit Merkzeichen B sind zur Mitnahme einer Begleitperson berechtigt, aber nicht verpflichtet.

Leistungen

Die notwendige Begleitperson eines Schwerbehinderten mit dem Merkzeichen B wird

- in ☞ *Öffentlichen Verkehrsmitteln*
- und im ☞ *Flugverkehr*

unentgeltlich befördert.

Wenn die Begleitperson den Behinderten bei dessen Berufsausübung und auf Dienstreisen begleitet, steht die Begleitperson unter dem Schutz der gesetzlichen ☞ *Unfallversicherung.*

Einen Überblick über alle Merkzeichen und allgemeine Informationen finden Sie unter ☞ *Merkzeichen.*
Die Tabelle auf Seite 188 gibt Ihnen einen Überblick über die Nachteilsausgleiche, die mit den jeweiligen Merkzeichen verbunden sind.

Wer hilft weiter?

☞ *Versorgungsamt*

Merkzeichen Bl

Das Wichtigste in Kürze

Das Merkzeichen Bl erhalten blinde oder hochgradig sehbehinderte Menschen.

1. Voraussetzungen

Das Merkzeichen Bl wird erteilt, wenn eine der folgenden Voraussetzungen vorliegt:

- Vollständige Blindheit.
- Die Sehschärfe auf dem besseren Auge beträgt nicht mehr als 1/50.
- Andere Störungen des Sehvermögens (z.B. Gesichtsfeldeinengungen) liegen vor, die obiger Sehschärfe entsprechen.

2. Vergünstigungen

Das Merkzeichen Bl ist ausschlaggebend für

- ☞ *Steuerliche Vergünstigungen*, Umsatzsteuer, Hundesteuer (Blindenhund)
- Blindengeld ☞ *Blindenhilfe*
- ☞ *Kraftfahrzeughilfe*, Automobilclubs (beitragsfrei), ☞ *Kraftfahrzeugsteuer*
- ☞ *Fahrdienste*
- ☞ *Öffentliche Verkehrsmittel*
- ☞ *Parkerleichterungen*
- ☞ *Rundfunk- und Fernsehgebührenbefreiung*
- ☞ *Telefongebührenermäßigung*, Portogebührenermäßigung

Einen Überblick über alle Merkzeichen und allgemeine Informationen finden Sie unter ☞ *Merkzeichen.*
Die Tabelle auf Seite 188 gibt Ihnen einen Überblick über die Nachteilsausgleiche, die mit den jeweiligen Merkzeichen verbunden sind.

Wer hilft weiter?

☞ *Versorgungsamt*

Merkzeichen G

Das Wichtigste in Kürze

Das Merkzeichen G erhalten Personen mit erheblicher Beeinträchtigung der Bewegungsfähigkeit im Straßenverkehr bzw. erheblicher Geh- und/oder Stehbehinderung.

1. Voraussetzungen

- **Immer** bei ☞ *Merkzeichen H*
- **Immer** für Gehörlose
- **Immer** bei geistig Behinderten mit einem ☞ *Grad der Behinderung* (GdB) von 100
- **Anzunehmen** bei:
  - Funktionsstörungen der unteren Gliedmaßen und/oder der Lendenwirbelsäule bei einem GdB von mindestens 50 oder besonderen Auswirkungen auf die Geh-

M
Soziale Fragen? betafon 01805 - 238 2366!

fähigkeit bei einem GdB von mindestens 40
- Schweren inneren Leiden, z.B. schweren Herzschäden, dauernden Einschränkungen der Lungenfunktion oder chronischer Niereninsuffizienz
- Hirnorganischen Anfällen mit mittlerer Anfallshäufigkeit, wenn die Anfälle überwiegend am Tag erfolgen
- Diabetes mellitus mit häufigen hypoglykämischen Schocks.
- Störungen der Orientierungsfähigkeit wie schweren Sehbehinderungen oder geistigen Behinderungen mit einem GdB von 80 oder 90

- **Bei Kindern**
  Das Merkzeichen G ist auch bei Säuglingen und Kleinkindern möglich. Für die Beurteilung gelten dieselben Kriterien wie bei Erwachsenen.

2. Vergünstigungen

Das Merkzeichen G ist ausschlaggebend für
- ☞ *Steuerliche Vergünstigungen*
- ☞ *Kraftfahrzeughilfe*
- Ermäßigungen bei Automobilclubs
- Zusätzliche behinderungsbedingte Gebühren, z.B. für Eignungsgutachten, Eintragung besonderer Bedienungseinrichtungen oder Auflagen im Führerschein, beim TÜV oder der Straßenverkehrsbehörde können ermäßigt oder erlassen werden
- ☞ *Kraftfahrzeugsteuer*
- ☞ *Fahrdienste*
- ☞ *Mehrbedarfszuschläge*
- ☞ *Öffentliche Verkehrsmittel*

Einen Überblick über alle Merkzeichen und allgemeine Informationen finden Sie unter ☞ *Merkzeichen*.
DieTabelle auf Seite 188 gibt Ihnen einen Überblick über die Nachteilsausgleiche, die mit den jeweiligen Merkzeichen verbunden sind.

Wer hilft weiter?

☞ *Versorgungsamt*

Merkzeichen Gl

Das Wichtigste in Kürze

Das Merkzeichen Gl erhalten gehörlose Menschen.

1. Voraussetzungen

Das Merkzeichen Gl wird erteilt bei Gehörlosigkeit und an Taubheit grenzender Schwerhörigkeit mit schwerer Sprachstörung. Das sind in der Regel hörbehinderte Menschen, bei denen die an Taubheit grenzende Schwerhörigkeit angeboren oder in der Kindheit erworben worden ist.

2. Vergünstigungen

Das Merkzeichen Gl hat z.B. Bedeutung für
- die unentgeltliche Beförderung in ☞ *Öffentlichen Verkehrsmitteln*

und ist ausschlaggebend
- für ☞ *Kraftfahrzeugsteuer*,
- ☞ *Telefongebührenermäßigung* und
- ☞ *Rundfunk- und Fernsehgebührenbefreiung*.

Einen Überblick über alle Merkzeichen und allgemeine Informationen finden Sie unter ☞ *Merkzeichen*.
Die Tabelle auf Seite 188 gibt Ihnen einen Überblick über die Nachteilsausgleiche, die mit den jeweiligen Merkzeichen verbunden sind.

Wer hilft weiter?

☞ *Versorgungsamt*

Merkzeichen H

Das Wichtigste in Kürze

Das Merkzeichen H signalisiert „hilflos", d.h.: Die Person benötigt dauernd und in erheblichem Maße fremde Hilfe für die gewöhnlichen und regelmäßig wiederkehrenden Verrichtungen des täglichen Le-

Mehr Informationen: www.betanet.de

bens wie z.B. An- und Auskleiden, Nahrungsaufnahme, Körperpflege, Verrichten der Notdurft.

1. Voraussetzungen

Das Merkzeichen H wird **immer** erteilt bei:
- Blindheit und hochgradiger Sehbehinderung (☞ *Merkzeichen Bl*)
- Querschnittlähmung und anderen Behinderungen, die auf Dauer und ständig - auch innerhalb des Wohnraums - die Benutzung eines Rollstuhls erfordern (☞ *Merkzeichen aG*)

Unter folgenden Voraussetzungen ist **anzunehmen**, dass das Merkzeichen H erteilt wird:
- Hirnschäden, Anfallsleiden, geistige Behinderung und Psychosen mit einem ☞ *Grad der Behinderung* (GdB) von 100
- Verlust von 2 oder mehr Gliedmaßen

2. Merkzeichen H bei Kindern

Bei Kindern ist nur der Teil der Hilfsbedürftigkeit zu berücksichtigen, der den Hilfebedarf eines gesunden gleichaltrigen Kindes überschreitet.

2.1. Ausnahme

Wegen der Besonderheiten des Kindesalters (Kinder müssen das „Handwerkszeug" zum adäquaten Umgang mit ihrer Behinderung erst im Laufe ihrer Entwicklung erwerben) kann auch schon bei einem niedrigeren GdB Hilflosigkeit vorliegen. **Im einzelnen gilt dies bei:**
- **geistiger Behinderung**, z.B. wenn eine ständige Überwachung aufgrund von Verhaltensstörungen notwendig ist, in der Regel bis zum 18. Lebensjahr.
- **autistischen Syndromen und anderen emotionalen und psychosozialen Störungen** mit langdauernden erheblichen Einordnungsschwierigkeiten bis in der Regel zum 16. Lebensjahr.
- **hirnorganischen Anfallsleiden** - in Abhängigkeit von der Anfallsart und der -frequenz sowie eventuellen Verhaltensauffälligkeiten.
- **Einschränkungen des Sehvermögens** mit einem ☞ *Grad der Behinderung* von wenigstens 80 bis zur Beendigung der speziellen Schulausbildung für Sehbehinderte.
- **Taubheit und an Taubheit grenzender Schwerhörigkeit** ab Beginn der ☞ *Frühförderung* bis in der Regel zur Beendigung der Ausbildung.
- **Lippen-Kiefer-Gaumenspalte und kompletter Gaumen-Segelspalte** bis zum Abschluss der Erstbehandlung in der Regel bis zum 5. Lebensjahr.
- **Bronchialasthma** schweren Grades in der Regel bis zum 16. Lebensjahr.
- angeborenen oder in der Kindheit erworbenen **Herzschäden** mit schwerer Leistungsbeeinträchtigung bis zu einer Besserung durch eine Operation, längstens bis zum 16. Lebensjahr.
- **Niereninsuffizienz** mit einem GdB von 100 oder Behandlung mit künstlicher Niere bis zum 16. Lebensjahr.
- **Diabetes mellitus** bis zum 16. Lebensjahr, bei fortbestehender unausgeglichener Stoffwechsellage bis zum 18. Lebensjahr.
- **Phenylketonurie** in der Regel bis zum 14. Lebensjahr. Danach nur noch, wenn gleichzeitig ein Hirnschaden vorliegt.
- **Mukoviszidose** mit einem ☞ *Grad der Behinderung* von wenigstens 50 bis zum 16. Lebensjahr, bei schweren und schwersten Einschränkungen bis zum 18. Lebensjahr.
- **malignen Erkrankungen** für die Dauer der zytostatischen Therapie.
- **schweren Immundefekten** für die Dauer des Immunmangels.
- **Hämophilie** mit Notwendigkeit der Substitutionsbehandlung bis zum 6. Lebensjahr, je nach Blutungsneigung und Reifegrad auch länger.
- **juveniler chronischer Polyarthritis** in der Regel bis zum 16. Lebensjahr.
- **Osteogenesis imperfecta**, sofern 2 oder mehr Knochenbrüche pro Jahr auftreten, bis zu einem Zeitraum von 2 Jahren ohne Knochenbrüche, längstens bis zum 16. Lebensjahr.
- klinisch gesicherter **Typ-I-Allergie** gegen

schwer vermeidbare Allergene mit der Gefahr lebensbedrohlicher anaphylaktischer Schocks in der Regel bis zum 12. Lebensjahr.

- **Zöliakie** nur ausnahmsweise, wenn es durch eine späte Diagnose zu schweren Auswirkungen kommt.

Orientierung für den Grad der Behinderung bei Kindern geben die ☞ *Pflegestufen* der Pflegeversicherung für schwer kranke und behinderte Kinder. Ein Schwerbehindertenausweis kann je nach Diagnose auch schon ab der Geburt ausgestellt werden. Der Austausch und die Information in Selbsthilfegruppen kann hier sehr nützlich sein. Adressen finden Sie im Adressverzeichnis.

3. Vergünstigungen

Das Merkzeichen H ist ausschlaggebend für

- ☞ *Steuerliche Vergünstigungen*
- ☞ *Kraftfahrzeughilfe*
- Ermäßigungen bei Automobilclubs und ☞ *Kraftfahrzeugsteuer*
- ☞ *Fahrdienste*
- ☞ *Öffentliche Verkehrsmittel*

Einen Überblick über alle Merkzeichen und allgemeine Informationen finden Sie unter ☞ *Merkzeichen.*

Die Tabelle auf Seite 188 gibt Ihnen einen Überblick über die Nachteilsausgleiche, die mit den jeweiligen Merkzeichen verbunden sind.

Wer hilft weiter?

☞ *Versorgungsamt*

Merkzeichen RF

Das Wichtigste in Kürze

Das Merkzeichen RF signalisiert Rundfunk- und Fernsehgebührenbefreiung und Telefongebührenermäßigung für den Inhaber des Schwerbehindertenausweises.

1. Voraussetzungen

Die **gesundheitlichen** Voraussetzungen für eine Befreiung von der Rundfunk- und Fernsehgebührenpflicht liegen vor bei:

- Blinden oder wesentlich Sehbehinderten mit einem Grad der Behinderung (GdB) von wenigstens 60
- Hörgeschädigten, bei denen eine ausreichende Verständigung über das Gehör auch mit Hörhilfen nicht möglich ist
- Behinderten mit einem GdB von mindestens 80, die wegen ihres Leidens an öffentlichen Veranstaltungen nicht teilnehmen können. Hierzu gehören:
  - Behinderte mit schweren Bewegungseinschränkungen (auch durch innere Leiden wie z.B. schwere Herzleistungs- oder Lungenfunktionsschwäche), die deshalb auf Dauer selbst mit Hilfe von Begleitpersonen oder technischen Hilfsmitteln (z.B. Rollstuhl) keine öffentlichen Veranstaltungen in zumutbarer Weise besuchen können
  - Behinderte, die durch ihre Behinderung auf ihre Umgebung unzumutbar abstoßend oder störend wirken wie z.B. durch Entstellung, Geruchsbelästigung (unzureichend verschließbarer Anus praeter), häufige Anfälle, laute Atemgeräusche, unwillkürliche Bewegungen oder Laute (Spastiker)
  - Behinderte mit nicht nur vorübergehend ansteckender Lungentuberkulose
  - Behinderte z.B. nach Organtransplantationen, die wegen einer immunsuppressiven Behandlung jede Ansteckungsgefahr meiden müssen
  - geistig oder seelisch Behinderte, die aufgrund motorischer Unruhe und Verhaltensauffälligkeiten stören würden

2. Rundfunk- und Fernsehgebührenbefreiung, Telefongebührenermäßigung

Für die **tatsächliche** Befreiung von der Rundfunk- und Fernsehgebührenpflicht bzw. für die Ermäßigung der Telefongebühr

M

Mehr Informationen: www.betanet.de

müssen jedoch weitere Voraussetzungen erfüllt sein. Details hierzu ☞ *Rundfunk- und Fernsehgebührenbefreiung* sowie ☞ *Telefongebührenermäßigung*.

Einen Überblick über alle Merkzeichen und allgemeine Informationen finden Sie unter ☞ *Merkzeichen*.
Die Tabelle auf Seite 188 gibt Ihnen einen Überblick über die Nachteilsausgleiche, die mit den jeweiligen Merkzeichen verbunden sind.

Wer hilft weiter?

☞ *Versorgungsamt*

Miete Sozialhilfe

☞ *Unterkunft und Heizung*

Mietschulden

(§ 34 SGB XII)

Das Wichtigste in Kürze

Im Rahmen der Sozialhilfe kann das Sozialamt in Sonderfällen und unter bestimmten Voraussetzungen Mietschulden als Hilfe zum Lebensunterhalt übernehmen. Allerdings nur, wenn sich dies als notwendig und nachhaltig erweist.

1. Voraussetzung

Es gelten dieselben Voraussetzungen wie bei der ☞ *Hilfe zum Lebensunterhalt*.

2. Drohende Wohnungslosigkeit

Wenn Wohnungslosigkeit droht, hat das Sozialamt die Möglichkeit, die Mietrückstände zu übernehmen. Diese Hilfe soll vor allem dann gewährt werden, wenn sie gerechtfertigt und notwendig ist. Das ist z.B. der Fall, wenn durch die Übernahme der Mietschulden die Wohnung gesichert und die Wohnungslosigkeit vermieden werden kann.

Auch wenn bei Gericht bereits **Räumungsklage** eingereicht wurde, kann das Sozialamt die Mietschulden noch übernehmen. Sie müssen innerhalb von 2 Monaten nach Zustellung der Räumungsklage ausgeglichen werden.

3. Kürzung

Das Sozialamt kann bei Sozialhilfeempfängern, die mit der Miete in Rückstand geraten sind, obwohl sie die Mietzahlung vom Sozialamt bekommen haben, die Leistung zur Sozialhilfe bis auf das zum Lebensunterhalt Unerlässliche einschränken, jedoch maximal 3 Jahre lang (§ 26 Abs. 2 SGB XII).

Praxistipp

Sozialhilfeempfänger mit Miet-Zahlungsproblemen sollten dem Sozialamt vorschlagen, die Miete direkt vom Sozialamt an den Vermieter zu überweisen. Viele Sozialämter verfahren ohnehin in dieser Weise, da dadurch gewährleistet ist, dass die konkrete Hilfeleistung auch zweckentsprechend (als Mietzahlung) verwendet wird.

Wer hilft weiter?

Nähere Auskünfte hierzu und zur angemessenen Höhe der Miete erteilt das zuständige Sozialamt.

Mitaufnahme

☞ *Begleitperson*

Mittel der Bundesstiftung „Mutter und Kind"

Das Wichtigste in Kürze

Mittel der Bundesstiftung „Mutter und Kind - Schutz des ungeborenen Lebens" richten sich an Schwangere. Sie sind eine

freiwillige und individuell einzelfallabhängige Leistung, auf die kein Rechtsanspruch besteht.

1. Voraussetzungen

- Beratung und Antragstellung in einer anerkannten Beratungsstelle während der Schwangerschaft
- Schwangerschaftsattest
- Vorliegen einer Notlage
- Wohnsitz oder gewöhnlicher Aufenthalt in Deutschland
- Hilfe durch andere Sozialleistungen (z.B. ☞ *Sozialhilfe*, Unterhaltsvorschusskasse, Wohngeldstelle) ist nicht möglich oder nicht ausreichend

2. Antragstellung

Anträge sind bei den Beratungsstellen für Schwangerschaftsfragen (☞ *Schwangerschaftsabbruch*), den Gesundheitsämtern und den Ämtern für Versorgung und Familienförderung so früh wie möglich zu stellen. In einigen neuen Bundesländern muss die Hilfesuchende den Antrag spätestens bis zur 20. Schwangerschaftswoche stellen.

Praxistipps

Weitere Stiftungen für hilfesuchende Schwangere:

- Landesstiftung „Hilfe für Mutter und Kind", Hegelstr. 2, 95447 Bayreuth, Telefon 0921 605-1
- Lokale Stiftungen sind über die Gesundheitsämter und Schwangerschaftsberatungsstellen zu erfragen.

Wer hilft weiter?

Beratungsstellen für Schwangerschaftsfragen, Gesundheitsämter und Ämter für Versorgung und Familienförderung.

Müttergenesungskur

☞ *Medizinische Rehabilitation für Mütter und Väter*

Mutter-Kind-Einrichtung

(§ 19 SGB VIII)

Das Wichtigste in Kürze

Mutter-Kind-Einrichtungen der Kinder- und Jugendhilfe nehmen einen Elternteil (in der Regel eine junge Mutter, unter Umständen auch einen Vater) mit einem Kind unter 6 Jahren (und ggf. Geschwister ohne Altersbegrenzung) auf, um diese zu unterstützen. Eine Schwangere kann auch schon vor der Geburt des Kindes in dieser Wohnform betreut werden. Sind die Voraussetzungen für eine Aufnahme erfüllt, übernimmt das Jugendamt die Kosten.

1. Voraussetzungen

- **Alleinige** Sorge für ein Kind unter 6 Jahren.
- Der alleinerziehende Elternteil bedarf aufgrund seiner Persönlichkeitsentwicklung einer Unterstützung.

2. Umfang

- Gemeinsame Betreuung der Mutter oder des Vaters zusammen mit dem Kind in einer geeigneten Wohnform.
- Die Mutter/der Vater soll während dieser Zeit eine schulische oder berufliche Ausbildung beginnen oder fortführen oder eine Berufstätigkeit aufnehmen.
- Stabilisierung der Elternpersönlichkeit, Stärkung des Selbstwertgefühls und Durchhaltevermögens, Befähigung zur Konfliktbewältigung.
- Erlernen grundlegender Fähigkeiten zur Haushaltsführung und Alltagsbewältigung.

3. Kosten

Das Jugendamt trägt die Kosten.
Die Eltern, Kinder, Jugendlichen und deren Ehegatten/Lebenspartner werden zu diesen Kosten herangezogen. Der Kostenbeitrag richtet sich nach der Kostenbeitragsverordnung und kann in der Höhe regional unter-

M
Mehr Informationen: www.betanet.de

schiedlich ausfallen. Weitere Informationen beim Jugendamt.

Wer hilft weiter?

Individuelle Auskünfte erteilt das Jugendamt.

Mutter-Kind-Kuren

☞ *Medizinische Rehabilitation für Mütter und Väter*
☞ *Vorsorgeleistungen und Vorsorgekuren*

Mutterschaftsgeld

(§ 200 RVO)

Das Wichtigste in Kürze

Krankenversicherte Mütter erhalten während des Mutterschutzes (in der Regel 6 Wochen vor und 8 Wochen nach der Geburt) Mutterschaftsgeld. Mutterschaftsgeld erhalten auch Beamtinnen, angestellte Privatversicherte und Arbeitslosengeld-Empfängerinnen. Kein Mutterschaftsgeld gibt es in der Regel für Selbstständige und Familienversicherte. Es muss in jedem Fall beantragt werden.

1. Voraussetzungen

Anspruch auf Mutterschaftsgeld von der Krankenkasse hat nur die **leibliche** Mutter.
Sie muss folgende Voraussetzungen erfüllen:

- Mitglied der gesetzlichen Krankenversicherung spätestens 6 Wochen vor der Entbindung (= Beginn der Schutzfrist nach § 3, Abs. 2 Mutterschutz-Gesetz), Familienversicherung genügt **nicht**.
- Bei Arbeitsunfähigkeit **Anspruch auf** Krankengeld
- Während der 14-wöchigen Mutterschutzfrist (§ 3, Abs. 2 und § 6, Abs. 1 MuSchG. Näheres s. unter Dauer) wird kein reguläres Arbeitsentgelt gezahlt
- Bestehendes Arbeitsverhältnis oder Beschäftigung in Heimarbeit. **Nicht** dazu zählt das öffentlich-rechtliche Dienstverhältnis einer Beamtin. Das Beamtenverhältnis wird im Mutterschutz der RVO und des Mutterschutz-Gesetzes **nicht** erfasst.
oder
Arbeitsverhältnis wurde während der Schwangerschaft vom Arbeitgeber zulässig aufgelöst.

1.1. Zulässige Auflösung des Arbeitsverhältnisses

Als zulässige Auflösung gelten z.B.:

- keine Mitteilung der Schwangerschaft vor Kündigung bzw. 2 Wochen nach Kündigung
- Kündigung vor Eintritt der Schwangerschaft und Ablauf der Kündigungsfrist während der Schwangerschaft
- Beendigung von befristetem Arbeitsverhältnis
- Auflösung des Arbeitsverhältnisses durch die Schwangere oder einvernehmlich

2. Höhe

Das Mutterschaftsgeld orientiert sich am Bemessungszeitraum der letzten drei abgerechneten Kalendermonate vor Beginn der Schutzfrist (= 6 Wochen vor Entbindung). Bei wöchentlicher Lohnabrechnung orientiert es sich an den letzten 13 abgerechneten Wochen. Es entspricht dem **durchschnittlichen kalendertäglichen Nettoarbeitsentgelt**, beträgt jedoch **höchstens 13,- € täglich**. Die Differenz zwischen der Höchstsumme von 13,- € und dem Nettoarbeitsentgelt zahlen der Arbeitgeber oder das ☞ *Bundesversicherungsamt* als **Zuschuss zum Mutterschaftsgeld** (§ 14 Mutterschutz-Gesetz).
Bei Bezug von **Arbeitslosengeld oder Unterhaltsgeld** entspricht das Mutterschaftsgeld der Höhe der jeweiligen Zahlung.

2.1. Steuerfrei

Für das Mutterschaftsgeld müssen keine Steuern oder Sozialabgaben gezahlt werden.

M
Soziale Fragen? betafon 01805 - 238 2366!

2.2. Sozialversicherung beitragsfrei

Während des Bezugs von Mutterschaftsgeld besteht Beitragsfreiheit in der gesetzlichen Kranken-, Renten- und Arbeitslosenversicherung, sofern bereits vorher Versicherungspflicht bestand und keine beitragspflichtigen Einnahmen erzielt werden.

2.3. Einkommen

Der Anspruch auf Mutterschaftsgeld **ruht,** wenn die (werdende) Mutter tatsächlich beitragspflichtiges, nicht bloß einmaliges Arbeitsentgelt oder Arbeitseinkommen erhält.

2.4. Arbeitslosengeld II

Bei Bezug von Arbeitslosengeld II besteht kein Anspruch auf Mutterschaftsgeld. Anspruch auf Mutterschaftsgeld haben aber Frauen, die Arbeitslosengeld oder Unterhaltsgeld beziehen.

3. Dauer

Mutterschaftsgeld wird gezahlt

- 6 Wochen vor dem mutmaßlichen Geburtstermin, den Arzt oder Hebamme im Mutterpass angeben.
  - Tritt die Entbindung **später** als angegeben ein, verlängert sich die Bezugsdauer bis zum Tag der Entbindung.
  - Tritt die Entbindung **früher** als angegeben ein, verkürzt sich die Bezugsdauer dennoch nicht, d.h. es gibt insgesamt 14 Wochen Mutterschaftsgeld.
- bis 8 Wochen nach der tatsächlichen Entbindung sowie für den Entbindungstag.
- **bei Mehrlingsgeburten**: bis 12 Wochen nach der Entbindung.
- **bei Frühgeburten**, d.h. bei Geburtsgewicht unter 2.500 Gramm: bis 12 Wochen nach der Entbindung oder länger (Verlängerung um den Teil der 6 Wochen Schutzfrist, der vor der Entbindung von der Schwangeren nicht in Anspruch genommen werden konnte).

4. Antrag

Das Mutterschaftsgeld muss bei der Krankenkasse beantragt werden. Die Schwangere muss ein ärztliches Attest über den voraussichtlichen Termin mitschicken, das nicht früher als 1 Woche vor Beginn der Mutterschutzfrist ausgestellt sein darf.

5. Privatversicherte

Privatversicherte Arbeitnehmerinnen beantragen das Mutterschaftsgeld beim Bundesversicherungsamt (Friedrich-Ebert-Allee 38, 53113 Bonn, Telefon 0228 619-1888, Fax 0228 619-1877, www.bundesversicherungsamt.de). Die Höhe richtet sich nach dem Arbeitsentgelt und beträgt einmalig maximal 210,- €. Auch sie bekommen vom Arbeitgeber während der Mutterschutzfrist einen Zuschuss. Dieser entspricht der Differenz zwischen 13,- € täglich und dem durchschnittlichen Nettogehalt. Der Zuschuss des Arbeitgebers wird berechnet wie bei Mitgliedern der gesetzlichen Krankenkasse (s.o. „Höhe").
Privatversicherte Selbstständige bekommen kein Mutterschaftsgeld vom Bundesversicherungsamt.

6. Geringfügig beschäftigte familienversicherte Frauen

Geringfügig beschäftigte Frauen, die familienversichert sind, erhalten auf Antrag ein einmaliges Mutterschaftsgeld in Höhe von maximal 210,- € vom Bundesversicherungsamt. Auch in diesem Fall zahlt der Arbeitgeber die Differenz zwischen 13,- € und dem durchschnittlichen kalendertäglichen Nettogehalt.

7. Mutterschaftsgeld während der Elternzeit

Bekommt eine Frau während der ☞ *Elternzeit* ein weiteres Kind, erhält sie von der Krankenkasse Mutterschaftsgeld in Höhe von 13,- € täglich. Der Arbeitgeber bzw. das

M
Mehr Informationen: www.betanet.de

Bundesversicherungamt müssen in diesem Fall keinen Zuschuss zum Mutterschaftsgeld zahlen.

Wer hilft weiter?

- ☞ *Krankenkassen*
- Telefonische Hotline der Mutterschaftsgeldstelle des Bundesversicherungsamts: 0228 619-1888.

Mutterschaftshilfe

☞ *Mutterschutz*

Mutterschutz

(MuSchG)

Das Wichtigste in Kürze

Das Mutterschutzgesetz schützt schwangere brufstätige Frauen. Verboten sind belastende Arbeiten. 6 Wochen vor und 8 Wochen nach der Entbindung ist generell jede Arbeit verboten. Bei Frühgeburt und Mehrlingen gelten erweiterte Zeiten.

1. Grundsätzliches

Das Mutterschutzgesetz soll werdende Mütter, die in einem Arbeitsverhältnis stehen, vor möglichen Gefahren und Schäden am Arbeitsplatz bewahren. Der Mutterschutz umfasst vor allem Beschäftigungsverbote vor und nach der Entbindung (§§ 3-6 MuSchG).
Damit der Arbeitgeber die Bestimmungen einhalten kann, sollen Frauen dem Arbeitgeber ihre Schwangerschaft und den mutmaßlichen Tag der Entbindung mitteilen, sobald ihnen diese Tatsachen bekannt sind.
Schwangere dürfen nicht beschäftigt werden, soweit nach ärztlichem Zeugnis Leben oder Gesundheit von Mutter und/oder Kind bei Fortdauer der Beschäftigung gefährdet sind. Wenn dies der Fall ist (z.B. Arbeit mit gesundheitsschädlichen Stoffen, Dämpfen oder Strahlen), muss die Frau von dieser Arbeit ganz freigestellt werden. Außerdem dürfen werdende Mütter keine schweren körperlichen Arbeiten leisten und nicht in Bereichen beschäftigt werden, bei denen sie Hitze, Kälte, Nässe, Erschütterungen oder Lärm ausgesetzt sind.

2. Beschäftigungsverbote

Es gibt mehrere Arten von Beschäftigungsverboten für werdende Mütter. Das generelle Beschäftigungsverbot und die Schutzfristen gelten für alle werdenden Mütter, das individuelle Beschäftigungsverbot wird nur im Einzelfall vom Arzt attestiert.

2.1. Generelles/Gesetzliches Beschäftigungsverbot vor der Entbindung

Ein generelles/gesetzliches Beschäftigungsverbot für werdende Mütter gilt insbesondere

- für Arbeiten, bei denen regelmäßig Lasten über 5 kg oder gelegentliche Lasten über 10 kg ohne mechanische Hilfsmittel von Hand gehoben, bewegt oder befördert werden.
- nach Ablauf des fünften Monats der Schwangerschaft für Arbeiten, bei denen sie ständig stehen müssen, so weit diese Beschäftigung 4 Stunden täglich überschreitet.
- für Arbeiten, bei denen sie sich häufig erheblich strecken oder beugen oder bei denen sie dauernd hocken oder sich gebückt halten müssen.
- für Akkordarbeit.

Werdende und stillende Mütter dürfen nicht beschäftigt werden mit

- Mehrarbeit,
- Nachtarbeit zwischen 20 und 6 Uhr,
- Sonn- und Feiertagsarbeit sowie
- Arbeitszeiten über 8,5 Stunden täglich (bei Schwangeren unter 18 Jahren nicht über 8 Stunden täglich)

In bestimmten Branchen (z.B. Gastronomie, Landwirtschaft, Kultur, Pflege) gibt es jedoch Ausnahmeregelungen.

2.2. Individuelles/Attestiertes Beschäftigungsverbot vor der Entbindung

Werdende Mütter dürfen nicht beschäftigt werden, so weit nach **ärztlichem Zeugnis** Leben oder Gesundheit von Mutter und/ oder Kind gefährdet sind. Für ein Beschäftigungsverbot müssen der individuelle Gesundheitszustand und die konkrete Arbeitstätigkeit der schwangeren Arbeitnehmerin im direkten Zusammenhang stehen. Das ärztliche Zeugnis kann die Beschäftigung ganz oder teilweise untersagen.
Bei einer **Krankheit** wird die Schwangere arbeitsunfähig (☞ *Arbeitsunfähigkeit*) geschrieben und bekommt im Anschluss an die Entgeltfortzahlung ☞ *Krankengeld.*

Der Arbeitgeber muss das ärztlich attestierte Beschäftigungsverbot einhalten. Bei begründeten Zweifeln kann er eine Nachuntersuchung verlangen und trägt die Kosten dieser Untersuchung.

Praxistipp

Das Attest kann jeder Arzt ausstellen. Es sollte möglichst genaue und allgemein verständliche Angaben enthalten, insbesondere darüber, ob leichtere Arbeiten oder verkürzte Arbeitszeiten zulässig bleiben. Das Attest muss im Original dem Arbeitgeber, in Kopie der Krankenkasse zugehen.

2.3. Schutzfristen

Während der Schutzfristen besteht ein generelles Beschäftigungsverbot.
Die Schutzfrist beginnt **6 Wochen vor der Entbindung**.
Die Schutzfrist endet im Normalfall **8 Wochen**, bei Frühgeburten (Geburtsgewicht unter 2.500 g) oder Mehrlingsgeburten 12 Wochen, **nach der Entbindung**. Bei einer vorzeitigen Geburt verlängert sich die Schutzfrist nach Entbindung um die Anzahl der Tage, die vor der Entbindung nicht in Anspruch genommen werden konnten.

In dieser Zeit hat die (werdende) Mutter unter bestimmten Voraussetzungen Anspruch auf ☞ *Mutterschaftsgeld.*

2.3.1. Fehlgeburt und Totgeburt

Bei einer Totgeburt wird Mutterschutz gewährt, bei einer Fehlgeburt nicht. Details unter ☞ *Fehlgeburt und Totgeburt.*

2.4. Mutterschutzlohn

Kann die Schwangere aufgrund eines Beschäftigungsverbots nur eingeschränkt oder nicht arbeiten, erhält sie Mutterschutzlohn vom Arbeitgeber. Die Höhe richtet sich nach dem Durchschnittsbruttoverdienst der letzten 13 Wochen oder der letzten 3 Monate vor der Schwangerschaft.

3. Mutterschaftshilfe

Der Arbeitgeber muss der Schwangeren zur Durchführung der Untersuchungen im Zusammenhang mit der Schwangerschaft Freizeit ohne Entgeltausfall gewähren.

4. Kündigungsschutz

Vom Beginn der Schwangerschaft bis zum Ablauf von 4 Monaten nach der Entbindung ist die Kündigung des Arbeitsverhältnisses durch den Arbeitgeber bis auf wenige Ausnahmen unzulässig. Der Kündigungsschutz gilt nur, wenn dem Arbeitgeber zum Zeitpunkt der Kündigung die Schwangerschaft bekannt war oder innerhalb von 2 Wochen nach der Kündigung mitgeteilt wird.

5. Urlaubsanspruch

Während der Zeit der oben aufgeführten Beschäftigungsverbote (darunter fallen auch die Mutterschutzfristen) entsteht Anspruch auf Urlaub. Dieser Urlaubsanspruch sowie Resturlaub, der nicht vor der Mutterschutzfrist oder Elternzeit genommen werden kann, ist auf das laufende oder nächste Urlaubsjahr übertragbar. Er kann auch noch nach der Elternzeit genommen werden.

Mehr Informationen: www.betanet.de

Praxistipp

Die kostenlose Broschüre „Mutterschutzgesetz - Leitfaden zum Mutterschutz" kann beim Bestellservice für Publikationen der Bundesregierung, Telefon 01805 778090, bestellt oder auf der Internetseite des Ministeriums unter www.bmfsfj.de > Service > Themen-Lotse > Mutterschutz heruntergeladen werden.

MVZ

☞ *Medizinisches Versorgungszentrum*

Nachbetreuung junger Volljähriger

☞ *Junge Volljährige, Nachbetreuung*

Nachkuren

☞ *Onkologische Nachsorgeleistungen*

Nachsorge

☞ *Sozialmedizinische Nachsorge*

Nachteilsausgleiche für Behinderte

Behinderte und Schwerbehinderte können als Ausgleich für die behinderungsbedingten Nachteile sogenannte „Nachteilsausgleiche" für sich in Anspruch nehmen, z.B. Steuervergünstigungen, gesonderte Parkplätze, Vergünstigungen bei Bussen und Bahnen oder Zusatzurlaub und Kündigungsschutz am Arbeitsplatz.
Die Nachteilsausgleiche sind abhängig vom ☞ *Merkzeichen* und vom ☞ *Grad der Behinderung* (GdB). Beides, Merkzeichen und GdB, sind im ☞ *Schwerbehindertenausweis* eingetragen.

- Eine Tabelle mit Nachteilsausgleichen sortiert nach Merkzeichen finden Sie auf Seite 188.
- Eine Tabelle mit Nachteilsausgleichen sortiert nach dem Grad der Behinderung finden Sie auf Seite 115.

Nachtpflege

☞ *Tages- und Nachtpflege*

Nahtlosigkeit

☞ *Arbeitslosengeld bei Arbeitsunfähigkeit*

Nahverkehr

☞ *Öffentliche Verkehrsmittel*

Nichtärztliche sozialpädiatrische Leistungen

☞ *Sozialpädiatrische nichtärztliche Leistungen*

Niederlassungserlaubnis

☞ *Ausländer*

Nummer gegen Kummer

☞ *Kinder- und Jugendtelefon*

Öffentliche und Freie Jugendhilfe

☞ *Jugendamt*

Öffentliche Verkehrsmittel

(§§ 145 ff. SGB IX)

Das Wichtigste in Kürze

Als „Erleichterung im Personenverkehr" können Schwerbehinderte und Behinderte Verkehrsmittel des öffentlichen Nah- und Fernverkehrs, das sind vor allem Busse, Bahnen, Züge und Fähren, vergünstigt oder kostenlos benutzen. Für den Nahverkehr gibt es verschiedene Wertmarken. Eine notwendige Begleitperson fährt umsonst mit.

1. Nahverkehr: Unentgeltliche Beförderung

1.1. Definition Nahverkehr

Zum öffentlichen Nahverkehr zählen:

- Straßenbahnen, Busse, U- und S-Bahnen
- Züge 2. Klasse, wenn sie in einen Verkehrsverbund einbezogen sind und mit Verbundfahrschein benutzt werden können
- Züge der Deutschen Bahn in der 2. Klasse im Nahverkehr im **Umkreis von 50 km** um den Wohnsitz oder gewöhnlichen Aufenthalt des Schwerbehinderten. Das ☞ *Versorgungsamt* gibt dazu spezielle Streckenverzeichnisse heraus. **Zuschläge** (z.B. für EC, IC, ICE) müssen allerdings gezahlt werden.
- Schiffe im Linien-, Fähr- und Übersetzverkehr im Orts- und Nachbarschaftsbereich

1.2. Voraussetzungen

Voraussetzungen für die unentgeltliche Beförderung sind:

- Orangefarbener Flächenaufdruck auf dem ☞ *Schwerbehindertenausweis*
- Gültiges Beiblatt mit Wertmarke

1.3. Wertmarken

Es gibt 2 Wertmarken:

- Wert 30,- € für die kostenlose Beförderung für 6 Monate
- Wert 60,- € für die kostenlose Beförderung für 12 Monate

1.3.1. Kostenlose 60-€-Wertmarke

Folgende Schwerbehinderte erhalten ein weißes Beiblatt mit 60-€-Wertmarke kostenlos:

- Schwerbehinderte mit ☞ *Merkzeichen H* oder ☞ *Merkzeichen Bl*
- Schwerbehinderte, die ☞ *Arbeitslosengeld II*, Leistungen der ☞ *Grundsicherung im Alter und bei Erwerbsminderung* oder laufende Leistungen der ☞ *Hilfe zum Lebensunterhalt* erhalten.

1.3.2. Wertmarken gegen Bezahlung

Schwerbehinderte mit ☞ *Merkzeichen G*, ☞ *Merkzeichen aG* oder ☞ *Merkzeichen Gl* erhalten ein weißes Beiblatt mit 60-€-Wertmarke oder 30-€-Wertmarke gegen Bezahlung.

1.3.3. Antrag

Die Wertmarken, unabhängig ob kostenlos oder kostenpflichtig, müssen beim Versorgungsamt beantragt werden.

2. Kostenlose Mitbeförderung

Personen, die unentgeltlich befördert werden, dürfen **zusätzlich kostenlos mitnehmen**:

- Handgepäck
- Rollstuhl, sofern das Verkehrsmittel diesen aufnehmen kann. Zu beachten ist, dass der Rollstuhl bei einer Bahnreise die Maße der ISO-Norm (Breite max. 70 cm, Länge max. 1,2 m, Gewicht max. 250 kg) nicht überschreiten sollte.
- Führhund

3. Nah- und Fernverkehr: Ermäßigte Bahnfahrten

Eine BahnCard ermöglicht den Kauf von Bahnfahrkarten zum reduzierten Preis.

- Schwerbehinderte mit einem ☞ *Grad der Behinderung* (GdB) von mindestens 70 können die BahnCard 50 zum halben Preis erwerben. Dies gilt auch für Menschen ab 60 Jahren.
  Mit der BahnCard 50 gibt es 50 % Ermäßigung auf alle Normalpreise.
- Rollstühle, Führhunde und orthopädische Hilfsmittel werden unentgeltlich befördert.
- Die Platz- oder Abteilreservierung ist kostenlos.

4. Notwendige ständige Begleitung

Die notwendige Begleitperson fährt **im Nah- und Fernverkehr kostenlos** mit, wenn im ☞ *Schwerbehindertenausweis* ein ☞ *Merkzeichen B* mit dem Vermerk „Die Notwendigkeit ständiger Begleitung ist nachgewiesen" oder „Die Berechtigung zur Mitnahme einer Begleitperson ist nachgewiesen" eingetragen ist. Die Platz- oder Abteilreservierung ist kostenlos.
Wenn die **Begleitperson** den Behinderten bei dessen Berufsausübung und auf Dienstreisen begleitet, steht die **Begleitperson** unter dem **Schutz der gesetzlichen** ☞ *Unfallversicherung*.

Praxistipp - Wer hilft weiter?

☞ *Versorgungsämter* und die Verkehrsbetriebe vor Ort.
Informationen zu weiteren Vergünstigungen und Hilfen gibt die Broschüre „Mobil mit Handicap". Sie ist überall kostenlos erhältlich, wo es Fahrkarten gibt. Die Broschüre kann auch über die MobilitätsServiceZentrale, Telefon 01805 512512 bestellt oder unter www.bahn.de > Mobilität & Service > Handicap heruntergeladen werden.

Onkologische Nachsorgeleistung

(§ 31 SGB VI)

Das Wichtigste in Kürze

Als Onkologische Nachsorgeleistung gelten sogenannte Nach- und Festigungskuren bei Krebserkrankungen. Sie zählen zur ☞ *Medizinischen Rehabilitation* und müssen beantragt werden. Eine Onkologische Nachsorgeleistung dauert in der Regel 3 Wochen und findet in der Regel im ersten Jahr nach der Krebsbehandlung statt. Patienten zahlen 10,- € pro Tag zu.

1. Voraussetzungen

Damit der Rentenversicherungsträger die Kosten übernimmt, muss eine der folgenden **versicherungsrechtlichen Voraussetzungen** erfüllt sein:

- Erfüllung der allgemeinen Wartezeit von 5 Jahren (§ 50 SGB VI)
  oder
- 6 Kalendermonate mit Pflichtbeiträgen für eine versicherte Beschäftigung oder Tätigkeit in den letzten 2 Jahren vor Antragstellung
  oder
- innerhalb von 2 Jahren nach Beendigung einer Ausbildung wird eine versicherte oder selbstständige Beschäftigung bis zur Antragstellung ausgeübt oder nach einer solchen Beschäftigung liegt ☞ *Arbeitsunfähigkeit* oder Arbeitslosigkeit bis zur Antragstellung vor
  oder
- Bezieher einer Rente der ☞ *Rentenversicherung*
  oder
- Ehegatte/in und Kind eines/r Versicherten der Rentenversicherung

Zudem müssen folgende **persönliche Voraussetzungen** erfüllt sein:

- Eine Diagnose im Sinne einer malignen (= bösartigen) Geschwulst- und Systemerkrankung muss vorliegen.

- Eine operative oder Strahlen-Behandlung muss abgeschlossen sein. Eine laufende zytostatische Behandlung ist kein Hinderungsgrund für eine onkologische Nachsorgeleistung.
- Die durch die Tumorerkrankung oder deren Therapie erlittenen beruflichen, körperlichen, seelischen und/oder sozialen Beeinträchtigungen sollen voraussichtlich behoben oder gemildert werden.
- Die Belastbarkeit für eine Nachsorgebehandlung muss gegeben sein. Der Arzt gibt eine entsprechende Einschätzung ab.

2. Zuzahlung

Versicherte, die das 18. Lebensjahr vollendet haben, zahlen 10,- € täglich zu, für maximal 42 Tage im Kalenderjahr.
Findet die onkologische Nachsorgeleistung als Anschlussheilbehandlung statt, ist die Zuzahlung auf 14 Tage begrenzt.
Details unter ☞ *Medizinische Rehabilitation > Zuzahlungen.*

3. Dauer

Onkologische Nachsorgeleistungen dauern **längstens 3 Wochen**, wenn erforderlich, auch länger.
Onkologische Nachsorgeleistungen können bis zum Ablauf eines Jahres nach einer beendeten Primärbehandlung erbracht werden. Darüber hinaus können spätestens bis zum Ablauf von 2 Jahren nach beendeter Primärbehandlung onkologische Nachsorgeleistungen erbracht werden, wenn erhebliche Funktionsstörungen entweder durch die Tumorerkrankung selbst oder durch Komplikationen bzw. Therapiefolgen vorliegen.
Die Nachsorgeleistung kann auch als ☞ *Anschlussheilbehandlung* erbracht werden.

Wer hilft weiter?

Auskünfte und Beratungsstellen vor Ort vermitteln die ☞ *Rentenversicherungsträger.*

Organspende

(TPG)

Das Wichtigste in Kürze

Bei Organspenden wird streng darauf geachtet Missbrauch auszuschließen. Deshalb sind Transplantationen von lebenden Spendern stark reglementiert. In einem Organspendeausweis kann man eindeutig kundtun, ob man überhaupt Organe spenden will und, wenn ja, welche.

1. Transplantationsgesetz

Um bei Organspende und -transplantation jede Form von Missbrauch auszuschließen, wurde 1997 das Transplantationsgesetz (TPG) erlassen.

- Transplantationen lebenswichtiger Organe dürfen nur in dafür zugelassenen Transplantationszentren durchgeführt werden.
- Organentnahme, -vermittlung und -transplantation sind organisatorisch und personell voneinander zu trennen.
- Den Tod des Spenders müssen 2 erfahrene Ärzte nach dem Stand der Erkenntnisse der Wissenschaft unabhängig voneinander feststellen und das Ergebnis ihrer Untersuchungen schriftlich dokumentieren.
- Die Entscheidung, ob jemand seine Organe spenden will, sollte zu Lebzeiten schriftlich dokumentiert werden (Organspendeausweis). Kommt im Todesfall eine Organspende nach ärztlicher Beurteilung in Betracht, werden die nächsten Angehörigen befragt, ob sich der Verstorbene zu Lebzeiten zur Frage der Organspende schriftlich oder mündlich erklärt hat. Ist darüber nichts bekannt, werden diese gebeten in seinem Sinne zu entscheiden.
- Die Lebendspende eines sich nicht regenerierenden Organs, z.B. der Niere, ist nur zugunsten eines Verwandten ersten oder zweiten Grades, des Ehepartners, des Verlobten oder einer dem Spender nahestehenden Person möglich.

Mehr Informationen: www.betanet.de

2. Kostenträger

Die Behandlung des Organspenders ist als Krankenversicherungsleistung anerkannt und wird von der Krankenkasse des Organempfängers getragen. Organspender sind in der gesetzlichen ☞ *Unfallversicherung* pflichtversichert. Gesundheitsschäden, die infolge einer Organspende auftreten, werden wie ☞ *Arbeitsunfälle* behandelt.

3. Organspendeausweis

Im Organspendeausweis kann man das Einverständnis zur Organentnahme generell erteilen oder es auf bestimmte Organe oder Gewebe einschränken. **Der Organspendeausweis wird an keiner offiziellen Stelle registriert und hinterlegt.**

Praxistipp

Es ist sinnvoll, Angehörigen oder Freunden die Entscheidung bezüglich einer Organspende mitzuteilen und den Organspendeausweis bei den Personalpapieren mit sich zu tragen, da in einer Unfallsituation zuerst dort nachgeschaut wird, um die Angehörigen zu benachrichtigen.

Wer hilft weiter?

- Die Bundeszentrale für gesundheitliche Aufklärung (BzgA) betreibt zusammen mit der Deutschen Stiftung für Organtransplantation ein kostenloses **Infotelefon**, das Fragen rund um Organspende und Transplantation beantwortet: 0800 9040400, Mo-Do, 9-18 Uhr und Fr 9-16 Uhr.
- Im **Internet** unter www.organspende-info.de gibt es neben ausführlichen Informationen auch einen Organspendeausweis zum online Ausfüllen oder zum Herunterladen. Ausweis und Infomaterial können auch bei der Bundeszentrale für gesundheitliche Aufklärung (BzgA), Ostmerheimer Str. 220, Telefon 0221 8992-0, Fax 0221 8992-300, E-Mail order@bzga.de bestellt werden.

Parkerleichterungen

Das Wichtigste in Kürze

Als „Erleichterung im Personenverkehr" bekommen ☞ *Schwerbehinderte* einen Parkausweis und/oder einen Sonderparkplatz. Der Ausweis ermöglicht die Nutzung von Sonderparkplätzen und erlaubt z.B. das Parken in eingeschränkten Halteverboten.

1. Parkausweis

Schwerbehinderte mit ☞ *Merkzeichen aG* oder ☞ *Merkzeichen Bl* erfüllen die **Voraussetzung** für den Parkausweis.
Beim Parkausweis handelt es sich um eine Ausnahmegenehmigung, die bei der örtlich zuständigen Straßenverkehrsbehörde **beantragt** werden muss. Der Parkausweis ist gut sichtbar hinter der Windschutzscheibe anzubringen. Er berechtigt:

- zum Parken auf Behindertenparkplätzen.
- Im eingeschränkten Halteverbot, im Zonenhalteverbot und auf Anwohnerparkplätzen bis zu 3 Stunden zu parken. Die Ankunftszeit ist durch eine Parkscheibe kenntlich zu machen.
- Im Zonenhalteverbot oder an Stellen, an denen Parkzeitbegrenzungen bestehen, die zugelassene Parkdauer zu überschreiten.
- In Fußgängerzonen während der Ladezeit zu parken.
- In verkehrsberuhigten Bereichen auch außerhalb der gekennzeichneten Flächen zu parken, sofern der durchgehende Verkehr nicht behindert wird.
- An Parkuhren und Parkscheinautomaten ohne Gebühr und zeitlich unbegrenzt zu parken.

Praxistipps

- Zur Beantragung Passfoto, Schwerbehindertenausweis und den letzten Bescheid des Versorgungsamts mitbringen.
- Ein Parkausweis kann auch beantragt werden, wenn der berechtigte Schwerbehinderte nicht selbst in der Lage ist, das Fahr-

zeug zu führen. Bei schwerbehinderten Kindern, die die Voraussetzungen erfüllen, können die Eltern den Parkausweis beantragen und ihn nutzen, wenn das Kind befördert wird.

2. EU-Parkausweis

Seit Anfang 2002 wird nur noch ein einheitlicher EU-Parkausweis für Schwerbehinderte ausgestellt, der in allen EU-Ländern gilt. Zum Ausweis gehört eine Broschüre, die über die jeweiligen Parksonderrechte aufklärt. Im Ausland muss dann der Text in der Landessprache aufgeklappt und sichtbar neben den Ausweis gelegt werden. Der bisherige nationale „blaue" Parkausweis gilt längstens noch bis Ende 2010.

3. Sonderparkplatz

Für Blinde oder Schwerbehinderte mit ☞ *Merkzeichen aG* können bestehende Parkmöglichkeiten oder Einzelparkplätze in unmittelbarer Nähe der Wohnung reserviert werden.

3.1. Voraussetzung

- Es ist kein genügender Parkraum vorhanden.
- Der Behinderte hat keine Garage oder keinen Abstellplatz in zumutbarer Entfernung zu seiner Wohnung.

Praxistipp

Ein Sonderparkplatz ist bei der örtlich zuständigen Straßenverkehrsbehörde zu beantragen und wird entsprechend beschildert. Die Behörde erteilt auch weitere Auskünfte.

4. Regionale Besonderheiten

Es lohnt sich, bei der jeweiligen Stadt-, Gemeinde- oder Kreisverwaltung oder Verkehrsbehörde nach regionalen Parkerleichterungen zu fragen, da diese nicht bundesweit einheitlich festgelegt sind.
Einige Bundesländer räumen die oben genannten Parkerleichterungen auch Schwerbehinderten ein, die **nicht** das Merkzeichen aG oder Bl im Schwerbehindertenausweis haben (z.B. für Osteoporose-Patienten).

Wer hilft weiter?

Die örtlich zuständige Straßenverkehrsbehörde.

Patientenquittung

(§ 305 Abs. 2 SGB V)

Das Wichtigste in Kürze

Jeder Patient hat seit 1.1.2004 das Recht auf eine sogenannte Patientenquittung vom Arzt, Zahnarzt oder dem Krankenhaus. Sie enthält verständliche Information über die erbrachten Leistungen und die dazugehörigen, der Krankenkasse gegenüber berechneten Kosten.

Kosten

Diese Quittung muss auf Wunsch des Patienten

- entweder unmittelbar nach jedem Arztbesuch als sogenannte **Tagesquittung** kostenlos
- oder am Ende eines Quartals als sogenannte **Quartalsquittung** gegen eine Gebühr von 1,- €

ausgestellt werden.
Bei postalischer Zustellung der Quittungen fallen in jedem Fall Versandkosten an.

Patientenschulungen

☞ *Ergänzende Leistungen zur Reha*

Patientenverfügung

Das Wichtigste in Kürze

Eine Patientenverfügung ist eine vorsorgliche Erklärung, in der ein Mensch regelt, wie er im Falle lebensbedrohlicher Krankheitssituationen behandelt oder nicht behandelt werden möchte, wenn er sich selbst dazu nicht mehr äußern kann. Eine Patientenverfügung sollte unbedingt in Zusammenarbeit mit einem Arzt verfasst werden, um ihr eine medizinisch fachkundige Basis zu geben.

1. Grundsätzliches

Die Patientenverfügung ist eine vorsorgliche Erklärung für schwerste, lebensbedrohliche Krankheitssituationen oder die letzte Lebensphase, die die vom Verfasser gewünschte Pflege und ärztliche Behandlung bzw. Nichtbehandlung möglichst genau für Situationen benennt, in denen er sich selbst nicht mehr dazu äußern kann. Mit einer Patientenverfügung kann man beispielsweise Regelungen für den Fall der Pflegebedürftigkeit, Wünsche für die Sterbephase oder die Schmerztherapie festlegen.

Eine Patientenverfügung kann die **„Garantiepflicht"** des Arztes aufheben, Leben zu erhalten oder zu retten. Im Fall einer Bewusstlosigkeit ist der Arzt verpflichtet, den „mutmaßlichen Willen" des Patienten zu ermitteln. Dabei ist ihm eine schriftlich niedergelegte Patientenverfügung eine große Hilfe.

2. Sterbebegleitung - Sterbehilfe

Eine Patientenverfügung bezieht sich auf den **Bereich der passiven Sterbebegleitung und der Schwerstkrankenpflege**. Sie muss vom Arzt beachtet werden, da er ansonsten der Körperverletzung bezichtigt werden kann. Verbindlich ist allerdings nur, was rechtlich erlaubt ist, das heißt: Der Wunsch nach aktiver/direkter Sterbehilfe darf nicht erfüllt werden. Die Patientenverfügung kann verbindlich nur Wünsche zu Sterbebegleitung, Schwerstkrankenpflege und passiver bzw. indirekter Sterbehilfe enthalten.
Ist passive Sterbehilfe in einer Patientenverfügung gewünscht, bedeutet dies, dass lebensverlängernde Maßnahmen unterlassen bzw. abgebrochen werden. Passive Sterbehilfe heißt nicht „Nichtstun": Es werden weiterhin lindernde (= palliative) Maßnahmen durchgeführt, z.B. Schmerzlinderung und umfassende Pflege.
Nach dem **Urteil des Bundesgerichtshofs vom 17.3.2003** „reicht zum Abschalten lebenserhaltender Apparate eine Verfügung des betroffenen Patienten allein nicht aus. Einer solchen Entscheidung muss vorab ein Vormundschaftsgericht zustimmen. Aus Gründen der Menschenwürde und des Selbstbestimmungsrechts ist allerdings der Wille des Patienten zu respektieren."

3. Bindungswirkung

Die Bindungswirkung einer Patientenverfügung für den Arzt ist dann am höchsten, wenn:

- der **Wille** des Verfassers bezüglich ärztlicher Maßnahmen **eindeutig** und sicher nachvollzogen werden kann,
  und
- eindeutig daraus hervorgeht, dass der Verfasser bei der Niederschrift im **Vollbesitz** seiner **geistigen Kräfte** und damit einwilligungsfähig war,
  und
- die **Aktualität** durch Unterschriften von Verfasser und dem die Einwilligungsfähigkeit bezeugenden Arzt nicht länger als 2 Jahre (besser 1 Jahr) gesichert ist.

Damit die gewünschten ärztlichen Maßnahmen in der Patientenverfügung auch wirklich eindeutig beschrieben sind, ist es empfehlenswert, ausführliche Gespräche mit Ärzten und/oder Intensiv- oder Palliativfachkräften insbesondere in Bezug auf eigene evtl. bereits bekannte Erkrankungen, ihre Folgen und ihre Behandlung bzw. Nichtbehandlung zu führen.
Um den Willen des Verfassers nachvollziehen zu können, ist es hilfreich, wenn persönliche Wertvorstellungen und möglicherweise anstehende Behandlungsfragen in der Patientenverfügung möglichst konkret beschrieben sind.

3.1. Bindungswirkung gerichtlich bestätigt

Die Bindungswirkung einer Patientenverfügung wurde durch einen Beschluss des Bundesgerichtshofs vom 17.3.2003 (Az.: XII ZB 2/03) bestätigt, wonach dem Selbstbestimmungsrecht des Patienten Vorrang einzuräumen ist und lebenserhaltende oder -verlängernde Maßnahmen zu unterbleiben haben, wenn dies dem Patientenwillen in einer Patientenverfügung entspricht.

3.2. Grundsätze der Bundesärztekammer zur ärztlichen Sterbebegleitung

Bei einwilligungsfähigen Patienten ist die in einer Patientenverfügung zum Ausdruck gebrachte Ablehnung einer Behandlung für den Arzt bindend, sofern die Situation derjenigen entspricht, die der Patient in der Verfügung beschrieben hat und keine Anhaltspunkte für eine nachträgliche Willensänderung erkennbar sind. Liegt weder vom Patienten noch von dessen Bevollmächtigtem oder Betreuer eine bindende Erklärung vor, muss der Arzt den mutmaßlichen Willen des Patienten ermitteln. Anhaltspunkte hierfür können neben früheren Äußerungen seine Lebenseinstellung, seine religiöse Überzeugung, seine Haltung zu Schmerzen und zu schweren Schäden in der ihm verbleibenden Lebenszeit sein (Dt. Ärzteblatt, Heft 19 vom 7.5.2004 - Auszug).

4. Inhalte

Die Patientenverfügung beinhaltet die **genaue, detaillierte und persönlich begründete Aufzählung** von spezifischen Behandlungs- und Pflegewünschen bzw. deren Verzichtswunsch.
Pauschalformulierungen ohne klaren Aussagewert brauchen vom Arzt nicht beachtet zu werden, z.B.: „Ich möchte keine ärztlichen Maßnahmen, die mein Leiden und Sterben verlängern ..." Dies kann zwar einleitend formuliert werden, muss jedoch dann konkretisiert werden. Folgende Situationen sollten genau beschrieben sein:

- Formen einer eventuellen Intensivtherapie.
- Wann soll bzw. soll nicht reanimiert werden?
- Wann soll eine bzw. keine Schmerztherapie durchgeführt werden? Welche Folgen werden in Kauf genommen, welche nicht?
- Wann ist eine bzw. keine künstliche Beatmung gewünscht?
- Wann ist eine bzw. keine Krankenhauseinweisung erwünscht?
- Wann ist eine bzw. keine künstliche Ernährung (hier auch die Form aufschreiben) gewünscht?
- Ist eine verminderte Flüssigkeitszufuhr und entsprechende Mundpflege zur Vermeidung von Durstgefühl gewünscht?
- Ist die Linderung von Übelkeit, Erbrechen erwünscht?
- Ist die Linderung von Angst- und Unruhezuständen gewünscht?
- Wie soll die Sterbebegleitung genau aussehen?
- Wer wird bzw. wird nicht als seelsorgerischer und/oder persönlicher Beistand gewünscht?
- Wünsche bezüglich der Behandlung als Wachkomapatient.
- Eventuell Organspendewunsch und die Festlegung, ob eines der derzeit spendbaren Organe gespendet werden soll oder nicht.

Praxistipps

- Die Patientenverfügung kann mündlich und schriftlich erteilt werden.
- Um Zweifel an der Einwilligungsfähigkeit des Verfassers auszuschließen, wird **dringend die schriftliche** Form angeraten.
- **Handschriftlichkeit** ist nicht nötig, hier ist jedoch die Fälschungsgefahr am geringsten. Wichtig ist die gute Lesbarkeit.
- **Vordrucke** müssen sehr genau überprüft und auf die individuelle Situation abgewandelt werden. Sie sind z.B. beim Vormundschaftsgericht vor Ort zu erhalten.
- **Ort, Datum und eigenhändige Unterschrift** sind immer erforderlich.
- Um einer juristischen Anfechtung des Pa-

tientenwillens vorzubeugen, ist es dringend empfehlenswert, dass ein **Arzt** die unzweifelhafte Geschäftsfähigkeit des Verfassers der Patientenverfügung mit Unterschrift und Datum bestätigt.

- Um die **Aktualität** zu wahren, müssen die Unterschriften des Verfassers und des Arztes spätestens alle 2 Jahre (besser jährlich) mit Ort, Datum und der Bestätigung der Geschäftsfähigkeit des Verfassers erneuert werden.
  Diese Aktualisierung muss konsequent durchgehalten werden. Wenn z.B. eine Aktualisierung drei Mal erfolgte und dann über Jahre nicht mehr, könnte die Gültigkeit der Patientenverfügung angezweifelt werden.
- **Ergänzungen und Streichungen** müssen ebenfalls mit Ort, Datum und Unterschrift dokumentiert werden.
- Im Anhang kann auch eine **Beerdigungs- bzw. Bestattungsverfügung** mit den entsprechenden Wünschen beigefügt werden.
- Die Patientenverfügung ist **nur im Original gültig** und **muss im Bedarfsfall rasch zur Verfügung stehen.**
- Die Patientenverfügung sollte **an mehrere Vertrauenspersonen gegeben** werden, mit einer Liste, an wen sie vergeben wurde und wer im Bedarfsfall die Wünsche des Verfassers nachhaltig vertreten soll.
- Die Patientenverfügung kann auch bei Banken, dem Amts- oder Vormundschaftsgericht, Notaren oder Rechtsanwälten hinterlegt werden.
- Es ist ratsam, eine **Kopie** der aktuellen Version **bei sich selbst** oder an einem leicht zugänglichen Ort aufzubewahren, mit dem Hinweis, wo sich das Original befindet.
- Zweckmäßig ist ein Hinweiskärtchen im Geldbeutel mit dem Vermerk, dass eine Patientenverfügung verfasst wurde und wo sich diese befindet.

5. Notarielle Beglaubigung

Eine notarielle **Beglaubigung** der Patientenverfügung kann zweckmäßig sein, da hierdurch bestätigt wird, dass der Verfasser seine Unterschrift auch tatsächlich eigenhändig geleistet hat. Dies ist insbesondere dann zu empfehlen, wenn die Verfügung aufgrund von (bestehenden oder sich anbahnenden) körperlichen oder geistigen Einschränkungen erstellt wird.

5.1. Notarkosten

Die notarielle Beglaubigung der Unterschrift kostet Gebühren in Höhe von 10,- bis maximal 130,- € (zzgl. Mehrwertsteuer) (§ 45 KostO).

5.2. Beurkundung

Eine notarielle **Beurkundung** ist prinzipiell nicht nötig. Allerdings ist zu bedenken, dass die Einholung eines rechtskundigen Rats von Vorteil ist, da der Notar - im Unterschied zur Beglaubigung - auch über Inhalt und Reichweite der Patientenverfügung aufklärt und die Geschäftsfähigkeit des Unterzeichnenden notariell bestätigt.

6. Vorsorgeregister

Beim **Zentralen Vorsorgeregister** der Bundesnotarkammer können die Kenndaten einer ☞ *Vorsorgevollmacht* (z.B. Name und Adresse des Vollmachtgebers und des Bevollmächtigten) und **ergänzend** dazu auch der Hinweis auf das Bestehen einer Patientenverfügung registriert werden. Beim Vorsorgeregister werden **keine** Inhalte hinterlegt.
Informationen zum Zentralen Vorsorgeregister unter www.vorsorgeregister.de.
Anschrift: Bundesnotarkammer, Zentrales Vorsorgeregister, Kronenstr. 42, 10117 Berlin, Telefon 01805 355050 (14 Ct./Min.). www.zvr-online.de, E-Mail info@vorsorgeregister.de.
Die Daten zur Registrierung können online oder per Post übermittelt werden. Je nach Art der Übermittlung und Umfang **kostet** die Registrierung etwa 13,- € bis 20,- €.

Soziale Fragen? betafon 01805 - 238 2366!

Wer hilft weiter?

Patienten können sich, um ihre individuelle Patientenverfügung zu verfassen, an ihren Arzt oder eine Palliativfachkraft wenden und sich beraten lassen. Palliativfachkräfte arbeiten z.B. in allen Einrichtungen, die ☞ *Sterbebegleitung* anbieten.
Informationen geben Amts- und Vormundschaftsgerichte, Rechtsanwälte und Notare sowie das Schmerz- und Hospiztelefon der Deutschen Hospiz-Stiftung unter Telefon 0231 738073-0 oder 030 2844484-0 oder 089 202081-0.

Mehr Informationen: www.betanet.de

Patientenvorsorge

Das Wichtigste in Kürze

Im Rahmen der Patientenvorsorge können Menschen regeln, wie in wichtigen Lebensbereichen für sie entschieden werden soll und welche medizinischen Maßnahmen gewünscht sind, falls sie sich selbst nicht mehr dazu äußern können. Dafür gibt es 3 verschiedene schriftliche Erklärungen:
- **Patientenverfügung**
- **Betreuungsverfügung**
- **Vorsorgevollmacht**

1. Grundsätzliches

Für Zeiten, in denen durch Unfall oder Erkrankung die körperlichen, geistigen und/oder psychischen Fähigkeiten verloren gehen und man die eigenen Angelegenheiten nicht mehr oder nicht mehr in vollem Umfang regeln kann, kann man seine persönlichen Wünsche und Vorstellungen schriftlich niederlegen, um einer „Fremdbestimmung" durch andere vorzubeugen.
Die Nutzung der Vorsorgemöglichkeiten bedeutet ein (vorbereitetes) selbstbestimmtes Leben auch in Zeiten, in denen ein eigenverantwortliches Überlegen, Entscheiden und Handeln nicht mehr möglich ist. Der Vorsorgende stellt sicher, dass u.a. in den Bereichen Gesundheitsfürsorge und -vorsorge, Finanzen und Vermögen, Aufenthaltsort und Vertretung bei Ämtern und Behörden seinen Wünschen entsprechend gehandelt wird, so weit sie für den Bevollmächtigten bzw. Betreuer erfüllbar sind.

Patientenvorsorge treffen kann man ab dem 18. Geburtstag. Vorher haben die Eltern das Sorgerecht.
Angehörige von volljährigen Personen können nur rechtsverbindliche Erklärungen abgeben oder Entscheidungen treffen, wenn sie dafür bevollmächtigt oder als gerichtlich bestellte Betreuer eingesetzt sind. Das gilt auch für nahe Angehörige wie Geschwister, Eltern oder Ehepartner.

2. Vorsorgemöglichkeiten

- ☞ *Vorsorgevollmacht*
  Diese Form ist sinnvoll, wenn man für den Fall der eigenen Hilflosigkeit eine Vertretung wünscht und eine absolut vertrauenswürdige Person kennt, die diese Vertretung übernehmen möchte. Das kann sich auf einzelne oder alle Bereiche des Lebens beziehen.
- ☞ *Betreuungsverfügung*
  Dies ist eine schriftliche Willensäußerung, die dem Vormundschaftsgericht vorschlägt, wer im Falle einer ☞ *Betreuung* die persönlichen Angelegenheiten übernehmen soll oder auf keinen Fall übernehmen sollte. Betreuer werden vom Vormundschaftsgericht kontrolliert.
- ☞ *Patientenverfügung*
  Damit legt man schriftlich fest (ohne Einschaltung eines fremden Entscheiders), wie in bestimmten medizinischen Situationen die Behandlung in der letzten Lebensphase erfolgen soll. Das kann, wenn gewünscht, auch den Hinweis auf eine ☞ *Organspende* einschließen.

2.1. Testament

Ein Testament wird immer erst nach dem Tod wirksam, deshalb ist es nicht zur Patientenvorsorge geeignet.

3. Geltungsdauer und Missbrauch

Grundsätzlich kann der Ersteller alle Formen der Patientenvorsorge jederzeit widerrufen oder abändern. Das sollte auf alle Fälle den entsprechenden Personen bzw. Institutionen mitgeteilt werden.
Macht die bevollmächtigte Person absprachewidrig oder vorzeitig von der Vollmacht Gebrauch, kann die Vollmacht sofort widerrufen und eventuell Schadensersatz verlangt werden.
Mit dem **Tod** des Vollmachtgebers erlischt dessen Vollmacht nicht grundsätzlich. Um sicherzustellen, dass eine Vollmacht in jedem Fall auch über den Tod hinaus gilt, sollte dies gesondert in der Vollmacht aufgenommen werden.

4. Krankheitssituationen

Wer sich Gedanken über eine Patientenvorsorge macht und welche Dinge er darin regeln will, braucht ein Vorstellungsvermögen davon, wie Krankheitssituationen aussehen können, in denen eine Vollmacht oder Verfügung in Kraft tritt. Nachfolgend einige Beispiele:

- **Schwerer Unfall**
  Ein Unfallopfer erleidet z.B. ein Schädel-Hirn-Trauma und liegt wochenlang im Koma. Was passiert in dieser Zeit mit Wohnung, Vermögen, Rechnungen, Arbeitsplatz? Wie lange will er von der Apparatemedizin am Leben erhalten werden?
- **Schlaganfall**
  Bei einem Schlaganfall werden Teile des Gehirns zeitweise nicht durchblutet. Je länger dies dauert und je mehr Gehirnregionen betroffen sind, desto einschneidender können die Folgen sein, z.B. Halbseitenlähmung, Sprachverlust oder schwerste Pflegebedürftigkeit. Der Patient erkennt z.B. nicht mehr alle Menschen und es ist unklar, wie weit sein Urteilsvermögen und seine Wahrnehmung noch funktionieren. Er muss gefüttert, gewickelt und gewaschen werden. Wer soll und kann diese Belastung tragen? Wer entscheidet über seine Angelegenheiten?
- **Demenz aufgrund Alzheimer-Krankheit**
  Demenz bedeutet den allmählichen Verlust geistiger Fähigkeiten, vor allem des Gedächtnisses, des Denkens und der Orientierung. Das führt oft zu Persönlichkeitsveränderungen, zu irrationalen und folgenschweren Entscheidungen. Freunde wenden sich ab, Angehörige sind überfordert und/oder verzweifelt. Wer betreut den Patienten dann? Wie soll in seinem Sinn entschieden werden - gemessen an dem, was ihm zu gesunden Zeiten wichtig war?
- **Krebs mit aussichtsloser Prognose**
  Dank verbesserter Therapien können selbst sterbenskranke Krebspatienten noch lange leben. Doch was ist Betroffenen dann wichtig? Möglichst schmerzfrei zu sein? Dem Leben möglichst viele Tage abzuringen? Möglichst wach am Leben teilzunehmen? Möglichst wenig Leidenstage am Lebensende zu haben?
- **Psychische Erkrankung**
  Eine Schizophrenie z.B. kann dazu führen, dass ein Betroffener „aus heiterem Himmel" ein völlig verändertes Verhalten zeigt, das von völliger Handlungsunfähigkeit bis zu überzogener Aktivität reicht. Dies kann phasenweise stattfinden, bis hin zur stationären Aufnahme in entsprechenden Spezialkliniken. Wie soll dann mit dem Patienten umgegangen werden?

5. Zentrales Vorsorgeregister

Die Kenndaten einer ☞ *Vorsorgevollmacht* (z.B. Name und Adresse des Vollmachtgebers und des Bevollmächtigten) können beim **Zentralen Vorsorgeregister** der Bundesnotarkammer registriert werden. Das Zentrale Vorsorgeregister hilft den Gerichten beim Auffinden von Vorsorgevollmachten. Die Vormundschaftsgerichte können vor Anordnung einer Betreuung klären, ob es eine Vorsorgevollmacht gibt.

Soziale Fragen? betafon 01805 - 238 2366!

Mehr Informationen: www.betanet.de

Praxistipp

☞ *Betreuungsverfügung* und/oder ☞ *Patientenverfügung* können beim Vorsorgeregister nur ergänzend zu einer Vorsorgevollmacht registriert werden.
Beim Vorsorgeregister werden **keine** Inhalte hinterlegt.

Informationen zum Zentralen Vorsorgeregister unter www.vorsorgeregister.de.
Anschrift: Bundesnotarkammer, Zentrales Vorsorgeregister, Kronenstr. 42, 10117 Berlin, Telefon 01805 355050 (14 Ct./Min.), www.zvr-online.de, E-Mail info@vorsorgeregister.de.
Die Daten der Vorsorgevollmacht können online oder per Post übermittelt werden. Je nach Art der Übermittlung und Umfang **kostet** die Registrierung etwa 13,- € bis 20,- €.

Wer hilft weiter?

Informationen geben Amts- und Vormundschaftsgerichte, Rechtsanwälte und Notare sowie das Schmerz- und Hospiztelefon der Deutschen Hospiz-Stiftung unter Telefon 0231 7380730 oder 030 2844484-0 oder 089 202081-0.

Pauschbetrag für Behinderte

☞ *Steuerliche Vergünstigungen*

Persönliches Budget

(§ 17 SGB IX - BudgetV)

Das Wichtigste in Kürze

Persönliches Budget bedeutet, dass ein Behinderter nicht Reha- und Eingliederungsleistungen vom Sozialversicherungsträger bekommt, sondern stattdessen Geld oder Gutscheine und sich damit seine Leistungen selbst einkauft. Auf das Persönliche Budget besteht seit 1.1.2008 ein Rechtsanspruch und es muss beantragt werden. Es kann auch als "Trägerübergreifendes Persönliches Budget" beantragt werden. Ansprechpartner für den Behinderten ist dann immer nur ein Kostenträger; der Kostenträger organisiert die Koordination und Abrechnung mit den anderen Kostenträgern.

1. Umfang

Das Persönliche Budget kommt für Behinderte oder von Behinderung bedrohte Menschen infrage. Sie können das Budget anstelle von Sach- oder Dienstleitungen zur Rehabilitation und Teilhabe behinderter Menschen wählen.

Beantragt werden können:

- Leistungen zur ☞ *Rehabilitation und Teilhabe behinderter Menschen*, dazu zählen:
  - Leistungen zur ☞ *Medizinischen Rehabilitation*
  - Leistungen zur ☞ *Teilhabe am Arbeitsleben* und
  - Leistungen zur Teilhabe am Leben in der Gemeinschaft
- Leistungen, die alltäglich und regelmäßig wiederkehrend sind, z.B. Leistungen der ☞ *Pflegeversicherung*

Das Budget wird als Geldleistung oder in Form von Gutscheinen erbracht. Vom Persönlichen Budget kauft der Betroffene selbst die Leistungen ein, die seinen persönlichen Hilfebedarf decken.

Damit ist das Persönliche Budget eine alternative Leistungsform zu den bisherigen Sach- und Dienstleistungen.

Ab 1.1.2008 besteht ein Rechtsanspruch auf Leistungen in Form des Persönlichen Budgets.

2. Kostenträger

Folgende Kostenträger kommen für das Budget infrage:

- ☞ *Krankenkasse*
- ☞ *Pflegekasse*

- ☞ *Rentenversicherungsträger*
- ☞ *Berufsgenossenschaft*
- ☞ *Versorgungsamt*
- ☞ *Hauptfürsorgestelle*
- ☞ *Jugendamt*
- ☞ *Sozialamt*
- ☞ *Integrationsamt*
- ☞ *Agentur für Arbeit*

3. Antrag

Das Persönliche Budget muss beantragt werden.

Mögliche Antragsteller sind:

- ☞ *Behinderte*
- von ☞ *Behinderung* bedrohte Menschen
- gesetzliche Betreuer (☞ *Betreuung*) von behinderten Menschen
- Eltern für ihre behinderten Kinder

Zur Vereinfachung wird in diesem Text immer vom "Behinderten" gesprochen. Damit sind alle genannten Personenkreise gemeint.

Zur Antragsstellung ist ein möglicher Kostenträger aufzusuchen. Dieser klärt dann seine Zuständigkeit, ggf. leitet er den Antrag weiter:

- Gibt es nur einen Kostenträger, d.h. Leistungen werden nur von einem Kostenträger benötigt, spricht man vom Persönlichen Budget.
- Werden Leistungen von unterschiedlichen Kostenträgern benötigt, nennt man dies ein Trägerübergreifendes Persönliches Budget. Bei dieser Form des Budget wird ein Kostenträger zum sogenannten Beauftragten.

3.1. Beauftragter

Ein Beauftragter wird nötig, wenn ein Trägerübergreifendes Persönliches Budget beantragt wird. Der Beauftragte sorgt für die Koordinierung der Kostenträger und leistet im Namen aller Kostenträger. Er ist der zentrale Ansprechpartner für den Behinderten, sowohl für das Antragsverfahren als auch für den Erhalts des Trägerübergreifenden Persönlichen Budgets.
Beauftragter wird in der Regel die Stelle, bei der der Antrag gestellt wurde. Ist er jedoch nicht zuständig (das muss innerhalb von 2 Wochen geklärt sein), muss er den Antrag zur Zuständigkeitsklärung an den entsprechenden Kostenträger weiterleiten.

Praxistipp Antragsverfahren

- **Beratungsgespräch**
  über Hilfebedarf und Leistungen bei einem Kostenträger oder einer ☞ *Servicestelle*.
- **Antrag**
- **Interne Klärung**
  Die beteiligten Kostenträger klären untereinander die Zuständigkeiten, die Höhe, die Ziele sowie den Beratungs- und Unterstützungsbedarf.
- **Bedarfsfeststellungsverfahren**
  Gespräch mit dem Beauftragten und gegebenenfalls anderen Kostenträgern über deren Stellungnahmen und zur Vereinbarung der Ziele. Der Behinderte kann eine Vertrauensperson mitnehmen. Innerhalb einer Woche teilen dann die Kostenträger ihre bewilligten Leistungen dem Beauftragten schriftlich mit.
- **Schriftliche Zielvereinbarung**
  zwischen Beauftragtem und Behindertem. Sie muss Folgendes enthalten
  - die genehmigten Leistungen
  - die individuellen Förder- und Leistungsziele
  - die Regelungen über die Nachweisführung von erhaltenen Leistungen (z.B. Belege einreichen)
  - die Qualitätssicherung
- **Bescheid**
  Der Beauftragte erlässt im Namen aller beteiligten Kostenträger einen Bescheid. Bei Bedarf kann der Behinderte ☞ *Widerspruch* einlegen.

4. Leistungserbringung

Der Beauftragte erbringt die Leistung jeweils am Anfang des Monats. Manche Leistungen können auch einmalig sein, z.B. für einen Rollstuhl.
An das Persönliche Budget ist der Behinder-

Soziale Fragen? betafon 01805 - 238 2366!

te in der Regel 6 Monate lang gebunden. Im Abstand von 2 Jahren wird der individuelle Hilfebedarf überprüft und gegbenenfalls werden die Leistungen angepasst.

Praxistipp

Das Bundesministerium für Arbeit und Soziales bietet die kostenlose Broschüre "Das trägerübergreifende Persönliche Budget" an. Diese kann unter Telefon 0180 5151510 bestellt oder unter www.bmas.de > Publikationen heruntergeladen werden.

Wer hilft weiter?

- ☞ *Servicestellen* finden Sie unter www.reha-servicestellen.de.
- Infotelefon des Bundesministeriums für Arbeit und Soziales für Behinderte: 01805 676715 (14 Ct./Min.), Mo-Do, 8-20 Uhr.
- Beratungstelefon des Vereins Selbstbestimmt Leben in Deutschland: 0180 2216621.
- Das "PARITÄTISCHE Kompetenzzentrum Persönliches Budget", Orianienburger Str. 13-14, 10178 Berlin, Telefon 030 24533-170, E-Mail budget@paritaet.org, www.budget.paritaet.org.

Personenverkehr Erleichterungen

☞ *Fahrdienste*
☞ *Flugverkehr*
☞ *Kraftfahrzeugsteuer*
☞ *Öffentliche Verkehrsmittel*
☞ *Parkerleichterungen*

Pflege Pflegeversicherung

(SGB XI)

Überblick über die Leistungen der Pflegeversicherung

Zuständig für die Leistungen der Pflegeversicherung ist die ☞ *Pflegekasse*.
Folgende Pflegeleistungen gibt es:

Häusliche Pflege
Der Patient wird daheim gepflegt.
Details unter ☞ *Häusliche Pflege Pflegeversicherung*

Teilstationäre Pflege
Der Patient wird entweder tagsüber oder während der Nacht in einer Einrichtung versorgt.
Details unter ☞ *Tages- und Nachtpflege*

Vollstationäre Pflege
Der Patient lebt in einer Pflegeeinrichtung und wird dort vom Pflegepersonal versorgt.
Details unter ☞ *Vollstationäre Pflege*

Kurzzeitpflege
Der Patient wird vorübergehend in einer Pflegeeinrichtung betreut.
Details unter ☞ *Kurzzeitpflege*

Pflege in einer Behinderteneinrichtung
Der behinderte Mensch wird in einer Behinderteneinrichtung rund um die Uhr versorgt.

Details unter ☞ *Vollstationäre Pflege*

Wer hilft weiter?

Die ☞ *Pflegekassen* sowie das Bürgertelefon des Bundesministeriums für Gesundheit: Mo-Do, 8-18 Uhr und Fr 8-12 Uhr, 01805 996603 (14 Ct./Min.).

Pflege Sozialhilfe

(§§ 61 ff. SGB XII)

Das Wichtigste in Kürze

Die „Hilfe zur Pflege" zählt zur Sozialhilfe. Das Sozialamt übernimmt bei Vorliegen der entsprechenden Voraussetzungen dieselben Leistungen wie die Pflegekasse, allerdings immer erst, wenn die vorrangig zuständige Pflegekasse nicht leistet.

1. Pflegeleistungen

Folgende Pflegeleistungen gibt es:

Mehr Informationen: www.betanet.de

Häusliche Pflege
Der Patient wird daheim gepflegt.
Details unter ☞ *Häusliche Pflege Sozialhilfe*

Teilstationäre Pflege
Der Patient wird entweder tagsüber oder während der Nacht in einer Einrichtung versorgt.
Details unter ☞ *Tages- und Nachtpflege*

Vollstationäre Pflege
Der Patient lebt in einer Pflegeeinrichtung und wird dort vom Pflegepersonal versorgt.
Details unter ☞ *Vollstationäre Pflege*

Kurzzeitpflege
Der Patient wird vorübergehend in einer Pflegeeinrichtung betreut.
Details unter ☞ *Kurzzeitpflege*

2. Anspruchsberechtigte

Hilfe zur Pflege leistet das ☞ *Sozialamt* vor allem:

- für nicht pflegeversicherte Personen
- bei kostenintensiver (Schwerst-)Pflege, so weit die nach oben hin begrenzten Leistungen der Pflegeversicherung nicht ausreichen
- für die Finanzierung der nicht von der ☞ *Pflegekasse* übernommenen Kosten für Unterkunft und Verpflegung bei der Pflege in Heimen oder anderen gleichartigen Einrichtungen inklusive einem Barbetrag zur persönlichen Verfügung des Hilfesuchenden (☞ *Taschengeld*).
- unter Umständen für Pflegebedürftige unterhalb der ☞ *Pflegestufe* I, wenn der Zeitaufwand für die Grundpflege und hauswirtschaftliche Versorgung unter 90 Minuten täglich liegt.

3. Voraussetzungen

- ☞ *Pflegebedürftigkeit*, welche die Pflegekasse feststellt und an die das Sozialamt gebunden ist.
- **Einkommensgrenzen**
  - Pflegebedürftige dürfen die Einkommensgrenze nach §§ 85 ff. SGB XII (☞ *Einsatz von Einkommen und Vermögen*) nicht überschreiten. Alleinstehende Pflegebedürftige, die niemand anderem unterhaltspflichtig sind, haben bei einem dauerhaften Heimaufenthalt in der Regel ihr gesamtes Einkommen einzusetzen.
  - Bei **Schwerst**pflegebedürftigen der ☞ *Pflegestufe III* ist darüber hinaus auch der Einsatz von mindestens 60 % des Einkommens **über** der Einkommensgrenze nicht zuzumuten. Das bedeutet, dass von dem Betrag, der über der Einkommensgrenze liegt, maximal 40 % angerechnet werden dürfen.

4. Unterhaltspflicht der Eltern

Eltern leisten für alle Maßnahmen der Hilfe zur Pflege ihrer volljährigen behinderten oder pflegebedürftigen Kinder einen pauschalen Unterhaltsbeitrag von maximal 26,- € monatlich, ohne weitere Überprüfung des Einkommens und Vermögens (§ 94 SGB XII). Näheres zu ☞ *Unterhaltspflicht.*

Wer hilft weiter?

Die ☞ *Pflegekassen* sowie das Bürgertelefon des Bundesministeriums für Gesundheit: Mo-Do, 8-18 Uhr und Fr 8-12 Uhr, 01805 996603 (14 Cent/Min.). Fragen zur „Hilfe zur Pflege" beantwortet das ☞ *Sozialamt.*

Pflegebedürftigkeit

(§ 14 SGB XI)

Das Wichtigste in Kürze

Eine von der Pflegekasse festgestellte Pflegebedürftigkeit ist die Hauptvoraussetzung für Leistungen der Pflegekasse. Pflegebedürftig ist, wer bei Körperpflege, Ernährung, Mobilität und hauswirtschaftlicher Versorgung wegen Krankheit oder Behinderung für mindestens 6 Monate erheblicher Hilfe bedarf. Hilfe heißt, dass Pflegepersonen Tätigkeiten übernehmen oder dass sie den Pflegebedürftigen unter-

Soziale Fragen? betafon 01805 - 238 2366!

stützen, anleiten oder beaufsichtigen müssen. Bei der Feststellung der Pflegebedürftigkeit stützt sich die Pflegekasse auf ein Gutachten des MDK.

1. Definition Pflegebedürftigkeit

Pflegebedürftig ist, wer wegen einer körperlichen, geistigen oder seelischen **Krankheit oder Behinderung** für die **gewöhnlichen und regelmäßig wiederkehrenden Verrichtungen** im Ablauf des täglichen Lebens auf Dauer, voraussichtlich für mindestens 6 Monate, in erheblichem oder höherem Maße der **Hilfe** bedarf. Die Schwere der Pflegebedürftigkeit wird in ☞ *Pflegestufen* eingeteilt.

Für eine vorübergehende Pflegebedürftigkeit unter 6 Monaten kommt unter Umständen die gesetzliche Krankenversicherung auf. Näheres zu ☞ *Häusliche Krankenpflege*

1.1. Krankheit, Behinderung

Krankheiten oder Behinderungen sind:

- Verluste, Lähmungen oder andere Funktionsstörungen am Stütz- und Bewegungsapparat
- Funktionsstörungen der inneren Organe oder der Sinnesorgane
- Funktionsstörungen des zentralen Nervensystems, wie Antriebs-, Gedächtnis- oder Orientierungsstörungen sowie endogene Psychosen, Neurosen oder geistige Behinderungen

1.2. Gewöhnliche und wiederkehrende Verrichtungen

Gewöhnliche und wiederkehrende Verrichtungen im Ablauf des täglichen Lebens sind:

- **Körperpflege**: Waschen, Duschen, Baden, Zahnpflege, Kämmen, Rasieren, Darm- oder Blasenentleerung
- **Ernährung:** mundgerechte Zubereitung oder Aufnahme der Nahrung
- **Mobilität:** selbstständiges Aufstehen und Zubettgehen, An- und Auskleiden, Gehen, Stehen, Treppensteigen oder Verlassen und Wiederaufsuchen der Wohnung
- **hauswirtschaftliche Versorgung:** Einkaufen, Kochen, Reinigen der Wohnung, Spülen, Wechseln und Waschen der Wäsche und Kleidung, Heizen

1.3. Hilfe

Hilfe bedeutet Unterstützung, Übernahme und Anleitung bzw. Beaufsichtung.

1.3.1. Unterstützung

Unterstützung bedeutet, dass der Pflegebedürftige grundsätzlich zur selbstständigen Erledigung einer Verrichtung in der Lage ist, jedoch zur Vorbereitung, Durchführung oder Nachbereitung ergänzende Hilfeleistungen der Pflegeperson benötigt.

Beispiel: Infolge einer teilweisen Lähmung muss die Hand des rechten Arms zum Kämmen von einer anderen Person geführt werden.

1.3.2. Übernahme

Teilweise Übernahme bedeutet, dass Hilfe bei einer teilweise selbstständig erledigten Verrichtung benötigt wird.

Vollständige Übernahme bedeutet, dass die Pflegeperson die Verrichtung notwendigerweise selbst ausführt, da der Pflegebedürftige diese nicht selbst ausführen kann.

1.3.3. Anleitung, Beaufsichtigung

Anleitung oder Beaufsichtigung haben zum Ziel, dass die täglichen Verrichtungen in sinnvoller Weise vom Pflegebedürftigen selbst durchgeführt werden.

Anleitung bedeutet, dass die Pflegeperson bei einer konkreten Verrichtung den Ablauf der einzelnen Handlungsschritte oder den ganzen Handlungsablauf lenken oder demonstrieren muss.

Beispiel: Die Pflegeperson muss beim Waschen den Ablauf der einzelnen Handlungsabschnitte lenken oder demonstrieren.

Bei der **Beaufsichtigung** steht zum einen die Sicherheit beim konkreten Handlungsablauf der Verrichtung (Eigen- oder Fremdgefährdung) im Vordergrund (z.B. beim Rasieren, wenn durch unsachgemäße Benut-

Mehr Informationen: www.betanet.de

zung des Rasierapparats eine Selbstgefährdung gegeben ist), zum anderen die Kontrolle darüber, ob die betreffenden Verrichtungen in der erforderlichen Art und Weise durchgeführt werden.
Beispiel: Die Beaufsichtigung eines Demenzkranken, der nur unter Anweisung seine Zähne putzen kann, zählt zum Hilfebedarf des Pflegebedürftigen.
Eine **allgemeine** Beaufsichtigung, die über die Sicherung der Verrichtungen (auch zur Vermeidung von Eigen- und Fremdgefährdung bei diesen) hinausgeht, bleibt für die Pflegebedürftigkeit unberücksichtigt.

1.3.4. Begutachtung dementer, geistig behinderter oder psychisch kranker Menschen

Die **Anleitung** zu Verrichtungen der Körperpflege, Nahrungsaufnahme, Mobilität und hauswirtschaftlicher Versorgung erfordert unter Umständen mehr Zeit, als wenn eine Pflegekraft die Verrichtungen selbst übernähme. In diesen Fällen können zusätzliche Zeitbedarfe als Mehraufwand angerechnet werden. Angehörige und Pflegekräfte sollten beim Begutachtungstermin darauf aufmerksam machen.

2. Prüfung der Pflegebedürftigkeit

Die Pflegekasse beauftragt den Medizinischen Dienst der Krankenversicherung (☞ *MDK*) mit der Prüfung der Pflegebedürftigkeit. Die Pflegebedürftigkeit bestimmt die ☞ *Pflegestufe*, die dann von der Pflegekasse festgelegt wird.
Der MDK nimmt beim Pflegebedürftigen einen **Begutachtungstermin** wahr. Er erfasst dabei die Aufwendungen für Verrichtungen der Pflege im konkreten Fall des Pflegebedürftigen, legt in einem **Gutachten** fest, welche Aufwendungen erforderlich sind, und stellt einen **Pflegeplan** auf. Sinnvoll ist es, dass der Pflegende vor dem Begutachtungstermin ein ☞ *Pflegetagebuch* über die Pflegetätigkeiten führt und dieses bei der Begutachtung vorlegt.
Die Pflegekasse stuft den Pflegebedürftigen nach Erhalt des Gutachtens in eine Pflegestufe ein. Der Bescheid auf ☞ *Pflegegeld Pflegeversicherung* bzw. ☞ *Pflegesachleistungen* geht dem Antragsteller zu.

Praxistipp

Die Richtlinien zur Begutachtung von Pflegebedürftigkeit nach dem SGB XI sind für das gesamte Bundesgebiet einheitlich und für alle Pflegekassen sowie den Medizinischen Dienst Spitzenverband Bund der Krankenkassen (MDS) verbindlich. Diese Begutachtungsrichtlinien können im Internet unter www.mds-ev.org > Dokumente und Formulare > Pflege heruntergeladen oder beim MDS-Fachgebiet Pflege, Lützowstr. 53, 45141 Essen, Telefon 0201 8327-0 (DIN-A-5-Kuvert mit 1,45 € frankiert und adressiert beilegen) schriftlich angefordert werden.

Wer hilft weiter?

☞ *Pflegekassen*

Pflegefamilien

☞ *Vollzeitpflege*

Pflegegeld Pflegeversicherung

(§ 37 SGB XI)

Das Wichtigste in Kürze

Pflegegeld erhält ein Pflegebedürftiger von der Pflegekasse, damit er die Person, die ihn zu Hause pflegt, bezahlen kann. Das Pflegegeld beträgt je nach Pflegestufe zwischen 215,- und 675,- €.

1. Grundsätzliches

Pflegegeld bekommt ein Pflegebedürftiger, um eine selbst beschaffte Pflegekraft zu bezahlen. Es gehört im Rahmen der Pflegeversicherung zur ☞ *Häuslichen Pflege* und

Soziale Fragen? betafon 01805 - 238 2366!

stellt die erforderliche Grundpflege und hauswirtschaftliche Versorgung durch eine Person in geeigneter Weise sicher.
Für Nichtmitglieder der Pflegeversicherung tritt unter bestimmten Voraussetzungen das Sozialamt ein, Näheres ☞ *Pflegegeld Sozialhilfe*.

2. Leistungsempfänger

Anspruchsberechtigt ist der Pflegebedürftige. Er bekommt Pflegegeld anstelle der ☞ *Pflegesachleistung* für die Pflege durch eine **selbst beschaffte** ☞ *Pflegeperson* (z.B. Angehörige, ehrenamtliche Pflegepersonen, erwerbsmäßige Pflegekräfte oder eine vom Pflegebedürftigen angestellte Pflegeperson). Pflegegeld ist **kein Einkommen** des Pflegebedürftigen. Wenn der Pflegebedürftige das Pflegegeld an die Pflegeperson weiterleitet, gilt dies ebenfalls **nicht** als Einkommen, **außer** die Pflegeperson wird im Rahmen eines Arbeits- oder Beschäftigungsverhältnisses für den Pflegebedürftigen tätig.

3. Voraussetzungen

- **Keine** Entschädigungsleistungen der gesetzlichen Unfallversicherung (☞ *Pflegegeld Unfallversicherung*).
- Pflege im häuslichen Bereich, d.h. im eigenen Haushalt, in einem anderen Haushalt, in welchem der Pflegebedürftige aufgenommen wurde, oder in einem Altenwohnheim oder Altenheim, auf jeden Fall **nicht** in einem Pflegeheim.
- Prinzipiell müssen die ☞ *Vorversicherungszeit* erfüllt, die ☞ *Pflegebedürftigkeit* festgestellt und die Pflegeleistung bei der Pflegekasse beantragt werden.

4. Verhältnis zu anderen Leistungen der Pflegeversicherung

Das Pflegegeld und die Pflegesachleistung schließen sich in der Regel aus; möglich ist allerdings eine ☞ *Kombinationsleistung* aus beiden.

Neben dem Pflegegeld kann in jedem Fall der Bezug von ☞ *Pflegehilfsmitteln* beansprucht werden.

Es besteht auch die Möglichkeit neben Pflegegeld den Pflegebedürftigen in einer Tages- und Nachtpflege betreuen zu lassen. Hierfür stehen ihm bei voll ausgeschöpftem Pflegegeld noch 50 % der Tages- oder Nachtpflege zu. Die Höhe orientiert sich an der Pflegestufe. Details unter ☞ *Tages- und Nachtpflege*.

5. Höhe

Die Pflegekasse bezahlt für eine selbst beschaffte Pflegeperson Pflegegeld in folgender Höhe:

- Pflegestufe I: 215,- € monatlich
- Pflegestufe II: 420,- € monatlich
- Pflegestufe III: 675,- € monatlich

Näheres zu den ☞ *Pflegestufen* s. dort. Pflegegeld wird immer im Voraus am 1. eines Monats für diesen Monat geleistet.

5.1. Besonderheiten

- Tritt die Pflegebedürftigkeit erst im Laufe eines Monats ein, wird das Pflegegeld anteilig nach Tagen gezahlt. Gleiches gilt, wenn der Pflegebedürftige zeitweise nicht in seiner häuslichen Umgebung gepflegt wird, weil er z.B. in eine Kurzzeitpflegeeinrichtung geht.
  Beispiel: Ein Pflegebedürftiger geht für 6 Tage in die Kurzzeitpflege. Bei häuslicher Pflege an 24 Kalendertagen beträgt das Pflegegeld in Pflegestufe II 420,- € : 30 Kalendertage (gilt für alle Monate) x 24 = 336,- €.
- Das Pflegegeld ist **steuerfrei**.
- Bei vollstationärer Krankenhausbehandlung, einer stationären medizinischen Rehamaßnahme oder einer ☞ *Häuslichen Krankenpflege* um einen Krankenhausaufenthalt zu vermeiden oder zu verkürzen wird das Pflegegeld bis zu 4 Wochen weiterbezahlt (§ 34 Abs. 2 SGB XI).
- Wird der Pflegebedürftige in einem **Pflegeheim** untergebracht (§ 71 Abs. 2 SGB XI), erhält er **kein** Pflegegeld.

- Stirbt der Pflegebedürftige, wird das Pflegegeld für den Restmonat nicht zurückgefordert.

6. Auslandsaufenthalt

Pflegegeld kann auch bei Wohnsitz oder längerem Aufenthalt in Ländern der EU bzw. des Europäischen Wirtschaftsraums (EWR) bezogen werden.
Handelt es sich bei dem Aufenthalt oder Wohnsitz um Länder, die nicht zur EU bzw. zum EWR zählen, wird Pflegegeld nur bei vorübergehendem Auslandsaufenthalt **bis zu einer Dauer von 6 Wochen** bezahlt.
Voraussetzung in beiden Fällen ist, dass der Pflegebedürftige trotz des Auslandsaufenthalts bzw. -wohnsitzes weiterhin in Deutschland versichert bleibt.

7. Beratungseinsatz

Pflegebedürftige, die ausschließlich Pflegegeld beziehen, sind **verpflichtet**, einen Beratungseinsatz durch eine Pflegefachkraft in Anspruch zu nehmen:

- Bei Pflegestufe I und II: mindestens 1 x halbjährlich
- Bei Pflegestufe III: mindestens 1 x vierteljährlich

7.1. Ziel

Die Heranziehung der Pflegefachkraft dient der Sicherung der Qualität der häuslichen Pflege und der regelmäßigen Hilfestellung und Beratung der häuslich Pflegenden. Den Beratungseinsatz bezahlt die Pflegekasse. Die Vergütung eines Einsatzes beträgt bis zu 21,- € in den Pflegestufen I und II und bis zu 31,- € in der Pflegestufe III.

Praxistipps

- Kommt der Pflegebedürftige seiner Nachweispflicht durch einen Beratungseinsatz nicht nach oder erteilt er der Pflegefachkraft nicht sein Einverständnis zur Mitteilung an die zuständige Pflegekasse, wird das Pflegegeld **gekürzt** bzw. im Wiederholungsfall **vollständig entzogen.**
- Personen, die keine Pflegeeinstufung haben, aber Leistungen nach dem ☞ *Pflegeleistungsergänzungsgesetz* erhalten, können pro Halbjahr einen Beratungseinsatz in Anspruch nehmen. Dieser wird mit 21,- € von der Pflegekasse vergütet.

Wer hilft weiter?

☞ *Pflegekassen*

Pflegegeld Sozialhilfe

(§ 64 SGB XII)

Das Wichtigste in Kürze

Pflegegeld vom Sozialamt erhält ein Pflegebedürftiger, damit er die Person, die ihn zu Hause pflegt, bezahlen kann. Das Pflegegeld beträgt je nach Pflegestufe zwischen 215,- und 675,- €. Das Sozialamt leistet nur, wenn die Pflegeversicherung nicht zahlt.
Das Sozialamt zahlt Pflegegeld im Rahmen der „Hilfe zur Pflege".

1. Voraussetzungen

Nur wenn die **vorrangig** zuständige Pflegekasse nicht oder nicht in vollem Umfang leistet, tritt das Sozialamt nachrangig ein. Die Bestimmungen der Pflegeversicherung zu Voraussetzungen, Höhe etc. gelten sinngemäß (☞ *Pflegegeld Pflegeversicherung*).
Beim Pflegegeld der Sozialhilfe gilt die Einkommensgrenze nach §§ 85 ff., 87 SGB XII. Details ☞ *Einsatz von Einkommen und Vermögen.*

1.1. Ausnahme

Für Schwerstpflegebedürftige der ☞ *Pflegestufe III* ist ein Einsatz des Einkommens über der Einkommensgrenze in Höhe von mindestens 60 % nicht zuzumuten. Das bedeutet, dass von dem Betrag, der über der Einkommensgrenze liegt, maximal 40 % angerechnet werden dürfen.

2. Anrechnung

Auf das Pflegegeld der Sozialhilfe werden z.B. angerechnet:

- **Blindengeld** oder gleichartige Geldleistungen, wie z.B. Landesblindengeld in einer Höhe von 70 % (☞ *Blindenhilfe*).
- **Pflegegeld** der Pflegeversicherung in vollem Umfang.

3. Kürzung

Das Pflegegeld der Sozialhilfe wird unter bestimmten Voraussetzungen gekürzt:

- Werden **neben** dem Pflegegeld der Pflegeperson Aufwendungen erstattet oder einer Pflegefachkraft angemessene Kosten gewährt, kann das Pflegegeld um bis zu 2/3 gekürzt werden.
- Bei teilstationärer Betreuung (☞ *Tages- und Nachtpflege*) des Pflegebedürftigen kann das Pflegegeld angemessen gekürzt werden.

Wer hilft weiter?

Individuelle Auskünfte erteilt das ☞ *Sozialamt*.

Pflegegeld Unfallversicherung

(§ 44 SGB VII)

Das Wichtigste in Kürze

Die Unfallversicherung zahlt Pflegegeld zwischen 260,- und 1.199,- €, wenn ein Mensch infolge eines Arbeitsunfalls oder einer Berufskrankheit in erheblichem Maß Pflege und Unterstützung braucht. Auf Antrag stellt die Berufsgenossenschaft eine Pflegekraft oder übernimmt die Kosten der Pflege in einem Heim.

1. Voraussetzungen

Die ☞ *Unfallversicherung* zahlt Pflegegeld unter folgenden Voraussetzungen:

- Vorliegen eines Versicherungsfalls, d.h.: ☞ *Arbeitsunfall*, Wegeunfall oder ☞ *Berufskrankheit*
- Hilflosigkeit des Versicherten, d.h.: Der Versicherte braucht für zahlreiche persönliche Verrichtungen des täglichen Lebens Pflege und Unterstützung anderer in erheblichem Umfang.

2. Höhe

Das Pflegegeld beträgt maximal 1.199,-/1.040,- € (West/Ost) monatlich, mindestens 300,-/260,- €. Die Höhe richtet sich nach den individuellen Verhältnissen des Versicherten und wird von der ☞ *Berufsgenossenschaft* beurteilt. Anhaltspunkte bieten die folgenden **Einstufungen** nach der Schwere der Beeinträchtigung:

- **Schwerste Beeinträchtigung**
  in den Bereichen Körperpflege, Ernährung, Kommunikation etc.: 100 % des Höchstpflegegelds = 1.199,-/1.040,- € (West/Ost).
- **Erhebliche Beeinträchtigung**
  in den Bereichen Körperpflege, Ernährung, Kommunikation etc.: 60-80 % des Höchstpflegegelds = 720,-/624,- € bis 959,-/832,- € (West/Ost).
- **Mittlere Beeinträchtigung**
  D.h. der Versicherte ist in wesentlichen Phasen der täglichen Verrichtungen häufiger auf fremde Hilfe angewiesen: 40-60 % des Höchstpflegegelds = 479,-/417,- € bis 720,-/624,- € (West/Ost).
- **Leichtere Beeinträchtigung**
  D.h. der Versicherte ist in mehreren Phasen der täglichen Verrichtungen teilweise, aber regelmäßig auf fremde Hilfe angewiesen: 25-40 % des Höchstpflegegelds = 300,-/260,- € bis 479,-/417,- € (West/Ost).

Das Pflegegeld wird zum 1. Juli eines jeden Jahres im Rahmen der Rentenanpassung entsprechend angeglichen.

3. Pflegekraft statt Pflegegeld

Auf **Antrag** des Versicherten kann anstelle des Pflegegelds eine Pflegekraft (**Hauspflege**) gestellt oder die erforderliche Hilfe mit

Mehr Informationen: www.betanet.de

Unterkunft und Verpflegung in einer geeigneten Einrichtung (**Heimpflege**) erbracht werden.

Maßgeblich hierfür sind die Umstände des Einzelfalls, z.B.:

- der Grad der Hilflosigkeit und deren Dauer.
- die Pflegemöglichkeiten seitens der Familie.
- die häuslichen Verhältnisse.
- die Möglichkeiten des Versicherten, sich selbst eine Pflegekraft zu beschaffen.

4. Dauer

Das Pflegegeld wird so lange gewährt, wie der Versicherte infolge des Versicherungsfalls für zahlreiche Verrichtungen des täglichen Lebens in erheblichem Umfang auf Unterstützung anderer angewiesen ist.

Wer hilft weiter?

Auskünfte erteilen die ☞ *Berufsgenossenschaften.*

Pflegeheim

☞ *Vollstationäre Pflege*

Pflegehilfsmittel

(§ 40 SGB XI)

Das Wichtigste in Kürze

Die Pflegeversicherung bezahlt bei Patienten, die zu Hause gepflegt werden, bestimmte Hilfsmittel. Dazu zählen Produkte für die Hygiene und solche, die die selbstständige Lebensführung des Patienten fördern. Bei Pflegekassen oder in Sanitätshäusern ist ein Pflegehilfsmittelverzeichnis erhältlich, das über die Kostenübernahme informiert.

1. Grundsätzliches

Pflegehilfsmittel und technische Hilfen gehören im Rahmen der ☞ *Pflegeversicherung* zur häuslichen Pflege. Sie können in der Regel neben den anderen Leistungen der häuslichen Pflege (☞ *Pflegesachleistung,* ☞ *Pflegegeld Pflegeversicherung,* ☞ *Kombinationsleistung*) gewährt werden. Auch Zuschüsse für Maßnahmen zur Verbesserung des Wohnumfelds zählen hierzu (☞ *Wohnumfeldverbesserung*).

Prinzipiell müssen die ☞ *Vorversicherungszeit* erfüllt und die ☞ *Pflegebedürftigkeit* festgestellt werden.

2. Pflegehilfsmittel

Pflegehilfsmittel sind Hilfsmittel

- zur **Erleichterung der Pflege** (Produktgruppe 50), dazu zählen: Pflegebetten und Zubehör, Pflegebett-Tische, Pflegeliegestühle.
- zur **Körperpflege/Hygiene** (Produktgruppe 51), dazu zählen: Waschsysteme, Duschwagen, Bettpfannen, Urinflaschen.
- **zur selbstständigen Lebensführung** (Produktgruppe 52), dazu zählen: Hausnotrufsysteme.
- zur **Linderung von Beschwerden** (Produktgruppe 53), dazu zählen: Lagerungsrollen und -halbrollen.
- die zum **Verbrauch bestimmt** sind (Produktgruppe 54), dazu zählen: saugende Bettschutzeinlagen zum einmaligen Gebrauch, Schutzbekleidung, Desinfektionsmittel.

Praxistipps zur Produktgruppe 54

Die Pflegehilfsmittel der Produktgruppe 54 werden direkt von einem zugelassenen Leistungserbringer (gegenwärtig sind dies Sanitätshäuser und Apotheken) bezogen. Adressen dieser Vertragspartner erhält man von der Pflegekasse. Die Pflegekasse übernimmt Kosten dieser Sachleistung bis zu 31,- € im Monat. Nur in begründeten Fällen sind Ausnahmen möglich. Der Versicherte muss den Betrag, der 31,- € monatlich übersteigt, beim Leistungserbringer bezahlen.

Soziale Fragen? betafon 01805 - 238 2366!

2.1. Technische Hilfen

Hilfsmittel der Produktgruppen 50-53 sind sogenannte technische Hilfen, die von der Pflegekasse in erster Linie leihweise überlassen werden.
Die Pflegekassen können die Bewilligung technischer Hilfsmittel davon abhängig machen, dass sich die Pflegebedürftigen die Hilfsmittel anpassen oder in deren Gebrauch ausbilden lassen.

Nicht zu den Pflegehilfsmitteln gehören Mittel des **täglichen Lebensbedarfs**, die allgemeine Verwendung finden und üblicherweise von mehreren Personen benutzt werden oder in einem Haushalt vorhanden sind.

Praxistipp

Ein sogenanntes Pflegehilfsmittelverzeichnis gibt Auskunft darüber, welche Pflegehilfsmittel bzw. technische Hilfen vergütet bzw. leihweise überlassen werden können. Es ist erhältlich:
- bei den Pflegekassen
- zum Teil in Sanitätshäusern

3. Umfang der Versorgung

Der Anspruch auf Versorgung mit Pflegehilfsmitteln umfasst:
- die Erstausstattung
- die erforderlichen Änderungen, z.B. aufgrund technischer Entwicklung
- die erforderlichen Instandsetzungen, so weit technisch möglich und wirtschaftlich
- die erforderliche Ersatzbeschaffung, so weit die Beschädigung der Erstausstattung durch den Pflegebedürftigen nicht vorsätzlich oder grob fahrlässig herbeigeführt wurde

4. Kostenübernahme

Die Versorgung mit Pflegehilfsmitteln erfolgt in der Regel durch Vertragspartner der Pflegekasse. Bezieht der Versicherte aufgrund eines berechtigten Interesses Pflegehilfsmittel bei einem anderen Leistungserbringer, der nicht Vertragspartner der Pflegekasse ist, muss der Versicherte die Mehrkosten selbst tragen. Um dies zu vermeiden, sollte sich der Versicherte vorab die Vertragspartner der Pflegekasse benennen lassen.
Bei der Kostenübernahme ist zu unterscheiden zwischen Pflegehilfsmitteln, für die ein Festbetrag (s.u.) besteht, und Pflegehilfsmitteln ohne Festbetrag.
- **Pflegehilfsmittel mit Festbetrag**
  Die Kassen übernehmen die Kosten bis zur Höhe des Festbetrags (s.u.).
- **Pflegehilfsmittel ohne Festbetrag beim Vertragspartner**
  Die Kassen übernehmen die Kosten bis maximal zur Höhe des vertraglich vereinbarten Preises.
- **Pflegehilfsmittel ohne Festbetrag bei Leistungserbringern, die nicht Vertragspartner der Pflegekasse sind**
  Die Kassen erstatten nur Kosten in Höhe des niedrigsten Preises einer vergleichbaren Leistung des Vertragspartners.

5. Kostenträger

Die Pflegekasse zahlt Pflegehilfsmittel nachrangig gegenüber anderen ☞ *Hilfsmitteln*, die bei Krankheit und Behinderung von den ☞ *Krankenkassen*, den ☞ *Berufsgenossenschaften* oder den ☞ *Rentenversicherungsträgern* geleistet werden.
Das heißt: War beispielsweise bislang die Krankenkasse für einzelne Hilfsmittel zuständig, bleibt sie dies auch weiterhin, unabhängig davon, ob zur krankheitsbedingten Behinderung auch ☞ *Pflegebedürftigkeit* im Sinne des Pflegeversicherungsgesetzes hinzukommt.

Praxistipp

Der Antrag für die Kostenübernahme eines Pflegehilfsmittels kann ohne ärztliche Verordnung bei der Pflegekasse gestellt werden. Diese stellt eine Bestätigung über die Notwendigkeit der Pflegehilfsmittel aus. Unter Vorlage dieser Bestätigung erhält der Versicherte vom zugelassenen Leistungserbrin-

Mehr Informationen: www.betanet.de

ger die benötigten Pflegehilfsmittel. Der Leistungserbringer verrechnet direkt mit der Pflegekasse.

6. Festbeträge

Der Festbetrag ist der Betrag, bis zu dem die Pflegekasse die Kosten erstattet. Wird ein Pflegehilfsmittel ausgewählt, das über dem Festbetrag liegt, muss der Versicherte den Differenzbetrag (Eigenanteil) selbst übernehmen. Die Zuzahlung richtet sich nur nach der Höhe des Festbetrags. In der Regel wird der Patient also dann Eigenanteil **plus** Zuzahlung leisten.

7. Zuzahlungen

Versicherte ab dem 18. Geburtstag müssen für **technische Hilfen** folgende Zuzahlung leisten:

- 10 % der Kosten des Hilfsmittels
- maximal 25,- € je Hilfsmittel

Bei leihweiser Überlassung von technischen Pflegehilfsmitteln entfällt die Zuzahlung, es kann jedoch eine Leihgebühr anfallen.

7.1. Zuzahlungsbefreiung

Befreit von der Zuzahlung können Personen werden, die die Belastungsgrenze überschreiten (☞ *Zuzahlungen Pflegeversicherung*). Quittungen über Zuzahlungen zu Pflegehilfsmitteln sollten auf jeden Fall aufbewahrt werden, denn diese Ausgaben werden bei der Ermittlung einer möglichen Zuzahlungsbefreiung berücksichtigt.

Wer hilft weiter?

☞ *Pflegekassen*

Pflegekassen

Das Wichtigste in Kürze

Die Pflegekassen sind bei den Krankenkassen angesiedelt und für die Leistungen der Pflegeversicherung zuständig. Alle Leistungen müssen dort beantragt werden.

Nach Antragseingang lässt die Pflegekasse vor Ort begutachten, ob tatsächlich eine Pflegebedürftigkeit vorliegt und entscheidet dann, ob der Patient eine Pflegestufe und damit auch Leistungen der Pflegekasse bekommt.

1. Grundsätzliches

Die Pflegekassen sind die Träger der ☞ *Pflegeversicherung*. Bei den Pflegekassen sind alle Pflegeleistungen zu beantragen.
Sie sind bei den Krankenkassen eingerichtet. Es gilt der Grundsatz: **Pflegeversicherung folgt Krankenversicherung**, d.h.: Wer in der gesetzlichen Krankenkasse pflichtversichert ist, ist automatisch Mitglied der angegliederten Pflegekasse.

Freiwillig Versicherte können sich innerhalb von 3 Monaten ab Beginn der freiwilligen Versicherung aus der gesetzlichen Pflegeversicherung befreien lassen und eine private Pflegeversicherung abschließen. Der Nachweis der Privatversicherung muss zusammen mit dem Befreiungsantrag eingereicht werden. Der Befreiungsantrag ist nicht widerrufbar, solange die freiwillige Versicherung besteht.

2. Antrag auf Pflegeleistungen

Pflegeleistungen werden vom Versicherten bei der Pflegekasse beantragt. Prinzipiell ist die ☞ *Vorversicherungszeit* zu berücksichtigen und eine ☞ *Pflegebedürftigkeit* festzustellen.
Zwischen Antragstellung und Genehmigung können mehrere Wochen vergehen. Falls in dieser Zeit bereits eine Pflegeperson notwendig ist, muss diese zunächst selbst bezahlt werden. Wird der Antrag genehmigt, übernimmt die Pflegekasse die Kosten im Nachhinein ab dem Datum der Antragstellung und bis zur Höhe der genehmigten Sachleistungen. Deshalb ist es wichtig, alle Belege aufzubewahren.

Soziale Fragen? betafon 01805 - 238 2366!

3. Begutachtungsfristen bei Pflegeantrag

Über einen Antrag zur Feststellung der Pflegebedürftigkeit muss die Pflegekasse innerhalb einer bestimmten Frist entscheiden. Die Frist ist abhängig vom Aufenthaltsort des Antragstellers und von der Beantragung von Pflegezeit. Sie beträgt

- 5 Wochen,
  wenn sich der Antragsteller zu Hause befindet.
- 2 Wochen,
  wenn sich der Antragsteller zu Hause befindet und ein Angehöriger Pflegezeit beantragt hat.
- 1 Woche,
  - wenn sich der Antragssteller im Krankenhaus, in einer stationären Reha-Einrichtung oder in einem Hospiz befindet oder
  - wenn er eine ambulante Palliativversorgung erhält.

4. Prüfung der Pflegebedürftigkeit

Die Pflegekasse beauftragt den Medizinischen Dienst der Krankenversicherung (☞ *MDK*) mit der Prüfung der Pflegebedürftigkeit. Die Pflegebedürftigkeit bestimmt die ☞ *Pflegestufe*, die dann von der Pflegekasse festgelegt wird.

Der MDK nimmt beim Pflegebedürftigen einen **Begutachtungstermin** wahr. Er erfasst dabei die Aufwendungen für Verrichtungen der Pflege im konkreten Fall des Pflegebedürftigen, legt in einem **Gutachten** fest, welche Aufwendungen erforderlich sind und stellt einen **Pflegeplan** auf.

Die Krankenkasse stuft den Pflegebedürftigen nach Erhalt des Gutachtens in eine Pflegestufe ein. Der Bescheid auf ☞ *Pflegegeld Pflegeversicherung* bzw. ☞ *Pflegesachleistungen* geht dem Antragsteller zu.

Praxistipps zum Pflegeantrag

- Wenn absehbar ist, dass neben einer Pflegeperson aus dem sozialen Umfeld noch ein ambulanter Pflegedienst hinzugezogen werden muss, sollte am besten von Anfang an eine Kombination von Geldleistung und Pflegesachleistung (☞ *Kombinationsleistung*) beantragt werden.
- Nicht nur die Grunderkrankung, sondern auch alle **zusätzlichen Beeinträchtigungen**, z.B. Sehfehler, sowie Begleiterscheinungen angeben. Dabei nichts herunterspielen.
- Kliniken und Ärzte anführen, die **am besten** über die angeführten Gesundheitsstörungen informiert sind.
- Antragstellung mit dem behandelnden Arzt absprechen. In dessen Befundberichten müssen die einzelnen Auswirkungen der Erkrankung (z.B. die Höhe der körperlichen Belastbarkeit) **detailliert** dargestellt werden. Diese Kriterien, nicht allein die Diagnose, entscheiden über die Pflegestufe.
- Vorhandene **ärztliche Unterlagen** gleich bei Antragstellung mit einreichen, z.B. Krankenhausentlassungsbericht, Kurbericht, Bescheinigung des Hausarztes, Gutachten, Atteste.
- Sinnvoll ist, dass vor der Begutachtung durch den ☞ *MDK* die pflegenden Angehörigen 2 Wochen lang ein ☞ *Pflegetagebuch* führen
- Wenn das Geld für die vorübergehenden Kosten vor der Genehmigung nicht vorhanden ist, kann beim Sozialamt ein Antrag auf „Hilfe zur Pflege" (☞ *Pflege Sozialhilfe*) gestellt werden. Liegen die Voraussetzungen vor, geht das Sozialamt in Vorleistung und rechnet dann bei Bewilligung des Pflegeantrags direkt mit der Pflegekasse ab.
- Die Mitteilung eines Arztes oder Pflegeheims bezüglich einer Pflegebedürftigkeit gilt **nur dann** als **Antrag**, wenn sie auch eindeutig als „Antrag" bezeichnet ist. Pflegebedürftige, Angehörige oder Bevollmächtigte sollten im Zweifelsfall bei der Pflegekasse nachfragen, ob die Information durch Arzt oder Pflegeheim auch tatsächlich als Antrag interpretiert wurde.

Mehr Informationen: www.betanet.de

5. Beginn der Leistungen

Wann die Leistungen der Pflegekasse beginnen, hängt vom Datum der Antragstellung und vom Beginn der ☞ *Pflegebedürftigkeit* ab. Die Pflegekasse leistet

- ab dem Datum der Antragstellung, wenn der Versicherte an diesem Tag seit weniger als einem Monat pflegebedürftig ist.
- ab dem 1. des Monats der Antragstellung, wenn der Versicherte am Tag der Antragstellung schon länger als einen Monat pflegebedürftig ist.
- ab dem tatsächlichen Eintritt der Pflegebedürftigkeit, wenn der Antrag bereits gestellt wird, wenn die Pflegebedürftigkeit noch nicht vorliegt.

Wer hilft weiter?

Fragen zur **gesetzlichen** Pflegeversicherung beantwortet das Bürgertelefon des Bundesministeriums für Gesundheit: Mo-Do, 8-18 Uhr und Fr 8-12 Uhr 01805 996603 (14 Ct./Min.).
Fragen zur **privaten** Pflegeversicherung beantwortet der Verband der privaten Krankenversicherung e.V., Bayenthalgürtel 26, 50968 Köln, Telefon 0221 9987-0, Fax 0221 9987-3950.

Pflegekraft

☞ *Pflegegeld Pflegeversicherung*
☞ *Pflegegeld Unfallversicherung*

Pflegeleistungsergänzungsgesetz

(§ 45 a, b, c SGB XI)

Das Wichtigste in Kürze

Personen, die aufgrund demenzbedingter Fähigkeitsstörungen, geistigen Behinderungen oder psychischen Erkrankungen einen erheblichen Betreuungsbedarf haben, können durch das Pflegeleistungsergänzungsgesetz bis zu 200,- € monatlich für Betreuungsangebote in Anspruch nehmen. Für diese Leistung muss keine Pflegestufe vorliegen, jedoch darf sich der Betroffene nicht dauerhaft in einer stationären Einrichtung befinden.

1. Bewertung der Voraussetzungen

Um Leistungen zu erhalten, müssen erhebliche Einschränkungen in den Alltagskompetenzen vorliegen. Für die Bewertung, ob die Einschränkung der Alltagskompetenz auf Dauer erheblich ist, sind folgende Schädigungen und Fähigkeitsstörungen maßgebend:

1. unkontrolliertes Verlassen des Wohnbereichs (Weglauftendenz)
2. Verkennen oder Verursachen gefährdender Situationen
3. unsachgemäßer Umgang mit gefährlichen Gegenständen oder potenziell gefährdenden Substanzen
4. tätlich oder verbal aggressives Verhalten in Verkennung der Situation
5. im situativen Kontext inadäquates Verhalten
6. Unfähigkeit, die eigenen körperlichen und seelischen Gefühle oder Bedürfnisse wahrzunehmen
7. Unfähigkeit zu einer erforderlichen Kooperation bei therapeutischen oder schützenden Maßnahmen als Folge einer therapieresistenten Depression oder Angststörung
8. Störungen der höheren Hirnfunktionen (Beeinträchtigungen des Gedächtnisses, herabgesetztes Urteilsvermögen), die zu Problemen bei der Bewältigung von sozialen Alltagsleistungen geführt haben
9. Störung des Tag-Nacht-Rhythmus
10. Unfähigkeit, eigenständig den Tagesablauf zu planen und zu strukturieren
11. Verkennen von Alltagssituationen und inadäquates Reagieren in Alltagssituationen
12. ausgeprägt labiles oder unkontrolliert emotionales Verhalten
13. zeitlich überwiegend Niedergeschlagenheit, Verzagtheit, Hilflosigkeit oder

Soziale Fragen? betafon 01805 - 238 2366!

Hoffnungslosigkeit aufgrund einer therapieresistenten Depression.

2. Höhe

Für den Betreuungsbetrag gibt es 2 Kategorien:

- Die Alltagskompetenz ist **erheblich eingeschränkt**, wenn der Gutachter des ☞ *MDK* beim Pflegebedürftigen wenigstens in 2 Bereichen, davon mindestens einmal aus den Bereichen 1 bis 9, dauerhafte und regelmäßige Schädigungen oder Fähigkeitsstörungen feststellt.
  In diesem Fall erhält der Betroffene den **Grundbetrag** von maximal 100,- € monatlich.
- Die Alltagskompetenz ist in **erhöhtem Maße** eingeschränkt, wenn der Gutachter des MDK beim Pflegebedürftigen wenigstens in 2 Bereichen, davon mindestens einmal aus den Bereichen 1 bis 9 und zusätzlich in mindestens einem der Bereiche 1 bis 5, 9 oder 11 dauerhafte und regelmäßige Schädigungen oder Fähigkeitsstörungen feststellt.
  In diesem Fall erhält der Betroffene den **erhöhten Betrag** von maximal 200,- € monatlich.

Der Betreuungsbetrag wird unabhängig von einer Pflegestufe gewährt, d.h.: Auch Personen mit stark eingeschränkten Alltagskompetenzen ohne Pflegestufe bekommen je nach Betreuungsbedarf einen Betrag von der Pflegekasse.

Wird der Betreuungsbetrag in einem Kalenderjahr nicht ausgeschöpft, kann der nicht verbrauchte Betrag in das erste Halbjahr des neuen Jahres übertragen werden.

Praxistipps

- Da die Betreuungsbeträge erst ab dem 1.7.2008 erhöht wurden, kann der anteilige Betreuungsbetrag, der bis zum 30.6.2008 nicht aufgebraucht wurde (maximal 230,- €) in das zweite Halbjahr übertragen werden. Das genaue Vorgehen ist mit der Pflegekasse zu klären.
- Bezieht man schon seit längerem Leistungen nach dem Pflegeleistungsergänzungsgesetz (bis 30.6.2008: 460,- € jährlich), so sollte man sich an die Pflegekasse wenden, um zu klären, welcher zukünftige Betreuungsbetrag einem zusteht. Gegebenenfalls muss die Einstufung in den höheren Betreuungsbetrag (200,- € monatlich) bei der Pflegekasse beantragt werden.

3. Prüfung und Richtlinie

Die Gutachter des MDK sollten **bei jedem Hausbesuch** in Zusammenhang mit der Pflegeeinstufung automatisch auch die Anspruchsvoraussetzungen für Leistungen nach dem Pflegeleistungs-Ergänzungsgesetz prüfen.

Der Medizinische Dienst des Spitzenverbandes Bund der Krankenkassen hat sowohl eine Richtlinie wie auch Umsetzungsemfehlungen zur Feststellung von Personen mit erheblich eingeschränkter Alltagskompetenz und zur Bewertung des Hilfebedarfs erstellt. Diese können unter www.mds-ev.org > Dokumente und Formulare > Pflege eingesehen werden.

4. Zweckgebundene Verwendung

Der Betrag ist **zweckgebunden** einzusetzen für qualitätsgesicherte Betreuungsleistungen. Er dient der Erstattung von Aufwendungen, die den Pflegebedürftigen in Zusammenhang mit folgenden Leistungen:

1. nach Landesrecht anerkannte niedrigschwellige Betreuungsangebote, die nach § 45c gefördert oder förderungsfähig sind (siehe Praxistipp unten),
2. ☞ *Kurzzeitpflege*,
3. Angebote der zugelassenen Pflegedienste, sofern es sich um besondere Angebote der allgemeinen Anleitung und Betreuung und nicht um Leistungen der Grundpflege und hauswirtschaftlichen Versorgung handelt,
4. ☞ *Tages- oder Nachtpflege*.

Mehr Informationen: www.betanet.de

Die Versicherten erhalten die finanziellen Mittel **auf Antrag** von der zuständigen Pflegekasse gegen Vorlage entsprechender Belege über entstandene Eigenbelastungen im Zusammenhang mit der Inanspruchnahme der oben genannten Betreuungsleistungen.
Die zuständige Pflegekasse stellt Pflegebedürftigen auf Verlangen eine Liste der in ihrem Einzugsbereich vorhandenen qualitätsgesicherten Betreuungsangebote zur Verfügung, deren Leistungen mit dem Betreuungsbetrag finanziert werden können.

Praxistipp

Niedrigschwellige Betreuungsangebote gibt es häufig in Form von Betreuungsgruppen für Demenzkranke und ehrenamtlichen Helferkreisen. Sie werden beispielsweise von Selbsthilfeinitiativen oder Nachbarschaftshilfen angeboten. Informationen bekommt man z.B. von der Deutschen Alzheimer Gesellschaft (www.deutsche-alzheimer.de) oder einer örtlichen Seniorenberatungsstelle. Der Familienentlastende Dienst (FED) ist vorrangig für die Entlastung von Familien mit behinderten Menschen tätig.

Wer hilft weiter?

☞ *Pflegekassen*

Pflegepauschbetrag

☞ *Steuerliche Vergünstigungen*

Pflegeperson

☞ *Pflegegeld Pflegeversicherung*

Pflegeperson Pflegeversicherung Soziale Sicherung

(§ 44 SGB XI)

Das Wichtigste in Kürze

Pflegepersonen werden in der Regel von der Pflegeversicherung sozial abgesichert. Die Pflegeversicherung zahlt Beträge zur Rentenversicherung und sichert die Pflegeperson über die Unfallversicherung ab.

1. Definition Pflegeperson

(§ 19 SGB XI)

1. Person, die nicht erwerbsmäßig einen Pflegebedürftigen mindestens 14 Stunden wöchentlich in seiner häuslichen Umgebung pflegt.
2. Die Pflegeperson darf wegen der Pflege nicht mehr als 30 Stunden wöchentlich erwerbstätig sein.

2. Unfallversicherung

Bei Vorliegen der unter 1. genannten Voraussetzung steht die Pflegeperson unter dem Schutz der gesetzlichen ☞ *Unfallversicherung*, es besteht aber keine Meldepflicht, d.h. der Versicherungsschutz ist nicht von einem vorherigen Antrag oder einer Anmeldung beim Unfallversicherungsträger abhängig. Kommt es zu einem ☞ *Arbeitsunfall* im Zusammenhang mit der Pflege, dann muss dies bei der zuständigen Unfallkasse gemeldet werden. Diese finden sich im Internet unter www.unfallkassen.de.

3. Rentenversicherung

Bei Vorliegen der unter 1. **und** 2. genannten Voraussetzungen zahlt die Pflegeversicherung der Pflegeperson darüber hinaus Beiträge zur gesetzlichen ☞ *Rentenversicherung*, deren Höhe sich nach dem Schweregrad der Pflegebedürftigkeit der zu pflegenden Person (☞ *Pflegestufen*) richtet. Die Pflegeperson muss allerdings zunächst einen **Antrag** auf Versicherungspflicht (nach § 3

Satz 1 Nr. 1a SGB VI) bei der ☞ *Pflegekasse* stellen; diese ist erst aufgrund eines solchen Antrags zur Zahlung der Beiträge verpflichtet. Die Pflegekasse meldet die Rentenversicherungspflicht beim zuständigen ☞ *Rentenversicherungträger* und führt die Beiträge ab.
Die Rentenversicherungsbeiträge für Pflegepersonen werden auch während eines Urlaubs bis zu 6 Wochen im Jahr von der Pflegeversicherung weiterbezahlt.

3.1. Sozialhilfe - Hilfe zur Pflege

Pflegepersonen, die im Rahmen der ☞ *Pflege Sozialhilfe* Aufwendungsersatz erhalten, bekommen die Beiträge zur Rentenversicherung unter Umständen vom Sozialamt (☞ *Pflegeperson Sozialhilfe*).

4. Krankenversicherung

Die Krankenversicherung muss durch die Pflegeperson selbst geregelt werden. Eine soziale Absicherung der Pflegeperson ähnlich wie bei der Unfall- und Rentenversicherung gibt es bei der Krankenversicherung nicht.

5. Arbeitslosenversicherung

Seit 1.2.2006 können sich Pflegende, die einen Angehörigen pflegen, freiwillig und auf eigene Kosten in der Arbeitslosenversicherung versichern. Details unter ☞ *Arbeitslosenversicherung.*

Wer hilft weiter?

Auskünfte erteilen die ☞ *Berufsgenossenschaften*, die ☞ *Pflegekassen* oder das ☞ *Sozialamt.*

Pflegeperson Sozialhilfe

(§§ 63 ff. SGB XII)

Das Wichtigste in Kürze

Die Häusliche Pflege eines Pflegebedürftigen soll in erster Linie von Familienangehörigen, nahestehenden Personen oder Nachbarn im Sinne eines ehrenamtlichen Engagements übernommen werden. Das Sozialamt kann für die Pflegeperson eine angemessene Aufwandsentschädigung leisten.

1. Voraussetzung

Der Pflegebedürftige darf die **Einkommensgrenze** nach §§ 85 ff. SGB XII nicht überschreiten. Näheres unter ☞ *Einsatz von Einkommen und Vermögen.*

2. Leistungen für die Pflegeperson

Folgende Leistungen kann das Sozialamt auf Antrag gewähren:

- Erstattung von Aufwendungen der Pflegeperson, z.B. für Fahrtkosten, Pflegekleidung und Reinigungskosten
  oder
  eine pauschale Aufwandsentschädigung
- angemessene Kosten für die Alterssicherung, z.B. Beiträge zur gesetzlichen Rentenversicherung
  Voraussetzung ist, dass die Alterssicherung der Pflegeperson anderweitig nicht sichergestellt werden kann (Nachrangigkeit).
  Erhält der Pflegebedürftige Pflegegeld (☞ *Pflegegeld Sozialhilfe*) vom Sozialamt, besteht ein Rechtsanspruch auf die Alterssicherung.

3. Pflegefachkraft anstatt Pflegeperson

Ein Rechtsanspruch auf Heranziehung einer besonderen Pflegefachkraft besteht erst dann, wenn dies neben oder anstelle der häuslichen Pflege erforderlich ist (§ 65 SGB XII). Dies sollte ein Arzt, eine Sozialstation oder der ☞ *MDK* bestätigen.

4. Ersatzpflege

Das Sozialamt übernimmt die Kosten der zeitweiligen Entlastung der Pflegeperson durch eine Ersatzpflegekraft in angemessenem Umfang sowie die Kosten bei Heranziehung einer erforderlichen besonderen Pfle-

Mehr Informationen: www.betanet.de

gefachkraft. Die „Angemessenheit" der Kostenübernahme wird durch das zuständige Sozialamt gesondert geregelt. Näheres zu ☞ *Ersatzpflege*.

Wer hilft weiter?

Individuelle Auskünfte erteilt das ☞ *Sozialamt*.

Pflegereform 2008

(Pflege-Weiterentwicklungsgesetz)

Das Wichtigste in Kürze

Seit 1.7.2008 ist das Gesetz zur strukturellen Weiterentwicklung der Pflegeversicherung (Pflege-Weiterentwicklungsgesetz) in Kraft. Neu sind z.B. die Pflegezeit für berufstätige Angehörige, die Pflegeberatung, die Pflegestützpunkte und regelmäßige unangemeldete Prüfungen der Pflegeheime. Erhöht werden die meisten Leistungen der Pflegeversicherung, aber auch der Beitragssatz.

Nachfolgend die wichtigsten Änderungen und Neuerungen. Die Informationen gelten, soweit nichts anderes angeben ist, seit 1.7.2008. (In runden Klammern stehen Kurzerklärungen zu den vorher schon bestehenden Leistungen.)

1. Änderungen in der häuslichen Pflege

(Die häusliche Pflege umfasst die Pflege eines Patienten in seiner Wohnung durch Angehörige oder einen Pflegedienst. Mehr zu ☞ *Häusliche Pflege*.)

1.1. Pflegegeld

Das Pflegegeld wird schrittweise bis 2012 erhöht.

Pflegestufe	seit 1.7.2008	1.1.2010	1.1.2012
Stufe I	215,- €	225,- €	235,- €
Stufe II	420,- €	430,- €	440,- €
Stufe III	675,- €	685,- €	700,- €

(Pflegegeld erhalten Pflegebedürftige je nach Pflegestufe und können es zur Bezahlung ihrer Pflege einsetzen. Mehr zu ☞ *Pflegegeld Pflegeversicherung*.)

1.2. Pflegesachleistung

Die Beträge für Pflegesachleistung werden schrittweise bis 2012 erhöht

Pflegestufe	seit 1.7.2008	1.1.2010	1.1.2012
Stufe I	420,- €	440,- €	450,- €
Stufe II	980,- €	1.040,- €	1.100,- €
Stufe III	1.470,- €	1.510,- €	1.550,- €

(Bei der Pflegesachleistung wird der Pflegebedürftige zu Hause von einem Pflegedienst gepflegt. Der Pflegedienst rechnet direkt mit der Pflegekasse ab. Mehr zu ☞ *Pflegesachleistung*.)

1.3. Tages- und Nachtpflege

Die Beträge für Tages- und Nachtpflege werden schrittweise bis 2012 erhöht.

Pflegestufe	seit 1.7.2008	1.1.2010	1.1.2012
Stufe I	420,- €	440,- €	450,- €
Stufe II	980,- €	1.040,- €	1.100,- €
Stufe III	1.470,- €	1.510,- €	1.550,- €

(Tages- bzw. Nachtpflege heißt: Der Pflegebedürftige wohnt zu Hause, wird aber zum Teil tagsüber oder in der Nacht in einer Einrichtung betreut. Mehr zu ☞ *Tages- und Nachtpflege*.)

Mehr Informationen: www.betanet.de

1.4. Neu: Tages- oder Nachtpflege plus häusliche Pflege

Zusätzlich zur Tages- und Nachtpflege gibt es bis zu 50 % Pflegegeld oder Pflegesachleistung. So kann ein höchstmöglicher Gesamtanspruch von 150 % entstehen. Umgekehrt können zusätzlich zum Pflegegeld oder zur Pflegesachleistung bis zu 50 % Tages- und Nachtpflege in Anspruch genommen werden.
Insgesamt gibt es nie mehr als 150 % Gesamtleistung und immer nur maximal 100 % einer Leistung.

Tages- oder Nachtpflege	Pflegegeld oder Pflegesachleistung
100 %	10 %
100 %	20 %
100 %	30 %
100 %	40 %
100 %	50 %
90 %	60 %
80 %	70 %
70 %	80 %
60 %	90 %
50 %	100 %
40 %	100 %
30 %	100 %
20 %	100 %
10 %	100 %

1.5. Ersatzpflege

Die Ersatzpflege wird erstmalig nach 6 Monaten (vorher: 12 Monate) der häuslichen Pflege gewährt. Zudem wird der Betrag schrittweise bis 2012 angehoben.

seit 1.7.2008	1.1.2010	1.1.2012
1.470,- €	1.510,- €	1.550,- €

(Ersatzpflege/Verhinderungspflege ist die Pflege durch eine andere als die übliche Pflegeperson, z.B. wegen Erholungsurlaub oder Krankheit. Mehr zu ☞ *Ersatzpflege*.)

1.6. Kurzzeitpflege

Pflegebedürftige Kinder unter 18 Jahren können zur Kurzzeitpflege auch in eine Behinderteneinrichtung oder eine andere kindgerechte Einrichtung gehen (vorher war nur Pflegeheim möglich).
Die Beträge für die Kurzzeitpflege werden schrittweise bis 2012 angehoben.

seit 1.7.2008	1.1.2010	1.1.2012
1.470,- €	1.510,- €	1.550,- €

(Stationäre Kurzzeitpflege wird gewährt, wenn vorübergehend weder häusliche noch teilstationäre Pflege möglich ist. Mehr zu ☞ *Kurzzeitpflege*.)

1.7. Leistungen für Menschen mit erheblichem allgemeinem Betreuungsbedarf

Der zusätzliche Betreuungsbetrag für Menschen, die in ihren Alltagskompetenzen stark eingeschränkt sind (Demenz, psychische Erkrankung, geistige Behinderung), beträgt bis zu 200,- € monatlich und wird unabhängig von einer Pflegestufe gewährt (vorher: 460,- € jährlich bei Vorliegen einer Pflegestufe). D.h.: Auch Personen mit stark eingeschränkten Alltagskompetenzen ohne Pflegestufe bekommen je nach Betreuungsbedarf einen Betrag von der Pflegekasse. Wird der Betreuungsbetrag in einem Kalenderjahr nicht aufgebraucht, kann er in das nächste Kalenderhalbjahr mitgenommen werden.
(Mehr zu ☞ *Pflegeleistungsergänzungsgesetz*.)

1.8. Rentenversicherung der Pflegeperson

Der Rentenversicherungsbeitrag für Pflegepersonen wird auch während eines Urlaubs

bis zu 6 Wochen von der Pflegeversicherung weiterbezahlt.
(Pflegepersonen sind meist Angehörige, die einen Pflegebedürftigen zu Hause versorgen. Sie werden von der Pflegeversicherung sozial abgesichert. Mehr zu ☞ *Pflegeperson Pflegeversicherung Soziale Sicherung.*)

1.9. Neu: Gemeinsamer Pflege-Pool

Leben mehrere Pflegebedürftige, die von einer professionellen Pflegekraft betreut werden, z.B. in einem Haushalt (Senioren-WG), dann können sie ihre Pflegesachleistungsansprüche in einen gemeinsamen Pool geben. Die Zeitersparnis, die die Pflegekraft durch den gemeinsamen Haushalt hat, kommt den Pflegebedürftigen zugute.

2. Änderungen in der stationären Pflege

2.1. Beträge der vollstationären Pflege

Für die Pflegestufe III werden die Beträge schrittweise bis 2012 angehoben.

Pflegestufe	seit 1.7.2008	1.1.2010	1.1.2012
Pflegestufe III	1.470,- €	1.510,- €	1.550,- €
Pflegestufe III mit Härtefall	1.750,- €	1.825,- €	1.918,- €

(Vollstationäre Pflege ist die Pflege in einem Pflegeheim und beinhaltet die vollständige Versorgung des Pflegebedürftigen. Mehr zu ☞ *Vollstationäre Pflege.*)

2.2. Neu: Mehr Personal für Bewohner mit erheblichem Betreuungsbedarf

In Pflegeheimen sollen gesonderte Angebote für die Betreuung von Menschen mit erheblichem Betreuungsbedarf ermöglicht werden. Die Heime bekommen dafür einen Vergütungszuschlag von den gesetzlichen und privaten Pflegekassen, mit dem sie zusätzliches Personal bezahlen können. Auf 25 Bewohner mit erheblichem Betreuungsbedarf soll eine zusätzliche Betreuungsperson kommen.

2.3. Neu: Anerkennungsbetrag für niedrigere Pflegestufe

Erreicht ein Heimbewohner durch aktivierende Pflege und/oder rehabilitierende Maßnahmen eine niedrigere Pflegestufe, erhält das Pflegeheim einen einmaligen Anerkennungsbetrag von 1536,- €. Wird der Heimbewohner aber innerhalb von 6 Monaten wieder höher eingestuft, müssen die 1536,- € zurückgezahlt werden.

2.4. Neu: Regelmäßige Überprüfung von Pflegeheimen

Bis Ende 2010 wird jede zugelassene Pflegeeinrichtung mindestens einmal geprüft. Ab 2011 werden alle Einrichtungen jährlich geprüft. Diese Überprüfungen führt der Medizinische Dienst der Krankenversicherung (MDK) in der Regel unangemeldet durch. Der Prüfbericht wird verständlich formuliert und an Orten veröffentlich, die für den Verbraucher gut zugänglich sind, z.B. Internet, Pflegestützpunkte, Infotafeln in Heimen. Zudem sollen bundesweit geltende Qualitätsstandards erarbeitet und eingeführt werden.

3. Neu: Begutachtungsfristen beim Pflegeantrag

Über einen Antrag zur Feststellung der Pflegebedürftigkeit muss die Pflegekasse innerhalb einer bestimmten Frist entscheiden. Die Frist ist abhängig vom Aufenthaltsort des Antragstellers und von der Beantragung von Pflegezeit. Sie beträgt

- **5 Wochen,**
  wenn sich der Antragsteller zu Hause befindet.

- **2 Wochen,**
  wenn sich der Antragsteller zu Hause befindet und ein Angehöriger Pflegezeit beantragt hat.
- **1 Woche,**
  wenn sich der Antragssteller im Krankenhaus, in einer stationären Reha-Einrichtung oder in einem Hospiz befindet
  oder
  wenn er eine ambulante Palliativversorgung erhält.

(Mehr zu ☞ *Pflegebedürftigkeit.*)

4. Neu: Pflegezeit für Berufstätige

Ein Berufstätiger, der einen pflegebedürftigen Angehörigen vorübergehend pflegen will, hat einen Anspruch auf Pflegezeit. Bis zu 6 Monate lang kann er sich von seiner Arbeit freistellen lassen.
Ein Rechtsanspruch auf **vollständige** Freistellung besteht aber erst ab einer Betriebsgröße von 15 Beschäftigten.
Eine **teilweise** Freistellung kann nur aus dringenden betrieblichen Gründen abgelehnt werden.
Die Freistellung muss 10 Tage vor Pflegebeginn schriftlich beim Arbeitgeber angekündigt werden.
Eine Sonderform unabhängig von der Betriebsgröße ist die **kurzzeitige** Freistellung für bis zu 10 Arbeitstage. Diese sogenannte „kurzzeitige Arbeitsverhinderung" kann bei einer unerwarteten Pflegesituation in Anspruch genommen werden.
Mehr zu ☞ *Pflegezeit.*

5. Neu: Pflegestützpunkte und Pflegeberatung

Ab 1.1.2009 besteht ein Rechtsanspruch auf Pflegeberatung. Diese wird von Pflegestützpunkten oder - wenn nicht vorhanden - von der Pflegekasse geleistet.
Pflegestützpunkte sind zentrale Anlaufstellen für Pflegebedürftige und ihre Angehörigen. Die Pflegestützpunkte koordinieren und vermitteln Hilfeleistungen und örtliche Angebote. Die Pflegeberater in den Stützpunkten beraten, informieren und helfen rund um das Thema Pflege und nehmen sich der individuellen Situation des Ratsuchenden an. Ob ein Pflegestützpunkt eingerichtet wird, entscheidet das Bundesland.
Gibt es keinen Pflegestützpunkt, wenden sich Ratsuchende an den Pflegeberater bei der Pflegekasse.

6. Beitragssatzerhöhung

Der Beitragssatz zur Pflegeversicherung wurde zum 1.7.2008 um 0,25 % erhöht. Somit zahlen Versicherte mit Kind 1,95 %, Versicherte ohne Kind 2,2 % vom Bruttogehalt für die gesetzliche Pflegeversicherung.

7. Vorversicherungszeit

Die Vorversicherungszeit wird von 5 auf 2 Jahre verkürzt.
(Nur wer die Vorversicherungszeit erfüllt, erhält Leistungen der Pflegeversicherung. Mehr zu ☞ *Vorversicherungszeit.*)

Pflegesachleistung

(§ 36 SGB XI)

Das Wichtigste in Kürze

Bei der Pflegesachleistung wird der Pflegebedürftige von professionellen Pflegekräften gepflegt, die zu ihm ins Haus kommen. Die Pflegekräfte rechnen direkt mit der Pflegekasse ab und erhalten je nach Pflegestufe 420,- bis 1.918,- € monatlich.

1. Allgemeines

„Pflegesachleistung" heißt, dass professionelle Pflegekräfte die Grundpflege und die hauswirtschaftliche Versorgung übernehmen. Pflegesachleistungen gehören im Rahmen der Pflegeversicherung zur ☞ *Häuslichen Pflege.* Der beauftragte ambulante Pflegedienst rechnet sogenannte Leistungskomplexe ab.

Mehr Informationen: www.betanet.de

P

2. Leistungsanbieter

Die Pflegefachkräfte sind entweder von der Pflegekasse oder einem **zugelassenen** ambulanten Pflegedienst angestellt, oder sie haben als Einzelpersonen einen Versorgungsvertrag mit der Pflegekasse abgeschlossen.

Die Pflegekassen haben ein Verzeichnis aller Pflegedienste und Einzelpersonen, mit denen sie einen Versorgungsvertrag abgeschlossen haben. Sie **müssen** den Pflegebedürftigen Auskünfte daraus erteilen, welche Pflegedienste und Einzelpersonen Pflegesachleistungen anbieten. Die Pflegekassen verfügen zudem über eine Preisliste der einzelnen Pflegeleistungen.

Pflegedienste, die mit Pflegekassen **keinen** Vertrag geschlossen haben, können trotzdem gegen Privatrechnung an den Pflegebedürftigen Pflegesachleistungen erbringen. Der Pflegebedürftige hat gegenüber der Pflegekasse dann einen Anspruch auf Erstattung von 80 % des jeweiligen Höchstbetrags. Das Sozialamt darf die Differenz **nicht** bezahlen. Der Pflegedienst ist verpflichtet, auf diese Tatsachen hinzuweisen.

3. Voraussetzungen

- **Keine** ☞ *Häusliche Krankenpflege* in Form von Grundpflege und hauswirtschaftlicher Versorgung der gesetzlichen Krankenversicherung
  und
- Pflege im häuslichen Bereich, d.h. im eigenen Haushalt, in einem anderen Haushalt, in dem der Pflegebedürftige aufgenommen wurde, oder in einem Altenwohnheim oder Altenheim
  und
- prinzipiell müssen die ☞ *Vorversicherungszeit* erfüllt, die ☞ *Pflegebedürftigkeit* festgestellt und die Pflegesachleistung bei der Pflegekasse beantragt werden.

Pflegesachleistungen sind **ausgeschlossen**, wenn es sich bei der Einrichtung, in der der Pflegebedürftige betreut wird, um ein Pflegeheim (stationäre Einrichtung nach § 71 Abs. 2 SGB XI) handelt. Nähere Informationen ☞ *Vollstationäre Pflege*.

4. Höhe

Die professionelle Pflegekraft erhält bei

- Pflegestufe I: 420,- € monatlich
- Pflegestufe II: 980,- € monatlich
- Pflegestufe III: 1.470,- € monatlich
- Härtefällen der Pflegestufe III: 1.918,- € monatlich

Näheres zu den ☞ *Pflegestufen* siehe dort.

5. Verhältnis zu anderen Leistungen der Pflegeversicherung

Pflegesachleistung und ☞ *Pflegegeld Pflegeversicherung* schließen sich normalerweise aus. Möglich ist allerdings eine ☞ *Kombinationsleistung* aus beiden.

Neben der Pflegesachleistung kann in jedem Fall der Bezug von ☞ *Pflegehilfsmitteln* beansprucht werden.

Es besteht auch die Möglichkeit, neben Pflegesachleistung den Pflegebedürftigen in einer Tages- oder Nachtpflege betreuen zu lassen. Hierfür stehen ihm bei voll ausgeschöpfter Pflegesachleistung noch 50 % der Tages- oder Nachtpflege zu. Die Höhe orientiert sich an der Pflegestufe. Details unter ☞ *Tages- und Nachtpflege*.

6. Auslandsaufenthalt

Eine Pflegekraft kann nur dann im Ausland in Anspruch genommen werden, wenn diese Pflegefachkraft auch ansonsten die Pflege erbringt und den Pflegebedürftigen während des Auslandsaufenthalts begleitet.

Wer hilft weiter?

☞ *Pflegekassen*

Soziale Fragen? betafon 01805 - 238 2366!

Pflegestelle

☞ *Vollzeitpflege*

Pflegestufen

(§ 15 SGB XI)

Das Wichtigste in Kürze

Die Pflegestufe ergibt sich aus der Schwere der Pflegebedürftigkeit und bedingt die Höhe der Leistungen der Pflegekasse. Es gibt die Pflegestufen I bis III sowie Sonderregelungen für besonders pflegeaufwendige Patienten und für die Pflegeeinstufung von Kindern.

1. Allgemeines

Die Pflegestufe wird von der Pflegekasse festgelegt. Basis sind die Richtlinien zur Begutachtung von Pflegebedürftigkeit nach dem SGB XI, diese können unter www.mds-ev.org > Dokumente und Formulare > Pflege eingesehen werden. Die Begutachtung der individuellen Pflegebedürftigkeit führt der ☞ *MDK* im Auftrag der Pflegekasse durch.

2. Pflegestufe I - erheblich Pflegebedürftige

2.1. Hilfebedarf

Hilfebedarf besteht einmal täglich für wenigstens 2 Verrichtungen aus den Bereichen Körperpflege, Ernährung oder Mobilität und zusätzlich mehrfach in der Woche bei der hauswirtschaftlichen Versorgung.

2.2. Zeitaufwand

Der Zeitaufwand eines Familienangehörigen oder einer anderen nicht als Pflegekraft ausgebildeten Pflegeperson beträgt für die Grundpflege und die hauswirtschaftliche Versorgung wöchentlich im Tagesdurchschnitt mindestens 90 Minuten. Davon müssen auf die Grundpflege mindestens 46 Minuten entfallen.

2.3. Leistungen

Pflegestufe I	**€**
☞ *Pflegegeld Pflegeversicherung* monatlich	215,-
☞ *Pflegesachleistungen* monatlich	420,-
☞ *Kombinationsleistung* monatlich	anteilig
Teilstationäre Tages- oder Nachtpflege monatlich (☞ *Tages- und Nachtpflege*)	420,-
Stationäre ☞ *Kurzzeitpflege* (längstens 4 Wochen/Jahr)	1.470,-
☞ *Vollstationäre Pflege* monatlich	1.023,-
☞ *Ersatzpflege*, Verhinderungspflege durch Fachkräfte und nicht verwandte Laienhelfer	1.470,-
☞ *Ersatzpflege* durch verwandte Laienhelfer	215,-

3. Pflegestufe II - schwer Pflegebedürftige

3.1. Hilfebedarf

Hilfebedarf besteht mindestens dreimal täglich zu verschiedenen Tageszeiten für Verrichtungen aus den Bereichen Körperpflege, Ernährung oder Mobilität und zusätzlich mehrfach in der Woche bei der hauswirtschaftlichen Versorgung.

3.2. Zeitaufwand

Der Zeitaufwand eines Familienangehörigen oder einer anderen nicht als Pflegekraft ausgebildeten Pflegeperson beträgt für die Grundpflege und die hauswirtschaftliche Versorgung wöchentlich im Tagesdurchschnitt mindestens 3 Stunden. Davon müssen auf die Grundpflege mindestens 2 Stunden entfallen.

Mehr Informationen: www.betanet.de

3.3. Leistungen

Pflegestufe II	€
☞ *Pflegegeld Pflegeversicherung* monatlich	420,-
☞ *Pflegesachleistungen* monatlich	980,-
☞ *Kombinationsleistung* monatlich	anteilig
Teilstationäre Tages- oder Nachtpflege monatlich (☞ *Tages- und Nachtpflege*)	980,-
Stationäre ☞ *Kurzzeitpflege* (längstens 4 Wochen/Jahr)	1.470,-
☞ *Vollstationäre Pflege* monatlich	1.279,-
☞ *Ersatzpflege*, Verhinderungspflege durch Fachkräfte und nicht verwandte Laienhelfer	1.470,-
☞ *Ersatzpflege* durch verwandte Laienhelfer	420,-

4. Pflegestufe III - schwerst Pflegebedürftige

4.1. Hilfebedarf

Hilfebedarf besteht täglich rund um die Uhr, auch nachts, bei der Körperpflege, der Ernährung oder der Mobilität und zusätzlich mehrfach in der Woche bei der hauswirtschaftlichen Versorgung.

4.2. Zeitaufwand

Der Zeitaufwand eines Familienangehörigen oder einer anderen nicht als Pflegekraft ausgebildeten Pflegeperson für die Grundpflege und die hauswirtschaftliche Versorgung beträgt wöchentlich im Tagesdurchschnitt mindestens 5 Stunden. Davon müssen auf die Grundpflege mindestens 4 Stunden entfallen.

4.3. Leistungen

Pflegestufe III	€
☞ *Pflegegeld Pflegeversicherung* monatlich	675,-
☞ *Pflegesachleistungen* monatlich	1.470,-
☞ *Kombinationsleistung* monatlich	anteilig
Teilstationäre Tages- oder Nachtpflege monatlich (☞ *Tages- und Nachtpflege*)	1.470,-
Stationäre ☞ *Kurzzeitpflege* (längstens 4 Wochen/Jahr)	1.470,-
☞ *Vollstationäre Pflege* monatlich	1.470,-
☞ *Ersatzpflege*, Verhinderungspflege durch Fachkräfte und nicht verwandte Laienhelfer	1.470,-
☞ *Ersatzpflege* durch verwandte Laienhelfer	675,-

5. Besonderheiten

5.1. Härtefall

Ein Härtefall liegt bei Erforderlichkeit eines außergewöhnlich hohen und intensiven Pflegeaufwands vor, der das übliche Maß der Pflegestufe III weit übersteigt. Dies ist z.B. dann der Fall, wenn Hilfe bei der Grundpflege mindestens 6 Stunden, davon mindestens dreimal in der Nacht erforderlich ist oder mehrere Pflegepersonen notwendig sind.

☞ *Pflegesachleistungen* im Härtefall monatlich	1.918,- €
☞ *Vollstationäre Pflege* im Härtefall monatlich	1.750,- €

Die Richtlinien zur Begutachtung von Pflegebedürftigkeit nach dem SGB XI enthalten

Soziale Fragen? betafon 01805 - 238 2366!

in den Anlagen sogenannte Härtefall-Richtlinien, diese können unter www.mds-ev.org > Dokumente und Formulare > Pflege eingesehen werden.

5.2. Erschwernis- und Erleichterungsfaktoren

Es gibt Kriterien, die bei der Begutachtung durch den MDK als Erschwernis- oder Erleichterungsfaktoren anerkannt werden können. Diese wirken sich auf den Zeitaufwand aus, der bei der Pflegeeinstufung zugrunde gelegt wird.

Erschwernisfaktoren können sein:
- Körpergewicht des Pflegebedürftigen über 80 kg.
- Therapieresistente Schmerzen, Kontrakturen, Spastik, Lähmungen, Fehlstellungen oder Einschränkung der Beweglichkeit beim Pflegebedürftigen.
- Eingeschränkte Belastbarkeit aufgrund von Herzerkrankungen mit Atemnot, Zyanosen und Ödemen.
- Abwehrverhalten des Pflegebedürftigen durch geistige Behinderung oder psychische Erkrankung (z.B. Demenz).
- Starke Einschränkungen beim Hören oder Sehen.
- Pflegebehindernde räumliche Gegebenheiten.
- Unerlässlicher Einsatz zeitaufwendiger Hilfsmittel wie Decken- und Wandlifter.
- Verrichtungsbezogene, krankheitsspezifische Pflegemaßnahmen, die aus medizinisch-pflegerischen Gründen regelmäßig und auf Dauer
  - untrennbarer Bestandteil der Hilfe bei den Verrichtungen der Grundpflege sind **oder**
  - objektiv notwendig im unmittelbaren zeitlichen und sachlichen Zusammenhang mit diesen Verrichtungen der Grundpflege vorgenommen werden müssen.

Erleichternde Faktoren können sein:
- Körpergewicht des Pflegebedürftigen unter 40 kg.
- Pflegeerleichternde räumliche Gegebenheiten.
- Erleichternder Hilfsmitteleinsatz.

5.3. Leistungen für Pflegebedürftige mit erheblichem allgemeinen Betreuungsbedarf: Pflegeleistungsergänzungsgesetz

(§ 45a, b, c SGB XI)
Personen, die aufgrund demenzbedingter Fähigkeitsstörungen, geistigen Behinderungen oder psychischen Erkrankungen einen erheblichen Betreuungsbedarf haben, können durch das Pflegeleistungsergänzungsgesetz bis zu 200,- € monatlich für Betreuungsangebote in Anspruch nehmen. Für diese Leistung muss keine Pflegestufe vorliegen, jedoch darf sich der Betroffene nicht dauerhaft in einer stationären Einrichtung befinden.
Mehr Informationen unter ☞ *Pflegeleistungsergänzungsgesetz.*

5.4. Pflegeeinstufung von Kindern

Für die Beurteilung der Pflegestufe eines Kindes ist entscheidend, wie viel **zusätzliche** Hilfe das Kind gegenüber einem gesunden gleichaltrigen Kind benötigt, bzw. der zeitliche **Mehraufwand.**
Der Höchstbedarf an Hilfe für gesunde Kinder wurde detailliert festgelegt (Richtlinien siehe unter 1. Allgemeines). Rechts oben ein vereinfachter Überblick über den Pflegeaufwand eines gesunden Kindes.

Braucht die Mutter z.B. 3 Stunden länger als die hier angegebenen Zeiten, ist eine Einordnung des Kindes als „schwer pflegebedürftig" in Pflegestufe II wahrscheinlich. Die Einstufung ist Aufgabe des ☞ *MDK.*

6. Höherstufung

Eine Höherstufung der Pflegestufe ist immer dann möglich, wenn sich der Pflegeaufwand erhöht. Dazu ist ein **Antrag** bei der Pflegekasse zu stellen und ein erneutes Feststel-

Mehr Informationen: www.betanet.de

Alter des Kindes	Säugling 0 - 1 Jahr	Kleinkind 1 - 3 Jahre	Kindergarten 3 - 6 Jahre	
Körperpflege (Waschen, Duschen/Baden, Zahnpflege, Kämmen, Darm-, Blasenentleerung)	61-62	66-81	76-32	Minuten/ Tag
Ernährung (mundgerechte Zubereitung, Nahrungsaufnahme)	145-125	108-48	28-10	Minuten/ Tag
Mobilität (Aufstehen/Zubettgehen, An-/Auskleiden, Gehen, Stehen, Verlassen/Wiederaufsuchen der Wohnung)	32-38	44-40	34-10	Minuten/ Tag
Gesamtsumme	**238-218**	**218-138**	**138-52**	**Minuten/ Tag**

lungsverfahren über den MDK nötig, das auch als **Wiederholungsgutachten** bezeichnet wird.
Als Wiederholungsgutachten gilt auch die Begutachtung im Auftrag der ☞ *Pflegekasse*, wenn diese den Hinweis erhält, dass die ☞ *häusliche Pflege* nicht mehr in ausreichender Weise gewährleistet ist.

Praxistipp

Reicht der Pflegebedarf für die Pflegestufe I nicht aus, erhält der Hilfebedürftige prinzipiell keine Leistungen der Pflegeversicherung. Ausnahmsweise kann es finanzielle Hilfen vom ☞ *Sozialamt* geben. An den vom MDK festgestellten Pflegebedarf ist das Sozialamt gebunden. Die hilfebedürftige Person sollte dann beim zuständigen Sozialamt einen Antrag auf Hilfe zur Pflege stellen. Näheres unter ☞ *Pflege Sozialhilfe*

Pflegetagebuch

Das Wichtigste in Kürze

In ein Pflegetagebuch tragen pflegende Angehörige minutengenau alle Pflegetätigkeiten ein. Das Pflegetagebuch sollte möglichst 1-2 Wochen lang geführt und dann dem MDK vorgelegt werden, wenn er vor Ort die Pflegebedürftigkeit des Patienten begutachtet.

1. Ziel

Stellt ein Patient einen Antrag auf Pflegeleistungen oder befindet sich bereits ein Antrag in Bearbeitung, so ist es sehr empfehlenswert, dass Angehörige 1-2 Wochen vor Erscheinen des ☞ *MDK* ein Pflegetagebuch führen.
In das Pflegetagebuch tragen alle an der Pflege beteiligten Personen ihre Pflegezeiten und Pflegetätigkeiten ein. Dabei wird minutengenau festgehalten, wie viel Zeit die einzelnen Tätigkeiten im Rahmen der Grundpflege und hauswirtschaftlichen Versorgung einnehmen. So bekommt der Pflegende einen Überblick über den gesamten Hilfebedarf und Zeitaufwand der täglichen Pflege.
Bei der Begutachtung sollte das ausgefüllte Pflegetagebuch zusammen mit allen medizinischen Unterlagen dem MDK vorgelegt werden. Dieser sieht dann nicht nur eine „Momentaufnahme", sondern den ständigen Hilfebedarf.

2. Inhalt

Das Pflegetagebuch ist in Spalten angelegt. Hinter jede pflegende Tätigkeit kann der Zeitaufwand in Minuten und die Art der Hilfe (Anleitung, Beaufsichtigung, Unterstützung, teilweise oder volle Übernahme) eingetragen werden. Als pflegende Tätigkeiten sind u.a. folgende zu nennen:

- **Körperpflege**: Waschen, Duschen, Baden, Rasieren, Kämmen, Mund- und Zahnpflege, Blasenentleerung, Darmentleerung, Intimpflege, Wechseln von Inkontinenzartikeln.
- **Mobilität**: Aufstehen vom Bett, Zubettbringen, Ankleiden, Auskleiden, Gehen/Bewegen im Haus, Stehen, Treppensteigen, Begleiten zum Arzt.
- **Ernährung**: mundgerechte Nahrungszubereitung, Nahrungsaufnahme.
- **Hauswirtschaftliche Versorgung**: Einkaufen, Kochen, Reinigen der Wohnung, Spülen, Wechseln der Wäsche, Waschen, Bügeln, Beheizen der Wohnung.

Praxistipp

Ein Pflegetagebuch erhält man auf Anfrage bei manchen ☞ *Pflegekassen*. Eine Musterseite finden Sie auf Seite 235 oder als Download unter www.betanet.de/download/pflegetagebuch.pdf.

Pflegeversicherung

(SGB XI)

Das Wichtigste in Kürze

Die gesetzliche Pflegeversicherung bietet Leistungen für Patienten, die mindestens ein halbes Jahr lang gepflegt werden müssen. Pflichtversichert in den Pflegekassen sind - mit wenigen Ausnahmen - alle Mitglieder der Krankenkassen.

1. Allgemeines

Die **gesetzliche** Pflegeversicherung tritt für die pflegerische Versorgung von Personen ein, die wegen einer körperlichen, geistigen oder seelischen Erkrankung oder Behinderung in Bezug auf die gewöhnlichen und regelmäßig wiederkehrenden Verrichtungen des täglichen Lebens für mindestens 6 Monate in erheblichem Umfang Hilfe brauchen. Rechtsgrundlage ist das Sozialgesetzbuch Nr. 11 (SGB XI).

Der **Antrag auf Pflegeleistungen** ist bei den ☞ *Pflegekassen* zu stellen.

2. Versicherungspflicht

In den Schutz der Pflegeversicherung sind alle einbezogen, die auch in der gesetzlichen ☞ *Krankenversicherung* versichert sind. Die Versicherungs**pflicht** besteht daher für dieselben Personenkreise, auch für ☞ *Familienversicherte*. Zuständig sind die (bei den Krankenkassen errichteten) Pflegekassen.

3. Freiwillige Versicherung

Grundsatz: Freiwillige Mitglieder der gesetzlichen Krankenversicherung sind in der Pflegeversicherung versicherungspflichtig (§ 20 Abs. 3 SGB XI).

Ausnahme: Wer freiwillig krankenversichert ist und nicht Mitglied der zugehörigen gesetzlichen Pflegekasse werden möchte, muss bei der Pflegekasse einen Befreiungsantrag stellen und einen gleichwertigen privaten Versicherungsschutz nachweisen. Das muss innerhalb von 3 Monaten nach Beginn der freiwilligen Versicherung geschehen. Der Befreiungsantrag ist nicht widerrufbar, außer der freiwillig Versicherte wird aufgrund veränderter Voraussetzungen wieder zum Pflichtversicherten (§ 22 SGB XI).

4. Leistungen

Die vorwiegenden Leistungen der gesetzlichen Pflegeversicherung stehen unter den nachfolgenden Stichworten:

☞ *Ersatzpflege*
☞ *Häusliche Pflege Pflegeversicherung*
☞ *Kombinationsleistung*
☞ *Kurzzeitpflege*
☞ *Pflege Pflegeversicherung*
☞ *Pflegebedürftigkeit*
☞ *Pflegegeld Pflegeversicherung*

Mehr Informationen: www.betanet.de

Pflegetagebuch

Pflegetag (Datum): ____________________

Erforderliche Hilfe bei:		Zeitaufwand in Minuten				Art der Hilfe		
		morgens	**mittags**	**abends**	**nachts** 22–6 Uhr	**Anleitung** oder **Beaufsichtigung**	**mit Unterstützung**	**teilweise** oder **volle Übernahme**
Körperpflege								
Waschen:	Ganzkörperwäsche							
	Teilwäsche							
	Duschen							
	Baden							
Zahnpflege								
Kämmen								
Rasieren								
Darm- und Blasenentleerung								
Wasserlassen								
Stuhlgang								
Richten der Kleidung								
Wechseln von Inkontinenz-einlagen/Windeln								
Wechseln/Entleeren des Urin-beutels/Stomabeutels								
Ernährung								
Mundgerechte Nahrungs-zubereitung								
Aufnahme der Nahrung								
Mobilität								
Aufstehen, Zu-Bett-Gehen								
Umlagern								
Ankleiden								
Auskleiden								
Gehen, Bewegen im Haus								
Stehen								
Treppensteigen								
Verlassen, Wiederaufsuchen der Wohnung								
Hauswirtschaftliche Versorgung								
Einkaufen								
Kochen								
Wohnung reinigen								
Spülen								
Wechseln, Waschen der Wäsche/Kleidung								
Beheizen der Wohnung								

☞ *Pflegehilfsmittel*
☞ *Pflegeleistungsergänzungsgesetz*
☞ *Pflegeperson Pflegeversicherung Soziale Sicherung*
☞ *Pflegesachleistung*
☞ *Pflegezeit*
☞ *Tages- und Nachtpflege*
☞ *Vollstationäre Pflege*
☞ *Wohnumfeldverbesserung*

Wer hilft weiter?

- Bürgertelefon des Bundesministeriums für Gesundheit: Mo-Do, 8-18 Uhr und Fr 8-12 Uhr, 01805 996603 (14 Ct./Min.).
- ☞ *Pflegekassen.*
- Fragen zur **privaten** Pflegeversicherung beantwortet der Verband der privaten Krankenversicherung e.V., Bayenthalgürtel 26, 50968 Köln, Telefon 0221 9987-0, Fax 0221 9987-3950.

Mehr Informationen: www.betanet.de

Pflegezeit

(§§ 44, 44 a SGB XI - PflegeZG)

Das Wichtigste in Kürze

Seit 1.7.2008 gibt es für berufstätige Angehörige einen Anspruch auf Freistellung von der Arbeit, um einen nahen Angehörigen zu pflegen. Die Pflegezeit kann für maximal 6 Monate beantragt werden. In dieser Zeit ist die Pflegeperson ohne Gehalt von der Arbeit freigestellt. Auch eine teilweise Freistellung in Form von Reduzierung bzw. Verteilung der Arbeitszeit ist möglich.

1. Voraussetzungen

Um Pflegezeit beantragen zu können, müssen folgende Voraussetzungen erfüllt sein:

- Pflegebedürftigkeit eines nahen Angehörigen. Nahe Angehörige sind:
  - Großeltern, Eltern, Schwiegereltern, Ehegatten, Lebenspartner, Partner einer eheähnlichen Gemeinschaft, Geschwister, Kinder, Adoptiv- oder Pflegekinder
  - Kinder, Adoptiv- oder Pflegekinder des Ehegatten oder Lebenspartner
  - Schwiegersohn oder -tochter, Enkelkinder.
- Bescheinigung über die ☞ *Pflegebedürftigkeit* des Angehörigen durch die Pflegekasse oder den Medizinischen Dienst der Krankenversicherung (MDK).
- Schriftliche Anmeldung der Pflegezeit beim Arbeitgeber.
  Die Freistellung muss 10 Tage vor Pflegebeginn beim Arbeitgeber angekündigt werden. Es muss der Zeitraum der Pflegezeit oder der Umfang der teilweisen Freistellung festgelegt sein.

Ein Rechtsanspruch auf Pflegezeit besteht erst ab einer Betriebsgröße von 15 Beschäftigten. Der Arbeitgeber muss bei einer teilweisen Freistellung den Wünschen des Arbeitnehmers entsprechen, außer es gibt betriebliche Gründe, die dem entgegenstehen.

2. Vorzeitige Beendigung der Pflegezeit

Ist der Angehörige nicht mehr pflegebedürftig oder die häusliche Pflege unmöglich oder unzumutbar, endet die Pflegezeit 4 Wochen nach Eintritt der veränderten Umstände. Der Arbeitgeber ist darüber unverzüglich zu informieren. Solche Umstände können z.B. Tod des Pflegebedürftigen, stationäre Unterbringung oder finanzielle Engpässe der Pflegeperson sein.
Liegen keine entsprechenden schweren Umstände vor, und die Pflegezeit soll trotzdem vorzeitig beendet werden, so ist dies von der Zustimmung des Arbeitgebers abhängig.

3. Verlängerung der beantragten Pflegezeit

Für einen kürzeren Zeitraum (unter 6 Monate) in Anspruch genommene Pflegezeit kann bis zur Höchstdauer von 6 Monaten verlängert werden, wenn der Arbeitgeber zustimmt. Eine Verlängerung kann z.B. dann notwendig sein, wenn die Pflege von der zukünftigen Pflegeperson zum vereinbarten Zeitpunkt nicht angetreten werden kann.

4. Kurzzeitige Arbeitsverhinderung

Eine Sonderform ist die kurzzeitige Freistellung eines Arbeitnehmers für bis zu 10 Arbeitstage. Diese sogenannte „kurzzeitige Arbeitsverhinderung" kann bei einer unerwarteten Pflegesituation in Anspruch genommen werden. In dieser Zeit kann z.B. die Pflege des Angehörigen organisiert werden. Die Dauer der Arbeitsverhinderung muss dem Arbeitgeber unverzüglich mitgeteilt werden. Er kann auch eine ärztliche Bescheinigung über die Notwendigkeit der Arbeitsverhinderung verlangen.

5. Kündigungsschutz

Während der kurzzeitigen Arbeitsverhinderung und der Pflegezeit darf der Arbeitgeber in der Regel das Beschäftigungsverhältnis nicht kündigen.

6. Sozialversicherung

Während der Pflegezeit ist die Pflegeperson über die Pflegeversicherung sozial abgesichert. Die Pflegekasse führt an folgende gesetzliche Sozialversicherungen Beiträge ab:

- **Unfallversicherung**
- **Arbeitslosenversicherung**
- **Rentenversicherung**
  Die Höhe der Beiträge orientiert sich an der Pflegestufe des zu Pflegenden, weitere Details unter ☞ *Pflegeperson Pflegeversicherung Soziale Sicherung.*
- **Kranken- und Pflegeversicherung**
  Besteht die Möglichkeit der Familienversicherung, so ist diese zu wählen. Ist dies nicht möglich, muss sich die Pflegeperson während der Pflegezeit freiwillig oder privat krankenversichern. Auf Antrag bezuschusst die Pflegeversicherung bis zur Höhe des Mindestbeitrags der Kranken- und Pflegeversicherung.

Während der kurzzeitigen Arbeitsverhinderung (maximal 10 Tage) ist keine Übernahme der Sozialversicherungsbeiträge durch die Pflegekasse notwendig. Es besteht ein durchgehender Versicherungsschutz.

Wer hilft weiter?

☞ *Pflegekassen*

Pflegschaft

☞ *Betreuung*

Prävention

(§§ 20 ff. SGB V)

Das Wichtigste in Kürze

Jede Prävention dient dazu, Erkrankungen im Vorfeld zu verhindern. Krankenkassen sind zur Prävention verpflichtet und bieten zahlreiche Präventionskurse an. Gefördert werden auf Antrag auch Selbsthilfegruppen, die Prävention anbieten

1. Grundsätzliches

Als Prävention werden Strategien bezeichnet, die Risikofaktoren für bestimmte Krankheiten vermindern oder (mit)verursachende Rahmenbedingungen beeinflussen. Gesetzlich sind die Krankenkassen dazu aufgefordert, Prävention und Selbsthilfe bei den Versicherten zu stärken. Insbesondere sollen sie Maßnahmen der Primärprävention zur Verbesserung des allgemeinen Gesundheitszustands und zur Verminderung sozial bedingter Ungleichheit von Gesundheitschancen erbringen.
Außerdem sollen Maßnahmen der betrieblichen Gesundheitsförderung sowie Selbsthilfegruppen, -organisationen und -kontaktstellen gefördert werden. Es werden auf Antrag die Selbsthilfegruppen finanziell gefördert, die sich für Prävention und Rehabilitation bestimmter Erkrankungen einsetzen.

2. Unterschiedliche Formen der Prävention

Bei Prävention wird unterschieden:

1. **Primär**prävention: Eintritt einer Krank-

heit soll verhindert oder verzögert werden.
2. **Sekundär**prävention: Interventionen bei Krankheiten im frühen Stadium.
3. **Tertiär**prävention: Maßnahmen zur Verhütung von Folge- und Begleiterkrankungen sowie der Verschlimmerung im fortgeschrittenen Stadium einer Erkrankung.

3. Präventionskurse

Fast alle Krankenkassen bieten ihren Versicherten Präventionskurse zur Erhaltung bzw. Verbesserung der Gesundheit an. Diese Kurse sind Maßnahmen der Primärprävention und werden hauptsächlich aus folgenden Bereichen angeboten:
- Stressbewältigung, Entspannungsmethoden.
- Suchtmittelkonsum (Raucherentwöhnung).
- Ernährung (Kurse zur vollwertigen und ausgewogenen Ernährung, Gewichtsreduktionskurse).
- Bewegung (Förderung der Herz-Kreislauf-Funktion wie Nordic Walking, Stärkung des Muskel-Skelett-Systems wie Rückenschule, Wirbelsäulengymnastik).

Die Präventionskurse der Krankenkassen umfassen in der Regel 8 bis 12 Unterrichtseinheiten und werden zum Teil in Fitnessstudios, Rehabilitationseinrichtungen oder Praxen für Physiotherapie angeboten.

Unter Präventionsmaßnahmen, die von den Krankenkassen finanziert werden, fallen außerdem
- ☞ *Früherkennung von Krankheiten*
- ☞ *Vorsorgeleistungen und Vorsorgekuren* und
- Vorsorgeuntersuchungen im Rahmen der ☞ *Zahnbehandlung*.

Wer hilft weiter?

Um an Gesundheitskursen und Bonusprogrammen teilzunehmen, müssen sich Versicherte an ihre Krankenkassen wenden. Dort bekommen sie Angebote in ihrer Umgebung oder Teilnahmebedingungen für Bonusprogramme genannt. Viele Krankenkassen übernehmen auf Antrag auch einen Teil der Kosten von Kursen, die von einer anderen Krankenkasse angeboten werden, falls sie selbst dieses Angebot nicht machen.

Praxisgebühr

(§§ 28 Abs. 4, 43 b SGB V)

Das Wichtigste in Kürze

Erwachsene Patienten müssen für jeden Arztbesuch einmal pro Quartal 10,- € Praxisgebühr bezahlen. Um die Praxisgebühr im selben Quartal nicht zweimal zahlen zu müssen, ist für den Besuch beim Facharzt eine Überweisung des Hausarztes notwendig, oder umgekehrt.

1. Fälligkeit

Bei
- Arztbesuch (unabhängig ob Hausarzt, Facharzt oder Psychotherapeut),
- Zahnarztbesuch und
- ambulanter Notfallbehandlung im Krankenhaus oder Beanspruchung des vertragsärztlichen Notfalldienstes

wird **jeweils** pro Quartal eine Praxisgebühr (auch Kassengebühr genannt) von 10,- € erhoben, unabhängig davon, wie oft der Patient den Arzt im Quartal aufsucht.

Dies gilt auch dann, wenn beispielsweise nur ein Rezept ausgestellt, Blut abgenommen oder telefonisch eine Leistung in Anspruch genommen wird.

1.1. Überweisung

Um die Praxisgebühr im selben Quartal nicht nochmals entrichten zu müssen, ist für den Besuch beim Facharzt eine Überweisung des Hausarztes notwendig, oder umgekehrt: Der Patient kann auch direkt zum Facharzt gehen und zahlt dort die Praxisgebühr. Muss er im selben Quartal zum

Mehr Informationen: www.betanet.de

Hausarzt, stellt der Facharzt eine Überweisung aus, wodurch eine weitere Praxisgebühr entfällt.
Nichtärztliche Psychotherapeuten dürfen keine Überweisung ausstellen: Eine Quittung über die bezahlte Praxisgebühr ersetzt diese.

1.2. Erneute Praxisgebühr

Erstreckt sich eine Behandlung bis in das **nachfolgende Quartal** oder kommt der Patient **ohne Überweisung**, muss er die 10,- € ein weiteres Mal bezahlen. Laborärzte dürfen keine gesonderte Praxisgebühr verlangen, wenn sie kurz vor Quartalsende z.B. eine Blut- oder Gewebeprobe genommen haben und die Analyse erst im neuen Quartal stattfindet.

2. Zuzahlungsfrei

Keine Praxisgebühr ist zu zahlen:

- von Kindern und Jugendlichen unter 18 Jahren.
- bei Vorsorgeuntersuchungen wie Untersuchungen zur Früherkennung von Krebs (einschließlich der diesbezüglichen Beratung), Schwangerschaftsvorsorge, Gesundheits-Check-up ab dem 35. Lebensjahr, Untersuchungen zur Zahnvorsorge und Schutzimpfungen. Die Vorsorgeuntersuchung beschränkt sich dabei nicht auf die unmittelbare ärztliche Tätigkeit, sondern umfasst auch ein Informationsgespräch des Arztes mit dem Patient. Auch die anschließende Beratung ist Teil der Vorsorgeuntersuchung und damit nicht praxisgebührenpflichtig.
  Kommt es im Rahmen der Vorsorgeuntersuchung zu einer weiteren Behandlungsmaßnahme, muss der Arzt darauf hinweisen, dass nunmehr eine Praxisgebühr anfallen wird.
- bei Überschreiten der Belastungsgrenze.
- bei Leistungen der ☞ *Unfallversicherung.*

3. Anti-Baby-Pille

Rezepte für die Anti-Baby-Pille können für 6 Monate ausgestellt werden, wenn dies medizinisch möglich ist. Die Frau zahlt dann die Praxisgebühr für die Verordnung nur einmal im Halbjahr.

4. Notfälle

Auch im ärztlichen Notfalldienst bzw. Rettungsdienst muss die Praxisgebühr nur bei der ersten Inanspruchnahme im Quartal entrichtet werden.
Wird der Patient allerdings in ein Krankenhaus gebracht und dort stationär aufgenommen, ist keine Praxisgebühr fällig, es muss lediglich die Eigenbeteiligung für die ☞ *Fahrtkosten* bezahlt werden.

5. Praxisvorgehen

Die Praxis erhebt die 10,- € vor Behandlungsbeginn. Die Praxis verrechnet die Gebühr mit der Kassenärztlichen Vereinigung, die Gebühr kommt letztlich den Krankenkassen zugute. Versicherte, die sich bei ihrer Krankenkasse für ☞ *Kostenerstattung* entschieden haben, zahlen die Praxisgebühr direkt an die Kasse.
Die Praxen sind für die erste **Mahnung** zuständig, das weitere Mahnverfahren betreiben die Kassenärztlichen Vereinigungen. Die **Mahngebühr** beträgt 4,- €.

Private Krankenversicherung

(§ 315 SGB V)

Das Wichtigste in Kürze

Private Krankenversicherungen (PKV) müssen seit 1.7.2007 bestimmten nichtversicherten Personen ein Beitrittsrecht einräumen und ihnen einen Standardtarif anbieten. Der Standardtarif muss in Höhe und Leistungen gesetzliche Vorgaben erfüllen. Ab 1.1.2009 besteht eine allgemeine Versicherungspflicht für jedermann, dann geht der Standardtarif in den Basistarif über.

Soziale Fragen? betafon 01805 - 238 2366!

1. Standardtarif

Seit 1. Juli 2007 müssen alle PKVen einen brancheneinheitlichen Standardtarif anbieten, der folgende Bedingungen erfüllen muss:

- Die Leistungen entsprechen ungefähr denen der Gesetzlichen ☞ *Krankenversicherung* (GKV). Allerdings können Angehörige nicht familienversichert werden.
- Der Beitrag darf höchstens so hoch sein wie der durchschnittliche Krankenkassenhöchstbeitrag: etwa 500,- €. Er darf nach Alter und Geschlecht variieren.
- Risikozuschläge sind nicht erlaubt.
- Eine Prüfung des Gesundheitsstatus darf nur stattfinden, um Daten für den Risikostrukturausgleich zwischen den Versicherungen zu erheben, und darf nicht zu einer Erhöhung des Beitrags führen.
- In finanziellen Notlagen muss der Beitrag halbiert werden, bei Bedürftigkeit bezuschussen ☞ *Sozialamt*, ☞ *Agentur für Arbeit* oder Arbeitsgemeinschaft (ARGE) den Beitrag.

2. Beitrittsrecht

Nichtversicherte, die nicht in die gesetzliche Krankenversicherung (GKV) aufgenommen werden, müssen seit 1.7.2007 unabhängig von ihrem Gesundheitszustand und Alter zum Standardtarif von jeder PKV aufgenommen werden (sogenannter Kontrahierungszwang). Auch Personen mit Anspruch auf Beihilfe nach beamtenrechtlichen Grundsätzen können die Aufnahme in einen Standardtarif verlangen, der nur ergänzend das absichert, was die Beihilfe nicht leistet.

3. Umstellung auf den Basistarif

Zum 1.1.2009 werden Verträge im PKV-Standardtarif automatisch auf den PKV-Basistarif umgestellt. Die Bedingungen des Basistarifs entsprechen den oben genannten. **Von 1.1. bis 30.6.2009** können zudem alle bereits privat Versicherten in den Basistarif ihrer eigenen oder einer beliebigen anderen PKV wechseln. Ab 1.7.2009 können Privatversicherte nur noch in den Standardtarif ihrer Versicherung wechseln und auch das nur unter bestimmten Voraussetzungen, z.B. bei Erwerbsunfähigkeit, ab 55 Jahren oder bei finanzieller Not.

4. Altersrücklagen bei Versicherungswechsel

Ab 1.1.2009 haben Privatversicherte das Recht, bei einem Wechsel ihrer Versicherung ihre Altersrücklagen mitzunehmen. Zudem muss der neue Versicherer sie zu den Bedingungen aufnehmen, die zu Beginn des privaten Krankenversicherungsvertrages herrschten, also ohne Aufschläge für zwischenzeitliche Erkrankungen und Risiken.

5. Versicherungspflicht für alle

Ab 1.1.2009 herrscht in Deutschland eine Krankenversicherungspflicht für alle Einwohner.
Nichtversicherte werden dann in der PKV versichert, wenn sie z.B. zuletzt privat krankenversichert waren oder wegen ihrer beruflichen Tätigkeit (z.B. Selbstständigkeit) bzw. wegen der Höhe des Arbeitsentgelts der PKV zuzuordnen sind.

Versicherungsschutz besteht erst mit Abschluss eines Versicherungsvertrags mit der PKV.
Eine Wartezeit und ein Ausschluss von laufenden Behandlungskosten ist von Seiten der Versicherung möglich.

Wer hilft weiter?

- Fragen zum Versicherungsschutz beantwortet das Bürgertelefon des Gesundheitsministeriums: Mo-Do 8-18 Uhr, Fr 8-12 Uhr, Telefon 01805 996601.
- Auskünfte geben auch die PKVen, Krankenkassen und Verbraucherberatungen.

Probebeschäftigung

☞ *Teilhabe am Arbeitsleben*

Mehr Informationen: www.betanet.de

Prozesskostenhilfe

Das Wichtigste in Kürze

Prozesskostenhilfe erhält auf Antrag, wer die Kosten für ein Gerichtsverfahren nicht selbst tragen kann.

1. Grundsätzliches

Wer die Kosten einer Prozessvertretung über einen Rechtsanwalt nachweislich nicht, nur zum Teil oder nur in Raten erbringen kann, dem kann auf Antrag Prozesskostenhilfe gewährt werden, wenn die beabsichtigte Rechtsverfolgung oder Rechtsverteidigung hinreichende Aussicht auf Erfolg bietet und nicht mutwillig erscheint. Hierüber ist der herangezogene Rechtsanwalt zu unterrichten, der einen solchen Antrag auf Prozesskostenhilfe bei Gericht stellt.

Wer durch einen Gewerkschafts- oder Verbandsvertreter vor Gericht unterstützt bzw. vertreten wird, dem wird **keine** Prozesskostenhilfe bewilligt.

Wer hilft weiter?

Der Rechtsanwalt, bei dem der Antrag gestellt wird, berät zur Prozesskostenhilfe, die in Voraussetzungen und Höhe von den individuellen Gegebenheiten abhängt.

Prüfungsgebühren

☞ *Teilhabe am Arbeitsleben*

Psychotherapie

Das Wichtigste in Kürze

Bei psychischen Störungen mit Krankheitswert übernimmt die Krankenversicherung die Kosten bestimmter psychotherapeutischer Behandlungen (im Sinne einer ☞ *Krankenbehandlung*). Hierzu zählen nicht Lebens-, Ehe- und Erziehungsberatung. Der Patient kann sich seinen Therapeuten selbst aussuchen und zum Test 5 Probesitzungen machen.

1. Therapeutenwahl

Für eine Psychotherapie ist **keine** Überweisung durch einen Arzt erforderlich. Der gewählte Psychotherapeut muss allerdings eine **Kassenzulassung** haben, damit die Krankenkasse die Kosten übernimmt.

1.1. Qualifikation

Therapeuten können entweder **Psychologen** („psychologischer Psychotherapeut") oder **Mediziner** („ärztlicher Psychotherapeut") sein - beide dürfen Kinder, Jugendliche und Erwachsene behandeln - oder **Pädagogen**, die für die Therapie von Kindern und Jugendlichen ausgebildet sind („Kinder- und Jugendlichenpsychotherapeut"). Alle drei Arten von Psychotherapeuten haben zusätzlich zu ihrem „Grundberuf" eine **psychotherapeutische Zusatzausbildung** abgeschlossen.

1.2. Probesitzungen

Es ist möglich, bis zu 5 Probestunden (bei einer analytischen Psychotherapie bis zu 8) bei einem gewählten Therapeuten zu machen, bis man entscheidet, ob man dort die Therapie durchführen will. Nach diesen „probatorischen" Sitzungen, auf jeden Fall bevor die eigentliche Therapie beginnt, muss ein Arzt, z.B. Hausarzt, Internist oder Neurologe, aufgesucht werden, um abzuklären, ob eventuell eine körperliche Erkrankung vorliegt, die zusätzlich medizinisch behandelt werden muss. Dieser Arztbesuch ist jedoch nur nötig, wenn es sich bei dem behandelnden Therapeuten um einen psychologischen Psychotherapeuten handelt. Handelt es sich um einen ärztlichen Psychotherapeuten, erübrigt sich dieser Arztbesuch.

Soziale Fragen? betafon 01805 - 238 2366!

Praxistipps

- **Vermittlungsstellen für psychotherapeutische Behandlungen**
  In den meisten Geschäftsstellen der Kassenärztlichen Vereinigung (KV) auf Länderebene gibt es Vermittlungsstellen für psychotherapeutische Behandlungen. Unter www.kbv.de stehen die Internetadressen der Kassenärztlichen Vereinigungen. Dort gibt es unter dem Stichwort „Arztsuche" ein Verzeichnis der Ärzte aller Fachrichtungen, auch der psychologischen Psychotherapeuten und der Kinder- und Jugendpsychotherapeuten vor Ort. Einige KVen haben eine sogenannte „Koordinationsstelle Psychotherapie" eingerichtet. Dort werden Patienten über unterschiedliche Therapiemöglichkeiten und -formen informiert. Außerdem werden dort freie Psychotherapieplätze vermittelt.
- **Psychotherapie-Informations-Dienst**
  Bei der Therapeutensuche hilft außerdem der PID (Psychotherapie-Informations-Dienst beim Berufsverband Deutscher Psychologinnen und Psychologen, Oberer Lindweg 2, 53129 Bonn - Telefon 0228 746699, www.psychotherapiesuche.de). Manche Psychotherapeuten stehen auch im Telefonbuch unter „Ärzte" oder in den Gelben Seiten unter „Psychotherapie" oder „Psychologie".
- **Behandlung bei Therapeuten ohne Kassenzulassung**
  Falls ein Patient nachweisen kann, dass erst nach mehrmonatiger Wartezeit ein Therapieplatz in der Region frei wird, kann die Krankenkasse auf Antrag auch die Therapie bei einem Psychotherapeuten mit Berufszulassung, jedoch ohne Kassenzulassung genehmigen. Daher sollte eine Liste der vergeblichen Suche mit Namen der Psychotherapeuten, Anrufdatum und Wartezeit angefertigt und bei der Krankenkasse vorgelegt werden. Diese prüft jedoch selbst nach, ob tatsächlich kein Platz bei Therapeuten, mit denen Verträge bestehen, zu bekommen ist. Erst wenn die Genehmigung der Krankenkasse vorliegt, kann die Therapie dort begonnen werden.

2. Antragsverfahren

Der Patient muss bei seiner Krankenkasse einen Antrag auf Feststellung der Leistungspflicht für Psychotherapie stellen. Hierzu teilt der behandelnde Psychotherapeut der Krankenkasse die Diagnose mit, begründet die Indikation und beschreibt Art und Dauer der Therapie.

Derzeit anerkannt sind psychoanalytisch begründete Verfahren, Verhaltenstherapie und tiefenpsychologisch fundierte Psychotherapie. Für andere Therapien übernehmen die Kassen die Kosten nur im Einzelfall und auf Antrag.

3. Dauer

Nach Klärung der Diagnose und Indikationsstellung werden vor Beginn der Behandlung der Behandlungsumfang und die -frequenz festgelegt. Die Dauer einer Psychotherapie ist abhängig von der Art der Behandlung: Die Probesitzungen zählen nicht zur Therapie. Eine Sitzung dauert mindestens 50 Minuten.

- **Kurzzeittherapie**: maximal 25 Sitzungen, auch in halbstündigen Sitzungen mit entsprechender Vermehrung der Gesamtsitzungszahl, ebenso bei Gruppentherapie.
- **Analytische Psychotherapie**: bis 160 Stunden, in besonderen Fällen bis 240 Stunden; bei Gruppenbehandlung bis 80, in besonderen Fällen bis 120 Doppelstunden.
- **Verhaltenstherapie**: 45, in besonderen Fällen bis 60 Stunden.
- Tiefenpsychologisch fundierte **Psychotherapie**: 50, in besonderen Fällen bis 80 Stunden, bei Gruppenbehandlung bis 40, in besonderen Fällen bis 60 Doppelstunden.
- **Gruppentherapie**: Eine Gruppensitzung (100 Minuten) zählt wie 2 Einzelsitzungen, maximal 90 Sitzungen
- **Analytisch und tiefenpsychologisch fundierte Psychotherapie bei Kindern**: 70, in besonderen Fällen 120 Stunden. Bei Gruppenbehandlung bis 40, in besonderen Fällen bis 60 Doppelstunden.

Mehr Informationen: www.betanet.de

- **Verhaltenstherapie bei Kindern und Jugendlichen:** bis 45 Stunden, in besonderen Fällen bis 60 Stunden einschließlich Gruppentherapie in Doppelstunden.
- **Analytisch und tiefenpsychologisch fundierte Psychotherapie bei Jugendlichen**: 90, in besonderen Fällen bis 140 Stunden. Bei Gruppenbehandlungen bis 40, in besonderen Fällen bis 60 Doppelstunden.

Eine Überschreitung ist dann zulässig, wenn mit der Beendigung der Therapie das Behandlungsziel nicht erreicht werden kann, aber bei Fortführung der Therapie begründete Aussicht darauf besteht.

3.1. Psychoanalytisch oder verhaltenstherapeutisch?

Nachfolgend eine vereinfachte Unterscheidung zwischen „psychoanalytisch" und „verhaltenstherapeutisch":

- **Psychoanalytisch** begründete Verfahren setzen sich eher mit dem Unbewussten auseinander, um aktuelle Konflikte zu erklären. Sie beschäftigten sich mit der Vergangenheit, um daraus die Gegenwart zu erklären.
- **Verhaltenstherapeutische** Verfahren arbeiten mehr über das bewusste Denken, Fühlen und Handeln, um Erkenntnisse oder Veränderungen zu erreichen. Sie setzen an der Gegenwart an, um die Zukunft zu verändern.

4. Richtlinien

Der ☞ *Gemeinsame Bundesausschuss* hat zur Durchführung der Psychotherapie sogenannte Psychotherapie-Richtlinien erstellt. Diese Richtlinien können Sie unter www.g-ba.de > Informations-Archiv > Richtlinien downloaden.

5. Praxisgebühr

Bei einem Arztbesuch (unabhängig ob Hausarzt, Facharzt oder Psychotherapeut), wird **jeweils** pro Quartal eine Praxisgebühr (auch Kassengebühr genannt) von 10,- € erhoben, unabhängig davon, wie oft der Patient den Arzt im Quartal aufsucht. Dies gilt auch dann, wenn beispielsweise nur ein Rezept ausgestellt oder telefonisch eine Leistung in Anspruch genommen wird.
Um die Praxisgebühr im selben Quartal nicht nochmals entrichten zu müssen, ist für den Besuch beim Facharzt eine Überweisung des Hausarztes notwendig, oder umgekehrt: Der Patient kann auch direkt zum Facharzt gehen und zahlt dort die Praxisgebühr. Muss er im selben Quartal zum Hausarzt, stellt der Facharzt eine Überweisung aus, wodurch eine weitere Praxisgebühr entfällt.
Nichtärztliche Psychotherapeuten dürfen keine Überweisung ausstellen: Eine Quittung über die bezahlte Praxisgebühr ersetzt diese.

Praxistipp

Es gibt von der Verbraucherzentrale (Bundesverband) einen guten und neutralen Ratgeber „Chance Psychotherapie". Informationen und Bestellung unter www.vzbv.de > Ratgeber-Shop > Gesundheit und Ernährung.

Wer hilft weiter?

☞ *Krankenkasse.*

Regelaltersrente

(§§ 35, 235 SGB VI)

Das Wichtigste in Kürze

Regelaltersrente kann ab dem 65. Geburtstag bezogen und sollte 3 Monate zuvor beantragt werden.

1. Voraussetzungen

Voraussetzungen für den Bezug von Regelaltersrente:

- Vollendung des 65. Lebensjahres
  und
- Erfüllung der allgemeinen Wartezeit von 5 Jahren (= Mindestversicherungszeit)

Soziale Fragen? betafon 01805 - 238 2366!

Praxistipp

Den **Antrag** (Vordrucke gibt es bei den ☞ *Rentenversicherungsträgern*) auf Altersrente unbedingt **3 Monate vor dem 65. Geburtstag** stellen, ansonsten wird Geld verschenkt.
Für Rentner, die das 65. Lebensjahr vollendet haben, gibt es **keine Hinzuverdienstgrenzen**, die zur Kürzung oder zum Wegfall der Rente führen können.

2. Rente mit 67

Die Altersgrenze für Versicherte, die ab dem 1.1.1947 geboren sind wird ab 2012 schrittweise von 65 auf 67 Jahre angehoben.

Wer hilft weiter?

Auskünfte und Beratungsstellen vor Ort vermitteln die ☞ *Rentenversicherungsträger*, welche auch individuelle Rentenberechnungen vornehmen.

Regelsätze der Sozialhilfe

(§ 28 SGB XII)

Das Wichtigste in Kürze

Die Regelsätze bestimmen die Höhe des Teils der Sozialhilfe, der die grundlegendsten Bedürfnisse abdecken soll. Die Leistungen für Miete, Heizung, Versicherungen und sonstige Bedarfe sind nicht Teil der Regelsätze.

1. Umfang

Die laufenden Leistungen nach Regelsätzen der ☞ *Sozialhilfe* sollen den **Regelbedarf** abdecken. Dazu gehören vorrangig Leistungen für Ernährung, hauswirtschaftlichen Bedarf (u.a. Beschaffung von Wäsche, Hausrat, Haushaltsgeräten und Instandsetzung) einschließlich Haushaltsenergie (z.B. Strom, Gas, Wasser; **nicht** Heizkosten) sowie persönliche Bedürfnisse des täglichen Lebens (gemäß der Regelsatzverordnung).

Nicht in den Regelsätzen enthalten sind

- Kosten für ☞ *Unterkunft und Heizung*
- Beiträge zur ☞ *Kranken- und Pflegeversicherung Sozialhilfe*

Zusätzlich zu den Regelsätzen erhalten bestimmte Personengruppen ☞ *Mehrbedarfszuschläge* und ☞ *Einmalige Leistungen.*

2. Höhe

Seit 1.7.2008 gelten folgende Regelsätze:

Regelsätze für		Höhe
Haushaltsvorstand oder Alleinstehende (= Eckregelsatz)	100 %	351,- €
Ehe- oder Lebenspartner jeweils	90 %	316,- €
Haushaltsangehörige bis zum 14. Geburtstag	60 %	211,- €
Haushaltsangehörige ab dem 14. Geburtstag	80 %	281,- €

Diese Regelsätze können von Bundesland zu Bundesland aufgrund regionaler Besonderheiten variieren.

Die Regelsätze können bis zu 25 % **gekürzt** werden, z.B. bei Weigerung des Hilfesuchenden, eine zumutbare Tätigkeit oder die Teilnahme an einer erforderlichen Vorbereitung aufzunehmen (§ 39 SGB XII).

Aus den Regelsätzen wird auch das ☞ *Taschengeld* berechnet. Es beträgt mindestens 27 %.

Wer hilft weiter?

Individuelle Auskünfte erteilt das ☞ *Sozialamt.*

Mehr Informationen: www.betanet.de

Reha-Sport und Funktionstraining

(§ 43 SGB V - § 28 SGB VI - § 39 SGB VII - jeweils i.V.m. § 44 SGB IX)

Das Wichtigste in Kürze

Reha-Sport und Funktionstraining finden immer in Gruppen und unter ärztlicher Aufsicht statt. Reha-Sport dient der allgemeinen Stärkung der Leistungsfähigkeit nach einer Erkrankung. Funktionstraining ist gezielt auf bestimmte körperliche Funktionsdefizite gerichtet. Die Maßnahmen dauern je nach Erkrankung und Kostenträger 6 Monate bis 3 Jahre.

1. Reha-Sport

Zum Reha-Sport zählen z.B. bewegungstherapeutische Übungen. Sie dienen der Stärkung von Ausdauer, Koordination, Flexibilität, Kraft und psychischer Leistungsfähigkeit. Hierunter fallen u.a. Gymnastik, Leichtathletik, Schwimmen, Bewegungsspiele in Gruppen sowie spezielle Gruppen für Herzpatienten.

2. Funktionstraining

Funktionstraining wirkt besonders mit den Mitteln der Krankengymnastik und der Ergotherapie gezielt auf körperliche Strukturen (Muskeln, Gelenke etc.) und wird unter Anleitung und Überwachung vor allem durch Krankengymnasten durchgeführt. Funktionstraining ist immer organorientiert, es dient dem Erhalt von Funktionen, der Beseitigung oder Verbesserung von Funktionsstörungen sowie dem Hinauszögern von Funktionsverlusten einzelner Organsysteme oder Körperteile. Es ist angezeigt z.B. bei degenerativen und entzündlichen Veränderungen der Bewegungsorgane wie Rheuma und Osteoporose. Als Funktionstraining gelten u.a. Trocken- und Wassergymnastik.

3. Voraussetzungen

Die ☞ *Rentenversicherung*, die ☞ *Unfallversicherung*, die ☞ *Krankenversicherung* und die ☞ *Agentur für Arbeit* übernehmen Reha-Sport oder Funktionstraining als ergänzende Leistung zur Rehabilitation unter folgenden Voraussetzungen:

- ärztlich verordnet
- Die Verordnung ist von einem Arzt zu erstellen, der das Leiden und dessen Folgen behandelt. Sie soll enthalten:
  - Diagnose und ggf. Nebendiagnosen, soweit diese berücksichtigt werden müssen oder Einfluss auf die Verordnungsnotwendigkeit nehmen
  - Gründe und Ziele, weshalb Reha-Sport/Funktionstraining erforderlich ist
  - Dauer und Anzahl der wöchentlich notwendigen Übungseinheiten
  - Empfehlung zur Auswahl der geeigneten Sportart
- in Gruppen
- unter ärztlicher Betreuung
- Antrag: Vordruck „Antrag auf Förderung von Rehabilitationssport/Funktionstraining"

4. Zuständigkeit

Wird **während einer Leistung zur Reha** die medizinische Notwendigkeit einer Reha-Sport-Maßnahme festgestellt, ist vom Arzt der Behandlungsstätte eine Empfehlung im sogenannten „Abschlussbericht" auszusprechen, und der behandelnde Arzt hat dem Reha-Sport oder Funktionstraining zuzustimmen. Der Reha-Sport muss dann innerhalb von 3 Monaten nach der Rehamaßnahme beginnen. Kostenträger sind in der Regel die ☞ *Rentenversicherungsträger*.

Die ☞ *Berufsgenossenschaften* übernehmen Reha-Sport und Funktionstraining im Anschluss an medizinische Maßnahmen, vorausgesetzt, es liegt ein Unfallversicherungsfall vor (☞ *Arbeitsunfall*, ☞ *Berufskrankheit*).

Geht dem Reha-Sport oder Funktionstraining **keine** Leistung zur Reha voraus, ist die ☞ *Krankenkasse* zuständig.

Soziale Fragen? betafon 01805 - 238 2366!

Bei Geringverdienenden oder nicht Versicherten kommt unter Umständen das ☞ *Sozialamt* für die Kosten auf und orientiert sich dabei an der Kostenübernahme durch die Krankenkasse.

5. Dauer

Reha-Sport bzw. Funktionstraining dauert

- in der Rentenversicherung in der Regel 6 Monate, bei medizinischer Erforderlichkeit längstens 12 Monate.
- in der Unfallversicherung in der Regel unbegrenzt.
- in der gesetzlichen Krankenversicherung bei bestimmten Erkrankungen bis zu 36 Monate.

Danach muss der Arzt eine neue Verordnung ausstellen.

Wer hilft weiter?

Die Adressen von Reha-Sportgruppen in der Region sind bei den ☞ *Krankenkassen* zu erfragen. Diese haben eine Übersicht über die Sportvereine und -gruppen, mit denen sie vertraglich Kostenvereinbarungen (regional unterschiedlich) getroffen haben.
Auch Behindertensportverbände bieten zum Teil Reha-Sportarten und Funktionstrainingsmaßnahmen an. Über entsprechende Gruppen informiert die Hauptgeschäftsstelle des Deutschen Behindertensportverbands, Telefon 0203 7174-170, E-Mail dbs@dbs-npc.de, www.dbs-npc.de.
Der Vordruck „Antrag auf Förderung von Rehabilitationssport/Funktionstraining" ist bei Sportvereinen, Ärzten und den zuständigen Leistungsträgern erhältlich.

Rehabilitation

Das Wichtigste in Kürze

Die Rehabilitation (Reha) ist ein sehr großer und komplexer Bereich, für den alle Versicherungsträger zuständig sein können und die verschiedenen Zielen dient: Wiederherstellung der Gesundheit, (Wieder-) Eingliederung ins Arbeitsleben, Verhinderung der Verschlechterung des Gesundheitszustands. Die bekanntesten Leistungen der Reha sind Kuren, Umschulungen, Reha-Sport, Nachsorge nach Krebsbehandlungen und Kinderkuren.
Im Gesundheitswesen ist mit dem Begriff „Rehabilitation" oft nur die „Medizinische Rehabilitation" gemeint. Einen kompletten Überblick über alle Reha-Leistungen von A-Z finden Sie unter ☞ *Rehabilitation und Teilhabe behinderter Menschen.*

1. Grundsatz

Reha(bilitation) geht vor Rente (§ 9 SGB VI).
Das heißt: Es wird möglichst versucht, mit Rehamaßnahmen den Renteneintritt zu verhindern oder zu verzögern.

2. Bereiche der Reha

Die Reha im weiteren Sinn umfasst 4 große Bereiche:

- **Medizinische Leistungen zur Rehabilitation** (§§ 26 ff. SGB IX)
  Sie dienen insbesondere der Ausheilung einer Erkrankung und der Wiederherstellung der Gesundheit. Näheres unter ☞ *Medizinische Rehabilitation.*
- **Leistungen zur Teilhabe am Arbeitsleben** (§§ 33 ff. SGB IX)
  Sie werden auch als „berufliche Reha" bezeichnet und sollen die Erwerbsfähigkeit Behinderter erhalten, verbessern, (wieder-)herstellen und möglichst dauerhaft sichern. Näheres unter ☞ *Teilhabe am Arbeitsleben.*
- **Unterhaltssichernde und ergänzende Leistungen** (§§ 44 ff. SGB IX)
  Sie sollen bei der Wiedereingliederung Behinderter dazu dienen, das Ziel der Rehamaßnahmen zu erreichen und zu sichern. Dazu zählen z.B. ☞ *Übergangsgeld,* ☞ *Reisekosten* oder ☞ *Kinderbetreuungskosten.* Näheres unter ☞ *Ergänzende Leistungen zur Rehabilitation.*
- **Leistungen zur Teilhabe am Leben in der Gemeinschaft** (§§ 55 ff. SGB IX).

Mehr Informationen: www.betanet.de

Sie werden auch als „soziale Reha" bezeichnet. Dazu zählen z.B.:
- Heilpädagogische Maßnahmen für (schwer) behinderte Kinder, die noch nicht eingeschult sind
- Hilfen zur Förderung der Verständigung für Hör- und Sprachbehinderte
- Hilfen zur Teilhabe am gesellschaftlichen und kulturellen Leben, z.B. Besuche von Veranstaltungen, Mitgliedschaft in einem Verein, Kauf von Büchern und Zeitungen, Hilfen bei der Beschaffung, Ausstattung und Erhaltung einer behindertengerechten Wohnung (z.B. Bau einer Rampe für Rollstuhlfahrer, Beseitigung von Schwellen, Verbreiterung von Türen)

Wer hilft weiter?

Nahezu alle Träger der Sozialversicherung übernehmen Rehamaßnahmen und geben auch Auskünfte. Näheres unter ☞ *Rehabilitation Zuständigkeit.* Koordination und Auskunft über alle Träger hinweg übernehmen die ☞ *Servicestellen.* Sie sind Anlaufstellen für alle Fragen zur Reha.

Rehabilitation und Teilhabe behinderter Menschen

(SGB IX)

Das Wichtigste in Kürze

„Rehabilitation und Teilhabe behinderter Menschen" ist der Titel des Sozialgesetzbuches IX. Darin werden 2 große Themenkomplexe behandelt: die ☞ *Rehabilitation* und die ☞ *Behinderung.* Die Leistungen beider Bereiche überschneiden sich intensiv und haben - bereits im Gesetzeswerk verankerte - Verbindungen zu Leistungen in anderen Sozialgesetzbüchern.

1. Begriffsklärungen

Die Begrifflichkeiten in diesem Bereich des Sozialrechts gehen fließend ineinander über und führen zu vielen Unklarheiten und Missverständnissen. Deshalb hier einige praxisrelevante Klärungen (keine sozialrechtlichen Definitionen):

- **„Behinderte Menschen"** wie es im Titel des SGB IX steht, umfasst nicht nur Behinderte im herkömmlichen Sinn, sondern alle Menschen, die von Behinderung bedroht sind.
- **Rehabilitation** (oder kurz: Reha) wird je nach Sinnzusammenhang mit verschiedener Bedeutung benutzt:
  - Als Synonym für Teilhabe/SGB IX.
  - Im Gesundheitswesen als Kurzbegriff für die ☞ *Medizinische Rehabilitation.*
  - Umgangssprachlich für ambulante Medizinische Reha in Rehazentren. Meist meint der Patient dann Krankengymnastik (☞ *Heilmittel*), ☞ *Reha-Sport oder Funktionstraining.*
  - Als „Berufliche Reha" für die ☞ *Teilhabe am Arbeitsleben.*
  - Als „Soziale Reha" für die Teilhabe am Leben in der Gemeinschaft.
- **„Teilhabe"** im Titel des SGB IX ist ein sehr weitgefasster Begriff, der 4 Bereiche umfasst:
  - ☞ *Medizinische Rehabilitation* (§§ 26 ff. SGB IX),
  - ☞ *Teilhabe am Arbeitsleben* (§§ 33 ff. SGB IX),
  - ☞ *Ergänzende Leistungen zur Reha* (§§ 44 ff. SGB IX) sowie
  - Teilhabe am Leben in der Gemeinschaft (§§ 55 ff. SGB IX), zum Teil auch als „Soziale Rehabilitation" bezeichnet. Dazu zählen vor allem Heilpädagogische Maßnahmen für (schwer-) behinderte Kinder, die noch nicht eingeschult sind, Hilfen zur Förderung der Verständigung für Hör- und Sprachbehinderte und Hilfen zur Teilhabe am gesellschaftlichen und kulturellen Leben.
- **Teilhabe am Arbeitsleben** und **Teilhabe am Leben in der Gemeinschaft** sind also Unterbegriffe der Teilhabe/SGB IX.
- ☞ *Behinderte* **und** ☞ *Schwerbehinderte* sind die angesprochenen Zielgruppen im SGB IX. Es gibt sehr genaue Definitionen, wann ein Mensch juristisch als behindert

Soziale Fragen? betafon 01805 - 238 2366!

oder schwerbehindert eingestuft werden kann.

- ☞ *Eingliederungshilfe* ist der Begriff für Leistungen des Sozialamts für Behinderte.

2. Leistungen A-Z

Nachfolgend eine alphabetische Liste der Leistungen zur Rehabilitation und Teilhabe:

☞ *Anschlussheilbehandlung* nach Krankenhausaufenthalt
☞ *Arbeitsassistenz*
☞ *Arbeitstherapie und Belastungserprobung*
☞ *Ausbildungsgeld*
☞ *Begleitperson*
☞ *Berufsfindung und Arbeitserprobung*
☞ *Eingliederungshilfe* (Sozialhilfe)
☞ *Entwöhnungsbehandlung* für Suchtkranke
☞ *Ergänzende Leistungen zur Reha*
☞ *Fahrdienste*
☞ *Flugverkehr*
☞ *Frühförderung behinderter Kinder* und von Behinderung bedrohter Kinder
☞ *Geriatrische Rehabilitation* für ältere Menschen
☞ *Gründungszuschuss*
☞ *Haushaltshilfe*
☞ *Kinderbetreuungskosten*
☞ *Kinderheilbehandlungen*
☞ *Kraftfahrzeughilfe*
☞ *Kraftfahrzeugsteuer*
☞ *Medizinische Rehabilitation*
☞ *Medizinische Rehabilitation für Mütter und Väter*
☞ *Merkzeichen*
☞ *Öffentliche Verkehrsmittel*
☞ *Onkologische Nachsorgeleistungen*
☞ *Parkerleichterungen*
☞ *Persönliches Budget*
☞ *Rehabilitation*
☞ *Rehabilitation Zuständigkeit*
☞ *Reha-Sport und Funktionstraining*
☞ *Reisekosten*
☞ *Rundfunk- und Fernsehgebührenbefreiung*
☞ *Schwerbehindertenausweis*
☞ *Servicestellen*
☞ *Soziale Sicherung*
☞ *Sozialmedizinische Nachsorge* für Kinder bis 12
☞ *Sozialpädiatrische nichtärztliche Leistungen*
☞ *Teilnahmekosten*
☞ *Steuerliche Vergünstigungen*
☞ *Stufenweise Wiedereingliederung*
☞ *Teilhabe am Arbeitsleben*
☞ *Telefongebührenermäßigung*
☞ *Übergangsgeld*
☞ *Verletztengeld*
☞ *Vorsorgeleistungen und Vorsorgekuren*
☞ *Wohngeld*
☞ *Wohnraumförderung*
☞ *Wohnungshilfe*

Rehabilitation Zuständigkeit

Das Wichtigste in Kürze

Nahezu alle Träger der Sozialversicherung übernehmen Rehamaßnahmen. Zuständigkeitsklärungen verhindern, dass die Kostenträger die Anträge endlos hin und her schieben und der Antragsteller das Nachsehen hat. Zudem sind die Servicestellen Ansprechpartner, die unabhängig vom Träger bei Fragen zur Reha und zur Antragstellung weiterhelfen.

1. Kostenträger

- ☞ *Krankenkassen*
  sind zuständig bei Leistungen zur ☞ *Medizinischen Rehabilitation*, so weit es um den Erhalt oder die Wiederherstellung der Gesundheit geht und **wenn nicht** andere Sozialversicherungsträger solche Leistungen erbringen.
- ☞ *Rentenversicherungsträger*
  erbringen Leistungen zur Medizinischen Rehabilitation und zur Teilhabe am Arbeitsleben,
  - wenn die Erwerbsfähigkeit erheblich gefährdet oder schon gemindert ist und durch die Rehamaßnahme wesentlich gebessert oder wiederhergestellt werden kann

Mehr Informationen: www.betanet.de

R

und
- wenn die versicherungsrechtlichen Voraussetzungen für die Leistungen zur ☞ *Medizinischen Rehabilitation* und zur ☞ *Teilhabe am Arbeitsleben* erfüllt sind. Details siehe dort.

- ☞ *Berufsgenossenschaften*
  sind bei ☞ *Arbeitsunfällen* und ☞ *Berufskrankheiten* für die gesamte Rehabilitation verantwortlich.
- ☞ *Agenturen für Arbeit*
  übernehmen Leistungen zur Teilhabe am Arbeitsleben, **wenn** kein anderer Sozialversicherungsträger hierfür zuständig ist.
- ☞ *Sozialämter*
  treten nachrangig für alle Leistungen zur Medizinischen Rehabilitation und zur Teilhabe am Arbeitsleben ein, **wenn** kein anderer Sozialversicherungsträger vorrangig zuständig ist. Näheres ☞ *Vorbeugende Gesundheitshilfe* und in Einzelfällen ☞ *Krankenhilfe*.
- ☞ *Jugendämter*
  erbringen Leistungen zur Teilhabe für seelisch behinderte Kinder und Jugendliche und hiervon Bedrohte bis zu einem Alter von 26 Jahren, **wenn** kein anderer Träger der Sozialversicherung zuständig ist.

2. Antragstellung

Dem Reha-Antrag müssen Bescheinigungen des behandelnden Arztes über die Art der Erkrankung und die Notwendigkeit der Reha beigefügt werden. Ärztliche Bescheinigungen und Begründungen sollten so detailliert und ausführlich wie möglich sein und nicht nur Diagnose und Therapie umfassen, sondern auch die Einschränkungen des Patienten im Alltag im Vergleich zu gleichaltrigen Personen beschreiben. Das erspart Nachfragen und erhöht die Chance auf Genehmigung der Leistungen.

3. Zuständigkeitsklärung

(§ 14 SGB IX)
Spätestens 2 Wochen nachdem ein Antrag auf Reha-Leistungen bei einem Reha-Träger eingegangen ist, muss dieser Träger geklärt haben, ob er hierfür zuständig ist. Die „Zuständigkeitsklärung" soll verhindern, dass ein Antrag zwischen verschiedenen Trägern hin- und hergeschoben wird.
Nach einer weiteren Woche wird über die beantragte Leistung entschieden, **außer** der Antrag wurde - bei Erklärung der Unzuständigkeit - an einen weiteren Reha-Träger weitergeleitet. Die Weiterleitung erfolgt (automatisch) durch den Träger, der zunächst den Antrag erhielt. Dieser „weitere" (zweite) Träger entscheidet innerhalb von 3 Wochen, nachdem der Antrag bei ihm eingegangen ist.
Eine nochmalige Weiterleitung gibt es nicht, auch wenn sich später herausstellen sollte, dass der „weitere" (= zweite) Träger nicht zuständig ist. Die Erstattung der Aufwendungen erfolgt dann zwischen den Trägern, ohne Auswirkung auf den Versicherten.
Sofern ein **Gutachten** zur Ermittlung des Reha-Bedarfs nötig ist, muss das Gutachten 2 Wochen nach Auftragserteilung vorliegen und die Entscheidung über den Antrag 2 Wochen nach Vorliegen des Gutachtens getroffen sein.

3.1. Maximale Dauer der Entscheidung über den Leistungsantrag

Maximale Dauer der Entscheidung über den Leistungsantrag:
- Maximal 3 Wochen, wenn der erste Reha-Träger zuständig ist und kein Gutachten benötigt wird.
- Maximal 5 Wochen, wenn an den zweiten Träger weitergeleitet wurde und kein Gutachten benötigt wird.
- Maximal 5 Wochen, wenn der erste Träger ein Gutachten benötigt.
- Maximal 7 Wochen, wenn der zweite Träger ein Gutachten benötigt.

Kann über den Antrag nicht innerhalb der genannten Fristen entschieden werden, muss der Reha-Träger dies dem Antragsteller unter Darlegung der Gründe rechtzeitig mitteilen.
Erfolgt keine solche Mitteilung oder liegt kein zureichender Grund vor, kann der An-

tragsteller dem Reha-Träger eine angemessene Frist setzen und dabei erklären, dass er sich nach Ablauf der Frist die Leistung selbst beschafft. Im Fall einer Selbstbeschaffung von Leistungen ist der zuständige Träger **unter Beachtung der Grundsätze der Wirtschaftlichkeit und Sparsamkeit** zur Erstattung der Aufwendungen verpflichtet (§ 15 SGB IX).

Wer hilft weiter?

Wenn eine Rehabilitation empfohlen, aber noch nicht beantragt wurde, weil erst geklärt werden muss, wer als Kostenträger zuständig ist, sind die ☞ *Servicestellen* die richtigen Ansprechpartner.

Rehamaßnahmen

☞ *Rehabilitation*

Reisekosten

(§ 60 Abs. 5 SGB V - § 28 SGB VI - jeweils i.V.m. § 53 SGB IX - § 43 SGB VII - §§ 5, 44, 53 SGB IX)

Das Wichtigste in Kürze

Reisekosten sind Fahrtkosten, Transportkosten, Unterkunft- und Verpflegungskosten, die infolge von Krankheit, Reha, Kur oder Behinderung entstehen. Sie können, abhängig von den individuellen Voraussetzungen, von verschiedenen Trägern übernommen werden.

1. Voraussetzung

Die Reisekosten werden als ☞ *ergänzende Leistung zur Reha* vom jeweiligen Kostenträger übernommen, wenn die entsprechenden Voraussetzungen erfüllt sind.

2. Umfang

Unter Reisekosten fallen die erforderlichen (nicht die tatsächlich angefallenen)

- Fahrt- und Transportkosten,
- Verpflegungs- und Übernachtungskosten,
- Kosten des Gepäcktransports,
- Kosten für Kinder, deren Mitnahme an den Rehaort erforderlich ist, sowie
- Wegstrecken- und Mitnahmeentschädigungen.

Übernommen werden auch:

- Kosten für eine wegen der Behinderung erforderliche **Begleitperson** einschließlich deren Verdienstausfall. Nachweis der Erforderlichkeit durch Schwerbehindertenausweis-Eintragung oder ärztliche Bescheinigung.
- Reisekosten für **2 Familienheimfahrten** im Monat zur Familienwohnung
  oder
  für **2 Besuchsfahrten eines Angehörigen** zum Aufenthaltsort des Versicherten
  werden in beiden Fällen nur übernommen, wenn die Rehabilitation länger als 8 Wochen dauert.
- Reisekosten für einen Reisebegleiter bei Kindern bis zum vollendeten 15. Lebensjahr, die wegen einer ☞ *Kinderheilbehandlung* unterwegs sind.

3. Höhe der Kostenübernahme

3.1. Krankenversicherung

Maßgeblich für die Kostenübernahme ist das Bundesreisekostengesetz (BRKG):

- **Für Fahrtkosten und Wegstrecken** (§ 5 BRKG)
  0,20 € pro km, maximal 150,- €
- **Für Verpflegung** (§ 6 BRKG i.V.m. § 4 EStG)
  24,- € pro Kalendertag
  12,- € bei Aufenthalt von mindestens 14 Stunden bis weniger als 24 Stunden
  6,- € bei Aufenthalt von mindestens 8 Stunden bis weniger als 14 Stunden
- **Für Übernachtung** (§ 7 BRKG)
  20,- €

Mehr Informationen: www.betanet.de

3.2. Renten- und Unfallversicherung

Folgende Kosten werden übernommen:

- **Für Fahrtkosten und Wegstrecken**
  0,36 € für die ersten 10 Kilometer,
  0,40 € für jeden weiteren Kilometer
  Bei stationärer Unterbringung
  0,40 € für jeden vollen Kilometer bei An- und Abreise sowie bei Familienheimfahrten
- **Für Verpflegung** (§ 6 BRKG i.V.m. § 4 EStG)
  24,- € pro Kalendertag
  12,- € bei Aufenthalt von mindestens 14 Stunden bis weniger als 24 Stunden
  6,- € bei Aufenthalt von mindestens 8 Stunden bis weniger als 14 Stunden
- **Für Übernachtung** (§ 7 BRKG)
  20,- €

Die ☞ *Unfallversicherung* ersetzt den entgangenen Arbeitsverdienst einer Begleitperson (z.B. Angehörige des Versicherten), wenn der Ersatz in einem angemessenen Verhältnis zu den sonst für eine Pflegekraft entstehenden Kosten steht.

Praxistipp

Die Erstattung der Reisekosten wird bei den verschiedenen Leistungsträgern unterschiedlich gehandhabt. Es ist sinnvoll, sich vor Antritt der Rehamaßnahme beim zuständigen Kostenträger zu informieren.

Wer hilft weiter?

Individuelle Auskünfte erteilt der jeweils zuständige Sozialversicherungsträger: ☞ *Rentenversicherungsträger*, ☞ *Berufsgenossenschaften*, ☞ *Krankenkassen* oder die ☞ *Agentur für Arbeit*.

Reisekosten

auch ☞ *Begleitperson*
auch ☞ *Fahrtkosten Transportkosten*

Rente

Nachfolgend ein Überblick über die verschiedenen Renten der Rentenversicherung und der Berufsgenossenschaften.

1. Rentenversicherung

Die ☞ *Rentenversicherung* unterscheidet drei Arten von Rente.

1.1. Renten wegen Alters

- ☞ *Regelaltersrente*
- ☞ *Altersrente für langjährig Versicherte*
- ☞ *Altersrente für Schwerbehinderte*
- ☞ *Altersrente wegen Arbeitslosigkeit oder nach Altersteilzeit*
- ☞ *Altersrente für Frauen*

1.2. Renten wegen Erwerbsminderung

Die ☞ *Abgestufte Erwerbsminderungsrente* hat seit 1.1.2001 die Renten wegen Berufsunfähigkeit und wegen Erwerbsunfähigkeit abgelöst.

1.3. Renten wegen Todes

- ☞ *Witwen/Witwer-Rente*
- ☞ *Erziehungsrente*
- ☞ *Waisenrente*

Die Darstellung der einzelnen Renten der gesetzlichen Rentenversicherung beschränkt sich auf eine knappe schematische Ausführung der verschiedenen Rentenarten sowie der jeweiligen Voraussetzungen.

2. Unfallversicherung

Die ☞ *Unfallversicherung* unterscheidet 5 Rentenarten:

- ☞ *Geschiedenenrente*
- ☞ *Verletztenrente*
- ☞ *Verwandtenrente*
- ☞ *Waisenrente*
- ☞ *Witwen/Witwer-Rente*

Soziale Fragen? betafon 01805 - 238 2366!

Wer hilft weiter?

- Die Vielzahl der individuellen Besonderheiten, z.B. im Zusammenhang mit Wartezeiten und rentenrechtlichen Zeiten, sind hier nicht berücksichtigt. Eine individuelle Rentenberechnung führen die ☞ *Rentenversicherungsträger* durch.
- Fragen zur Rente beantwortet das Bürgertelefon des Bundesministeriums für Arbeit und Soziales, Telefon 01805 676710 (14 Ct./Min.), Mo-Do 8-20 Uhr.

Rentenversicherung

(SGB VI)

Das Wichtigste in Kürze

Die gesetzliche Rentenversicherung ist hauptsächlich für die Altersrenten und andere Rentenformen zuständig. Im Gesundheitswesen tritt sie auch als wichtiger Rehaträger auf, wenn aufgrund einer Krankheit die Erwerbsfähigkeit gefährdet oder gemindert ist.
Rechtsgrundlage ist das Sozialgesetzbuch Nr. 6 (SGB VI). Versicherungspflichtig sind nahezu alle Arbeitnehmer. Der Beitrag beträgt 19,9 % vom Gehalt, Arbeitnehmer und Arbeitgeber teilen sich den Beitrag.

1. Reha vor Rente

„Reha(bilitation) geht vor Rente", dieser Grundsatz (§ 9 SGB VI) gilt vor Erreichen der Altersgrenze, d.h.: Die Rentenversicherungsträger leisten vorrangig Rehabilitation. Rentenzahlungen, welche bei erfolgreicher Reha nicht oder voraussichtlich erst zu einem späteren Zeitpunkt zu erbringen sind, sind nachrangig.

2. Versicherungspflicht

Versicherungs**pflichtig** sind z.B. folgende Personenkreise:

1. Gegen Arbeitsentgelt oder und zu ihrer Berufsausbildung oberhalb der Geringfügigkeitsgrenze von 400,- € monatlich (§ 8 SGB IV) **Beschäftigte**. Der Arbeit**geber muss** auch unterhalb der 400-Euro-Grenze Beiträge an den ☞ *Rentenversicherungsträger* abführen.
   Der Arbeit**nehmer kann** als Geringverdiener Beiträge abführen.
2. **Behinderte, die in anerkannten Werkstätten** für Behinderte tätig sind
3. **Behinderte in weiteren Einrichtungen** wie z.B. Heimen, die in gewisser Regelmäßigkeit Leistungen erbringen, welche mindestens einem Fünftel der Leistung eines voll Erwerbsfähigen entsprechen
4. Personen in Einrichtungen der **Jugendhilfe**, die für eine Erwerbstätigkeit befähigt werden sollen
5. Mitglieder **geistlicher Genossenschaften**, Diakonissen oder ähnlicher Gemeinschaften
6. **Selbstständig Tätige** ohne eigene Angestellte wie
   - Lehrer und Erzieher ohne eigene Angestellte
   - Pflegepersonen der Kranken-, Wochen-, Säuglings- und Kinderpflege ohne eigene Angestellte
   - Hebammen
   - Künstler und Publizisten ohne eigene Angestellte (nach dem Künstlersozialversicherungsgesetz)
   - Hausgewerbetreibende
   - Handwerker, die in der Handwerksrolle eingetragen sind

3. Beitrag

Der Beitrag zur Rentenversicherung beträgt 19,9 % vom Gehalt, maximal von der sogenannten ☞ *Beitragsbemessungsgrenze*.
Die Beitragsbemessungsgrenze für Arbeiter und Angestellte liegt 2008 bei 5.300,-/4.500,- € (West/Ost) brutto monatlich. Wer also beispielsweise 5.500,- € verdient, bleibt rentenversicherungspflichtig, der Rentenbeitrag wird aber nur von 5.300,-/4.500,- € berechnet.
Der Beitrag wird je zur Hälfte vom Arbeitgeber und vom Arbeitnehmer getragen.

Praxistipps

In der Regel sind Renten zu beantragen. Nur die Regelaltersrente nach dem 65. Lebensjahr anstelle der Rente wegen Berufsunfähigkeit oder Erwerbsunfähigkeit oder -minderung (☞ *Abgestufte Erwerbsminderungsrente*) wird automatisch und **ohne Antrag** umgewandelt und gezahlt.

Wer hilft weiter?

- Zuständig für die gesetzliche Rentenversicherung ist die „Deutsche Rentenversicherung". Näheres ☞ *Rentenversicherungsträger.*
- Auskunft geben die **Versicherungsämter** der Stadtverwaltungen und Landkreise.
- **Rentenberater** sind gerichtlich zugelassene und unabhängige Vertreter der Interessen ihrer Mandanten. Sie helfen bei der Durchsetzung von Renten, Widerspruchsverfahren vor den (Landes-)Sozialgerichten, Kontenklärungen und Rentenanträgen. **Kosten:** Rentenberater sind an das Rechtsanwaltsvergütungsgesetz gebunden.
  Adressen von Rentenberatern findet man in den Gelben Seiten oder bekommt sie vom Bundesverband der Rentenberater e.V., Postfach 260150, 50514 Köln, Telefon 0221 240664-2, Telefax 0221 240694-6, www.rentenberater.de.
- Ehrenamtliche Versichertenberater sowie Versichertenälteste beraten in Rentenfragen. Diese finden Sie unter www.deutsche-rentenversicherung.de > Beratungsstellen.
- Das Bundesministerium für Arbeit und Soziales bietet eine Info-Hotline für Fragen zur Rente, Telefon 01805 676710 (14 Ct./ Min.), Mo-Do 8-20 Uhr.

4. Leistungen der Rentenversicherung

Die vorwiegenden Leistungen der gesetzlichen Rentenversicherung finden Sie unter den nachfolgenden Stichworten:

☞ *Abgestufte Erwerbsminderungsrente*
☞ *Altersrente für Frauen*
☞ *Altersrente für langjährig Versicherte*
☞ *Altersrente für Schwerbehinderte*
☞ *Altersrente wegen Arbeitslosigkeit oder nach Arbeitsteilzeit*
☞ *Anschlussheilbehandlung*
☞ *Ausland Rentenversicherung*
☞ *Entwöhnungsbehandlung*
☞ *Ergänzende Leistungen zur Rehabilitation*
☞ *Erziehungsrente*
☞ *Gründungszuschuss*
☞ *Haushaltshilfe*
☞ *Kinderheilbehandlungen*
☞ *Kraftfahrzeughilfe*
☞ *Medizinische Rehabilitation*
☞ *Onkologische Nachsorgeleistungen*
☞ *Rehabilitation*
☞ *Reha-Sport und Funktionstraining*
☞ *Reisekosten*
☞ *Regelaltersrente*
☞ *Teilhabe am Arbeitsleben*
☞ *Übergangsgeld*
☞ *Waisenrente*
☞ *Witwen/Witwer-Rente Rentenversicherung*

Rentenversicherungsträger

Das Wichtigste in Kürze

Beim Rentenversicherungsträger sind die Anträge für die verschiedenen Leistungen der Rentenversicherung zu stellen und Auskünfte zu erfragen. Die Rentenversicherungsträger beraten, erklären und berechnen die individuelle Rente, die Hinzuverdienstgrenze, die Warte- und Anrechnungszeiten etc. Sie vermitteln zudem Adressen der zuständigen **Beratungsstellen** vor Ort und die Namen der sogenannten **Versichertenältesten**, die ehrenamtlich und kostenlos beraten.

1. Versicherungsträger der Deutschen Rentenversicherung

Die Versicherungsträger der Deutschen Rentenversicherung sind die Nachfolger der frü-

Soziale Fragen? betafon 01805 - 238 2366!

heren BfA und LVA, sowie der Seekasse, der Bahnversicherungsanstalt und der Bundesknappschaft.

Deutsche Rentenversicherung Baden-Württemberg
www.deutsche-rentenversicherung-bw.de
- Gartenstr. 105, 76135 Karlsruhe, Postanschrift: Postfach, 76122 Karlsruhe
- Adalbert-Stifter-Str. 105, 70437 Stuttgart, Postanschrift: Postfach, 70429 Stuttgart
- gemeinsames Servicetelefon 0800 100048024

Deutsche Rentenversicherung Bayern Süd
www.deutsche-rentenversicherung-bayernsued.de
- Am Alten Viehmarkt 2, 84028 Landshut, Postanschrift: 84024 Landshut
- Thomas-Dehler-Str. 3, 81737 München, Postanschrift: 81729 München
- gemeinsames Servicetelefon 0800 100048015

Deutsche Rentenversicherung Berlin-Brandenburg
www.deutsche-rentenversicherung-berlin-brandenburg.de
- Knobelsdorffstr. 92, 14059 Berlin, Postanschrift: Postfach, 14047 Berlin
- Bertha-von-Suttner-Str.1, 15236 Frankfurt/Oder, Postanschrift: Postfach, 15228 Frankfurt/Oder
- gemeinsames Servicetelefon 0800 100048025

Deutsche Rentenversicherung Braunschweig-Hannover
www.deutsche-rentenversicherung-braunschweig-hannover.de
- Kurt-Schumacher-Str. 20, 38102 Braunschweig, Postanschrift: Postfach, 38091 Braunschweig
- Lange Weihe 2, 30880 Laatzen
- gemeinsames Servicetelefon 0800 100048010

Deutsche Rentenversicherung Bund
www.deutsche-rentenversicherung-bund.de
Ruhrstr. 2, 10709 Berlin (Wilmersdorf), Servicetelefon 0800 100048070, Postanschrift: Postfach, 10704 Berlin

Deutsche Rentenversicherung Hessen
www.deutsche-rentenversicherung-hessen.de
Städelstr. 28, 60596 Frankfurt/Main, Servicetelefon 0800 100048012, Postanschrift: Postfach, 60591 Frankfurt/Main

Deutsche Rentenversicherung Knappschaft-Bahn-See
www.deutsche-rentenversicherung-knappschaft-bahn-see.de
Pieperstr. 14-28, 44789 Bochum, Servicetelefon 0800 100048080, Postanschrift: Postfach, 44781 Bochum

Deutsche Rentenversicherung Mitteldeutschland
www.deutsche-rentenversicherung-mitteldeutschland.de
- Georg-Schumann-Str. 146, 04159 Leipzig
- Kranichfelder Str. 3, 99097 Erfurt
- Paracelsusstr. 21, 06114 Halle
- gemeinsames Servicetelefon 0800 100048090

Deutsche Rentenversicherung Nord
www.deutsche-rentenversicherung-nord.de
- Friedrich-Ebert-Damm 245, 22159 Hamburg
- Platanenstr. 43, 17033 Neubrandenburg
- Ziegelstr. 150, 23556 Lübeck
- gemeinsames Servicetelefon 0800 100048022

Deutsche Rentenversicherung Nordbayern
www.deutsche-rentenversicherung-nordbayern.de
- Wittelsbacher Ring 11, 95444 Bayreuth, Postanschrift: Postfach, 95440 Bayreuth
- Friedenstr. 12/14, 97072 Würzburg, Postanschrift: Postfach, 97064 Würzburg
- gemeinsames Servicetelefon 0800 100048018

Deutsche Rentenversicherung Oldenburg-Bremen
www.deutsche-rentenversicherung-oldenburg-bremen.de
Huntestr. 11, 26135 Oldenburg, Servicetelefon 0800 100048028, Postanschrift: Postfach, 26017 Oldenburg

Deutsche Rentenversicherung Rheinland
www.deutsche-rentenversicherung-rheinland.de
Königsallee 71, 40215 Düsseldorf, Servicetelefon 0800 100048013, Postanschrift: Postfach, 40194 Düsseldorf

Deutsche Rentenversicherung Rheinland-Pfalz
www.deutsche-rentenversicherung-rlp.de
Eichendorffstr. 4-6, 67346 Speyer, Servicetelefon 0800 100048016, Postanschrift: Postfach, 67340 Speyer

Deutsche Rentenversicherung Saarland
www.deutsche-rentenversicherung-saarland.de
Martin-Luther-Str. 2-4, 66111 Saarbrücken, Servicetelefon 0800 100048017, Postanschrift: Postfach, 66108 Saarbrücken

Deutsche Rentenversicherung Schwaben
www.deutsche-rentenversicherung-schwaben.de/
Dieselstraße 9, 86154 Augsburg, Servicetelefon 0800 100048021, Postanschrift: 86223 Augsburg

Deutsche Rentenversicherung Westfalen
www.deutsche-rentenversicherung-westfalen.de
Gartenstr. 194, 48147 Münster, Servicetelefon 0800 100048011

2. Gesamtverband der landwirtschaftlichen Alterskassen (GLA)

Weißensteinstr. 70-72, 34131 Kassel, Telefon 0561 9359-0, www.lsv.de/verbaende

3. Künstlersozialkasse

Gökerstr. 14, 26384 Wilhelmshaven, Telefon 04421 7543-9, www.kuenstlersozialkasse.de

Rentnerkrankenversicherung

Das Wichtigste in Kürze

Rentner mit gesetzlicher Rente sind in der Rentnerkrankenversicherung versichert und genießen alle Leistungen der gesetzlichen Krankenversicherung mit Ausnahme von Krankengeld. Die Rentnerkrankenversicherung beginnt mit dem Tag des Rentenantrags.

1. Freiwillig Krankenversicherte

Freiwillig krankenversicherte Rentenantragsteller, die die Vorversicherungszeit erfüllen, werden als Rentner in der Krankenkasse zum Pflichtmitglied. Die Krankenkasse prüft von sich aus bei einem Rentenantrag den zukünftigen Versicherungsstatus des Rentenantragstellers und teilt den Antragsteller automatisch zu.
Pflichtversicherte müssen nur auf Renten, Versorgungsbezüge (z.B. Betriebsrenten) oder Arbeitseinkommen Krankenkassenbeträge zahlen.
Bei weiterhin freiwillig versicherten Mitgliedern der Krankenkasse sind auch Mieteinkommen und Kapitalerträge beitragspflichtig.

2. Voraussetzungen

- Rentenbezug aus einer gesetzlichen ☞ *Rentenversicherung.*
- Nachweis der Vorversicherungszeit.
  Die Vorversicherungszeit ist dann erfüllt, wenn der Rentner in der zweiten Hälfte seines Erwerbslebens zu 9/10 gesetzlich oder freiwillig versichertes Mitglied in der Krankenversicherung war oder aufgrund einer Pflichtversicherung familienversichert gewesen ist.

Wer die Voraussetzungen zur Rentnerkrankenversicherung erfüllt, ist auch in der ☞ *Pflegeversicherung* pflichtversichert.

3. Beginn

Die Mitgliedschaft in der Rentnerkrankenversicherung beginnt mit dem Tag der Rentenantragstellung.

Praxistipp

Da bei Rentenantragstellung erst geprüft werden muss, ob, in welcher Höhe und ab wann die Rente besteht (Feststellungsverfahren), muss der Rentner die Beiträge in voller Höhe vorleisten. Er erhält sie bei bewilligtem Rentenantrag von der Krankenkasse zurück.

4. Beitrag

Der Beitragshöhe liegt der allgemeine Beitragssatz der jeweiligen Krankenkasse zugrunde. Die eine Hälfte des Beitrags zahlt der Rentner (entsprechend dem Arbeitnehmer), die andere Hälfte übernimmt der Rentenversicherungsträger (entsprechend dem Arbeitgeber). Der Träger führt den kompletten Beitrag an die Krankenkasse ab.
Anspruch auf einen **Beitragszuschuss** zu Kranken- und Pflegeversicherung haben Rentenbezieher, die **freiwillig** in der gesetzlichen Krankenversicherung oder **privat** bei einem Krankenversicherungsunternehmen versichert sind.
Rentner müssen den vollen Beitrag der Pflegeversicherung alleine tragen. Das sind in der Regel 1,95 % der Brutto-Rente. Kinderlose Rentner, die nach dem 1.1.1940 geboren sind, zahlen 2,2 % (= 0,25 % zusätzlicher Pflegeversicherungsbeitrag) und müssen zusätzlich 0,9 % als Sonderbeitrag für ☞ *Zahnersatz* leisten.

5. Versorgungsbezüge

Auf laufende Versorgungsbezüge anlässlich eines Beschäftigungsverhältnisses wie z.B. Betriebsrenten, Beamtenpensionen etc. muss der Rentner den vollen Krankenkassenbeitrag entrichten.

Wer hilft weiter?

☞ *Krankenkassen*

Revision

Das Wichtigste in Kürze

Wenn ein Betroffener mit dem Berufungsurteil (☞ *Berufung*) eines Landessozialgerichts nicht einverstanden ist, kann er Revision vor dem Bundessozialgericht in Kassel erheben. Das Bundessozialgericht bildet die 3. und letzte Instanz der Sozialgerichtsbarkeit. Gerichtskosten fallen keine an, der eigene Anwalt muss jedoch bezahlt werden.

1. Fristen

Die Revision ist innerhalb einer bestimmten Frist nach Zustellung des Berufungsurteils beim zuständigen Gericht einzulegen:

- Frist im Normalfall: **1 Monat**
- Frist bei Wohnsitz im **Ausland: 3 Monate**
- Frist bei fehlender oder unrichtiger Rechtsmittelbelehrung: **1 Jahr**

2. Gerichtskosten

Es besteht Gerichtskostenfreiheit, d.h. es fallen keine Gerichtsgebühren an.

3. Rechtsanwalt

In dieser 3. Instanz besteht Anwaltszwang, d.h. der Prozess muss durch einen Rechtsanwalt oder Verbandsvertreter geführt werden.

3.1. Gebühren

Die Rechtsanwaltskosten orientieren sich für die 3. Instanz beim Bundessozialgericht in der Regel an folgenden Rahmengebühren:

- 40,- € bis 520,- € (sogenannte Geschäftsgebühr bei außergerichtlichem Tätigwerden)

Mehr Informationen: www.betanet.de

R

- 80,- € bis 800,- € (sogenannte Verfahrensgebühr bei gerichtlichem Tätigwerden)
- 40,- € bis 700,- € (sogenannte Terminsgebühr bei Auftreten vor dem Gericht)
- 40,- € bis 460,- € (sogenannte Einigungs- und Erledigungsgebühr) für den gütlichen Abschluss eines Rechtstreits im Revisionsverfahren

Die Geschäftsgebühr wird im Regelfall teilweise auf die Verfahrensgebühr angerechnet.

3.2. Prozesskostenhilfe

Wer die Kosten einer Prozessvertretung über einen Rechtsanwalt nachweislich nicht, nur zum Teil oder nur in Raten erbringen kann, dem kann ☞ *Prozesskostenhilfe* gewährt werden.

4. Urteil

Die Revision endet mit einem abschließenden Urteil des Bundessozialgerichts, wogegen kein weiteres Rechtsmittel eingelegt werden kann.

Wer hilft weiter?

Jedes Mitglied des SoVD und des VdK genießt einen „Sozialrechtschutz", bei dem die Beratung in der Regel kostenlos ist. Die Prozessbevollmächtigten beider Verbände vertreten ihre Mitglieder vor den Sozialverwaltungen und der Sozialgerichtsbarkeit durch alle Instanzen. Dabei entstehen geringe Verwaltungskosten, die das Mitglied zu tragen hat.
Beide Vereine sind flächendeckend im Bundesgebiet vertreten. Die nächstliegende Vertretung können Sie direkt bei der Bundesgeschäftstelle erfragen oder im Internet finden:
SoVD - Sozialverband Deutschland e.V., Stralauer Str. 63, 10179 Berlin, Telefon 030 726222-0, E-Mail contact@sozialverband.de, www.sovd.de
Sozialverband VdK Deutschland e.V., Wurzerstr. 4a, 53175 Bonn, Telefon 0228 82093-0, E-Mail kontakt@vdk.de, www.vdk.de

Rezeptgebühr

☞ *Zuzahlungen Krankenversicherung*

Rollstühle

Das Wichtigste in Kürze

Rollstühle gibt es in einer großen Bandbreite und je nach individuellen Anforderungen anpassbar. Bei einer Fahrleistung über 6 km/h übernehmen die Krankenkassen und die Berufsgenossenschaften auch die Haftpflichtversicherung. Rollstühle zählen sozialrechtlich zu den orthopädischen Hilfsmitteln.

1. Bau- und Anwendungsarten

Rollstühle kommen bei schwerwiegenderen motorischen Einschränkungen zumindest vorübergehend zum Einsatz. Es gibt mittlerweile ein breites Angebot, aus dem nach Bedarf des Patienten ausgewählt werden sollte. Der Rollstuhl muss in Größe und Ausstattung individuell für den Patienten eingestellt werden:

- für die Benutzung im Innenraum
- kombiniert für die Benutzung im Innen- und Außenbereich
- ausschließlich für die Benutzung im Außenbereich
- für die Überwindung von Treppen
- ohne Spezialisierung auf bestimmte Anwendungsorte
- Toiletten- und Duschrollstühle für die Benutzung im häuslichen Bereich
- mechanische Rollstühle zum Schieben oder Selbst-Bedienen
- Elektrorollstühle für verschiedene Verwendungszwecke

Soziale Fragen? betafon 01805 - 238 2366!

R

2. Rollstuhlversorgung im Pflegeheim

Die Rollstuhlversorgung im Pflegeheim gestaltet sich oft sehr schwierig, weil sich hier Zuständigkeiten von Krankenkasse und Pflegeheim überschneiden.

Krankenkassen sind verpflichtet, Patienten mit Hilfsmitteln zu versorgen, unabhängig davon, ob sie zu Hause oder im Pflegeheim leben. Diese Regelung erfährt nur dort eine Einschränkung, wo die Versorgungspflicht der Krankenkasse endet und die **Pflicht des Heimträgers bei** ☞ *vollstationärer Pflege* einsetzt. Wird der Rollstuhl zur Erleichterung der Pflege gebraucht, muss das Heim den Rollstuhl bereithalten. Dient er dem Behinderungsausgleich, hat die jeweilige Krankenkasse den Patienten mit einem ihm gerechten Hilfsmittel wie einem Rollstuhl zu versorgen.

Diese Unterscheidung ist in der Praxis oft nur schwer möglich und **im Einzelfall** wird der gerichtliche Weg nicht zu vermeiden sein, wenn der Pflegebedürftige mit einem eigenen, für ihn geeigneten Rollstuhl versorgt werden soll.

3. Zuzahlungen, Festbeträge, Richtlinien

Weitere, allgemeine Informationen zu Zuzahlungen, Festbeträgen, Richtlinien und anderen Hilfsmitteln finden Sie unter ☞ *Hilfsmittel.*

Wer hilft weiter?

Beratung und Orientierung in der Vielzahl spezieller Rollstühle geben Orthopädie- und Sanitätshäuser.

Rückzahlung der Sozialhilfe

Das Wichtigste in Kürze

Leistungen der Sozialhilfe müssen in der Regel nicht zurückgezahlt werden, außer sie wurden bei einer vorübergehenden Notlage als Darlehen gewährt. Zu Unrecht erbrachte, mit falschen Angaben erschlichene oder doppelte Leistungen müssen selbstverständlich zurückgezahlt werden.

1. Grundsatz

In der Regel muss ☞ *Sozialhilfe* **nicht** zurückgezahlt werden. Rückzahlung ist die Ausnahme, kann aber in einigen Fällen eintreten.

2. Ausnahmen

In folgenden Fällen wird vom Grundsatz abgewichen:

2.1. Darlehen

(§ 38 SGB XII)
Im Rahmen der ☞ *Hilfe zum Lebensunterhalt* kann bei einer **vorübergehenden Notlage** Sozialhilfe als Darlehen gewährt werden.
Es muss abzusehen sein, dass die Hilfe in der Regel nicht länger als 6 Monate notwendig ist. Für eine solche Beurteilung müssen konkrete Anhaltspunkte vorliegen, z.B. finanzielle Überbrückung bis zur ersten Lohnzahlung, bei Sperrfrist oder Leistungseinstellung der Agentur für Arbeit wegen Meldeversäumnissen.
Stellt sich allerdings heraus, dass die Notlage länger dauert als zunächst angenommen, so kann das Sozialamt auf die Rückzahlung des Darlehens verzichten.
Geldleistungen als Darlehen auch bei einer vorübergehenden Notlage sind unzulässig, wenn der Hilfesuchende ☞ *Erziehungsgeld* bzw. den Mindessatz des ☞ *Elterngelds* bezieht.

Mehr Informationen: www.betanet.de

2.2. Vorsätzliche Notlage, zu Unrecht erbrachte Leistungen

(§§ 103, 104 SGB XII)
Volljährige, die sich oder andere **vorsätzlich oder grob fahrlässig** in eine Notlage gebracht und dadurch Leistungen der Sozialhilfe ausgelöst oder durch vorsätzliches oder grob fahrlässiges Verhalten zu Unrecht erhalten haben, müssen diese Sozialhilfekosten ersetzen.

2.3. Doppelleistungen

(§ 105 SGB XII)
Hat ein vorrangig verpflichteter Leistungsträger (z.B. Krankenkasse, Rentenversicherungsträger etc.) in Unkenntnis der Leistung des Sozialamts an den Sozialhilfeempfänger geleistet, muss dieser die erhaltene Leistung an das Sozialamt herausgeben.

2.4. Falsche Angaben

Sozialhilfe, die rechtswidrig durch bewusst falsche und/oder unvollständige Angaben erwirkt wurde, kann zurückgefordert werden.
Das Amt kann in solchen Fällen u.a. ein Betrugsverfahren gegen den Hilfeempfänger einleiten.

2.5. Nicht bezahlte Miete

Wenn der Hilfesuchende vom Sozialamt Zahlungen für die Kosten der Unterkunft erhält (☞ *Unterkunft und Heizung*), diese aber nicht zweckentsprechend an den Vermieter bezahlt, so dass das Sozialamt abermals für die Mietrückstände zur Erhaltung der Wohnung und Vermeidung der Obdachlosigkeit aufzukommen hat, sind diese **abermals geleisteten Mietzahlungen** vom Hilfeempfänger zurückzuzahlen. Näheres ☞ *Mietschulden*.

2.6. Rückforderung von Sozialhilfe von den Erben

Die Erben eines Sozialhilfeempfängers oder von dessen Ehegatten bzw. Lebenspartner können ggf. zum Ersatz der Sozialhilfekosten verpflichtet werden (§ 102 SGB XII). Die Erben haften **höchstens** mit dem Wert des im Zeitpunkt des Erbfalls vorhandenen Nachlasses (also nicht mit ihrem Privatvermögen) **und nur** für die Kosten der Sozialhilfe, die innerhalb eines Zeitraums von 10 Jahren vor dem Erbfall angefallen sind.
Die Erben des Ehegatten oder Lebenspartners haften **nicht** für Kosten der Sozialhilfe, die während des **Getrenntlebens** der Ehegatten/Lebenspartner geleistet wurden.

2.6.1. Keine Rückforderung von den Erben

Ein Anspruch auf Kostenersatz gegenüber den Erben wird nicht geltend gemacht:

- so weit der Wert des Nachlasses unterhalb der Freibetragsgrenze von 2.106,- € (dreifacher Grundbetrag nach § 85 SGB XII) liegt
  oder
- so weit der Wert des Nachlasses unter 15.340,- € liegt, wenn der Erbe zum Zeitpunkt des Todes mit dem Hilfeempfänger verheiratet war, in Lebenspartnerschaft zusammenlebte oder verwandt war und nicht nur vorübergehend bis zu seinem Tode mit ihm in häuslicher Gemeinschaft gelebt und ihn gepflegt hat.

Zu den näheren Einzelheiten hierzu, z.B. im Zusammenhang mit dem Freibetrag, informiert das zuständige Sozialamt.

3. Verrechnung

Nicht zu verwechseln ist die Rückzahlung der Sozialhilfe mit der Verrechnung, z.B. wenn der Empfänger länger auf ihm zustehende Unterhaltsleistungen oder Rente wartet und das Sozialamt währenddessen in Vorleistung tritt. In der Regel unterschreibt der Hilfebedürftige dann eine Abtretungserklärung. Das Sozialamt rechnet bei Erhalt der Leistungen direkt mit dem anderen Träger ab und zahlt einen eventuellen Überschuss an den Hilfeempfänger aus.
Sind die Leistungen des anderen Trägers niedriger als erwartet, berät das Sozialamt den Empfänger, ob Antrag auf ergänzende

Soziale Fragen? betafon 01805 - 238 2366!

Sozialhilfe gestellt werden kann und wie mit den zuviel gezahlten Geldern verfahren wird (Rückzahlung, Darlehen oder Umwandlung in Beihilfe).

Wer hilft weiter?

Individuelle Auskünfte erteilt das ☞ *Sozialamt.*

Rundfunk- und Fernsehgebührenbefreiung

Das Wichtigste in Kürze

Bestimmte ☞ *Schwerbehinderte* und verschiedene Hilfebedürftige werden von der Rundfunk- und Fernsehgebührenpflicht befreit. Die Befreiung muss bei der Gebühreneinzugszentrale beantragt werden.

1. Voraussetzungen

Die Befreiung erhalten:

- Schwerbehinderte mit einem ☞ *Grad der Behinderung* (GdB) von mindestens 80, die infolge eines Leidens zum Besuch von öffentlichen Veranstaltungen nicht in der Lage sind.
- Blinde
- Schwer Sehbehinderte (GdB von mindestens 60 allein wegen der Sehbehinderung)
- Hörgeschädigte, die gehörlos sind oder denen eine ausreichende Verständigung über das Gehör auch mit Hörhilfen nicht möglich ist (an beiden Ohren hochgradig kombinierte Schwerhörigkeit oder Innenohrschwerhörigkeit und hierfür GdB von mindestens 50).

Sie erhalten das ☞ *Merkzeichen RF* in den ☞ *Schwerbehindertenausweis* eingetragen.

Befreit von der Rundfunk- und Fernsehgebühr werden auch

- Sozialhilfeempfänger, die ☞ *Hilfe zum Lebensunterhalt* beziehen.
- Empfänger von ☞ *Grundsicherung im Alter und bei Erwerbsminderung.*
- Empfänger von ☞ *Arbeitslosengeld II oder Sozialgeld*, allerdings nicht die, die den befristeten Zuschlag nach Bezug von Arbeitslosengeld bekommen.

Dieser Personenkreis hat auch Anspruch auf eine ☞ *Telefongebührenermäßigung.*

2. Umfang

Die Befreiung umfasst die monatliche Rundfunkgebühr, nämlich die Hörfunkgebühr von 5,52 € und die Fernsehgebühr von 17,03 € bzw. die Einheitsgebühr für je ein Hörfunk- und Fernsehgerät zusammen von ebenfalls 17,03 €.

3. Behinderte Kinder

Die Zuerkennung des ☞ *Merkzeichens RF* für Kinder erfolgt äußerst selten. Auch wenn das Kind selbst tatsächlich befreit ist, bleiben die Eltern für ein im gemeinsamen Haushalt befindliches Rundfunk- oder Fernsehgerät gebührenpflichtig.

4. Antrag - Wer hilft weiter?

Die Befreiung von der Rundfunk- und Fernsehgebührenpflicht muss bei der Gebühreneinzugszentrale (GEZ) beantragt werden. Anträge können dort angefordert oder heruntergeladen werden. Anschrift: GEZ, 50656 Köln, www.gez.de.
Dem ausgefüllten Antrag muss der Leistungsbescheid über Sozialhilfe bzw. Arbeitslosengeld II oder der Schwerbehindertenausweis im Original bzw. in beglaubigter Kopie beiliegen. Der Antrag muss eigenhändig unterschrieben und gemeinsam mit den Belegen per Post geschickt werden.
Die Befreiung gilt ab dem Folgemonat der Antragstellung.

Praxistipp

Schwerbehinderte, die aufgrund ihrer Behinderung von den Rundfunk- und Fernsehgebühren befreit sind, haben Anspruch auf ☞ *Telefongebührenermäßigung*, den sogenannten **„Sozialtarif"** der Telekom.

Mehr Informationen: www.betanet.de

R

Säuglingsausstattung

☞ *Schwangerschaft Entbindung Sozialhilfe*

Schulden

Das Wichtigste in Kürze

Schulden werden von keinem Sozialversicherungsträger übernommen, auch nicht vom Sozialamt. Ausnahmen gibt es bei ☞ *Stromkosten* und bei ☞ *Mietschulden*.
Eine Schuldenübernahme ist geboten, wenn durch die Nichtbezahlung der Schulden eine neue Notlage herbeigeführt würde, die wiederum nur durch Sozialhilfe behoben werden könnte.
Ansonsten übernimmt auch das Sozialamt nur Kosten, die es nach vorherigem Antrag genehmigt hat.

Wer hilft weiter?

Größere Kommunen, Kirchen und Wohlfahrtsverbände unterhalten zum Teil **Schuldnerberatungsstellen**, die Schuldnern helfen, wieder auf die Haben-Seite zu gelangen. Allerdings geben die Schuldnerberatungen nie Geld, sondern suchen nach dauerhaften Wegen aus der Schuldenkrise.
Die Schuldnerberatung bietet ver- und überschuldeten Personen unter anderem:

- Unterstützung bei der Sicherung der notwendigen Existenzgrundlage, z.B. Antragstellung für ☞ *Sozialhilfe*
- Beratung über Vollstreckungsschutz-Möglichkeiten, z.B. bei laufender Lohnpfändung
- Erstellen von Einnahmen-/Ausgaben-Übersichten und individuellen Haushaltsplänen
- Hilfe bei der Verhandlung mit Gläubigern

Die Adresse der nächsten Schuldnerberatungsstellen vor Ort vermittelt die Bundesarbeitsgemeinschaft Schuldnerberatung e.V., Friedrichsplatz 10, 34117 Kassel, Telefon 0561 771093, www.bag-sb.de.

Praxistipp

Die Broschüre **„Was mache ich mit meinen Schulden"** ist kostenlos erhältlich über den Bestellservice für Publikationen der Bundesregierung, Telefon 01805 778090, oder kann im Internet beim Bundesministerium für Familien, Senioren, Frauen und Jugend unter www.bmfsfj.de > Publikationen heruntergeladen werden.

Schwangerschaft Entbindung

(§§ 195-200 RVO)

Das Wichtigste in Kürze

Die Kosten einer Schwangerschaft und Entbindung werden von der Krankenkasse übernommen. Gezahlt werden ärztliche Untersuchungen, Gymnastik, Entbindung und Hebammenbetreuung. Als Entbindungsort kommen Krankenhäuser, Geburtshäuser und das eigene Zuhause in Frage.

1. Voraussetzung

Für die Kostenübernahme ist der Nachweis der Schwangerschaft notwendig. Auch eine Bauchhöhlen-Schwangerschaft gilt als Schwangerschaft.

Keine Entbindung liegt vor bei:

- ☞ *Fehlgeburt*
- Totgeburt einer Leibesfrucht von weniger als 500 Gramm
- ☞ *Schwangerschaftsabbruch*

2. Ärztliche Betreuung, Arznei-, Verband-, Heil- und Hilfsmittel

Die ärztliche Betreuung umfasst:

- schwerpunktmäßig Vorsorgemaßnahmen, u.a. serologische Untersuchung auf Infektionen; blutgruppenserologische Untersuchungen nach der Geburt
- Schwangerengymnastik aufgrund ärztlicher Anordnung
- Behandlung von Schwangerschafts-

Soziale Fragen? betafon 01805 - 238 2366!

beschwerden, welche noch keine Krankheitsauswirkungen entfalten, z.B. Übelkeit/Erbrechen am Morgen

Schwangere, die in der Krankenkasse versichert sind, leisten bei Schwangerschaftsbeschwerden und im Zusammenhang mit der Entbindung **keine Zuzahlungen** zu ☞ *Arznei- und Verbandmitteln*, ☞ *Heilmitteln* und ☞ *Hilfsmitteln*. Näheres siehe unter den einzelnen Punkten.

3. Hebammenhilfe

Die ☞ *Krankenkasse* übernimmt die Kosten der Hebammenhilfe inklusive aller Kosten für Hausbesuche bis zur 8. Woche nach der Entbindung, sofern die Mutter diese wünscht.

3.1. Umfang

Die Hebammenhilfe umfasst:

- Beratung der Schwangeren über Lebens- und Ernährungsweise
- Vorsorgeuntersuchung
- Hilfe bei Schwangerschaftsbeschwerden oder Wehen
- Geburtsvorbereitung mit Gruppen- oder Einzelunterweisung
- Geburtshilfe
- Wochenbettbetreuung
- Krankenhaus- und Hausbesuche
- Tag- und Nachtwachen
- Rückbildungsgymnastik

Die **Hebammenhilfe** deckt vorrangig regelgerecht verlaufende Schwangerschaften ab, die **ärztliche Betreuung** nur regelwidrige Schwangerschaftsabläufe.

3.2. Adressen

Listen mit freiberuflichen Hebammen halten Geburtskliniken und Gesundheitsämter bereit. Außerdem bekommt man diese Liste über den Bund freiberuflicher Hebammen Deutschlands BfHD, Kasseler Str. 1A, 60486 Frankfurt/Main, Telefon 069 79534971, www.bfhd.de.

4. Entbindung

4.1. Stationäre Entbindung

Die Versicherte hat für sich und ihr Neugeborenes Anspruch auf **zuzahlungsfreie** stationäre Unterkunft, Pflege und Verpflegung.

4.1.1. Wahl des Krankenhauses

Wählt die Versicherte ohne zwingenden Grund (z.B. negative Vorbelastung mit den Behandlungen eines bestimmten Krankenhauses, gestörtes Vertrauensverhältnis) ein anderes als das in der ärztlichen Einweisung genannte Krankenhaus, **können** ihr die **Mehrkosten**, d.h. sämtliche durch die Wahl des Krankenhauses verursachten höheren Aufwendungen ganz oder teilweise auferlegt werden. Die Entscheidung darüber liegt im **Ermessen** der Krankenkasse.

4.2. Hausgeburt

Die ☞ *Krankenkasse* übernimmt auch die Kosten einer Hausgeburt sowie die entsprechend entstehenden Kosten wie häusliche Pflege (siehe unten) oder Haushaltshilfe (siehe unten).

Auf Wunsch der Frau/des Paares ist eine Hausgeburt durchzuführen. Die Hebamme oder der betreuende Frauenarzt ist verpflichtet, die Schwangere über alle bekannten Risiken aufzuklären. Es ist empfehlenswert, diese Aufklärung mit Unterschrift der Frau/des Paares zu dokumentieren.
Eine gut ausgestattete Klinik sollte für den Notfall schnell zu erreichen sein.

4.3. Geburtshaus

Ein Geburtshaus ist für eine normale, in der Regel ambulante, Geburt ausgerüstet und wird von Hebammen geleitet. Geburtshäuser nehmen Risikoschwangerschaften wie Mehrlingsgeburten, Beckenendlagen oder Schwangerschaften mit einem komplizierten Verlauf nicht zur Entbindung an. Treten

Mehr Informationen: www.betanet.de

S

Komplikationen auf, wird die Mutter zur Notfallversorgung sofort ins nächste Krankenhaus gebracht.
Die Krankenkassen übernehmen zwar die Kosten der Hebammenhilfe, nicht aber die Betriebskosten des Geburtshauses, wie Unterhalt und Verpflegung. Letzteres zahlt in der Regel die Mutter. Einzelheiten dazu sollten ebenso wie medizinische und praktische Fragen mit dem jeweiligen Geburtshaus direkt abgesprochen werden.
Weitere Informationen und Geburtshäuser vor Ort finden sich unter www.geburtshaus.de.

Praxistipp

Verschiedene Krankenkassen haben Versorgungsverträge mit Geburtshäusern und leisten einen (pauschalen) Zuschuss zu den entstandenen Betriebskosten. In jedem Fall sollte vorab mit der jeweiligen Krankenkasse abgeklärt werden, ob und in welcher Höhe Kosten übernommen werden.

5. Häusliche Pflege

Die Krankenkasse übernimmt die Kosten für die häusliche Pflege, wenn sie wegen Schwangerschaft oder Entbindung erforderlich ist.
In der Regel wird eine Pflegekraft gestellt (Sachleistung), die Grundpflege und medizinische Pflege übernimmt.
Schwangere, die in der Krankenkasse versichert sind, leisten bei Schwangerschaftsbeschwerden und im Zusammenhang mit der Entbindung **keine Zuzahlung** zur Häuslichen Pflege.

6. Haushaltshilfe

Die Krankenkasse übernimmt die Kosten für eine Haushaltshilfe, wenn sie

- wegen Schwangerschaft oder Entbindung erforderlich ist,
- eine Weiterführung des Haushalts unmöglich ist

und

- keine andere im Haushalt lebende Person den Haushalt weiterführen kann.

Schwangere, die in der Krankenkasse versichert sind, leisten bei Schwangerschaftsbeschwerden und im Zusammenhang mit der Entbindung **keine Zuzahlung** zur Haushaltshilfe.

Praxistipps

- Eine Haushaltshilfe kann auch schon vor Geburt des Kindes beantragt werden, wenn der Arzt bestätigt, dass diese Hilfe einen Krankenhausaufenthalt voraussichtlich verhindert (in der Regel bei Risiko- und Mehrlingsschwangerschaften).
- Für Schwangere gelten die Bestimmungen des ☞ *Mutterschutz*-Gesetzes.

Wer hilft weiter?

☞ *Krankenkassen*

Schwangerschaft Entbindung Sozialhilfe

(§ 50 SGB XII)

Das Wichtigste in Kürze

Schwangere ohne Krankenversicherung und geringem Einkommen können beim Sozialamt **„Hilfe bei Schwangerschaft und Mutterschaft"** bekommen. Bezahlt werden Leistungen, die sonst von der Krankenversicherung übernommen werden. Darüber hinaus sind weitere Hilfen für die Zeit nach der Entbindung möglich.

1. Voraussetzungen

Die „Hilfe bei Schwangerschaft und Mutterschaft" zählt zu den „Hilfen zur Gesundheit". Folgende Voraussetzungen müssen erfüllt sein:

- Es besteht kein Krankenversicherungs-

schutz für die Schwangere oder Wöchnerin.
- Das Einkommen der Betroffenen liegt unterhalb der **Einkommensgrenze** nach §§ 85 ff. SGB XII. ☞ *Einsatz von Einkommen und Vermögen.*

Praxistipp

Wenn die Hilfesuchende schwanger ist oder Kinder unter 6 Jahren selbst erzieht und bei ihren Eltern im Haushalt lebt, dann darf das Vermögen und Einkommen ihrer Eltern nicht zur Berechnung der Leistungen der Sozialhilfe zugrunde gelegt werden. In diesem Fall gilt sie als allein und unabhängig von den Eltern lebend.

2. Umfang der Hilfe

Details zu den einzelnen Leistungen finden Sie unter ☞ *Schwangerschaft Entbindung.*
Die Leistungen der Sozialhilfe sollen regelmäßig denjenigen entsprechen, die über die gesetzliche Krankenversicherung gewährt werden. Die Hilfe für werdende Mütter und Wöchnerinnen umfasst:
- ärztliche Betreuung
- Versorgung mit ☞ *Arznei- und Verbandmitteln* und ☞ *Heilmitteln*
- Hebammenhilfe
- stationäre Entbindung
- häusliche Pflege
- Hausgeburt und so weit erforderlich auch eine Haushaltshilfe
- Geburtshaus

3. Weitere Hilfemaßnahmen für Schwangere und Mütter

Neben den Leistungen der Sozialhilfe, die denen der gesetzlichen Krankenversicherung entsprechen, gibt es noch eine Reihe materieller Hilfen, die beantragt werden können.

3.1. Mehrbedarfszuschlag

Ab der 13. Schwangerschaftswoche gibt es einen Mehrbedarfszuschlag (☞ *Mehrbedarfszuschläge*) für die Schwangere.

3.2. Säuglingsausstattung

Als ☞ *einmalige Leistung* der Sozialhilfe wird eine Säuglingsausstattung gewährt. Hierzu zählen z.B. Strampelanzug, Windeln, Lätzchen, Fläschchen, Plastikwanne, Windeleimer, Bettwäsche, Laken, Wickelauflage, Kinderbett, Kinderwagen etc.
Der Antrag auf Säuglingsausstattung kann bereits 6 bis 12 Wochen vor der Geburt gestellt werden, damit die Schwangere rechtzeitig vor der Geburt einkaufen kann. Unterschiedlich handhaben die Sozialämter das Vorgehen: Zum Teil gibt es Pauschalen, zum Teil muss für jedes benötigte Teil ein Kostenvoranschlag eingereicht werden (zusammen mit einem günstigen Katalog und einer von der Schwangeren zu erstellenden Liste). Hat die Schwangere schon Kinder, kann das Sozialamt auf bereits vorhandene Ausstattung verweisen. Quittungen sind bis zu 2 Jahre lang aufzubewahren.

3.3. Bekleidung für Schwangere

Als einmalige Leistung der Sozialhilfe gibt es Bekleidung für die Schwangere.
Hierzu zählen unter anderem Umstandskleider, Schwangerschaftsbadeanzüge, Bekleidung für Schwangerschaftsgymnastik, Still-BHs sowie notwendige Ausstattung für den Krankenhausaufenthalt wie Reisetasche, Morgenmantel, Nachthemd etc. Quittungen sind bis zu 2 Jahre lang aufzubewahren.

3.4. Weitere Hilfen

Weitere Hilfen für Schwangere und Mütter unter folgenden Stichworten:
- ☞ *Mittel der Bundesstiftung „Mutter und Kind"*
- ☞ *Erziehungsgeld*
- ☞ *Elterngeld*
- ☞ *Kindergeld*
- ☞ *Mutterschaftsgeld*

4. Schwangerschaftsabbruch

Das Sozialamt gewährt keine Hilfe bei Schwangerschaftsabbrüchen. Leistungen hierfür werden nach dem Gesetz zur Hilfe

Mehr Informationen: www.betanet.de

für Frauen bei Schwangerschaftsabbrüchen in besonderen Fällen von den Ländern erbracht. Näheres ☞ *Schwangerschaftsabbruch.*

Wer hilft weiter?

Individuelle Auskünfte erteilt das ☞ *Sozialamt.*

Schwangerschaftsabbruch

Das Wichtigste in Kürze

Es gibt „rechtswidrige", „rechtswidrige, aber straffreie" (§ 218a StGB) und „nicht rechtswidrige" Schwangerschaftsabbrüche. Nur „nicht rechtswidrige" Abbrüche werden von den Krankenkassen oder den Ländern bezahlt. In jedem Fall sollten einem Schwangerschaftsabbruch intensive Beratungen durch Ärzte und Schwangerschaftsberatungsstellen vorangehen.

1. Nicht rechtswidriger Abbruch

Die Krankenkassen bezahlen Schwangerschaftsabbrüche, wenn sie **nicht rechtswidrig** sind (§ 24 b SGB V). Nicht rechtswidrig sind Schwangerschaftsabbrüche bei

- **medizinischer Indikation**: Die Schwangerschaft gefährdet das Leben der Schwangeren oder ihre Gesundheit schwerwiegend. Abbruch ohne Fristbegrenzung möglich.
- **kriminologischer Indikation**: Schwangerschaft infolge Vergewaltigung. Abbruch nur bis Ende der 12. Woche nach Empfängnis möglich.

1.1. Leistungen

Gewährt werden in allen Fällen

- Ärztliche Behandlung, z.B. der operative Eingriff (☞ *Krankenbehandlung*)
- ☞ *Krankenhausbehandlung*
- Versorgung mit ☞ *Arznei- und Verbandmitteln*, ☞ *Heilmitteln* und ☞ *Hilfsmitteln*

Im Falle einer Arbeitsunfähigkeit durch den nicht rechtswidrigen Schwangerschaftsabbruch besteht in der Regel Anspruch auf ☞ *Krankengeld.*

2. Rechtswidriger, aber straffreier Schwangerschaftsabbruch

Rechtswidrig, aber straffrei ist ein Schwangerschaftsabbruch, wenn zwar keine medizinische oder kriminologische Indikation vorliegt, aber

- eine Bescheinigung einer anerkannten Konfliktberatungsstelle vorliegt (Datum der Bescheinigung mindestens 3 Tage vor dem Eingriff)

  und
- der Abbruch innerhalb von 12 Wochen nach Empfängnis ärztlich vollzogen wurde.

2.1. Kosten

Die Kosten eines rechtswidrigen, aber straffreien Schwangerschaftsabbruchs muss die Patientin tragen. Die Krankenkasse übernimmt nur die Kosten für die ärztlichen Leistungen und Medikamente vor dem Eingriff und für eventuell eintretende Komplikationen danach.
Es besteht **kein** Anspruch auf Krankengeld.

2.2. Beratung

Die vorhergehende Beratung durch die Beratungsstelle ist kostenlos und wird auf Wunsch anonym durchgeführt. Die Beraterinnen stehen unter Schweigepflicht.
Die Beratung ist „ergebnisoffen", das heißt: Die Beratung soll zwar dem Schutz ungeborenen Lebens dienen und die Frau durch die Information über Hilfsmöglichkeiten zur Fortsetzung der Schwangerschaft ermutigen, aber die Entscheidung trifft allein die Frau. Die Beratung darf nicht bevormunden oder belehren.
Im Beratungsgespräch wird laut Gesetz von der Frau „erwartet", dass sie die Gründe nennt, warum sie über einen Abbruch nachdenkt, und dass sie diese Gründe mit der Beraterin erörtert. Aber die Frau muss nicht darüber sprechen. Zum Beratungsinhalt ge-

Soziale Fragen? betafon 01805 - 238 2366!

hört auch, die juristische Bedeutung ihrer Entscheidung klar zu machen.
Nach der Beratung wird eine schriftliche Bestätigung der Beratung ausgestellt. Dieser Beratungsschein muss Namen und Datum, darf aber keine Gesprächsinhalte enthalten. Die wesentlichen Inhalte des Beratungsgesprächs werden von der Beraterin zwar aufgezeichnet, aber ohne Nennung von Namen (dient der Kontrolle der Beratungseinrichtung).

2.3. Ausnahmen für sozial Schwache

Wenn nach dem Gesetz zur Hilfe für Frauen bei Schwangerschaftsabbrüchen die Kosten **nicht zumutbar** sind, übernehmen in besonderen Fällen die Länder die Kosten.

2.3.1. Voraussetzungen

Die Kostenübernahme kommt in Frage bei **nicht rechtswidrigen** Abbrüchen, wenn die Frau nicht gesetzlich krankenversichert ist.
Bei **rechtswidrig/straffreien** Abbrüchen in allen Fällen, in denen die Frau die folgenden Voraussetzungen erfüllt:

- Die verfügbaren persönlichen Einkünfte der Frau betragen monatlich maximal 977,- € (West) und 955,- € (Ost) zuzüglich 231,- € für jedes im Haushalt lebende und von der Frau unterhaltene Kind,
  und
  der Frau steht kein kurzfristig verwertbares Vermögen zur Verfügung.
  Einkünfte der Eltern, des Ehegatten, des Lebenspartners oder anderer Personen bleiben unberücksichtigt.
- Die Frau erhält ☞ *Hilfe zum Lebensunterhalt* nach dem SGB XII oder ☞ *Grundsicherung für Arbeitssuchende*.
- Die Frau ist in einem Heim oder in einer gleichartigen Einrichtung untergebracht und die Kosten für die Unterbringung tragen Träger der Sozialhilfe oder der Jugendhilfe.
- **Weitere Sonderregelung**
  So weit die Kosten der Unterkunft für Frau und Kinder 287,- € (West) und 254,- € (Ost) übersteigen, erhöht sich die genannte Einkommensgrenze um den Mehrbetrag, höchstens jedoch um 287,- € im gesamten Bundesgebiet.

2.3.2. Antrag

Die Kostenübernahme muss **immer bei der** Krankenkasse beantragt werden. Die Krankenkassen rechnen intern mit den Ländern ab. Nicht krankenversicherte Frauen stellen den Antrag in der Regel bei der AOK.

Die Kasse stellt auf Antrag einen Berechtigungsschein aus, mit dem die Frau zum Arzt ihrer Wahl geht. Die Kasse hat nur das Recht, Auskünfte über das persönliche Einkommen und Vermögen einzuholen, **nicht** über die Gründe des Abbruchs. Die Kostenübernahme muss **vorher** genehmigt werden, Anträge im Nachhinein werden nicht angenommen.

3. Anspruch auf Entgeltfortzahlung

Der Anspruch auf Entgeltfortzahlung besteht bis zu 6 Wochen durch den Arbeitgeber bei **jedem** ärztlich vorgenommenen Schwangerschaftsabbruch, unabhängig ob rechtswidrig oder nicht rechtswidrig (§ 3 Abs. 2 EntgeltfortzahlungsG).

Wer hilft weiter?

Auskünfte erteilen Ärzte, Gesundheitsämter, Krankenkassen und Schwangerschaftsberatungsstellen. Beratungsstellen gibt es von pro familia, Donum Vitae, Arbeiterwohlfahrt, Diakonie, Caritas und dem SKF (Sozialdienst katholischer Frauen). Allerdings stellen die Beratungsstellen des SKF und der Caritas keinen Beratungsschein mehr aus. Die Adresse der nächstgelegenen pro-familia-Beratungsstelle erhalten Sie über den Bundesverband pro familia, Stresemannallee 3, 60596 Frankfurt/M., Telefon 069 639002, www.profamilia.de. Die Adresse der nächsten donum-vitae-Beratungsstelle über www.donumvitae.org oder telefonisch über donum vitae e.V., Breite Str. 27, 53111 Bonn, Telefon 0228 3867343.

Schwangerschaftsverhütung

Das Wichtigste in Kürze

Krankenkassen bezahlen Beratungen und Untersuchungen zur Schwangerschaftsverhütung. Empfängnisverhütende Mittel übernehmen Krankenkassen nur bis zum 20. Geburtstag. Kondome werden nicht bezahlt.

1. Grundsätzliches

Als Schwangerschaftsverhütung gelten die Lenkung oder Planung der Geburtenkontrolle und/oder die Familienplanung. Es gibt unterschiedliche Methoden mit unterschiedlicher Zuverlässigkeit und Verträglichkeit.

2. Leistungen der Krankenkasse

- Beratung, Untersuchung und Verordnung von empfängnisregelnden Mitteln (§ 24 a Abs. 1 SGB V). Dazu zählen z.B. Fragen zur Verhütung, ggf. auch zur Förderung einer Empfängnis.
- Empfängnis**verhütende**, ärztlich verordnete Mittel (§ 24 a Abs. 2 SGB V) bis zur Vollendung des 20. Lebensjahres. Dazu zählen Pille, Spirale, hormonelle Antikonzeptiva, intrauterine Pessare (= ärztlich eingesetzt) und die „Pille danach". Allerdings müssen Versicherte ab dem 18. Geburtstag die gesetzliche ☞ *Zuzahlung (der Krankenversicherung)* für diese Verhütungsmittel bezahlen.

3. Leistungen des Sozialamts

Das Sozialamt übernimmt dieselben Kosten als „**Hilfe zur Familienplanung**". Sie zählt zu den Hilfen zur Gesundheit (☞ *Gesundheitshilfe*) (§ 49 SGB XII).

3.1. Voraussetzung

Das Einkommen der Betroffenen liegt unterhalb der **Einkommensgrenze** nach §§ 85 ff. SGB XII, ☞ *Einsatz von Einkommen und Vermögen.*

4. Keine Kostenübernahme

Nicht bezahlt werden von Krankenkasse und Sozialamt Kondome, Schaumtabletten oder Cremes.

Wer hilft weiter?

Individuelle Auskünfte erteilen die ☞ *Krankenkassen* und das ☞ *Sozialamt.*

Schwerbehinderte

(§ 2 SGB IX)

Das Wichtigste in Kürze

Als schwerbehindert nach dem Sozialgesetzbuch IX (§ 2 Abs. 2 SGB IX) gelten Behinderte mit einem Grad der Behinderung (GdB) von mindestens 50. Schwerbehinderte erhalten auf Antrag beim ☞ *Versorgungsamt* einen ☞ *Schwerbehindertenausweis.* Dieser enthält den GdB und kann je nach Art der Behinderung auch ☞ *Merkzeichen* enthalten, wodurch der Schwerbehinderte Vergünstigungen wie Kündigungsschutz oder Zusatzurlaub in Anspruch nehmen kann. Gesetzlich basierte Leistungen und Vergünstigungen erhalten Schwerbehinderte nur, wenn sie ihren Wohnsitz oder ihre Beschäftigung in Deutschland haben.

1. Kündigungsschutz

Die Kündigung eines Schwerbehinderten bedarf in der Regel der vorherigen Zustimmung des ☞ *Integrationsamts.* Die Kündigungsfrist beträgt mindestens 4 Wochen.

2. Zusatzurlaub

Schwerbehinderte haben Anspruch auf zusätzlich 5 bezahlte Urlaubstage im Jahr. Bei mehr oder weniger als 5 Arbeitstagen in der Woche erhöht bzw. vermindert sich der Zusatzurlaub entsprechend.

Soziale Fragen? betafon 01805 - 238 2366!

3. Gleichstellung behindert/schwerbehindert

Personen mit einem GdB von weniger als 50, aber mindestens 30, erhalten die gleichen Leistungen wie Schwerbehinderte, **wenn** sie infolge ihrer Behinderung keinen geeigneten Arbeitsplatz erlangen oder behalten können.

3.1. Unterschiede

Gleichgestellte genießen wie Schwerbehinderte einen besonderen Kündigungsschutz. Sie haben jedoch im Gegensatz zu Schwerbehinderten **keinen** Anspruch auf einen **Zusatzurlaub** von 5 bezahlten Arbeitstagen im Jahr (§ 125 SGB IX) und auf vorgezogenes Altersruhegeld nach Vollendung des 60. Lebensjahres (☞ *Altersrente für Schwerbehinderte*). Gleichgestellte bekommen keinen ☞ *Schwerbehindertenausweis* und keine „Erleichterungen im Personenverkehr" ☞ *Öffentliche Verkehrsmittel.*

Praxistipp

Die Gleichstellung erfolgt durch die zuständige Agentur für Arbeit. Der Antrag muss unmittelbar bei der Agentur für Arbeit gestellt werden, unter Vorlage des Feststellungsbescheids des ☞ *Versorgungsamts* und eines Schreibens des Arbeitgebers, der den Antragsteller einstellen bzw. weiterbeschäftigen würde. Die Gleichstellung wird mit dem Tag der Antragstellung wirksam. Sie kann befristet werden.

4. Grad der Behinderung

Der Grad der Behinderung (GdB) beschreibt die Schwere der Behinderung und wird durch das Versorgungsamt festgestellt. Details unter Grad der Behinderung.
Abhängig vom GdB sind die Nachteilsausgleiche, Details zeigt die Tabelle auf Seite 115.

Praxistipp

Schwerbehinderten wird - teilweise auf freiwilliger Grundlage - eine Reihe von Nachteilsausgleichen zugestanden, z.B.:

- Eintrittspreisermäßigungen (z.B. Filme, Theater, Sportveranstaltungen, Museen)
- Benutzung der Abteile und Sitze, die Schwerbehinderten in Verkehrsmitteln vorbehalten sind
- Bevorzugte Abfertigung in Ämtern
- Beitragsermäßigungen für Mitglieder von Vereinen, Interessenverbänden etc.

Einen Überblick über Leistungen für Schwerbehinderte finden Sie unter ☞ *Behinderung.*

Wer hilft weiter?

- Informationen zum SGB IX und zu Behinderung gibt das Bürgertelefon des Bundesarbeitsministeriums, 01805 676715, Mo-Do, 8-20 Uhr.
- Fragen zu Leistungen für Schwerbehinderte oder Unklarheiten über die Zuständigkeiten der jeweiligen Leistungsträger beantworten die örtlichen ☞ *Servicestellen.*
- Arbeitsrechtliche Auskünfte (Kündigungsschutz, Zusatzurlaub) erteilt das ☞ *Integrationsamt.*
- Beratung und Begleitung im Arbeitsleben bietet der ☞ *Integrationsfachdienst.*

Schwerbehindertenausweis

(§ 69 SGB IX - Schwerbehindertenausweisverordnung)

Das Wichtigste in Kürze

Der Schwerbehindertenausweis belegt Art und Schwere der Behinderung und muss vorgelegt werden, wenn Vergünstigungen für Schwerbehinderte beantragt oder in Anspruch genommen werden. Schwerbehinderte können je nach Grad der Behinderung und/oder ☞ *Merkzeichen* folgende Nachteilsausgleiche beanspruchen:

- Merkzeichenabhängige Nachteilsausgleiche (Tabelle Seite 188)
- Nachteilsausgleiche abhängig vom Grad der Behinderung (Tabelle Seite 115)

Mehr Informationen: www.betanet.de

S

1. Antrag

Die Ausstellung eines Schwerbehindertenausweises erfolgt auf Antrag des ☞ *Schwerbehinderten.* **Antragsformulare** sind beim Versorgungsamt erhältlich.

Praxistipps

Folgende Tipps helfen bei der Antragstellung:

- Nicht nur die Grunderkrankung, sondern auch alle zusätzlichen Beeinträchtigungen (z.B. Sehfehler) und Begleiterscheinungen angeben.
- Kliniken und Ärzte anführen, die **am besten** über die angeführten Gesundheitsstörungen informiert sind. Dabei unbedingt die dem Antrag beiliegenden Schweigepflichtsentbindungen und Einverständniserklärungen ausfüllen, damit das Versorgungsamt bei den angegebenen Stellen die entsprechenden Auskünfte einholen kann.
- Antragstellung mit dem behandelnden Arzt absprechen. Der Arzt sollte in den Befundberichten die einzelnen Auswirkungen der Erkrankung (z.B. körperliche Belastbarkeit) detailliert darstellen. Diese Kriterien, nicht allein die Diagnose, entscheiden über den Grad der Behinderung. Der Patient sollte sich etwa eine Woche lang selbst beobachten und beobachten lassen und alles aufschreiben, was körperlich beeinträchtigt, was Schmerzen verursacht, womit er sich und/oder andere gefährdet (z.B. zu langsam im Straßenverkehr, andere Verkehrsteilnehmer nicht gehört oder gesehen).
- Bereits vorhandene ärztliche Unterlagen gleich bei Antragstellung mit einreichen, z.B. Krankenhausentlassungsbericht, Kurbericht, alle die Behinderung betreffenden Befunde in Kopie.
- Lichtbild beilegen (erst ab Vollendung des 10. Lebensjahres notwendig).
- Wenn der Behinderte niemals in der Lage ist, das Haus zu verlassen, ist es auf Antrag möglich, einen Schwerbehindertenausweis ohne Foto zu bekommen.
- Nach der Feststellung des Grades der Behinderung (GdB) bekommt der Behinderte vom Versorgungsamt einen sogenannten **Feststellungsbescheid**. Ab einem GdB von 50 besteht die Möglichkeit, einen Schwerbehindertenausweis zu bekommen.

2. Gültigkeitsdauer

Der Ausweis wird in der Regel für **längstens 5 Jahre** ausgestellt.

- **Ausnahme**
  Bei einer voraussichtlich lebenslangen Behinderung kann der Ausweis unbefristet ausgestellt werden.
- **Verlängerung**
  Die Gültigkeit kann auf Antrag höchstens zweimal verlängert werden. Danach muss ein neuer Ausweis beantragt werden.
- **Bei Schwerbehinderten unter 10 Jahren**
  ist der Ausweis bis zur Vollendung des 10. Lebensjahres befristet. Danach werden die Voraussetzungen der Schwerbehinderung neu überprüft.
- **Bei Schwerbehinderten zwischen 10 und 15 Jahren**
  ist der Ausweis bis zur Vollendung des 20. Lebensjahres befristet. Danach werden die Voraussetzungen der Schwerbehinderung neu überprüft.

3. Antrag auf Erhöhung

Verschlechtert sich der Gesundheitszustand eines Menschen mit Schwerbehindertenausweis oder kommt eine weitere dauerhafte Einschränkung dazu, dann sollte beim Versorgungsamt ein Antrag auf Erhöhung des Grades der Behinderung (GdB) gestellt werden. Der Vordruck für den Antrag wird auf Anfrage vom Versorgungsamt zugeschickt und es wird geprüft, ob ein neuer Schwerbehindertenausweis mit eventuell neuen Merkzeichen ausgestellt wird.

4. Merkzeichen

Verschiedene Merkzeichen im Schwerbehindertenausweis kennzeichnen die Behinderung und signalisieren, welche Vergünstigungen der Behinderte erhält. Es gibt fol-

Soziale Fragen? betafon 01805 - 238 2366!

gende Merkzeichen:
- ☞ *Merkzeichen G*: erhebliche Beeinträchtigung der Bewegungsfähigkeit im Straßenverkehr sowie erhebliche Geh- und/ oder Stehbehinderung
- ☞ *Merkzeichen aG*: außergewöhnliche Gehbehinderung
- ☞ *Merkzeichen H*: hilflos
- ☞ *Merkzeichen Bl*: blind oder hochgradig sehbehindert
- ☞ *Merkzeichen RF*: ☞ *Rundfunk- und Fernsehgebührenbefreiung*
- ☞ *Merkzeichen B*: ständige Begleitung bei Benutzung öffentlicher Verkehrsmittel notwendig
- ☞ *Merkzeichen Gl*: gehörlos und an Taubheit grenzende Schwerhörigkeit mit schwerer Sprachstörung

Detaillierte Informationen unter den einzelnen Merkzeichen.

Wer hilft weiter?

☞ *Versorgungsamt*

Schwerbehinderung

☞ *Behinderung*
☞ *Schwerbehinderte*

Schwerpflegebedürftigkeit

☞ *Pflegestufen*

Seelisch behinderte Kinder und Jugendliche, Eingliederungshilfe

(§ 35a SGB VIII)

Das Wichtigste in Kürze

Eingliederungshilfen richten sich an Kinder und Jugendliche, die durch Psychosen, Neurosen, Sucht oder seelische Störung nicht ihrem Alter entsprechend am gesellschaftlichen Leben teilhaben können. Als Hilfen stehen ambulante und stationäre Betreuungsformen zur Verfügung. Insbesondere dafür vorgesehen sind heilpädagogische Einrichtungen. Ziel ist, den Patienten möglichst viel Autonomie und soziale Kompetenz zu vermitteln.

1. Grundsätzliches

Eingliederungshilfe erhalten Kinder, Jugendliche und junge Erwachsene, deren seelische Gesundheit mit hoher Wahrscheinlichkeit länger als 6 Monate von dem für ihr Lebensalter typischen Zustand abweicht und deren Teilnahme am gesellschaftlichen Leben aufgrund psychischer Belastungen und Besonderheiten beeinträchtigt ist.

Derartige **„psychische Beeinträchtigungen"** sind:
- körperlich nicht begründbare **Psychosen** (z.B. Schizophrenie, manisch-depressive Erkrankung, frühkindlicher Autismus)
- **seelische Störungen**
  - infolge einer körperlichen Verletzung oder Krankheit
  - infolge einer Verletzung oder Krankheit des Gehirns
  - infolge von Anfallsleiden
  - oder wenn die Störungen im seelischen Bereich selbst eine Äußerung der Krankheit sind
- **Suchtkrankheiten**, z.B. Drogensucht
- **Neurosen** und andere Persönlichkeitsstörungen

Dieselben Rechte haben Kinder, Jugendliche und junge Erwachsene, denen psychische Beeinträchtigungen drohen.

2. Formen der Eingliederungshilfe

Für seelisch behinderte Kinder und Jugendliche bietet die Kinder- und Jugendhilfe folgende Hilfeformen:
1. ambulante Eingliederungshilfen
2. in ☞ *Kindertagesstätten* oder teilstationären Einrichtungen oder auch in heilpädagogischen Einrichtungen
3. durch geeignete Pflegepersonen (☞ *Ta-*

Mehr Informationen: www.betanet.de

gespflege von Kindern)
4. Eingliederungshilfen in Einrichtungen über Tag und Nacht sowie sonstigen Wohnformen (☞ *Heimerziehung*)

2.1. Heilpädagogische Einrichtungen

Heilpädagogische Einrichtungen sind **Sondereinrichtungen**, die auf die speziellen Bedürfnisse seelisch behinderter Kinder eingehen. In altersgerecht zusammengestellten Gruppen wird die Entwicklung der sozialen Kompetenz und die Fähigkeit zur Alltagsbewältigung gefördert.

Die Übergänge zu den Leistungen der sozialpädiatrischen Zentren sind fließend. Der Schwerpunkt der sozialpädiatrischen Zentren liegt, vereinfacht gesagt, bei Kindern mit körperlichen und Mehrfachbehinderungen.
Vorrangig sind bei nicht schulpflichtigen Kindern die Leistungen der Krankenkassen in sozialpädiatrischen Zentren. Dies gilt jedoch nur, wenn der spezifische Bedarf des seelisch behinderten Kindes im sozialpädiatrischen Zentrum sichergestellt ist.

2.1.1. Frühförderzentren

Interessant für die Betreuung seelisch behinderter Kinder können je nach Lage des Einzelfalls auch die **Frühförderzentren** sein. Sie behandeln Kinder in der Regel bis zum 7. Lebensjahr, geboten werden z.B. Anfallsbehandlung, Krankengymnastik, Logotherapie, Ergotherapie oder Psychotherapie. Abgerechnet werden die Leistungen zum Teil über die Krankenkasse, zum Teil über andere Träger.

3. Aufgabe und Ziel

Aufgabe der Eingliederungshilfe ist die Verbesserung entwicklungspsychologisch wichtiger Funktionen wie Autonomie und Bindungsfähigkeit, z.B. in Form einzel- oder gruppentherapeutischer Verfahren mit gestalterischen oder spielerischen Inhalten.
Ziel der Eingliederungshilfe ist die **soziale Rehabilitation**, welche oft auch mit Hilfe der Leistungen der Sozialhilfe (☞ *Eingliederungshilfe*) angestrebt wird.

4. Kosten

Das Jugendamt trägt die Kosten.
Die Eltern, Kinder, Jugendlichen und deren Ehegatten/Lebenspartner werden zu den Kosten in den Hilfeformen der o.g. Ziffer 3 herangezogen, allerdings nicht bei ambulanten Eingliederungshilfen. Der Kostenbeitrag richtet sich nach der Kostenbeitragsverordnung und kann in der Höhe regional unterschiedlich ausfallen. Weitere Informationen beim Jugendamt.

5. Weitere Leistungen des Jugendamts für seelisch behinderte Kinder und Jugendliche

5.1. Unterhaltsleistungen

Das Jugendamt ist für die ☞ *Unterhaltsleistungen* zuständig, wenn dem Kind oder Jugendlichen **Hilfe außerhalb des Elternhauses** gewährt wird (§ 39 SGB VIII), **nicht** bei ambulanten Eingliederungshilfen.

5.2. Taschengeld

Ein Taschengeld (Barbetrag) steht bei **vollstationären** Eingliederungshilfen dem Kind oder Jugendlichen persönlich zur Verfügung (§ 39 SGB VIII). ☞ *Taschengeld* gibt es **nicht** bei ambulanten Eingliederungshilfen.
Die **Höhe** dieses Barbetrags wird von den Landesbehörden **festgesetzt**.

5.3. Krankenhilfe

Krankenhilfe (§ 40 SGB VIII) wird geleistet, so weit für das Kind oder den Jugendlichen kein Krankenversicherungsschutz besteht (in der Regel über die ☞ *Familienversicherung* abgedeckt). Krankenhilfe wird **nur** bei ☞ *Tagespflege* und ☞ *Heimerziehung* gewährt, **nicht** bei ambulanten oder teilstationären Eingliederungshilfen.
Leistungsumfang der ☞ *Krankenhilfe* siehe dort.

Praxistipp

Für seelisch behinderte junge Erwachsene kommt unter Umständen auch eine Nachbetreuung in Frage (☞ *Junge Volljährige, Nachbetreuung*).

Wer hilft weiter?

Individuelle Auskünfte erteilt das ☞ *Jugendamt*.

Sehhilfen

Das Wichtigste in Kürze

Die Kosten für Sehhilfen übernimmt die Krankenversicherung nur bei Kindern und Jugendlichen bis 18, bei schwersten Sehschwächen und wenn die Sehhilfe der Behandlung einer Augenverletzung oder -erkrankung dient. Teilweise sind aber auch dann Zuzahlungen zu leisten. Kontaktlinsen dürfen nur unter bestimmten Voraussetzungen verordnet werden.
Das heißt: Die meisten Menschen müssen ihre Brillen, Brillengestelle und Kontaklinsen selbst zahlen.
Die Unfallversicherung gibt Zuschüsse oder übernimmt die Kosten.

1. Kostenübernahme

Sehhilfen übernehmen die **Krankenkassen** nur für

- Kinder und Jugendliche bis zum 18. Geburtstag.
- für Patienten, bei denen die Sehhilfe der Behandlung von Augenverletzungen oder -erkrankungen dient. Ausgeschlossen sind Sehhilfen, die allein der Korrektur der Sehschärfe dienen.
- für Erwachsene bei Sehschwäche oder Blindheit beider Augen mit mindestens Schweregrad 1 nach der Klassifikation der WHO (Weltgesundheitsorganisation). Das bedeutet konkret, dass bei bestmöglicher Korrektur und trotz Verwendung von Sehhilfen jeglicher Art nur noch eine Sehschärfe von maximal 30 % besteht.

1.1. Brillengestelle

Brillengestelle übernehmen die **Krankenkassen nicht**, unabhängig von der Anfertigung oder Verwendung. Ebenso **nicht** die Instandsetzung des Brillengestells für Versicherte ab Vollendung des 18. Lebensjahres.
Die **Berufsgenossenschaften** leisten bei Brillengestellen eine Zuzahlung in Höhe von maximal 100,- €.

1.2. Brillengläser

Ab Vollendung des 14. Lebensjahres bis zum 18. Lebensjahr übernehmen die **Krankenkassen** die Kosten nur, wenn sich die Sehfähigkeit um mindestens 0,5 Dioptrien verändert. Aber auch dann leisten sie nur einen Festbetrag.

Voll übernommen werden unter anderem

- Gläser aus Kunststoff für Vorschulkinder oder wenn sie für den Sport in der Schule notwendig sind (ärztliche Verordnung notwendig).
- Gläser mit Lichtschutz bei bestimmten Augenerkrankungen, wenn die Filterwirkung mindestens 25 % beträgt (ärztliche Verordnung notwendig).

1.3. Kontaktlinsen

Kontaklinsen bezahlen die **Krankenkassen** und die **Berufsgenossenschaften** nur in medizinisch zwingend erforderlichen und bescheinigten Ausnahmefällen, z.B.:

- Kurz- oder Weitsichtigkeit ab 8,0 Dioptrien
- Unterschied in der Dioptrienzahl beider Augen beträgt mindestens 2,0 Dioptrien
- als Verbandslinse bei schwerer Erkrankung der Hornhaut oder bei durchbohrender Hornhautverletzung
- als Occlusionslinse in der Schielbehandlung bei gleichzeitiger Undurchführbarkeit anderer Maßnahmen
- als Irislinse bei Substanzverlust der Regenbogenhaut
- **Keine** Übernahme der Kosten für Pflegemittel.

Mehr Informationen: www.betanet.de

2. Zuzahlungen, Festbeträge, Richtlinien

Weitere, allgemeine Informationen zu Zuzahlungen, Festbeträgen, Richtlinien und anderen Hilfsmitteln finden Sie unter ☞ *Hilfsmittel*.

3. Richtlinien

Der ☞ *Gemeinsame Bundesausschuss* hat zur Verordnung von Hilfsmitteln im allgemeinen und zu Sehhilfen im speziellen sogenannte Hilfsmittel-Richtlinien erstellt. Diese Richtlinien können Sie unter www.g-ba.de > Informations-Archiv > Richtlinien downloaden.

Serienbehandlungen

☞ *Fahrtkosten Transportkosten*

Servicestellen

(§§ 22-25 SGB IX)

Das Wichtigste in Kürze

Die Servicestellen informieren, beraten, und unterstützen in allen Fragen der Rehabilitation. Sie arbeiten trägerübergreifend und klären bei Bedarf auch die Zuständigkeit der Träger. Ziel ist, für Versicherte lange Wege zu Behörden und Dienststellen zu verkürzen. Getragen werden sie gemeinsam von den Rehabilitationsträgern.

Aufgaben

Die Servicestellen haben folgende Aufgaben:

- Information des Hilfesuchenden über Leistungen und Leistungsvoraussetzungen
- Feststellung des persönlichen Rehabilitationsbedarfs
- Hilfe bei der Inanspruchnahme von Leistungen zur ☞ *Teilhabe am Arbeitsleben*
- Klärung der Zuständigkeit der Rehabilitationsträger
- Hilfe bei der Antragstellung

Praxistipp

Servicestellen begleiten den behinderten oder von Behinderung bedrohten Menschen beratend und unterstützend u.a. in Fragen zur Leistungen der medizinischen Rehabilitation, zur Teilhabe am Arbeitsleben und am Leben in der Gemeinschaft. Die Servicestelle wird, wenn nötig, vermittelnd zwischen mehreren Rehabilitationsträgern tätig. Wenn jedoch klar ist, welcher Rehaträger zuständig ist, z.B. bei der Beantragung des ☞ *Schwerbehindertenausweises* das Versorgungsamt oder bei der ☞ *Medizinischen Rehabilitation* der ☞ *Rentenversicherungsträger*, dann sollten diese Stellen direkt aufgesucht werden.

Wer hilft weiter?

Adressen der Servicestellen vermitteln die Gemeinde- oder Stadtverwaltungen, die ☞ *Rentenversicherungsträger*, die ☞ *Krankenkassen*, das ☞ *Integrationsamt* oder die ☞ *Agenturen für Arbeit*. Im Internet sind sie auf den Seiten des Verbands deutscher Rentenversicherungsträger zu finden: www.reha-servicestellen.de.

Sicherungspflege

☞ *Häusliche Krankenpflege*

Sonderpflegestellen

☞ *Vollzeitpflege*

Sonstige Leistungen zur Reha

☞ *Kinderheilbehandlungen*
☞ *Onkologische Nachsorgeleistungen*

Sozialamt

Das Wichtigste in Kürze

Die Sozialämter prüfen, ob die Voraussetzungen für Leistungen der ☞ *Sozialhilfe* vorliegen. Dabei haben Sozialhilfeempfänger eine Mitwirkpflicht. Für die Beantragung ist es ratsam, persönlich beim Sozialamt vorzusprechen und möglichst alle Unterlagen bereits mitzubringen. Gewährt wird die Sozialhilfe von örtlichen und überörtlichen Trägern. Zuständig sind die kreisfreien Städte, die Landkreise und die Gemeinden, in der sich der Hilfebedürftige aufhält.

1. Mitwirkpflicht

Zu beachten ist: Sozialhilfeempfänger haben eine Mitwirkpflicht, das heißt:

- Sie müssen alles angeben, was ihre Einkünfte, ihr Vermögen und ihre Ausgaben und diesbezügliche Änderungen betrifft.
- Sie müssen auf Verlangen des Sozialamts den Auskünften durch andere Personen zustimmen (Familienmitglieder, Banken, Ärzte, Sachverständige, ...).
- Sie müssen sich auf Verlangen des Sozialhilfeträgers ärztlichen und psychologischen Untersuchungen unterziehen, wenn vorhandene Atteste und Bescheide zur Entscheidung nicht ausreichen.

Hausbesuche dürfen nur mit Begründung durchgeführt werden und müssen ausreichend lange vorher angemeldet sein.

2. Antrag

Es muss **zuerst** der Antrag gestellt und dessen Bewilligung abgewartet werden, bevor etwas gekauft oder eine Dienstleistung veranlasst wird. Das Sozialamt erstattet nachträglich keine Kosten.

Praxistipps

- Zur Antragstellung eine Vertrauensperson mitnehmen. Senkt die Aufregung und verhindert, dass wichtige Dinge übersehen werden (☞ *Bevollmächtigter, Beistand*).
- Am einfachsten ist es, den Antrag direkt auf dem Sozialamt zu stellen.
- Falls die betroffene Person z.B. aus gesundheitlichen Gründen nicht selbst zum Amt gehen kann, gibt es die Möglichkeit, dass der ASD (Allgemeine Soziale Dienst) des zuständigen Amts diese in deren Wohnung aufsucht und Hilfe in die Wege leitet.
- Sozialhilfe muss in der Regel auch ohne förmlichen Antrag gewährt werden, sobald dem zuständigen Sozialhilfeträger bekannt wird, dass die Voraussetzungen dafür vorliegen. Man kann also auch als Person in einem sozialen Beruf und als Privatperson einem Menschen, der sich nicht in der Lage sieht, selbst zum Amt zu gehen, anbieten, den Hilfebedarf beim Sozialamt anzumelden.
- Wer Leistungen des Sozialamts in Anspruch nehmen will, erleichtert die Prüfung der Voraussetzungen, wenn er bei der ersten Vorsprache folgende Unterlagen mitbringt:
  - Gültiger Personalausweis oder Pass
  - Mietvertrag und die letzten drei Mietzahlungsnachweise
  - Einkommensunterlagen (z.B. letzte Lohnbescheinigung, aktueller Renten-, Arbeitslosengeld-, Arbeitslosengeld-II-, Wohngeldbescheid, Unterhaltsurteil etc.)
  - Bei neu eingetretener Arbeitslosigkeit das Kündigungsschreiben des Arbeitgebers und der Nachweis der Arbeitslosenmeldung
  - Unterlagen über vorhandenes Vermögen (z.B. Sparbücher)
  - Girokontenauszüge der letzten 3 Monate
  - Policen für Hausrat-, Glas-, Haftpflicht-, Unfall-, Lebens- und Sterbeversicherung
  - Nachweis über monatliche Ausgaben

Mehr Informationen: www.betanet.de

S

(Strom- und Nebenkostenabrechnung)
- Schwerbehindertenausweis, Mutterpass
- Daten und Adressen der Ehegatten und Kinder
- Nachweis über eine Antragstellung bei der Pflegekasse, ärztliche Bescheinigung über den Umfang der Pflegebedürftigkeit

Wer hilft weiter?

Die Adresse des zuständigen örtlichen Sozialamts kann man bei der Stadt- oder Gemeindeverwaltung erfragen.

3. Überörtliche Träger der Sozialhilfe

Die überörtlichen Träger der Sozialhilfe sind für die Hilfen in Einrichtungen und in einigen Bundesländern auch für für die ☞ *Eingliederungshilfe* zuständig.

- **Baden-Württemberg**
  Kommunalverband für Jugend und Soziales, Lindenspürstr. 39, 70176 Stuttgart, Telefon 0711 6375 0. Im Einzelfall ist das jeweilige Landratsamt zuständig.
- **Bayern**
  Bezirk **Oberbayern**, Bezirksverwaltung, Prinzregentenstr. 14, 80538 München, Telefon 089 2198-01
  Bezirk **Niederbayern**, Sozialverwaltung, Gestütstr. 10, 84028 Landshut, Telefon 0871 808-1941
  Bezirk **Oberpfalz**, Sozialverwaltung, Ludwig-Thoma-Str. 14, 93051 Regensburg, Telefon 0941 9100-0
  Bezirk **Oberfranken**, Sozialverwaltung, Cottenbacher Str. 23, 95445 Bayreuth, Telefon 0921 7846-3201
  Bezirk **Mittelfranken**, Sozialverwaltung, Danziger Str. 5, 91522 Ansbach, Telefon 0981 4664-0
  Bezirk **Unterfranken**, Sozialverwaltung, Silcherstr. 5, 97074 Würzburg, Telefon 0931 7959-0
  Bezirk **Schwaben**, Hauptverwaltung, Hafnerberg 10, 86152 Augsburg, Telefon 0821 3101-0
- **Berlin**
  Senatsverwaltung für Integration, Arbeit und Soziales, Oranienstr. 106, 10969 Berlin, Telefon 030 9028-0
- **Brandenburg**
  Landesamt für Soziales und Versorgung des Landes Brandenburg, Lipezker Str. 45, 03048 Cottbus, Telefon 0355 2893-0
- **Bremen**
  Die Senatorin für Arbeit, Frauen, Gesundheit, Jugend und Soziales, Contrescarpe 72, 28195 Bremen, Telefon 0421 361-0
- **Hamburg**
  Freie Hansestadt Hamburg, Behörde für Soziales, Familie, Gesundheit und Verbraucherschutz, Hamburger Str. 47, 22083 Hamburg, Telefon 040 42863-0
- **Hessen**
  Landeswohlfahrtsverband Hessen, Ständeplatz 6-10, 34117 Kassel, Telefon 0561 1004-0
- **Mecklenburg-Vorpommern**
  Kommunaler Sozialverband Mecklenburg-Vorpommern, Bertha-von-Suttner-Str. 5, 19061 Schwerin, Telefon 0385 30313-80
- **Niedersachsen**
  Niedersächsisches Landesamt für Soziales, Jugend und Familie, Domhof 1, 31134 Hildesheim, Telefon 05121 304-0
- **Nordrhein-Westfalen**
  Landschaftsverband **Rheinland**, Kennedy-Ufer 2, 50679 Köln, Telefon 0221 809-0
  Landschaftsverband **Westfalen-Lippe**, Freiherr-von-Stein-Platz 1, 48147 Münster, Telefon 0251 591-01
- **Rheinland-Pfalz**
  Landesamt für Soziales, Jugend und Versorgung, Rheinallee 97-101, 55118 Mainz, Telefon 06131 967-0
- **Saarland**
  Landesamt für Soziales, Gesundheit und Verbraucherschutz, Hochstr. 67, 66115 Saarbrücken, Telefon 0681 9978-0
- **Sachsen**
  Kommunaler Sozialverband Sachsen, Thomasiusstr. 1, 04109 Leipzig, Telefon 0341 1266-0

Soziale Fragen? betafon 01805 - 238 2366!

- **Sachsen-Anhalt**
  Sozialagentur, Neustädter Passage 15, 06122 Halle, Telefon 0345 6815-890
- **Schleswig-Holstein**
  Ministerium für Soziales, Gesundheit, Familie, Jugend und Senioren Schleswig-Holstein, Adolf-Westphal-Str. 4, 24143 Kiel, Telefon 0431 988-0
- **Thüringen**
  Ministerium für Soziales und Familie und Gesundheit Thüringen, Werner-Seelenbinder-Str. 6, 99096 Erfurt,
  Telefon 0361 379-8310

Sozialbestattung

☞ *Bestattungskosten Sozialhilfe*

Soziale Absicherung

☞ *Pflegeperson Pflegeversicherung Soziale Sicherung*
☞ *Kranken- und Pflegeversicherung*

Soziale Gruppenarbeit

(§ 29 SGB VIII)

Das Wichtigste in Kürze

Soziale Gruppenarbeit ist eine, in der Regel kostenlose, Form der staatlichen Erziehungshilfe. Sie hat vielfältige Arbeitsformen und soll Kindern und Jugendlichen im Umgang mit anderen helfen. Sie wird sowohl in Freizeit-, Bildungs- und therapeutischen Einrichtungen eingesetzt als auch im Jugendstrafrecht.

1. Aufgaben

Die soziale Gruppenarbeit soll bei Kindern (noch nicht 14 Jahre alt), Jugendlichen (14 bis noch nicht 18) und jungen Volljährigen (18 bis 21)
- Entwicklungsschwierigkeiten und Verhaltensprobleme überwinden und
- die soziale Handlungsfähigkeit verbessern.

2. Formen

Die soziale Gruppenarbeit kann je nach Aufgabe und Altersgruppe sehr unterschiedliche Formen haben, z.B.:
- Erziehungs- oder soziale Trainingskurse
- Freizeitgruppen und Ferienmaßnahmen
- thematisch festgelegte Projektgruppen
- Gruppen auf Bildungs-, Ausbildungs- und Arbeitsebene
- therapeutische Gruppen

Die soziale Gruppenarbeit läuft in der Regel im Rahmen von Wochenendveranstaltungen oder regelmäßig in der Woche über mehrere Monate.

Praxistipp

Ergänzend zur sozialen Gruppenarbeit kann für junge Volljährige ggf. auch eine Nachbetreuung in Frage (☞ *Junge Volljährige, Nachbetreuung*) kommen.

Wer hilft weiter?

☞ *Jugendamt*

Soziale Schwierigkeiten, Überwindung

(§§ 67 ff. SGB XII)

Das Wichtigste in Kürze

„Hilfe zur Überwindung besonderer sozialer Schwierigkeiten" leistet das Sozialamt. Es richtet sich damit an Menschen, die am Rande der Gesellschaft leben oder besondere Integrationsprobleme haben. Die Hilfe umfasst persönliche und unter Umständen auch finanzielle Unterstützung.

1. Grundsätzliches

Das Sozialamt leistet die **„Hilfe zur Überwindung besonderer sozialer Schwierigkeiten" nachrangig**. Sie wird nur dann gewährt, wenn der Hilfebedarf nicht oder

Mehr Informationen: www.betanet.de

nicht in vollem Umfang durch sonstige Leistungen der ☞ *Sozialhilfe* oder der Kinder- und Jugendhilfe (☞ *Kinder- und Jugendhilfegesetz*) sichergestellt wird.

2. Voraussetzungen

Diese Hilfe erhalten Personen,

- deren besondere Lebensverhältnisse zu sozialen Schwierigkeiten vor allem in der Familie, in der Nachbarschaft oder am Arbeitsplatz führen, so dass eine Teilnahme am Leben in der Gemeinschaft nicht möglich oder erheblich beeinträchtigt ist, und
- die diese Schwierigkeiten aus eigenen Kräften und Mitteln nicht überwinden können.

2.1. Betroffener Personenkreis

- Personen ohne ausreichende Unterkunft (Obdachlose)
- Landfahrer (Personen, die im Sippen- oder Familienverband nach besonderen, vorwiegend ethnischen Wertvorstellungen leben und mit einer beweglichen Unterkunft umherziehen)
- Nichtsesshafte
- aus Freiheitsentziehung Entlassene
- verhaltensgestörte junge Menschen

3. Umfang der Hilfe

- Beratung und persönliche Betreuung.
- Beschaffung und Erhaltung einer Wohnung, wozu auch Kosten für den Umzug in eine ausreichende Wohnung zählen.
- Erlangung und Sicherung eines Arbeitsplatzes.
- Hilfen zur Schul- bzw. Berufsausbildung.
- Geld- und Sachleistungen sind **möglich**.

Die **persönliche Hilfe** wird **ohne** Rücksicht auf Einkommen und Vermögen gewährt. **Geld- und Sachleistungen** werden nur gewährt, wenn der Hilfsbedürftige die **Einkommensgrenze** nach §§ 85 ff. SGB XII nicht überschreitet. Näheres ☞ *Einsatz von Einkommen und Vermögen*.

Wer hilft weiter?

Individuelle Auskünfte erteilt das ☞ *Sozialamt*.

Soziale Sicherung

Das Wichtigste in Kürze

Schwerbehinderte und Behinderte, die in einer Werkstatt für Behinderte beschäftigt sind, und Teilnehmer an Leistungen zur ☞ *Teilhabe am Arbeitsleben* sind in der Sozialversicherung besonders abgesichert, d.h.: Die Beiträge zur Kranken-, Pflege-, Renten- und Arbeitslosenversicherung werden von verschiedenen Trägern übernommen.

1. Kranken- und Pflegeversicherung

Teilnehmer an Leistungen zur Teilhabe am Arbeitsleben und Behinderte, die in Werkstätten für Behinderte tätig sind, sind in der gesetzlichen Krankenversicherung und Pflegeversicherung pflichtversichert. Die Beiträge bezahlt:

- bei Leistungen zur Teilhabe der zuständige Reha-Träger.
- für Behinderte in Werkstätten der Träger der Einrichtung.

1.1. Freiwilliger Beitritt

Innerhalb von 3 Monaten nach Feststellung der Schwerbehinderung können Schwerbehinderte freiwillig der gesetzlichen Kranken- und Pflegeversicherung beitreten, **vorausgesetzt** sie selbst, ein Elternteil oder der Ehegatte waren in den 5 Jahren vor der Behinderung mindestens 3 Jahre versichert. Die Voraussetzung muss nicht erfüllt werden, wenn Elternteil oder Ehegatte selbst behindert waren und deshalb nicht gesetzlich krankenversichert sein konnten.

2. Rentenversicherung

- Teilnehmer an Leistungen zur Teilhabe am Arbeitsleben, die ☞ *Übergangsgeld* bezie-

Soziale Fragen? betafon 01805 - 238 2366!

hen, sind in der Rentenversicherung pflichtversichert: Die Beiträge bezahlt der zuständige Reha-Träger.
- In Werkstätten für Behinderte tätige (Schwer-)Behinderte sind auch **ohne** Bezug von Übergangsgeld pflichtversichert: Die Beiträge bezahlen der Träger der Einrichtung und der Behinderte je zur Hälfte.

3. Arbeitslosenversicherung

- Jugendliche, die in Einrichtungen der beruflichen Rehabilitation Leistungen erhalten, sind in der Arbeitslosenversicherung pflichtversichert. Die Beiträge bezahlt der Träger der Einrichtung.
- In Werkstätten für Behinderte tätige (Schwer-)Behinderte sind nur im Falle eines Beschäftigungsverhältnisses versichert. Die Beiträge bezahlt der Arbeitgeber, sofern das monatliche Bruttogehalt höher ist als 497,-/420,- € (West/Ost) (= 20 % der monatlichen ☞ *Bezugsgröße*).
- Für Teilnehmer an Leistungen zur Teilhabe am Arbeitsleben, die Übergangsgeld beziehen, werden **keine** Beiträge vom Reha-Träger zur Arbeitslosenversicherung gezahlt.

4. Unfallversicherung

Alle Teilnehmer an Leistungen zur Teilhabe am Arbeitsleben und in Werkstätten für Behinderte tätige (Schwer-)Behinderte sind während der Zeit der Teilnahme im Betrieb oder in der Einrichtung bzw. Werkstätte und auf dem Weg von der Wohnung des Behinderten/Teilnehmers dorthin und zurück in der gesetzlichen Unfallversicherung versichert.

Sozialgeld

☞ *Arbeitslosengeld II und Sozialgeld*

Sozialgericht

1. Zuständigkeit

Die Sozialgerichte sind insbesondere **zuständig** für Streitigkeiten im Bereich der
- Krankenversicherung
- Rentenversicherung
- Unfallversicherung
- Pflegeversicherung
- Sozialhilfe
- Arbeitslosenversicherung
- Grundsicherung für Arbeitssuchende
- Leistungen an (Schwer-)Behinderte, z.B. bei
  - Bescheiden des Versorgungsamts
  - Feststellung der Behinderung und des Grades der Behinderung
  - Ausstellung, Berichtigung und Einziehung des ☞ *Schwerbehindertenausweises*

Die Sozialgerichte sind **nicht** zuständig für Streitigkeiten im Bereich der Kinder- und Jugendhilfe. Zuständig hierfür sind die **Verwaltungsgerichte**.

Näheres zum Verfahrensablauf bei Sozialgerichten und im Vorfeld der Gerichtsbarkeit finden Sie unter ☞ *Gerichtsverfahren*.

2. Instanzen

Die Sozialgerichtsbarkeit hat drei Instanzen:
1. Sozialgericht
2. Landessozialgericht
3. Bundessozialgericht

Sozialhilfe

(SGB XII)

Das Wichtigste in Kürze

Sozialhilfe umfasst Leistungen für Menschen, die nicht erwerbsfähig und nicht in der Lage sind, für ihren Lebensunterhalt selbst zu sorgen. Sozialhilfeleistungen gibt es nur, wenn weder der Betroffene selbst,

Mehr Informationen: www.betanet.de

noch Angehörige, noch andere Sozialversicherungsträger für dessen Bedarf aufkommen können.

1. Grundsätzliches

Wer nicht in der Lage ist, aus eigenen Kräften und mit eigenen Mitteln seinen Lebensunterhalt zu bestreiten oder sich in besonderen Lebenslagen selbst zu helfen, hat unter bestimmten Voraussetzungen Anspruch auf Sozialhilfe.
Rechtsgrundlage für die Sozialhilfe ist seit 1.1.2005 das Sozialgesetzbuch Nr. 12 (SGB XII).
Hilfebedürftige erwerbsfähige Menschen von 15 bis unter 65, die mindestens 3 Stunden am Tag arbeiten können, haben **keinen** Anspruch auf Leistungen der Sozialhilfe, sondern auf ☞ *Grundsicherung für Arbeitssuchende*. Die Leistungen der Sozialhilfe entsprechen in der Höhe den Leistungen zur Grundsicherung für Arbeitssuchende.

2. Umfang

Die Sozialhilfe umfasst folgende Leistungen (§ 8 SGB XII)

- ☞ *Hilfe zum Lebensunterhalt*
- ☞ *Grundsicherung im Alter und bei Erwerbsminderung* (§§ 41 ff. SGB XII)
- Hilfen zur Gesundheit ☞ *Gesundheitshilfe* (§§ 47 ff. SGB XII)
- ☞ *Eingliederungshilfe* für behinderte Menschen (§§ 53 ff. SGB XII)
- Hilfe zur Pflege (☞ *Pflege Sozialhilfe*) (§§ 61 ff. SGB XII), ☞ *Häusliche Pflege Sozialhilfe*, ☞ *Pflegegeld Sozialhilfe* und ☞ *Pflegeperson Sozialhilfe*
- Hilfe zur Überwindung besonderer sozialer Schwierigkeiten: ☞ *Soziale Schwierigkeiten, Überwindung* (§§ 67 ff. SGB XII)
- ☞ *Hilfe in anderen Lebenslagen* (§§ 70 ff. SGB XII)

2.1. Hilfe zum Lebensunterhalt

Wenn umgangsprachlich von „Sozialhilfe" gesprochen wird, ist meist die Hilfe zum Lebensunterhalt gemeint. Ihre Höhe errechnet sich aus den Regelsätzen der Sozialhilfe plus den folgenden zusätzlichen Leistungen:

- Kosten für Unterkunft und Heizung, wenn sie angemessen sind
- Mehrbedarfe bei Schwangerschaft, Alleinerziehung, Behinderung oder kostenaufwendiger Ernährung
- Leistungen für einmalige Hilfen bei
  - Erstausstattungen für Bekleidung bei Schwangerschaft und Geburt
  - Erstausstattungen für die Wohnung einschließlich Haushaltsgeräte
  - mehrtägigen Klassenfahrten im Rahmen schulrechtlicher Bestimmung
  - Beiträge für die Kranken- und Pflegeversicherung

2.2. Krankenschutz und Zuzahlungen

Alle nicht krankenversicherten Sozialhilfeempfänger sind grundsätzlich leistungsrechtlich den gesetzlich Krankenversicherten mit Wirkung vom 1. Januar 2004 gleichgestellt worden und werden wie „Kassenpatienten" behandelt. Die Sozialhilfeempfänger werden im Rahmen ihrer Belastungsgrenzen zu ☞ *Zuzahlungen* herangezogen.

2.3. Art der Leistung

Die Leistungen der Sozialhilfe werden als Dienstleistung (insbesondere Beratung), Geldleistung oder Sachleistung erbracht. Die Geldleistung hat in der Regel Vorrang vor der Sachleistung, sofern die Sachleistung nicht effektiver oder wirtschaftlicher ist.

2.4. Vorrang ambulant vor (teil-)stationär

In der Regel sollen die Leistungen der Sozialhilfe **ambulant** und so weit wie möglich außerhalb von Heimen gewährt werden. Dies gilt nur dann nicht, wenn eine geeignete (teil-)stationäre Hilfe zumutbar und eine ambulante Hilfe mit unverhältnismäßigen Mehrkosten verbunden ist.

3. Voraussetzungen

Sozialhilfeleistungen müssen immer beim ☞ *Sozialamt* beantragt werden.

- **Hilfe zum Lebensunterhalt**
  erhalten Personen, die ihren notwendigen Lebensunterhalt nicht oder nicht ausreichend aus eigenen Mitteln, insbesondere aus eigenem Einkommen und Vermögen (☞ *Einsatz von Einkommen und Vermögen*) beschaffen können.
  Auch das Einkommen und Vermögen von nicht getrennt lebenden Ehegatten oder Lebenspartnern ist zu berücksichtigen. Zudem ist bei minderjährigen unverheirateten Kindern im Haushalt der Eltern oder eines Elternteils auch das Einkommen und Vermögen der Eltern/des Elternteils zu berücksichtigen.
- **Grundsicherung im Alter und bei Erwerbsminderung** erhalten Personen, die das 65. Lebensjahr vollendet haben oder das 18. Lebensjahr vollendet haben und dauerhaft voll erwerbsgemindert sind und ihren notwendigen Lebensunterhalt nicht oder nicht ausreichend aus eigenen Mitteln, insbesondere aus eigenem Einkommen und Vermögen (☞ *Einsatz von Einkommen und Vermögen*) beschaffen können. Diese Leistungen gehen denen der Hilfe zum Lebensunterhalt vor.
  Das Einkommen und Vermögen bei nicht getrennt lebenden Ehegatten oder Lebenspartnern ist dabei zu berücksichtigen.
- **Gesundheitshilfe, Eingliederungshilfe für behinderte Menschen, Hilfe zur Pflege, Hilfe zur Überwindung sozialer Schwierigkeiten, Hilfe in anderen Lebenslagen**
  erhalten Personen, denen aufgrund ihrer Einkommens- und Vermögensverhältnisse die Aufbringung der Mittel nicht zuzumuten ist (☞ *Einsatz von Einkommen und Vermögen*).
  Auch das Einkommen und Vermögen von nicht getrennt lebenden Ehegatten oder Lebenspartnern sowie der Eltern/des Elternteils bei minderjährigen unverheirateten Kindern im Haushalt der Eltern oder eines Elternteils ist im Rahmen der Zumutbarkeit zu berücksichtigen.

4. Nachrangigkeit und Unterhaltspflicht

Die Sozialhilfe ist gegenüber allen anderen Sozialversicherungsträgern **nachrangig**, d.h. die Sozialhilfe tritt **immer erst dann** ein, wenn sich der Betroffene nicht selbst und auch nicht durch seine unterhaltspflichtigen Angehörigen (Eltern, Kinder, Ehe- oder Lebenspartner, ☞ *Unterhaltspflicht*) helfen kann und auch kein anderer Sozialversicherungsträger (wie Krankenkasse, Pflegekasse, Berufsgenossenschaft, Agentur für Arbeit, Jugendamt und Landesjugendamt, Rentenversicherung) zuständig ist und Leistungen erbringt.

4.1. Unterhaltspflicht

Das Sozialamt klärt im Zuge seiner Leistung für den Hilfebedürftigen, ob dessen Angehörige unterhaltspflichtig sind. Es wird unterschieden zwischen gesteigert Unterhaltspflichtigen, normal Unterhaltspflichtigen und nicht Unterhaltspflichtigen. Nähere Informationen ☞ *Unterhaltspflicht.*

4.2. Vorleistung

In Vorleistung geht das Sozialamt, wenn sich die Auszahlung von Leistungen anderer Sozialversicherungsträger verzögert. Dies ist z.B. der Fall, wenn bei der ☞ *Pflegekasse* ein Antrag auf Pflegeleistungen gestellt wurde, das Überprüfungsverfahren mehrere Wochen dauert und die Pflege schon stattfindet.

5. Hinzuverdienst

Sozialhilfeempfänger können 30 % des aus Erwerbstätigkeit erzielten Einkommens, höchstens jedoch 175,50 € (= 50 % des ☞ *Eckregelsatzes)* für sich behalten. Hier wird davon ausgegangen, dass eine Erwerbstätigkeit eines Sozialhilfeempfängers einen geringeren Umfang als 3 Stunden pro Tag hat, denn bei höherer Leistungsfähigkeit würde er in den Leistungsbereich des SGB II übergehen. Details siehe ☞ *Grundsicherung für Arbeitssuchende.*

Mehr Informationen: www.betanet.de

6. Sonderregelungen

6.1. Für Schwangere und bei Kinderbetreuung bis zum 6. Lebensjahr

- Bei einer Schwangeren, die bei ihren Eltern oder einem Elternteil lebt
  oder
- einer Person, die ihr Kind bis zum vollendeten 6. Lebensjahr betreut und bei ihren Eltern oder einem Elternteil lebt

bleibt das Einkommen und Vermögen der Eltern/des Elternteils **unberücksichtigt**.

6.2. Für Auszubildende

☞ *Auszubildende*

6.3. Für Ausländer und Deutsche im Ausland

☞ *Ausländer* in Deutschland erhalten ☞ *Hilfe zum Lebensunterhalt*, Hilfe bei Krankheit und Hilfe bei Schwangerschaft und Mutterschaft (☞ *Gesundheitshilfe*) sowie Hilfe zur Pflege (☞ *Pflege Sozialhilfe*).
Alle Leistungen der Sozialhilfe erhalten Ausländer, die eine **Aufenthaltsgenehmigung** besitzen und sich voraussichtlich dauerhaft in Deutschland aufhalten.
Asylbewerber im Sinne von § 1 des Asylbewerberleistungsgesetzes (Asyl) erhalten keine Leistungen der Sozialhilfe.
Deutsche im Ausland erhalten in der Regel keine Leistungen der Sozialhilfe (§§ 24, 132, 133 SGB XII).

Wer hilft weiter?

Zuständig sind die örtlichen ☞ *Sozialämter* und die überörtlichen Träger der Sozialhilfe. Die überörtlichen Träger (☞ *Sozialamt*) sind in der Regel für Hilfen zuständig, die in Einrichtungen gewährt werden; die örtlichen Sozialämter in Landkreisen, großen und kreisfreien Städten für alle anderen Hilfen. Gemeinden sind nicht Träger der Sozialhilfe, können aber als erste Anlaufstelle genutzt werden und wissen, wie und wo die Ansprechpartner erreichbar sind.
Sehr viele Beratungsstellen informieren über Fragen der Sozialhilfe und angrenzende Gebiete. Zentrale Auskunftsstelle ist die:
Bundesarbeitsgemeinschaft der Erwerbslosen- und Sozialhilfeinitiativen e.V., Moselstr. 25, 60329 Frankfurt/Main, Telefon 069 27220896, Mo-Do, 11-13 Uhr und 14-15.30 Uhr, www.bag-shi.de.

7. Überblick über die Leistungen

Die vorwiegenden Leistungen der gesetzlichen Sozialhilfe finden Sie unter den folgenden Stichworten:
☞ *Altenhilfe*
☞ *Alterssicherung*
☞ *Auszubildende Sozialhilfe*
☞ *Bestattungskosten Sozialhilfe*
☞ *Blindenhilfe*
☞ *Eingliederungshilfe*
☞ *Einmalige Leistungen*
☞ *Einsatz von Einkommen und Vermögen*
☞ *Gesundheitshilfe*
☞ *Grundsicherung im Alter und bei Erwerbsminderung*
☞ *Häusliche Pflege Sozialhilfe*
☞ *Haushalt Weiterführung*
☞ *Hilfe in anderen Lebenslagen*
☞ *Hilfe zum Lebensunterhalt*
☞ *Kranken- und Pflegeversicherung Sozialhilfe*
☞ *Krankenhilfe*
☞ *Krankenkostzulage*
☞ *Mehrbedarfszuschläge*
☞ *Mietschulden*
Hilfe zur ☞ *Pflege Sozialhilfe*
☞ *Pflegegeld Sozialhilfe*
☞ *Pflegeperson Sozialhilfe*
☞ *Regelsätze der Sozialhilfe*
☞ *Rückzahlung der Sozialhilfe*
☞ *Schulden*
☞ *Schwangerschaft Entbindung Sozialhilfe*
☞ *Soziale Schwierigkeiten, Überwindung*

☞ *Sterilisation*
☞ *Stromkosten Stromschulden*
☞ *Taschengeld*
☞ *Unterkunft und Heizung*
☞ *Vorbeugende Gesundheitshilfe*

Sozialmedizinische Nachsorge

(§§ 43 Abs. 2, 132 c SGB V)

Das Wichtigste in Kürze

Die sozialmedizinische Nachsorge richtet sich an chronisch und schwerstkranke Kinder unter 12 Jahren und schließt sich an eine stationäre Krankenhausbehandlung oder eine stationäre Rehabilitation an. Sie gilt als ☞ *ergänzende Leistung zur Reha* und kann von der Krankenkasse übernommen werden, wenn bestimmte Diagnosen und eine ärztliche Verordnung vorliegen. Die sozialmedizinische Nachsorge wurde zum 1.1.2004 ins Krankenversicherungsrecht aufgenommen, zum 1.7.2008 sind neue Rahmenempfehlungen der Krankenkassen veröffentlicht worden. Die Rahmenenpfehlungen, die Empfehlungen an die Leistungserbringer, der Verordnungsvordruck und der Dokumentationsbogen stehen unter www.beta-institut.de/fue_paediatrische_nachsorge.php als Download zur Verfügung.

1. Voraussetzungen

Die ☞ *Krankenkasse* **kann** sozialmedizinische Nachsorgemaßnahmen unter folgenden Voraussetzungen erbringen oder fördern:

- chronisch oder schwerstkrankes Kind
- 12. Lebensjahr noch nicht vollendet
- Nachsorgemaßnahmen im unmittelbaren Anschluss an eine Krankenhausbehandlung (Diese umfasst vollstationäre, teilstationäre, vor- und nachstationäre Behandlung sowie ambulantes Operieren.)
  oder
  im unmittelbaren Anschluss an eine stationäre Rehabilitation
- Nachsorge aus medizinischen Gründen notwendig, um einen stationären Aufenthalt zu verkürzen
  oder
  um eine anschließende ambulante ärztliche Behandlung zu sichern

1.1. Indikationen

Die Indikation ergibt sich aus einer Kombination von Diagnosen (vgl. Rahmenvereinbarungen) und von schweren Beeinträchtigungen der sogenannten Funktionsfähigkeiten nach ICF, d.h.:

- Es müssen Schädigungen der Körperstrukturen und/oder -funktionen, Beeinträchtigungen der altersentsprechenden Aktivitäten/Teilhabe und Probleme in der Organisation der Behandlung (Kontextfaktoren) vorliegen
  oder
- die Erkrankung befindet sich im Finalstadium, weswegen ein erhöhter Bedarf an Koordination komplexer Interventionen sowie an Motivierung und Unterstützung der Angehörigen des sterbenden Kindes besteht.

Im Einzelfall kann sozialmedizinische Nachsorge auch bei Kindern verordnet werden, deren Diagnose nicht in der Liste enthalten ist. Am häufigsten ist Sozialmedizinische Nachsorge bei Frühgeborenen, kranken Neugeborenen und Kindern mit Krebs.

2. Verordnung

Nachsorge verordnen kann

- der behandelnde Arzt im Krankenhaus
- der behandelnde Arzt in der stationären Rehaeinrichtung
- der niedergelassene Haus- oder Kinderarzt (Vertragsarzt)

3. Dauer

Die sozialmedizinische Nachsorge ist in der Regel **maximal nach 20 Nachsorgeeinheiten** abgeschlossen, davon müssen mindestens 3 im häuslichen Umfeld erbracht werden. Eine Nachsorgeeinheit beträgt 60 Minuten. Je nach Bedarf können auch mehrere

Mehr Informationen: www.betanet.de

Einheiten an einem Tag erbracht werden. Beginnen muss sie spätestens 6 Wochen nach Entlassung des Kindes aus dem Krankenhaus/der Rehaeinrichtung, abzuschließen ist sie in einem Zeitraum von 6 bis 12 Wochen.
Wurde das Nachsorgeziel nicht erreicht, kann die sozialmedizinische Nachsorge im begründeten Ausnahmefall um 10 Stunden verlängert werden.

4. Umfang und Inhalt

Die sozialmedizinischen Nachsorgemaßnahmen umfassen

- die einzelfallspezifisch erforderliche Koordinierung der verordneten Leistungen zwischen ambulanten und stationären Leistungsanbietern sowie
- die Anleitung und Motivation zu deren Inanspruchnahme.

Das bedeutet im Detail:

- **Analyse** des Versorgungsbedarfs
  - Unterstützung der Eltern während des Klinikaufenthalts bei der Entscheidung für die häusliche Versorgung
  - Planung, Organisation und Durchführung von Fallkonferenzen und der multiprofessionellen Abstimmung aller Beteiligten
  - Erstellung eines Krisenplans
- **Koordinierung** der verordneten Leistungen
  - Darstellung der vorhandenen Versorgungsangebote
  - Kontaktvermittlung zu Leistungserbringern
  - Koordinierung der ambulanten ärztlichen, medizinisch-therapeutischen, medizinisch-technischen und pflegerischen Versorgung
  - Sicherstellung der Kommunikation aller Beteiligten
- **Anleitung und Motivation** zur Inanspruchnahme der verordneten Leistung
  - Förderung des Krankheitsverständnisses
  - Unterstützung der alltags-krankheitsbezogenen Anforderungen
  - Erläuterung der Aufgaben von Vertragspartnern
  - Hilfe beim Abbau von Ängsten und Ermutigung der Eltern und des Kindes zur Selbstversorgung
  - bei Bedarf Begleitung zu Vertragspartnern

Wer hilft weiter?

- In Deutschland gibt es 42 Nachsorgeeinrichtungen für schwerst und chronisch kranke Kinder. Eine Übersicht finden Sie unter www.bunter-kreis-deutschland.de/index.php?id=117. Anlaufstellen vor Ort erfahren Eltern betroffener Kinder auch über den Sozialdienst der jeweiligen Kinder- oder Rehaklinik.
- Institutionen, die eine Nachsorgeeinrichtung aufbauen wollen, können sich durch den Qualitätsverbund Bunter Kreis oder das beta Institut beraten lassen (www.beta-institut.de).

Sozialpädagogische Familienhilfe

(§ 31 SGB VIII)

Das Wichtigste in Kürze

Die Sozialpädagogische Familienhilfe ist eine, in der Regel kostenlose, Form der staatlichen Erziehungshilfe für Familien. Dabei soll ein Familienhelfer die Familienmitglieder bei der Konfliktbewältigung unterstützen und deren Zusammenhalt fördern. Als Familie gelten Verheiratete, nicht Verheiratete und Alleinerziehende mit einem oder mehreren Kindern.

1. Aufgaben

Die sozialpädagogische Familienhilfe wird in der Regel von einem sogenannten **Familienhelfer** geleistet. Er unterstützt, betreut und begleitet die Familien intensiv bei

- Fragen und Schwierigkeiten in der Erziehung

Soziale Fragen? betafon 01805 - 238 2366!

- der Bewältigung von Krisen und Konflikten in der Familie
- Problemen in den Bereichen Kindergarten, Schule und Ausbildung
- der Kontaktaufnahme und beim Umgang mit Ämtern und Behörden
- Fragen der wirtschaftlichen und gesundheitsbewussten Haushaltsführung
- der Durchführung der Freizeitgestaltung
- Freizeitmaßnahmen für Kinder und Eltern
- Hilfen im Rahmen der Entschuldung
- Geltendmachung von Ansprüchen auf Sozialleistungen

2. Ziele

Ziele der sozialpädagogischen Familienhilfe sind

- die Festigung des Zusammenhalts der Familie
- die Stärkung der Fähigkeit zur Problemlösung bei den einzelnen Familienmitgliedern
- die Hilfe zur Selbsthilfe nach einem begrenzten Zeitraum der Hilfe (in der Regel 1 bis 2 Jahre mit 5 bis 20 Stunden pro Woche)

3. Beispiele

Beispiele für den Einsatz von sozialpädagogischer Familienhilfe:

- Krisen- und Konfliktsituationen von Eltern und Kindern, z.B. Überforderung Alleinerziehender, unwirtschaftliches Verhalten, psychische Labilität eines Elternteils, Suchtprobleme eines Elternteils
- Gefährdung von Kindern und Jugendlichen durch Vernachlässigung oder Misshandlung in der Familie
- Rückführung von Kindern und Jugendlichen in die Familie
- Eingliederung eines Elternteils nach längerer Abwesenheit in die Familie
- Unterstützung der Familie nach Wiederheirat eines Elternteils
- Integrationshilfe bei der Eingliederung in ein neues soziales Umfeld

Ist ein Familienmitglied suchtkrank oder psychisch krank und begibt sich zur Heilung in eine entsprechende Einrichtung, dann ist sozialpädagogische Familienhilfe möglich. Fehlt diese Krankheitseinsicht, dann sind möglicherweise andere Maßnahmen sinnvoll.

4. Voraussetzungen

Voraussetzungen für den Einsatz von sozialpädagogischer Familienhilfe:

- Die Familie muss die Hilfe von außen wünschen und den Willen haben, zusammenzubleiben, zusammengeführt zu werden, kranke Familienmitglieder zu integrieren und/oder die Gesundung auch außerhalb der Familie zu unterstützen.
- Beschreibung der Probleme in der Familie, der Anteile der einzelnen Familienmitglieder und der Rahmenbedingungen
- Beschreibung der Bedingungen, unter denen die sozialpädagogische Familienhilfe erfolgen kann
- Schriftliche Festlegung der notwendigen Leistungen

Wer hilft weiter?

Individuelle Auskünfte erteilt das ☞ *Jugendamt*.

Sozialpädiatrische nichtärztliche Leistungen

(§ 43 a SGB V)

Das Wichtigste in Kürze

Unter sozialpädiatrische Leistungen fallen psychologische, heilpädagogische und/oder psychosoziale Therapien für Kinder, um eine Krankheit frühestmöglich zu erkennen und einen Behandlungsplan aufzustellen (Frühdiagnostik). Sie müssen unter ärztlicher Verantwortung durchgeführt werden und werden unter bestimmten Voraussetzungen von der ☞ *Krankenkasse* übernommen. Erforderlich ist auf jeden Fall eine ärztliche Verordnung. Die Sozialpädiatrischen nichtärztlichen Leistungen zählen zur ☞ *Medizinischen Rehabilitation*.

Mehr Informationen: www.betanet.de

S

Praxistipp

Wenn Ärzte sehr seltene oder spezielle Therapien vorschlagen, ist dem Antrag unbedingt eine **ausführliche ärztliche Stellungnahme** beizufügen. Inhalt: Die vorgeschlagene Therapie ist voraussichtlich die einzige, die hilfreich ist und greift, und dass (ggf.) andere Therapien bereits erfolglos versucht wurden.

Kostenübernahme

Die ☞ *Rentenversicherungsträger*, ☞ *Krankenkassen* oder ☞ *Berufsgenossenschaften* übernehmen unter bestimmten Voraussetzungen die Kosten für die sozialpädiatrischen nichtärztlichen Leistungen.
Bei Geringverdienenden oder nicht Versicherten kommt unter Umständen das ☞ *Sozialamt* für die Kosten auf. Näheres ☞ *Vorbeugende Gesundheitshilfe*.

Wer hilft weiter?

Sozialpädiatrische Zentren, die auch die Therapie durchführen. Adressen finden Sie in der betanet-Rubrik Adressen mit dem Suchwort „Sozialpädiatrisches Zentrum".

Sozialpädiatrische Zentren

☞ *Seelisch behinderte Kinder und Jugendliche, Eingliederungshilfe*

Sozialtarif

☞ *Telefongebührenermäßigung*

Soziotherapie

(§ 37a SGB V)

Das Wichtigste in Kürze

Soziotherapie im Sinne der Krankenversicherung ist die ambulante Betreuung **schwer psychisch kranker** Menschen. Darunter ist vor allem die Motivation zur Inanspruchnahme ärztlicher Behandlung und Betreuungsleistungen zur Vermeidung einer Krankenhausbehandlung zu verstehen.

1. Voraussetzung

Die Soziotherapie setzt voraus, dass der Patient die Therapieziele erreichen kann. Deshalb sollte er über die hierzu notwendige Belastbarkeit, Motivierbarkeit und Kommunikationsfähigkeit verfügen und in der Lage sein, einfache Absprachen einzuhalten.

1.1. Soziotherapiefähige Krankheitsbilder

Die Erkrankungen, die der Soziotherapie bedürfen, sind gekennzeichnet durch folgende Fähigkeitsstörungen:

- Beeinträchtigung durch Störungen des Antriebs, der Ausdauer und der Belastbarkeit, durch Unfähigkeit zu strukturieren, durch Einschränkungen des planerischen Denkens und Handelns sowie des Realitätsbezugs.
- Störungen im Verhalten mit Einschränkung der Kontaktfähigkeit und fehlender Konfliktlösungsfähigkeit.
- Einbußen im Sinne von Störungen der kognitiven Fähigkeiten wie Konzentration und Merkfähigkeit, der Lernleistungen sowie des problemlösenden Denkens.

Soziotherapie in Anspruch nehmen können Patienten mit den Krankheitsbildern

- **Schizophrenie**,
- **Depression** und
- **Borderline-Syndrom**.

Ausgeschlossen sind Patienten mit akuten psychotischen Episoden, Suchterkrankungen und gerontopsychiatrischen Symptomen.

2. Ziel

Ziel der Soziotherapie ist der Abbau psychosozialer Defizite, damit Patienten **selbstständig und eigenverantwortlich** medizinische Leistungen in Anspruch nehmen können, z.B.:

Soziale Fragen? betafon 01805 - 238 2366!

- Koordinierung der Leistungen, d.h. Organisation der notwendigen medizinischen Maßnahmen, z.B. deren zeitliche Planung
- therapiegerechte Eigen-Einnahme von Medikamenten
- Motivation zur Inanspruchnahme medizinischer Leistungen
- Einsicht in die Notwendigkeit medizinischer Leistungen
- Bereitschaft zur Inanspruchnahme medizinischer Leistungen

3. Leistungsinhalt und Dauer

Folgende Leistungen sind in jedem Fall zu erbringen:

- Erstellung des Betreuungsplans
- Arbeit im sozialen Umfeld
- Soziotherapeutische Dokumentation, d.h. der Soziotherapeut beschreibt die durchgeführten Maßnahmen (Art und Umfang), den Behandlungsverlauf und die bereits erreichten und noch verbleibenden Therapieziele.

Erbringen können diese Leistungen nur Diplom-Sozialarbeiter, Diplom-Sozialpädagogen und Fachkrankenschwestern/pfleger für Psychiatrie mit Berufserfahrung, die bei der Krankenkasse als Soziotherapeuten zugelassen sind und mit dieser einen Vertrag haben. Die Krankenkassen haben Adressen dieser Soziotherapeuten.

Eine Soziotherapie umfasst 120 Stunden innerhalb von 3 Jahren je Krankheitsfall. „Krankheitsfall" ist das Krankheitsgeschehen, das eine einheitliche medizinische Ursache hat, z.B. eine nicht ausgeheilte psychische Erkrankung, die immer wieder zu Hilfebedürftigkeit führt.

4. Zuzahlung

Versicherte müssen eine Zuzahlung von 10 % der kalendertäglichen Kosten der Soziotherapie leisten, jedoch mindestens 5,- €, maximal 10,- € pro Tag.

5. Richtlinien

Der ☞ *Gemeinsame Bundesausschuss* hat zur Durchführung der Soziotherapie sogenannte Soziotherapie-Richtlinien erstellt. Diese Richtlinien können Sie unter www.g-ba.de > Informations-Archiv > Richtlinien downloaden.

Praxistipp

Verordnen dürfen Soziotherapie nur Nervenärzte und Psychiater, die von der Kassenärztlichen Vereinigung zugelassen sind und eine Erlaubnis haben, Soziotherapie zu verordnen, weil sie in einem gemeindepsychiatrischen Verbund oder einer vergleichbaren Versorgungsstruktur tätig sind. Vordrucke für die Verordnung von Soziotherapie liegen den Ärzten vor. Der Antrag wird dann bei der Krankenkasse eingereicht und bei entsprechender Diagnose genehmigt. Der Arzt kann über seine Tätigkeit im gemeindepsychiatrischen Verbund einen geeigneten Soziotherapeuten vorschlagen.

Wer hilft weiter?

☞ *Krankenkasse*, Nervenärzte, Psychiater oder die sozialpsychiatrischen Dienste.

Standardtarif

☞ *Private Krankenversicherung*

Sterbebegleitung

Das Wichtigste in Kürze

Sterbebegleitung wird von vielen verschiedenen Einrichtungen angeboten, die wichtigsten sind Hospize, Palliativstationen und Hospizdienste. Die Sterbebegleitung erfolgt beim Kranken zu Hause (ambulant), teilstationär oder stationär. In jedem Fall steht eine ganzheitliche Betreuung im Zentrum.

Mehr Informationen: www.betanet.de

S

1. Grundsätzliches

Unheilbar kranken und schwerstkranken Menschen soll in der letzten Lebensphase ein menschenwürdiges Leben bis zum Tod ermöglicht werden. Schwerpunkte in der Behandlung von Palliativpatienten sind die Schmerztherapie, die Symptomkontrolle, die Palliativpflege und die psychosoziale Betreuung des Patienten bzw. seiner Angehörigen.

2. Leistungsformen und Leistungsanbieter

Für die Versorgung von Palliativpatienten existieren verschiedene Organisationsformen. Sie unterscheiden sich in der personellen Besetzung, dem Auftrag, dem Institutionalisierungsgrad und der Professionalität. In jedem Fall stehen die ganzheitliche Pflege und Begleitung von Palliativpatienten sowie die Sterbe- und Trauerbegleitung im Vordergrund.
In der Praxis sind die Grenzen zwischen palliativer Arbeit und Hospizarbeit fließend. Zur besseren Unterscheidung der Angebote kann vorab gesagt werden, dass mit der Hospizarbeit hauptsächlich das ehrenamtliche Engagement von Helfern gemeint ist, während Palliativmedizin und Palliativpflege von professionellen Helfern angeboten wird. Bei der Hospizarbeit steht die psychosoziale Betreuung des Menschen im Vordergrund, ergänzt wird diese durch die professionelle palliative Behandlung.

Es gibt ambulante, teilstationäre und stationäre Hospize. Charakteristisch für die Versorgung sind folgende Punkte:

- Der Kranke und seine Angehörigen werden gemeinsam durch den Hospizdienst betreut. Die Betreuung erfolgt meist durch ein multiprofessionelles Team.
- Ehrenamtliche und qualifizierte Helfer werden in das Betreuungsteam mit einbezogen.
- Die Betreuung soll rund um die Uhr möglich sein.
- Es findet Trauerbegleitung statt.

Bei der Betreuung, Begleitung, Behandlung und Versorgung von schwerstkranken Menschen und deren Angehörigen unterscheidet man **ambulante, teilstationäre** und **stationäre** Versorgungsmöglichkeiten.

3. Ambulante Versorgung

3.1. Ambulante Hospize

(§ 39 a SGB V)

- **Ambulante Hospizinitiativen und Hospizgruppen**
  Die Hauptaufgabe der Hospizinitiativen und Hospizgruppen besteht in der Öffentlichkeitsarbeit und Sensibilisierung für den Palliativbereich.
- **Ambulante Hospizdienste (AHD)**
  Ambulante Hospizdienste zeichnen sich durch professionelle und ehrenamtliche Helfer aus, die schwer kranke Menschen und deren Angehörige begleiten und unterstützen.
- **Ambulante Hospiz- und Palliativ-Beratungsdienste (AHPB)**
  Diese Dienste bieten zusätzlich die Beratung palliativ-pflegerischer Maßnahmen an und vermitteln weitergehende Hilfen für den Patienten.
- **Ambulante Hospiz- und Palliativ-Pflegedienste (AHPP)**
  Die Pflegedienste übernehmen zusätzlich die palliativ-pflegerische Versorgung des Patienten und leiten die Angehörigen bei der Pflege an.
- **Ambulante Kinderhospize.**

3.2. Ambulante Palliativdienste (APD)

Ambulante Palliativdienste ergänzen die örtlichen Pflegedienste und übernehmen palliativ-pflegerische Maßnahmen.

4. Teilstationäre Versorgung

4.1. Tageshospize

Tageshospize nehmen schwer kranke Menschen ein- oder mehrmals pro Woche auf.

Soziale Fragen? betafon 01805 - 238 2366!

Sie sollen den Patienten Abwechslung bieten, sozialer Isolation entgegenwirken und vor allem die pflegenden Angehörigen für einige Stunden entlasten. Tageshospize ergänzen die ambulante Betreuung von Palliativpatienten.

5. Stationäre Versorgung

5.1. Stationäre Hospize

Stationäre Hospize sind Einrichtungen, in denen unheilbar Kranke in ihrer letzten Lebensphase eine umfassende, respektvolle und kompetente Betreuung bekommen. Es gibt Kinderhospize und Hospize für Erwachsene.

5.2. Palliativstationen

Palliativstationen sind meistens eigenständige Stationen im Krankenhaus, deren primäre Aufgabe es ist, die medizinische Behandlung und pflegerische Betreuung des Palliativpatienten sicher zu stellen.

5.3. Palliativmedizinische Konsiliardienste

Palliativmedizinische Konsiliardienste sind multiprofessionelle Teams, derzeit vorrangig in Kliniken, die andere Ärzte und Fachgruppen palliativmedizinisch beraten und begleiten.

6. Palliative Care Teams

Palliative Care Teams sind multiprofessionelle Teams, deren Mitglieder in Palliativmedizin, Palliativpflege sowie hospizlicher Betreuung geschult sind. Palliative Care Teams unterstützen im ambulanten und stationären Bereich die Betreuung schwer kranker Menschen. Sie erbringen dabei ärztliche und pflegerische Leistungen wie Linderung von Schmerzen und belastender Symptome - bei Bedarf rund um die Uhr. Geplant ist, dass Palliative Care Teams die spezialisierte ambulante Palliativversorgung nach § 37 b SGB V erbringen.

Wer hilft weiter?

Adressen von Hospizen vermitteln

- die Deutsche Hospiz-Stiftung (Europaplatz 7, 44269 Dortmund, Telefon 0231 7380730, www.hospize.de) oder
- der Deutsche Hospiz- und PalliativVerband e.V. (www.hospiz.net). Der Verband informiert auch zu palliativmedizinischen Fragen.

Sterbegeld Unfallversicherung

(§ 64 SGB VII)

Das Wichtigste in Kürze

Die Berufsgenossenschaften zahlen Sterbegeld, wenn ein Versicherter infolge ☞ *Arbeitsunfall*, Wegeunfall oder ☞ *Berufskrankheit* stirbt. Es beträgt 4.260,-/3.600,- € (West/Ost). Sterbegeld und Überführungskosten der Unfallversicherung erhält, wer die Kosten der Bestattung trägt.

1. Höhe

Das Sterbegeld beträgt 4.260,-/3.600,- € (West/Ost), das entspricht 1/7 der jährlichen ☞ *Bezugsgröße*.

2. Überführungskosten

Zusätzlich werden die Überführungskosten des Verstorbenen an den Ort der Bestattung übernommen, wenn der Versicherte außerhalb des Ortes der ständigen Familienwohnung tödlich verunglückt ist.

Wer hilft weiter?

Auskünfte erteilen die ☞ *Berufsgenossenschaften*.

Mehr Informationen: www.betanet.de

Sterilisation

(§ 24 b SGB V - § 51 SGB XII)

Das Wichtigste in Kürze

Eine Sterilisation dient der dauerhaften Empfängnisverhütung. Sie kann sowohl bei Männern als auch bei Frauen durchgeführt werden. Eine Sterilisation wird von der Krankenkasse bezahlt, wenn ein ärztliches Gutachten vorliegt.

1. Grundsätzliches

Bei einer Sterilisation, deren Kosten von der Krankenkasse oder vom Sozialamt übernommen werden, handelt es sich um eine Unterbindung der Samenleiter beim Mann (Vasektomie) bzw. eine Unterbindung der Eileiter bei der Frau. **Nicht** übernommen werden die Kosten für eine Kastration, das ist ein Entfernen der Keimdrüsen (Hoden, Eierstöcke). Die **„Hilfe bei Sterilisation"** zählt im Rahmen der Sozialhilfe zu den Hilfen zur Gesundheit (☞ *Gesundheitshilfe*).

2. Voraussetzungen

- Es muss sich um eine durch Krankheit erforderliche Sterilisation handeln, das heißt: Ein ärztliches Gutachten muss die Notwendigkeit und Angemessenheit des Eingriffs bejahen. Dient die Sterilisation der persönlichen Lebensplanung, muss der Versicherte die Kosten dafür selbst übernehmen.
- Der Eingriff muss von einem Arzt vorgenommen werden.
- Bei Kostenübernahme durch das Sozialamt muss das Einkommen des Betroffenen unterhalb der **Einkommensgrenze** nach §§ 85 ff. SGB XII liegen, Näheres ☞ *Einsatz von Einkommen und Vermögen.*

3. Umfang

- Ärztliche Untersuchung, Beratung und Begutachtung
- Ärztliche Behandlung, z.B. der operative Eingriff
- ☞ *Krankenhausbehandlung*
- Versorgung mit ☞ *Arznei- und Verbandmitteln*, ☞ *Heilmitteln* und ☞ *Hilfsmitteln*

Im Falle einer Arbeitsunfähigkeit infolge der durch Krankheit erforderlichen Sterilisation besteht in der Regel Anspruch auf ☞ *Krankengeld.*

Wer hilft weiter?

☞ *Krankenkassen* und das ☞ *Sozialamt.*

Steuerliche Vergünstigungen

Das Wichtigste in Kürze

Durch Vorlage des ☞ *Schwerbehindertenausweises* oder des Bescheides über die Schwerbehinderung können Behinderte oder ihre Eltern steuerliche Vergünstigungen beim Finanzamt erreichen. Möglich sind z.B. die Absetzung eines Pauschbetrags bis maximal 3.700,- € sowie die Geltendmachung außergewöhnlicher Belastungen wie Haushaltshilfe, Heimunterbringung, Pflegekosten, Kfz-Kosten oder Kinderbetreuungskosten.

1. Umfang

Zu den Steuervergünstigungen zählen:

- Kinderfreibetrag (alternativ zum ☞ *Kindergeld*)
- erwerbsbedingte Kinderbetreuungskosten (siehe unten)
- Pauschbetrag für Behinderte (siehe unten)
- außergewöhnliche Belastungen
  - für eine Hilfe im Haushalt
  - bei Heim- und Pflegeunterbringung
  - bei Pflegepersonen/Pflegepauschbetrag
  - für private Kraftfahrzeugkosten
  - für ☞ *Kinderbetreuungskosten*

Zudem **kann** es für Schwerbehinderte Erleichterungen bei der ☞ *Kraftfahrzeugsteuer*, der Vermögenssteuer, der Erbschafts- und Schenkungssteuer, der Hundesteuer (Blinde, Gehörlose, Hilflose) und der Umsatzsteuer geben.

Soziale Fragen? betafon 01805 - 238 2366!

S

2. Kinderfreibetrag alternativ zum Kindergeld

Wer für ein Kind ☞ *Kindergeld* bekommt, dem steht **alternativ** ein Kinderfreibetrag zu, der jährlich bei 3.648,- € pro Kind bei zusammen veranlagten Eltern bzw. bei 1.824,- € pro Kind je Elternteil liegt. Der Freibetrag ermäßigt das zu versteuernde Einkommen um diesen Betrag.

Allerdings gibt es nicht beides: Man bekommt entweder Kindergeld oder einen Kinderfreibetrag.

- **Behinderte unter 18 Jahren**
  werden wie gesunde Kinder berücksichtigt.
- **Behinderte Kinder über 18 Jahren**
  können weiterhin auf Antrag vom Finanzamt auf der Lohnsteuerkarte eingetragen werden, wenn sie aufgrund ihrer Behinderung außerstande sind, selbst in ausreichendem Maße für ihren Lebensunterhalt zu sorgen. Dies gilt auch für ältere Behinderte, sofern die Behinderung und die Unfähigkeit, selbst in ausreichendem Maße für den Lebensunterhalt zu sorgen, bereits vor Vollendung des 25. Lebensjahres vorgelegen haben.

Beim Kinderfreibetrag über das 18. Lebensjahr hinaus dürfen die Einkünfte und Bezüge des Kindes nicht höher sein als 7.680,- € jährlich.

3. Erwerbsbedingte Kinderbetreuungskosten

(§ 4 f EStG)

Elternpaare, bei denen beide berufstätig sind, und berufstätige Alleinerziehende können über den Kinderfreibetrag hinaus zusätzlich nachgewiesene Kinderbetreuungskosten für Kinder unter 14 Jahren oder **behinderte Kinder** absetzen. Es können zwei Drittel der Kosten abgesetzt werden, maximal 4.000,- € je Kind.

- **Voraussetzung**
  ist, dass der Steuerpflichtige entweder erwerbstätig, in Ausbildung oder krank ist. Bei zusammen lebenden Eltern müssen beide Elternteile diese Voraussetzungen erfüllen.
- **Nicht absetzbar**
  sind Aufwendungen für Unterricht, Sport, Freizeit oder Vermittlung besonderer Fertigkeiten.

4. Pauschbetrag für Behinderte

Pauschbeträge für Behinderte sind Freibeträge, die vom zu versteuernden Einkommen abgezogen werden (§ 33 b Einkommenssteuergesetz).

Der Freibetrag kann

- auf der Lohnsteuerkarte eingetragen
  oder
- im Jahresausgleich rückwirkend geltend gemacht werden.

Die Pauschbeträge erhalten

- Behinderte mit einem ☞ *Grad der Behinderung* (GdB) von mindestens 50
- Behinderte mit einem GdB von mindestens 25,
  - denen wegen der Behinderung nach gesetzlichen Vorschriften Renten oder andere laufende Bezüge zustehen,
    oder
  - wenn die Behinderung zu einer dauernden Einbuße der körperlichen Beweglichkeit geführt hat bzw. auf einer typischen ☞ *Berufskrankheit* beruht.

Mehr Informationen: www.betanet.de

4.1. Höhe

Grad der Behinderung (GdB)	Jährlicher Pauschbetrag €
25 und 30	310,-
35 und 40	430,-
45 und 50	570,-
55 und 60	720,-
65 und 70	890,-
75 und 80	1.060,-
85 und 90	1.230,-
95 und 100	1.420,-
☞ *Merkzeichen H* und ☞ *Merkzeichen Bl* unabhängig vom GdB	3.700,-

Anmerkung zur Tabelle: Seit 1983 wird der Grad der Behinderung nur noch in Zehner-Schritten eingestuft. Das Finanzamt behält die alten Tabellen bei, weil auch Behinderte mit alten Einstufungen in Fünfer-Schritten erfasst werden müssen.

Die Pauschbeträge werden stets in voller Höhe gewährt, auch wenn die Voraussetzungen nicht während des ganzen Kalenderjahres vorgelegen haben. Wird der GdB verringert oder erhöht, gilt für das jeweilige Kalenderjahr der Pauschbetrag nach dem höchsten GdB.

Beim Pauschbetrag sind Nachweise für die einzelnen Aufwendungen **nicht** nötig. Übersteigen allerdings die tatsächlichen, zwangsläufigen Mehraufwendungen in der privaten Lebensführung des Behinderten die Pauschbeträge, ist es besser, auf den Pauschbetrag zu verzichten und die tatsächlichen Aufwendungen geltend zu machen. Diese müssen dann mit Belegen nachgewiesen werden.

4.2. Kinder

Bei behinderten Kindern ohne eigene Steuererklärung können die Eltern den Pauschbetrag auf sich **übertragen** lassen.
Voraussetzung ist, dass sie für das Kind Kindergeld oder einen Kinderfreibetrag erhalten.
Bei geschiedenen, dauernd getrennt lebenden oder unverheirateten Eltern wird der Behinderten-Pauschbetrag der Kinder jeweils zur Hälfte auf beide Elternteile übertragen, sofern die Eltern nicht beide eine andere Aufteilung wünschen.

5. Außergewöhnliche Belastungen

Behinderte können verschiedene Ausgaben als außergewöhnliche Belastungen zusätzlich zu den o.g. Pauschbeträgen geltend machen:

5.1. Hilfe im Haushalt

(§ 33 a Abs. 3 EStG)
Eine Hilfe im Haushalt ist eine fremde oder verwandte Person, die die tägliche Arbeit im Haushalt erledigt. Ausgaben für eine solche Hilfe im Haushalt können unter folgenden Voraussetzungen als außergewöhnliche Belastung steuerlich geltend gemacht werden:

- Hilflosigkeit (☞ *Merkzeichen H)* oder ☞ *Pflegestufe III* des Steuerpflichtigen, seines nicht dauernd getrennt lebenden Ehegatten oder des zum Haushalt gehörenden Kindes: jährlich maximal 924,- € steuerlich absetzbar
  oder
- Schwerbehinderung (☞ *Grad der Behinderung* mindestens 50) des Steuerpflichtigen, seines nicht dauernd getrennt lebenden Ehegatten oder des zum Haushalt gehörenden Kindes: jährlich maximal 924,- € steuerlich absetzbar

Bei **Heim- oder Pflegeunterbringung** können von den Kosten der Dienstleistungen des Heimes (z.B. Altenheim, Altenwohnheim, Pflegeheim), die mit denen einer Hilfe im Haushalt vergleichbar sind, jährlich maximal

- 624,- € abgesetzt werden, wenn der Be-

hinderte nicht pflegebedürftig ist.
- 924,- € abgesetzt werden, wenn der Behinderte dauerhaft pflegebedürftig (☞ *Pflegebedürftigkeit*) ist.

Die Aufwendungen sind mit Belegen nachzuweisen.

Praxistipps

- Ist einer der Ehepartner wegen einer Behinderung in einem Heim untergebracht, ohne pflegebedürftig zu sein und der andere beschäftigt zu Hause eine Hilfe im Haushalt, kann nur eine Abzugsmöglichkeit in Anspruch genommen werden: jährlich maximal 624,- € oder 924,- € steuerlich absetzbar.
- Ist einer der Ehepartner wegen einer Behinderung in einem Heim untergebracht und dauerhaft pflegebedürftig und der andere beschäftigt zu Hause eine Hilfe im Haushalt, dann können beide Beträge nebeneinander in Anspruch genommen werden: Insgesamt jährlich maximal 1.548,- € steuerlich absetzbar.

5.2. Pflegepersonen/Pflegepauschbetrag

Wer eine hilflose Person (☞ *Merkzeichen H*), einen Pflegebedürftigen der ☞ *Pflegestufe III* oder einen ☞ *Schwerbehinderten* persönlich in seiner Wohnung oder in der des Pflegebedürftigen pflegt, kann entweder die tatsächlichen Kosten (sie sind nachzuweisen) oder einen Pflegepauschbetrag von 924,- € jährlich absetzen.

Voraussetzung ist, dass die Pflegeperson für die Pflege keine Einnahmen erhält.

5.3. Private Kraftfahrzeugkosten

Behinderte können behinderungsbedingte Fahrten (z.B. zum Arzt, zur Apotheke, zur Therapiebehandlung, zur Schule, zur Behörde etc.) von der Steuer absetzen:
- GdB ab 80 oder ☞ *Merkzeichen G* mit einem GdB von 70
  jährlicher Pauschbetrag von 900,- € ohne Nachweis. Dies entspricht 3.000 km à 30 Ct. Höhere behinderungsbedingte Fahrtkosten müssen mit Fahrtenbuch nachgewiesen werden.
- ☞ *Merkzeichen aG*, ☞ *Merkzeichen Bl* und ☞ *Merkzeichen H*
  Fahrten bis zu 15.000 km jährlich (à 30 Ct./km = 4.500,- €) können abgesetzt werden, sofern sie nachgewiesen oder glaubhaft gemacht werden (z.B. durch ein Fahrtenbuch).

Besondere Vergünstigungen genießen Behinderte auch bei der ☞ *Kraftfahrzeugsteuer*. Näheres siehe dort.

Wer hilft weiter?

Individuelle Auskünfte zu allen steuerlichen Vergünstigungen geben die zuständigen Finanzämter, speziell Behinderte betreffend auch das ☞ *Versorgungsamt*. Für die Hundesteuer (Blindenhund) ist die jeweilige Gemeinde zuständig.

Steuerliche Vergünstigungen

auch ☞ *Kraftfahrzeugsteuer*

Stromkosten Stromschulden

Grundsätzliches

Stromkosten oder -schulden sind bei Sozialhilfeempfängern (☞ *Sozialhilfe*) normalerweise im Regelsatz (☞ *Regelsätze der Sozialhilfe*) enthalten. Sie werden vom ☞ *Sozialamt* ausnahmsweise in folgenden Fällen extra übernommen:
- Androhung des Stromversorgers, den Strom zu sperren
- teure Nachtspeicherheizung
- wenn eine Nachzahlung aus der Jahresstromabrechnung nicht geleistet werden kann

Stromkosten, die das Sozialamt gezahlt hat, dürfen in der Regel nicht von der monatli-

Mehr Informationen: www.betanet.de

chen ☞ *Hilfe zum Lebensunterhalt* abgezogen werden.

Praxistipps

- Mit der Rechnung oder Mahnung sofort zum Sozialamt gehen. Der Strom darf nicht ohne weiteres abgestellt werden, vor allem nicht, wenn Kinder, Behinderte, Alte, Kranke, Schwangere oder zu pflegende Menschen im Haushalt leben.
- Wenn der Strom bereits abgestellt wurde: Kostenübernahme beim Sozialamt beantragen. Wenn die Kostenübernahme nach Prüfung bewilligt wurde, diese Bewilligung beim Stromversorger vorlegen. Der Strom wird in der Regel am selben Tag wieder angestellt.
- Wenn das Sozialamt die Kostenübernahme ablehnt (geht nur nach Beratung und mit ausführlicher Begründung), beim Stromversorger vorsprechen und um die Möglichkeit bitten, die Schulden als zinsloses Darlehen in kleinen Raten abzuzahlen.

Wer hilft weiter?

Individuelle Auskünfte erteilt das ☞ *Sozialamt.*

Stufenweise Wiedereingliederung

(§ 74 SGB V - §§ 28, 51 Abs. 5 SGB IX)

Das Wichtigste in Kürze

Die Stufenweise Wiedereingliederung (sogenanntes „Hamburger Modell") soll arbeitsunfähige Arbeitnehmer nach längerer schwerer Krankheit schrittweise an die volle Arbeitsbelastung heranführen und so den Übergang zur vollen Berufstätigkeit erleichtern. Während der Stufenweisen Wiedereingliederung ist der Arbeitnehmer noch krankgeschrieben. Möglich ist die Stufenweise Wiedereingliederung nur, wenn der Arbeitgeber zustimmt.

1. Voraussetzungen

Die Stufenweise Wiedereingliederung ist eine Maßnahme der ☞ *Medizinischen Rehabilitation.* Findet sie im unmittelbaren Anschluss an eine medizinische Rehamaßnahme statt, d.h. wird sie innerhalb von 14 Tagen nach Entlassung aus einer Rehaklinik angetreten, ist die ☞ *Rentenversicherung* Kostenträger. Trifft dies nicht zu, ist in den meisten Fällen die ☞ *Krankenversicherung* zuständig. In speziellen Fällen kann auch die ☞ *Agentur für Arbeit* oder die ☞ *Unfallversicherung* Kostenträger der stufenweisen Wiedereingliederung sein.

1.1. Kostenträger Krankenversicherung

Soll die Krankenversicherung der Kostenträger sein, müssen folgende Voraussetzungen erfüllt sein:

- Es besteht noch Anspruch auf ☞ *Krankengeld* bzw. es liegt noch ☞ *Arbeitsunfähigkeit* vor für die Dauer der Wiedereingliederungsmaßnahme.
- Der Versicherte ist mit der Maßnahme einverstanden.
- Der Arzt stellt einen Wiedereingliederungsplan auf.
- Der Arbeitgeber erklärt sich mit der Maßnahme einverstanden.
- Der Versicherte wird am bisherigen Arbeitsplatz eingesetzt.

1.2. Andere Kostenträger

Bei allen anderen Kostenträgern müssen folgende Voraussetzungen erfüllt sein:

- Arbeitsunfähigkeit.
- Ärztliche Feststellung, dass die bisherige Tätigkeit wenigstens teilweise wieder verrichtet werden kann.
- Medizinische Rehamaßnahme, bei der festgestellt wurde, dass eine Stufenweise Wiedereingliederung notwendig ist.

Soziale Fragen? betafon 01805 - 238 2366!

2. Dauer

Die Dauer der Stufenweisen Wiedereingliederung ist abhängig vom individuellen gesundheitlichen Zustand. In der Regel dauert sie 6 Wochen bis 6 Monate.
Der Arbeitnehmer ist während der Maßnahme **weiterhin arbeitsunfähig**.

3. Entgelt durch die Leistungsträger

Grundsätzlich erhält der Versicherte während der Stufenweisen Wiedereingliederung weiterhin Krankengeld von der Krankenkasse bzw. Übergangsgeld vom Rentenversicherungsträger, der Berufsgenossenschaft oder der Agentur für Arbeit. Falls der Arbeitgeber während der Maßnahme freiwillig Arbeitsentgelt entrichtet, dann wird dies auf das Kranken- bzw. Übergangsgeld angerechnet. Es besteht allerdings keine Zahlungspflicht für den Arbeitgeber.

Praxistipp - Vorgehensweise:

1. Dem Arbeitsversuch muss als Erstes aus medizinischer Sicht zugestimmt werden: Nach Überzeugung des Arztes dürfen einer stufenweisen Wiederbeschäftigung keine medizinischen Gründe entgegenstehen.
2. Der Versicherte muss die Stufenweise Wiedereingliederung selbst wollen.
3. Arzt und Patient füllen gemeinsam den Antrag auf Stufenweise Wiedereingliederung aus. Dieses Formular hat jeder Arzt vorliegen. Es kann bei der Krankenkasse oder beim Rentenversicherungsträger angefordert werden.
4. Arzt und Patient erstellen gemeinsam einen „Wiedereingliederungsplan", aus dem hervorgeht, mit welcher Tätigkeit und Stundenzahl dieser beginnt und in welchem Zeitraum Art und Umfang der Tätigkeit gesteigert werden.
5. Der Antrag wird dem Arbeitgeber vorgelegt - von ihm hängt die Stufenweise Wiedereingliederung ab: Er muss sein Einverständnis mit der Maßnahme mit einer Unterschrift bestätigen, ist dazu aber nicht verpflichtet.
6. Es empfiehlt sich, eine Stellungnahme des Betriebsarztes bzw. des ☞ *MDK* einzuholen.
7. Der Antrag wird bei der Krankenkasse eingereicht. Diese prüft, ob sie der Maßnahme zustimmt. Zum Teil bezieht auch die Krankenkasse den MDK mit ein.
8. Haben alle Beteiligten zugestimmt, kann die Maßnahme beginnen.
9. Während der eingeschränkten Beschäftigung bleibt der Versicherte weiterhin arbeitsunfähig geschrieben.

Wer hilft weiter?

☞ *Krankenkassen*, ☞ *Agentur für Arbeit*, ☞ *Berufsgenossenschaften* oder ☞ *Rentenversicherungsträger*, behandelnder Arzt und Arbeitgeber.

Suchtrehabilitation

☞ *Entwöhnungsbehandlung*

Tages- und Nachtpflege

(§ 41 SGB XI)

Das Wichtigste in Kürze

Tagespflege oder Nachtpflege bedeutet, dass ein Pflegebedürftiger eigentlich zu Hause, zum Teil aber tagsüber oder in der Nacht in einer Einrichtung gepflegt wird. Dafür erhält der Pflegebedürftige von der Pflegekasse je nach Pflegestufe monatlich 420,- bis 1.470,- €. Darüber hinaus kann die Pflegekasse zusätzlich bis zu 50% Pflegegeld oder/und Pflegesachleistung für die Pflege zu Hause leisten.

1. Einrichtungen

Einrichtungen, die Tages- oder Nachtpflege im Sinne der ☞ *Pflegeversicherung* anbieten, müssen eine Zulassung nach § 71 Abs. 2 SGB XI haben. Nacht- und Wochenendpflege sind nicht überall verfügbar. Die Pflege-

Mehr Informationen: www.betanet.de
S

kassen haben Verzeichnisse der regionalen Pflegeeinrichtungen einschließlich Leistungs- und Preislisten.

1.1. Tagespflegeeinrichtungen

Diese betreuen pflegebedürftige Menschen, die aufgrund körperlicher, geistiger oder seelischer Beeinträchtigungen nicht in der Lage sind, allein in ihrer Wohnung zu leben und tagsüber Unterstützung brauchen, ansonsten aber von ihren Familien oder anderen Personen zu Hause gepflegt werden.

1.2. Nachtpflegeeinrichtungen

Diese betreuen pflegebedürftige Menschen, die Hilfestellungen beim Zubettgehen, Aufstehen und bei Maßnahmen der Körperpflege benötigen. Nachtpflegeeinrichtungen werden oft von dementen Personen genutzt, die einen gestörten Tag-Nacht-Rhythmus haben. Wenn diese nachts in einer Nachtpflege untergebracht sind, können die Angehörigen durchschlafen und sich tagsüber wieder um ihre verwirrten Angehörigen kümmern.

1.3. Keine Tages- oder Nachtpflegeeinrichtung

Nicht zu den Einrichtungen der Tages- oder Nachtpflege gehören:

- Krankenhäuser oder
- Stationäre Einrichtungen, in denen die
  - medizinische Vorsorge oder Rehabilitation,
  - berufliche oder soziale Eingliederung,
  - schulische Ausbildung oder
  - Erziehung Kranker oder Behinderter

im Vordergrund des Zwecks der Einrichtung stehen (§ 71 Abs. 4 SGB XI). Hierzu zählen z.B. die Einrichtungen der Behindertenhilfe, wie Werkstätten für Behinderte und Fördergruppen.

1.4. Wochenendpflege

Manche Pflegeeinrichtungen bieten auch Wochenendpflege an. Dieses Angebot ist aber nicht überall verfügbar.

2. Voraussetzung

Teilstationäre Tages- oder Nachtpflege kommt immer dann in Betracht, wenn die ☞ *häusliche Pflege* nicht ausreichend sichergestellt werden kann. Prinzipiell müssen die ☞ *Vorversicherungszeit* erfüllt, die ☞ *Pflegebedürftigkeit* festgestellt und die Pflegesachleistung bei der Pflegekasse beantragt werden.

3. Verhältnis zu anderen Leistungen der Pflegeversicherung

Teilstationäre Tages- und Nachtpflege ist **neben** ☞ *Pflegesachleistungen*, ☞ *Pflegegeld Pflegeversicherung* oder ☞ *Kombinationsleistungen* möglich. Es kann ein höchstmöglicher Gesamtanspruch von 150 % entstehen.

- Zusätzlich zur Tages- und Nachtpflege gibt es bis zu 50 % Pflegegeld, Pflegesachleistung oder Kombinationsleistung.
- Umgekehrt können zusätzlich zum Pflegegeld, zur Pflegesachleistung oder zur Kombinationsleistung bis zu 50 % Tages- und Nachtpflege in Anspruch genommen werden.
- Insgesamt gibt es nie mehr als 150 % Gesamtleistung und immer nur maximal 100 % einer Leistung.

Soziale Fragen? betafon 01805 - 238 2366!

Tages- oder Nachtpflege	Pflegegeld oder Pflegesachleistung
100 %	10 %
100 %	20 %
100 %	30 %
100 %	40 %
100 %	50 %
90 %	60 %
80 %	70 %
70 %	80 %
60 %	90 %
50 %	100 %
40 %	100 %
30 %	100 %
20 %	100 %
10 %	100 %

4. Umfang

Zu den Leistungen der Tages- oder Nachtpflege, die die Pflegekasse übernimmt, zählen z.B.

- pflegebedingte Aufwendungen.
- Aufwendungen der sozialen Betreuung.
- notwendige Leistungen der medizinischen Behandlungspflege.
- die notwendige Beförderung des Pflegebedürftigen von der Wohnung zur Einrichtung der Tages- oder Nachtpflege und zurück.

Kosten für Unterkunft und Verpflegung (die sogenannten „Hotelkosten") sind vom Pflegebedürftigen in der Regel selbst zu tragen.

5. Höhe

Die Sätze für die Tages- oder Nachtpflege entsprechen den ☞ *Pflegesachleistungen* und richten sich nach der Pflegestufe.

Pflegestufe I	420,- €
Pflegestufe II	980,- €
Pflegestufe III	1.470,- €

Näheres zu den ☞ *Pflegestufen* s. dort.

5.1. Berechungsbeispiel Tagespflege und Pflegegeld

Die tatsächlichen Kosten der Tagespflege eines Pflegebedürftigen der Pflegestufe III belaufen sich auf 1.176,- €.
Dies sind 80 % der ihm zustehenden 1.470,- €. Es verbleiben daher noch 70 % für häusliche Pflege, weil der höchstmögliche Gesamtanspruch 150 % beträgt.
Das Pflegegeld für häusliche Pflege beträgt in Pflegestufe III 675,- € , 70 % davon sind 472,50 €.
Die Pflegekasse zahlt also Tagespflege + anteiliges Pflegegeld = 1.648,50 €. Der Betrag für die Tagespflege geht an die Einrichtung, das anteilige Pflegegeld an den Pflegebedürftigen.

5.2. Berechnungsbeispiel Nachtpflege und Pflegesachleistung

Die tatsächlichen Kosten der Nachtpflege eines Pflegebedürftigen der Pflegestufe III belaufen sich auf 1.323,- €.
Dies sind 90 % der ihm zustehenden 1.470,- €. Es verbleiben daher noch 60 % für häusliche Pflege, weil der höchstmögliche Gesamtanspruch 150 % beträgt.
Die Pflegesachleistung für häusliche Pflege beträgt in Pflegestufe III 1470,- €, 60 % davon sind 882,- €.
Die Pflegekasse zahlt also Nachtspflege + anteilige Pflegesachleistung = 2.205 €. Der Betrag für die Nachtpflege geht an die Einrichtung, der Betrag für die Pflegesachleistung an den ambulanten Pflegedienst.

Weiteres Berechnungsbeispiel unter ☞ *Kombinationsleistung.*

Mehr Informationen: www.betanet.de

Wer hilft weiter?

Adressen von Tages- und Nachtpflegeeinrichtungen bekommt man von der ☞ *Krankenkasse*, der ☞ *Pflegekasse* und von den für Senioren zuständigen Ansprechpartnern der Stadt oder Gemeinde.

Tageseinrichtungen für Kinder

☞ *Kindertagesstätten*

Tagesgruppe

(§ 32 SGB VIII)

Das Wichtigste in Kürze

Die Erziehung in einer Tagesgruppe ist eine Form der ☞ *Erziehungshilfe* des ☞ *Kinder- und Jugendhilfegesetzes*.
Die Tagesgruppe wird in der Regel an Wochentagen angeboten, z.B. an den Nachmittagen (nach Beendigung der Schule), möglichst wohnortnah und mit einem begleitenden Freizeitprogramm. Tagesgruppen sollen Kinder über die Familie hinaus bei sozialen und schulischen Aufgaben unterstützen.

1. Aufgaben der Tagesgruppe

- Entwicklung des Kindes (0 - 14 Jahre) oder Jugendlichen (14 - 18 Jahre) durch soziales Lernen in der Gruppe
- Sicherung des Schulerfolgs durch schulische und erzieherische Förderung, die nicht nur auf bloße Hausaufgabenhilfe beschränkt bleiben darf
- familienergänzende Unterstützung der schulischen Elternarbeit
- Im Unterschied zu ☞ *Kindertagesstätten* haben die Gruppen 8 bis maximal 10 Kinder. Das ermöglicht eine sehr intensive Betreuung.

2. Kosten

Das ☞ *Jugendamt* trägt die Kosten.

Die Eltern, Kinder, Jugendlichen und deren Ehegatten/Lebenspartner werden zu diesen Kosten herangezogen. Der Kostenbeitrag richtet sich nach der Kostenbeitragsverordnung und kann in der Höhe regional unterschiedlich ausfallen. Weitere Informationen beim Jugendamt.

3. Unterhaltsleistung

Bei Erziehung in einer Tagesgruppe leistet das Jugendamt auch Unterhalt (☞ *Unterhaltsleistungen*). Dazu gehört der gesamte regelmäßig wiederkehrende Bedarf, so u.a. die Kleidung sowie unter Umständen auch einmalige Zuschüsse und Beihilfen z.B. für Urlaubs- und Ferienreisen des Kindes oder Jugendlichen.

Wer hilft weiter?

Individuelle Auskünfte erteilt das ☞ *Jugendamt*.

Tagesmütter

☞ *Tagespflege von Kindern*

Tagespflege von Kindern

(§§ 23, 43 SGB VIII)

Das Wichtigste in Kürze

Die Tagespflege im Rahmen der Kinder- und Jugendhilfe, im allgemeinen „Tagesmutter" genannt, dient der Förderung und Entwicklung des Kindes in den ersten Lebensjahren, üblicherweise bis zum 3. Lebensjahr. Sie wird in der Regel bei Berufstätigkeit der Eltern notwendig. Die Kosten einer Tagespflege durch eine Person mit „Pflegeerlaubnis" kann das Jugendamt bei niedrigem Einkommen der Eltern übernehmen.

Soziale Fragen? betafon 01805 - 238 2366!

1. Definition Tagesmutter

Eine **Tagesmutter** ist eine sogenannte „Tagespflegeperson", die Kinder

- in kindgerechten Räumen, meist bei der Tagesmutter oder im elterlichen Haushalt,
- während des Tages (nicht über Nacht)
- mehr als 15 Stunden wöchentlich
- länger als 3 Monate
- gegen Entgelt

betreut.

2. Pflegeerlaubnis

Dafür ist eine **Pflegeerlaubnis** notwendig. Sie erlaubt die Betreuung von bis zu maximal 5 fremden Kindern (regional unterschiedlich) und ist auf 5 Jahre befristet. Tagesmütter sollen vertiefte Kenntnisse zu den Anforderungen der Kindertagespflege haben, die sie in qualifizierten Lehrgängen oder in anderer Weise erworben haben.

3. Kosten

Eltern und Kinder tragen die Kosten der Tagesmutter und ihrer Aufwendungen selbst, so weit sie finanziell dazu in der Lage sind. Das ☞ *Jugendamt* übernimmt **auf Antrag** die Kosten und die Aufwendungen ganz oder teilweise, abhängig vom Einkommen der Eltern und der Kinder. Die Sätze für die Tagespflege unterscheiden sich je nach Kommune, Betreuungsdauer und Alter des Kindes. Sie sind beim Jugendamt und den die Tagespflege vermittelnden Stellen zu erfragen.

Praxistipp

Tipps und Vertragsmuster gibt es beim: Bundesverband für Kindertagespflege, Moerserstr. 25, 47798 Krefeld, Telefon 02151 1541590, www.tagesmuetter-bundesverband.de, sowie den Mitgliedsorganisationen des Verbandes in den einzelnen Bundesländern.

Wer hilft weiter?

Individuelle Auskünfte erteilt das ☞ *Jugendamt*.

Taschengeld

(§ 35 Abs. 2 SGB XII)

Das Wichtigste in Kürze

Mit Taschengeld wird im Sozialrecht eine Geldleistung des Sozialamts für Hilfesuchende bezeichnet, die in Alten- oder Pflegeheimen leben. Es beträgt für Erwachsene mindestens 94,77 €.

1. Grundsätzliches

Das Taschengeld, im Sozialhilfegesetz „Barbetrag zur persönlichen Verfügung" genannt, ist eine Leistung der ☞ *Sozialhilfe* im Rahmen der ☞ *Hilfe zum Lebensunterhalt*. Es ist nicht zu verwechseln mit dem Taschengeld des Kinder- und Jugendhilfegesetzes, Details unter ☞ *Unterhaltsleistungen*.

2. Voraussetzungen

- Es gelten dieselben Voraussetzungen wie bei der ☞ *Hilfe zum Lebensunterhalt*.
- **Außerdem** muss der Hilfesuchende in einer stationären Einrichtung (Altenwohnheim, Altenheim, Pflegeheim) untergebracht sein.

3. Höhe

- Hilfeempfänger, die das 18. Lebensjahr noch nicht vollendet haben: Festsetzung durch die zuständigen Landesbehörden.
- Hilfeempfänger, die das 18. Lebensjahr vollendet haben: Mindestens 94,77 € (= 27 % des Eckregelsatzes eines Haushaltsvorstandes, ☞ *Regelsätze der Sozialhilfe*).

Praxistipp für Sozialhilfebewohner im Heim

Seit 1.1.2005 müssen Heimbewohner, die ☞ *Sozialhilfe* beziehen, nicht mehr Zuzahlungen zu Leistungen der gesetzlichen Krankenversicherung leisten, bis sie die 1-%- bzw. 2-%-Grenze erreicht haben und damit eine ☞ *Zuzahlungsbefreiung* erhalten, sondern haben auch die Möglichkeit, dass der

Mehr Informationen: www.betanet.de

örtlich zuständige Sozialhilfeträger den Gesamtbetrag (84,24 € bzw. bei chronisch Kranken: 42,12 €) an die Krankenkasse des Heimbewohners vorab überweist. Dieser als Darlehen gewährte Gesamtbetrag wird sodann in monatlichen kleinen Ratenbeträgen mit dem Taschengeld des Heimbewohners verrechnet.
Weitere Informationen unter ☞ *Zuzahlungen Krankenversicherung.*

Wer hilft weiter?

Individuelle Auskünfte erteilt das ☞ *Sozialamt.*

Taschengeld

auch ☞ *Unterhaltsleistungen*

Technische Hilfen

☞ *Pflegehilfsmittel*

Teilhabe am Arbeitsleben

(§ 16 SGB VI - § 35 SGB VII - jeweils i.V.m. §§ 33 ff. SGB IX)

Das Wichtigste in Kürze

„Leistungen zur Teilhabe am Arbeitsleben" umfassen alle Rehamaßnahmen, die die Arbeits- und Berufstätigkeit von kranken und/oder behinderten Menschen fördern. Alte Begriffe dafür sind „Berufsfördernde Maßnahmen zur Reha" oder „Berufliche Reha". Teilhabe am Arbeitsleben umfasst Hilfen, um einen Arbeitsplatz erstmalig oder weiterhin zu erhalten, Vorbereitungs-, Bildungs- und Ausbildungsmaßnahmen, Zuschüsse an Arbeitgeber sowie die Übernahme vieler Kosten, die mit diesen Maßnahmen in Zusammenhang stehen, z.B. für Lehrgänge, Lernmittel, Arbeitskleidung, Prüfungen, Unterkunft und Verpflegung.

Die Leistungen werden von verschiedenen Trägern übernommen, meist aber von der Agentur für Arbeit, vom Rentenversicherungsträger oder der Berufsgenossenschaft.

1. Umfang

Es gibt mehrere Arten von Leistungen zur Teilhabe am Arbeitsleben, unter anderem:

1. Hilfen zur Erhaltung oder Erlangung eines Arbeitsplatzes sowie zur Förderung der Arbeitsaufnahme
2. Berufsvorbereitung
3. berufliche Bildung
4. Leistungen in Werkstätten für Behinderte
5. Übernahme weiterer Kosten
6. Zuschüsse an den Arbeitgeber

Nachfolgend ausführliche Bestimmungen zu den einzelnen Leistungen.

1.1. Hilfen zur Erhaltung oder Erlangung eines Arbeitsplatzes

Vorrangiges Ziel ist es, den bisherigen Arbeitsplatz zu erhalten. Ist dies nicht möglich, wird nach einem anderen geeigneten Arbeitsplatz im bisherigen oder aber in einem anderen Betrieb gesucht. In diesem Rahmen übernehmen vorwiegend die Berufsgenossenschaften und die Rentenversicherungsträger in Zusammenwirken mit der Agentur für Arbeit folgende Leistungen:

- **Kosten für Arbeitsausrüstung, Hilfsmittel und technische Arbeitshilfen**
  (sogenannte Ausrüstungsbeihilfe), welche die Folgeerscheinungen der Behinderung für eine bestimmte berufliche Tätigkeit ausgleichen. Ein Ausgleich von ausschließlich medizinischen Funktionsstörungen genügt nicht zur Kostenübernahme bei der ☞ *Rentenversicherung.*
- **Umsetzung im Betrieb, Vermittlung eines neuen Arbeitsplatzes**
  in Form beruflicher Anpassung, Weiterbildung und Ausbildung.
- ☞ *Arbeitsassistenz*
- ☞ *Kraftfahrzeughilfe*
- ☞ *Gründungszuschuss*
- **Fahrtkostenbeihilfe**

für die täglichen Fahrten zwischen Wohnung und Arbeitsstelle, so weit der Versicherte ansonsten unzumutbar belastet und die berufliche Wiedereingliederung ansonsten gefährdet wäre.

- **Trennungskostenbeihilfe**
  bei erforderlicher auswärtiger Arbeitsaufnahme und damit verbundener doppelter Haushaltsführung. Das tägliche Pendeln oder der Umzug der Familie zum Arbeitsort müssen unzumutbar sein.
- **Übergangsbeihilfe**
  bei Arbeitsaufnahme bis zur ersten vollen Lohnzahlung. Die Übergangsbeihilfe wird in der Regel als Darlehen gewährt.
- **Umzugskostenbeihilfe**
  so weit eine Arbeitsaufnahme am Wohnort unmöglich ist. Als Umzugskosten gelten z.B. Transportkosten und Reise des Familienversicherten samt Familie, nicht aber Wohnraumbeschaffungskosten wie Maklergebühren, Kautionen, Renovierungskosten. Der Umzug darf nicht später als 2 Jahre nach der Arbeitsaufnahme stattfinden.
- **Wohnungshilfen**
  Förderbeträge für Um- und Ausbaumaßnahmen im Wohnbereich, die zum Erlangen oder Erhalten des Arbeits- oder Ausbildungsortes erforderlich sind.

Mehr Informationen: www.betanet.de

1.2. Berufsvorbereitung

Zu den Leistungen zur Teilhabe am Arbeitsleben zählt die Berufsvorbereitung einschließlich der wegen eines Gesundheitsschadens erforderlichen Grundausbildung. Darunter fallen z.B. die blindentechnische Grundausbildung, Vorbereitungsmaßnahmen für Gehörlose oder das Erlernen der deutschen Sprache für Ausländer.

1.3. Berufliche Bildung

Zur beruflichen Bildung zählen Maßnahmen zur Anpassung an den Beruf, Ausbildung und Weiterbildung einschließlich des dafür erforderlichen Schulabschlusses. **Nicht** dazu zählen allgemeinbildende Maßnahmen.

1.3.1. Schulbildung

Wenn die Fähigkeit beeinträchtigt ist, einen angemessenen Beruf zu erlernen, werden auch Hilfen zu einer angemessenen Schulbildung einschließlich der Vorbereitung hierzu oder zur Entwicklung der geistigen und körperlichen Fähigkeiten vor Beginn der Schulpflicht geleistet, z.B.:

- Übernahme erhöhter Kosten für eine private Heimsonderschule
- Maßnahmen, die Schulreife nach einem Kindergartenunfall zu erlangen

1.4. Leistungen in Werkstätten für Behinderte

Die Berufsgenossenschaften und die Rentenversicherungsträger übernehmen vorwiegend die folgenden berufsfördernden Maßnahmen:

- **bis zu 4 Wochen, maximal 3 Monaten** in einer anerkannten Werkstatt für Behinderte zur Arbeits- und Berufsförderung im **Eingangsverfahren,**
- **bis zu 2 Jahren** im **Berufsbildungsbereich** als berufsvorbereitende Bildungsmaßnahme,
  aber nur dann über 1 Jahr hinaus, wenn die Leistungsfähigkeit des Behinderten weiterentwickelt oder wiedergewonnen werden kann.

1.5. Weitere Kosten

Die Berufsgenossenschaften und die Rentenversicherungsträger übernehmen auch Kosten, die mit den Leistungen zur Teilhabe am Arbeitsleben in unmittelbarem Zusammenhang stehen. Hierzu zählen z.B.:

- Lehrgangskosten
- Prüfungsgebühren
- Lernmittel
- Arbeitskleidung einschließlich Schuhwerk und Schutzkleidung
- Arbeitsgeräte (z.B. Werkzeuge, Kleinmaschinen)
- Kosten für Unterkunft und Verpflegung, wenn für die Teilnehmer einer Maßnahme eine Unterbringung außerhalb des eigenen oder des elterlichen Haushalts nötig

ist (z.B. unzumutbar weiter Anfahrtsweg) - wegen Art und Schwere der Behinderung oder zur Sicherung des Erfolgs der Leistungen zur Teilhabe am Arbeitsleben.

1.6. Zuschüsse an den Arbeitgeber

Die Rehaträger können Leistungen zur Teilhabe am Arbeitsleben auch als Zuschüsse an den Arbeitgeber leisten. Anspruchs- und antragsberechtigt ist der Versicherte; der Arbeitgeber ist „nur" Begünstigter ohne eigenes Antragsrecht.

Die Gewährung eines Zuschusses kann von Auflagen und Bedingungen abhängig gemacht werden. Zuschüsse an den Arbeitgeber gibt es z. B. als:

- **Ausbildungszuschüsse** zur betrieblichen Ausführung von Bildungsleistungen
  Zuschusshöhe: 100 % der laut Ausbildungsvertrag für das letzte Ausbildungsjahr vereinbarten monatlichen Vergütung.
  Dauer: gesamte Dauer der Maßnahme.
- **Eingliederungszuschüsse**
  Zuschusshöhe: 50 %, in Ausnahmefällen bis zu maximal 70 % des tariflichen bzw. ortsüblichen Bruttoarbeitsentgelts, Kürzung bei einer Bezugsdauer von mehr als 1 Jahr um mindestens 10 %.
  Dauer: in der Regel 1 Jahr, in begründeten Einzelfällen maximal 2 Jahre.
- **Zuschüsse für Arbeitshilfen im Betrieb**
- **Kostenerstattung für eine befristete Probebeschäftigung**
  Sie soll die vollständige und dauerhafte berufliche Eingliederung verbessern oder überhaupt erst erreichen.
  Zuschusshöhe: teilweise oder voll
- **Umschulung, Aus- oder Weiterbildung im Betrieb**
- **Technische Veränderung des Arbeitsplatzes**

2. Zuständigkeit und Voraussetzungen

- Die ☞ *Unfallversicherung* ist bei ☞ *Arbeitsunfall* und ☞ *Berufskrankheit* für die Leistungen zur Teilhabe am Arbeitsleben zuständig.
- Die Rentenversicherung übernimmt die Leistungen zur Teilhabe am Arbeitsleben, wenn die Maßnahmen geeignet sind, eine Wiedereingliederung ins Erwerbsleben zu erreichen. Es gelten die rentenrechtlichen Voraussetzungen.

Daneben übernehmen unter Umständen auch die Agentur für Arbeit, das ☞ *Jugendamt* oder das ☞ *Sozialamt* Leistungen zur Teilhabe am Arbeitsleben. Näheres unter ☞ *Rehabilitation Zuständigkeit.*

2.1. Persönliche Voraussetzungen der Rentenversicherung

Unter folgenden persönlichen Voraussetzungen trägt der Rentenversicherungsträger Leistungen zur Teilhabe am Arbeitsleben (§ 10 SGB VI):

- Die Erwerbsfähigkeit ist wegen Krankheit oder körperlicher, geistiger oder seelischer Behinderung erheblich gefährdet oder gemindert
  und
- voraussichtlich kann eine Minderung der Erwerbsfähigkeit abgewendet werden
  oder
  die Erwerbsfähigkeit kann gebessert oder wiederhergestellt werden
  oder
- die Erwerbsfähigkeit kann erhalten werden.

2.2. Versicherungsrechtliche Voraussetzungen der Rentenversicherung

Unter folgenden versicherungsrechtlichen Voraussetzungen trägt der Rentenversicherungsträger Leistungen zur Teilhabe am Arbeitsleben:

- Erfüllung der Wartezeit von 15 Jahren (= z.B. die Zeit, in der Beiträge gezahlt wurden bzw. Zeiten, in denen Rentenanwartschaften erworben wurden, z.B. Kindererziehungszeiten)
  oder
- Bezug einer ☞ *Abgestuften Erwerbsminderungsrente*

Soziale Fragen? betafon 01805 - 238 2366!

oder
- die Zahlung von Abgestufter Erwerbsminderungsrente wird dadurch verhindert

oder
- Anspruch auf große ☞ *Witwen/Witwer-Rente* (Rentenversicherung) wegen verminderter Erwerbsfähigkeit

oder
- unmittelbarer Anschluss an die ☞ *Medizinische Rehabilitation* der Rentenversicherung bei voraussichtlich erfolgreicher Reha.

2.3. Ausschluss von Leistungen der Rentenversicherung

Die Rentenversicherung finanziert ihren Versicherten Leistungen zur Teilhabe am Arbeitsleben **nicht** bei:

- einem Arbeitsunfall, einer Berufskrankheit oder einer Schädigung im Sinne des sozialen Entschädigungsrechts (z.B. BVG), wenn in diesen Fällen gleichartige Leistungen durch einen anderen Rehabilitationsträger erhalten werden können.
- Bezug oder Beantragung einer Altersrente von mindestens zwei Drittel der Vollrente (d.h.: kein Ausschluss bei Bezug/Antrag von einem Drittel bzw. der Hälfte der Vollrente).
- Anwartschaft auf Versorgung nach beamtenrechtlichen Vorschriften.
- Versicherungsfreiheit als Bezieher einer Versorgung wegen Erreichens einer Altersgrenze, sogenannte Vorruhestandsleistungen.
- Bezug einer Leistung, die regelmäßig bis zum Beginn einer Altersrente gezahlt wird.
- Untersuchungshaft oder Vollzug einer Freiheitsstrafe oder freiheitsentziehender Maßregeln oder einstweiliger Unterbringung (§ 126a StPO).

Praxistipp

Die Anträge auf Kostenübernahme für die jeweiligen Leistungen zur Teilhabe am Arbeitsleben sollten gestellt werden, **bevor** die Maßnahmen in die Wege geleitet werden.

3. Dauer

Grundsatz: Die Leistungen zur Teilhabe am Arbeitsleben sollen für die Zeit erbracht werden, die vorgeschrieben oder allgemein üblich ist, um das angestrebte Berufsziel zu erreichen.

3.1. Dauer bei beruflicher Eingliederung

In der Regel bis zur Erreichung des angestrebten Berufsziels in der hierfür vorgeschriebenen oder allgemein üblichen Zeit im Sinne der notwendigen Ausbildungsdauer.

Dauer bei Weiterbildung
In der Regel bis zu 2 Jahren bei ganztägigem Unterricht.
Keine Teilförderung (eines Ausbildungsabschnitts) einer geschlossenen Weiterbildungsmaßnahme möglich.

3.2. Verlängerung

Eine Verlängerung ist denkbar bei:
- bestimmter Art und Schwere der Behinderung
- Lage und Entwicklung des Arbeitsmarktes
- voller Ausschöpfung des Leistungsvermögens des Behinderten
- Erlernbarkeit des Ausbildungsberufs nicht unter 2 Jahren

4. Stationäre Leistungen, Unterkunft, Verpflegung

Aus Gründen der Art oder Schwere der Behinderung oder zur Sicherung des Erfolgs der Reha **können** die Maßnahmen auch stationär erbracht werden. Das umfasst neben der **Unterkunft** auch die **Verpflegung**, wenn die Unterbringung außerhalb des eigenen oder elterlichen Haushalts erforderlich ist, d.h. wenn aufgrund der Behinderung ein begleitender medizinischer, psychologischer und sozialer Dienst notwendig ist.

Mehr Informationen: www.betanet.de

5. Soziale Sicherung

Bei Teilnahme an Leistungen zur Teilhabe am Arbeitsleben werden Beiträge zur **Kranken-, Unfall-, Pflege- und Rentenversicherung** übernommen. Details unter ☞ *Soziale Sicherung.*

Wer hilft weiter?

☞ *Integrationsamt* und ☞ *Integrationsfachdienst*

Teilnahmekosten

(§§ 109, 111 SGB III)

1. Umfang

Unter Teilnahmekosten fallen Kosten, die mit Maßnahmen der Leistungen zur ☞ *Teilhabe am Arbeitsleben* bzw. unterhaltssichernder und ergänzender Leistungen ☞ *Schwerbehinderter* und ☞ *Behinderter* in Zusammenhang stehen. Die Kostenübernahme muss im Vorfeld mit der Agentur für Arbeit geklärt werden.

Zu den Teilnahmekosten zählen z.B.:

- **Lehrgangskosten** einschließlich Prüfungsgebühren
- Kosten für erforderliche **Lernmittel** und **Arbeitsausrüstung**
- ☞ *Reisekosten*
- Kosten für eine ☞ *Haushaltshilfe* oder ☞ *Kinderbetreuungskosten*
- Kosten für **Unterkunft und Verpflegung**
  Höhe:
  Bei Unterbringung in einer anderen Einrichtung als einem Wohnheim:
  269,- € monatlich zuzüglich der behinderungsbedingten Mehraufwendungen. Die Aufwendungen müssen nachgewiesen werden. Die Erstattung der Kosten übernimmt die Agentur für Arbeit.
  Diese Erstattung kommt z.B. dann in Frage, wenn der Behinderte sich privat eine Wohnung gesucht hat, weil diese besondere Einrichtung zu weit weg vom Heimatort entfernt ist, weil es dort keine Unterbringungsmöglichkeit gibt oder weil ihm die tägliche Fahrt vom Heimatort nicht zuzumuten ist.

Wer hilft weiter?

☞ *Agentur für Arbeit*

Teilstationäre Pflege

☞ *Tages- und Nachtpflege*

Teilweise Erwerbsminderungsrente

☞ *Abgestufte Erwerbsminderungsrente*

Telefongebührenermäßigung

1. Zielgruppen

Die Deutsche Telekom ermäßigt bestimmten Personengruppen die Telefongebühr:

- **Schwerbehinderten mit Merkzeichen RF**
  Die Vergünstigung beträgt monatlich bis zu 6,94 € netto auf Verbindungskosten.
- **Blinde, Gehörlose oder Sprachbehinderte mit einem** ☞ *Grad der Behinderung* **(GdB) von mindestens 90, die dadurch in ihrer Kommunikation stark beeinträchtigt sind**
  Die Vergünstigung beträgt monatlich bis zu 8,72 € netto.
- **Empfänger von Hilfe zum Lebensunterhalt, von ALG II oder Sozialgeld oder von Grundsicherung im Alter oder bei Erwerbsminderung**
  bekommen in der Regel eine ☞ *Rundfunk- und Fernsehgebührenbefreiung* und haben damit auch Anspruch auf Telefongebührenermäßigung, den sogenannten „**Sozialtarif**" der Telekom. Die Vergünstigung beträgt 6,94 € netto monatlich. Der Sozialtarif gilt nicht für alle Anschlussarten. Informationen darüber erteilt die Telekom.

Manche **Mobilfunkbetreiber** bieten vergünstigte Tarife für ☞ *Schwerbehinderte* mit einem Grad der Behinderung von mindestens 80 an.

2. Antrag

Die Telefongebührenermäßigung muss beantragt werden: unter Vorlage des ☞ *Schwerbehindertenausweises* und der ☞ *Rundfunk- und Fernsehgebührenbefreiung* bei der Telekom.

Wer hilft weiter?

☞ *Sozialamt*, Telekom und gegebenenfalls andere Telefonanbieter.

Tod

Einrichtungen der ☞ *Sterbebegleitung*

Totgeburt

☞ *Fehlgeburt und Totgeburt*

Trägerübergreifendes Persönliches Budget

☞ *Persönliches Budget*

Transportkosten

☞ *Fahrtkosten Transportkosten*

Trauerarbeit

☞ *Fehlgeburt und Totgeburt*
☞ *Sterbebegleitung*

Trennungskostenbeihilfe

☞ *Teilhabe am Arbeitsleben*

Überbrückungsgeld

☞ *Gründungszuschuss*

Übergangsbeihilfe

☞ *Teilhabe am Arbeitsleben*

Übergangsgeld

(§§ 20, 21 SGB VI i.V.m. §§ 46 ff. SGB IX - §§ 160-162 SGB III - §§ 49-52 SGB VII)

Das Wichtigste in Kürze

Übergangsgeld überbrückt einkommenslose Zeiten während der Teilnahme an Rehamaßnahmen oder an Maßnahmen zur Teilhabe am Arbeitsleben. Es wird nur gezahlt, wenn kein Anspruch (mehr) auf Entgeltfortzahlung besteht. Die Höhe ist unterschiedlich und richtet sich nach dem vorhergehenden Einkommen. Als Richtwert können zwei Drittel vom Nettoeinkommen angenommen werden. Zuständig ist der Rentenversicherungsträger, die Berufsgenossenschaft oder die Agentur für Arbeit. Bei jedem Träger gelten andere Voraussetzungen.

1. Voraussetzungen

1.1. Voraussetzungen der Rentenversicherung

Das Übergangsgeld der Rentenversicherung zählt zu den ☞ *ergänzenden Leistungen zur Reha.*

Die Rentenversicherung zahlt Übergangsgeld

- bei Erhalt von Leistungen zur ☞ *Teilhabe am Arbeitsleben.*
- bei Erhalt von Leistungen zur ☞ *Medizinischen Rehabilitation.*
- bei ☞ *Arbeitsunfähigkeit* oder der Unmöglichkeit einer ganztägigen Erwerbstätigkeit aufgrund der Teilnahme an einer Rehabilitation.

Mehr Informationen: www.betanet.de

T

- während der Teilnahme an einer ☞ *Berufsfindung oder Arbeitserprobung*, wodurch kein oder ein geringeres Arbeitsentgelt erzielt wird.
- bei Erhalt ambulanter medizinischer Leistungen **anstelle** stationärer medizinischer Leistungen.

Folgende Voraussetzungen müssen erfüllt sein:

- Übergangsgeld muss beantragt werden.
- Übergangsgeld ist eine sogenannte **Lohnersatzleistung**, d.h. es wird nur dann gezahlt, wenn im Krankheitsfall kein Anspruch (mehr) auf Entgeltfortzahlung durch den Arbeitgeber besteht. In der Regel leistet der Arbeitgeber nach § 3 Entgeltfortzahlungsgesetz 6 Wochen Lohnfortzahlung.
- Der Antragsteller muss vorher aufgrund einer beruflichen Tätigkeit Arbeitsentgelt oder Arbeitseinkommen erzielt haben und Beiträge zur Rentenversicherung entrichtet haben
  oder
  z.B. ☞ *Krankengeld*, ☞ *Arbeitslosengeld* oder ☞ *Arbeitslosengeld II* bezogen haben.
- Die rentenrechtlichen Voraussetzungen zu den ☞ *Ergänzenden Leistungen zur Reha* müssen erfüllt sein.

1.2. Voraussetzungen bei der Agentur für Arbeit

Die ☞ *Agentur für Arbeit* zahlt Übergangsgeld für Behinderte oder Schwerbehinderte, wenn folgende Voraussetzungen erfüllt sind:

- Das Übergangsgeld für ☞ *Schwerbehinderte* und ☞ *Behinderte* ist eine sogenannte Lohnersatzleistung, d.h. sie wird nur dann gezahlt, wenn kein Anspruch (mehr) auf Lohnfortzahlung im Krankheitsfall durch den Arbeitgeber (bis zu 6 Wochen nach § 3 Entgeltfortzahlungsgesetz) besteht.
- Der Behinderte muss die **Vorbeschäftigungszeit** erfüllen, d.h. er muss innerhalb der letzten 3 Jahre vor Beginn der Teilnahme an einer behindertenspezifischen Bildungsmaßnahme der Agentur für Arbeit
  - entweder mindestens 12 Monate versicherungspflichtig beschäftigt gewesen sein
  oder
  - die Voraussetzungen für einen Anspruch auf ☞ *Arbeitslosengeld* oder ☞ *Arbeitslosengeld II* erfüllen und Leistungen beantragt haben.

Der Vorbeschäftigungs-Zeitraum von 3 Jahren verlängert sich um die Dauer einer für die weitere Berufsausübung nützlichen Auslandsbeschäftigung, maximal um 2 Jahre.

- Die Vorbeschäftigungszeit **nicht** erfüllen müssen
  - Behinderte Berufsrückkehrer
  - Behinderte, die innerhalb des letzten Jahres vor Beginn der Teilnahme an einer behindertenspezifischen Bildungsmaßnahme der Agentur für Arbeit eine schulische Ausbildung erfolgreich abgeschlossen haben, die einer betrieblichen Berufsausbildung gleichgestellt ist

Zu den behindertenspezifischen Bildungsmaßnahmen der Agentur für Arbeit zählen Berufsausbildung, Berufsvorbereitung und berufliche Weiterbildung.

Bei bestimmten beruflichen Maßnahmen zahlt die Agentur für Arbeit anstelle von Übergangsgeld ☞ *Ausbildungsgeld.*

1.3. Voraussetzungen Unfallversicherung

Übergangsgeld der ☞ *Unfallversicherung* erhält ein Versicherter nur, wenn er infolge eines Versicherungsfalles Leistungen zur ☞ *Teilhabe am Arbeitsleben* erhält.

2. Mutterschaftsgeld

Bei Anspruch auf ☞ *Mutterschaftsgeld* zahlen weder die **Rentenversicherungsträger** noch die **Agentur für Arbeit** Übergangsgeld, der Anspruch ruht (§ 45 Abs. 4 SGB

Soziale Fragen? betafon 01805 - 238 2366!

IX). Bei der **Unfallversicherung** jedoch wird der Anspruch auf Mutterschaftsgeld angerechnet.

3. Stufenweise Wiedereingliederung

Findet die ☞ *Stufenweise Wiedereingliederung* im unmittelbaren Anschluss (maximal 14 Tage) an Leistungen zur medizinischen Rehabilitation statt, dann wird das Übergangsgeld bis zu deren Ende gezahlt (§ 51 Abs. 5 SGB IX).

4. Höhe

4.1. Berechnungsgrundlage

Die Berechnungsgrundlage für das Übergangsgeld beträgt bei allen Trägern **80 % des letzten Bruttoverdienstes**, höchstens jedoch den Nettoverdienst.

4.2. Berechnung

Das Übergangsgeld beträgt:

1. 75 % dieser Berechnungsgrundlage bei Versicherten
   - die ein Kind haben
   oder
   - die pflegebedürftig sind und durch ihren Ehegatten gepflegt werden, der deshalb keine Erwerbstätigkeit ausüben kann,
   oder
   - deren Ehegatte pflegebedürftig ist und keinen Anspruch auf Leistungen aus der ☞ *Pflegeversicherung* hat.
2. 68 % dieser Berechnungsgrundlage für die übrigen Versicherten.

4.3. Arbeitslosigkeit

Empfänger von ☞ *Arbeitslosengeld* erhalten bei Leistungen zur ☞ *Medizinischen Rehabilitation* Übergangsgeld in Höhe des ☞ *Krankengelds.*

Empfänger von ☞ *Arbeitslosengeld II* erhalten bei Leistungen zur Medizinischen Rehabilitation weiterhin Leistungen in Höhe des ALG II.

4.4. Arbeitslosigkeit im Anschluss

Bei Arbeitslosigkeit im Anschluss an Leistungen zur ☞ *Teilhabe am Arbeitsleben* **vermindert** sich das Übergangsgeld um 8 % auf

1. 67 % der Berechnungsgrundlage bzw.
2. 60 % der Berechnungsgrundlage

4.5. Anrechnung

Auf das Übergangsgeld werden z.B. **angerechnet**:

- Netto-Erwerbseinkommen - unter Außerachtlassung von einmalig gezahltem Entgelt, z.B. Weihnachtsgeld, Urlaubsgeld, Prämien
- ☞ *Mutterschaftsgeld*, Versorgungskrankengeld, Unterhaltsgeld, Kurzarbeitergeld u.a.

4.6. Anpassung

Das Übergangsgeld wird an die Entwicklung der Bruttoarbeitsentgelte angepasst.

5. Dauer

Alle Träger zahlen Übergangsgeld

- für den Zeitraum der Leistung zur ☞ *Medizinischen Rehabilitation* bzw. zur ☞ *Teilhabe am Arbeitsleben.*
- nach einer Leistung zur ☞ *Teilhabe am Arbeitsleben:*
  - maximal 6 Wochen
    bei **gesundheitsbedingter Unterbrechung** einer Leistung zur Teilhabe am Arbeitsleben,
  - maximal 3 Monate
    bei **anschließender Arbeitslosigkeit** nach einer abgeschlossenen Leistung zur Teilhabe am Arbeitsleben, so weit kein Anspruch auf Arbeitslosengeld für 3 Monate besteht.
- nach Abschluss von Leistungen zur ☞ *Medizinischen Rehabilitation* bzw. zur ☞ *Teilhabe am Arbeitsleben* bei Erforderlichkeit weiterer Leistungen zur Teilhabe am Arbeitsleben, so weit ☞ *Arbeitsunfähigkeit* vorliegt und kein Anspruch auf ☞ *Krankengeld* oder keine Vermittelbar-

Mehr Informationen: www.betanet.de

keit in eine zumutbare Beschäftigung besteht. Allerdings wird in diesem Fall das Übergangsgeld reduziert (s.o. „Arbeitslosigkeit im Anschluss").

Wer hilft weiter?

Individuelle Auskünfte erteilt der zuständige Sozialversicherungsträger: ☞ *Rentenversicherungsträger*, ☞ *Berufsgenossenschaften* oder ☞ *Agentur für Arbeit*.

Übergangspflegestelle

☞ *Vollzeitpflege*

Überwindung besonderer sozialer Schwierigkeiten

☞ *Soziale Schwierigkeiten, Überwindung*

Umbaumaßnahmen

☞ *Wohnumfeldverbesserung*
☞ *Wohnraumförderung*

Umschulung, Umzugskostenbeihilfe

☞ *Teilhabe am Arbeitsleben*

Unfallversicherung

(SGB VII)

Das Wichtigste in Kürze

Die gesetzliche Unfallversicherung tritt im Wesentlichen ein, um nach einem ☞ *Arbeitsunfall* oder einer ☞ *Berufskrankheit* die Gesundheit wiederherzustellen oder die Hinterbliebenen finanziell zu entschädigen. Sie hat aber auch vorbeugende Aufgaben.

Rechtsgrundlage ist das Sozialgesetzbuch Nr. 7 (SGB VII).

1. Versicherungspflicht

Versicherungspflicht besteht z.B. für folgende Personenkreise:

1. Beschäftigte
2. **Lernende** während der beruflichen Aus- und Fortbildung
3. **Behinderte**, die in anerkannten Werkstätten für Behinderte tätig sind
4. **Landwirtschaftliche Unternehmer** und deren mitarbeitende Ehegatten und Familienangehörige
5. **Hausgewerbetreibende**
6. **Kinder** in ☞ *Kindertagesstätten*
7. **Schüler** in allgemein- oder berufsbildenden Schulen
8. **Studenten** während der beruflichen Aus- und Fortbildung an Hochschulen
9. Personen des **Gesundheitswesens** und der **Wohlfahrtspflege**, die selbstständig oder unentgeltlich tätig sind, mit Ausnahme von Ärzten, Psychotherapeuten, Heilpraktikern und Apothekern
10. **Zeugen** vor Gericht, Staatsanwaltschaft, Verwaltungsbehörde, Untersuchungsausschuss oder ähnlichen öffentlichen Stellen
11. **Helfer** bei Unglücksfällen, Blutspender, Organspender (☞ *Organspende*)
12. **Arbeitslose** und **Sozialhilfeempfänger** bei Wahrnehmung der Meldepflicht
13. Personen, die (teil-)stationäre **Behandlungen** oder Leistungen medizinischer **Rehabilitation** von der Kranken- oder Rentenversicherung erhalten
14. Personen während einer Leistung zur ☞ *Teilhabe am Arbeitsleben* durch die ☞ *Rentenversicherungsträger* oder die ☞ *Agentur für Arbeit*
15. **Pflegepersonen** bei der Pflege eines Pflegebedürftigen im Sinne der ☞ *Pflegeversicherung* (SGB XI)

Zuständig sind in erster Linie die ☞ *Berufsgenossenschaften*.

Soziale Fragen? betafon 01805 - 238 2366!

Praxistipp

Auskünfte zur gesetzlichen Unfallversicherung gibt das Bürgertelefon des Bundesministeriums für Arbeit und Soziales unter Telefon 01805 676711 (14 Ct./Min.), Mo-Do 8-20 Uhr.

2. Leistungen der Unfallversicherung

Die wichtigsten Leistungen der gesetzlichen Unfallversicherung stehen unter folgenden Stichworten:

☞ *Arznei- und Verbandmittel*
☞ *Berufshelfer*
☞ *Geschiedenenrente*
☞ *Gründungszuschuss*
☞ *Häusliche Krankenpflege*
☞ *Haushaltshilfe*
☞ *Heilmittel*
☞ *Hilfsmittel*
☞ *Kraftfahrzeughilfe*
☞ *Krankenhausbehandlung*
☞ *Pflegegeld Unfallversicherung*
☞ *Rehabilitation*
☞ *Reha-Sport und Funktionstraining*
☞ *Reisekosten*
☞ *Sterbegeld Unfallversicherung*
☞ *Teilhabe am Arbeitsleben*
☞ *Übergangsgeld*
☞ *Verletztengeld*
☞ *Verletztenrente*
☞ *Verwandtenrente*
☞ *Waisen-Beihilfe*
☞ *Waisen-Rente*
☞ *Witwen/Witwer-Beihilfe*
☞ *Witwen/Witwer-Rente*
☞ *Wohnungshilfe*
☞ *Zahnbehandlung*

Unfallversicherungsträger

☞ *Berufsgenossenschaften*

Unterhaltsansprüche

☞ *Beratung Jugendamt*

Unterhaltsleistungen

(§ 39 SGB VIII)

Das Wichtigste in Kürze

Kinder und Jugendliche, die außerhalb des Elternhauses betreut werden, können vom Jugendamt Unterhaltsleistungen bekommen. Diese Leistungen sollen für die alltäglichen Bedürfnisse, wie z.B. Kosten für Kleidung, bestimmt sein. Kinder in vollstationärer Betreuung erhalten außerdem Taschengeld.

1. Grundsätzliches

Das ☞ *Kinder- und Jugendhilfegesetz* gesteht Kindern (0 bis noch nicht 14 Jahre alt) oder Jugendlichen (14 bis noch nicht 18) Unterhaltsleistungen zu, wenn Hilfe **außerhalb des Elternhauses** gewährt wird. Zuständig ist das Jugendamt. Zu den Hilfen außerhalb des Elternhauses gehören:

- ☞ *Intensive sozialpädagogische Einzelbetreuung*
- ☞ *Heimerziehung*
- Eingliederungshilfe für ☞ *seelisch behinderte Kinder und Jugendliche*
- ☞ *Tagesgruppe*
- ☞ *Vollzeitpflege*
- Tageseinrichtung (☞ *Kindertagesstätten*)

2. Unterhaltsleistungen

Zu den Unterhaltsleistungen gehört der gesamte regelmäßig wiederkehrende Bedarf, so u.a. die Kleidung sowie unter Umständen auch einmalige Zuschüsse und Beihilfen z.B. für Urlaubs- und Ferienreisen des Kindes oder Jugendlichen.

Zu den Unterhaltsleistungen im Rahmen der ☞ *Vollzeitpflege* oder der ☞ *Eingliederungshilfe für seelische behinderte Kinder und Jugendliche* durch eine geeignete Pflegeperson gehören auch nachgewiesene Beiträge zu einer Unfallversicherung sowie die Hälfte der nachgewiesenen Aufwendungen zu einer angemessenen Alterssicherung.

Mehr Informationen: www.betanet.de

3. Taschengeld

Taschengeld wird als Barbetrag ausgezahlt und steht bei **vollstationären** Hilfen dem Kind oder Jugendlichen persönlich zur Verfügung. Die **Höhe** des Taschengelds wird von den Landesbehörden **festgesetzt**. Letztlich entscheiden aber die (Pflege-)Eltern darüber, ob und wie viel Taschengeld das Kind oder der Jugendliche erhalten.
Kein Taschengeld als Barbetrag zur persönlichen Verfügung erhalten Kinder und Jugendliche, die in einer ☞ *Tagesgruppe* oder ☞ *Kindertagesstätte* betreut werden.

Wer hilft weiter?

Individuelle Auskünfte erteilt das ☞ *Jugendamt*.

Unterhaltspflicht

(§§ 93, 94 SGB XII)

Das Wichtigste in Kürze

Bevor Sozialämter ☞ *Soziahilfe* leisten, prüfen sie, ob Hilfsbedürftige von Angehörigen finanziell unterstützt werden können. In besonderem Maße unterhaltspflichtig sind Eltern, Ehe- und Lebenspartner. Normal unterhaltspflichtig sind Eltern für ihre volljährigen Kinder und volljährige Kinder gegenüber ihren Eltern. Nicht unterhaltspflichtig sind Geschwister untereinander, Enkel, Großeltern und verschwägerte Personen.

1. Gesteigert Unterhaltspflichtige

Gesteigert Unterhaltspflichtige müssen einen höheren Unterhalt leisten und können einen geringeren Selbstbehalt beanspruchen. Gesteigert unterhaltspflichtig sind:

- **Eltern** gegenüber ihren minderjährigen **und** unverheirateten Kindern. (Umgangssprachlich: „Alimente") Dies gilt nicht, wenn eine **minderjährige Hilfesuchende schwanger** ist, oder ihr **leibliches Kind** bis zur Vollendung seines 6. Lebensjahres betreut.
- **Eltern** gegenüber ihren volljährigen **und** unverheirateten Kindern bis zu deren Alter von 21 Jahren, sofern diese im Haushalt der Eltern oder eines Elternteils wohnen **und** sich in der allgemeinen Schulausbildung befinden.
- **Ehegatten und gleichgeschlechtliche Lebenspartner** untereinander, auch getrennt lebende und geschiedene Ehegatten/Lebenspartner, wenn nicht anders lautende Verträge abgeschlossen wurden oder Urteile ergangen sind.
- **Eheähnliche Gemeinschaft**: Lebt ein Hilfesuchender mit einer Person in eheähnlicher Gemeinschaft, sind die Partner gegenseitig unterhaltspflichtig. Wenn das Einkommen und Vermögen des Lebenspartners **nicht ausreicht**, setzt die Sozialhilfe ergänzend ein.

1.1. Wohn- oder Haushaltsgemeinschaft?

Nicht gegenseitig unterhaltspflichtig sind Menschen, die zwar eine **Wohngemeinschaft** haben, aber keine Haushaltsgemeinschaft bilden, das heißt: Die nicht gemeinsam wirtschaften.
Beweise **für** die Wohngemeinschaft sind: Getrennte Schlafstellen und Wohnecken, klar getrennte Lebensmittel, kein gemeinsames Kochen, Untermietvertrag oder getrennter Mietvertrag, Strom, Radio, Zeitung getrennt. Das Sozialamt überprüft die Angaben bei einem Hausbesuch.

2. Normal Unterhaltspflichtige

Normal oder nicht gesteigert Unterhaltspflichtige müssen einen niedrigeren Unterhalt leisten und können einen höheren Selbstbehalt beanspruchen. Normal unterhaltspflichtig sind:

- **Eltern** für ihre volljährigen Kinder
- **Volljährige Kinder** für ihre Eltern
- **Väter eines nichtehelichen Kindes** gegenüber der Kindsmutter

Soziale Fragen? betafon 01805 - 238 2366!

2.1. Unterhalt des Vaters an die Mutter eines unehelichen Kindes

Unterhaltspflicht besteht bis zu 4 Monate vor und 3 Jahre nach der Geburt, wenn die Mutter nicht arbeiten kann und der Arbeitgeber keine Leistungen (in der Regel 6 Wochen vor und 8 Wochen nach der Geburt) zahlt.

Unterhaltspflicht für den Kindsvater besteht grundsätzlich nur dann, wenn die Mutter wegen eines schwierigen Schwangerschaftsverlaufs, wegen einer schwierigen Geburt oder weil das Kind sonst nicht versorgt wäre, nicht arbeiten kann. Vor allem wenn das Kind krank oder behindert ist oder einer besonderen Unterstützung bedarf, ist der Mutter nicht zuzumuten, dass sie ihr Kind von fremden Personen versorgen lässt, um arbeiten gehen zu können. Ansonsten hat die Mutter die Pflicht, sich um Arbeit zu bemühen und für die Arbeitszeit jemanden zu finden, der das Kind versorgt.

3. Nicht Unterhaltspflichtige

Nicht unterhaltspflichtig im Sinne der Sozialhilfe sind die folgenden Verwandten:

- **Geschwister** untereinander.
- **Enkel** für ihre Großeltern, **Großeltern** für ihre Enkel.
- **Verschwägerte** untereinander.
- **Schwiegertöchter/söhne** für Schwiegereltern, **Schwiegereltern** für ihre Schwiegertöchter/söhne.
- **Unbillige Härte**: Keine Unterhaltspflicht besteht, wenn eine unbillige Härte entstehen würde, z.B. für Eltern eines volljährigen behinderten oder von Behinderung bedrohten Kindes, das ☞ *Eingliederungshilfe* oder „Hilfe zur Pflege" (☞ *Pflege Sozialhilfe*) in einer vollstationären Einrichtung erhält.
- **Eltern** von Schwangeren und Müttern mit einem Kind unter 6 Jahren.

Praxistipp

Wer als **nicht** unterhaltspflichtiger Verwandter dennoch vom ☞ *Sozialamt* wegen Unterhalt angeschrieben wird, sollte **schriftlich** darstellen, dass er nicht unterhaltspflichtig ist.

3.1. Verwandte in einem Haushalt

Sehr komplex ist die Situation bei Verwandten, die in einem Haushalt wohnen. Das Sozialamt geht dann davon aus, dass der Hilfesuchende von den Verwandten Leistungen zum Lebensunterhalt erhält und legt für die Berechnung der Sozialhilfe das Einkommen aller verwandten Haushaltsmitglieder zugrunde, also auch derer, die keine Sozialhilfe beantragt haben.

Unabhängige Sozialhilfe für Hilfesuchende ist nur möglich, wenn ein offizielles **Untermietverhältnis** vorliegt (mit Vertrag, getrennter Heizkostenabrechnung etc.) und wenn der Hilfesuchende glaubhaft machen kann, dass er **keine Hilfe** von den Verwandten erhält.

Als verwandt und verschwägert gelten Eltern, Kinder, Großeltern, Schwiegereltern, Stiefeltern, Stiefkinder, Geschwister, Schwager/Schwägerin, Tanten, Onkel, Nichten, Neffen, Cousinen etc. unabhängig vom Grad der Verwandtschaft und der Unterhaltspflicht nach bürgerlichem Recht.

Wenn das Einkommen und Vermögen der Verwandten/Verschwägerten **nicht ausreicht**, setzt die Sozialhilfe ergänzend ein.

4. Unterhaltspflicht von Kindern gegenüber Eltern im Heim

Wenn die Kosten eines Alten- oder Pflegeheims weder durch das eigene Vermögen noch durch die ☞ *Pflegekasse* abgedeckt werden können, leistet das Sozialamt. Dabei prüft es jedoch, ob Verwandte ersten Grades den Hilfeempfängern gegenüber unterhaltspflichtig sind. Kommt das Sozialamt zu dem Ergebnis, dass Kinder aufgrund ihrer finanziellen Verhältnisse leistungsfähig sind, verlangt es von diesen die Erstattung der an die Eltern gezahlten Sozialhilfe.

Mehr Informationen: www.betanet.de

Die Kinder müssen jedoch nicht ihr gesamtes Einkommen für den Unterhalt ihrer Eltern einsetzen. Die Sozialämter orientieren sich beim Selbstbehalt an der „Düsseldorfer Tabelle" (für West) bzw. den „Unterhaltsrechtlichen Leitlinien" (für Ost):

- Der Selbstbehalt beträgt monatlich 1.400,- €
  - **plus** die Hälfte des darüber hinausgehenden Einkommens
  - **plus** ca. 1.050,- € für den mit dem Unterhaltspflichtigen zusammenlebenden Ehepartner.

Diese Angaben sind Richtwerte; in verschiedenen Bundesländern finden sich hiervon abweichende Regelungen.

4.1. Grundsatzurteil des Bundesgerichtshofs zum Selbstbehalt

Nach dem Grundsatzurteil des Bundesgerichtshofs vom 23.10.2002 (XII ZR 266/99) muss den Unterhaltspflichtigen jedoch ein höherer Selbstbehalt bleiben. Spürbare und dauerhafte Einschränkungen ihres Lebensstils brauchen sie nicht hinzunehmen. Allerdings müssen sie dem Sozialamt nachweisen, dass sie kein „ausschweifendes Luxusleben" führen. Und es muss genügend Geld bleiben, mit dem sie ihre eigene angemessene Altersvorsorge sichern können.
Welcher konkrete Betrag den unterhaltspflichtigen Kindern verbleiben muss, lässt der Bundesgerichthof offen. Das ist eine **Einzelfallentscheidung des Sozialamts**. Das Amt darf aber bei der Ermittlung des Selbstbehalts nicht mehr schematisch (nach Tabelle) vorgehen.
Nach einem **Urteil des Bundesverfassungsgerichts** vom 7.6.2005 (1BvR 1508/96) wird dem Kindesunterhalt gegenüber dem Elternunterhalt vorrangiges Gewicht verliehen. Die Belastung erwachsener Kinder durch die Pflicht zur Zahlung von Elternunterhalt soll unter Berücksichtigung ihrer eigenen (finanziellen) Lebenssituation in Grenzen gehalten werden.

4.2. Unterhaltspflicht für Schwiegereltern

Bei einem hohen Familieneinkommen ist es denkbar, dass z.B. eine Tochter zu den Unterhaltskosten ihrer im Alten- oder Pflegeheim lebenden Eltern herangezogen werden kann, auch wenn sie selbst kein hohes Einkommen hat, allerdings ihr Ehegatte über ein hohes Einkommen verfügt. Grund dafür ist, dass die Frau gegenüber ihrem gut verdienenden Mann einen Unterhaltsanspruch hat, wodurch sie an ihre Eltern Unterhalt zahlen kann. Demgegenüber hat jedoch ein angemessener Familienunterhalt (jeweils einzelfallspezifisch) Vorrang. Dieser Familienunterhalt orientiert sich u.a. auch an der Zahl der Kinder im Haushalt.

5. Unterhaltspflicht von Eltern gegenüber behinderten volljährigen Kindern

Leistet das Sozialamt bei volljährigen behinderten oder pflegebedürftigen Kindern ☞ *Eingliederungshilfe* oder Hilfe zur ☞ *Pflege Sozialhilfe*, dann zahlen deren Eltern einen pauschalen Unterhaltsbeitrag von maximal 26,- € monatlich, ohne Überprüfung des Einkommens und Vermögens der Eltern.
Leistet das Sozialamt bei volljährigen behinderten oder pflegebedürftigen Kindern ☞ *Hilfe zum Lebensunterhalt*, dann zahlen deren Eltern einen pauschalen Unterhaltsbeitrag von maximal 20,- € monatlich, ohne Überprüfung des Einkommens und Vermögens der Eltern.
Treffen beide Pauschalen zusammen, wird insgesamt ein monatlicher Pauschalbetrag von maximal 46,- € von den Eltern verlangt.

Die Eltern müssen die o.g. pauschalen Unterhaltsbeiträge **nicht** zahlen, wenn sie selbst ☞ *Hilfe zum Lebensunterhalt* bekommen oder diese Unterhaltsbeitragszahlung eine unzumutbare Härte für sie bedeuten würde.

Soziale Fragen? betafon 01805 - 238 2366!

Unterhaltssichernde Leistungen

☞ *Rehabilitation*

Unterhaltsvorschuss für Kinder

(Unterhaltsvorschussgesetz UVG)

Das Wichtigste in Kürze

Wenn ein alleinerziehender Elternteil für ein Kind unter 12 keinen oder zu wenig Unterhalt erhält, kann Unterhaltsvorschuss beim Jugendamt beantragt werden.

1. Voraussetzungen

- Das Kind lebt in Deutschland bei einem alleinerziehenden (= ledigen, verwitweten, getrennt lebenden oder geschiedenen) Elternteil
  und
- erhält von dem anderen Elternteil keinen oder zu wenig Unterhalt (= geringer als der maßgebliche Regelbedarf)
  und
- das Kind hat das 12. Lebensjahr noch nicht vollendet.

2. Höhe

- Für Kinder unter 6 Jahren: 279,- € monatlich
- Für Kinder von 6 bis 12 Jahren: 322,- € monatlich

Hat der Elternteil, bei dem das Kind lebt, Anspruch auf das Kindergeld von 154 €,- monatlich, was in der Regel der Fall ist, so ist dieses anzurechnen.

Der Unterhaltsvorschuss wird **für maximal 6 Jahre** bezahlt. Er gilt beim Beantragen von ☞ *Sozialhilfe* als Einkommen.

Praxistipps

- Die kostenlose Broschüre „Der Unterhaltsvorschuss" ist erhältlich beim Bestellservice für Publikationen der Bundesregierung, Telefon 01805 778090. Die Broschüre kann auch unter www.bmfsfj.de > Publikationen bestellt oder heruntergeladen werden.
- Unterhaltvorschuss muss schriftlich beantragt werden. Der Antrag ist in der Regel beim zuständigen ☞ *Jugendamt* zu stellen. Das Antragsformular erhält man auch bei der Stadt-, Gemeinde- oder Kreisverwaltung.

Wer hilft weiter?

Individuelle Auskünfte und Hilfe bei der Antragstellung gibt das ☞ *Jugendamt.*

Unterkunft und Heizung

(§ 29 SGB XII)

Das Wichtigste in Kürze

Das Sozialamt übernimmt die Kosten für Miete und Heizung, allerdings nur für angemessen große Wohnungen. In jedem Fall sollten sich Interessenten vorher bei ihrem Sozialamt informieren.

1. Definition

Im Rahmen der Sozialhilfe zählen Kosten für die Unterkunft (Miete) und Heizung zur ☞ *Hilfe zum Lebensunterhalt.* Die Aufwendungen für Unterkunft und Heizung sind nicht in den ☞ *Regelsätzen der Sozialhilfe* enthalten und werden Sozialhilfeempfängern zusätzlich zu den Regelsätzen gewährt.

2. Voraussetzung

Es gelten dieselben Voraussetzungen wie bei der ☞ *Hilfe zum Lebensunterhalt.*

3. Höhe

Im Regelfall werden Leistungen für **Miete und Nebenkosten** in Höhe der **tatsächlich** anfallenden Aufwendungen gewährt. Unangemessen hohe Kosten werden maximal bis

Mehr Informationen: www.betanet.de

zu 6 Monaten übernommen. Die Abgeltung durch eine **monatliche Pauschale** ist möglich.
Leistungen für die **Heizung** werden in **tatsächlicher** Höhe erbracht, so weit sie angemessen sind; die Heizungskosten können auch durch eine **monatliche Pauschale** abgegolten werden.

3.1. Jahresabrechnung

Ergibt sich bei der Jahresabrechnung eine Nachzahlung, so ist diese vom ☞ *Sozialamt* auf Antrag zu übernehmen. Ergibt sich ein Überschuss, wird dieser auf die Hilfe zum Lebensunterhalt angerechnet.

4. Größe der Wohnung

Das Sozialamt übernimmt nur die Kosten einer angemessen großen Wohnung. Die Bestimmungen sind von Ort zu Ort unterschiedlich, im Durchschnitt gelten 45 m^2 für eine Person als angemessen. Für jede weitere Person werden ca. 15 m^2 dazugerechnet, behinderte Rollstuhlfahrer und Pflegebedürftige können mehr Platz beanspruchen.

4.1. Unangemessene Aufwendungen

Sind die Aufwendungen für die neue Unterkunft **unangemessen hoch**, so ist das Sozialamt nur zur Übernahme angemessener Aufwendungen verpflichtet, es sei denn, es hat den darüber hinausgehenden Aufwendungen vorher zugestimmt. Die „Angemessenheit" beurteilt das zuständige Sozialamt unter Berücksichtigung des örtlichen Mietniveaus.

Vor Abschluss eines Vertrags über die neue Unterkunft hat der Hilfeempfänger in jedem Fall das dort zuständige Sozialamt in Kenntnis zu setzen.

5. Wohnungsbeschaffungskosten und Kaution

Gegebenenfalls können auch **Wohnungsbeschaffungskosten** (wie Maklergebühren und Umzugskosten) und die Mietkaution übernommen werden, wenn das ☞ *Sozialamt* vorher diesen Kosten zugestimmt hat. Mietkautionen sollen dabei als Darlehen übernommen werden.

Das ☞ *Sozialamt* ist in jedem Fall **vorher** zu informieren und die Kostenübernahme ist beim ☞ *Sozialamt* zu beantragen. Geld, das ohne genehmigten Antrag ausgegeben wurde, wird nicht zurückerstattet, auch nicht, wenn deswegen Schulden gemacht wurden.

Praxistipp

In der Regel überweist das Sozialamt die Kosten für Unterkunft direkt an den Vermieter.

Wer hilft weiter?

Individuelle Auskünfte erteilt das ☞ *Sozialamt.*

Unterkunft und Verpflegung

☞ *Teilhabe am Arbeitsleben*
☞ *Teilnahmekosten*

Untersuchungen

☞ *Früherkennung von Krankheiten*

Vasektomie

☞ *Sterilisation*

Vater-Kind-Kuren

☞ *Medizinische Rehabilitation für Mütter und Väter*
☞ *Vorsorgeleistungen und Vorsorgekuren*

Verbandmittel

☞ *Arznei- und Verbandmittel*

Soziale Fragen? betafon 01805 - 238 2366!

Vergünstigungen im Personenverkehr für Schwerbehinderte

☞ *Fahrdienste*
☞ *Flugverkehr*
☞ *Kraftfahrzeugsteuer*
☞ *Öffentliche Verkehrsmittel*
☞ *Parkerleichterungen*

Verhinderungspflege

☞ *Ersatzpflege*

Verhütung

☞ *Schwangerschaftsverhütung*

Verletztengeld

(§§ 45 - 48 SGB VII)

Das Wichtigste in Kürze

Verletztengeld bekommen Patienten von der ☞ *Unfallversicherung*, wenn sie aufgrund eines Arbeitsunfalls oder einer Berufskrankheit arbeitsunfähig sind. Es ist eine sogenannte Lohnersatzleistung, d.h. es wird nur gezahlt, wenn der Arbeitgeber keine Entgeltfortzahlung leistet. Das Verletztengeld ist maximal so hoch wie das Nettoarbeitsentgelt. Es ist eine ähnliche Leistung wie das Krankengeld der Krankenkasse.

1. Voraussetzungen

Voraussetzungen für die Zahlung von Verletztengeld:

- ☞ *Arbeitsunfähigkeit* infolge ☞ *Arbeitsunfall*, Wegeunfall oder ☞ *Berufskrankheit*
  oder
  eine ganztägige Erwerbstätigkeit kann wegen einer Heilbehandlung nicht ausgeübt werden

und

- am Tag vor Beginn der Arbeitsunfähigkeit oder Heilbehandlung bestand Anspruch auf Arbeitsentgelt, Arbeitseinkommen, ☞ *Krankengeld*, Verletztengeld, Versorgungskrankengeld, ☞ *Übergangsgeld*, Unterhaltsgeld (der ☞ *Agentur für Arbeit*), Kurzarbeitergeld, ☞ *Arbeitslosengeld*, ☞ *Arbeitslosengeld II* oder ☞ *Mutterschaftsgeld*.

2. Höhe

(§ 47 SGB VII)

Das Verletztengeld beträgt

- 80 % des regelmäßigen Arbeitsentgelts (sogenanntes regelmäßiges Bruttoentgelt),
- maximal aber das regelmäßige Nettoarbeitsentgelt.

Das Verletztengeld wird kalendertäglich für 30 Tage je Kalendermonat gezahlt.

2.1. Rechenbeispiel:

Monatlich brutto 3.000,- €
3.000,- : 30 pro Kalendertag = 100,- €
davon 80 % = 80,- €
Monatlich netto 1.800,- €
1.800,- : 30 pro Kalendertag = 60,- €
folgt: Verletztengeld beträgt: 60,- € täglich.

2.2. Sonderregelung

Bei Bezug von Arbeitslosengeld, Unterhaltsgeld oder Kurzarbeitergeld wird Verletztengeld in Höhe des ☞ *Krankengelds* gezahlt. Bei Bezug von Arbeitslosengeld II wird Verletztengeld in Höhe des ALG II gezahlt.

2.3. Anrechnung

Auf das Verletztengeld werden z.B. angerechnet (§ 52 SGB VII):

- Netto-Erwerbseinkommen - unter Außerachtlassung von einmalig gezahltem Entgelt, z.B. Weihnachtsgeld, Urlaubsgeld, Prämien
- ☞ *Mutterschaftsgeld*, Unterhaltsgeld, Kurzarbeitergeld u.a.

Mehr Informationen: www.betanet.de

3. Dauer

(§ 46 SGB VII)
Die Zahlung des Verletztengelds **beginnt**

- mit dem Tag der ärztlichen Feststellung der Arbeitsunfähigkeit
  oder
- mit dem Tag des Beginns einer Heilbehandlungsmaßnahme.

Die Zahlung des Verletztengelds **endet**

- mit dem letzten Tag der Arbeitsunfähigkeit
  oder
- mit dem letzten Tag der Hinderung an einer ganztägigen Erwerbstätigkeit durch eine Heilbehandlungsmaßnahme
  oder
- bei Anspruch auf ☞ *Übergangsgeld* mit dem Tag vor Entstehen eines solchen Anspruchs.

Sofern mit dem Wiedereintritt der Arbeitsfähigkeit nicht zu rechnen ist und Leistungen zur ☞ *Teilhabe am Arbeitsleben* nicht zu erbringen sind, **endet** das Verletztengeld **mit Ablauf der 78. Woche** vom Zeitpunkt des Beginns der Arbeitsunfähigkeit an, jedoch nicht vor dem Ende der stationären Behandlung.

Wer hilft weiter?

Auskünfte erteilen die ☞ *Berufsgenossenschaften.*

Verletztenrente

(§§ 56 ff. SGB VII)

Das Wichtigste In Kürze

Verletztenrente gibt es von den Berufsgenossenschaften für Versicherte nach einem Arbeitsunfall oder bei Berufkrankheit, wenn der Betroffene mindestens ein halbes Jahr lang um mindestens 20 % in seiner Erwerbsfähigkeit gemindert ist. Die Höhe richtet sich nach dem Gehalt vor dem Versicherungsfall und beträgt maximal zwei Drittel davon.

1. Voraussetzungen

Die ☞ *Berufsgenossenschaften* zahlen nach ☞ *Arbeitsunfall*, Wegeunfall oder ☞ *Berufskrankheit* Verletztenrente, wenn

- hierdurch die Erwerbsfähigkeit um mindestens 20 % gemindert ist
  und
- wenn die Erwerbsfähigkeit länger als 26 Wochen gemindert ist.

1.1. Minderung der Erwerbsfähigkeit weniger als 20 %

Beträgt die Minderung der Erwerbsfähigkeit (MdE) weniger als 20 %, zahlt die Unfallversicherung nur dann Verletztenrente, wenn die Erwerbsfähigkeit durch weitere Versicherungsfälle zusätzlich gemindert ist:

- Dabei muss die MdE dieser weiteren Versicherungsfälle **zusammen mindestens 10 %** betragen
  und
- sich eine MdE aus allen Versicherungsfällen zusammen von **insgesamt 20 %** ergeben.

2. Höhe

(§ 56 SGB VII)
Die Renten werden jährlich an die wirtschaftliche Lohnentwicklung angepasst.

2.1. Vollrente

Bei vollständigem Verlust der Erwerbsfähigkeit (MdE 100 %) beträgt die Verletztenrente zwei Drittel des vor dem Versicherungsfall erzielten **Jahresarbeitsverdienstes** (s.u.).

2.2. Teilrente

Bei teilweisem Verlust der Erwerbsfähigkeit richtet sich die Verletzenrente nach der Vollrente und dem Prozentsatz der Minderung der Erwerbsfähigkeit (s.u.).

2.2.1. Beispiel

Bei einer Minderung der Erwerbsfähigkeit von z.B. 20 % und einem Jahresarbeitsverdienst (siehe unten) von z.B. 39.000, €- er-

rechnet sich die Teilrente wie folgt:
39.000,- € x 2/3 (= Vollrente) x 20 % = 5.200,- € (jährlich) : 12 = 433,33 € (monatlich)

2.3. Schwerverletzte

Bei Schwerverletzten (= MdE mindestens 50 %) **erhöht** sich die Verletztenrente **um weitere 10 %**, wenn

- infolge des Versicherungsfalles eine Erwerbstätigkeit nicht mehr ausgeübt werden kann
  und
- kein Anspruch auf Rente aus der gesetzlichen ☞ *Rentenversicherung* besteht

2.4. Jahresarbeitsverdienst

(§§ 85, 86 SGB VII)
Der Jahresarbeitsverdienst umfasst den Verdienst aus den 12 Monaten vor dem Monat, in dem der Versicherungsfall eingetreten ist. Wenn der Verunfallte im abgelaufenen Jahr keinen tatsächlichen Arbeitsverdienst erzielt hat, wird der gesetzlich errechnete Jahresarbeitsverdienst eingesetzt.

2.4.1. Der gesetzlich errechnete Jahresarbeitsverdienst

beträgt:

- für **Kinder vor dem 6.** Geburtstag: 7.455,-/6.300,- € (West/Ost) (= 25 % der ☞ *Bezugsgröße*)
- für **Kinder nach dem 6. und vor dem 15.** Geburtstag: 9.939,-/8.399,- € (West/Ost) (= 33,33 % der Bezugsgröße)
- für **Versicherte nach dem 15. und vor dem 18.** Geburtstag: **mindestens** 11.928,-/10.080,- € (West/Ost) (= 40 % der Bezugsgröße)
- für **Versicherte nach dem 18.** Geburtstag: **mindestens** 17.892,-/15.120,- € (West/Ost) (= 60 % der Bezugsgröße)
- für **Versicherte nach dem 15.** Geburtstag: **maximal** 59.640,-/50.400,- € (= 200 % der Bezugsgröße)

Die Satzung der Berufsgenossenschaft kann auch eine höhere Obergrenze festlegen.

Wer hilft weiter?

Auskünfte erteilen die ☞ *Berufsgenossenschaften.*

Vermögen

☞ *Einsatz von Einkommen und Vermögen*

Versicherungspflicht

☞ *Private Krankenversicherung*
☞ *Krankenversicherung* (Gesetzliche)

Versicherungspflichtgrenzen

Das Wichtigste in Kürze

Die „Versicherungspflichtgrenze" in der gesetzlichen Kranken- und Pflegeversicherung entspricht dem monatlichen Einkommen, bis zu dem jeder Arbeitnehmer in der gesetzlichen ☞ *Krankenversicherung* pflichtversichert sein muss. Es liegt 2008 bei monatlich 4.012,50 €.

Befreiung von der Versicherungspflicht

Arbeitnehmer werden erst dann pflichtversicherungsfrei und können in die private Krankenversicherung wechseln, wenn ihr jährliches Bruttoeinkommen die Versicherungspflichtgrenze (2008: 48.150,- € bzw. monatlich 4.012,50 €) in 3 aufeinander folgenden Kalenderjahren überschreitet (Neuregelung der Gesundheitsreform 2007).

Für Arbeitnehmer, die bereits am 31.12.2002 aufgrund der zu diesem Zeitpunkt geltenden Regelungen wegen des Überschreitens der Versicherungspflichtgrenze (auch Jahresarbeitsentgeltgrenze genannt) versiche-

Mehr Informationen: www.betanet.de
V

rungsfrei waren, gilt für 2008 die Versicherungspflichtgrenze von 43.200,- € (monatlich 3.600,- €).

Zu diesem Bruttoeinkommen werden neben dem regulären Gehalt auch Urlaubs- und Weihnachtsgeld sowie regelmäßige Leistungszulagen, die mit Sicherheit zu erwarten sind, gerechnet.

Versorgungsamt

(§§ 68 ff. SGB IX)

Aufgaben

Das Versorgungsamt stellt fest, ob eine Behinderung besteht und welchen Grad der Behinderung (GdB) ein Schwerbehinderter zugesprochen bekommt. Es prüft u.a. auch die gesundheitlichen Voraussetzungen für einen ☞ *Schwerbehindertenausweis* und für die Inanspruchnahme von Nachteilsausgleichen.
Je nach Bundesland werden die Versorgungsämter unterschiedlich bezeichnet, z.B. „Zentrum Bayern Familie und Soziales".

Wer hilft weiter?

Die Adresse des zuständigen Versorgungsamts erfährt man bei der Stadt- oder Gemeindeverwaltung oder unter www.versorgungsaemter.de

Verwandtenrente

(§ 69 SGB VII)

Das Wichtigste in Kürze

Berufsgenossenschaften zahlen hinterbliebenen Verwandten eine Rente, wenn der Versicherte infolge eines Arbeitsunfalls oder einer Berufskrankheit starb und die Verwandten Unterhalt vom Verstorbenen erhalten haben oder hätten. Die Rente liegt bei 30 % des Jahresarbeitsverdienstes des Versicherten für beide Elternteile.

1. Voraussetzungen

Die ☞ *Berufsgenossenschaften* zahlen eine Rente an hinterbliebene Verwandte, wenn

- der Versicherte an den Folgen eines ☞ *Arbeitsunfalls*, Wegeunfalls oder einer ☞ *Berufskrankheit* starb
  und
- die Verwandten vom verstorbenen Versicherten aus seinem Arbeitsverdienst Unterhalt erhalten haben
  oder Unterhalt erhalten hätten, sofern der Versicherte nicht gestorben wäre.

Als **Verwandte** gelten Eltern, Großeltern, Stiefeltern, Adoptiveltern oder Pflegeeltern.

2. Höhe

- Für einen Elternteil: 20 % des Jahresarbeitsverdienstes
- Für ein Elternpaar: 30 % des Jahresarbeitsverdienstes

3. Dauer

Bis zum Ende der hypothetischen Unterhaltsleistung, d.h. so lange die Verwandten ohne den Versicherungsfall (Arbeitsunfall, Wegeunfall, Berufskrankheit) gegen den Verstorbenen einen Anspruch auf Unterhalt hätten geltend machen können.

Wer hilft weiter?

Auskünfte erteilen die ☞ *Berufsgenossenschaften.*

Volle Erwerbsminderungsrente

☞ *Abgestufte Erwerbsminderungsrente*

Vollstationäre Pflege

(§ 43 SGB XI)

Das Wichtigste in Kürze

Vollstationäre Pflege ist die Pflege in einem speziellen Pflegeheim. Je nach Pflegestufe zahlt die Pflegekasse hierfür 1.023,- bis 1.750,- €, das deckt aber nur die Kosten der Pflege. Für Unterkunft und Verpflegung muss der Pflegebedürftige selbst aufkommen. Für die vollstationäre Pflege von Behinderten gelten spezielle Regelungen.

1. Voraussetzung

Vollstationäre Pflege im Rahmen der Pflegeversicherung findet immer dann statt, wenn häusliche oder teilstationäre Pflege nicht möglich sind oder wegen der „Besonderheit des Einzelfalls" nicht in Betracht kommen. Festgelegt wird dies von den Pflegekassen in Zusammenarbeit mit dem ☞ *MDK*.
Besonderheiten im Einzelfall sind z.B.:

- Fehlen einer Pflegeperson,
- Überforderung der Pflegeperson,
- Verwahrlosung des Pflegebedürftigen oder
- Eigen- oder Fremdgefährdungstendenz des Pflegebedürftigen.

Prinzipiell müssen die ☞ *Vorversicherungszeit* erfüllt, die ☞ *Pflegebedürftigkeit* festgestellt und die Vollstationäre Pflege bei der Pflegekasse beantragt werden.

Vollstationäre Pflege wird in vollstationären Pflegeeinrichtungen, sogenannten Pflegeheimen, erbracht. Hierunter fallen **nicht**:

- Krankenhäuser
- Einrichtungen, deren vorrangiger Zweck
  - die medizinische Vorsorge oder Rehabilitation,
  - die berufliche oder soziale Eingliederung,
  - die schulische Ausbildung oder
  - die Erziehung Kranker oder Behinderter

  ist.

2. Verhältnis zu anderen Leistungen der Pflegeversicherung

Leistungen der häuslichen Pflege (☞ *Pflegesachleistung*, ☞ *Pflegegeld Pflegeversicherung*, ☞ *Pflegehilfsmittel*) und der vollstationären Pflege schließen sich gegenseitig aus.

2.1. Ausnahme

Sofern Pflegebedürftige in vollstationären Einrichtungen und daneben z.B. an Wochenenden im häuslichen Bereich gepflegt werden, besteht auch Anspruch auf die Leistungen der häuslichen Pflege.

3. Umfang

Die Pflegekasse übernimmt pauschal

- die pflegebedingten Aufwendungen,
- die Aufwendungen der sozialen Betreuung und
- die Leistungen der medizinischen Behandlungpflege.

Die **Kosten für Unterkunft und Verpflegung** (die sogenannten „Hotelkosten") trägt der Pflegebedürftige selbst (§ 87 SGB XI).

4. Höhe

- Pflegestufe I: 1.023,- € monatlich
- Pflegestufe II: 1.279,- € monatlich
- Pflegestufe III: 1.470,- € monatlich
- Härtefälle der Pflegestufe III: 1.750,- € monatlich

Näheres zu den ☞ *Pflegestufen* siehe dort.

4.1. Besonderheit

Wählt der Pflegebedürftige die vollstationäre Pflege, obwohl dies nach den Feststellungen der Pflegekasse **nicht erforderlich** ist, erhält der Pflegebedürftige zu den pflegebedingten Aufwendungen lediglich einen **Zuschuss** in Höhe der ☞ *Pflegesachleistung*, also

- Pflegestufe I: 420,- € monatlich
- Pflegestufe II: 980,- € monatlich
- Pflegestufe III: 1.470,- € monatlich

Näheres zu den ☞ *Pflegestufen* siehe dort.

5. Pflege in einer Behinderteneinrichtung

(§ 43 a SGB XI)

Mehr Informationen: www.betanet.de

5.1. Definition

Zweck der vollstationären Einrichtung der Behindertenhilfe ist:

- die berufliche oder soziale Eingliederung Behinderter
- die schulische Ausbildung Behinderter
- die Erziehung Behinderter

Zu den vollstationären Einrichtungen der Behindertenhilfe zählen:

- Wohnheime für Behinderte
- Förderschulen mit angeschlossenem Internat
- Einrichtungen, die Behinderte mit unterschiedlichem Betreuungs- und Pflegeaufwand vollstationär fördern.

Für Behinderte in **teilstationären** Einrichtungen der Behindertenhilfe (z.B. Werkstätten für Behinderte) werden **keine** Leistungen der Pflegeversicherung erbracht und es wird **kein** Zuschuss von der ☞ *Pflegeversicherung* gezahlt.

5.2. Umfang

Die Pflegekasse übernimmt einen **Zuschuss**, wenn mindestens ☞ *Pflegebedürftigkeit* der ☞ *Pflegestufe* I besteht.

5.3. Höhe

Die Pflegekasse zahlt pauschal 10 % des Heimentgelts der vollstationären Pflegeeinrichtung, maximal jedoch 256,- € monatlich.

5.4. Verhältnis zu anderen Leistungen der Pflegeversicherung

Andere Leistungen der Pflegeversicherung können während des Aufenthalts in einer vollstationären Einrichtung der Behindertenhilfe in der Regel **nicht** gewährt werden.

5.4.1. Ausnahme

Wenn häusliche Pflegeleistungen und vollstationäre Pflegeleistungen in Einrichtungen der Behindertenhilfe kombiniert sind, dann zahlt die Pflegekasse den pauschalen Betrag der vollstationären Pflegeleistung (10 % des Heimentgelts bzw. maximal 256,- €) und das ☞ *Pflegegeld Pflegeversicherung* für die tatsächlichen Pflegetage im häuslichen Bereich der Familie.

Dabei zählen **Teiltage** (z.B. häusliche Pflege ab Freitagabend) als volle Tage. Die **Höhe des Pflegegelds** richtet sich nach der jeweiligen Pflegestufe. Bei der Ermittlung der zu Hause verbrachten Pflegetage ist der Kalendermonat immer mit 30 Tagen anzusetzen. Das sich ergebende anteilige Pflegegeld darf zusammen mit der Leistung bei vollstationärer Pflege den für die jeweilige Pflegestufe festgelegten maximalen Sachleistungsbetrag bei häuslicher Pflege (Pflegestufe I: 420,- € monatlich, Stufe II: 980,- €, Stufe III: 1.470,- €) nicht übersteigen.

5.4.2. Beispiel

Berechnung für die häusliche Pflege von 12 Tagen bei Pflegestufe I

Pflegegeld 215,- € : 30 x 12 Tage = 86,- €

Leistung vollstationär/Behinderteneinrichtung = 256,- € (maximal)

Ergibt zusammen 342,- €

Da dieser Gesamtbetrag von 342,- € unter dem Sachleistungs-Höchstbetrag von 420,- € liegt, kann das Pflegegeld in Höhe von 86,- € ausgezahlt werden.

Praxistipp

Das Bundesfamilienministerium gibt einen kostenlosen Leitfaden heraus, der bei der Suche nach einem Pflegeheimplatz hilft. „Auf der Suche nach einem Heim", zu bestellen unter Telefon 01805 778090, E-Mail broschuerenstelle@bmfsfj.bund.de oder zum Herunterladen unter www.bmfsfj.de > Publikationen > Ältere Menschen.

Wer hilft weiter?

☞ *Pflegekassen*

Vollzeitpflege

(§§ 33, 44 SGB VIII)

Das Wichtigste in Kürze

Vollzeitpflege ist eine Form der ☞ *Erziehungshilfe* des ☞ *Jugendamts*. Dabei wird das Kind von seiner Familie getrennt. Unterschieden werden eine kurzzeitig angelegte Vollzeitpflege im Fall akuter Krisensituationen und eine dauerhafte Vollzeitpflege in einem Heim, einer Pflegefamilie oder einer betreuten Wohneinrichtung.

1. Formen der Pflegestellen

Vorrangig gegenüber der Vollzeitpflege, die mit einer Trennung des Kindes oder Jugendlichen von der Familie verbunden ist, sind familienergänzende Maßnahmen wie Erziehung im Rahmen einer ☞ *sozialpädagogischen Familienhilfe* oder in einer ☞ *Tagesgruppe*.

Vollzeitpflegestellen können befristet und unbefristet sein. Folgende Formen zählen zur Vollzeitpflege:

1.1. Kurzzeitpflegestelle

- Als **Bereitschaftspflegestelle** für Kinder und Jugendliche, die wegen familiärer Konflikte sehr rasch aus der Familie herausgenommen werden müssen.
- Als **Übergangspflegestelle** für Kinder und Jugendliche, bei denen die Erziehung in der Familie nicht sichergestellt ist. In der Regel handelt es sich dabei nicht um Konflikte, sondern um Krisen, die z.B. durch Krankenhausaufenthalt des erziehenden Elternteils und berufliche Unabkömmlichkeit des anderen Elternteils verursacht werden.

1.2. Dauerpflegestelle

- Bei einer Pflegefamilie, die den Charakter einer Ersatzfamilie hat.
- In einem Heim (☞ *Heimerziehung*).
- In einer betreuten Wohnform.

Diese Pflegestelle wird durch das Jugendamt vermittelt, kann allerdings auch selbst vom Erziehungsberechtigten gesucht werden, wobei im letzteren Fall diese Vollzeit-Pflegestelle der **Pflegeerlaubnis** durch das Jugendamt bedarf.
Bei Kindern bis zu einem Alter von 10 Jahren ist die Vollzeitpflege bei einer Pflegefamilie gegenüber der Heimunterbringung **vorrangig.**

1.3. Adoptionspflege

- in der Erprobungsphase für Kinder und Jugendliche.
- als offene Adoptionsstelle mit Einfluss der leiblichen Eltern/Mutter darauf, zu wem ihr Kind kommt, und regelmäßigen Informationen über das Kind von den Adoptiveltern an die leiblichen Eltern.
- als geheime Adoptionsstelle ohne Informationsfluss zwischen leiblichen und Adoptionseltern.
  Die ☞ *Adoption* ist **keine** Leistung des Kinder- und Jugendhilfegesetzes, sondern wird zivilrechtlich im BGB geregelt.

2. Rechtsstellung

Die Vollzeitpflegeperson bzw. Vollzeitpflegefamilie hat folgende Rechtsstellung:

- Die Pflegefamilie wurde vom Bundesverfassungsgericht unter den Grundrechtsschutz des Art. 6 I, III GG gestellt.
- In der Regel ist aber das Grundrecht der sorgeberechtigten (leiblichen) Eltern (Art. 6 II GG) vorrangig.
- Bei Interessenkollisionen im Verhältnis „Kind - Pflegeeltern - leibliche Eltern" ist immer das Kindeswohl ausschlaggebend.
- Die Pflegepersonen sind gesetzlich (§ 1688 BGB) berechtigt, in **Angelegenheiten des täglichen Lebens** für das Kind allein zu entscheiden und dabei die Sorgerechtsinhaber (= leibliche Eltern) zu vertreten.

Mehr Informationen: www.betanet.de

2.1. Angelegenheiten des täglichen Lebens

Als Angelegenheit des täglichen Lebens gilt, was häufig vorkommt und keine schwer abzuändernden Auswirkungen auf die Entwicklung des Kindes hat. **Hierzu zählen** beispielsweise:
- Kaufverträge
- Vereinsbeitritt (z.B. Sportverein)
- Übliche ärztliche Behandlungen
- Unterschriften unter Klassenarbeiten und Zeugnisse
- Zustimmung zur Teilnahme an Klassenfahrten

Nicht dazu zählen Grundentscheidungen zum Schulbesuch, zur Schul-, Ausbildungs- und Berufswahl.

2.2. Gefahr in Verzug

Bei Gefahr im Verzug bzw. sogenannten **Eilentscheidungen** besteht gleichermaßen eine **Vertretungsbefugnis** (§ 1629 Abs. 1 BGB). Dies ist vorwiegend bei eilbedürftigen ärztlichen Behandlungen der Fall, die über das übliche Maß hinausgehen, aber zum Wohl des Kindes unverzichtbar sind. In der Regel sollte auch das Kind oder der Jugendliche in eine Heilbehandlung einwilligen, wenn es/er die Tragweite des Eingriffs und die Erklärungen dazu versteht.
Der Erziehungsberechtigte ist allerdings unverzüglich zu informieren.

2.3. Einschränkung der Vertretungsbefugnis der Pflegeeltern

Die gesetzliche Vertretungsbefugnis der Pflegeeltern kann durch den Sorgerechtsinhaber eingeschränkt werden, **jedoch nur unter dem Vorbehalt**, dass den Pflegeeltern die Entscheidungs- und Handlungsbefugnisse zur Erfüllung ihrer Aufgabe und Pflichten im Rahmen der Erziehung, Pflege und Aufsicht erhalten bleiben.

3. Pflegeerlaubnis

Wer ein Kind oder einen Jugendlichen über Tag und Nacht aufnimmt, braucht eine Pflegeerlaubnis. Sie wird vom örtlich zuständigen ☞ *Jugendamt* erteilt. Freie Träger können zwar Pflegepersonen vermitteln, aber keine Pflegeerlaubnis erteilen.

Die Pflegeerlaubnis wird nur erteilt, wenn die überprüfte Pflegestelle das Wohl des Kindes gewährleisten kann. Pflegepersonen mit Pflegeerlaubnis sind verpflichtet, das Jugendamt über wichtige Ereignisse zu unterrichten, die das Wohl des Kindes betreffen.

3.1. Ausnahmen

Keine Pflegeerlaubnis brauchen:
- Pflegepersonen, die Kinder und Jugendliche direkt vom Jugendamt vermittelt bekommen
- Personen, die bereits als Vormund oder Pfleger für das Kind oder den Jugendlichen tätig sind
- Verwandte und Verschwägerte bis zum 3. Grad
- Kurzzeitpflegepersonen bis zu 8 Wochen
- Aufnehmende Familien im Rahmen von Jugend- und Schüleraustausch
- Aufnehmende einer Adoptionspflege

Die Pflegeerlaubnis darf nicht mit Bedingungen oder Auflagen verbunden werden. Die Pflegestellen können jedoch vom Jugendamt immer wieder überprüft werden.

Die Pflegeerlaubnis ist den Pflegeeltern zu **entziehen**, wenn das Wohl des Kindes oder Jugendlichen in der Pflegestelle gefährdet ist und die Pflegeperson nicht bereit oder in der Lage ist, die Gefährdung abzuwenden.

4. Sonderpflegestellen

In Sonderpflegestellen betreuen fachlich kompetente Pflegeeltern schwer verhaltensauffällige, entwicklungsbeeinträchtigte oder behinderte Kinder und Jugendliche in therapeutischer Weise.
- Für **seelisch behinderte** Kinder ist das ☞ *Jugendamt* zuständig (☞ *Seelisch be-*

Soziale Fragen? betafon 01805 - 238 2366!

hinderte Kinder und Jugendliche, Eingliederungshilfe).

- Für **geistig oder körperlich behinderte Kinder** ist neben der Kinder- und Jugendhilfe auch die ☞ *Sozialhilfe* zuständig (☞ *Eingliederungshilfe*).

5. Heim oder Pflegefamilie?

Ob die Erziehung bei einer Pflegefamilie oder in einem Heim stattfinden soll, orientiert sich maßgeblich an folgenden Überlegungen:

- Liegen Störungen vor, die im familiären Bereich nicht bewältigt werden können, sondern professionellen Einsatz erforderlich machen?
- Ist eine zeitlich begrenzte Herausnahme aus der Familie zur Bewältigung einer vorübergehenden Konfliktsituation empfehlenswert?
- Ist die Heimerziehung ein geeigneter und notwendiger Schritt zur Ablösung von der Familie?

Details ☞ *Heimerziehung.*

6. Kosten

Das ☞ *Jugendamt* trägt die Kosten.
Die Eltern, Kinder, Jugendlichen und deren Ehegatten/Lebenspartner werden zu diesen Kosten herangezogen. Der Kostenbeitrag richtet sich nach der Kostenbeitragsverordnung und kann in der Höhe regional unterschiedlich ausfallen. Weitere Informationen beim Jugendamt.

7. Weitere Leistungen des Jugendamts bei Vollzeitpflege

7.1. Unterhaltsleistungen

Zu den ☞ *Unterhaltsleistungen* gehört der gesamte regelmäßig wiederkehrende Bedarf, so u.a. die Kleidung sowie unter Umständen auch einmalige Zuschüsse und Beihilfen z.B. für die Erstausstattung einer Pflegestelle oder für Urlaubs- und Ferienreisen des Kindes oder Jugendlichen.

Der Deutsche Verein hat einheitlich für alle Bundesländer **Empfehlungen** für die Pauschalbeträge hinsichtlich der Unterhaltsleistungen bei Vollzeitpflege in einer Pflegefamilie ausgesprochen:

- für die Kosten der Erziehung für Kinder bis 18 Jahre: 214,- € monatlich
- materielle Aufwendungen bis zum 6. Lebensjahr: 459,- € monatlich
- materielle Aufwendungen bis zum 12. Lebensjahr: 531,- € monatlich
- materielle Aufwendungen über dem 12. Lebensjahr: 610,- € monatlich

Die **verbindliche** Festsetzung der Pauschalbeträge obliegt den Landesbehörden.

7.2. Taschengeld

Barbetrag bei **vollstationären** Hilfen zur persönlichen Verfügung des Kindes oder Jugendlichen (§ 39 SGB VIII).
Die **Höhe** dieses Barbetrags wird von den Landesbehörden **festgesetzt**.

7.3. Krankenhilfe

(§ 40 SGB VIII) Krankenhilfe gibt es, wenn für das Kind oder den Jugendlichen kein Krankenversicherungsschutz besteht (in der Regel über die ☞ *Familienversicherung* abgedeckt). Leistungsumfang der ☞ *Krankenhilfe* siehe dort.

Praxistipp

Nach der Vollzeitpflege kann für junge Erwachsene unter Umständen auch eine Nachbetreuung (☞ *Junge Volljährige, Nachbetreuung*) in Frage kommen.

Wer hilft weiter?

Weitere Informationen geben die örtlichen ☞ *Jugendämter* und der Kinderschutzbund, sowie folgende Verbände:

- PFAD - Bundesverband der Pflege- und Adoptivfamilien e.V., Geisbergstr. 16, 10777 Berlin, Telefon 030 94879423. Landesverbände finden sich unter www.pfad-bv.de.

- Arbeiterwohlfahrt Bundesverband, Blücherstr. 62/63, 10961 Berlin, Telefon 030 26309-0
- Diakonisches Werk, Adoptionszentrale, Stafflenbergstr. 76, 70184 Stuttgart, Telefon 0711 2159-0
- Sozialdienst katholischer Frauen Zentrale e.V., Agnes-Neuhaus-Str. 5, 44135 Dortmund, Telefon 0231 557026-0
- Deutscher Caritasverband, Karlstr. 40, 79104 Freiburg/Br., Telefon 0761 200-0

Vorbeugende Gesundheitshilfe

(§ 47 SGB XII)

Das Wichtigste in Kürze

Die „Vorbeugende Gesundheitshilfe" ist Teil der Sozialhilfe und richtet sich an nicht gesetzlich Krankenversicherte. Sie entspricht den Vorsorge- und Rehamaßnahmen der gesetzlichen Krankenversicherung. Die Vorbeugende Gesundheitshilfe zählt im Rahmen der Sozialhilfe zu den Hilfen zur Gesundheit (☞ *Gesundheitshilfe*).

1. Voraussetzungen

- Der Hilfesuchende ist **nicht** in der gesetzlichen Krankenversicherung versichert. Die meisten Empfänger von ☞ *Hilfe zum Lebensunterhalt* sind allerdings seit 1.1.2004 in der Gesetzlichen Krankenversicherung.
- Dem Hilfesuchenden droht **nach ärztlichem Urteil** eine Erkrankung oder ein sonstiger Gesundheitsschaden und die Maßnahme ist erforderlich
und
- das Einkommen liegt unterhalb der **Einkommensgrenze** nach §§ 85 ff. SGB XII (☞ *Einsatz von Einkommen und Vermögen*).

2. Umfang der Hilfe

Zur Vorbeugenden Gesundheitshilfe zählen:

- **Vorsorgeuntersuchungen** zur ☞ *Früherkennung von Krankheiten* in gleichem Umfang und unter den gleichen Voraussetzungen wie in der gesetzlichen ☞ *Krankenversicherung*.
- **Erholungskuren**, z.B. für Kinder, Jugendliche und alte Menschen sowie für Mütter in geeigneten Müttergenesungsheimen bzw. für Vater-Kind-Kuren unter den gleichen Voraussetzungen wie in der gesetzlichen Krankenversicherung (☞ *Vorsorgeleistungen und Vorsorgekuren*).
- Kosten der **ärztlichen Untersuchung** zur Feststellung einer drohenden Erkrankung oder eines Gesundheitsschadens.
- **Fahrt-, Unterkunft- und eventuell Nebenkosten**, die mit dem Aufenthalt in einer Kurstätte verbunden sind. Als **Sonderleistungen** können beim Sozialamt Dinge beantragt werden, die nach Angaben der Kurklinik speziell für den Kuraufenthalt notwendig sind, z.B. spezielle Kleidung oder Schuhe.
- Während einer ambulanten Vorsorgekur (= offene Badekur) wird die ☞ *Hilfe zum Lebensunterhalt* weiterbezahlt. Bei allen anderen Kuren leistet das Sozialamt ☞ *Taschengeld*. Höhe: Normalerweise 27 % des Eck-Regelsatzes des Haushaltsvorstandes (☞ *Regelsätze der Sozialhilfe*).
- **Zuzahlung**: Auf Antrag übernimmt das Sozialamt die Zuzahlung zum Klinikaufenthalt. Antrag unbedingt vorher stellen und Genehmigung bei der Kurklinik vorlegen. Wer die Eigenbeteiligung (10,- € pro Tag) aus eigener Tasche bezahlt, erhält sie im Nachhinein **nicht** zurück.
- Therapeutische Zusatzkosten während der Kur.

  Praxistipp zu therapeutischen Zusatzkosten

  Wenn während der Kur zusätzliche Maßnahmen notwendig werden, die vorher nicht vom Sozialamt genehmigt waren, sollte der Arzt mit dem zuständigen Sozialamt telefonieren und die Maßnahmen ausführlich begründen, um die Kostenübernahme sicherzustellen

Soziale Fragen? betafon 01805 - 238 2366!

Wer hilft weiter?

Individuelle Auskünfte erteilt das ☞ *Sozialamt.*

Vormundschaft

☞ *Beratung Jugendamt*

Vormundschaft für Volljährige

☞ *Betreuung*

Vorsorgeleistungen und Vorsorgekuren

(§§ 23, 24 SGB V)

Das Wichtigste in Kürze

Vorsorgeleistungen und -kuren sollen Krankheiten verhüten. Sie können am Wohnort oder an einem Kurort erbracht werden. Geht der Patient in einen Kurort, spricht man von einer ambulanten oder stationären Vorsorgekur. Darunter fallen auch Maßnahmen der medizinischen Vorsorge für Mütter und Väter (sogenannte Mutter-Kind-Kuren bzw. Vater-Kind-Kuren). Vorsorgekuren dauern in der Regel 3 Wochen und werden nur alle 3 (ambulant) bzw. 4 (stationär) Jahre genehmigt.

1. Voraussetzungen

Damit die Krankenkasse die Kosten von Vorsorgeleistungen oder -kuren übernimmt, muss eine der 4 folgenden Voraussetzungen vorliegen:

- Schwächung der Gesundheit (körperlich, psychisch oder geistig) mit Wahrscheinlichkeit einer Krankheitsentwicklung
  oder
- Gefährdung der gesundheitlichen Entwicklung des Kindes
  oder
- Krankheiten zu verhüten oder deren Verschlimmerung zu vermeiden
  oder
- Vermeidung von ☞ *Pflegebedürftigkeit*

2. Leistungsumfang

Die Vorsorgeleistungen umfassen:

- ärztliche Behandlung
- Versorgung mit ☞ *Arznei- und Verbandmitteln*, ☞ *Heilmitteln* und ☞ *Hilfsmitteln*
- ambulante Vorsorgekur
- stationäre Vorsorgekur
- stationäre Vorsorgekur für Mütter und Väter (Mutter-Kind-Kur)

Es gilt der Grundsatz „ambulant vor stationär". Bei Vorsorgemaßnahmen für Mütter und Väter gilt dieser Grundsatz nicht.

3. Ambulante Vorsorgekur

Eine ambulante Vorsorgekur wird an einem anerkannten Kurort erbracht. Anerkannte Kurorte zeichnen sich durch das Vorhandensein natürlicher Heilmittel aus, z.B. Heilquellen oder besonderes Klima. Der Patient muss sich bei einer ambulanten Vorsorgekur die Kureinrichtung selber aussuchen und seinen Aufenthalt selber organisieren. Für Anwendungen am Kurort muss der Patient eine Verordnung von seinem behandelnden Arzt oder vom Kurarzt (Badearzt) vor Ort vorlegen. Anwendungen können z.B. Moorbäder, Krankengymnastik, Massagen oder Heuauflagen sein.

Dauer und Wartezeit

- Die Kur dauert längstens 3 Wochen, eine Verlängerung ist nur aus dringenden medizinischen Gründen möglich.
- Zwischen 2 ambulanten Vorsorgekuren müssen in der Regel 3 Jahre liegen. Ausnahmen gibt es nur bei medizinischer Notwendigkeit.

Kosten und Zuschuss

- Für Unterkunft und Verpflegung muss der Versicherte selber aufkommen, jedoch gibt es je nach Satzung der Krankenkasse einen Zuschuss von bis zu 13,- € täglich.

Mehr Informationen: www.betanet.de

V

- Für chronisch kranke Kleinkinder kann dieser Zuschuss je nach Satzung der Krankenkasse bis zu 21,- € täglich betragen.

Zuzahlung
Im Gegensatz zur stationären Vorsorgekur müssen Versicherte nach dem 18. Geburtstag Zuzahlungen für Anwendungen am Kurort leisten. Bei Arztbesuchen ist eine Praxisgebühr zu entrichten, außer der Versicherte hat einen Überweisungsschein.

4. Stationäre Vorsorgekur

Reichen ambulante Vorsorgemaßnahmen nicht aus, kann die Krankenkasse eine stationäre Vorsorgekur bewilligen. Diese umfasst die stationäre Behandlung mit Unterkunft und Verpflegung in einer Vorsorgeeinrichtung.

Dauer und Wartezeit
- Die Kur dauert längstens 3 Wochen, eine Verlängerung ist nur aus medizinischen Gründen möglich.
- Bei Kindern bis zum 14. Geburtstag kann die stationäre Vorsorgekur 4-6 Wochen dauern.
- Zwischen 2 stationären Vorsorgekuren müssen in der Regel 4 Jahre liegen. Ausnahmen gibt es nur bei medizinischer Notwendigkeit.

Zuzahlung
Versicherte nach dem 18. Geburtstag zahlen täglich 10,- €.

Praxistipp
Begibt sich ein Elternteil, der zu Hause Kinder unter 12 Jahren betreut, stationär auf Vorsorgekur, kann unter bestimmten Voraussetzungen eine ☞ *Haushaltshilfe* beantragt werden.

5. Vorsorgekur für Mütter und Väter

Eine Vorsorgekur für Mütter und Väter wird nur stationär in einer Einrichtung des Müttergenesungswerks oder einer gleichartigen Einrichtung erbracht.

Dauer und Wartezeit
- Die Kur dauert längstens 3 Wochen, eine Verlängerung ist nur aus medizinischen Gründen möglich.
- Zwischen 2 stationären Vorsorgekuren für Mütter und Väter müssen in der Regel 4 Jahre liegen. Ausnahmen gibt es nur bei medizinischer Notwendigkeit.

Zuzahlung
Versicherte nach dem 18. Geburtstag zahlen täglich 10,- €.

Praxistipp
Begibt sich ein Elternteil, der zu Hause Kinder unter 12 Jahren betreut, stationär auf Vorsorgekur, kann unter bestimmten Voraussetzungen eine ☞ *Haushaltshilfe* beantragt werden.

6. Antrag

Der Antrag muss gemeinsam vom Versicherten und dem behandelnden Arzt ausgefüllt und **vor** Beginn der Maßnahme bei der Krankenkasse eingereicht und bewilligt werden. Der ☞ *MDK* prüft dann die Notwendigkeit der Maßnahme.

Praxistipps

- Um die Erforderlichkeit der Vorsorgemaßnahme zu belegen ist es sinnvoll, dass der Arzt zusätzlich zum ausgefüllten Antrag eine Stellungnahme schreibt, in der die therapeutische Notwendigkeit und die Ziele der Vorsorgemaßnahme dargelegt sind. Es ist Patienten anzuraten, einen persönlichen Bericht ihrer Situation zu schreiben oder persönlich beim Sachbearbeiter der Krankenkasse vorzusprechen und die Situation zu schildern.
- Bei einer Mutter/Vater-Kind-Kur ist es

sinnvoll, sich an eine Beratungsstelle des Müttergenesungswerks zu wenden, um sich dort zur Antragstellung beraten zu lassen.

7. Kostenträger

Kostenträger von Vorsorgeleistungen und -kuren sind in der Regel die Krankenkassen. Bei Geringverdienenden oder nicht Versicherten kommt unter Umständen das Sozialamt für die Kosten auf, Näheres ☞ *Vorbeugende Gesundheitshilfe*.

Wer hilft weiter?

Behandelnder Arzt, Krankenkasse oder das Müttergenesungswerk

Vorsorgeuntersuchungen

☞ *Früherkennung von Krankheiten*
☞ *Schwangerschaft Entbindung*

Vorsorgevollmacht

(§§ 1896, 1904 BGB)

Das Wichtigste in Kürze

Im Rahmen einer Vorsorgevollmacht regelt der Verfasser, welche Personen stellvertretend für ihn Entscheidungen treffen sollen, wenn er selbst nicht dazu in der Lage ist. Besonders wichtig sind dabei Entscheidungen über medizinische Behandlungen und Vermögen sowie die Vertretung bei Behörden. Damit eine Vorsorgevollmacht erstens juristisch korrekt und zweitens für alle Parteien wunschgemäß verfasst werden kann, sind eine Reihe von Bedingungen zu beachten.

1. Aufgabenbereiche des Bevollmächtigten

Mit einer Vorsorgevollmacht kann man für den Fall, dass man nicht mehr in der Lage ist seinen Willen zu äußern, eine oder mehrere Personen bevollmächtigen, Entscheidungen mit bindender Wirkung für sich zu treffen. Die Vorsorgevollmacht kann allgemein sein oder sich auf einzelne Aufgabenbereiche beschränken. Eine umfassende Vorsorgevollmacht sollte folgende Aufgabenbereiche abdecken:

- Gesundheitssorge, Pflegebedürftigkeit
- Vermögenssorge
- Wohnungs- und Mietangelegenheiten
- Aufenthaltsbestimmung
- Post- und Fernmeldeverkehr
- Behörden- und Ämtervertretung
- Beauftragung von Rechtsanwälten und Vertretung vor Gerichten

1.1. Keine gerichtliche Kontrolle

Der Bevollmächtigte untersteht - im Gegensatz zum Betreuer (☞ *Betreuung*) - keiner staatlichen Kontrolle durch das Vormundschaftsgericht.

Bei folgenden Situationen braucht jedoch auch der Bevollmächtigte immer die Zustimmung des Vormundschaftsgerichts:

- Notwendige freiheitseinschränkende Maßnahmen sollen durchgeführt werden, z.B. Unterbringung in einer geschlossenen Einrichtung, Anlegen von Bauchgurten, Anbringen von Bettgittern, Verabreichung ruhigstellender Medikamente.
- Ärztliche Untersuchungen, Heilbehandlungen oder medizinische Eingriffe, wenn dabei Lebensgefahr besteht oder ein schwerer, lang andauernder Gesundheitsschaden zu erwarten ist.
- Auflösung bzw. Kündigung eines Wohnmietverhältnisses.

Wenn eine Vorsorgevollmacht vorliegt, kann das Gericht nur dann einen Betreuer bestellen,

- wenn die Verfügungen in der Vorsorgevollmacht für die Belange und das Wohl des Betroffenen nicht ausreichen,
- wenn der Bevollmächtigte verhindert ist oder
- zur Kontrolle, wenn Zweifel aufkommen, dass der Bevollmächtigte zum Wohl des Betroffenen handelt.

Mehr Informationen: www.betanet.de

Für den Fall, dass das Gericht einen Betreuer einsetzt, kann in der Vorsorgevollmacht („Betreuung trotz Vorsorgevollmacht") festgelegt werden, wer im Bedarfsfall als Betreuer eingesetzt werden soll. Weitestgehend verhindert werden kann die Einsetzung eines Betreuers, wenn die Vorsorgevollmacht möglichst komplett alle Aufgabenbereiche definiert und Doppelvollmachten oder Ersatzvollmachten (s.u.) erstellt werden.

1.2. Missbrauch der Vorsorgevollmacht

Macht ein Bevollmächtigter absprachewidrig und/oder vorzeitig von der Vorsorgevollmacht Gebrauch, kann der Verfasser die Vollmacht sofort widerrufen und ggf. Schadensersatz verlangen. In einem solchen Fall sollte die Vorsorgevollmacht sofort vom Bevollmächtigten zurückverlangt werden. Wenn der Bevollmächtigte die Vorsorgevollmacht nicht herausgibt, kann der Verfasser die Vollmacht gerichtlich für kraftlos erklären lassen.

2. Gültigkeit und Geltungsdauer

2.1. Gültigkeit

Für die Gültigkeit einer Vorsorgevollmacht sind **Ort, Datum und eigenhändige Unterschrift** immer erforderlich.

- Um einer juristischen Anfechtung der Vorsorgevollmacht vorzubeugen, ist es dringend empfehlenswert, dass ein **Arzt** die unzweifelhafte Geschäftsfähigkeit des Vollmachtgebers mit Unterschrift und Datum bestätigt.
- Um die **Aktualität** zu wahren, müssen alle Unterschriften spätestens alle 2 Jahre (besser jährlich) mit Ort, Datum und Bestätigung der Geschäftsfähigkeit des Verfassers und des Arztes erneuert werden.
- **Ergänzungen und Streichungen** müssen mit Ort, Datum und Unterschrift dokumentiert werden.
- Die Vollmacht ist nur uneingeschränkt brauchbar, wenn keine Bedingungen an sie geknüpft sind, z.B. „Wenn ich einmal selbst nicht mehr handeln kann ..." Andernfalls bliebe ungeklärt, ob diese Bedingung tatsächlich eingetreten ist.

2.2. Geltungsdauer

Mit dem Tod des Vollmachtgebers ist die Vorsorgevollmacht in der Regel nicht erloschen. Dennoch ist es sinnvoll, ausdrücklich darauf hinzuweisen, dass die Vorsorgevollmacht auch über den Tod hinaus gelten soll (sogenannte transmortale Vorsorgevollmacht).

Praxistipps

- Um **Zweifel** an der Geschäftsfähigkeit des Verfassers auszuschließen, wird dringend die **schriftliche** Form angeraten.
- **Handschriftlichkeit** ist nicht nötig, hier ist jedoch die Fälschungsgefahr am geringsten. Wichtig ist die gute Lesbarkeit. Möglich sind auch Vordrucke, z.B. des Vormundschaftsgerichts, die individuell abwandelbar sind.
- Die Vollmacht sollte die gewünschten **Aufgabenbereiche** des Bevollmächtigten möglichst genau beschreiben.
- **Vermögenssorge**: Kreditinstitute verlangen in der Regel eine Vollmacht auf bankeigenen Vordrucken bzw. dass die Vollmacht in Gegenwart eines Bankangestellten unterschrieben wird.
- Die Vollmacht kann bei Banken, dem Amts- bzw. Vormundschaftsgericht, Notaren, Rechtsanwälten, einer Person des Vertrauens oder beim gewünschten Bevollmächtigten **hinterlegt** werden.
- Es ist ratsam, eine **Kopie der aktuellen Version**, mit dem Hinweis, wo sich das Original befindet, bei sich selbst aufzubewahren.
- Zweckmäßig ist ein Hinweiskärtchen im Geldbeutel mit dem Vermerk, dass eine Vorsorgevollmacht verfasst wurde und wo sich diese befindet.

3. Notarielle Beglaubigung oder Beurkundung

Eine notarielle Beglaubigung oder Beurkundung der Vorsorgevollmacht ist nicht nötig, aber sinnvoll.

- **Beglaubigung**
  Mit der Beglaubigung der Vorsorgevollmacht bestätigt ein Notar oder eine Betreuungsbehörde, dass der Verfasser seine Unterschrift auch tatsächlich eigenhändig geleistet hat.
- **Beurkundung**
  Mit der Beurkundung stellt der Notar die Geschäftsfähigkeit bei Abfassung der Vorsorgevollmacht fest und klärt den Verfasser über die Tragweite seiner Vorsorgevollmacht auf. Eine notarielle Beurkundung ist in folgenden Fällen (unabhängig von der Vorsorgevollmacht) **zwingend** erforderlich:
- Kauf oder Verkauf von Grundstücken oder Immobilien
- Handels- und gesellschaftsrechtliche Geschäfte, z.B. Verkauf von Unternehmen, Änderung der Rechtsform
- Ausschlagung von Erbschaften
- Abschluss von Verbraucherdarlehensverträgen, insbesondere mit Kreditinstituten.

3.1. Notarkosten

Die Gebühren des Notars richten sich nach dem sogenannten Geschäftswert, der wiederum dem Vermögen bei Abfassung der Vorsorgevollmacht entspricht.

- Notarielle **Beglaubigung**: Gebühr von 10,- bis 130,- € (je nach Höhe des Geschäftswerts) plus Mehrwertsteuer.
- Notarielle **Beurkundung**: Gebühren von 10,- bis 403,50,- € (je nach Höhe des Geschäftswerts) plus Mehrwertsteuer.

4. Vorsorgeregister

Die Kenndaten einer Vorsorgevollmacht (z.B. Name und Adresse des Vollmachtgebers und des Bevollmächtigten) können beim **Zentralen Vorsorgeregister** der Bundesnotarkammer registriert werden. Das Zentrale Vorsorgeregister hilft den Gerichten beim Auffinden von Vorsorgevollmachten. Die Vormundschaftsgerichte können vor Anordnung einer Betreuung klären, ob es eine Vorsorgevollmacht gibt. Beim Vorsorgeregister werden **keine** Inhalte hinterlegt.

☞ *Betreuungsverfügung* und/oder ☞ *Patientenverfügung* können beim Vorsorgeregister ergänzend zu einer Vorsorgevollmacht registriert werden.

Informationen zum Zentralen Vorsorgeregister unter www.vorsorgeregister.de.
Anschrift: Bundesnotarkammer, Zentrales Vorsorgeregister, Kronenstr. 42, 10117 Berlin, Telefon 01805 355050 (14 Ct./Min.).
www.zvr-online.de, E-Mail info@vorsorgeregister.de.
Die Daten der Vorsorgevollmacht können online oder per Post übermittelt werden. Je nach Art der Übermittlung und Umfang **kostet** die Registrierung etwa 13,- € bis 20,- €.

5. Sonderformen

Es können auch 2 oder mehr Bevollmächtige eingesetzt werden. Dafür gibt es 3 Möglichkeiten:

- Voneinander getrennte Einzelvollmachten
- Doppelvollmacht
- Ersatzvollmacht

Wer hilft weiter?

Informationen geben Amts- und Vormundschaftsgerichte, Rechtsanwälte und Notare sowie das Schmerz- und Hospiztelefon der Deutschen Hospiz-Stiftung unter Telefon 0231 738073-0 oder 030 2844484-0 oder 089 202081-0.

Vorversicherungszeit

(§ 33 SGB XI)

Definition

Seit dem 1.7.2008 erhält Sofortleistungen der Pflegeversicherung, wer nachweisen

kann, dass er innerhalb der letzten 10 Jahre vor Antragstellung **mindestens 2 Jahre** in der ☞ *Pflegeversicherung* versichert gewesen ist.
Versicherte **Kinder** erfüllen die Vorversicherungszeit, wenn ein Elternteil sie erfüllt.

Wer hilft weiter?

☞ *Pflegekassen*

Waisen-Beihilfe

(§ 71 SGB VII)

Das Wichtigste in Kürze

Waisenbeihilfe ist eine einmalige Beihilfe der Unfallversicherung für Vollwaisen, die keinen Anspruch auf ☞ *Waisenrente* aus der Unfallversicherung haben. Bedingung ist, dass der Vollwaise hauptsächlich vom Verstorbenen unterhalten wurde.

1. Voraussetzungen

Die ☞ *Berufsgenossenschaften* zahlen Waisen-Beihilfe unter folgenden Voraussetzungen:

- Der Vollwaise hat zur Zeit des Todes mit dem verstorbenen Versicherten in häuslicher Gemeinschaft gelebt und wurde überwiegend vom ihm unterhalten
  und
- es besteht kein Anspruch auf Hinterbliebenenrente, weil der Tod des Versicherten keine Folge eines Unfallversicherungsfalles (☞ *Arbeitsunfall*, Wegeunfall, ☞ *Berufskrankheit*) war
  und
- der Versicherte bezog zum Zeitpunkt des Todes eine Verletztenrente von mindestens 50 % der Vollrente und war damit **Schwerverletzter**.

2. Höhe

Die Waisen-Beihilfe beträgt **einmalig** 40 % des Jahresarbeitsverdienstes.

Wer hilft weiter?

Auskünfte erteilen die ☞ *Berufsgenossenschaften.*

Waisenrente

(§§ 48, 97 SGB VI - §§ 67, 68 SGB VII)

Das Wichtigste in Kürze

Waisenrente erhalten Kinder und Jugendliche, wenn der verstorbene Elternteil in der Renten- oder Unfallversicherung versichert war. Die Höhe wird individuell berechnet, Einkommen des Waisen wird angerechnet.

1. Voraussetzung Rentenversicherung

Hinterbliebene Kinder erhalten Waisenrente vom ☞ *Rentenversicherungsträger*, wenn der/die Verstorbene/n die rentenrechtliche Wartezeit von 5 Jahren erfüllt hat/haben. Die Waisenrente muss wie jede Rente beantragt werden. Liegt ein Unfallversicherungsfall (siehe nächster Punkt) vor, zahlt die Rentenversicherung keine Waisenrente.

2. Voraussetzung Unfallversicherung

Die ☞ *Berufsgenossenschaften* zahlen Waisenrente an die hinterbliebenen Kinder, wenn der/ie Versicherte/n infolge ☞ *Arbeitsunfall*, Wegeunfall oder ☞ *Berufskrankheit* stirbt/sterben.

3. Berechtigte

- Eheliche, für ehelich erklärte, adoptierte und nichteheliche Kinder des/r Verstorbenen
- Stief- und Pflegekinder, die im Haushalt des/r Verstorbenen aufgenommen waren
- Enkel und Geschwister, die im Haushalt des/r Verstorbenen aufgenommen waren oder vom ihm/ihr/ihnen überwiegend unterhalten wurden

Soziale Fragen? betafon 01805 - 238 2366!

4. Höhe

Bei der Höhe wird unterschieden zwischen der Halb- und der Vollwaisenrente:

Halbwaisenrente

Halbwaisenrente nach dem Tod **eines** Elternteils:

- **Renten**versicherung: 10 % der auf den Todeszeitpunkt berechneten Rente des Verstorbenen
- **Unfall**versicherung: 20 % des Jahresarbeitsverdienstes des Verstorbenen (jeweils monatlich 1/12)

Vollwaisenrente

Vollwaisenrente nach dem Tod **beider** Eltern:

- **Renten**versicherung: ca. 20 % der auf den Todeszeitpunkt berechneten Rente der Verstorbenen zuzüglich eines Zuschlags, der individuell berechnet wird
- **Unfall**versicherung: 30 % des Jahresarbeitsverdienstes der Verstorbenen (jeweils monatlich 1/12)

5. Dauer

Die ☞ *Rentenversicherungsträger* und die ☞ *Berufsgenossenschaften* zahlen die Waisenrente bis zur Vollendung des 18. Lebensjahres. Verlängerung bis zur Vollendung des 27. Lebensjahres bei:

- Schul- oder Berufsausbildung
- Ableistung eines freiwilligen sozialen Jahres
- Behinderung, wodurch ein Selbstunterhalt unmöglich ist

6. Anrechnung von Einkommen

Rentenversicherung und Unfallversicherung: Bei Waisenrentenbezug nach dem 18. Geburtstag werden Einkommen über 462,35/406,38 € (West/Ost) monatlich zu 40 % auf die Waisenrente angerechnet.
Unfallversicherung: Bei einem **Zusammentreffen** von ☞ *Witwen/Witwer-Rente*, ☞ *Geschiedenenrenten* und Waisenrente der Unfallversicherung dürfen diese Renten der Hinterbliebenen **zusammen maximal** 80 % des durchschnittlichen Monatsgehalts betragen (§ 70 SGB VII).

Wer hilft weiter?

Individuelle Rentenberechnungen, Auskünfte und Beratungsstellen vor Ort vermitteln die ☞ *Rentenversicherungsträger* und die ☞ *Berufsgenossenschaften.*

Wegeunfall

☞ *Arbeitsunfall*

Weiterführung des Haushalts

☞ *Haushalt Weiterführung*

Werdende Mütter

☞ *Mutterschaftsgeld*
☞ *Mutterschutz*
☞ *Schwangerschaft Entbindung*
☞ *Schwangerschaft Entbindung Sozialhilfe*

Wertmarke Schwerbehindertenausweis

☞ *Öffentliche Verkehrsmittel*

Widerspruch

Das Wichtigste in Kürze

Widerspruch kann ein Betroffener erheben, wenn er nicht einverstanden ist mit dem Bescheid eines Sozialversicherungsträgers (z.B. Krankenkasse, Rentenversicherungsträger, Berufsgenossenschaft, Agentur für Arbeit, Versorgungsamt).

1. Rechtsmittelbelehrung

Üblicherweise enthält jeder Bescheid eine sogenannte **Rechtsmittelbelehrung**, aus

Mehr Informationen: www.betanet.de

der hervorgeht, in welcher Form (schriftlich oder zur Niederschrift) und bei welcher Behörde (in der Regel handelt es sich dabei um die Behörde, die den Bescheid erlassen hat) der Widerspruch einzulegen ist.

2. Fristen

Der Widerspruch ist innerhalb einer bestimmten Frist nach Bekanntgabe des Bescheides einzulegen:

- Frist im Normalfall: **1 Monat**
- Frist bei Wohnsitz im Ausland: **3 Monate**
- Frist bei fehlender oder unrichtiger Rechtsmittelbelehrung: **1 Jahr**

Eine Begründung des Widerspruchs ist i.d.R. nicht erforderlich, aber zweckmäßig und sinnvoll.

3. Widerspruchsbescheid

Über den Widerspruch entscheidet zunächst die Ausgangsbehörde. Hält die Ausgangsbehörde, die den Bescheid erlassen hat, den Widerspruch für begründet, so gibt sie ihm statt, indem sie z.B. den widersprochenen Bescheid aufhebt. Lehnt die Ausgangsbehörde den Widerspruch ab, so legt sie den Widerspruch zur Entscheidung der Widerspruchsbehörde vor, dies ist in der Regel die übergeordnete Behörde. Diese Widerspruchsbehörde erlässt einen Widerspruchsbescheid, indem sie entweder dem Widerspruch stattgibt oder nicht.
Wenn der Betroffene auch mit dem Widerspruchsbescheid nicht einverstanden ist, kann er ☞ *Klage* vor dem ☞ *Sozialgericht* erheben.

Wer hilft weiter?

Jedes Mitglied des SoVD und des VdK genießt einen „Sozialrechtschutz", bei dem die Beratung in der Regel kostenlos ist. Die Prozessbevollmächtigten beider Verbände vertreten ihre Mitglieder vor den Sozialverwaltungen und der Sozialgerichtsbarkeit durch alle Instanzen. Dabei entstehen geringe Verwaltungskosten, die das Mitglied zu tragen hat.
Beide Vereine sind flächendeckend im Bundesgebiet vertreten. Die nächstliegende Vertretung können Sie direkt bei der Bundesgeschäftstelle erfragen oder im Internet finden:
SoVD - Sozialverband Deutschland e.V., Stralauer Str. 63, 10179 Berlin, Telefon 030 726222-0, E-Mail contact@sozialverband.de, www.sovd.de
Sozialverband VdK Deutschland e.V., Wurzerstr. 4a, 53175 Bonn, Telefon 0228 82093-0, E-Mail kontakt@vdk.de, www.vdk.de

Wiedereingliederung stufenweise

☞ *Stufenweise Wiedereingliederung*

Wiederholungsgutachten

☞ *Pflegestufen*

Witwen/Witwer-Beihilfe

(§ 71 SGB VII)

Das Wichtigste in Kürze

Die Witwen/Witwer-Beihilfe ist eine einmalige Beihilfe der Unfallversicherung für Witwen/Witwer, die keinen Anspruch auf ☞ *Witwen/Witwerrente* aus der Unfallversicherung haben.

1. Voraussetzungen

Die ☞ *Berufsgenossenschaften* zahlen Witwen/Witwer-Beihilfe unter folgenden Voraussetzungen:

- Es besteht kein Anspruch auf Hinterbliebenenrente, weil der Tod des Versicherten keine Folge eines Unfallversicherungsfalles (☞ *Arbeitsunfall*, Wegeunfall, ☞ *Berufskrankheit*) war
  und
- der Versicherte bezog zum Zeitpunkt des

Todes eine ☞ *Verletztenrente* von mindestens 50 % der Vollrente und war damit **Schwerverletzter**.

2. Höhe

Die Witwen/Witwer-Beihilfe beträgt **einmalig** 40 % des Jahresarbeitsverdienstes.

Wer hilft weiter?

Auskünfte erteilen die ☞ *Berufsgenossenschaften.*

Witwen/Witwer-Rente an frühere Ehegatten

☞ *Geschiedenenrente*

Witwen/Witwer-Rente Rentenversicherung

(§§ 46, 97, 242 a, 243 SGB VI)

Das Wichtigste in Kürze

Stirbt ein/e rentenversicherte/r EhepartnerIn oder eingetragene/r gleichgeschlechtliche/r Lebenspartner/In (nach dem Lebenspartnerschaftsgesetz), erhält die Witwe/der Witwer von der Rentenversicherung auf Antrag eine Witwen/Witwer-Rente.

1. Neues Hinterbliebenenrecht

Für Paare, die nach dem 31.12.2001 geheiratet haben oder bei denen beide Partner am 1.1.2002 unter 40 Jahre alt waren (also nach dem 1.1.1962 geboren) gilt ein neues Hinterbliebenenrecht: Anspruch auf eine Witwen/Witwer-Rente besteht erst, wenn die Ehe/gleichgeschlechtliche Lebenspartnerschaft mindestens ein Jahr angedauert hat. Hierdurch soll eine sogenannte „Versorgungsehe", die kurz vor dem Tode eines schwer Erkrankten geschlossen wird und deren alleiniger oder überwiegender Zweck der spätere Anspruch auf Hinterbliebenenrente ist, vermieden werden.

2. Große Witwen/Witwer-Rente

Die große Witwen/Witwer-Rente beträgt 60 % der Rente des/r Verstorbenen. Für (Ehe-)Paare, die nach dem 31.12.2001 geheiratet haben oder bei denen beide Partner nach dem 1.1.1962 geboren sind, beträgt die große Witwen/Witwer-Rente nur 55 % der Rente des Verstorbenen.
Für die ersten 3 Monate (sogenanntes Sterbevierteljahr) wird die Witwen/Witwer-Rente in voller Höhe, wie sie dem/r Verstorbenen zugestanden hätte, bezahlt.
Während dieses Sterbevierteljahres erfolgt **keine** Einkommensanrechnung.

2.1. Voraussetzungen große Witwen/ Witwer-Rente

- Erfüllung der Wartezeit von 5 Jahren durch den/ie Verstorbene/n
  und
- keine Wiederheirat der Witwe/des Witwers
  und
- Erziehung eines Kindes unter 18 Jahren. Als Kinder gelten auch Stief- und Pflegekinder sowie Geschwister und Enkel, die im Haushalt des Versicherten leben.
  oder
- Erziehung eines behinderten Kindes über 18 Jahren
  oder
- Vollendung des 45. Lebensjahres der Witwe/des Witwers
  oder
- Erwerbsminderung der Witwe/des Witwers liegt vor (☞ *Abgestufte Erwerbsminderungsrente*)

2.1.1. Anhebung der Altersgrenze 2012

Die Altersgrenze wird, abhängig vom Todesjahr des Versicherten, ab dem Jahr 2012 stufenweise vom 45. auf das 47. Lebensjahr angehoben.

Mehr Informationen: www.betanet.de
W

3. Kleine Witwen/Witwer-Rente

Die kleine Witwen/Witwer-Rente beträgt 25 % der Rente des Verstorbenen. Für Ehepaare, die nach dem 31.12.2001 geheiratet haben oder bei denen beide Partner nach dem 1.1.1962 geboren sind, wird die kleine Witwen/Witwer-Rente nur noch 2 Jahre gezahlt.
Für die ersten 3 Monate (sogenanntes Sterbevierteljahr) wird die Witwen/Witwer-Rente in voller Höhe, wie sie dem/r Verstorbenen zugestanden hätte, bezahlt.
Während dieses Sterbevierteljahres erfolgt **keine** Einkommensanrechnung.

3.1. Voraussetzungen kleine Witwen/ Witwer-Rente

Die kleine Witwen/Witwer-Rente wird vom Rentenversicherungsträger bezahlt, wenn **nur** die ersten beiden Voraussetzungen der großen Witwen/Witwer-Rente erfüllt sind:

- Erfüllung der Wartezeit von 5 Jahren durch den/ie Verstorbene/n
  und
- keine Wiederheirat der/s Witwe/rs

4. Anrechnung von Einkommen

Einkommen der Witwe/des Witwers, das einen bestimmten Freibetrag überschreitet, wird zu 40 % auf die Rente angerechnet.
Der Freibetrag beträgt:
West: 693,53 € - Erhöhung für jedes Kind unter 18 Jahren um 147,11 €
Ost: 609,58 € - Erhöhung für jedes Kind unter 18 Jahren um 129,30 €

Wer hilft weiter?

Auskünfte und Beratungsstellen vor Ort vermitteln die ☞ *Rentenversicherungsträger*, welche auch individuelle Rentenberechnungen vornehmen.

Witwen/Witwer-Rente Unfallversicherung

(§§ 65, 218 a SGB VII)

1. Definition

Wenn ein/e Versicherte/r durch einen ☞ *Arbeitsunfall*, Wegeunfall oder eine ☞ *Berufskrankheit* stirbt, zahlen die ☞ *Berufsgenossenschaften* eine Rente an den/ie hinterbliebene/n EhepartnerIn bzw. den/ie eingetragene/n gleichgeschlechtliche/n LebenspartnerIn (nach dem Lebenspartnerschaftsgesetz).

2. Höhe

- 2/3 des durchschnittlichen Jahresarbeitsverdienstes
  bis zum Ablauf von 3 Monaten nach dem Tod des Versicherten.
- **Kleine Witwen/Witwer-Rente**: 30 % des Jahresarbeitsverdienstes - mit Beginn des 4. Monats
  bzw.
- **Große Witwen/Witwer-Rente**: 40 % des Jahresarbeitsverdienstes - mit Beginn des 4. Monats, wenn die Witwe/der Witwer
  - ein Kind (bis zur Vollendung des 18. Lebensjahres) erzieht
    oder
  - ein waisenrentenberechtigtes Kind erzieht bzw. Waisenrente für ein körperlich, geistig oder seelisch behindertes Kind erhält
    oder
  - das 45. Lebensjahr vollendet hat
    oder
  - erwerbsgemindert ist

Bei einem **Zusammentreffen** von Witwen/ Witwer-Rente, ☞ *Geschiedenenrenten* und ☞ *Waisenrenten* der ☞ *Unfallversicherung* dürfen diese Renten der Hinterbliebenen **zusammen maximal** 80 % des Jahresarbeitsverdienstes betragen (§ 70 SGB VII).

Soziale Fragen? betafon 01805 - 238 236!

3. Dauer

- Die kleine Witwen/Witwerrente wird längstens für 24 Monate nach Ablauf des Monats, in dem der Partner verstorben ist, bezahlt.
- Anspruch auf die große Witwenrente besteht bis zum Tod der Witwe/des Witwers **oder**
- bis zur Wiederheirat der Witwe/des Witwers.

4. Anrechnung von Einkommen

Einkommen der Witwe/des Witwers, das einen bestimmten Freibetrag überschreitet, wird zu 40 % auf die Rente angerechnet. Der Freibetrag beträgt:
West: 693,53 € - Erhöhung für jedes Kind unter 18 Jahren um 147,11 €.
Ost: 609,58 € - Erhöhung für jedes Kind unter 18 Jahren um 129,30 €.

5. Kein Anspruch

Kein Anspruch auf Witwen/Witwer-Rente besteht:

- wenn die Ehe/Lebenspartnerschaft erst nach dem Versicherungsfall (☞ *Arbeitsunfall*, Wegeunfall, ☞ *Berufskrankheit*) geschlossen wurde
  und
- der Tod innerhalb des ersten Jahres dieser Ehe/Lebenspartnerschaft eingetreten ist und angenommen werden muss, dass alleiniger oder überwiegender Zweck der Heirat war, der Witwe bzw. dem Witwer eine Hinterbliebenenrente zu verschaffen.

Wer hilft weiter?

Auskünfte erteilen die ☞ *Berufsgenossenschaften.*

Wochenendpflege

☞ *Tages- und Nachtpflege*

Wöchnerin

☞ *Schwangerschaft Entbindung*

Wohngeld

(WoGG)

Das Wichtigste in Kürze

Wohngeld ist ein staatlicher Zuschuss zu den Kosten für Wohnraum. Dieser Zuschuss wird entweder als Mietzuschuss für Mieter einer Wohnung oder als Lastenzuschuss für Eigentümer eines Hauses oder einer Wohnung gewährt. Er ist abhängig von der Zahl der Familienmitglieder, deren Einkommen und der regional unterschiedlichen Höhe der zuschussfähigen Miete oder Belastung. Das Wohngeld steht bei Vorliegen der Voraussetzungen auch Ausländern zu, die in Deutschland leben.

1. Dauer

Das Wohngeld wird in der Regel für 12 Monate gewährt und muss möglichst vor Ablauf der Bezugszeit neu beantragt werden.

2. Nicht Anspruchsberechtigte

Keinen Anspruch auf Wohngeld haben Empfänger von

- ☞ *Arbeitslosengeld II und Sozialgeld,*
- ☞ *Grundsicherung im Alter und bei Erwerbsminderungsrente,*
- Hilfe zum Lebensunterhalt im Rahmen der ☞ *Sozialhilfe* und
- Leistungen, bei denen bereits Kosten für ☞ *Unterkunft und Heizung* berücksichtigt und abgedeckt worden sind.

3. Schwerbehinderte: Besonderer Freibetrag

Bei ☞ *Schwerbehinderten* wird bei der Ermittlung des für das Wohngeld maßgeblichen Jahreseinkommens ein **Freibetrag abgezogen**:

Mehr Informationen: www.betanet.de

- Schwerbehinderte mit einem ☞ *Grad der Behinderung* (GdB) von 100: 1.500,- €
- Schwerbehinderte mit einem GdB von mindestens 80 **und** häuslicher ☞ *Pflegebedürftigkeit*: 1.500,- €
- Schwerbehinderte mit einem GdB von unter 80 bis 50 **und** häuslicher ☞ *Pflegebedürftigkeit*: 1.200,- €

Praxistipp

Das Bundesministerium für Verkehr, Bau und Stadtentwicklung bietet Wohngeld-Tabellen und die Broschüre „Wohngeld 2008 - Ratschläge und Hinweise" an. Diese können unter www.bmvbs.de > Stadtentwicklung, Wohnen > Wohnraumförderung > Wohngeld > Ratschläge und Hinweise heruntergeladen werden.

Wer hilft weiter?

- Der **Antrag** auf Wohngeld erfolgt bei der örtlichen Wohngeldstelle, die auch weitere **Auskünfte** erteilt. Hier können auch die aktuellen Wohngeldtabellen eingesehen werden. Die Stadt- oder Gemeindeverwaltung des Wohnorts nennt die zuständige Stelle bzw. das zuständige Amt für Wohngeld.
- Das Bundesministerium für Verkehr, Bau und Stadtentwicklung bietet eine Info-Hotline für Fragen zum Wohnungs- und Bauwesen, Telefon 030 183003060, Mo-Fr 9-12 Uhr.

Wohnraumförderung

(WoFG)

Das Wichtigste in Kürze

Im Rahmen festgelegter Einkommensgrenzen gewähren die Bundesländer zinsvergünstigte Darlehen oder Zuschüsse für:

- den Bau oder Erwerb eines Eigenheims oder einer Eigentumswohnung, die selbst genutzt werden.
- die Finanzierung von Mehrkosten, die bei der Anpassung von Wohnraum an eine ☞ *Behinderung* durch besondere bauliche Maßnahmen entstehen.

1. Grundsätze

- Einen Rechtsanspruch auf eine Förderung gibt es nicht; es handelt sich um eine freiwillige Leistung der Gemeinden.
- Ein Neubauvorhaben wird in der Regel nur dann unterstützt, wenn der Antrag vor Baubeginn gestellt wurde bzw. beim Kaufvorhaben der Kaufvertrag noch nicht unterschrieben ist.
- Je nach Bundesland muss ein unterschiedlicher Eigenkapitalanteil erbracht werden. Diese Mindestbeteiligung liegt zwischen 10 % und 25 % der Baukosten.
- Besonders hochwertige Neubauten werden grundsätzlich nicht gefördert. Je nach Bundesland gibt es unterschiedliche Wohnflächengrenzen.
- Fördergelder werden nur genehmigt, wenn nach Abzug der monatlichen Belastung noch genug Geld für den Lebensunterhalt zur Verfügung steht. Der Bund legt mit seinem Wohnraumförderungsgesetz (WoFG) lediglich die Rahmenbedingungen, z.B. Einkommensgrenzen (s.u.), fest. Hiervon können die Bundesländer abweichen (§ 9 Abs. 3 WoFG).

2. Einkommensgrenzen (Bund)

In den Bundesländern gelten zumeist eigene Einkommensgrenzen, teilweise verweisen die Länder auf die folgende Bundesregelung.

Die Förderung darf nur Haushalte begünstigen, deren Jahreseinkommen bestimmte Grenzen nicht überschreitet:

- 12.000,- € für einen Einpersonenhaushalt
- 18.000,- € für einen Zweipersonenhaushalt
- zuzüglich 4.600,- € für jedes im Haushalt lebende Kind (im Sinne des Einkommenssteuergesetzes)
- zuzüglich 4.100,- € für jede weitere zum Haushalt zu rechnende Person
- zuzüglich 4.500,- € bei ☞ *Schwerbehin-*

Soziale Fragen? betafon 01805 - 238 2356!

derten mit einem ☞ *Grad der Behinderung* (GdB) von 100 oder von mindestens 80 und häuslicher ☞ *Pflegebedürftigkeit*
oder
zuzüglich 2.100,- € bei Schwerbehinderten mit einem GdB unter 80 und häuslicher Pflegebedürftigkeit (§ 24 WoFG)

Praxistipp

Für **behinderungsbedingte bauliche Sondermaßnahmen** können von Bund, Ländern oder Kommunen Darlehen bzw. Zuschüsse zur Verfügung gestellt werden. Eine Nachfrage vor Ort kann sich in jedem Fall lohnen.

Wer hilft weiter?

Der Antrag auf Wohnungsbauförderung erfolgt beim Wohnungsbauförderungsamt der Gemeinde oder des Landkreises, das auch weitere **Auskünfte** erteilt.

Wohnumfeldverbesserung

(§ 40 Abs. 4 SGB XI)

Das Wichtigste in Kürze

Die Pflegekasse kann unter bestimmten Voraussetzungen Umbauten und Ergänzungen in der Wohnung bezuschussen, die die Pflege erleichtern, eine selbstständigere Lebensführung ermöglichen oder die Aufnahme in ein Heim verhindern oder hinauszögern. Der Zuschuss beträgt maximal 2.557,- **€**. Der Pflegebedürftige zahlt mindestens 10 % der Kosten selbst.

1. Voraussetzungen

Voraussetzung für die Gewährung eines Zuschusses ist, dass die vorgesehenen Maßnahmen die ☞ *häusliche Pflege* ermöglichen oder erheblich erleichtern oder dass eine möglichst selbstständige Lebensführung des Pflegebedürftigen wiederhergestellt, also die Abhängigkeit von der Pflegekraft verringert wird.

Die Wohnumfeldverbesserung zählt zu den ☞ *Pflegehilfsmitteln*. Prinzipiell müssen die ☞ *Vorversicherungszeit* erfüllt, die ☞ *Pflegebedürftigkeit* festgestellt und die Maßnahmen bei der Pflegekasse beantragt werden.
Die Entscheidung, ob und gegebenenfalls in welcher Höhe ein Zuschuss zur Verbesserung des Wohnumfeldes gewährt wird, liegt **im Ermessen** der Pflegekasse.

Es muss sich um Maßnahmen **in der Wohnung** des Pflegebedürftigen handeln oder um Maßnahmen **in dem Haushalt**, in dem der Pflegebedürftige aufgenommen ist und gepflegt werden soll. Es werden alle baulichen Veränderungen, die das Wohnumfeld des Pflegebedürftigen verbessern, zusammen als „eine (= 1) Maßnahme" betrachtet. Ändert sich die Pflegesituation, können weitere Maßnahmen beantragt werden.

1.1. Begutachtung

Manchmal schaltet die Pflegekasse den ☞ *MDK* zur Begutachtung der häuslichen Pflegesituation ein. Dieser stellt vor Ort fest, ob entsprechende Mängel für die Pflegesituation und Sicherheitsrisiken vorliegen und ob die Wohnraumanpassung einen Umzug in ein Heim verhindern hilft.

1.2. Beispiele bezuschussungsfähiger Maßnahmen

Einbau einer Dusche, Einbau und Anbringung von Treppenliften, Türverbreiterungen, Installation von Wasseranschlüssen, Ein- und Umbau von Mobiliar entsprechend den individuellen Bedürfnissen der Pflegesituation.
Zu den Kosten zählen auch statische Gutachten, Antragsgebühren, Kosten der Bauüberwachung, nachgewiesene Fahrtkosten und Verdienstausfall von am Bau mithelfenden Angehörigen und Bekannten.

2. Höhe

Die Pflegekasse leistet maximal 2.557,- € Zuschuss je Maßnahme.

Mehr Informationen: www.betanet.de

2.1. Selbstbeteiligung/Eigenanteil

Der Pflegebedürftige leistet einen Eigenanteil von

- 10 % der Kosten der Maßnahme,
- höchstens jedoch 50 % seiner monatlichen Bruttoeinnahmen zum Lebensunterhalt.

Praxistipps

- **Eingliederungshilfe**: Reichen die Leistungen der Wohnumfeldverbesserungen für die notwendigen Umbaumaßnahmen nicht aus, können Leistungen auch im Rahmen der ☞ *Eingliederungshilfe* über das örtliche ☞ *Sozialamt* beantragt werden. Dabei darf allerdings die **allgemeine Einkommensgrenze** nach § 85 SGB XII nicht überschritten werden (☞ *Einsatz von Einkommen und Vermögen*).
- **Antrag**: **Bevor** der Versicherte eine Wohnumfeldanpassung durchführen lässt, die von der Pflegekasse finanziert werden soll, ist ein Antrag zu stellen. Es kann sein, dass die Pflegekasse mehrere Kostenvoranschläge verlangt, bis sie die Maßnahme genehmigt. Wenn eine Wohnumfeldverbesserung durchgeführt wird und der Versicherte **danach** mit der Rechnung zur Pflegekasse geht, wird kein Zuschuss gewährt.

Wer hilft weiter?

- Viele Städte und Gemeinden haben Beratungsstellen für Wohnraumanpassung und barrierefreies Wohnen. Meistens sind diese Stellen der Behinderten- oder Seniorenberatung angeschlossen oder laufen unter dem Begriff Wohnberatungsstellen. In manchen Fällen kommen die Berater auch in die Wohnung des Pflegebedürftigen, um gemeinsam zu sehen, welche Veränderung sinnvoll und durchführbar ist.
- Umfassende Informationen bietet im Internet www.wohnungsanpassung.de, die Seite der Bundesarbeitsgemeinschaft Wohnungsanpassung e.V.

Wohnungsbauförderung

☞ *Wohnraumförderung*

Wohnungshilfe

(§ 41 SGB VII)

1. Voraussetzungen

Die ☞ *Berufsgenossenschaften* zahlen Wohnungshilfe,

- wenn der Versicherte aufgrund Art oder Schwere des Gesundheitsschadens nicht nur vorübergehend auf die behindertengerechte Anpassung vorhandenen oder die Bereitstellung behindertengerechten Wohnraums angewiesen ist

  oder
- wenn sie zur Sicherung der beruflichen Eingliederung erforderlich ist.

Der Gesundheitsschaden oder die Behinderung müssen die Folge eines ☞ *Arbeitsunfalls*, Wegeunfalls oder einer ☞ *Berufskrankheit* sein.

2. Umfang

Die Wohnungshilfe beinhaltet

- Umzugskosten
- Kosten für die Bereitstellung von Wohnraum für eine Pflegekraft

Wer hilft weiter?

Auskünfte erteilen die ☞ *Berufsgenossenschaften*.

Wohnungskosten

☞ *Unterkunft und Heizung*
☞ *Teilhabe am Arbeitsleben*

Zahnbehandlung

(§ 22 SGB V, §§ 26 - 29 SGB V)

Das Wichtigste in Kürze

Die Krankenversicherung zahlt Zahnbehandlungen vollständig. Als Zahnbehandlungen zählen auch vorbeugende und kieferorthopädische Behandlungen. Für die jährliche Vorsorgeuntersuchung entfällt die Praxisgebühr. Bei kieferorthopädischen Behandlungen ist ein Eigenanteil zu leisten.

1. Verhütung von Zahnerkrankungen bei Kindern

(§ 22 SGB V)

Die ☞ *Krankenversicherung* zahlt bei versicherten Kindern zwischen dem **6. und noch nicht vollendeten 18. Lebensjahr** einmal im Kalenderjahr eine Untersuchung mit folgenden Maßnahmen:

- Befund und Zustand des Zahnfleischs
- Aufklärung und Vermeidung von Krankheitsursachen
- Mundhygiene und -pflege
- Kariesbehandlung
- Maßnahmen zur Schmelzverhärtung der Zähne
- Fissurenversiegelung der Molaren (d.h. Versiegelung von Rissbildungen bei Backen- und Mahlzähnen zur Vermeidung von Karies)

2. Kinderuntersuchung

(§ 26 SGB V)

Versicherte Kinder **bis zur Vollendung des 6. Lebensjahres** haben im Rahmen der ☞ *Früherkennung von Krankheiten* Anspruch auf Untersuchung von Zahn-, Mund- und Kieferkrankheiten. Zu diesen Früherkennungsuntersuchungen zählen z.B.:

- Inspektion der Mundhöhle
- Einschätzung oder Bestimmung des Kariesrisikos
- Ernährungs- und Mundhygieneberatung
- Maßnahmen zur Schmelzhärtung der Zähne und zur Senkung der Keimzahl

3. Zahnärztliche Behandlung

(§ 28 SGB V - § 27 SGB VII)

Die Krankenversicherung zahlt die Verhütung, Früherkennung und Behandlung von Zahn-, Mund- und Kieferkrankheiten zu 100 %. Bei jeder Maßnahme, mit Ausnahme von Vorsorgeuntersuchungen, fällt pro Quartal die ☞ *Praxisgebühr* an.

Die ☞ *Unfallversicherung* zahlt die Behandlung von Zahn-, Mund- und Kieferkrankheiten zu 100 %, wenn die Erkrankung Folge eines ☞ *Arbeitsunfalls*, Wegeunfalls oder einer ☞ *Berufskrankheit* ist.

4. Kieferorthopädische Behandlung

(§§ 28, 29 SGB V)

Die Krankenversicherung zahlt die kieferorthopädische Behandlung, wenn Kiefer- oder Zahnfehlstellungen vorliegen, die das Kauen, Beißen, Sprechen oder Atmen erheblich beeinträchtigen oder wenn sich eine solche Funktionsbeeinträchtigung andeutet. In Einzelfällen tritt die ☞ *Krankenhilfe* des Sozialhilfeträgers für die Kosten ein.

Bei der Höhe der Kostenübernahme ist zwischen Personen unter und über 18 Jahren zu differenzieren:

4.1. Kostenübernahme bei Kindern und Jugendlichen

Kinder und Jugendliche bis zum 18. Geburtstag:

- Eigenanteil des Versicherten im Regelfall 20 %
- **Verringerung des Eigenanteils** für das zweite und jedes weitere Kind, welches gleichzeitig in Behandlung ist, **auf 10 %**
- Rückzahlung des Eigenanteils, wenn die Behandlung erfolgreich abgeschlossen wurde

4.2. Kostenübernahme bei Erwachsenen

(§ 28 Abs. 2 SGB V)

Die Krankenversicherung übernimmt einen Kostenanteil von 80 % (Versicherten-Eigen-

Mehr Informationen: www.betanet.de

anteil von 20 %) **nur, wenn** so schwere Kiefer- oder Zahnfehlstellungen vorliegen, dass eine Kombination von kieferchirurgischen und -orthopädischen Maßnahmen notwendig wird.

Wer hilft weiter?

Der jeweils zuständige Träger: ☞ *Krankenkassen*, ☞ *Sozialamt* oder die ☞ *Berufsgenossenschaften.*

Zahnersatz

(§ 55 SGB V - § 27 SGB VII)

Das Wichtigste in Kürze

Die Krankenversicherung **bezuschusst** bei einer medizinisch notwendigen zahnprothetischen Versorgung folgende zahnärztliche und zahntechnische Leistungen in Höhe von **50 %**:

- Zahnersatz (z.B. Kronen, Brücken, Prothesen)
- Suprakonstruktionen (implantatgetragene Kronen, Brücken oder Prothesen)

Patienten, die langjährige Zahnvorsorge betrieben haben, zahlen weniger Eigenanteil. Der Krankenkassenzuschuss errechnet sich immer aus dem Standardzahnersatz, nicht aus den tatsächlich entstandenen, eventuell höheren Kosten.
Nicht zum Zahnersatz zählen Zahnfüllungen, Gold- und Keramik-Inlays, Wurzelkanalfüllungen und Röntgenleistungen.

1. Festzuschuss 50 %

Der **Fest**zuschuss von 50 % orientiert sich seit 1.1.2005 nicht mehr an der Behandlungsmethode, sondern am Befund (z.B. fehlender Zahn im Unterkiefer), das heißt: Unabhängig davon, wie der Befund behandelt wird, bleibt der Kassenzuschuss immer gleich. Er orientiert sich an der „Regelversorgung", das ist in der Regel die kostengünstigste, medizinisch notwendige Versorgung.

2. Richtlinie

Der Gemeinsame Bundesausschuss hat zur Bestimmung der Befunde und der Regelversorgungsleistungen, für die Festzuschüsse nach §§ 55, 56 SGB V zu gewähren sind, eine Festzuschuss-Richtlinie erstellt. Diese Richtlinie können Sie unter www.g-ba.de > Informationsarchiv > Richtlinien downloaden.

3. Eigenanteil

Der Krankenversicherte bezahlt im Regelfall 50 % der Regelversorgungskosten plus gegebenenfalls die Mehrkosten für eine teurere Versorgung. Eine Befreiung vom Eigenanteil ist möglich, wenn bestimmte Einkommensgrenzen nicht überschritten werden. Details siehe unten **„Härtefallregelung"**.

3.1. Bonusregelung

Der Kassenzuschuss erhöht sich auf **60 % der Regelversorgungskosten** (Bonus = 20 % vom Festzuschuss), wenn sich der Versicherte um die Gesunderhaltung seiner Zähne bemüht. Als **„Bemühen um Gesunderhaltung der Zähne"** gilt:

- regelmäßige jährliche zahnärztliche Untersuchungen bei Erwachsenen bzw.
- regelmäßige halbjährliche zahnärztliche Untersuchungen bei Versicherten bis zur Vollendung des 18. Lebensjahres

während der letzten **fünf** Jahre vor Beginn der Behandlung.

Der Kassenzuschuss erhöht sich auf **65 % der Regelversorgungskosten** (Bonus = 30 % vom Festzuschuss) bei regelmäßiger Zahnpflege und ununterbrochener Inanspruchnahme der zahnärztlichen Untersuchungen in den letzten **zehn** Jahren.

Praxistipp Bonusheft

Um die Zahnarztbesuche der letzten Jahre zu dokumentieren, gibt es ein sogenanntes Bonusheft, das bei jedem Untersuchungster-

Soziale Fragen? betafon 01805 - 238 2366!

min von der Zahnarzthelferin abgestempelt wird. Es ist bei Krankenkassen und Zahnärzten erhältlich.

3.2. Härtefallregelung

(§ 55 Abs. 2 SGB V)

Wenn eine „**unzumutbare Belastung**" vorliegt, gewährt die Krankenkasse bei der Versorgung mit Zahnersatz zusätzlich zu den Festzuschüssen von 50 bis 65 % einen weiteren Betrag bis zur Höhe der tatsächlich entstandenen Kosten, unabhängig davon, ob der Versicherte sich um die Gesunderhaltung seiner Zähne bemüht.

Als unzumutbare Belastung gelten drei Fälle:

1. Die monatlichen Bruttoeinnahmen zum Lebensunterhalt betragen weniger als 994,- €. Als Ausgaben vom Einkommen abgezogen werden verpflichtende Unterhaltszahlungen. Details siehe unten „Einkommensgrenze".
2. Der tatsächliche Erhalt von ☞ *Hilfe zum Lebensunterhalt*, Kriegsopferfürsorge, ☞ *Arbeitslosengeld II* und/oder Ausbildungsförderung (BAföG).
3. Wenn ein Träger der Sozialhilfe oder Kriegsopferfürsorge die Kosten der Unterbringung im Heim oder einer ähnlichen Einrichtung übernimmt.

3.2.1. Einkommensgrenze

Zu den „Bruttoeinnahmen zum Lebensunterhalt" zählen neben den Einnahmen des Versicherten auch die Einnahmen von Angehörigen, wie Ehegatte und ☞ *Kindern*, und von eingetragenen gleichgeschlechtlichen Lebenspartnern im gemeinsamen Haushalt. Zu den „Angehörigen" gehören **nicht** die Partner einer nichtehelichen Lebensgemeinschaft.

Die Einkommensgrenze beträgt einheitlich für das gesamte Bundesgebiet 994,- € (= 40 % der **monatlichen** ☞ *Bezugsgröße*).

Die Einkommensgrenze erhöht sich für Familien

- für den ersten im gemeinsamen Haushalt lebenden Angehörigen um 372,75 € (= 15 % der monatlichen Bezugsgröße).
- für jeden weiteren um je 248,50 € (= 10 % der monatlichen Bezugsgröße).

3.2.2. Einnahmen zum Lebensunterhalt

Einnahmen zum Lebensunterhalt sind

- Altersrenten
- Arbeitsentgelt
- ☞ *Krankengeld*
- ☞ *Arbeitslosengeld*
- Arbeitseinkommen (bei selbstständiger Tätigkeit)
- Einnahmen aus Kapitalvermögen, Vermietung und Verpachtung
- Allgemeine ☞ *Hilfe zum Lebensunterhalt* nach dem Sozialhilfegesetz (SGB XII)
- Witwen/Witwer-Rente und andere Renten wegen Todes (☞ *Rente*)
- Einnahmen von Angehörigen im gemeinsamen Haushalt (Ehepartner, familienversicherte ☞ *Kinder* und der/die eingetragene gleichgeschlechtliche Lebenspartner). Nicht hierzu zählen Partner einer nichtehelichen Lebensgemeinschaft.
- ☞ *Elterngeld*, aber nur der Betrag, der über dem Sockelbetrag von 300,- € liegt (bei doppeltem Bezugszeitraum über 150,- €).

3.2.3. Keine Einnahmen zum Lebensunterhalt

Nicht zu den Einnahmen zählen zweckgebundene Zuwendungen, die einen beschädigungs- oder behinderungsbedingten Mehrbedarf abdecken sollen, z.B.

- Pflegegeld (☞ *Pflegegeld Pflegeversicherung*, ☞ *Pflegegeld Sozialhilfe*, ☞ *Pflegegeld Unfallversicherung*)
- Blindenzulage
- Grundrente nach dem Bundesversorgungsgesetz (BVG)
- ☞ *Taschengeld* nach dem Sozialhilfegesetz für Heimbewohner
- Beschädigten-Grundrente nach dem BVG
- Rente oder Beihilfe nach dem Bundesentschädigungsgesetz bis zur Höhe der ver-

Mehr Informationen: www.betanet.de

gleichbaren Grundrente nach dem BVG
- ☞ *Erziehungsgeld*
- ☞ *Elterngeld* in Höhe des Sockelbetrags von 300,- € bzw. 150,- € (bei doppeltem Bezugszeitraum).
- Leistungen aus Bundes- und Landesstiftungen „Mutter und Kind - Schutz des ungeborenen Lebens" (☞ *Mittel der Bundesstiftung „Mutter und Kind"*)
- ☞ *Verletztenrente* aus der gesetzlichen ☞ *Unfallversicherung*, so weit diese der Grundrente nach dem BVG entspricht

3.3. Härtefallregelungen

Weitere Härtefallregelungen sieht die jeweilige Satzung der Krankenkasse vor, wobei eine Erstattung maximal in Höhe der tatsächlich entstandenen zahnärztlichen und -technischen Kosten erfolgt (§ 55 Abs. 3 SGB V).

4. Sozialhilfe

In Einzelfällen tritt die ☞ *Krankenhilfe* des Sozialhilfeträgers für die Kosten des Zahnersatzes ein und orientiert sich dabei an den Leistungen der Krankenkasse.

5. Unfallversicherung

Die ☞ *Berufsgenossenschaften* übernehmen die Kosten für Zahnersatz aufgrund eines ☞ *Arbeitsunfalls*, Wegeunfalls oder einer ☞ *Berufskrankheit* voll.

Wer hilft weiter?

Der jeweils zuständige Träger: ☞ *Krankenkassen*, ☞ *Sozialamt* oder die ☞ *Berufsgenossenschaften.*

Zusatzurlaub

☞ *Schwerbehinderte*

Zuständigkeit der Versicherungsträger

1. Zuständige Einrichtungen

Das komplizierte Sozialrecht führt immer wieder zu Unklarheiten, wer welche Leistungen zu tragen hat und an wen entsprechende Fragen und Anträge zu richten sind. Prinzipiell gilt bei den gesetzlichen Leistungsträgern die nachfolgende Aufteilung der Zuständigkeit.

1.1. Krankenversicherung

Leistungen bei Krankheit und zur Wiederherstellung der Gesundheit zählen zur ☞ *Krankenversicherung* (SGB V), Ansprechpartner sind die ☞ *Krankenkassen.*

1.2. Pflegeversicherung

Die pflegerische Versorgung von körperlich, geistig oder seelisch Erkrankten und Behinderten zählt zur ☞ *Pflegeversicherung* (SGB XI), Ansprechpartner sind die ☞ *Pflegekassen* (bei den Krankenkassen angesiedelt).

1.3. Rentenversicherung

Die meisten Renten sowie die Wiederherstellung der Arbeitsfähigkeit zählen zur ☞ *Rentenversicherung* (SGB VI), zuständig sind die ☞ *Rentenversicherungsträger.* Versicherungsämter, Versicherungsälteste und private Rentenberater, die bei den Landgerichten zugelassen sind, beraten und helfen bei Renten- und Reha-Angelegenheiten.

1.4. Unfallversicherung

Leistungen bei einer ☞ *Berufskrankheit* oder nach einem ☞ *Arbeitsunfall* zählen zur ☞ *Unfallversicherung* (SGB VII), Ansprechpartner sind die ☞ *Berufsgenossenschaften.*

1.5. Teilhabe behinderter Menschen

Spezielle Leistungen für Behinderte und Schwerbehinderte zählen zur ☞ *Rehabilitation und Teilhabe behinderter Menschen*

Soziale Fragen? betafon 01805 - 238 2366!

(SGB IX) und in Teilen zum SGB III ☞ *Behinderung*. Zuständig sind:

- ☞ *Versorgungsamt*
- ☞ *Integrationsamt*
- ☞ *Integrationsfachdienst*
- ☞ *Agenturen für Arbeit*

1.6. Rehabilitation

Die ☞ *Rehabilitation* ist ein Bereich „zwischen allen Trägern". Details zur Zuständigkeit unter ☞ *Rehabilitation Zuständigkeit.*, grundsätzlich hilfreich bei der Zuständigkeitsklärung sind die ☞ *Servicestellen.*

1.7. Kinder- und Jugendhilfe

Für die Leistungen nach dem ☞ *Kinder- und Jugendhilfegesetz* (SGB VIII) sind die Jugendämter (☞ *Jugendamt*) und Landesjugendämter zuständig.

1.8. Grundsicherung und Sozialhilfe

Wer für den Lebensunterhalt und notwendige Leistungen nicht genügend eigenes Einkommen und Vermögen hat, erhält Leistungen der Grundsicherung oder der Sozialhilfe. Die Zuständigkeiten:

- Grundsicherung für Arbeitssuchende: ☞ *Agentur für Arbeit*
- Grundsicherung im Alter und für Erwerbsgeminderte: ☞ *Sozialämter*
- Sozialhilfe: ☞ *Sozialämter*

2. Anträge

Die meisten Sozialleistungen müssen beantragt werden, entsprechende Formulare gibt es bei den jeweiligen Sozialversicherungsträgern, Ämtern und Behörden. Die meisten Stellen sind auch beim Ausfüllen der Anträge behilflich.

Die Unfallversicherungsträger werden von Amts wegen tätig, doch sollte sich ein von Berufskrankheit oder Arbeitsunfall Betroffener nicht allein darauf verlassen. Persönliche Anträge und Nachfragen können der Sache zumindest nicht schaden.

Praxistipp

Beigefügt werden müssen den Anträgen oft sehr individuelle Nachweise. Fast durchgängig notwendig sind Verdienstbescheinigung(en).

Zuzahlungen Krankenversicherung

Das Wichtigste in Kürze

Versicherte ab 18, zum Teil auch Kinder, müssen zu bestimmten Leistungen der gesetzlichen Krankenversicherung Zuzahlungen leisten, z.B. zu Arzneimitteln, Heil- und Hilfsmitteln, Arztbesuchen (Praxisgebühr), Krankenhausaufenthalten, Fahrkosten und Zahnersatz. Dies gilt auch für Sozialhilfeempfänger.

1. Befreiungsfähige Zuzahlungen

1.1. Arzneimittel

(§ 31 SGB V)

Zuzahlung (umgangssprachlich „Rezeptgebühr" genannt): 10 % der Kosten, mindestens 5,- €, maximal 10,- €, in keinem Fall mehr als die Kosten des Arzneimittels.

Preis/Kosten	Zuzahlung
bis 5,- €	Preis = Zuzahlung
5,01 € - 50,- €	5,- €
50,- € - 100,- €	10 % des Preises
Ab 100,- €	10,- €

Diese Tabelle gilt entsprechend auch für Verbandmittel, die meisten Hilfsmittel, Haushaltshilfe, Soziotherapie und Fahrtkosten.

1.1.1. Zuzahlungsfreie Arzneimittel

Aufgrund des Arzneimittelwirtschaftlichkeitsgesetzes (AVWG) entscheidet der Spitzenverband Bund der Krankenkassen, welche Arzneimittelwirkstoffe von der Zuzah-

Mehr Informationen: www.betanet.de

lung befreit werden können. Auf www.gkv.info (Die gesetzlichen Krankenkassen) ist eine Übersicht der zuzahlungsbefreiten Arzneimittelwirkstoffe, ebenso eine entsprechende Liste der zuzahlungsbefreiten Arzneimittel zu finden, die 14-tägig aktualisiert wird: www.gkv.info. Eine komfortable Suchmöglichkeit für zuzahlungsfreie Arzneimittel, Wirkstoffe und Hersteller bietet die Medizinische Medien Informations GmbH unter www.meine-gesundheit.de. Darüberhinaus können Medikamente eines Arzneimittelherstellers, mit dem die Krankenkasse einen Rabattvertrag geschlossen hat, ganz oder zur Hälfte zuzahlungsfrei sein.

Praxistipp

Will ein Patient wissen, ob es für die Medikamente, die er einnehmen muss, zuzahlungsbefreite Alternativen gibt, findet er unter ☞ *Arznei- und Verbandmittel* konkrete Hinweise.

1.2. Verbandmittel

(§ 31 SGB V)
Zuzahlung: 10 % der Kosten, mindestens 5,- €, maximal 10,- €, in keinem Fall mehr als die Kosten des Verbandmittels.

1.3. Heilmittel

(§ 32 SGB V)
Zuzahlung: 10 % der Kosten zuzüglich 10,- € je Verordnung.

1.4. Hilfsmittel

(§ 33 SGB V)
Zuzahlung: 10 % der Kosten, mindestens 5,- €, maximal 10,- €. Bei zum Verbrauch bestimmten Hilfsmitteln beträgt die Zuzahlung 10 % je Packung, maximal jedoch 10,- € monatlich.

1.5. Häusliche Krankenpflege

(§ 37 SGB V)
Zuzahlung: 10 % der Kosten pro Tag, begrenzt auf 28 Tage im Kalenderjahr, zuzüglich 10,- € je Verordnung.

1.6. Praxisgebühr

(§§ 28 Abs. 4, 43 b SGB V)
Die ☞ *Praxisgebühr* beträgt 10,- € pro Quartal und Arzt/Psychotherapeut oder Zahnarzt.
Sie wird **nicht** fällig bei:

- Kindern und Jugendlichen bis 18.
- Überweisungen von einem anderen Arzt im selben Quartal.
- Vorsorge, Früherkennung, Kontrolluntersuchungen (jährlich beim Zahnarzt und zur Krebsvorsorge, Gesundheits-Check-up ab dem 35. Lebensjahr und Schwangerschaftsvorsorge), Schutzimpfungen.
- Überschreiten der Belastungsgrenze (siehe unten).

1.7. Soziotherapie

(§ 37a SGB V)
Zuzahlung: 10 % der Kosten pro Tag, mindestens 5,- €, maximal 10,- €.

1.8. Haushaltshilfe

(§ 38 SGB V)
Zuzahlung: 10 % der Kosten pro Tag, mindestens 5,- €, maximal 10,- €.

1.9. Krankenhausbehandlung, Anschlussheilbehandlung

(§§ 39, 40 Abs. 6 SGB V)
Zuzahlung: 10,- € pro Kalendertag, für längstens 28 Tage pro Kalenderjahr.
Bereits im selben Jahr geleistete Zuzahlungen zu Krankenhaus- und Anschlussheilbehandlung werden angerechnet.

1.10. Ambulante und stationäre Leistungen zur Rehabilitation

(§ 40 Abs. 5, Abs. 7 SGB V)
Zuzahlung: 10,- € pro Kalendertag an die Einrichtung, ohne zeitliche Begrenzung.
28 Tage, wenn die ambulante Rehamaßnahme aus medizinischen Gründen länger als 42 Behandlungstage bzw. die stationäre

Rehamaßnahme aus medizinischen Gründen länger als 6 Wochen dauert.

1.11. Fahrtkosten

(§ 60 SGB V)
Zuzahlung: 10 % der Fahrtkosten, mindestens 5,- €, maximal 10,- €, in keinem Fall mehr als die Kosten der Fahrt. Auch für Fahrten von Kindern.

2. Nicht befreiungsfähige Zuzahlungen

Folgende Zuzahlungen werden bei der Berechnung der Zuzahlungsbefreiung **nicht** berücksichtigt:

2.1. Künstliche Befruchtung

(§ 27a SGB V)
Die Krankenkasse übernimmt 50 % der mit dem Behandlungsplan genehmigten Kosten, den Rest zahlt der Versicherte zu.

2.2. Zahnersatz

(§ 55 SGB V)
Zuzahlung wird auch für Kinder fällig.
Die Krankenkasse übernimmt:

- 50 % der Regelversorgungskosten (= Festzuschuss)
- 60 % der Regelversorgungskosten bei 5 Jahren Vorsorge
- 65 % der Regelversorgungskosten bei 10 Jahren Vorsorge

Den Rest zahlt der Versicherte zu. Darüber hinaus gelten beim ☞ *Zahnersatz* besondere Härtefallregelungen.

2.3. Kieferorthopädische Behandlung

(§§ 28, 29 SGB V)

2.3.1. Bei Kindern

20 % der Kosten.
Bei weiteren Kindern gleichzeitig: 10 %.
Die Zuzahlung wird **am Ende** der erfolgreichen Behandlung **erstattet**.

2.3.2. Bei Erwachsenen

(§ 28 Abs. 2 SGB V)
20 % der Kosten und nur so weit zusätzlich kiefer**chirurgische** Behandlungsmaßnahmen erforderlich sind, ansonsten zahlt der Versicherte voll.

3. Zuzahlungsbefreiung bei Erreichen der Belastungsgrenze

Die Belastungsgrenze soll verhindern, dass insbesondere chronisch Kranke, Behinderte, Versicherte mit einem geringen Einkommen und Sozialhilfeempfänger durch die Zuzahlungen zu medizinischen Leistungen unzumutbar belastet werden. Die Belastungsgrenze liegt bei 2 % des jährlichen Bruttoeinkommens.
Details ☞ *Zuzahlungsbefreiung Krankenversicherung.*

3.1. Sonderregelung für chronisch Kranke

Für chronisch Kranke, die wegen derselben **schwerwiegenden** Krankheit in Dauerbehandlung sind, gilt eine Belastungsgrenze von **1 %** der jährlichen Bruttoeinkommens.
Details siehe ☞ *Zuzahlungsbefreiung für chronisch Kranke.*

Wer hilft weiter?

☞ *Krankenkassen*

Zuzahlungen Pflegeversicherung

1. Grundsätzliches

Versicherte ab 18 müssen zu bestimmten Leistungen der ☞ *Pflegeversicherung* Zuzahlungen leisten.

2. Technische Hilfsmittel

(§ 40 SGB XI)
Zuzahlung 10 %, maximal 25,- € je Hilfsmittel

Mehr Informationen: www.betanet.de

3. Zuzahlungsbefreiung

Die Pflegekasse **kann** Personen bei Erreichen der Belastungsgrenze ganz oder teilweise von der Zuzahlung befreien. Die Ermittlung der Belastungsgrenze erfolgt nach den Regelungen der Krankenversicherung, Details unter ☞ *Zuzahlungsbefreiung Krankenversicherung.*

Wer hilft weiter?

☞ *Pflegekassen*

Zuzahlungen Rentenversicherung

(§ 32 SGB VI)

Das Wichtigste in Kürze

Versicherte ab 18 müssen zu bestimmten Leistungen der ☞ *Rentenversicherung* Zuzahlungen leisten, z.B. 10,- € pro Tag bei Aufenthalten in Kliniken und Reha-Kliniken. Menschen mit geringen Einkommen sind ganz oder teilweise von der Zuzahlung befreit.

1. Stationäre medizinische Leistungen

Zuzahlung 10,- € täglich für maximal 42 Tage innerhalb eines Kalenderjahres.

2. Anschlussheilbehandlung

Die ☞ *Anschlussheilbehandlung* schließt sich unmittelbar (= innerhalb von 14 Tagen) an die Krankenhausbehandlung an:
Zuzahlung 10,- € täglich für maximal **14 Tage** innerhalb eines Kalenderjahres.
Wenn der Versicherte mehrmals in einem Jahr stationär behandelt wird, werden die Tage der Zuzahlung **an die Krankenkasse** für Krankenhausbehandlung, ambulante und stationäre Rehamaßnahmen sowie Anschlussheilbehandlung angerechnet.

3. Zuzahlungsfrei

Keine Zuzahlung an die **Rentenversicherungsträger** ist zu leisten:

- bei ☞ *Kinderheilbehandlungen*
- bei ambulanten Leistungen
- von Personen, die bei Antragstellung das 18. Lebensjahr noch nicht vollendet haben
- von Beziehern von ☞ *Übergangsgeld*
- von Beziehern von ☞ *Arbeitslosengeld II*, ☞ *Hilfe zum Lebensunterhalt* oder ☞ *Grundsicherung im Alter und bei Erwerbsminderung*
- von Eltern, aus deren Versicherung Leistungen für ihre Kinder erbracht werden, auch wenn die Kinder das 18. Lebensjahr vollendet haben
- von Personen, deren monatliches Netto-Erwerbseinkommen maximal **995,- €** beträgt (= 40 % der ☞ *Bezugsgröße*)

3.1. Teilweise zuzahlungsfrei

Teilweise von der Zuzahlung befreit sind Personen,

- die ein Kind haben, solange für dieses Kind ein Anspruch auf Kindergeld besteht
  oder
  die pflegebedürftig (☞ *Pflegebedürftigkeit*) sind, wenn ihr Ehegatte sie pflegt und deshalb keine Erwerbstätigkeit ausüben kann
  oder
  deren Ehegatte pflegebedürftig ist und keinen Anspruch auf Leistungen der Pflegeversicherung hat
  und
- deren Einkommen bestimmte Grenzen nicht überschreitet.

Die Zuzahlung richtet sich dann nach folgenden Tabellen:

Soziale Fragen? betafon 01805 - 238 2366!

Monatliches Nettoeinkommen	Zuzahlung
bis 995,- €	keine
ab 995,- €	8,- €
ab 1.020,- €	8,50 €
ab 1.080,- €	9,- €
ab 1.140,- €	9,50 €
ab 1.200,- €	10,- €

3.2. Antrag

Wenn die Voraussetzungen vorliegen, muss die Befreiung von der Zuzahlung auf jeden Fall beantragt werden. Dem Antrag sind **eine Entgeltbescheinigung des Arbeitgebers** oder **eine behördliche Bescheinigung** (Rentenbescheid) und ggf. weitere Hinzuverdienstbescheinigungen beizufügen.

Wer hilft weiter?

☞ *Rentenversicherungsträger.*

Zuzahlungsbefreiung für chronisch Kranke

(§ 62 SGB V)

Das Wichtigste in Kürze

Chronisch Kranke müssen im Gesundheitssystem weniger zuzahlen als andere Patienten. Als Zuzahlungen gelten z.B. die Rezeptgebühr, die Praxisgebühr oder die 10,- € pro Tag in Kliniken, Details unter ☞ *Zuzahlungen Krankenversicherung.*
Als chronisch krank gilt, wer wegen derselben schwerwiegenden Krankheit in Dauerbehandlung ist. Wenn die Zuzahlungen eines chronisch Kranken höher liegen als 1 % seiner jährlichen Bruttoeinnahmen, kann er sich für den Rest des Jahres von der Zuzahlung befreien lassen. Die 1-%-Grenze gilt allerdings für Patienten ab einem bestimmten Alter nur, wenn sie sich therapiegerecht verhalten und die Vorsorgeuntersuchungen wahrgenommen haben.

1. Voraussetzungen

1.1. Schwerwiegend chronisch krank

„Schwerwiegend chronisch krank" ist, wer:

- wenigstens 1 Jahr lang wegen derselben Krankheit mindestens einmal pro Quartal in ärztlicher Behandlung ist (Dauerbehandlung)
  und mindestens eines der folgenden Kriterien erfüllt:
- pflegebedürftig mit Pflegestufe II oder III
- ☞ *Grad der Behinderung* (GdB) von mindestens 60 oder eine Minderung der Erwerbsfähigkeit (MdE) bzw. ein Grad der Schädigungsfolgen (GdS) von mindestens 60 %. Der GdB oder die MdE/der GdS muss durch die schwerwiegende Krankheit begründet sein.
- Eine kontinuierliche medizinische Versorgung (ärztliche oder psychotherapeutische Behandlung, Arzneimitteltherapie, Versorgung mit Hilfs- und Heilmitteln) ist erforderlich, ohne die aufgrund der chronischen Krankheit nach ärztlicher Einschätzung eine lebensbedrohliche Verschlimmerung der Erkrankung, eine Verminderung der Lebenserwartung oder eine dauerhafte Beeinträchtigung der Lebensqualität zu erwarten ist.

1.2. Vorsorge und therapiegerechtes Verhalten

Die reduzierte Belastungsgrenze bei Zuzahlungen für chronisch Kranke gilt seit 1.1.2008 nur dann, wenn sich der Patient an regelmäßiger Gesundheitsvorsorge beteiligt hat oder sich therapiegerecht verhält.

Hierbei gelten bestimmte Altersgrenzen:

- Wer **nach dem 1.4.1972 geboren ist und das 35. Lebensjahr vollendet hat**, muss jedes 2. Jahr am allgemeinen Gesundheitscheck zur Früherkennung von Krankhei-

Mehr Informationen: www.betanet.de

ten, insbesondere von Diabetes, Herz-, Kreislauf- und Nierenerkrankungen teilnehmen. Wer das nicht tut und chronisch erkrankt, für den liegt die Belastungsgrenze bei 2 % vom Bruttoeinkommen.

- **Frauen, die nach dem 1.4.1987 geboren sind und das 20. Lebensjahr vollendet haben, sowie Männer, die nach dem 1.4.1962 geboren sind und das 45. Lebensjahr vollendet haben**, und die an einer Krebsart erkranken, wofür Früherkennungsuntersuchungen angeboten werden, können die 1-%-Belastungsgrenze nur dann in Anspruch nehmen, wenn sie sich über die Chancen und Risiken der entsprechenden Untersuchungen von einem hierfür zuständigen Arzt haben beraten lassen. Diese Beratung muss in einem Präventionspass dokumentiert worden sein. Diese Regelung umfasst zunächst die Untersuchungen zur Früherkennung von Brust-, Darm- und Gebärmutterhalskrebs.
- Ausgenommen von der Pflicht zur Beratung sind Versicherte
  - mit schweren psychischen Erkrankungen,
  - mit schweren geistigen Behinderungen oder
  - die bereits an der zu untersuchenden Erkrankung leiden.
- Für Menschen, die älter sind und chronisch erkranken, gilt die 1-%-Belastungsgrenze, wenn sie eine Bescheinigung vom Arzt über ein therapiegerechtes Verhalten vorlegen.
- **Ausgenommen** sind Schwerbehinderte mit einem Grad der Behinderung über 60 und Pflegebedürftige der ☞ *Pflegestufen* II oder III.

2. Berechnung der Belastungsgrenze

Detaillierte Angaben darüber, was zum „Bruttoeinkommen zum Lebensunterhalt" zählt und was die Anrechnung dieses Einkommens reduziert, finden Sie unter ☞ *Zuzahlungsbefreiung Krankenversicherung.*

Die Zuzahlungen werden als „Familienzuzahlungen" betrachtet, d.h. es werden die Zuzahlungen des Versicherten mit den Zuzahlungen seiner Angehörigen, die mit ihm im gemeinsamen Haushalt leben, zusammengerechnet. Dasselbe gilt auch bei eingetragenen gleichgeschlechtlichen Lebenspartnerschaften.

Ausnahme: Ist ein Ehepartner beihilfeberechtigt und/oder privat krankenversichert, werden die Zuzahlungen, die auch dieser eventuell leisten muss, **nicht** als Familienzuzahlung berechnet, das bedeutet, die gesetzliche Krankenkasse erkennt diese nicht als Zuzahlungen in ihrem Sinne an. Beim Familieneinkommen werden allerdings **beide** Einkommen herangezogen und somit als Grundlage für die Zuzahlungsbefreiung genommen.

2.1. Berechnungsbeispiel

Ehepaar mit 2 Kindern:

- Jährliche Bruttoeinnahmen aller Haushaltsangehörigen: 30.000,- €
- **minus** Freibetrag für Ehegatte (= erster Haushaltsangehöriger): 4.473,- €
- **minus** Freibetrag für 2 Kinder: 7.296,- € (2 x 3.648,- €)
- **ergibt** Zwischensumme: 18.231,- €
- **davon** 1 % = Belastungsgrenze: 182,31 €

Wenn im konkreten Beispiel die Zuzahlungen die Belastungsgrenze von 182,31 € im Jahr übersteigen, wird das Ehepaar von darüber hinausgehenden Zuzahlungen befreit.

3. Zuzahlungsbefreiung, Rückerstattung

Überschreiten die Zuzahlungen 1 % der Bruttoeinnahmen im Kalenderjahr, sollte der Versicherte sich mit seiner Krankenkasse in Verbindung setzen. Er erhält dann für sich sowie seinen Ehegatte und die familienversicherten Kinder, die mit ihm in einem gemeinsamen Haushalt leben, für den Rest des Kalenderjahres eine Zuzahlungsbefreiung und es werden zu viel gezahlte Zuzahlungen von der Krankenkasse zurückerstattet.

Ist das Ehepaar bei verschiedenen gesetzlichen Krankenkassen, dann errechnet eine

Soziale Fragen? betafon 01805 - 238 2366!

Krankenkasse, ab wann die Voraussetzungen für die Zuzahlungsbefreiung erreicht sind und stellt eine Zuzahlungsbefreiung aus. Dies wird der anderen Krankenkasse mitgeteilt, so dass die Versicherten für den Rest des Jahres keine Zuzahlungen mehr leisten müssen.

4. Richtlinie

Der ☞ *Gemeinsame Bundesausschuss* hat zur Umsetzung der Regelungen für schwerwiegend chronisch Kranke eine sogenannte Chroniker-Richtlinie erstellt. Diese Richtlinien können Sie unter www.g-ba.de > Informations-Archiv > Richtlinien downloaden.

Wer hilft weiter?

☞ *Krankenkassen*

Zuzahlungsbefreiung Krankenversicherung

(§ 62 SGB V)

Das Wichtigste in Kürze

Wer im Laufe eines Kalenderjahres bestimmte Belastungsgrenzen erreicht, kann sich von vielen Zuzahlungen der Krankenkasse befreien lassen oder sich am Jahresende den über der Belastungsgrenze liegenden Betrag erstatten lassen. Die Belastungsgrenze liegt bei 2 % des Bruttoeinkommens, bei chronisch Kranken bei 1 %.

1. Belastungsgrenze

Bei zahlreichen Leistungen der Krankenversicherung muss der Patient ☞ *Zuzahlungen* leisten. Die Belastungsgrenze soll verhindern, dass insbesondere chronisch Kranke, Behinderte, Versicherte mit einem geringen Einkommen und Sozialhilfeempfänger durch die Zuzahlungen zu medizinischen Leistungen unzumutbar belastet werden. Die Belastungsgrenze liegt bei 2 % des jährlichen Bruttoeinkommens.
Frühere Regelungen wie Sozialklausel, Härtefälle und Überforderungsklausel gelten seit 1.1.2004 nicht mehr.

1.1. Zuzahlungsbefreiung Arzneimittel

Unabhängig von irgendwelchen Belastungsgrenzen sind seit 1.7.2006 bestimmte Arzneimittel von der Zuzahlung befreit. Details siehe unter ☞ *Arznei- und Verbandmittel.* Darüberhinaus können Medikamente eines Arzneimittelherstellers, mit dem die Krankenkasse einen Rabattvertrag geschlossen hat, ganz oder zur Hälfte zuzahlungsfrei sein.

2. Voraussetzung

Als „belastet" gilt, wer **mehr als 2 % der jährlichen Bruttoeinnahmen** zum Lebensunterhalt für Zuzahlungen ausgeben muss(te).

2.1. Berechnung des Bruttoeinkommens

Das Bruttoeinkommen zum Lebensunterhalt ist als Familienbruttoeinkommen zu verstehen. Es errechnet sich aus dem Bruttoeinkommen des Versicherten und den Bruttoeinkommen aller Angehörigen des Versicherten, die mit ihm in einem **gemeinsamen Haushalt** leben.

2.1.1. Angehörige

Angehörige des Versicherten sind:

- Ehepartner
- Kinder, die ☞ *familienversichert* sind
- eingetragene gleichgeschlechtliche Lebenspartner (nach dem Lebenspartnerschaftsgesetz)
- sonstige Angehörige nach § 7 Abs. 2 KVLG (Krankenversicherung der Landwirte)

Nicht zu den Angehörigen zählen Partner einer eheähnlichen verschiedengeschlechtlichen oder nicht eingetragenen gleichgeschlechtlichen Lebensgemeinschaft.

2.2. Freibetrag

Von diesem Bruttoeinkommen zum Lebensunterhalt werden ein oder mehrere Freibeträge abgezogen:

- Für den ersten im gemeinsamen Haushalt lebenden Angehörigen des Versicherten: 4.473,- € (= 15 % der jährlichen ☞ *Bezugsgröße*).
- Für jeden weiteren im gemeinsamen Haushalt lebenden Angehörigen des Versicherten und des eingetragenen gleichgeschlechtlichen Lebenspartners: 2.982,- € (= 10 % der jährlichen Bezugsgröße). Dieser Punkt gilt nur für Mitglieder in der Krankenversicherung der Landwirte.
- Für jedes Kind des verheirateten Versicherten und des eingetragenen gleichgeschlechtlichen Lebenspartners: 3.648,- € (§ 32 Abs. 6 EStG).
- Für das erste Kind eines alleinerziehenden Versicherten: 4.473,- € (= 15 % der jährlichen Bezugsgröße).
- Für jedes weitere Kind eines alleinerziehenden Versicherten: 3.648,- €.

2.3. Einnahmen zum Lebensunterhalt

Einnahmen zum Lebensunterhalt sind:

- Altersrenten
- Arbeitsentgelt
- ☞ *Krankengeld*
- ☞ *Arbeitslosengeld*
- ☞ *Elterngeld*, aber nur der Betrag, der über dem Sockelbetrag von 300,- € liegt (bei doppeltem Bezugszeitraum über 150,- €).
- Arbeitseinkommen (bei selbstständiger Tätigkeit)
- Einnahmen aus Kapitalvermögen, Vermietung und Verpachtung
- Witwen-/Witwerrente und andere Renten wegen Todes (☞ *Rente*)
- Einnahmen von Angehörigen **im gemeinsamen Haushalt** (Ehepartner, familienversicherte ☞ *Kinder*, eingetragene gleichgeschlechtliche Lebenspartner). Nicht hierzu zählen Partner einer nichtehelichen Lebensgemeinschaft.
- ☞ *Verletztenrente* aus der gesetzlichen ☞ *Unfallversicherung*, so weit diese die Grundrente nach dem BVG **übersteigt**.
- Grundrente für Hinterbliebene nach dem Bundesversorgungsgesetz (BVG)

Nicht zu den Einnahmen zählen zweckgebundene Zuwendungen, z.B.:

- Pflegegeld (☞ *Pflegegeld Pflegeversicherung*, ☞ *Pflegegeld Sozialhilfe*, ☞ *Pflegegeld Unfallversicherung*)
- Blindenzulage
- ☞ *Taschengeld* vom Sozialamt für Heimbewohner
- Beschädigten-Grundrente nach dem BVG
- Rente oder Beihilfe nach dem Bundesentschädigungsgesetz bis zur Höhe der vergleichbaren Grundrente nach dem BVG
- ☞ *Erziehungsgeld*
- ☞ *Elterngeld* in Höhe des Sockelbetrags von 300,- € bzw. 150,- € (bei doppeltem Bezugszeitraum)
- Leistungen aus Bundes- und Landesstiftungen „Mutter und Kind - Schutz des ungeborenen Lebens" (☞ *Mittel der Bundesstiftung „Mutter und Kind"*)
- ☞ *Verletztenrente* aus der gesetzlichen ☞ *Unfallversicherung*, so weit diese der Grundrente nach dem BVG **entspricht oder geringer** ist.
- Ausbildungsförderung (BAföG)
- ☞ *Kindergeld*

3. Sozialhilfe, Arbeitslosengeld II, Grundsicherung

Bei Empfängern von ☞ *Hilfe zum Lebensunterhalt* (Sozialhilfe), von ☞ *Arbeitslosengeld II* und von ☞ *Grundsicherung im Alter und bei Erwerbsminderung*, wird jeweils nur der Regelsatz des Haushaltsvorstands als Bruttoeinkommen für die gesamte Bedarfsgemeinschaft gezählt, das heißt: der jährliche Zuzahlungsgesamtbetrag beträgt 84,24 €, bei chronisch Kranken 42,12 €.

Soziale Fragen? betafon 01805 - 238 2366!

4. Zuzahlungsbefreiung, Rückerstattung

Auch die Zuzahlungen werden als „Familienzuzahlungen" betrachtet, d.h. es werden die Zuzahlungen des Versicherten mit den Zuzahlungen seiner Angehörigen, die mit ihm im gemeinsamen Haushalt leben, zusammengerechnet. Dasselbe gilt auch bei eingetragenen gleichgeschlechtlichen Lebenspartnerschaften.

Ausnahme: Ist ein Ehepartner beihilfeberechtigt und/oder privat krankenversichert, werden die Zuzahlungen, die auch dieser eventuell leisten muss, **nicht** als Familienzuzahlung berechnet, das bedeutet, die gesetzliche Krankenkasse erkennt diese nicht als Zuzahlungen in ihrem Sinne an. Beim Familieneinkommen werden allerdings **beide** Einkommen herangezogen und somit als Grundlage für die Zuzahlungsbefreiung genommen.

Überschreiten die Zuzahlungen **2 % der o.g. Bruttoeinnahmen** im Kalenderjahr (= Belastungsgrenze), erhalten der Versicherte sowie sein Ehegatte und die familienversicherten Kinder, die mit ihm in einem gemeinsamen Haushalt leben, für den Rest des Kalenderjahres eine Zuzahlungsbefreiung bzw. den Mehrbetrag von der Krankenkasse zurückerstattet. Ist das Ehepaar bei verschiedenen gesetzlichen Krankenkassen, dann errechnet eine Krankenkasse, ab wann die Voraussetzungen für die Zuzahlungsbefreiung erreicht sind, und stellt ggf. eine Zuzahlungsbefreiung aus. Dies wird der anderen Krankenkasse mitgeteilt, so dass die Versicherten für den Rest des Jahres keine Zuzahlungen mehr leisten müssen.

4.1. Berechnungsbeispiel

Ehepaar mit 2 Kindern:

- Jährliche Bruttoeinnahmen aller Haushaltsangehörigen: 30.000,- €
- **minus** Freibetrag für Ehegatte (= erster Haushaltsangehöriger): 4.473,- €
- **minus** Freibetrag für 2 Kinder: 7.296,- € (2 x 3.648,- €)
- **ergibt** Zwischensumme: 18.231,- €
- **davon** 2 % = Belastungsgrenze: 364,62 €

Wenn im konkreten Beispiel die Zuzahlungen die Belastungsgrenze von 364,62 € im Jahr übersteigen, übernimmt die Krankenkasse die darüber hinausgehenden Zuzahlungen.

5. Quittungsheft

Verschiedene Krankenkassen bieten ihren Versicherten ein Quittungsheft an, in dem sie übers Jahr alle Quittungen von Zuzahlungen sammeln können.

Praxistipp

Die Belastungsgrenze wird im Nachhinein wirksam, weshalb Patienten immer alle Zuzahlungsbelege aufbewahren sollten, da nicht absehbar ist, welche Kosten im Laufe eines Kalenderjahres auflaufen. Wenn ein Versicherter im Lauf des Jahres die 2-%-Belastungsgrenze erreicht hat, sollte er sich mit seiner Krankenkasse in Verbindung setzen.

Die Krankenkasse wird dem Patienten die Zuzahlungen zurückerstatten, die die 2-%ige Belastungsgrenze übersteigen. Bei Erreichen der Belastungsgrenze wird für den Rest des Jahres eine Zuzahlungsbefreiung ausgestellt.

6. Sonderregelungen

6.1. Härtefallregelung bei Zahnersatz

(§ 55 Abs. 2 SGB V)

Wenn eine „**unzumutbare Belastung**" vorliegt, gewährt die Krankenkasse bei der Versorgung mit Zahnersatz zusätzlich zu den Festzuschüssen von 50 bis 65 % einen weiteren Betrag bis zur Höhe der tatsächlich entstandenen Kosten, unabhängig davon, ob der Versicherte sich um die Gesunderhaltung seiner Zähne bemüht. Details siehe ☞ *Zahnersatz*.

Mehr Informationen: www.betanet.de

6.2. Sonderregelung für chronisch Kranke: 1-%-Belastungsgrenze

Um von Zuzahlungen der Krankenversicherung befreit zu werden, gilt für chronisch Kranke, die wegen derselben schwerwiegenden Krankheit in Dauerbehandlung sind, eine besondere Belastungsgrenze von 1 % ihrer jährlichen Bruttoeinnahmen zum Lebensunterhalt ausgegeben haben. Details siehe ☞ *Zuzahlungsbefreiung für chronisch Kranke*.

6.3. Sonderregelung für Sozialhilfeempfänger im Heim

Seit 1.1.2005 gibt es für Heimbewohner, die ☞ *Sozialhilfe* beziehen, eine Möglichkeit, auch in der Zeit bis sie die 1-%- bzw. 2-%-Grenze erreicht haben, keine Zuzahlungen mehr zu leisten: Dafür veranlassen sie, dass über den örtlich zuständigen Sozialhilfeträger der Zuzahlungsgesamtbetrag (84,24 € bzw. bei chronisch Kranken: 42,12 €) an ihre Krankenkasse vorab überwiesen wird. Dieser als Darlehen gewährte Gesamtbetrag wird dann in monatlichen kleinen Ratenbeträgen mit dem Taschengeld des Heimbewohners verrechnet.

Praxistipp

Wer persönlich nicht in der Lage ist, diese Formalitäten zu erledigen, kann dafür eine Person des Vertrauens mit einer formlosen schriftlichen **Vollmacht** beauftragen.

Wer hilft weiter?

☞ *Krankenkassen*